정민 鄭珉

한양대학교 국어국문학과 교수. '다함이 없는 보물' 같은 한문학 문헌에 담긴 전통의 가치와 멋을 현대의 언어로 되살려온 우리 시대 대표 고전학자. 조선 지성사의 전방위 분야를 탐사하며 옛글 속에 담긴 깊은 사유와 성찰을 우리 사회에 전하고 있다.

지은 책으로 연암 박지원의 산문을 살핀 《비슷한 것은 가짜다》《오늘 아침, 나는 책을 읽었다》《고전문장론과 연암 박지원》, 다산 정약용을 다각도로 공부한 《다산과 강진 용혈》《다산 증언첩》《다산의 제자 교육법》《다산선생 지식경영법》 등이 있다. 18세기 지성사를 파고들어 《고전, 발견의 기쁨》《상두지》《나는 나다》《열여덟 살 이덕무》《잊혀진 실학자 이덕리와 동다기》《18세기 조선 지식인의 발견》《미쳐야 미친다》 등을 썼고, 청언소품집으로 《점검》《습정》《석복》《조심》《일침》 등이 있다. 이 밖에 조선 후기 차 문화사를 총정리한 《한국의 다서》《새로 쓰는 조선의 차 문화》, 산문집 《체수유병집-글밭의 이삭줍기》《사람을 읽고 책과 만나다》, 어린이를 위한 한시 입문서 《정민 선생님이 들려주는 한시 이야기》 등 다수의 책을 썼다.

다산 정약용의 청년기와 천주교 신앙 문제를 다룬 《파란》을 집필했고, 조선에 서학 열풍을 일으킨 천주교 수양서 《칠극》을 번역해 제25회 한국가톨릭학술상 번역상을 수상했다.

《서학, 조선을 관통하다》는 《파란》에서 시작되어 《칠극》으로 이어진 초기 교회사 연구의 연장선에 있다. 천주교계와 학계를 통합하는 중간자적 시각으로 역사의 사각지대를 조명했고, 탄압과 순교의 역사 뒤에 가려진 절체절명의 시간을 주요 인물과 조직, 사건을 중심으로 생생하게 되살려냈다. 서학 연구를 넘어 18세기 조선의 정치·사회·문화사 연구의 지평을 넓히는 책이다.

서학, 조선을 관통하다

서학, 조선을 관통하다

1판 1쇄 발행 2022. 7. 31.
1판 2쇄 발행 2022. 10. 11.

지은이 정민

발행인 고세규
편집 이한경 디자인 윤석진 마케팅 신일희 홍보 박은경
발행처 김영사
등록 1979년 5월 17일(제406-2003-036호)
주소 경기도 파주시 문발로 197(문발동) 우편번호 10881
전화 마케팅부 031)955-3100, 편집부 031)955-3200 | 팩스 031)955-3111

값은 뒤표지에 있습니다.
ISBN 978-89-349-6170-3 93910

홈페이지 www.gimmyoung.com 블로그 blog.naver.com/gybook
인스타그램 instagram.com/gimmyoung 이메일 bestbook@gimmyoung.com

좋은 독자가 좋은 책을 만듭니다.
김영사는 독자 여러분의 의견에 항상 귀 기울이고 있습니다.

서학, 조선을 관통하다

정민 지음

김영사

서언

1.

네 해 전 다산 정약용의 천주교 신앙 문제를 파고들어《파란》2책(천년의상상, 2019)을 펴냈다. 당시 초기 교회사 자료를 살피면서 눈길이 가는 대목이 많았다. 분명 앞뒤로 뭔가 맥락이 있긴 한데 쉬 알기가 어려웠다. 그때는 다산을 쫓아가기만도 벅찼다. 모든 일에는 행간이 있다. 행간을 뺀 정보는 죽은 정보다. 행간이 정보에 그림자를 드리워야 그 정보가 입체적으로 살아난다.

서학이 당시 조선 사회에 끼친 영향은 그간 너무 과소평가되어온 느낌이다. 지축을 흔든 지진이 지나고 오랜 세월이 흐른 뒤 남은 흔적만으로 상황을 본 것은 아닐까? 땅이 갈라지고 건물이 무너질 때의 충격은 잔해를 치우고 그 위에 새집이 들어서면 지진 자체가 없었던 일처럼 까마득한 일이 되고 만다. 서학은 조선 사회에 깊은 흔적을 남겼다. 그런데 그것이 의도적으로 은폐되고 지워져서 이제 와서는 별일 없었던 것처럼 보이는 것이 아닐까?

진앙의 한가운데 있었던 사람들이 남긴 각종 기록에는 다급했던 현장의 비명과 절망과 탄식이 묻어 있다. 행간을 조금만 세심하게 들여다보면, 그 기록들은 우리가 생각하지 않은 진실의 지점을 열어 보여준다. 이 문제는 옳고 그름의 방식으로 접근할 일이 아니다. 전부 아니면 전무로 따질 일도 아니다. 도덕적 가치판단을 잠시 내려놓고, 사실의 행간에 좀 더 시선을 집중할 필요가 있다.

이 책은 1770년대 중반 이후 조선 천주교회 태동기부터 1801년 신유박해까지 길지 않은 시기를 다룬다. 조선을 관통한 서학이 일으킨 소용돌이와 그 와중에 벌어졌던 일들에 대한 숨겨진 이야기들을 찾아서 살폈다. 서학의 수용과 배척이 노론 벽파와의 정쟁에서 오랫동안 열세에 몰렸던 남인 내부의 전쟁으로 확산된 것은 큰 비극이었다. 채제공을 정점에 둔 남인이 신서파와 공서파로 갈려 싸웠다. 그들 스스로 '가난한 두 과부의 싸움'이라고 비유했을 만큼 얻은 것 없이 서로에게 참담한 결과를 낳았다.

피비린내 나는 전쟁에 승자는 아무도 없었다. 새로운 세상을 꿈꾼 서학의 실험은 정치사의 힘겨루기와 맞물린 톱니바퀴에 끼여 모두에게 깊은 내상만 안겼다. 서학과의 접촉과 접속은 내부의 긍정적 변화를 이끄는 동력이 되지 못하고, 위정척사의 명분 아래 세도정치에 날개만 달아주었다. 그 결과 수많은 '서학죄인'의 순교의 피가 강물과 산하를 붉게 적셨다.

2.

그간 교회사 연구자와 국학 쪽 연구자들은 각기 저마다의 시선으로만 이 문제를 보았던 것으로 보인다. 시복시성을 위한 신앙 행위의 증거 자료 찾기에 집착하거나, 반대로 아예 서학의 그림자를 의도적으로 배제해 연구 대상의 순정성을 지켜내려는 편파적 태도가 그것이다. 이런 두 태도는 목표에 따른 부분적 진실을 담보해줄 뿐이다. 지나친 과대평가도 곤란하지만, 의도적 외면으로도 총체적 진실에는 다가설 수가 없다.

다산 정약용의 천주교 신앙 문제만 보더라도, 그가 배교 이후 신앙을 회복했느냐 아니냐의 문제로만 싸워서는 결론이 나지 않는다. 왜 자꾸 0 대 10, 아니면 10 대 0이라야 한다고 생각하는지 모르겠다. 진실은 5 대 5 또는 6 대 4쯤에 있을 텐데 말이다. 다산은 자신의 모든 글에서 천주교에 관한 한 철저하게 자기 검열을 가했고, 진실을 숨겼다. 그동안 나는 "다산의 말을 믿어야지, 그 말을 안 믿으면 다산이 위선자란 말이냐"며 화를 내는 사람들을 많이 만났다. 다산이 숨긴 진실은 행간에 가려져 있다. 복잡한 퍼즐을 다 맞춰야 그림자가 드러난다.

최초의 영세자 이승훈만 해도 그렇다. 관변 기록이나 척사파의 글 속에서 그는 한결같이 이랬다저랬다 하는, 야비하고 권모술수에 능한 인물로 묘사되었다. 그는 불리하다 싶으면 말을 바꾸고, 붙잡히면 남을 끌어들였다. 그 결과 양쪽 모두에게 버림받았다. 하지만 천주교 쪽 연구에서 그는 여전히 시복시성을 기다리는 순교자로 옹호되기도 한다. 가짜로 밝혀진 그의 《만천유고》와 거기에 실린 이벽이 지었다는 《성교요지》에 대한 진실마저 굳이 외면해버린다.

각종 의혹 제기에도 불구하고 지난 70년간 성전(聖典) 대접을 받아 수십 편의 논문과 역주서를 낳은 《성교요지》는, 최근 개신교 쪽 연구자들에 의해 1863년 윌리엄 마틴 목사가 선교사에 대한 한자 교육 목적에서 한문으로 짓고 영어로 번역까지 한 《상자쌍천(常字雙千)》을 한 글자도 바꾸지 않고 주석까지 그대로 베낀 것임이 명백하게 밝혀졌다. 그러자 이번에는 김대건 신부가 중국에 전한 것을 마틴이 그대로 베낀 것이라는 황당한 주장까지 나왔다. 이벽을 위하려다 이벽을 욕보이고, 김대건 신부를 무함하고, 아무 잘못 없는 마틴 목사를 도둑으로 몰기까지 하는 파렴치한 논리다.

《성교요지》가 마틴의 저술이면, 그것을 이벽의 것으로 둔갑시킨 사람을 탓하거나, 사료 검증을 소홀히 한 연구자들이 반성할 일이지, 어째서 애꿎은 마틴 목사를 도둑으로 몰아간단 말인가? 밝혀진 사실을 인정하면 그뿐인데, 어떻게든 자신들이 쌓아올린 모래성을 지키려고만 든다. 그간의 잘못된 논리를 붙드는 일을 어째서 이벽의 순결성을 지켜내는 일과 뒤섞는단 말인가?

3.

이 책에 수록된 글은 〈가톨릭평화신문〉에 연재 방식으로 집필했다. 한 꼭지의 글을 쓸 때마다 조각보를 하나씩 오려 붙이는 느낌이 들었다. 전체 모양이 어떻게 마무리될지는 쓰는 나조차 가늠하기가 어려웠다. 퍼즐 맞추기 같다는 생각도 했다. 퍼즐 한 조각을 맞출 때마다 이전에 보이지 않던 전체 그림의 윤곽이 조금씩 드러났다. 그것은 어쩌면 닦아낼수록 빛나는, 푸른 녹이 앉은 구리 그릇 같은 느낌이었다. 여기를 닦으면 어떤 무늬가 드러날까? 글을 쓰는 내내 이런 생각을 했다. 등불을 비추는 각도에 따라 미세한 요철을 보여주던 로댕의 작은 그리스 조각상을 떠올리기도 했다.

연재가 한창 진행 중이던 지난 2021년 9월 25일에 공개된 윤지충, 권상연, 윤지헌 무덤의 유해 발굴 소식은 세상을 깜짝 놀라게 했다. 지석 사발에 적힌 글씨가 한눈에 다산의 글씨라는 확신이 들었을 때는 가슴이 두근거렸다. 현장으로 즉각 달려가 실물을 확인하자 지워졌던 역사의 한 자락이 눈에 들어왔다. 이 과정에서 윤지헌과 새로 만나, 예정에 없던 글 몇 꼭지를 더 쓰게 되었다.

기록의 문면에 드러난 사실만으로 진실에 다가설 수 없다는 점은 천주교 관련 기록이 갖는 한계다. 관련자는 자신의 사활과 가문의 명운을 걸고, 이를 벗어나기 위해 필사적이었다. 족보에서 이름을 파고, 문집에서는 다른 사람으로 바꿔 실상을 은폐했다. 기록자는 얽어넣으려고 혈안이 되어 거짓 정보를 섞고, 피기록자는 덫에서 빠져나오기 위해 진실을 왜곡하거나 굴절시켰다. 어쩔 수 없이 행간을 훑어 정황 증거와 심증의 영역에서 추론할 수밖에 없다는 점이 논의를 한층 어렵게 한다.

예를 들어, 다산이 가성직제도 아래 10인의 신부 중 한 사람이었다거나, 그가 1795년 5월 당시 주문모 신부를 탈출시킨 장본인이었던 것, 금정찰방으로 있으면서 이존창을 검거한 당사자였던 것은 사실임이 너무도 명백한데, 관변 쪽에 남은 명시된 기록이 없다. 여러 자료를 겹쳐 봐야만 겨우 흐린 그림이 나타난다. 이런 작업은 범죄 피의자들이 작심하고 훼손한 유심칩을 복원하는 과정과 다를 게 없다.

정약용과 이승훈의 수많은 배교 언급은 대부분 목숨을 부지하기 위한 거짓말이었다. 심문장에서 정약망이 누구냐고 물었을 때, 다산은 눈 하나 깜짝하지 않고 우리 집안에는 그런 사람이 없다고 했다. '약망'은 다산의 세례명인 '요한'이었으니, 정약망을 모른다 함은 자기부정의 극치였다. 그런데도 딱 잡아뗐다. 이런 것은 정말 어쩔 수가 없다. 그를 위선자라고 욕할 일도 아니다.

4.

글을 쓰는 도중에 한 교회사가는 내게 왜 이런 글을 연재하는지 의

아하다고 말했다. 천주교 내부자의 시선이 아닌 중간자적 시각이 조금 불편하게 느껴진다는 뜻으로 들었다. 국학 쪽에서는 다산을 왜 자꾸 천주교 쪽으로 끌고 가는지 모르겠다는 투덜거림이 들려왔다. 나는 어느 입장을 대변하기 위해서가 아니라, 궁금한 진실을 밝힌다는 마음으로 이 글을 썼다. 일부 냉담한 시선에도 불구하고 많은 분의 적극적인 지지와 열렬한 성원이 있어 이 작업에 매진할 수 있었다.

책은 모두 12부로 구성했다. 각 부는 각각 8꼭지의 글로 묶었다. 연재 당시의 순서를 버리고, 갈래에 따라 새롭게 배치했다. 맥락에 맞춰 초고를 보완하고 새로운 자료를 추가해, 모두 1천 개가 넘는 상세한 주석을 달았다. 초기 교회의 태동과 발전 과정 및 조직 구성과 함께 1795년 주문모 실포 사건 후 1801년 신유박해에 이르는 기간 중 국가의 탄압에 맞선 호교(護教)와 순교의 역사를 주요 인물과 조직 및 사건을 중심으로 살폈다. 각각의 글은 기존에 알려진 내용은 되풀이하지 않고, 새 자료의 제시로 다른 관점을 드러내려고 애썼다. 같은 자료라도 관점에 따라 달라지는 해석을 보여주기 위해 노력했다.

이 책은 통사가 아니어서 전체 글이 하나의 줄거리로 이어지지는 않는다. 편마다 쟁점을 두어 논점을 검토해가는 방식으로 집필했다. 기존 통설에 이의가 없을 경우 따로 논의하지 않았다. 독립된 각각의 글을 편의에 따라 재배치한 결과 군데군데 일부 논의가 겹치거나 끊어지는 대목, 그리고 누락된 부분이 있게 된 것은 조금 아쉽다.

이 책은 일종의 맥락 읽기다. 특별히 《사학징의》와 달레의 《한국천주교회사》, 그리고 《벽위편》과 《송담유록》, 《눌암기략》 등의 자료에 많이 기댔다. 흩어져 있던 몇 장의 흐린 사진을 배열하자 문득 저희끼리 만나 활동사진이 되어 돌아갔다. 기록 속에 단단히 봉인되었던 시간들을 불러내 되살려내는 과정은 버겁고 고단했지만, 한편으로 내게 마법 같은 기쁨을 안겨주었다. 살이 튀고 뼈를 바수던 시간들이 믿음으로 쌓여 증거가 되고 부끄럽지 않은 말씀이 되었다. 그 앞에 선 나는 어떠한가?

5.

집필 과정에서 여러 분의 도움을 받았다. 박용식 선생은 놀라운 열정으로 본인이 갈무리해둔 교회사 기초 자료의 여러 파일을 흔쾌히 제공해주셨다. 200자 원고지로 7,000매가 훨씬 넘는 달레의 《한국천주교회사》를 입력 파일로 띄워 검색 기능으로 찾아내는 통쾌함은 말로는 쉽게 설명할 수가 없다. 이 밖에도 실로 엄청난 교회사 관련 자료를 바탕으로 꼭지마다 빈 부분을 채워주셨다. 그 숱한 대화와 자료 왕래의 과정에서 감발된 것이 이 책의 집필에 가장 큰 동력이 되었다. 이 책을 마치 박 선생과 함께 집필한 느낌마저 든다. 더없이 깊은 감사를 드린다.

여진천 신부님은 매번 귀찮은 질문을 마다 않고 살펴주셨고, 꼭지마다 적절한 충고로 글에 균형을 잡아주셨다. 그때그때 필요한 자료를 흔쾌히 제공해주신 후의도 잊을 수 없다. 배론 성지 이우갑 신부님과 장 루시아 수녀님의 성원과 자료 협조, 윤민구 신부님과 원종현 신부님의 도움에도 깊이 감사드린다. 꽉 막혀 답답한 상황에서 큰 빛과 힘이 되었다. 천진암 성지의 홍유한가 서간의 사본을 제공해주신 김동원 신부님과 송병선 신부님께도 고마운 뜻을 전한다.

임성빈 선생께서 본인이 발로 뛰어 얻은 순교자 관련 현장답사 자료를 아낌없이 나눠주신 것에서도 큰 도움과 용기를 얻었다. 정말이지 화수분 같은 자료였다. 라용집 선생은 현장답사에 동행하고 귀한 자료를 제공해주셨다. 김옥희 수녀님과 배선영 수녀님, 김승한, 변효석 선생께도 고비마다 귀한 도움을 받았다. 홍유한가의 종손 홍기홍 선생과 또 한 분의 홍기홍 선생, 황사영 집안 종손 황세환 선생께서 문중 자료의 열람을 허락해준 일에 대해서도 감사드린다. 이들 자료를 바탕으로 새로운 사실을 많이 밝혀낼 수 있었다.

번역 성경에 관한 정보와 개신교 쪽 한역서학서 자료는 서신혜 교수의 도움이 큰 힘이 되었다. 손균익 선생은 족보와 지도 및 자료 검색에 수완을 발휘해 원고가 현장감을 잃지 않도록 집필 내내 함께해주었다. 부유섭, 김보름 선생은 국학 쪽 1차 사료에 대한 의견과 인물 정보 및 필요한 서학서 자료를 찾아주어 필자의 작업에 묵직한 힘을 실어주었다. 중국인 제자 이패선과 왕연은 중국 쪽 교회사 원전과 연구자료 및 특수 용어의 의미를 찾아내는 데 뛰어난 역량을 발휘해주었다.

경북대 철학과 방인 교수와《주역》과 서학서의 관련에 대해 대화하고 서로의 자료를 공유한 것에서도 큰 도움을 받았다. 김현영 선생께 꼭 필요한 질문을 할 수 있었던 것 또한 즐거웠다. 유동훈, 이형우, 이승재 선생이 꼼꼼하게 원고를 검토해준 데서도 깊은 동지애를 느꼈다. 이 밖에도 매번 한 꼭지의 글을 쓸 때마다 여러 분의 도움을 받았다. 다 적지는 못하지만 고맙고 감사하다.

작업 도중 생각이나 자료가 막히면 그때마다 도움을 청했고, 꼭 필요한 정보를 바로바로 얻을 수 있었다. 이 같은 도움은 내게 미리 예정된 길을 가는 듯한 안정감을 주었다. 한 주 전까지만 해도 생각지 못했던 주제와 자료들이 일주일 뒤에는 어느새 나란히 정렬되어 내 앞에 주욱 늘어서곤 했다. 전혀 새로운 생각들이 구체적인 모양새를 가지고 천천히 그 모습을 드러냈다. 긴 작업을 마치고 난 지금에 생각하니 집단지성의 한바탕 즐거운 놀이를 마친 기분마저 든다.

6.

지금쯤은 우리 학계가 어느 한편에 함몰되지 않은 중간자적 시각을 가져도 좋지 않을까 싶다. 그래야 안 보이던 지점이나 보지 않으려 외면했던 사각지대들이 명징하게 드러나 실상에 다가설 수 있게 해줄 것이기 때문이다. 정보는 해석을 통해서만 생기를 얻는다. 해설을 해석으로 착각하면 학문은 없다. 자료에서 의미를 끌어내는 것은 질문과 해석을 통해서만 가능하다. 일부 비판과 비난을 분간하지 못하는 편협한 태도는 곤란하다. 천주교의 시선으로 다산을 살필 때나, 반대로《만천유고》나《성교요지》가 위작임을 논할 때 들은 어떤 비난들은 저주에 가까운 느낌마저 들었다.

한편으로 교회사 관련 자료를 꼭 필요할 때 편하게 열람할 수 없었던 점은 조금 아쉽다. 쉽게 갈 수 있는 길을 번번이 어렵게 돌아가야 할 때는 속이 많이 상했다. 누누이 말하지만, 자료는 공유될 때만 자료다. 자료를 지켜내야 할 유물로 생각하거나, 내부자들만 전유해야 한다는 태도는 학문의 발전을 저해하는 덫이다.

중국 천주교회는 조선 교회의 놀라운 성장과 잔혹한 박해에도 꺾이지 않는 정신에 놀라《고려주증(高麗主證)》(1879),《상재상서(上宰相書)》(1890),《고려치명사략(高麗致命史略)》(1900) 같은 한문 책자를 잇달아 펴내며 경이의 눈길을 보냈다. 서학을 둘러싼 해묵은 논쟁과 신앙에 관한 기록들은 아직도 살펴야 할 행간이 많다. 서학이 조선 사회를 관통하면서 일으킨 지진은 생각보다 충격파가 컸다. 지금은 다 덮여 보이지 않지만, 여진이 깊고도 길게 갔다.

이번 이 책이 초기 교회사의 박제된 풍경 위에 몇 개의 그림자를 앉히는 여정이 되었으면 한다. 귀한 연재의 지면을 허락해준 가톨릭평화신문사에 고마운 뜻을 전한다. 이지혜 기자의 노고가 컸다. 처음에는 뒷골목의 숨은 이야기를 찾아다니는 가벼운 산책을 염두에 두었지만, 생각 밖으로 글이 무거워졌다. 집필은 학문적 객관성과 엄정성에 바탕을 두고 진행했다. 연재 당시에는 지면의 제약으로 인해, 원문의 출전 근거를 밝히지 못하거나 인용문을 압축한 경우가 많았다. 이 책에서는 원래 글에 살을 붙이고 자료를 추가했으며, 장황하다 싶으리만치 많은 주석을 덧붙여 논거를 분명하게 제시했다.

7.

한 편의 글을 쓸 때마다 강한 적과의 전투에 임하는 장수처럼 비장한 느낌이었다. 글을 쓰다 잠이 들면 쓰지 못한 말들이 꿈속에서 계속 맴돌아 벌떡 일어나곤 하던 팽팽한 시간들이 있었다. 준비와 집필의 과정에서 《칠극》(김영사, 2021)을 번역해 출판했고, 그 책으로 2021년 가톨릭학술상 번역상을 받았다. 이 연재 작업을 위해 함께 진행한 《송담유록》, 《눌암기략》, 《사학징의》, 《상재상서》를 비롯한 천주교 관련 주요 문헌의 번역과 주석 작업도 모두 마무리된 상태다. 이 또한 차례로 펴내려고 한다.

코로나19가 지구촌을 휩쓴 긴 유폐의 시간, 바깥세상과 절연한 채 오롯이 이 작업에만 몰두할 수 있었던 것에 감사한다. 한 꼭지의 글을 쓸 때마다 책상 위에 산더미같이 책들이 쌓였다가 또 치워졌다. 글이 길을 잃고 생각이 막혀 막막하거나 기억에만 남은 자료를 못 찾아 애가 탈 때, 내 어깨 위에 얹히던 손길을 생각한다.

방대한 원고의 처음과 끝을 김영사 편집부와 함께한 것을 기쁘게 생각한다. 상상 이상의 노고를 마다 않고 원고와 원문의 오류를 꼼꼼히 검토해주었고, 문장을 매만져 전달력을 높여주었다. 이숙 선생에게 특별한 감사를 전한다. 복잡한 교정과 도판의 까다로운 주문 때문에 이한경 편집자의 노고가 특히 컸다. 저자로서 이 같은 도움의 손길을 받는 것은 행운이 아닐 수 없다.

사람은 가고 흐릿한 기록만 남았다. 그렇다고 그 긴박했던 절체절명의 시간이, 순금으로 빛나던 헌신이 낡아 퇴색하는 것은 아니다. 한 번씩 그들의 시간 속으로 들어갈 때마다 나는 울컥하곤 했다. 전 생애를 걸고 신앙의 길 위에 섰던 순백한 그들의 결심 앞에서, 결단 없이 우물쭈물 머뭇거리는 나를 바라보았다. 230여 년 전 이 땅에 천주교 신앙을 심은 순교자들의 뜨거운 신심이 매번 벅찬 감동으로 내 삶의 자리를 돌아보게 해주었음을 고백한다. 나를 여기까지 이끌어준 손길과 많은 인연에 다시 한번 깊이 감사드린다.

2022년 7월
행당서실에서 정민 씀

차례

3부 초기 교회의 기록과 집회

4부 초기 교회의 조직 구성과 신앙

7부 주문모 신부와 강완숙

8부 탄압 속의 지방 교회

12부 묻힌 기억과 오염된 자료

1부

《칠극》과 초기 신앙공동체

1. 《칠극》 이야기

북경 유리창 거리의 문화충격

해마다 조선의 사절이 북경을 찾았다. 선무문(宣武門) 밖 상점가인 유리창(琉璃廠) 거리로 나서면 없는 물건이 없었다. 서점만 수십 개에다 서점마다 몇만 권의 책이 천장까지 쌓여 있었다. 태엽만 감으면 희한한 음악이 흘러나오는 오르골뿐 아니라 자명종(自鳴鐘)이나 철현금(鐵絃琴) 같은 신기한 서양 물건들이 즐비했다. 거리를 빠져나와 조금만 더 가면 고딕식으로 높이 솟은 성당이 나왔다. 그곳에서 처음 본 파이프오르간에서는 천상의 소리가 났다.[1]

서양화도 여기서 처음 봤다. 멀리서 보면 그림 속 인물에 정령이 담겨 내 혼을 빨아들일 듯 쏘아보았다. 무서워서 저만치 반대편으로 몰래 가 흘깃 보면 그림 속 눈동자가 어느새 나를 따라왔다. 가까이 가서 보자 거칠게 물감을 덧칠한 것뿐인데, 몇 발짝만 물러서면 '요놈!' 하고 그림이 살아났다. 천장 벽화를 올려다보던 사람들은 오색구름 사이로 살이 포동포동한 아기 천사들이 나는 모습을 보다가, 금세 바닥으로 떨어질 것만 같아 당황해서 손을 뻗어 받으려 들었다. 박지원의《열하일기》에 나오는 광경이다.[2]

성당 인근 관상감(觀象監) 옥상에는 상상도 할 수 없는 천문 의기(儀器)들이 늘어서 있었다. 그 신통한 서양의 역법이 다 저기서 나왔을 것이었다. 진작에 조선에서 이미《기하원본(幾何原本)》이나《기기도설(奇器圖說)》 같은 서양 책을 읽었던 터라 그 작동 원리에 더 호기심이 쏠렸다. 금단의 구역인 이곳에 한 번이라도 들어가보려고 조선에서 가져간 청심환을 문지기에게 찔러주기도 했다.

성당은 조선 사행의 필수 관광 코스였다. 성당에서는 코가 높고 눈이 깊은 서양 신부들이 멀리 조선에서 찾아온 손님을 맞아주었다. 신부는 조선 사행에게 서양 그림도 주고,《천주실의》나《칠극》 등의 신앙서와 함께《기하원본》이나《기기도설》 같은 과학책뿐 아니라 망원경까지 선물했다.[3]

그렇게 받아온 서양책을 읽어보았다. 한문이라 낯설지 않고 재미있었다. 북경을 다녀온 젊은이들은 부쩍 말수가 줄거나, 아니면 말이 많아졌다. 처음엔 서양의 놀라운 문물에 압도되다가 차츰 그 너머의 생각이 궁금해졌다. 무엇이 저들을 저토록 놀랍게 만들었을까? 그 같은 과학적 진보를 가능케 한 배경 사유가 몹시 궁금해졌다.

마테오 리치의《교우론》과 판토하의《칠극》

마테오 리치(Matteo Ricci, 利瑪竇, 1552~1610)의《교우론(交友論)》은

서양 선비들의 우정에 대해 쓴 책이었다. 첫 장을 열자 "벗이란 남이 아닌 나의 반쪽이니, 바로 제2의 나다. 그러므로 벗을 자기처럼 보아야 한다"는 말이 나왔다.[4] 벗이 제2의 나란 말에 정신이 번쩍 들었다. "내가 늘 운이 좋아 나쁜 일이 없다면, 어찌 벗이 진짜인지 아닌지를 알겠는가?"[5] 이런 식의 화법은 낯이 설어서 유난히 귀에 쏙 들어왔다. 안 그래도 마음 붙일 데 없어 몰려다니던 벗 사이에도 지켜야 할 도리가 있음을 처음 알았다.

알렉산더 대왕이 정벌을 가서 전리품을 노획하면 신하들에게 모두 나눠주고 자신은 하나도 갖지 않았다. 적국의 왕 다리우스가 비웃으며 물었다. "그대의 창고는 어디에 있소?" 알렉산더가 대답했다. "내 친구의 마음속에 있지요."[6] 책 속의 이런 예화에 그들은 열광했다. 여기에 꽂힌 연암 박지원과 이덕무, 박제가 등의 글에 갑자기 벗과의 우정을 예찬한 글이 넘쳐났다. 박지원은 벗을 '비기지제(匪氣之弟)' 즉 피를 나누지 않은 형제요, '불실이처(不室而妻)' 곧 한집에 살지 않는 아내에 견주면서 우정의 논의를 한껏 확장시켰다.[7] 그의 소설 〈마장전(馬駔傳)〉은 한 편의 훌륭한 우정론이었다.

서양 과학이 궁금해서 수학이나 기하학, 역법서를 구해 읽으면, 앞쪽 서문에 늘 우주를 주재하는 천주의 이야기가 나왔다. 천주교의 교리를 문답체로 설명한 《천주실의(天主實義)》도 흥미로웠지만, 《칠극(七克)》 같은 책은 어록체 산문으로 구성되어 《논어》를 읽는 느낌에 더 가까웠다. 유가의 수양서로 읽더라도 조금의 손색이 없었다. 책 속에 수없이 등장하는 서양 현자들의 독특한 비유와 생기 넘치는 화법은 조목조목 가슴에 와닿아 새로운 사유의 문을 열었다. 그때그때의 어록을 체계 없이 모은 《논어》나 《맹자》와 달리, 《칠극》은 인간이 저지르는 일곱 가지 죄악을 극복하는 방법을 단계별로 체계를 세워 연

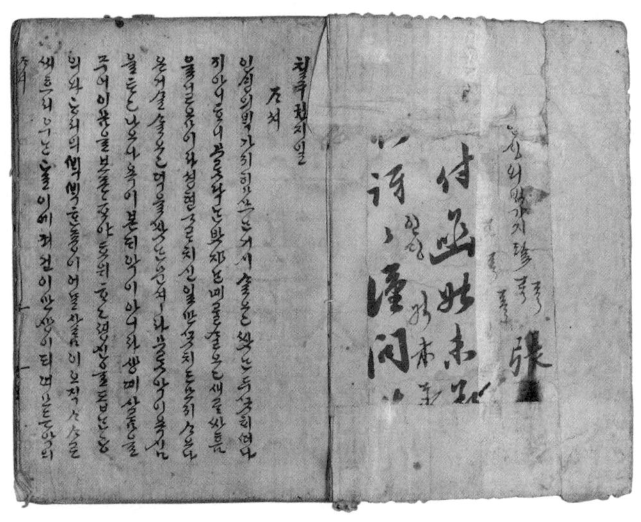

《칠극》은 예수회 판토하 신부가 1614년 북경에서 출판한 책으로, 일곱 가지 죄악의 근원과 이를 극복하기 위한 일곱 가지 덕행에 대해 서술했다. 사진은 《칠극》 한글본. 국립중앙박물관 소장.

역적으로 제시했다. 일목요연한 데다 하나로 꿰어지는 맥락의 체계가 놀라움을 안겨주었다.

책 속에 소개한 수많은 일화도 깊은 인상을 남겼다. 권3 〈해탐〉, [3.49]에는 앞서 《교우론》에서 본 알렉산더의 비슷하지만 다른 예화도 나온다. 그는 스스로 "내가 왕이 된 것을 즐거워하는 것은 바로 남에게 줄 수 있는 것이 즐거워서다"라고 말하며 아낌없이 나눠주곤 했다. 어떤 사람이 물었다. "얻은 것을 모두 남에게 주시면, 자기에게는 어떤 물건이 남습니까?" 알렉산더의 대답은 이랬다. "남에게 주는 즐거움이 남는다." 이 일화를 소개한 뒤 판토하는 한 마디를 덧붙였다. "나라 사람이 모두 왕을 아끼며 복종했다."[8]

《칠극》은 예수회 판토하(Diego De Pantoja, 龐迪我, 1571~1618) 신부가 1614년 북경에서 출판한 책이다. 서문에서 "사람의 마음에 생기는 병은 일곱 가지가 있다. 마음을 치료하는 약 또한 일곱 가지가 있다. 요컨대 그 큰 뜻은 모두 묵은 것을 없애고 새것을 쌓는 것〔消舊積新〕에 지나지 않는다"고 하면서,[9] 오만〔傲〕은 겸손으로 이기고, 질투〔妬〕는 어짊과 사랑으로 극복하며, 탐욕〔貪〕은 베풂으로 풀고, 분노〔忿〕는 인내로 가라앉히며, 식탐〔饕〕은 절제로 막고, 음란함〔淫〕은 정결로 차단하며, 게으름〔怠〕은 부지런함으로 넘어서야 한다면서, 7장으로 구분해 그 단계와 방법을 적절한 예시와 함께 대증처방을 내리듯 친절하게 설명했다. 그 내용은 지금 읽어도 깊이 와닿아 진한 감동을 준다.

성호 이익은《성호사설》에서 이렇게 말했다.

> 《칠극》이라는 것은 서양의 판토하가 지은 것인데, 바로 우리 유가의 극기(克己)의 주장이다. 일곱 갈래에, 절목이 많고 조목에 차례가 있다. 비유가 절실해서 간혹 우리 유가에서 밝히지 못한 것도 있으므로 극기복례(克己復禮)의 공부에 크게 도움이 된다.[10]

대학자 이익이 이렇게까지 말하자 책을 읽는 데 거부감이 없었고, 오히려 꼭 읽어야 할 책으로까지 여겨졌다.

봄비에 속옷 젖듯 서학에 젖어들다

《칠극》은 한문본으로 400쪽이 훌쩍 넘는 방대한 분량이다.《논어》의 7배,《맹자》의 2.7배나 된다. 그 속에는 사람을 부끄럽게 하고, 자신을 되돌아보게 하는 잠언들이 일곱 개의 죄종(罪宗)으로 갈래지어 빼곡하게 들어 있다.

입으로 재를 부는 사람은 스스로 제 얼굴을 더럽히고 눈을 어지럽게 만든다. 남을 헐뜯는 자는 스스로 그 마음을 더럽히고 그 영혼을 어둡게 만든다.[11]

색욕 같은 것은 젊어서는 실컷 즐겨도 늙고 나면 시들해진다. 분노 따위는 참으면 떠나가고 고요해지면 물러난다. 오직 교만은 한번 마음에 들어오면 때와 장소를 가리지 않고 딱 붙어다닌다. (……) 신체가 노쇠해도 교만은 줄어들지 않는다.[12]

남을 헐뜯는 사람은 돼지와 같다. 발을 둘 곳에 입을 두기 때문이다.[13]

세상의 재물은 거짓 벗과 같다. 편안할 때는 나를 따르다가 위태로워지면 나를 버린다.[14]

지혜로운 사람이 귀를 기울여 칭찬하는 말을 들으면 어리석어지고, 듣고 나서 혼자 기뻐하면 미치광이가 된다.[15]

이처럼 뼈를 찌르는 지혜의 말씀들이 끝도 없이 이어진다. 아리스토텔레스, 소크라테스, 알렉산더 대왕에서 세네카와 그레고리오 성인 등 서양 현자와 성인들이 남긴, 마음에 콕콕 박히는 잠언과 함께 유가 경전도 나란히 인용해서 거부감을 줄였다. 그러다가 끝에는 성경 말씀 한 단락을 끼워넣는다.

술이란 음란을 부추기는 땔감이다. 술을 마음대로 마시면서 함부로 음란하지 않은 경우란 드물다. 성경에 말했다. "삼가 술에 취하지 말

라. 음란함이 그 가운데 있기 때문이다."[16]

성경 〈에페소서〉 5장 18절의 "술 취하지 마십시오. 방탕한 생활이 거기에서 옵니다"라고 한 대목을 인용했다. 이런 잠언들과 예화들을 수신서(修身書)로 알고 거부감 없이 읽다 보면 자신도 모르게 천주교의 교리가 내면화되어 있었다.

서양의 과학이 궁금해서 《기하원본》이나 《기기도설》 같은 책을 찾아 읽고, 그들의 정신세계가 알고 싶어 《칠극》과 《교우론》을 읽다가, 조선의 선비들은 봄비에 속옷 젖듯이 서학에 조금씩 젖어들었다.

2. 다산 정약용과 《칠극》

《칠극》을 평생 아껴 읽은 다산

다산 정약용의 자형 이승훈이 동지사 서장관(書狀官)인 아버지 이동욱을 따라 북경에 갔다가, 1784년 봄 조선 최초로 영세를 받고 돌아왔다. 그의 짐보따리 안에는 방적아(龐迪我)의 《칠극(七克)》, 필방제(畢方濟)의 《영언여작(靈言蠡勺)》, 탕약망(湯若望)의 《주제군징(主制群徵)》 등 10여 권의 책이 들어 있었다. 다산은 이를 큰형 정약현의 처남인 이벽을 통해 구해 읽고 급격한 마음의 쏠림을 느꼈다.

여러 책 중 다산의 마음을 끈 것은 단연 《칠극》이었다. 《칠극》은 다산의 생애 전반을 함께한 책이었다. 강진 유배 이후에도 《칠극》의 그림자는 다산의 글 곳곳에서 얼비친다. 다산은 제자들에게 증언(贈言) 형식의 훈계어를 참 많이 남겼다. 다산의 제자치고 스승에게 친필로 쓴 증언첩을 받지 못한 사람이 드물었을 정도다. 이런 증언첩은 필자

가 직접 찾아다니며 실물로 본 것만도 수십 개가 넘는다.[17]

증언첩에 실린 글은 잠언풍의 토막글이다. 이른바 어록체로 불리는 전통적 글쓰기와 외형상으로는 비슷하지만, 어딘가 느낌이 달랐다. 예를 들어, 제자 윤종문에게 준 증언첩의 한 단락은 이렇다.

> 맹자는 대체(大體)를 기르는 사람은 대인이 되고, 소체(小體)를 기르는 사람은 소인이 되어 금수와의 거리가 멀지 않다고 했다. 따뜻이 입고 배불리 먹는 데만 뜻을 두어 편안히 즐기다가 세상을 마쳐, 몸뚱이가 식기도 전에 이름이 먼저 사라지는 것은 짐승일 뿐이다. 짐승으로 사는 것을 원한단 말인가?[18]

해남 사람 천경문에게 준 증언첩에서는 또 이렇게 썼다.

> 부지런히 애를 쓰며 입과 몸뚱이의 욕망만 섬기고, 목에서 가래가 끓고, 눈은 천장만 쳐다볼 때가 되어서는 일평생 말할 만한 사업이 하나도 없고, 죽은 뒤에는 온갖 처량하고 괴로운 일들을 헤아리느라, 몸이 차게 식기도 전에 이름이 이미 스러져버리는 자는 대체 어떠한 사람이겠는가?[19]

확실히 이런 글쓰기는 이전 유학자들의 훈계와는 자못 결이 다르다. 오랫동안 이 필첩들을 되풀이해 읽다가 어느 날 문득 이 독특한 글쓰기의 연원이 바로 《칠극》이었음을 깨닫고 놀랐다. 그와 같은 사실을 결정적으로 확인시켜준 글이 바로 다산의 〈취몽재기(醉夢齋記)〉였다.

《칠극》의 논의를 풀어쓴 〈취몽재기〉

강진에 귀양 가서 다섯 해쯤 지난 1805년 무렵, 다산은 강진 사람 황인태(黃仁泰, 1745~1821)와 가깝게 지냈다.[20] 그는 시도 잘 짓고 글씨에도 능해, 주막집 골방에 가끔 들러 다산의 말벗이 되어준 사람이다. 다산이 신분을 속이고 만덕사로 아암 혜장을 만나러 갈 때 동행한 것도 그였다. 어느 날 황인태가 다산을 찾아와 당호를 '취몽재(醉夢齋)'로 지었다면서 글을 청했다. 다산은 그를 위해 〈취몽재기〉를 써주었다.

글의 앞 대목을 간추리면 이렇다.

> 그 얼굴이 벌게져서 그 머리를 적신 채 구토하고 욕을 해대며 비틀비틀 골목길을 지나는 자가 있다면 이는 술 취한 사람이다. 이를 가리켜 취했다고 하면, 성을 내 크게 원통해하며 스스로 자기가 취하지 않았다고 변명하지 않는 이가 없다. 눈을 감고 코를 골며 때때로 깔깔 웃다가 잠꼬대를 하는 사람이 있다면, 이는 꿈에 좋은 벼슬자리를 얻었거나, 주옥이나 금전 등 갖고 싶은 물건을 받은 자일 것이다. 하지만 아직 깨기 전에는 스스로 꿈이라고는 생각지 않는다. 어찌 술 취하고 꿈꾸는 것에만 이러함이 있겠는가? 병이 위독한 사람은 스스로 병에 걸린 줄 모르고, 스스로 자기 병에 대해 말하는 사람은 그 병이 그다지 심하지가 않다. 미쳐버린 사람은 스스로 미친 줄을 알지 못하고, 능히 스스로 미쳤다고 말하는 자는 그 미친 것이 혹 거짓이다. 사특하고 음란하며 빈둥거리는 사람은 스스로 그것이 나쁜 줄 알지 못하고, 그것이 능히 나쁘다고 말하는 사람은 그 악을 혹 고칠 수가 있다.[21]

그런데 《칠극》 권1 〈복오(伏傲)〉의 [1.10]을 보니 이런 대목이 나온다.

꿈에 대해 말하는 사람은 반드시 이미 꿈에서 깬 것이다. 악에 대해 인식하는 사람은 틀림없이 선으로 옮겨가기 시작한 상태다. 병을 처음 치료할 때는 모름지기 병이 있음을 알아야 한다. 만약 병을 병으로 인지하지 못해 치료하지 못하면 낫기가 어려워진다.[22]

또 권3 〈해탐(解貪)〉 [3.15]에는 이렇게 썼다.

세상의 부(富)는 꿈과 한가지다. 부라는 것이 진짜가 아니라 그저 꿈일 뿐이라는 말이다. 배고프고 목마른 사람은 잠잘 때 귀한 음식을 먹고 맛난 술을 마시는 꿈을 꾼다. 그러다가 잠을 깨면 배고픔과 목마름은 처음과 똑같다. 부자가 재물을 얻으면 마구 베풀며 혼자 즐거워한다. 그러다가 잠깐 만에 그 재화는 처음처럼 배고프고 목마르게 되고 만다. 배불리 먹는 꿈을 꾸는 사람은 그 꿈을 꾸고 있을 때는 능히 그것이 진짜 배부른 것이 아닌 줄을 깨닫게 할 수가 없다. 재물을 좋아하는 자 또한 지금 얻은 재물이 결국 헛된 물건인 줄을 알도록 깨우칠 수가 없다. 죽을 때가 이르거나 꿈을 깨고서야 깨닫는다.[23]

다산은 〈취몽재기〉 끝에다 "나는 취하고 꿈꾸는 것에 대해 들은 주장이 있으므로, 마침내 써서 준다"고 했는데,[24] 그가 들은 주장이란 바로 《칠극》에 나오는 위 두 도막의 글을 두고 한 말이었다. 배교 선언 후 강진 유배 기간 중에도 다산은 이렇듯 《칠극》의 가르침을 계속 되새기고 있었다.

메기와 미꾸라지

이뿐만이 아니다. 다산은 〈두 아들에게 써준 가계(示二子家誡)〉에서 또 이렇게 썼다.

> 재화를 비밀스럽게 감춰두는 것은 남에게 베풀어 주는 것만 함이 없다. 단단히 잡으려 하면 할수록 더욱 미끄럽게 빠져나가니, 재화라는 것은 메기와 같은 것이다.[25]

《칠극》 권1 〈복오〉의 [1.67]에도 비슷한 내용이 보인다.

> 너무 쉽게 흘러가 옮기는 것으로는 귀한 지위만 한 것이 없다. 굳게 붙잡으려 해도 진흙탕의 미꾸라지를 잡는 것과 같아 단단히 잡으면 잡을수록 빨리 놓치고 만다.[26]

내용은 재물과 지위, 메기와 미꾸라지의 차이가 있지만, 같은 취지와 맥락에서 나온 글임이 분명하다.

권5 〈색도(塞饕)〉 [5.7]의 한 단락을 더 보자.

> 즐거움은 또한 괴로움의 씨앗이고, 괴로움 또한 즐거움의 씨앗이다. 지금 괴로움을 기르지 않는다면, 나중에 어찌 즐거움을 거둘 수가 있겠는가?[27]

다산은 이 말을 이렇게 바꿨다.

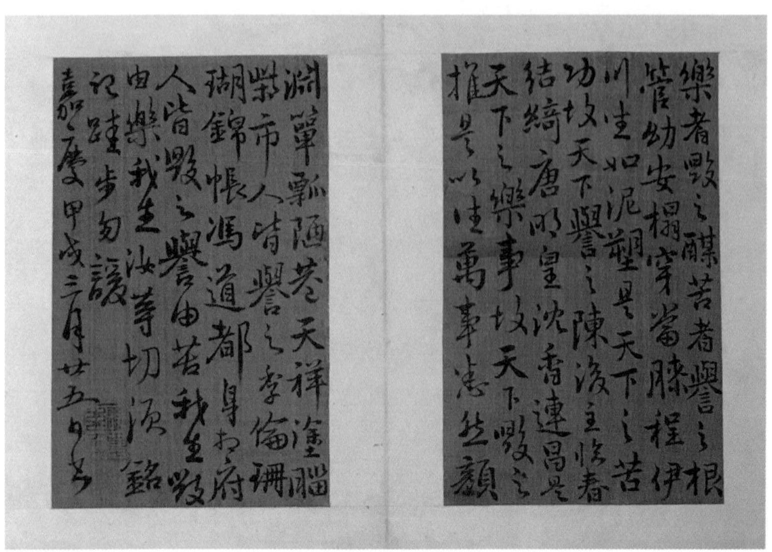

《다산선생서첩》에 실린 다산의 친필. 제자에게 주는 훈계의 말을 담았는데, 《칠극》의 표현을 빌려 왔다. 조남학 소장.

> 즐거움은 비방의 빌미가 되고, 괴로움은 기림의 근원이 된다. 기림이란 나를 괴롭게 함을 통해 생겨나고, 헐뜯음은 나를 즐겁게 함으로 말미암아 생겨나는 것이다.[28]

같은 글의 구문을 살짝 비틀어서 자기 말로 바꿨다.
권6 〈방음(坊淫)〉 [6.3]의 한 단락은 또 이렇다.

> 한 사람이 여러 해 동안 음란한 유혹을 굳게 막아가며 동정의 몸을 간직했다. 갑자기 음란함의 쾌락을 떠올리며 틀림없이 대단히 훌륭할 것이라고 말했다. 직접 맛보고 나더니 탄식해마지않으며 말했다. "잠깐의 더러운 쾌락을 가지고 죽을 때까지의 근심과 후회를 끼치고 말았다. 동정의 몸이라는 더할 나위 없는 지극한 보배와 맞바꾸다니, 아!"[29]

다산이 대둔사 승려 기어(騎魚) 자홍(慈弘)에게 준 증언에서는 불교적 윤색을 거쳐 이렇게 바뀐다.

> 늙은 스님이 면벽하고 염불하다가 갑자기 세간의 부부가 마주 앉아 밥 먹고 한 이불 덮고 잠자는 것을 생각하니 즐거움이 비할 데가 없을 듯하였다. 석장을 짚고 산을 내려오다가 홀연 우물가에서 누런 머리에 검은 얼굴을 한, 구자마모(九子魔母) 같은 여자가 산발하고 통곡하는 것을 보았다. 연유를 물으니, 남편과 싸웠다는 것이었다. 스님은 깜짝 놀라서 도로 산으로 올라왔다.[30]

비유가 바뀌고 맥락이 변했지만, 핵심 의미는 동일하다. 우연의 일치라 보기에는 다산의 글 속에 이 같은 대목이 너무 많이 나온다.

다시 권6 〈방음〉의 [6.16]이다.

> 또 정신으로 죽은 사람의 묘로 가서, 네가 예전에 알고 지내던, 세상의 즐거움을 꽤나 누렸던 사람이 지금은 모두 더러운 먼지와 탁한 진흙이 된 것을 생각해보고, 다시 너 자신에게 이렇게 말하거라. "이 사람은 예전에 세상에 살아 있을 적에는 나와 같았는데, 내가 내일에는 저 사람처럼 무덤에 있겠구나. 육체와 그 아름다움과 편안한 즐거움의 온갖 형상도 모두 다 이와 같을 뿐이니, 어찌 중하다 하겠는가?"[31]

다산이 승려 제자 초의(草衣)에게 준 증언에는 다음과 같은 이야기가 나온다.

> 매번 봄바람이 불어와 초목에 싹이 트고 나비가 갑자기 방초에 가득

해지면, 스님 몇 사람과 함께 술병을 들고서 옛 무덤 사이를 노닌다. 무덤들이 연이어 울멍줄멍 돋아난 것을 보다가 술 한 잔을 따라주며 말한다. "무덤에 묻힌 이여! 능히 이 술을 마실 수 있겠는가? 그대가 예전 세상에 있을 적에 송곳과 칼끝 같은 이끗을 다투며 티끌과 찰나 같은 재물을 모으느라 눈썹을 치켜뜨고 눈을 부라리며 수고로이 애쓰면서 오직 이것을 굳게 움켜쥐려고만 했겠지? 또한 이성(異性)이 그리워 짝을 찾아, 육정은 불타고 음욕은 솟구쳐 기생집에서 치근덕거리고, 부드럽고 뜨끈뜨끈한 집에서 뻐기느라, 천지간에 달리 무슨 일이 있는지조차 몰랐겠지? 또한 집안의 위세를 빙자하여 오만스레 행동하고 남을 우습게 알며 불쌍한 사람 앞에 으르렁거려 스스로를 높이지는 않았던가? 그대가 세상을 떠날 적에 손에 동전 한 닢이라도 지녀 갔던가? 이제 그대 부부가 한데 묻혔으니 능히 평소처럼 즐겁기는 한가? 내 이제 그대를 이처럼 곤경에 빠뜨려도 그대가 능히 큰 소리로 나를 꾸짖을 수 있겠는가?"[32]

두 글을 함께 읽어보면, 다산의 설의(設意)가 어디에서 온 것인지 바로 알 수 있다. 글을 읽다가 기시감(既視感)이 있어 살펴보면 번번이 《칠극》에 바탕을 두고 있었다. 구문을 바꾸고, 메기를 미꾸라지로 교체했어도 뜻의 뿌리는 거기서 나왔다. 위에 든 예시 외에도 마테오 리치의 《기인십편(畸人十篇)》 등의 서학서에서 끌어온 글이 여럿 더 있다.

다산뿐 아니다. 성호 이익도 그렇고, 천주교를 믿지 않았던 연암 박지원이나 이용휴, 노긍, 홍길주 등의 글에도 《칠극》의 체취가 느껴지는 대목이 적지 않다. 이용휴의 〈환아잠(還我箴)〉과 박지원의 유명한 '눈 뜬 장님'의 비유, 그리고 박지원이 〈답모(答某)〉에서 영변 약산(藥山)에 올라가 사람을 개미와 이의 비유에 얹어 설명한 대목 같은 것도 모두 《칠극》에서 가져온 비유다. 《칠극》은 이렇듯 18~19세기 조선에서 천주교 신앙 여부를 떠나 생각 이상으로 폭넓은 독자층을 확보했던 책이다.

3. 홍유한 제문의 행간

최초의 수덕자 홍유한

홍유한(洪儒漢, 1726~1785)은 한국 가톨릭 최초의 수덕자(修德者)로 일컬어지는 분이다. 성호 이익의 제자로, 30대 초반이던 1757년 천주교 교리서를 처음 접한 뒤 서학을 온몸으로 받아들였다.[33] 특별히 그의 눈을 번쩍 뜨이게 만든 것은《칠극》이었다. 스승 성호 이익의 인가도 있었지만, 진리를 담은 층층의 가르침이 내면에 깊은 감동을 일으켰다. 그는 이 책을 바탕으로 수계생활을 몸소 실천에 옮겼다.《직방외기(職方外紀)》와《천주실의》같은 책도 구해서 읽었다.《직방외기》서문을 독특한 필치로 베껴쓴 친필이 남아 있다.

조선 천주교회는 1784년 초에 이승훈이 북경에서 최초로 영세를 받고 돌아옴으로써 시작되었다. 이듬해인 1785년 3월에는 명례방에서 푸른 두건을 쓰고 얼굴에 분을 바른 이벽이 미사를 집전하다가, 노름판이 벌어진 것으로 착각한 순라꾼의 급습으로 천주교 집회가 적발되는 사건이 발생했다. 홍유한은 그 일이 있기 두 달 전인 1785년 1월에 세상을 떴다.

김대건 신부는 조선 천주교회 창립에 대해 쓴 제17신에서 이렇게 밝혔다.

> 이때 홍유한이라는 선비가 만물의 창조주이신 천주님이 계시다는 것을 믿고 가톨릭교회의 서적과 행적을 연구하여, 세례를 받지는 않았지만 천주교 신자의 예에 따라 천주님을 공경하기 시작했습니다. 하지만 아직 천주교회에 대한 기초 지식이 없었고 교회의 법규도 몰랐던 것입니다. 단지 매달 일곱째 날을 지키는 정도였습니다.[34]

홍유한의 초보적 신앙생활에 대해서 이야기한 대목이다. 하지만 그의 신앙생활은 이렇게 짧게 언급하고 지나가는 정도로 취급되어서는 안 된다. 보다 복잡하게 살펴야 할 행간이 있다.

권철신이 쓴 홍유한 제문 속 《칠극》 논의

권철신(權哲身, 1736~1801)은 홍유한 집안과 가까웠고, 성호 이익의 문하에서 함께 공부한 인연이 있었다. 홍유한이 세상을 뜨자 권철신은 그를 위해 제문을 지었다. 이기양(李基讓, 1744~1802)도 같은 남인으로 역시 제문을 지어 보냈다. 《풍산세승(豊山世乘)》 제10책에 수록된 홍유한의 제문과 만시 묶음에는 당시 내로라하던 남인 학자들이 총망라되어 있다. 특별히 두 사람의 제문이 눈길을 끄는 것은 한결같이 홍유한의 일생 행적을 《칠극》의 일곱 가지 죄악을 이기는 7덕목에 대응시켜 설명했다는 점 때문이다.

권철신은 서두에서 자신과 홍유한이 성호 이익의 제자로 동문의 우의가 있었고, 그를 사모하여 온 집안을 이끌고 가서 그를 좇으려 했었다고 말했다. 또 이렇게 썼다.

> 공께서 대월(對越) 공부에 잠심하여 이미 그 사사로움을 능히 다 없앴으니, 지나치다고 했던 것은 나의 아집을 지닌 견해로 공의 사사로움 없는 마음을 가늠한 것에 지나지 않습니다.[35]

'잠심대월(潛心對越)'은 주자가 〈경재잠(敬齋箴)〉에서 "마음을 가라앉혀 지내면서, 상제를 찬양하라(潛心以居, 對越上帝)"고 한 데서 따온 말이다. 상제(上帝) 즉 하느님을 찬양한다는 '대월'이라는 표현을 썼다. 권철신은 평소 홍유한이 보여준 행동에서 얼마간 지나친 점을 느꼈는데, 그것이 실은 그의 상제, 즉 천주를 향한 신앙심에서 나온 것인 줄을 미처 깨닫지 못했다고 쓴 것이다.

권철신이 지적한 홍유한의 지나침은 그 명목이 이러하다. 구분의 편의상 번호를 붙였다.

> 아! 공께서 ① 식사하실 때는 반드시 그 절반을 더셨고, 어쩌다 맛난 음식과 만나면 더더욱 그 즐김을 절제하였습니다. 덜어내고 줄이기를 지극히 하여 살집이 없었으니, 저는 공께서 음식을 절제함이 지나치다고 생각했습니다. ② 젊어서부터 내실에서 지내는 경우가 지극히 드물었고, 서른 살 이후로는 다시는 자식을 낳아 기르지 않았으므로, 저는 공께서 여색을 절제함이 지나치다고 여겼습니다. ③ 몸에 고질

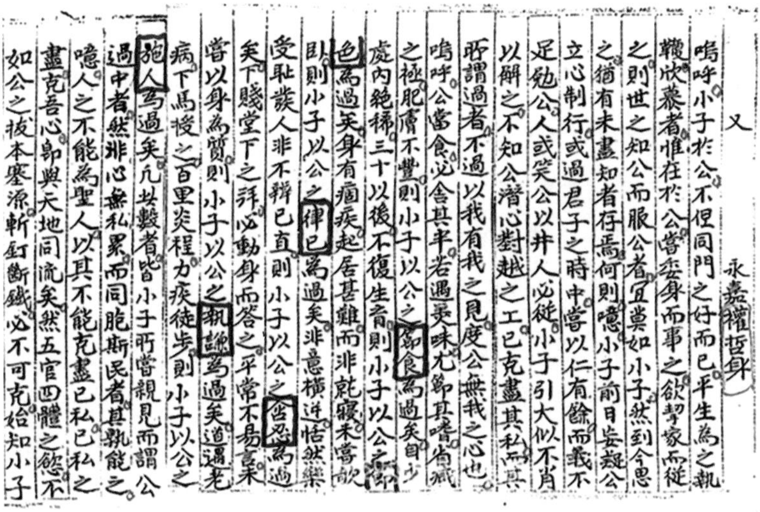

又　　　　　　　　　　　　　　　　　　　　永嘉權哲身

嗚呼小子於公不但同門之好而已平生為之執鞭欣慕者惟在於公嘗妄身而事之欲挈家而從之則世之知公而服公者宜莫如小子然到今思之猶有未盡知者存焉何則噫小子前日妄疑公立心制行或過君子之時中嘗以仁有餘而義不足勉公人或笑公以井人必從小子引大似不肖以解之不知公潛心對越之工已克盡其私而其所謂過者不過以我有我之見度公無我之心也嗚呼公嘗食必舍其半若遇美味尤節其嗜肯減之極肥膚不豐則小子以公之節食為過矣自少處內絕稀三十以後不復生育則小子以公之節色為過矣身有痼疾起居甚難而非就寢未嘗欹臥則小子以公之律己為過矣非意橫逆恬然樂受恥議人非不辨己直則小子以公之含忍為過矣下賤堂下之拜必動身而答之平常不易言未嘗以身為質則小子以公之執謙為過矣道遇老病下馬授之百里炎程力疾徒步則小子以公之施人為過矣凡此數者皆小子所嘗親見而謂公過中者然非心無私累而同胞斯民者其孰能之噫人之不能為聖人以其不能克盡己私己私之盡克吾心即與天地同流矣然五官四體之慾不如公之拔本塞源斬釘斷鐵必不可克始知小子

권철신이 쓴 농은 홍유한 제문. 중간에 붉은색으로 표시한 부분이 《칠극》의 덕목에 맞춰서 농은의 생애를 회고한 대목이다. 《농은유고》에 수록되었다.

이 있어 기거가 몹시 힘들었는데도 잠자리에 들 때가 아니고는 일찍이 기대거나 눕지 않으셨으니, 저는 공께서 자기 단속이 과하다고 생각했습니다. ④ 뜻하지 않게 나쁜 일이 생겨도 조용히 즐겁게 받아들여, 남을 비난하는 것을 부끄러워하고 자신이 바르다고 변명하지도 않았으니, 저는 공께서 참고 견디는 것이 지나치다고 생각하였습니다. ⑤ 신분이 낮은 사람이 마루 아래에서 절을 올리면 반드시 몸을 움직여서 답례하였고, 평소에 말을 쉽게 하지 않아 일찍이 몸소 장담한 적이 없었으니, 저는 공이 겸손을 고집함이 과하다고 여겼습니다. ⑥ 길을 가다가 늙고 병든 이와 만나면 말에서 내려 그에게 주고는, 100리의 불볕더위 길을 아픈 몸을 무릅쓰고 걸어갔으니, 저는 공께서 남에게 베푸는 것이 심하다고 생각하였습니다.[36]

권철신은 홍유한의 과도한 점을 여섯 가지로 지적했다. 첫째는 절식(節食), 둘째가 절색(節色), 셋째는 율기(律己), 넷째는 함인(含忍), 다섯째가 집겸(執謙), 여섯째는 시인(施人)이다. 이 여섯 가지는 《칠극》의 7죄종을 극복하는 덕목과 정확히 맞대응된다.

첫째, 음식에 대한 절제는 《칠극》 '색도(塞饕)' 곧 탐욕스레 먹는 것을 막는다는 것과 관련이 있다. 둘째, 절색은 '방음(坊淫)' 즉 음란함을 막는 것과 호응한다. 셋째, 자기 규율은 '책태(策怠)' 곧 게으름에 대한 채찍질과 맞통한다. 넷째, 함인은 '식분(熄忿)'에 연결되니 인내로 분노를 가라앉히라는 것이다. 다섯째, 집겸은 '복오(伏傲)' 즉 교만을 눌러 겸손하라는 가르침과 같다. 여섯째, 시인은 남에게 베푸는 것으로, '해탐(解貪)' 곧 탐욕을 풀라는 것과 관련이 있다. 남은 것은 '평투(平妬)' 뿐이다. 질투를 가라앉히라는 말이다. 홍유한 본인에게는 애초에 해당될 일이 없기도 했지만, 굳이 일곱 가지로 나열하지 않은 것은 《칠극》과의 연관성을 노골적으로 드러내고 싶지 않았기 때문일 것이다.

일곱 가지 죄종을 극복하는 일곱 덕목 중에 권철신은 의도적으로 여섯 조목을 대응시킴으로써, 홍유한의 일생이 《칠극》의 가르침을 오롯이 실천에 옮긴 역정이었음을 설명했다.

이기양 제문 속의 칠극론

이기양은 맏아들 이총억이 주어사 공부 모임과 명례방 모임에 참석했던 천주교 신자였다. 그의 온 집안이 다 열심한 신앙생활을 했다. 뒤에 살피겠지만, 이기양은 당시 젊은 층에게 천주학을 전파하는 장본인으로 지목되어, 안정복과 크게 충돌하며 논쟁을 벌인 일도 있다.

이기양이 쓴 홍유한 제문의 한 대목은 이렇다.

경북 봉화군 우곡 성지의 홍유한 동상. 손에 들고 있는 책이 《칠극》이다.

> 아! ① 식욕과 ② 색욕은 사람이 크게 욕망하는 바다. 하지만 선생은 자신에게 있어 담박하기가 고목과 같았고, 막아 억제함은 원수와 적을 대하듯 하였다. ③ 해침과 ④ 요구함은 사람이 누구나 병통으로 여기는 바다. 하지만 선생은 남에 대해 혹 다치기라도 할까 봐 아껴 보호하였고, 능히 하지 못하는 듯이 베풀어주었다. 치우치기 쉬운 것이 ⑤ 오만인데, 선생은 스스로를 볼 때 언제나 남과 어울리기에 부족한 듯이 한 사람이다. 가라앉히기 어려운 것이 ⑥ 분노지만, 선생은 남을 대할 때 항상 어디를 가든지 덕을 베풀지 않은 적이 없던 분이다. 잠시 동안은 능해도 오래가는 이가 드문 것은 ⑦ 게으름이 틈타기 때문이다. 그런데도 선생은 세상에 사는 60년 동안 여기에 한결같아서 줄을 그은 것처럼 반듯하였다.[37]

편의상 번호를 매겼는데, 이 일곱 가지 또한 《칠극》의 7죄종과 정확하게 일치한다. 글 끝에서 이기양은 '겸손(謙)'이란 한 글자가 공이 평생 수용한 것이라면서, "진실로 도가 존재한다면, 또한 그 사람이 죽고 살고가 무엇이 안타깝겠는가?"라는 말로 마무리 지었다.[38]

두 사람 모두 스승처럼 따랐던 홍유한의 삶을 회고하면서《칠극》의 구도로 설명한 것은 우연한 일이 아니고 범상히 보아넘길 일도 아니다. 두 사람이 홍유한의 제문 속에 암호처럼 숨겨놓은《칠극》코드는, 홍유한의 삶이《칠극》을 바탕에 둔, 욕망과 죄악을 몰아내는 수덕(修德)의 삶 그 자체였고, 그가 사실은 진정한 천주교 신앙을 실천한 참신앙인이었음을 밝히려 한 것이었다. 두 사람이 이 글을 쓴 1785년 즈음은 천주교 신앙이 조선 땅에서 꿈틀하며 태동의 몸짓을 이어가던 때였다.

4. 홍유한의 남인 인맥과 서학 공부

남인 인맥과 초기 천주교의 중심

홍유한의 남인 인맥은 참으로 대단했다. 종손가에 보관된 《가장간첩(家藏簡牒)》과 《가장제현유고(家藏諸賢遺藁)》 및 간찰 자료에는 당시 남인의 핵심 인물들이 총출동하고 있다. 남인 학맥의 정점이었던 성호 이익의 편지만 해도, 홍유한의 부친 홍창보(洪昌輔)에게 보낸 편지가 9통, 홍유한에게 보낸 편지는 무려 57통이나 남아 있다.[39] 성호의 문집에는 그 57통 중 단 1통만 수록되었다. 성호와 홍유한 가문의 왕래는 알려진 것처럼 단순치가 않다. 또 《가장제현유고》에 수록된, 홍유한의 부친 홍창보를 위해 써준 〈독행홍공창보묘지명(篤行洪公昌輔墓誌銘)〉에서 성호는 홍창보가 자신과는 40여 년간 가깝게 지낸 벗이라고 적었다.[40]

문집이 남아 있지 않은 권암·권철신 부자가 홍유한에게 보낸 편지도 남은 것만 10여 통이 넘는다. 이형상과 이병휴, 권엄, 권준, 권제신, 이기양, 이총억 등의 편지도 여러 통씩 전한다. 현재 이들 자료는 천진암 성지와 종손가에 나뉘어 소장되어 있다.[41] 태동기 교회사의 맥락과 구도를 이해하기 위해서는 이들 자료의 정리와 공개가 시급하다. 이들은 성호학맥의 핵심 인물들로, 대부분 서학에 학문적인 관심을 가졌다. 이 모든 교유의 중심에 홍유한이 있었다.

또한 초기 천주교 핵심 멤버들의 배후에는 언제나 홍유한의 인맥과 그림자가 얼비친다. 신유박해 때 순교한 홍낙민 루카는 홍유한과 한마을에 살았고, 이존창도 여사울에서 홍유한의 훈도를 받고 자랐다. 권철신과 이기양은 홍유한과 함께 남행 계획을 세워 이주를 결심했을 정도로 깊은 유대를 맺은 관계였다.

홍유한의 서학 공부, 〈방성도〉와 서방 성인의 일

성호가 홍유한에게 보낸 1755년 1월 20일 편지에 흥미로운 대목이 보인다.

> 〈방성도(方星圖)〉는 도움 되는 점이 실로 많으니, 자세히 살펴보게나. 관상(觀象)의 여러 그림은 아마도 애초에는 외국으로부터 온 것인 듯하네. 사람과 별의 운명을 비슷이 보는 것 또한 연유가 있겠으나, 저쪽이 옳고 이쪽이 그르다네.[42]

저쪽이 서양이고, 이쪽은 중국을 말한다. 그런데 '방성도' 바로 앞 네 글자를 먹물로 까맣게 지워놓았다. 서학과 관련된 서명으로 짐작되나 판독이 불가능하다. 필사자가 이를 지운 이유는 이것이 서학 중에서도 천주학과 관련해 예민한 내용을 담은 책이었기 때문일 것이다. 지워진 책 이름이 자꾸 궁금해진다. 당시 홍유한은 30세였으니, 홍유한의 서학 공부는 연원이 오랜 것이다. 《성호사설》에 〈방성도〉에 관한 항목이 따로 있다.

〈방성도〉는 1711년 흠천감에서 일하던 이탈리아 선교사 민명아(閔明我, Philippus Maria Grimardi, 1639~1712)가 동양의 별자리를 유럽의 작도법에 따라 제작한 육면체 지도다. 현재 서울역사박물관에 소장된 채색 사본 〈방성도〉가 남아 있다. 1764년 오산(梧山) 서창재(徐昌載, 1726~1781)가 제작한 것이다.[43] 흥미롭게도 서창재는 홍유한의 순흥 이주를 도와 근거지를 제공한 장본인이기도 하다. 서창재가 그렸다는 이 〈방성도〉는 성호에게서 나와 홍유한을 거쳐 그에게 전달된 것으로 추정된다.

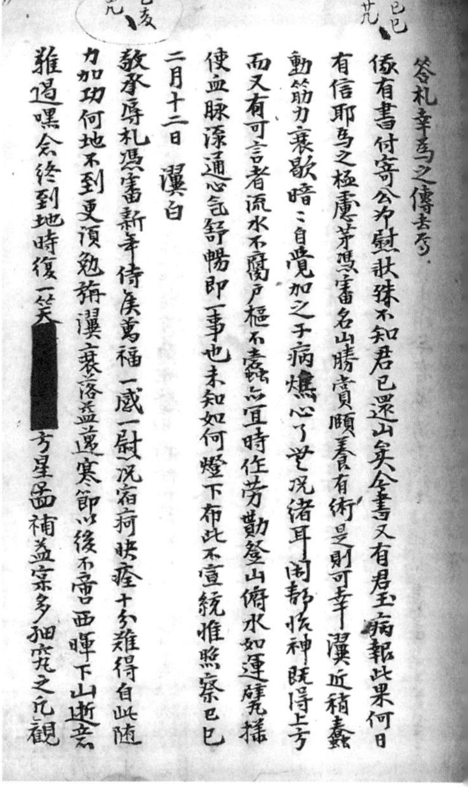

성호가 홍유한에게 보낸 편지. '방성도' 앞 네 글자가 까맣게 지워져 있다. 종손가에 소장된 《가장간첩》에 수록되어 있다.

홍유한이 서학서, 그중에서도 《칠극》에 몰두한 것 또한 성호의 영향으로 알려져 있다. 이 밖에도 가장(家藏) 문헌 속에는 서학과 관련된 홍유한의 관심과 탐구를 보여주는 편린들이 이따금 눈에 띈다. 이병휴가 1775년 홍유한에게 보낸 편지에 이런 내용이 보인다.

서창재의 채색 전사본 〈방성도〉 육면 조립도. 〈방성도〉는 이탈리아 선교사 민명아가 동양의 별자리를 유럽의 작도법에 따라 상하 2면, 사방 4면으로 제작한 육면체 지도다. 서울역사박물관 소장.

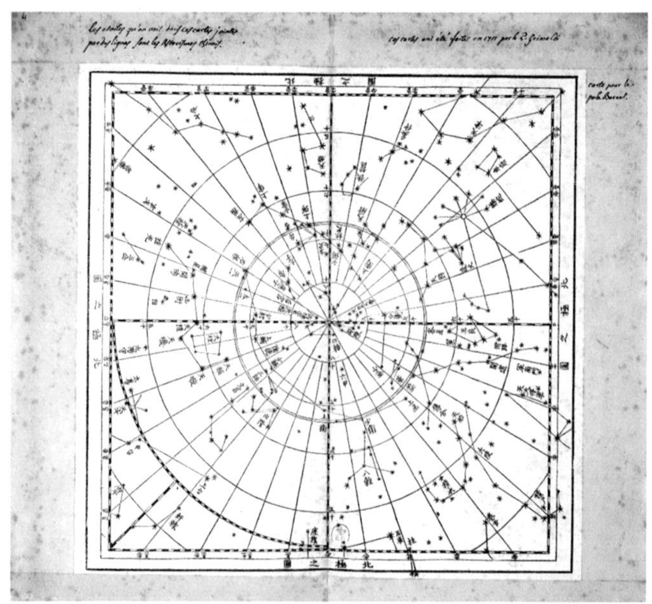

민명아의 〈방성도〉 원본.

> 듣자니 또 책상자를 지고서 산사로 들어가려 한다고 하니, 그대에게는 부득이한 계책이겠으나, 내게는 서글피 상심이 됩니다. 어느 산 어느 절에서 지내시려는지요? 비록 산에 있더라도 혹 인편을 통해 금옥(金玉) 같은 소식을 전해준다면 다행이겠습니다. 나는 눈 오는 집 얼음 언 창에서, 산 것도 아니요 죽은 것도 아닌 한 마리 벌레처럼 지냅니다. 서방(西方) 성인(聖人)의 일은 내가 아는데, 또한 이와 같이 될까 걱정입니다.[44]

맥락 없이 툭 튀어나온 '서방 성인의 일'이란 말이 턱 걸린다. 전후 문맥으로 보아, 영남으로 떠나는 일이 잠시 미뤄지면서 홍유한이 이병휴에게 편지를 보내, 책상자를 지고 산사로 깊이 들어가 서양 성인의 책을 작정하고 공부하겠다는 뜻을 밝히면서 책을 빌려달라는 요청을 했던 것으로 짐작된다. 서방 성인은 짐작건대 마테오 리치였을 것이다. 성호는 일찍이 마테오 리치를 '서방 성인'이라고 표현한 적이 있다. 이병휴가 '이와 같이 될까 걱정'이라고 한 것은 무슨 뜻으로 한 말이었을까? 뭔가 곡진한 염려를 담은 표현인 듯한데, 문면만으로는 속뜻을 알기가 어렵다.

마테오 리치의 책 두 권에 몰입하다

그로부터 6년 뒤인 1781년 8월 17일, 성호의 손자 이구환(李九煥, 1731~1784)이 순흥 구고리의 홍유한에게 보낸 편지 중에 다시 이런 사연이 나온다.

> 서태(西泰)의 책 두 권을 그대께서 아직 돌려주지 않아서 진작 물어보

려고 했더니, 아드님의 말이 근자에도 여전히 되풀이해 살펴보고 계신다더군요. 그렇다면 감히 독촉해서 찾지는 못하겠습니다. 하지만 천 리 밖의 편지는 늘 전하기 어려운 것이 염려되니, 다 보신 뒤에는 믿을 만한 인편을 찾아 속히 돌려보내주심이 어떠실는지요? 부디 간절히 바랍니다.[45]

'서태'는 마테오 리치의 자(字)다. 순흥 이주 후 6년째로 접어들던 1781년 당시, 홍유한은 성호 집안에서 빌려온 마테오 리치의 책 두 권을 본격적으로 들춰보며 혼자 천주교의 교리를 연구하고 있었던 것이다. 이구환은 책을 빨리 돌려받고 싶었지만, 아들 홍낙질의 말이 지금도 날마다 '번열(繙閱)' 즉 되풀이해 읽고 또 읽는다고 하자, 독촉을 하지는 못하겠고 그래도 빨리 돌려주었으면 한다는 뜻을 피력했다. 다만 돌려줄 때는 꼭 믿을 만한 인편을 통해서, 다른 탈이 나지 않게 해달라는 내용을 완곡하게 전달했다.

이때 홍유한이 이구환에게 빌렸다는 마테오 리치의 책 두 권은《천주실의》와《이십오언(二十五言)》이었을 것이다.《이십오언》은 1791년 호서관찰사 박종악(朴宗岳, 1735~1795)이 정조에게 올린 보고를 모은《수기(隨記)》가운데, 홍주(洪州)에서 압수해 소각한 서책 목록 가운데 두 차례나 등장한다.[46]《기인십편》은 분량도 길지 않은 데다, 소각 목록에 한 차례도 보이지 않는다. 또《천주실의》와《이십오언》이 명말 이지조(李之藻, 1565~1630)가 간행한 서학서 총서인《천학초함(天學初函)》에 나란히 실려 있기도 하다.

《천주실의》야 워낙에 알려진 것이고,《이십오언》은 천주교의 교리에 맞춰 25가지 삶의 문제에 대해 논의한 잠언서다. 이 책은 헬레니즘 시대 에픽테토스(Epictetus)가 쓴《엥케이리디온(Encheiridion)》을 마테오 리치가 천주교의 교리에 맞춰 재정리한 것이다. 피타고라스의 윤회론을 비판하면서 오직 한 분의 신이 천지만물을 창조하고 주관하심을 증명했다. 불교에 대한 우회적 비판과 함께 스토아철학의 핵심 내용을 천주교 교리에 얹어 선교 목적으로 중국인에게 소개했다. 이 들 책은 중국인에게 익숙한《논어》의 어록체를 적절하게 활용함으로써 중국 지식인들의 호응을 빠르게 이끌어냈다.[47]

홍유한이 마테오 리치의 책 두 권을 읽은 일과, 앞서 이병휴가 편지에서 말한 '서방 성인의 일'은 무관치 않은 것으로 보인다. 1724년 성호는 제자 신후담이 마테오 리치에 대해 물었을 때, 그의 학문은 결코 가볍게 볼 수 없다고 하면서, 그가 도에 나아간 바를 가지고 논한다면 그 또한 성인이라 할 수 있다고 언급한 적이 있기 때문이다. 이에 대해서는 2부 〈1. 성호의 진의〉에서 상세히 살피겠다.

이구환의 이 편지는 1781년 당시 순흥 이주 이후 홍유한의 주요 관심사가 천주교에 대한 본격적인 공부였음을 분명하게 말해주는 유력한 증거가 되기에 충분하다. 그는 일반적으로 알려진 것처럼 막연하게 수덕생활만 실천한 것이 아니라, 은수자(隱修者)로 살면서 작정하고 천주교의 핵심 교리를 진지하게 탐구하고 있었다.

이 밖에 현재 천진암 문서 중 홍유한이 베껴쓴 알레니(Giulio Aleni, 艾儒略, 1582~1649)의《직방외기》서문 등이 친필로 남아 있다. 이 책은 당시까지 왕래가 없던 먼 나라들의 풍토와 제도, 기후 등에 대해 자세히 적고 지도까지 첨부한 세계 인문지리서다. 이 또한《천학초함》제3책에 실려 있다.

젊은 날 성호를 통해 서학서를 처음 접한 이래로 홍유한의 서학 공부는 순흥 이주 후 점점 더 뚜렷하게 종교적 색채를 더해가고 있었던 것이다.

5. 권철신의 남행 계획과 그들이 꿈꾼 공동체

제가 공을 저버렸습니다!

홍유한의 순흥 이주 후 그를 따르던 권철신과 이기양, 홍낙민 등 신진 학자 그룹 사이에서 홍유한을 중심으로 학문공동체를 계획해 실천에 옮기려 한 흔적이 여러 글에 나타난다. 여기서는 조선에서 천주교 신앙의 태동을 알리는 이 같은 움직임에 대해 살펴보겠다.

1785년 홍유한의 부고를 듣고 권철신이 지은 제문은 이렇게 마무리된다.

> 아! 한 구역의 땅에 터를 잡아 손을 잡고서 함께 돌아가는 것은 제가 예전부터 품었던 소원이었습니다. 또한 동지 몇 사람이 십수 년 동안 주도면밀하게 준비한 계획은 마침내 일과 마음이 어긋나 중도에 흩어지고 말았습니다. 공 홀로 천 리 밖 영남에서 지내게 한 채 한 명도

현재 경북 영주 단산면 구구리에 위치한 홍유한 옛집의 복원 전 모습. 홍기홍 제공.

> 따라가지 않아, 살아서는 서로 힘이 되지 못했고, 죽어서도 서로 알지 못했으니 제가 공을 저버림이 크다 하겠습니다.[48]

동지 몇 사람과 영남 지역으로 이주해 함께 살면서 공부하기로 한 계획을 생전에 이루지 못해 안타까워한 내용이다. 홍유한은 충청도 예산 여사울에 살다가 1775년 경상도 순흥의 구고리(지금의 영주시 단산면 구구리)로 터전을 옮겼다. 그의 이주는 스승 성호가 오래전부터 꿈꿨던 유학의 본고장이라 할 영남에서의 정착을 결행한 것이어서, 동료 선후배 학자들의 지지와 선망을 한 몸에 받았다. 하지만 그의 이주는 그 혼자만이 아닌, 권철신과 이기양 등 뜻 맞는 후배들과의 공동 이주 계획에 바탕을 둔 것이었고, 이 공동 이주의 첫 단추를 홍유한이 앞장서서 실행에 옮긴 것이었다.

1763년 성호 이익의 사망 뒤에 성호학파의 중심은 경기도 안산에서 충청도 예산으로 옮겨갔다. 성호의 조카 정산(貞山) 이병휴(李秉休, 1710~1776)가 그 중심에 있었다. 그는 성호의 영향으로 진작 《칠극》 같은 서학서를 접하고 있었고, 애초에 홍유한이 예산 땅으로 이주를 결심한 것도 개인적인 상황에 더해 성호학파의 재편 구도와 맞물려 있었을 것으로 짐작된다.

당시 권철신이 이병휴에게 보낸 편지에는 성호의 유집을 어서 정리해 정본을 만들어야 한다고 거듭 재촉하고 있다. 이병휴는 《성호전집》을 베껴쓰는 기초 작업조차 이루어지지 않은 데다, 자신의 건강과 집안일로 인해 이 작업에 온전히 몰두하지 못하는 사정을 전하며 답답해했다.[49]

이병휴와 성호학파 소장 그룹

하지만 이병휴의 양명학적 사고와 서학에 대한 개방적 태도는 성호학파 소장 그룹을 열광시켰다. 그의 문집 《정산고(貞山稿)》에는 서양 선교사와 서학서에 대한 내용들이 포함돼 있다. 권철신, 이기양, 그리고 이벽 등 차세대 성호학파를 대표하는 신진기예들이 예산을 드나들기 시작하면서 이들은 독특한 색깔을 띤 한 흐름을 만들어가기 시작했다. 주자학에 대한 비판적 관점이 양명학 수용으로 이어졌고, 이것이 다시 서학으로 경사(傾斜)되는 선상에 이들은 서 있었다. 아니 어쩌면 서학과의 접촉이 주자학에 대한 회의를 불러, 그 접점을 찾기 위해서 양명학 쪽을 들여다보았다는 설명이 더 적절할 수도 있겠다.

이벽만 해도 1774년 예산까지 직접 내려가 6~7개월간 이병휴를 스승으로 모시고 착실하게 공부했다. 이벽이 집으로 돌아간 뒤 이병휴는 세 번이나 편지를 보내 그의 공부를 독려하기까지 했다. 이 내용은 이병휴를 조문한 이벽의 유일한 친필 제문 속에 남아 있다. 이 제문은 1776년 10월 15일에 쓴 것이다.[50]

1775년 홍유한과 권철신 그룹의 갑작스러운 영남 이주 계획은 이병휴의 학문 자장에서 한 번 더 벗어나, 서학의 사유를 받아들이는 좀 더 전위적인 학술집단의 실험을 꿈꾼 것이었던 듯하다. 이병휴는 1775년 3월 〈영남으로 가는 홍사량을 전송하며(送洪士良儒漢之嶺南序)〉에서, 성호가 일찍이 "지금 세상에 인륜이 있는 고장을 구하려 한다면 영남을 버리고 어디로 가겠는가?"라고 한 말을 제시하며, 그 꿈을 홍유한이 마침내 이루게 된 것을 축하하고 부러워한다고 적었다.[51] 이병휴는 이듬해 세상을 떴다.

좌절된 남행 계획

하지만 이들의 남행 계획은 실행 단계에서 여러 가지 암초를 만났다. 천진암 성지에 전하는 홍유한가 서간 수백 통 중에는 당시 권철신이 홍유한 집안에 보낸 편지 여러 통이 포함돼 있다. 1776년 2월 24일의 편지는 홍유한이 영남으로 이주한 이듬해인 1776년 초에 홍유한의 아들 홍낙질의 아내 권씨가 갑작스레 세상을 떴다는 소식을 듣고 홍낙질에게 위로차 보낸 글이다. 그중 한 대목을 소개한다.

> 우리가 남쪽으로 넘어가려는 계획(南踰之計)은 실은 곤궁하여 스스로 밥을 먹지 못하는 데서 나왔으니, 하늘의 궁액이 족히 미치지 않을 것

> 같았지요. 올해 형께서 배필을 잃은 것은 형 집안의 흥망과 관계된 것일 뿐 아니라 우리도 대부분 낭패스럽습니다. 이기양은 중도에 머물고 있는 데다, 야능(也能) 권제신(權濟身) 또한 7분(分)은 물러선 상태여서, 마침내는 어찌 될지 모르겠군요. 하지만 제 생각에 앞 언덕의 배치는 형세가 중도에 그만두기가 어렵고, 게다가 형의 집안만 홀로 괴로움을 겪게 할 수는 없습니다. 더구나 저는 가을이 되면 짐을 싸서 안식구를 보낼 생각이고, 권제신도 산 밖에서 여름을 지내고 싶어 합니다.[52]

편지의 문면상 수신자는 홍낙질이나, 실제로는 홍유한에게 상황 보고 비슷하게 전달한 편지였다. 당시 이기양은 영남으로 이주할 준비를 모두 마친 상태에서 이 소식을 듣고, 어찌할 바를 몰라 외가가 있던 남천(南川), 즉 경기도 이천(利川)에 임시로 체류하고 있었다. 권철신의 아우 권제신 또한 이러지도 저러지도 못하는 어정쩡한 상태로 사태를 관망 중이었다. 그렇지만 약속을 물리기에는 너무 늦은지라 가을에는 가겠다는 뜻을 피력했다.

이어 1776년 4월 24일의 편지에서는 또 이렇게 썼다.

> 일이 박두하였는데, 이제 낭패스러움을 어찌 말하겠습니까? 수중에 아무것도 없으니 속히 가서 주선하지 않을 수 없겠습니다. 하지만 또 말이 병이 나서 떠날 수가 없군요. 우리가 남쪽으로 내려가려던 계획을 하늘이 기필코 이렇게까지 훼방 놓으려 하는 걸 보니 참으로 또한 이상합니다. 하지만 제 생각에 진실로 물리기는 어려워서, 가을이 지나 안식구라도 짐을 싸서 보내려고 합니다. 집 아우에게 모두 일러두었지만, 다만 꾀하는 일이 매번 어그러지고 마니 이것이 고민입니다.[53]

이들의 남행 계획은 이미 취소하기 어려울 정도로 구체화되어 있었던 것으로 보인다. 자신의 원래 근거지에 있던 집과 토지도 처분한 상태였던 듯하다.

한 달 뒤인 5월 24일에 권철신은 다시 "남쪽으로 이사하는 문제는 지금 다시 의논함이 없지만, 이곳의 집과 땅은 지금은 조금도 아까운 마음이 없습니다"라고 했다.[54] 집과 땅을 모두 처분한 상태였음에도 그사이에 남행 계획을 완전히 접게 된 사정이 감지된다.

이존창과 권철신

그런데 이 편지의 끝에 묘한 사연이 덧붙었다.

> 이기양 또한 무사하고, 그 아들 총억이 이제 막 와 저 있는 곳에서 배우고 있습니다. 존창이라는 자가 또한 따라와서 고풍(古風)의 체제로 지었는데, 자못 재주가 있어서 기뻐할 만합니다. 아드님께는 편지를 쓰지 못하였으니 이런 제 마음을 전해주시기 바랍니다.[55]

여기서 난데없이 '내포의 사도'로 초기 천주교회의 주역 중 한 사람이었던 이존창(李存昌, 1759~1801)의 이름이 불쑥 튀어나온다. 이존창은 알려진 대로 이전에 홍유한이 살았던 예산 여사울 사람이다. 당시 18세였던 이존창이 권철신에게 가서 공부한 것은 그의 스승이었던 이기양과 홍유한의 뜻이었을 것이다. 홍유한은 서울에서 과거시험 준비를 하던 자신의 아들 홍낙질까지 그리로 보내 공부 모임에 합류시켰다.

이존창의 이름은 1777년 8월 8일의 편지에서 "여행 중에 이기양과 함께 이존창의 집을 빌려 유숙하였다"고 한 것에서 한 번 더 확인된다.[56] 이때 두 사람이 예산을 다시 찾은 것은 이병휴의 탈상과 미처 마무리하지 못한 성호의 유고 정리와 수습 때문이었을 것이다. 하지만 성호의 원고는 난필의 초고뭉치여서, 1774년 이병휴가 1차 정리를 마친 뒤에도, 질서류(疾書類) 저작은 손조차 못 대고 있었다. 이것이 일부나마 본격적으로 정리된 것은 다시 근 스무 해가 더 지난 1795년, 금정찰방으로 좌천되어 내려와 있던 다산 정약용이 이삼환을 좌장으로 모시고 모임을 주도했던 온양 봉곡사의 서암강학회에서였다.[57]

오래 꿈꿨던 남도(南渡) 계획이 최종 무산되자, 권철신은 다음 행동으로 자신이 살던 양근에서 이 같은 학문공동체의 꿈을 실행에 옮기고자 했다. 권철신, 이총억, 이존창, 그리고 홍유한의 아들까지 10여 명의 젊은이가 합류한 상태에서 그들은 더 이상 미룰 수 없는 공부를 시작했다. 이때 그들이 한 공부의 내용은 무엇이었을까? 단순한 과거 시험 공부뿐이었을까?

6. 주어사 강학회의 공부 내용

두 번 갖지 못할 성대한 자리

다산이 환갑을 맞아 지은 6편의 묘지명은 자신을 포함해 천주교 문제로 죽은 이가환, 권철신, 이기양, 정약전, 오석충 등 여섯 사람이 사실은 천주교도가 아니었음을 밝히자고 쓴 글이다. 그랬던 것이 《한국천주교회사》에 인용된 다산의 《조선복음전래사》에서는 기술 내용이 자못 달라졌다. 그 달라진 부분을 겹쳐서 보면, 바뀐 다산의 생각과 그가 굳이 드러내고 싶지 않아 했던 지점이 보인다. 여기서는 이 점에 대해 살펴보겠다.

먼저 권철신에 대해 쓴 〈녹암묘지명(鹿菴墓誌銘)〉을 보자.

> 선형(先兄) 정약전이 폐백을 들고 권철신 공을 스승으로 섬겼다. 예전 기해년(1779) 겨울에 천진암과 주어사에서 강학하였는데, 눈 속에 이

권철신은 1779년 겨울 주어사에서 제자들과 열흘간 합숙생활을 해가며 천주교 교리 연구 모임을 주관했다. 사진은 경기도 여주시의 주어사 터 전경. 임성빈 제공.

> 벽이 한밤중에 도착해 등촉을 밝혀 경전을 담론하였다. 그로부터 7년 뒤에 비방이 생겨났으니, 이것이 성대한 자리는 두 번 갖기가 어렵다는 것이다.[58]

다산은 천주교와 관련된 기술을 할 때는 극도로 몸을 사리고 말을 아꼈을 뿐 아니라 상당한 검열을 가했다. 그럴수록 행간을 잘 살펴야 한다. 강학 장소로는 천진암과 주어사 두 곳을 특정했는데, 〈선중씨묘지명(先仲氏墓誌銘)〉에서는 주어사만 말했다. 실제 1779년 겨울의 강학 장소는 천진암이 아닌 주어사라야 맞다. 천진암을 앞에 넣은 것은 이벽이 천진암을 거쳐서 주어사로 넘어온 것을 확인키 위해서다. 마재에 들렀다가 강학회 소식을 들었을 때 이벽은 다산 형제와 이전에도 찾곤 했던 천진암에서 모임이 열린 것으로 생각했다. 막상 밤중에 도

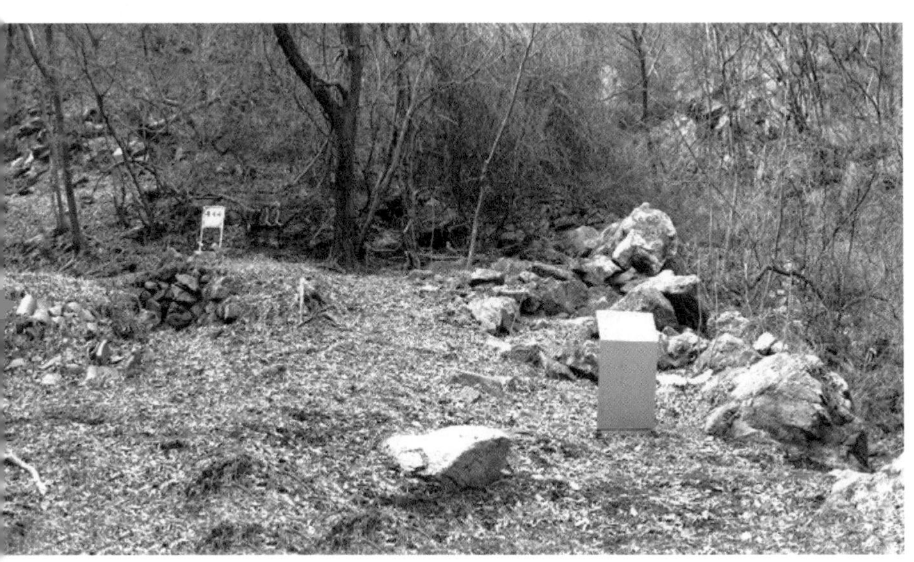

착해서 보니 천진암에는 아무도 없었고, 산 너머 주어사임을 알았을 것이다. 두릉에서 그곳으로 찾아갔을 경우 이 코스밖에는 없다. 둘째 형 정약전에 대해서 쓴 〈선중씨묘지명〉에는 이벽이 안 나오므로 주어사만 말했다. 이들은 당시 주어사에서 근 열흘간 밤새 등불을 밝혀가며 '담경(談經)'했다.

그런데 막상 글을 보면 담론의 구체적인 내용은 한 마디도 설명하지 않고, 불쑥 7년 뒤에 일어난 비방으로 문맥이 건너뛴다. 중간에 마땅히 있어야 할 내용이 잘려나간 것이다. 7년 뒤는 1785년으로, 바로 명례방에서 얼굴에 분을 바르고 청건(靑巾)을 쓴 이벽의 주재로 미사를 드리다가 순라꾼에게 적발된 을사년 추조(秋曹) 적발 사건을 가리킨다. 주어사에서 열흘간 밤새 경전을 두고 담론했는데, 7년 뒤 똑같은 멤버들이 함께한 자리로 문제가 일어났다는 뜻이다. 당시 주어사에서 이들이 읽은 경전이 유가 경전만이 아니었다는 의미이기도 하다. 다산은 이때의 모임을 '성연(盛筵)', 즉 두 번 다시 없었던 성대한 자리라고 표현했다.

잠심하여 지내면서 하느님을 찬양하라!

여기서 다시 〈선중씨묘지명〉의 기술로 눈길을 돌려보자.

> 둘째 형님이 일찍이 겨울에 주어사에서 머물며 강학하였다. 모인 사람은 김원성, 권상학, 이총억 등 몇 사람이었다. 권철신이 직접 규정을 주어, 새벽에 일어나면 언 샘물을 움켜 세수하고 양치한 뒤 〈숙야잠〉을 외우고, 해가 뜨면 〈경재잠〉을 외우며, 정오에는 〈사물잠〉을 외우고, 저물녘엔 〈서명〉을 외우게 했다. 장엄하면서도 공경스러워 법도를 잃지 않았다. 이때 이승훈 또한 스스로 힘껏 절차탁마하여 서쪽 교외에 나아가 향사례(鄕射禮)를 행하였다. 심유(沈浟)를 빈(賓)으로 삼았는데, 모인 사람이 100여 명이었다.[59]

이들은 송나라 때 유학자인 진백(陳栢)의 〈숙흥야매잠(夙興夜寐箴)〉과 주자의 〈경재잠(敬齋箴)〉과 〈사물잠(四勿箴)〉, 그리고 장재(張載)의 〈서명(西銘)〉을 일과에 따라 함께 외우며 마음 자세를 다잡았다. 물론 이것은 공부의 마음가짐을 가다듬기 위한 암송이었고, 이들이 토론한 내용은 아니었다. 그런데 막상 이들이 읽었다는 글도 행간을 따져보면 묘한 구석이 많다.

다음은 〈숙흥야매잠〉의 한 대목이다.

이 마음을 이끌되	提掇此心
돋는 해와 같이 밝게.	皦如出日
엄숙하고 단정하며	嚴肅整齊
마음 비워 고요하게.	虛明靜一

〈경재잠〉의 서두는 이렇게 시작된다.

의관을 바로 하고	正其衣冠
우러러 높이 보며,	尊其瞻視
잠심하여 지내면서	潛心以居
하느님을 찬양하라.	對越上帝

그런가 하면 하루를 마치며 외는 〈서명〉의 끝부분은 이렇게 마무리된다.

부귀와 복과 은택	富貴福澤
내 삶 풍요롭게 하고,	將厚吾之生也
빈천과 근심 걱정	貧賤憂戚
날 귀하게 하심이라.	庸玉汝于成也
살아선 내 순종해 섬기고	存吾順事
죽어선 나 편안하리.	沒吾寧也

유가의 글임에도 그 내용들이 범상치가 않고, 흡사 기도문의 느낌이 난다. 하지만 다산의 〈선중씨묘지명〉 또한 이들이 했다는 경전 공부에 대해서는 일언반구의 언급도 없다.

이어지는 이승훈 관련 대목 바로 앞에 내용 한 단락이 또 빠졌다. 다산의 자형인 이승훈은 주어사 강학에는 정작 참석하지도 않았다. 문맥상 이 대목은 돌출하여 툭 튀어나오는 느낌이다. 실제 이승훈이 참여한 향사례는 기록을 찾아보니 1년 전인 1778년 연말에 열렸다.[60] 모임을 주관했던 심유는 서학을 반대하는 입장에 선 인물이었다. 향사례 집회는 주어사 모임과는 성격도 전혀 달랐다. 하지만 다산은 주어사에서 강학한 사람들의 공부와 이승훈의 향사례를 나란히 병치시켜 둘 사이에 연속성을 부여하려 했다. '이들도 공부했지만 이승훈도 노력했다. 그리고 7년 뒤에 이들의 공부는 비방을 불러왔다.' 이렇게 연결 지으려 한 것이다. 대단히 어색한 배치다. 그들은 과연 무엇을 공부했던가?

《천주실의》, 《영언여작》, 《칠극》을 읽다

다산은 그 답에 대해 6편의 묘지명에서는 입도 뻥끗하지 않았다. 오히려 부정했다. 그런데 샤를 달레(Claude Charles Dallet, 1829~1878)의 《한국천주교회사》 속에 보이는 기술은 이것과 명백히 다르다. 내용이 너무 길어 건너뛰며 읽는다.

> 연구회는 10여 일이 걸렸다. 그동안 하늘, 세상, 인성 등 가장 중요한 문제의 해결을 탐구했다. 예전 학자들의 의견을 모두 끌어내 하나하나 토의했다. 그다음으로 성현들의 윤리서를 연구했다. 끝으로 서양 선교사들이 한문으로 지은 철학, 수학, 종교에 관한 책들을 검토하고 그 깊은 뜻을 해득하기 위해 가능한 한 모든 주의를 집중시켰다.

> (……) 중국에서 들여온 과학 서적 중에는 종교의 초보적 개론서도 몇 가지 있었다. 그것은 하느님의 존재와 섭리, 영혼의 신령성과 불멸성 및 7죄종을 그와 반대되는 덕행으로 극복함으로써 행실을 닦는 방법 따위를 다룬 책들이었다. (……) 완전한 지식을 얻기에는 설명이 부족했지만, 읽는 것만으로도 그들의 마음이 움직이고, 그들의 정신을 비추기에 넉넉하였다.[61]

이 대목은 달레가 명백하게 밝혔듯이, 지금은 전하지 않는 다산의 《조선복음전래사》에 근거를 두고 끌어온 인용이다. 다산의 이 책에 대해서는 11부에 따로 자세히 설명하겠다. 열흘간의 강학회는 옛 성현의 경전과 윤리서에 대한 토론을 거쳐, 서양 선교사들이 쓴 '종교의 초보적 개론서'의 검토로 넘어갔다. 읽은 책은 첫째 '하느님의 존재와 섭리', 둘째 '영혼의 신령성과 불멸성', 셋째 '7죄종을 그와 반대되는 덕행으로 극복함으로써 행실을 닦는 방법'을 다룬 책이었다. 첫째는 《천주실의》, 둘째는 《영언여작》 또는 《주제군징》, 셋째가 《칠극》을 지칭하고 있다.[62] 사실 이 책들은 초보적 종교개론서 수준을 넘어서는 내용이었다. 이들은 이 서너 권의 교리서를 열흘간 강학회의 귀결처로 삼아 등불을 밝혀놓고 공부를 계속했던 것이다.

희미한 꿈의 자락

달레는 이어지는 글에서 이 같은 강학의 결과에 대해 이렇게 기술했다.

> 이들은 그 즉시 새 종교에 대해 아는 것을 전부 실천하기 시작하여, 매일 아침저녁으로 엎드려 기도를 드렸다. 7일 중 하루는 하느님 공경에 온전히 바쳐야 한다는 것을 읽은 뒤에는 매월 7일, 14일, 21일, 28일에는 다른 일은 모두 쉬고 묵상에 전심하였으며, 또 그날에는 육식을 피하였다. 이 모든 것을 아무에게도 말하지 않고 극히 비밀리에 실천하였다.[63]

비록 오래 계속되지는 않았지만, 초보적 신심의 단계로 진입하는 발판이 이 열흘간의 집중 학습을 통해 마련된 것이다. 이 대목의 기술이 앞서 홍유한의 수덕생활을 묘사한 대목과 비슷한 것도 흥미롭다.

1775년 홍유한이 영남으로 거주지를 옮길 때, 권철신과 그의 아우 권제신, 그리고 이기양 등은 함께 영남으로 이주해 새로운 학문결사를 구성하려 했으나 여러 사정이 꼬이면서 무위로 돌아가고 말았다. 젊은 시절《칠극》등의 책을 읽다가 한껏 고무되어 이 같은 가르침을 실천에 옮기는 학문과 신앙의 공동체를 꾸려나가려던 꿈이 막판에 무산되면서, 그 같은 열망이 주어사의 강학회로 이어진 것이다.

권철신은 홍유한과 멀리 떨어져 지내면서도 해묵은 언약을 기억해, 1776년부터 공부 모임을 시작해서 1779년 겨울 주어사에서는 제자들과 열흘 넘게 합숙생활을 해가며 천주교의 교리를 연구하는 모임을 주관했다. 이제 와서 그 희미한 꿈의 자락을 자세히 붙들 길 없어 안타깝다.

7. 권철신과 주어사의 젊은이들

주어사 강학회의 참석자들

권철신은 1776년 5월 24일 홍유한에게 쓴 편지에서, 이총억과 이존창, 그리고 홍유한의 아들 홍낙질 등 10여 명의 젊은이가 공부에 동참했다고 썼다.[64] 또 세 해 뒤인 1779년 주어사에서 열린 겨울 공부에는 김원성, 권상학, 이총억, 정약전이 참석했고 뒤늦게 이벽이 합류했다. 두 모임에 모두 참석한 것으로 확인되는 사람은 이총억이다. 이존창과 권상학도 두 모임에 함께 참여했을 가능성이 높다. 그렇다면 강학 모임은 1779년 한 해만 이루어진 것이 아니고, 영남행이 좌절된 1776년 이래 해마다 열렸던 것으로 보아 큰 무리가 없다.

특별히 주어사 강학회에 참여한 사람들의 면면을 살펴보자. 김원성은 권철신의 누이 '안동 권씨'의 사위이고, 권상학은 권철신의 아우 권일신의 장남이며, 이총억은 이기양의 맏아들이자 권철신의 사위다.

정약전은 권철신의 제자였고, 이벽은 정약전의 형 정약현의 처남이면서 권철신과 같이 이병휴의 문하였다. 혈족과 인척, 동문으로 얽힌 구성이었다.

1779년 당시 참석자의 나이를 보면, 권철신이 당년 44세, 김원성은 22세, 권상학은 19세, 이총억은 16세, 정약전은 22세, 이벽이 26세였다. 3년 전인 1776년 당시에는 이총억이 고작 13세였고, 이존창이 18세, 홍낙질은 23세였다.

권철신의 조카사위 김원성

주어사 강학회 참석자 명단에 첫 이름을 올린 이는 김원성(金源星, 1758~1813)이다. 그는 본관이 선산(善山)이다. 1789년에 간행된 《선산김씨세보(善山金氏世譜)》 권2에 그의 이름이 나온다. 족보에 따르면, 그는 자가 윤구(潤九)다. 한양 조씨(趙氏) 정기(鼎基)가 부인 안동 권씨와의 사이에서 낳은 딸과 결혼했다. 조정기의 부인이 권철신의 누이이므로, 김원성은 권철신의 조카사위가 된다.

국립중앙도서관에 《감호수창첩(鑑湖酬唱帖)》이라는 시첩이 있다. 1773년 4월 권철신의 부친 시암(尸庵) 권암(權巖, 1716~1780)이 벗이자 아들 권숙신의 장인인 벽옹(癖翁) 홍한보(洪翰輔)와 동둔(東屯)이라는 호를 가진 이름을 알 수 없는 이와 함께 감호에서 여러 날 뱃놀이로 유람하며 노닌 일을 각자 10여 수의 시로 지은 것이다.[65] 여기에 권철신과 제신(濟身), 숙신(淑身) 및 손서(孫壻) 김원성이 화운하여 합첩했다. 숙신은 다섯째 아들 권익신(權翼身)의 바꾸기 전 이름으로 보인다.

《감호수창첩》의 첫 면에 찍은 큰 도장은 인문(印文)이 이렇다.

> 안동 후인 권씨 암(巖)은 자가 맹용, 호는 시암, 병신년(1716)에 태어났다. 아들 다섯을 두었는데, 늙어서 감호의 남쪽에 은거하였다.[66]

권철신 집안이 권암 노년에 감호의 남쪽으로 거주를 옮겼다는 뜻이다. 감호의 남쪽이란 권철신의 집이 있던 한 감개를 가리킨 것으로 보인다.

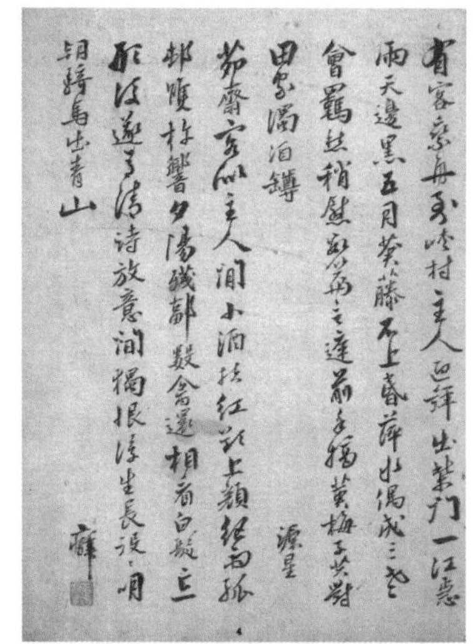

《감호수창첩》에 실린 김원성의 시(위)와 권철신의 부친 권암의 인적 사항이 적힌 인장(아래). 국립중앙도서관 소장.

사람마다 도장을 찍은 이 아름다운 시첩에는 다섯 아들 중 셋째 일신(日身)과 넷째 득신(得身)의 시는 없고, 외손녀와 결혼한 김원성이 16세의 어린 나이로 참여해 2수의 시를 남겼다. 나이에 비해 시의 수준이 상당히 높다.

한편, 한 해 뒤인 1774년 1월 21일 권철신이 홍유한에게 보낸 편지 속에 김원성에 관한 내용이 보인다.

> 김원성이 멀리로부터 와서 글을 읽는데, 문학이 전보다 많이 진전되어 벗이 찾아오는 즐거움이 없지 않으니 다행스럽다 하겠습니다. 하지만 흉년에 살림이 가난해 생활이 몹시 어려우니 어찌하면 좋습니까?[67]

권철신의 조카사위로 당시 17세밖에 안 된 김원성을 홍유한이 알고 있었다는 이야기다. 김원성의 부친인 김성흠(金省欽)의 부인이 홍유한과 가까운 일족이었다. 김원성은 홍씨 부인의 소생이 아닌 양자로 들어간 아들이었다. 하지만 이후 김원성은 노선을 변경해 공서파(攻西派)의 일원이 되었다. 1785년 을사추조적발 당시에 성균관 학생으로 있으면서, 진사 이용서(李龍舒) 등이 천주학을 배척하는 통문을 올릴 때 이기경 등과 함께 연명자 명단에 이름을 올렸다.

권일신의 맏아들 권상학

두 번째로 나온 이름이 권상학(權相學)이다. 아버지는 권일신이고, 어머니는 안정복의 3남 1녀 중 외동딸이다. 족보에 따르면, 권상학은 자가 사보(思甫)이고, 부인은 홍유한과 가까운 일족인 풍산 홍씨 우보(羽輔)의 딸이다. 그의 생년은 1761년으로 추정된다.

권일신은 아들 셋과 딸 하나를 두었다. 장남이 상학이고, 차남은 상발(相發), 삼남은 후에 권철신의 양자로 들어간 상문(相問)이다. 권상문은 34세 나던 1801년 신유박해 때 순교했다. 딸 권 테레사는 조숙(趙塾)과 결혼해 동정 부부로 살다가 1817년 3월에 체포되어 2년간 옥중에서 갖은 고초를 겪었고, 1819년 8월 3일에 부부가 함께 순교했다.[68]

권상문의 부인은 동복 오씨다. 다산이 쓴 비전(祕傳) 묘지명의 5인 중 한 사람인 오석충(吳錫忠)의 딸이다. 동복 오씨 또한 시아버지 권철신에게 천주 교리를 배웠다 하여 신유박해 때 사학죄인(邪學罪人)으로 형을 받고 전라도 순천으로 유배되었다. 오석충은 1801년 3월에 권상학과 함께 임자도에 유배되었다가, 1806년 9월에 임자도에서 세상을 떴다.

권상학은 1785년 을사추조적발 당시, 아버지 권일신을 따라 이총억 등과 함께 추조에 들어가서 성상(聖像)을 돌려달라고 한 5인 중 한 사람이다. 당시 이들은 자신들도 김범우와 함께 형벌을 받게 해달라며, "속히 육신을 버려 영원한 천당에 오르기를 원할 뿐"이라고 하여, 형조판서 김화진을 경악시켰다.[69] 임자도로 귀양 간 이후 정황은 알려지지 않아, 그의 정확한 몰년과 죽은 장소 또한 분명치 않다. 당시 임자도에는 윤유일의 부친 윤장(尹鏘)도 유배 가 있었다.

이기양의 맏아들이자 권철신의 맏사위 이총억

이총억(李寵億, 1764~1822)은 이기양의 맏아들이자 권철신의 맏사위다. 자는 창명(滄溟), 1795년 식년시에 진사로 뽑혔다. 동생은 방억(龐億)이다. 두 형제는 모두 천주학을 믿고 따랐다. 1784년 12월 14일에 안정복이 권철신과 이기양에게 보낸 편지에 이런 내용이 있다.

> 이제 듣자니 공이 경박한 젊은이들을 서사(西士)의 학문으로 이끄는 신세를 면치 못하였다고 하니, 과연 어찌하여 그런 것이오? 들으니 이가환과 정약전, 이승훈과 이벽 등이 서로 약속을 맺고 신학(新學)의 주장을 익혀 공부하며 어지럽게 오간다는 말이 입에서 입으로 낭자하게 퍼졌소. 또 들으니 문의(文義)에서 온 한글 편지 중에 그 집안의 두 소년이 모두 이 공부를 한다면서 칭찬을 그치지 않았다고 하더군요. 이 어찌 크게 놀랄 만한 일이 아니겠소?[70]

《순암부부고》와 《벽위편》에 함께 실려 있다. 당시 이기양이 문의현감으로 있었기 때문에, '그 집안의 두 소년'은 그의 두 아들 총억과 방억을 가리킨다. 1784년에 이 편지를 썼으니, 이승훈이 북경에서 돌아와 막 천주교가 태동하고 있을 시점의 일이다.

이 편지를 받고 격앙한 이기양은 바로 안정복을 찾아가 강력하게 항의했다. 편지에 나오는 '문의에서 온 한글 편지'는 이기양의 어머니가 쓴 것이었다. 애초에 안정복은 이기양에게 보낸 편지에서, 자신의 손녀사위이자 이기양의 친동생인 이기성(李基誠)에게 서학서를 못 보게 하라고 당부하면서, 문제의 한글 편지를 증거로 댔었다. 아마도 이 한글 편지에 이기양의 모친이 손자인 총억과 방억이 천주학 공부를 열심히 한다고 기뻐하는 내용이 들어 있었던 듯하다.

다짜고짜 들이닥친 42세의 이기양이 스승뻘도 더 되는 74세의 안정복에게 "규방 안에서 일어난 일을 어째서 남에게 이야기합니까? 독서한 사람도 이렇게 합니까?"라고 따지며, 대체 무슨 화심(禍心)으로 어떤 재앙을 만들려고 이 같은 글을 보냈느냐고 앙칼지게 힐난했다. 이 일의 전후 곡절에 대해서는 2부에서 다시 자세히 살펴보겠다.

이총억도 권상학과 함께 을사추조적발 당시 처삼촌 권일신을 따라 성상을 돌려달라고 찾아간 5인 중 한 사람이다. 주어사에 함께 있었던 세 사람 중 권상학과 이총억은 을사추조적발 당시 천주학에 깊이 연관되어 있었고, 김원성은 그사이에 반대의 자리인 척사의 길로 들어서 있었다. 이렇듯 서학은 조선 젊은이들의 가슴에 불을 지르며 분화되고 확산되어가고 있었다.

8. 광암 이벽, 광야에서 외치는 목소리

강물 같은 언변과 고상한 품행

주어사 강학회 당시 깊은 인상을 남긴 이벽(李檗, 1754~1785)은 멋진 남자였다. 외모도 훤칠했지만 그는 정신의 광휘로 더욱 빛났다. 이벽은 다산의 큰형 정약현의 처남으로, 다산보다는 여덟 살 위였다. 다산은 이벽을 부를 때면 늘 앞에 '우인(友人)' 또는 '망우(亡友)'라는 말을 붙이곤 했다. 그를 마음이 통하는 벗으로 여긴 것이다.

다산의 《조선복음전래사》에서 전재한 것이 분명한 《조선순교사비망기》의 기록에서는 이벽에 대해 이렇게 썼다.

> 이벽은 키가 8척이고, 또 한 손으로 100근을 들어올릴 수 있었다. 장대하고 잘생긴 외모는 위엄이 있었고, 그래서 당연히 모든 사람의 주의를 끌었다. 그의 재능은 매우 잘 어울리는 외모에 못지않았다. 그의

1984년 김태 화백이 그린 이벽 초상화. 명동 주교좌성당 소장.

언변은 웅대하게 흘러가는 강물에 비유할 수 있었다. 모든 점에서 탁월한 지능을 타고난 그는, 사물의 이치와 도리의 참된 근거만을 찾았다. 어디서나 열심히 사물의 본질에 침투하려고 하였고, 이 나라의 경서 공부에서는 젊어서부터 그 깊은 뜻을 이해하려고 노력하였다. 이렇게 유리한 재능들은 그에게 찬란한 장래를 보장하였다. 그는 일찍부터 당시 가장 유명한 학자들의 책을 연구하는 데 전심하였고, 또 그의 노력의 성공을 보증하기 위하여 학문에서 그를 돕고 지도할 수 있는 학식 있는 모든 사람과 밀접한 관계를 유지하려고 애썼다.[71]

처음 이승훈에게 세례를 받을 때의 일에 대해서는 또 "이벽의 고상한 사상과 아름다운 행실을, 또 한편으로는 그의 열의가 어디에서나 천주교 연구를 추진하면서 또 그렇게 이 나라에 구세주의 오심을 위한 길을 준비하며 천주교를 신봉하게 한 역할을 고찰하면, 그의 사명과 그리스도의 선구자 성 요한의 사명 사이에는 근거 있는 어떤 유사점이 있는 것처럼 보였고, 그래서 그는 세례에서 '요한 세례자'로 불리기로 결정되었다"고 썼다.[72]

그의 호 광암(曠菴)은 "회개하여라, 하늘나라가 가까이 왔다"고 광야(曠野)에서 외친 세례자 요한의 목소리를 떠올리게 한다. 1784년 4월 15일 이벽이 두릉에서 한양으로 돌아오는 배 안에서 다산 형제에게 천지창조, 육신과 영혼의 문제, 생사의 이치를 설파하던 장면, 이가

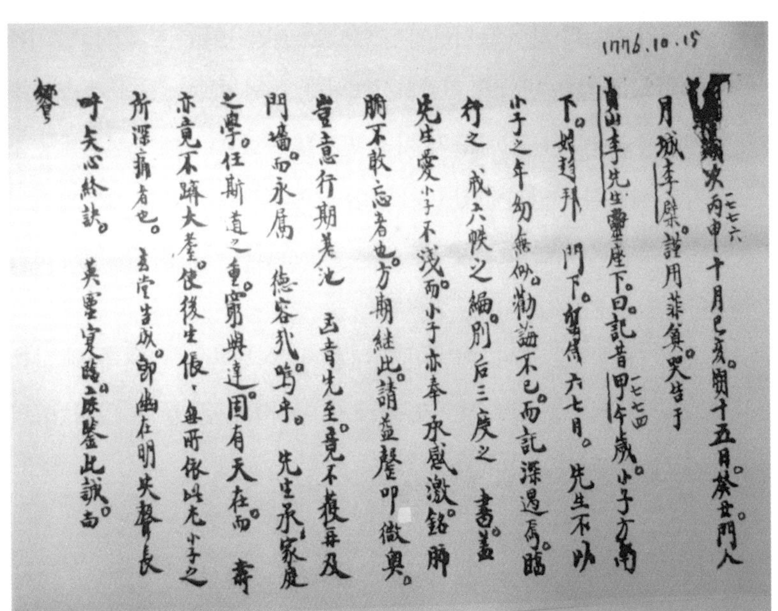
1776.10.15

維歲次丙申(一七七六)十月己亥朔十五日癸丑 門人
月城李蘗 謹用菲奠 哭告于
貞山李先生靈座下曰 記昔甲午歲(一七七四) 小子方南
下 始趨拜 門下 留侍六七月 先生不以
小子之年幼無似 勸論不已 而託深遇焉 臨
行之 戒六帙之編 別后三度之 書盖
先生愛小子不淺 而小子亦奉承感激 銘肺
腑不敢忘者也 方期継此 請益饗叩徵奧
豈意行期差池 凶音先至 竟不獲再及
門墻 而永隔 德容 我嗚乎 先生承家庭
之學 任斯道之重 窮與達 固有天在 而 壽
亦竟不躋大耋 使後生 倀倀無所依 此尤小子之
所深痛者也 玄堂告成 卽幽在明 失聲長
吁矢心終訣 英靈寔臨 庶鑒此誠 尙
饗

이벽이 친필로 쓴 〈정산이병휴제문〉.

환과 이기양을 직접 만나 담판해서 논리로 격파한 일, 이어 1784년 9월에 양근 마을 감호로 권철신을 찾아가 천주교의 도리를 설복하던 장면은 그의 호 광암의 힘을 느끼게 하기에 충분하다.[73]

이벽은 대대로 무과 출신 관료를 배출한 집안에서 태어났다. 아버지 이보만(李溥萬)이 무과를 강력하게 권했으나 듣지 않고, 오히려 예산까지 이병휴를 찾아가 유학을 공부했다. 안정복과 이병휴가 특별하게 그를 아꼈을 만큼, 성호학파 소장 그룹에서 두각을 드러냈다. 앞서 소개한 〈정산이병휴제문〉에서 이벽은 이렇게 썼다.

> 생각해보니 1774년에 소자가 남쪽으로 내려가 처음으로 나아가 문하에 절을 올리고 6~7개월을 머물며 모셨지요. 선생께서는 소자의

> 나이가 어리다 하여 무시하지 않으시고, 권면하여 가르치기를 그치지 않으셨고, 깊은 만남을 허락하셨습니다. 떠날 때는 6질의 책으로 경계하시고, 헤어진 뒤에도 세 차례 편지를 주셨으니, 대개 선생께서 소자를 아끼심이 얕지 않았고, 소자 또한 받들어 감격하여 폐부에 새겨 감히 잊지 못하는 것입니다.[74]

제문의 사연으로 보아, 이벽이 떠나온 뒤 이병휴는 그에게 세 차례나 서신을 보내는 등 지속적으로 왕래가 이어졌음을 알 수 있다. 이벽의 나이 21세 때의 일이다.

장인 권엄과 홍유한의 우정, 이덕무의 이벽 평

당시 예산 여사울에는 홍유한이 살고 있었다. 그는 이벽이 찾던 '학문에서 그를 돕고 지도할 수 있는 학식 있는 사람' 중 하나였다. 이벽의 장인은 뒤에 호조와 병조의 판서를 지낸 권엄(權欕, 1729~1801)이다. 다산이 〈두 아들에게 써준 가계〉에서 "판서 권엄은 신장이 9척이 넘고, 허리둘레와 생김새가 모두 보통 사람을 넘었다"고 쓴 바로 그 사람이다.[75]

권엄은 홍유한과는 서울 시절부터 각별한 사이였다. 홍유한 집안의 간찰 중에 권엄이 홍유한에게 보낸 편지 여러 통이 남아, 둘의 관계를 잘 보여준다. 1785년 홍유한이 세상을 떴을 때 보낸 조문 편지에서 권엄은 "선부군과 나의 우정은 사도(師道)를 겸한 것이었네"라고 쓰기까지 했다.[76] 권엄의 사위 이벽이 예산에서 6~7개월을 머물며 이병휴에게서 공부할 때 인근에 살던 장인의 친한 벗 홍유한을 방문하지

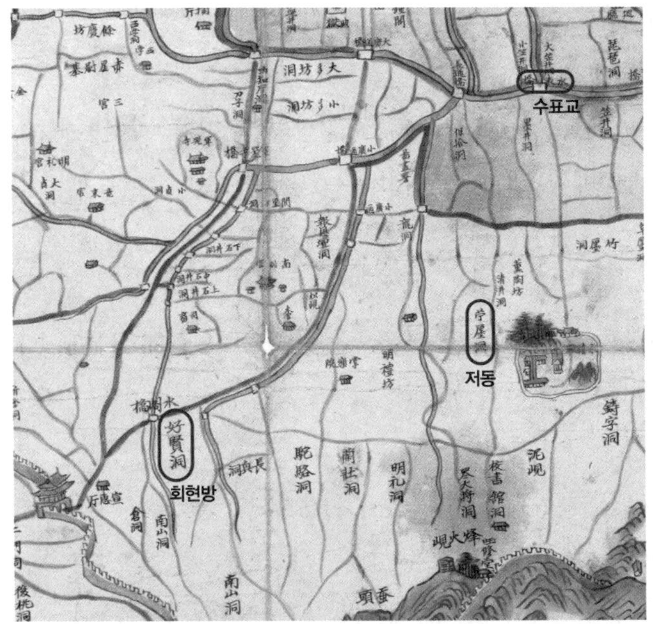

다산은 자신이 살던 회현방에서 이벽의 집이 있던 저동을 지나 수표교를 건너 성균관을 통학했다. 〈여지도〉 일부. 서울대학교 규장각한국학연구원 소장.

않았을 까닭이 없다.

이벽의 서울 집은 수표교에 있었다. 수표교 어디쯤이었을까? 황윤석(黃胤錫, 1729~1791)의 《이재난고(頤齋亂藁)》 가운데 이덕무(李德懋, 1741~1793)의 전언을 옮긴 글 속에 관련 내용이 보인다.

> 근래 서울에서 서학(西學)과 수리(數理)를 전문으로 하는 사람은 서명응(徐命膺)과 아들 서호수(徐浩修), 그리고 또 이벽이 있는데, 그는 무인 이격(李格)의 아우입니다. 과거를 그만두고 나오지 않았지만, 사람됨이 고결하고, 지금 저동(紵洞)에 삽니다.[77]

자기보다 열세 살이나 어린 25세 청년 이벽의 존재를 이덕무가 이미 잘 알고 있었던 점이 놀랍다. 이벽은 그 나이부터 이미 서학과 수리 방면의 전문가로 이름이 나 있었다. 그의 집이 수표교 인근, 지금의 중구 저동에 있었음도 확인된다. 이덕무는 이벽의 어떤 점을 두고 고결하다고 했을까?

설화적 부풀리기

황윤석은 또 나동선(羅東善, 1743~?)과의 문답에서 다시 이벽에 대해 언급했다. 황윤석이 요즘 서울 사람 중 총명하고 특별한 선비가 있느냐고 묻자 나동선의 대답이 이랬다.

> 이벽이라는 사람이 있습니다. 월천군(月川君) 이정암(李廷馣)의 후손이요, 병사 이달의 아들로, 이격의 형입니다. 책을 볼 때 한 번에 열 줄씩 읽어, 책장을 넘기는 것이 나는 듯합니다. 한쪽 눈이 위를 보며 한쪽 눈으로는 아래를 볼 수 있고, 한쪽 눈은 왼편을 보면서 다른 한 눈은 오른편을 본답니다. 팔뚝뼈가 둘이 아닌 통뼈로, 능히 세 번 공중돌기를 하고, 위로 두 길이나 도약할 수가 있습니다. 평생 서양의 《천주실의》를 몹시 좋아해서, 한때 그 무리의 우두머리가 되었다가, 나이 서른에 일찍 죽었습니다. 근년에 임금께서 서양의 문학은 율학과 역학(曆學), 그리고 수학 세 가지 외에 《천주실의》의 학문을 하는 자는 형조에서 그 책을 다 모아다가 불지르게 하고 안팎으로 엄하게 금하였습니다. 이 군은 이때 계방(桂坊)의 별도 천거로 들어가, 상소하여 스스로 천주학의 주장을 늘어놓았답니다.[78]

나동선의 이벽 평은 앞서 이덕무와 달리 대중적 윤색이 많이 첨가되었다. 조용히 빛났던 천재의 갑작스러운 죽음이 설화적 부풀리기를 가져온 듯하다. 할아버지를 아버지라 하고 형을 동생이라 하는 등 가족관계 설명에 오류가 있고, 그가 계방 즉 세자익위사(世子翊衛司)의 벼슬에 천거되었다는 것도 확인된 기록이 없다. 한 번에 열 줄씩 읽는 재주는 그의 천재성을, 통뼈는 그의 용력이 뛰어났음을 설명한다. 그러면서도 그가 《천주실의》에 빠진 사실만큼은 빼놓지 않았다. 그의 모든 수식 앞에는 천주교의 꼬리표가 붙어다녔다. 그에 관한 기록이 이렇게라도 남을 수 있었던 것은 그의 죽음이 국가의 탄압에 의한 순교가 아니라, 본격적인 문제가 발생하기 전 돌림병으로 인한 것이었기 때문이다.

선학과 앵무새, 다산과 박제가의 만사

1785년 가을 이벽이 갑작스레 세상을 뜨자, 다산은 〈벗 이덕조 만사(友人李德操輓詞)〉에서 이렇게 노래했다.[79]

선학이 인간 세상 내려왔던가,	仙鶴下人間
훤칠한 풍모가 드러났었네.	軒然見風神
깃촉은 눈처럼 깨끗하여서,	羽翮皎如雪
닭과 오리 미워해 성을 냈었지.	鷄鶩生嫌嗔
울음소리 하늘 높이 울려퍼지면,	鳴聲動九霄
소리 맑아 풍진 위로 넘놀았다네.	嘹亮出風塵
가을 타고 홀연 문득 날아가버려,	乘秋忽飛去

구슬피 사람 마음 애닯게 하네. 　　　　　　　　　　　怊悵空勞人

'그는 인간 세상에 잠깐 내려온 선학(仙鶴)이었다. 고결한 모습과 맑은 목소리로 세상을 울렸다. 그러더니 가을바람에 홀연 왔던 곳으로 돌아가서 사람을 한없이 슬프게 한다.' 이벽에 대한 다산의 깊은 사랑과 그의 죽음 앞에 선 슬픔이 맥맥이 느껴지는 시다.

앞서 이덕무에 이어 박제가(朴齊家, 1750~1805)도 이벽의 만시를 썼다. 박제가의 《정유각집(貞蕤閣集)》에 수록된 〈사도시(四悼詩)〉 중 〈이덕조〉라는 작품이다. 두 사람은 특별히 겹치는 접점이 없는데, 서학에 대한 관심으로 서로를 끌어당겼던 것 같다. 전문은 다음과 같다.[80]

진인(晉人)은 명리를 숭상하여서 　　　　　　　　　　晉人尙名理
청담으로 그 시대를 어지럽혔지. 　　　　　　　　　　淸譚亂厥世
덕조가 천지사방 논의했지만 　　　　　　　　　　　　德操議六合
어이해 실제에서 벗어났으리. 　　　　　　　　　　　　何嘗離實際
필부로 시운(時運)에 관심을 두고 　　　　　　　　　　匹夫關時運
파옥(破屋)에서 경제에 뜻을 두었지. 　　　　　　　　破屋志經濟
가슴속에 기형(璣衡)을 크게 품으니 　　　　　　　　　胸中大璣衡
사해에 그 홀로 조예 깊었네. 　　　　　　　　　　　　四海一孤詣
사물마다 본성을 깨우쳐주고 　　　　　　　　　　　　物物喩性體
형상마다 비례를 밝히었었지. 　　　　　　　　　　　　形形明比例
몽매함이 진실로 열리지 않아 　　　　　　　　　　　　鴻荒諒未開
훌륭한 말 그 누가 알아들으랴. 　　　　　　　　　　　名言孰相契
하늘 바람 앵무새에 불어오더니 　　　　　　　　　　　天風吹鸚鵡
번드쳐 새장 나갈 계획 세웠지. 　　　　　　　　　　　翻成出籠計

거처에서 남은 꿈 깨어나서는 蘧廬罷殘夢
푸른 산에 그 지혜를 묻고 말았네. 青山葬靈慧
세월은 잠시도 멈추지 않고 春秋不暫停
만물은 떠나가지 않음이 없네. 万化無非逝
긴 휘파람 기러기를 전송하면서 高歗送飛鴻
천지간에 남몰래 눈물 흘리오. 乾坤暗雙涕

'그는 새장 속 앵무새처럼 이목을 끄는 우뚝한 존재였다. 하지만 때마침 불어온 천풍(天風)에 새장을 뛰쳐나가, 남은 꿈을 깨기도 전에 구슬 같은 지혜를 청산에 묻고 말았다'고 썼다. 천풍은 천주학의 바람을 암유한 표현이다. 정약용은 이벽을 선학에 견주었고, 박제가는 그를 새장을 뛰쳐나간 앵무새에 견준 것이 눈길을 끈다. 정약용과 박제가의 두 편 시에는 한 구절 한 구절에 이벽의 학문과 인간에 대한 깊은 이해와 애정이 깔려 있다.

2부

성호학파의 분기와 성호의 진의

1. 성호의 진의

성호 선생도 서학을 했다던데요?

서학 도입기에 남인들이 신서파와 공서파로 갈려 싸운 것은 비극이었다. 종교적 신념이 정치적 노선 차이에다 임금 정조의 정국 새판 짜기와 맞물리면서, 이들의 싸움은 차츰 전쟁으로 비화되었다. 노론 입장에서는 구경만 하면 되는 꽃놀이패였다. 애초에 이 싸움의 빌미를 제공한 것은 다름 아닌 남인 학맥의 수장이었던 성호(星湖) 이익(李瀷, 1681~1763) 자신이었다. 서학에 대한 성호 이익의 모호한 태도가 이 같은 분기(分岐)의 원인을 제공한 것이다. 서학에 대한 성호의 진의가 어느 지점에 있었는지를 두고는 당시부터 말이 많았다.

안정복(安鼎福, 1712~1791)은 〈천학문답〉의 부록에서, 어떤 사람이 "성호 선생도 서학을 했다던데 사실입니까?" 하고 물었을 때, 1746년에 자신이 성호와 처음 만나 서양학에 대해 주고받은 대화를 소개했다. 안정복은 당시 성호가 서양학은 천문 관측과 기계 제작, 수학 분야에 탁월해 중국이 도저히 따라갈 수 없다고 하면서, 이 때문에 더러 자신이 서양학을 한다고 말하는데 참으로 가소로운 이야기라고 했다면서, 성호의 서학 존신설을 부정했다.[1]

안정복은 또 자신이 직접 성호에게 서학 중에 학술로 말할 만한 것이 있느냐고 묻자, 성호는 삼혼설(三魂說)과 영혼불멸설, 천당지옥설을 거론한 뒤, 이는 분명한 이단이며 불교의 별파에 지나지 않는다고 대답했다고 썼다. 그 뒤에도 안정복은 성호에게 서학에 대한 분명한 입장을 한 번 더 물었다. 이때도 성호는 자신이 천주설을 믿지는 않는다면서, 《칠극》 등은 〈사물잠〉의 풀이 같은 것으로, 중간중간 폐부를 찌르는 말이 많지만 문인의 재담이나 아이들의 말장난 같은 것에 불과하고, 그중 경어(警語)만 요약한다면 유자의 극기 공부에 도움은 될 것이라 대답했다고 안정복은 전했다.[2]

이 문답을 소개한 뒤 그는 다음과 같은 언급을 덧붙여 성호의 서학 존신설을 확고하게 부정했다.

> 지금 선생이 나와 더불어 문답한 말과 이 발문을 가지고 본다면, 과연 선생이 천학을 존신(尊信)하였다고 할 수 있겠는가. 이것은 무식한 젊은 자들이 자신이 빠져들어갔다는 것 때문에 사문(師門)까지 끌어다가 이를 합리화하려는 것이니, 거리낌이 없는 소인들이라 할 수 있겠다. 다행히 내가 지금 살아 있어서 그 시비를 가릴 수 있었기에 망정이지, 나마저 죽었더라면 후생들이 틀림없이 그 말을 믿었을 것이다.[3]

상대방은 그래도 안정복에게 집요하게 되물었다. "성호 선생께서 마테오 리치를 성인이라고까지 하셨다던데요? 서학을 믿는 무리 중

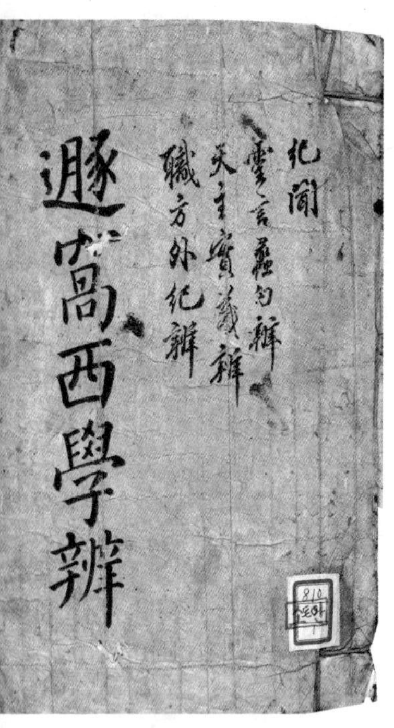

신후담의 〈기문편〉이 수록된 《돈와서학변》. 국립중앙도서관 소장.

에 이 말을 핑계 삼아 말하는 자가 많습니다." 안정복이 어이없다는 표정으로 대답했다. "성인도 성인 나름이다. 선생께서 그런 말을 했는지는 모르겠지만, 설령 했다 하더라도 서사(西士)의 재주와 식견이 대단한 것을 말한 것이지, 어찌 요순이나 주공, 공자 같은 성인과 동격에 올린 것이겠는가? 안타깝다."[4]

하지만 안정복의 이 같은 해명은 사실과 달랐다. 성호 이익은 마테오 리치를 분명히 성인이라고 말한 적이 있다. 제자 신후담(愼後聃, 1702~1761)의 〈기문편(紀聞編)〉 첫 대목이 그 근거다. 안정복이 성호를 처음 만난 시점보다 무려 22년 전인 1724년 3월 21일 아현(鵞峴)으로 성호를 찾아간 신후담이 마테오 리치에 대해 묻자, 성호가 대답했다.

> 이 사람의 학문은 허투루 보아서는 안 된다. 이제 그가 지은 《천주실의》와 《천학종정(天學宗正)》 등 여러 책을 살펴보니, 비록 그 도리가 우리 유학에 꼭 합치되는지는 모르겠으나, 그가 도에 나아가 도달한 바를 논한다면 또한 성인이라 말할 만하다.[5]

44세의 성호는 23세 청년의 질문에 대답하면서 마테오 리치를 성인이라 할 만하다고 분명히 말했다.

신후담과의 토론과 진의의 소재처

1724년 7월 17일에 신후담은 두 번째로 성호를 찾아가 "선생님이 서학을 높이시는 취지를 도저히 이해하지 못하겠다"고 따져물었다. 성호는 한 번 더 "서태(西泰)의 학문을 허투루 보아서는 안 되네"라고 말했다.[6] 서태는 마테오 리치의 자다.

해를 넘겨 1725년 7월 27일에 신후담이 다시 찾아갔을 때도 서학을 옹호하는 성호와 이에 반발하는 신후담의 입장은 팽팽하게 대립했다. 성호는 신후담이 윤동규(尹東奎, 1695~1773)에게 마테오 리치의 학문에 대해 극력 배척한 말을 들었다면서, 서학에 대해 오해하고 있으니 이를 풀어주겠다며, 이렇게 설명했다.

> 그들이 품은 생각이 광대하고 의사가 넓고 깊은 것을 생각할 때, 세속의 악착같고 비루하여 좁아터짐과 사물과 나를 견주어 헤아리는 사사로움을 깨뜨리기에 충분하다. (……) 나아가 천주설조차 깊이 고찰해보면 유가 경전에 실린 상제귀신(上帝鬼神)의 주장과 암암리에 합치한다.[7]

1726년 11월 25일의 네 번째 논쟁에서도 성호는 서사가 세상을 속이려는 자들이 아니고, 태극을 배척한 이론만 해도 나름대로 견해가 있다며 끝내 조금도 물러서지 않았다.[8]

당시 성호는 젊은 신후담의 문제 제기에 조금 당황했던 듯하다. 새파란 젊은이의 혈기를 맞상대하기도 민망하고, 찍어누르기는 더욱 힘든 예민한 주제였다. 성호는 서학을 부정하지 않으면서 적극적으로 긍정하지도 않았다. 그러면서 강한 여운을 남겼다. 이것이 결국은 훗날 제자 그룹을 정반대의 두 길로 갈라서게 만든 원인이 되었다. 성호의 답변 태도는 물불을 안 가리고 반대의 논리로 각을 세워 달려드는 젊은 혈기 앞에서 이를 달래 예봉을 꺾으려는 기색이 역력하다. '아직 잘 모르면서 그렇게 함부로 말하지 마라. 공부해보면 그렇게 쉽게 말할 수 없는 그 무엇이 있다.' 성호의 이 같은 태도에서는 난감해하면서도 어떻게든 그를 설득해보려는 안타까움이 읽힌다.

안정복이 인용한 글에서조차 성호는 "이단의 글이라 하더라도 그 말이 옳으면 취할 뿐이다. 군자가 사람들과 더불어 선을 행하는 데 있어서 어찌 피차의 구별을 두겠는가. 요컨대 마땅히 그 단서를 알아서 취해야 할 것이다"라고 했다.[9] 서학이 이단이라 하더라도 옳으면 취해야 하니, 옳고 그름을 떠나 피차의 구별만으로 나누는 것은 안 된다고 성호는 명확하게 말한 셈이다.

성호는 서학에 대한 자기 내면의 강한 이끌림을 굳이 언표화하지 않았다. 《성호사설》에 쓴 〈칠극〉 항목 및 문집에 수록된 〈발천주실의(跋天主實義)〉 같은 글이 그렇다. 서학을 대놓고 높이는 것이 조선 사회에 어떤 문제를 야기할지 성호는 너무도 잘 알고 있었다. 하지만 신후담의 기록에 남은 성호의 답변은 그 자신이 문집에 남긴 글과는 어조가 사뭇 다르다.

강세정(姜世靖, 1743~1818)의 《송담유록(松潭遺錄)》이라는 책이 있다. 초기 교회사의 이면을 남인 내부의 시선에서 꼼꼼히 적은 대단히 중요한 저작이다. 이 책의 자료 가치에 대해서는 3부와 12부에서 따로 말하겠다. 이 책은 첫 단락부터 서학에 대한 성호의 태도를 설명하는 것으로 시작한다.

성호 선생께서 일찍이 서양의 학문에 대해 논하면서 "마테오 리치는

> 신성한 사람"이라고 말씀하셨다. 이 때문에 서양학이 성하게 된 뒤에 사람들이 간혹 그가 깊이 믿었다고 의심하여 망령되이 비방하는 논의를 더하는 자가 있었다. 하지만 선생은 또 이렇게 말씀하셨다. "서학은 불교의 나머지 유파로, 깜깜한 미혹의 구덩이에서 벗어나지를 못하니, 애석하다." 이 같은 두 도막의 말에서 그가 엄하게 서학을 배척한 것을 추단할 수가 있다. 그가 신성하다고 여겨 취한 것은 다만 천문과 역법의 기교 같은 여러 조목이었을 뿐이다. 뒷사람들이 알아두지 않으면 안 된다.[10]

끝의 이야기는 강세정이 성호를 변호해주느라 한 말이다. 앞서 본 안정복과 같은 선상의 논리다. 남인 학맥에서 성호의 존재를 부정할 수는 없고, 안고 가려니 서학 문제가 걸리는지라, 어떻게든 성호가 서학을 존신한 것이 아니라 서양의 천문역법과 과학기술 및 수학을 높이 평가해 받아들였던 것일 뿐이라는 선에서 이 문제를 봉합하려 했던 것이다.

성호 직계의 서학 존신

성호 사후 성호학파는 서학에 깊이 빠져든 그룹과 서학을 격렬하게 배격하는 그룹으로 분화되었다. 묘한 것은 성호의 집안 내부와 성호가 특별히 아꼈던 신진 제자 그룹 중에 서학을 존신한 사람들이 유독 집중적으로 몰려 있었다는 사실이다. 가까이에서 성호의 속마음을 알 만한 위치에 있던 사람들은 거의 예외 없이 서학에 빠져들었다.

이철환(李嘉煥, 1722~1779)은 그다지 알려진 이름이 아니다. 강세정이《송담유록》에 쓴, 그에 대한 다음 대목이 눈길을 끈다.

> 이철환은 자가 길보(吉甫)로 성호의 종손(從孫)이다. 호는 예헌(例軒)이다. 총명함이 남보다 뛰어났고, 문사(文詞)에 대한 이야기를 잘했다. 과거시험 공부하는 것은 즐기지 않았지만, 기이한 글과 희한한 책에 두루 통하지 않음이 없었다. 웅장한 말로 언변이 뛰어나 장하기가 마치 큰 강물과 같았다. 이따금 사람과 마주해 이야기를 하면 참으로 기이하였다. 그의 말에는 서양 사람 마테오 리치의 주장이 많았다. 우리나라 선비들이 실로 듣거나 본 적이 드문 내용이어서, 듣는 사람들이 알아차리지 못했다. 그저 당대에 박학한 사람 중에 그보다 나은 이가 없을 것으로만 여겼다. 그 또한 우뚝이 자신을 높게 여겨 세상 사람을 낮추어보는 태도가 일이나 행동에서 드러났다. 나무 심는 법 같은 것도 모두 서양의 방법을 써서, 그 법이 기묘하지 않음이 없었다. 이를 본 사람들이 또한 기이하게 여겼다.[11]

이철환과 서학의 연결고리는 이 기록 외에는 노출된 적이 없다. 여기에 더해, 이가환(李家煥, 1742~1801)은 이철환과 사촌간이었다. 《송담유록》의 이어지는 단락은 또 이렇다.

> 이가환은 벼슬에 오르기 전부터 서학을 몹시 믿었으니, 이철환에게 전수받은 것으로, 참으로 이른바 난형난제라 할 것이다. 남몰래 서로 배워 익히면서도 겉으로는 안 그런 척 꾸몄다. 그의 무리인 이벽과 이기양, 권일신, 이승훈 등은 바로 대대로 벼슬한 집안인 데다 얼마간 재예(才藝)를 지닌 자들이었다. 남몰래 사귐을 맺어 오로지 사학(邪學)을 공부하면서 벗들을 부르고 부류를 끌어모았다. 앞장서서 간사함에 빠

성호 이익이 홍유한에게 보낸 친필 편지. 홍유한 부친의 부고를 받고 생전의 교분에 대해 말한 내용이다. 홍유한을 비롯해 성호의 직계 가족과 성호가 아꼈던 제자들은 한결같이 서학에 대해 열린 태도를 지녔다. 종손 홍기홍 제공.

> 져 그 주장이 크게 퍼지자 식견 있는 이들이 남몰래 탄식하였다.[12]

이렇듯 성호 일문 중 서학에 경도된 이들이 모두 후손 그룹에 집중되어 있는 점은 안정복 등의 말에 힘을 실을 수 없게 만든다. 성호의 조카로 성호에게 직접 배운 이병휴의 문하에 권철신, 이기양, 이벽 등 신서파의 핵심 인물들이 포진해 있었던 것만 봐도 그렇다. 성호의 종손인 이철환과 이가환의 경우 당대 서학에 대한 식견이 맞겨룰 자가 없다는 평이 있었다.

2. 안정복과 권철신·이기양의 엇갈림

다혈질의 정약전

정약전(丁若銓, 1758~1816)은 다혈질이었다. 수틀리는 꼴은 그저 넘어가지 못했다. 아명이 삼웅(三雄)이었다. 다산도 〈선중씨묘지명〉에서 형에 대해 "어려서부터 거침이 없었고, 자라서는 뻣뻣해 고분고분하지 않았다"고 썼다.[13] 이재기(李在璣, 1759~1818)가 쓴 《눌암기략(訥菴記略)》에는 1795년 목조영(睦祖永, 1734~1810)이 정약전의 집에 들렀다가 봉변을 당한 이야기가 나온다. 공서파의 선두에 선 목만중(睦萬中, 1727~1810)을 절대로 가만두지 않겠다는 으름장이었는데, 정약전은 자신들을 해치려는 목만중의 행태에 격분한 나머지, 목만중과는 직접 관련이 없는 목조영의 선대 이야기까지 들먹이며 악담을 퍼부었다. 이재기는 이 일을 적고 나서 "목조영은 참으로 고기 잡는 그물에 기러기가 걸려든 격이라 하겠다. 정약전의 의기가 호방하고 웅건하기가

이와 같았다"고 썼다.[14]

1785년 성호학파의 원로인 안정복이 권철신과 이기양에게 잇달아 편지를 보내 그들이 서학에 빠진 것을 격렬히 나무랐을 때, 정약전은 안정복을 두고 "이 노인네가 참 가련하다(此丈可憐)"고 직격탄을 날렸다. 이 말은 결국 안정복의 귀에까지 들어가서 노학자에게 큰 충격을 안겼다.[15]

안정복은 성호가 세상을 뜬 뒤 명실공히 성호학파의 원로였다. 권철신의 아우 일신은 안정복의 사위였고, 이기양의 아우 기성은 안정복의 손녀사위였다. 안정복은 권철신과 이기양을 장차 성호학파를 이끌어갈 두 기둥으로 알아, 그들이 젊었을 때부터 학문적 대화를 이어오고 있었다.

1763년 성호 이익이 세상을 떠난 뒤, 어떻게든 성호학맥의 융성을 보고 싶었던 안정복으로서는 당시 젊은이들 사이에서 점차 퍼져가는 새로운 풍기(風氣)가 이해하기 힘들었다. 이들은 정주(程朱)의 학설에서 주경(主敬)과 정(靜), 미발(未發) 등 그간 강령으로 받들어온 핵심 개념들에 반기를 들고 과감한 비판을 서슴지 않았다. 그것은 주자학이 그토록 경계해온 양명학의 논리를 넘어서는 위험한 전개였다. 안정복은 그 배경에 서학이 있음을 이미 막연하게나마 감지하고 있었던 듯하다.

안정복과 이병휴

안정복과 이병휴, 이 두 사람은 성호학을 우파와 좌파로 가를 때 양 진영의 수장이었다. 여기에서 이들 사이의 학문적 입장 차이를 갈라 살피지는 않겠다. 《순암집(順菴集)》 권4에는 안정복이 이병휴에게 보낸 편지 21통이 실려 있다. 이 편지들 속에 당시 이병휴의 학문적 입장을 따르던 권철신과 이기양에 대한 언급이 지속적으로 나온다.

1768년 편지에서 "권철신은 대단히 민첩한데, 민첩한 곳이 도리어 그의 병통이 된다"고 썼고,[16] 1769년 편지에서는 "권철신과 이기양은 진실로 당대의 기재(奇才)다. 하지만 덕을 이루고 사업을 크게 하려면 한갓 재주에 그쳐서는 안 되고, 반드시 평실온중(平實穩重)하고 관후정대(寬厚正大)한 기상이 있은 뒤라야 해낼 수가 있다"고 하면서, 이병휴에게 이들의 날리는 기운을 묵직하게 가라앉혀줄 것을 요청했다.[17] 이기양이 《중용》 첫 장 '미발(未發)'의 뜻을 설명하면서 정주의 학설을 온통 비판하고, 권철신마저 이에 찬동하자, 안정복의 심기가 몹시 불편해진 터였다.

하지만 기대와 달리 이병휴는 "다만 선유(先儒)의 말과 다르다고 해서 일률적으로 배척한다면 이것이 어찌 선배가 후인에게 바라는 바이겠습니까?"라고 답장해서 도리어 권철신과 이기양의 손을 들어주었다.[18] 같은 해인 1769년 편지에서 안정복은 두 사람이 "다만 나이가 젊고 기운이 날카로워 혹 의론이 경솔하고 식견이 지나친 점이 있다"고 다시 썼다.[19] 1773년 편지에서도 "권철신이 과거 공부를 끊어버린 것은 용감함이 가상하고, 이기양의 문장과 학식은 재기가 두려워할 만하나, 모두 함양하여 꼼꼼히 살피는 공부는 부족하다"고 계속 지적했다.[20]

1775년이 되자 안정복의 두 사람에 대한 평가는 마침내 폭발한다. 두 사람이 재기가 너무 승하고 공부는 독실치 않은데, 한때의 소견으로 선인을 누르려고만 든다면서, 이들의 논의가 이미 도를 넘었다고 비판했다. 이어 이병휴에게는 이들의 이 같은 경솔하고 천박한 행태

를 왜 나무라지 않느냐고까지 공격했다.[21]

1776년에 쓴 편지에서는 이기양이 거소를 잃고 남의 집에서 더부살이한다는 이야기를 들었는데, 아무리 타일러도 막무가내라 물로 바위 치기의 무력감을 느낀다면서, 마침내 이렇게 썼다.

> 어찌 선유의 정론을 벗어난 별종의 의리가 있어, 성립할 수 있다는 것이 아니겠는가? 이것은 형의 법문(法門)과도 같지가 않은데, 어째서 정문일침을 놓지 않는가?[22]

글에서 안정복은 치미는 분노를 억누른 기색이 역력하다. 그는 명백하게 이병휴까지 추궁하고 있었다. 하지만 당시 이병휴는 병이 위중해서 답장을 할 힘이 없었다. 결국 그해 10월에 이병휴는 세상을 떴다. 안정복의 이 마지막 편지는 어투가 자못 의미심장하다. 편지에 쓴 '별종의리(別種義理)'는 서학을 염두에 둔 말임이 분명하다. 이병휴가 양명학으로 기울었다면, 이들은 한 단계 더 나아가 유학 경전의 서학적 해석을 시도하고 있는 것이 아니냐는 지적이었다.

회복 불능으로 틀어진 관계

앞에서 살핀 대로 1775년에 홍유한은 여사울에서 순흥으로 이주를 결행했고, 이듬해인 1776년에는 권철신과 권제신, 이기양, 홍낙민 등이 홍유한을 따라 영남으로 이주할 계획을 실행에 옮기려던 시점이었다. 특히 이기양은 가산을 모두 처분하고 영남으로 내려가던 도중 홍유한 며느리의 갑작스러운 사망으로 인해 외가가 있던 경기도 이천에 임시로 체류하고 있었다. 편지에서 더부살이 운운한 것은, 안정복이 이기양의 소문을 듣고서, 대체 한데 모여 살며 무슨 짓들을 하려다가 이런 민망한 꼴을 당하기까지 하느냐고 질책한 것이었다.

1776년 이병휴가 홀연 세상을 뜨고 홍유한의 형편도 여의치 않자, 권철신은 남행하려던 계획을 포기하고 강학 모임을 서둘렀고, 그것이 1776년 시작해 1779년의 주어사 강학회로 이어졌다. 이미 이들이 산사에 모여 서학을 공부한다는 소문은 당시 널리 퍼져 있었던 듯하다. 안정복은 크게 무력감을 느꼈다.

《순암집》 권6에는 안정복이 권철신에게 보낸 편지 15통, 사위인 권일신에게 보낸 편지 1통이 따로 남아 있다. 1760~1784년에 걸친 편지다. 또 권8에는 1765~1785년에 이기양에게 보낸 편지 6통이 보인다.

성호는 1760년 권철신의 부친 권암에게 쓴 편지 〈여권맹용(與權孟容)〉에서 아들 철신의 훌륭한 성품과 자질을 칭찬했다.[23] 권철신에게 보낸 편지에서도 그의 학문에 대한 자세를 높이 평가했다. 하지만 안정복은 달랐다. 사사건건 말꼬리를 잡았고, 나무랐다. 성호가 권철신에게 보낸 〈답권기명(答權旣明)〉에서 "안정복이 훈계한 것은 바로 그 요점을 얻었다고 보네. 아끼는 마음이 깊다 보니 사적인 근심이 지나쳤던 것일세. 혹 자중하지 못하여 단단해지지 않게 될까 염려한 것이겠지"라는 말로 어린 제자를 달래야 했을 정도다.[24]

이렇게 조금씩 벌어지기 시작한 틈이 1776년 이후 걷잡을 수 없이 벌어졌다. 안정복은 자신이 논리로 설득하면 이들이 본래의 자리로 돌아올 수 있을 것으로 믿어, 끊임없이 다그쳤다. 하지만 자신과 권철신·이기양의 엇갈림이 더 근원적인 사유의 토대 차이에서 비롯된 것임을 당시 안정복은 이해하지 못했다. 권철신은 이미 1779년 주어사 강학회에서《천주실의》,《영언여작》,《주제군징》,《칠극》 같은 책들을 공부하고 있었다.

1783년 1월에 안정복은 이기양에게 보낸 편지에서 이렇게 썼다.

> 권철신과 그대와 이인섭이 주고받은 편지에서 언제나 나를 두고 '장석(丈席)'이란 두 글자를 쓰더군. 이 두 글자를 어찌 나이가 많다고 해서 외람되게 감당하겠는가? 이를 쓰는 사람이 합당함을 잃었다면, 이를 받는 사람 또한 받기 부끄러움을 이기지 못하는 법일세. 이후로는 이 두 글자를 쓰지 말아주게.[25]

편지의 뜻인즉슨 '너희가 입으로만 나를 어르신이라 하면서 늙고 망령난 노인 취급을 한다. 어른 대접도 하지 않으면서 더 이상 그런 호칭으로 부르지도 말라'는 말이었다.

이때쯤 해서 이들의 관계는 거의 회복 불가능한 상태가 되었다. 1783년 당시 권철신은 48세, 이기양은 40세로 이미 성호학파 중진으로서 후학들의 중망을 한 몸에 받고 있었다. 그런 그들을 두고 안정복이 20년 가까이 재기가 승하다, 경솔하다, 천박하다는 비난의 강도를 계속 높여왔으니, 이들로서도 인내의 한계를 느끼는 것이 당연했다. 하지만 더 큰 문제는 이런 감정적인 것보다 학문의 입각점에서 양측의 견해차가 더 이상 만날 수 없을 만큼 벌어진 데 있었다.

3. 권철신의 결별 선언

거침없는 이벽의 기세

1784년 봄 이벽은 이승훈이 북경에서 잔뜩 가져온 서학서를 건네받고는 저동에 골방 하나를 세내, 그곳에 틀어박혀 밤낮 천주교 교리 연구에 잠심했다. 이후 그는 이가환과 이기양, 권철신과 차례로 만나 이른바 '도장깨기'에 돌입했다. 특히 이가환과의 논쟁은 사흘간이나 계속되었다. 그 자리에는 두 사람의 벗들과 호사가의 무리가 함께 참관하고 있었다.

달레는《한국천주교회사》에서 이 광경을 이렇게 묘사했다.

> 이가환은 승리를 확신했다. 하지만 그의 주장은 하나하나 논적(論敵)에게 지적되고 조목조목 반박되었다. 이벽은 세밀한 점까지 추궁하여 이가환의 논리를 모두 파괴하고 먼지로 만들어버렸다. 이벽의 말은

분명하고 똑똑해서 사방에 빛을 던져주고 있었다. 그의 논증은 태양 같이 빛났고, 바람처럼 휘몰아쳤으며, 칼날처럼 끊어냈다. 이는 순진하고 정직한 사람들을 온통 사로잡았다.[26]

장장 사흘에 걸친 토론은 이벽의 완벽한 승리로 끝났다. 자타가 공인한 당대 최고의 천재 이가환이 이벽에게 깨졌다. 이 대목에서 달레는 '조선의 전기에 의하면'이라 하여, 이 대목이 다산의 《조선복음전래사》에 바탕을 둔 인용임을 분명히 했다. 묘사의 세밀도로 보아 다산도 그 토론의 현장에 있었던 것으로 보인다.

두 번째 상대였던 이기양도 거침없는 이벽의 논리 앞에 아무 반박도 못한 채 입을 다물었다.

1784년 9월, 이벽은 세 번째로 양근의 감호를 찾았다. 거기서 만난 권철신 형제는 말문을 닫은 앞의 두 사람과 달리 이벽의 진리를 받아들였다. 이 대목에서 달레는 "50세쯤 되는 맏이 권철신은 중국 경서의 철학과 윤리를 연구하는 데 일생을 보낸지라 처음에는 망설였다. 그는 복음의 광명을 지향하지는 않았지만 자기 명망을 높여준 거창한 일의 모든 결과를 한순간에 잃을 결심을 하지는 못하였다. 그는 얼마 뒤에야 천주교에 입교하여 암브로시오라는 본명으로 영세를 받았다"고 적고 있다.[27]

즉각 신앙을 받아들인 셋째 일신과 달리, 맏이인 철신은 신앙을 바로 받아들이지는 않았다고 달레는 썼다. 그렇다면 이상하다. 홍유한을 따라가려 했던 1776년의 남행 계획은 무엇이고, 1779년 주어사 강학회에서 이벽과 함께 서학 교리서를 공부한 것은 또 무엇이란 말인가? 권철신은 이미 서학의 교리서를 익히 알고 있었다. 달레의 위 진술은 학문적 차원의 서학에 대한 관심이 이 방문을 계기로 신앙적 차원으로 넘어갔다는 뜻이다. 그가 유학의 모든 가르침을 포기한 채 서학의 바다에 풍덩 뛰어드는 것을 처음엔 망설였다는 의미이기도 하다.

침묵으로 더 큰 죄에 빠지지 않으렵니다

이벽에 의해 이가환, 이기양, 권철신이 차례로 무너졌다는 소식은 좁은 남인들의 관계망 속에서 금세 파다하게 퍼졌다. 가뜩이나 애가 타던 안정복은 마침내 올 것이 왔구나 하는 생각에 권철신에게 편지를 썼다. 1784년 11월 22일에 보낸 편지가 《순암집》 권6에 실려 있다. 〈답권기명서(答權旣明書)〉라 했으니, 권철신의 편지가 있었고 이에 대해 안정복이 답장한 내용이다. 편지 앞쪽에 권철신이 보냈다는 글의 한 대목이 실려 있다. 사연이 묘하다.

> 보내온 편지에서 이렇게 말했더군요. "지난번 '경전과 예학을 담론하려는 마음이 운무가 흩어지듯 사라졌구려'라는 편지를 받자옵고, 저도 모르게 속으로 놀랐습니다. 철신은 전날에 문의(文義)에만 얽매여 실제 소득은 없으니 큰 죄를 얻었습니다. 혼자 생각해보니 아침저녁으로 허물을 고치기에도 겨를이 없거늘, 어찌 감히 또다시 논설하겠습니까? 이번 기회에 이제껏 미혹된 견해로 기록해둔 것을 죄다 없애버리고 죽기 전까지 오직 침묵으로 스스로를 닦아 큰 죄악에 빠지지 않는 것을 최상의 방법으로 삼겠습니다."[28]

'토론을 계속해봤자 생각이 다르니 만날 지점이 없다. 자꾸 토를 다는 것은 어른에 대해 죄를 짓는 것이라, 이제 다시는 경학과 예설로는 토론하지 않겠다. 지금까지 공부하며 메모했던 것을 다 없애버리고, 이제 다만 침묵하겠다. 그것이 더 큰 죄를 짓지 않는 마지막 방법일 것 같다.' 말은 온건했지만, 단호한 결별 통보였다. 이제 더 이상의 학문적 대화는 의미가 없다고 선언한 것이다. 안정복은 권철신의 편지에서 섬뜩함을 느꼈다.

놀란 안정복은 답장에서 "그대의 편지를 받고 보니, 전날의 규모와 크게 달라져서 자못 이포새(伊蒲塞)의 기미마저 띠고 있더군. 공은 어찌하여 이 같은 말을 하는 겐가?"라고 썼다.[29] 편지 속의 이포새는 우바새(優婆塞)로, 계율을 받은 재가불자를 일컫는 불교 용어다. 나아가 편지 끝에는 "이것이 소림사에서 면벽하며 아침저녁으로 아미타불을 염송하면서 전날의 허물을 참회하고, 부처에게 간절히 기도하여 지옥에 떨어지는 걸 피하고 천당에서 태어나려는 뜻과 어찌 다르겠는가? 그대가 이런 말을 하는 연유를 모르겠네"라고 마무리 지었다.[30] '이제 그대가 대놓고 천주학을 믿겠다고 말하는 것인가?'라는 추궁을 이렇게 돌려서 말한 것이다.

이 같은 작태를 참을 수 없네

마음이 급해진 안정복은 권철신의 답장을 기다리지 못하고, 11일 뒤인 12월 3일에 편지 한 통을 더 썼다. 이 편지에서는 돌려 말하는 대신 대놓고 속마음을 꺼냈다. 얼마 전 영남 유생이 전하는 말을 듣고, 또 이기양이 자신에게 와서 《칠극》을 빌려가기에 의아했던 이야기를 한 뒤, "그 뒤로 돌아돌아 듣자니 양학(洋學)이 크게 일어나, 아무개와 아무개가 우두머리가 되고 아무개와 아무개는 그다음이며, 그 나머지 이를 따라 교화된 자가 얼마인지도 모른다고 하더군"이라 하고, 이어서 천주학이 어째서 이단이며 불교와 별 차이가 없는가에 대해 길게 설명했다.[31]

편지 끝의 한 단락은 이렇다.

> 이제 들으니 이벽이 많은 책을 싸들고 그대에게 가자, 그대가 이렇게 말했다지. "틀림없이 볼만한 것이 있을 텐데, 천주께서 세상을 구원하신 마음을 어찌 혼자만 비밀스레 보고 홀로 행하려 하는 겐가? 옛사람은 저 혼자만 군자가 되는 것을 부끄러워했으니, 빌려 보여주기를 바라네." 이벽은 내가 평생 아끼고 무겁게 여겼는데, 지금은 이곳을 지나가면서도 얼굴조차 비추지 않으니 그 연유를 모르겠군. 어찌 그 도가 같지 않아서 서로 꾀하지 않으려는 것이 아니겠는가? 천주가 사람을 이끌어 선하게 하려는 뜻이 반드시 이 같지는 않을 것일세.[32]

그런데 중간에 권철신이 말한 대목은 문집《순암집》에는 누락되어 없고, 초고본인《순암부부고(順菴覆瓿稿)》에만 보인다. 편지를 받고도 권철신은 끝내 아무런 답장이 없었다. 참지 못한 안정복은 1784년 12월 14일에 다시 세 번째로 장문의 편지를 썼다. 이 편지는 몹시 간추린 상태로《벽위편(闢衛編)》에 실려 있다.《순암부부고》에 실린 원본은 이것의 몇 배 분량이다. 이 글에서 안정복은 서학이 본질적으로 불교와 다르지 않다는 점을 되풀이해 말하고 나서 이렇게 썼다.

> 이제 듣자니 공이 경박한 젊은이들을 서사(西士)의 학문으로 이끄는 신세를 면치 못하였다고 하니, 과연 어찌하여 그런 것이오? 들으니 이가환과 정약전, 이승훈과 이벽 등이 서로 약속을 맺고 신학(新學)의

주장을 익혀 공부하며 어지럽게 오간다는 말이 입에서 입으로 낭자하게 퍼졌소. 또 들으니 문의(文義)에서 온 한글 편지 중에 그 집안의 두 소년이 모두 이 공부를 한다면서 칭찬을 그치지 않았다고 하더군요. 이 어찌 크게 놀랄 만한 일이 아니겠소?

초고에는 '아무개와 아무개'의 자리에 이가환, 정약전, 이승훈, 이벽 네 사람의 자(字)가 실명으로 적혀 있었다고《벽위편》은 적고 있다.[33]

안정복은 이후로도 계속 서학에 대한 비판을 이어가면서, 며칠 전 우사(于四) 권진(權瑨, 1757~1786)이 찾아와서 서양에서도 천주교를 금하여 천만 사람을 죽였고, 일본 또한 이 학문을 금해 수만 명을 죽였다는 이야기를 하더라고 전했다. 나아가 우리나라라고 이런 일이 일어나지 않으리란 보장이 있으며, 그런 일이 생길 경우 천주가 어찌 능히 구해주겠느냐고 묻고는, 다시 이렇게 말하기에 이르렀다.

천당의 즐거움을 누리기도 전에 세상의 재앙이 닥칠까 염려되니 삼가고 두려워하지 않을 수 있겠는가? 자네들이 이미 여기에 빠진지라 능히 마음을 씻고 발길을 돌려 이 습속을 없앨 수가 없다 보니, 도리어 "지옥이 만들어진 것은 바로 아무개 늙은이를 위해서다"라고까지 말한다고 하더군. 내가 지옥에 가는 것은 감수하겠네만 이 같은 작태는 참을 수가 없네.[34]

편지 속에 나오는 권진은 다산의 고종사촌인데, 2년 뒤인 1786년에 29세의 젊은 나이로 세상을 떴다.《순암집》권23에 안정복이 그를 위해 써준 묘지명이 실려 있다. 그 가운데 "수년 이래로 이른바 천주학이란 것이 나와 세상에서 물결에 쏠리듯 많이들 따랐다. 군은 처음에는 의심하다가 끝내 그것이 그른 줄을 깨달아, 그 벗 김원성 군과 더불어 힘껏 정론을 붙들어 조금도 굽히지 않아, 일찍이 물들어 더럽혀지지 않았다"는 대목이 있다.[35] 김원성은 권철신의 조카사위로, 앞서 본《감호수창첩》에도 그의 시가 실려 있는데, 이 시점에는 이미 반서학의 노선을 분명히 하고 있었다. 남인 내부의 분화와 갈등은 어느덧 최고조로 치닫고 있었다.

4. 이기양의 정면 도발

늙은이의 잠꼬대

1784년 12월 14일 안정복이 권철신에게 보낸 편지는 이기양도 같이 보라는 취지였다. 이기양은 편지를 읽고 격분했다. 이기양의 어머니 송씨가 이기양의 두 아들이 천주학 공부를 열심히 한다고 칭찬한 일을 거론한 내용이 그 편지 속에 들어 있었기 때문이다.

이기양의 아들 총억과 방억은 당시 서학에 몰입하고 있었다. 특별히 이총억은 1779년 주어사 강학회는 물론 명례방 집회에도 참석한 신자였다. 할머니는 손자들이 서학 공부에 열심인 것이 자못 흐뭇해서, 며느리인 둘째 아들 이기성의 처 광주 안씨에게 보낸 한글 편지에서 이 일을 자랑했던 듯하다. 시어머니는 며느리에게 너도 천주학을 열심히 믿으라고 권유하기 위해 이 말을 썼을 텐데, 그 편지는 남아 있지 않다.

안씨가 친정에 들렀다가 걱정 끝에 편지 내용을 발설했고, 조부인 안정복의 귀에까지 이 말이 들어갔다. 안정복은 다급한 마음에 앞뒤 가리지 않고 권철신과 이기양에게 보낸 편지에서 이 일에 대해 불쑥 말해버렸던 것이다.

안정복은 권철신에게 보낸 편지 세 통에 대해 답장을 받지 못하자, 이기양에게도 잇달아 편지를 썼다. 다음은 1785년 봄에 쓴 편지의 한 대목이다.

> 그간 권일신이 힘껏 서학을 권하였지만, 나는 귀 곁을 스쳐가는 바람 소리로 들었다네. 그 뒤에 또 편지로 권면하는 말을 써보냈는데, 서학이 너무도 진실하여 천하의 큰 근본이며, 통달한 도리가 오로지 여기에 있다고 말하기까지 했더군.[36]

이로 보아 안정복의 사위 권일신이 지속적으로 장인을 찾아가서 서학을 믿으라고 권유한 정황이 확인된다.

이 편지는 《순암집》에는 빠졌고, 초고인 《순암부부고》 권10에만 실려 있다. 《벽위편》에도 수록되었는데, "밤낮 아파 신음하며 죽기를 구해도 죽지를 못하니 과연 가련한 인생이라, 이는 곧 받게 될 지옥의 고통에 불과할 뿐이다"라는 자조적인 말까지 들어 있었다.[37] 가련한 인생이란 표현 밑에는 "이에 앞서 정약전이 이 노인네가 참 가련하다고 말했기 때문에 한 말이다"라는 풀이가 달렸다. 막상 이 대목은 안정복이 이기양에게 보낸 다른 편지에 나온다.[38] 《벽위편》이 편지 두 통을 짜깁기해서 하나로 만든 것을 알 수 있다. 볼 때마다 느끼지만 《벽위편》에 실린 자료는 원전 비평이 필요해 보인다.

또 3월 9일에 이기양에게 다시 보낸 편지에서는 "지난번 종현(鍾峴)

을 통해 받은 답장에 앙칼진 말이 많이 있었네. 내 생각에 공이 필시 내 말을 늙은이의 잠꼬대로 보는 듯하나, 어찌 깊이 허물하겠는가?"라고 했다.[39]

이기양 초상화 초본. 서울역사박물관 소장.

함정에 빠뜨리는 도둑으로 몰다니

편지가 거듭될수록 양측의 감정은 가파르게 고조되었다. 안정복이 1785년 6월 27일에 보낸 편지에서는, 두 사람에게 서학에 대해 질문했건만 한 글자의 답장도 받지 못했으니, 내가 그대들에게 버림받은 것을 실감하겠다고 썼다. 또 '이 늙은이를 두고 사단을 일으키려는 재앙의 괴수가 되었다는 말이 파다하다'며 풍문을 언급한 뒤, 다시 이렇게 썼다.

> 야소(耶蘇)란 세상을 구한다는 이름인데, 세상을 구한다고 했으면 어리석음을 지도하여 깨닫게 하는 것이 옳지, 어이 굳이 묻는데 대답도 않고 그 책을 숨겨 비밀로 해서, 어리석은 자로 하여금 깨닫지 못하게 한다면, 그것이 과연 천주가 세상을 구원하려는 뜻이란 말인가?[40]

그 어조가 애처롭기까지 하다. 7월 15일에는 안정복을 찾아온 손님이 항간의 흉흉한 소문을 전하며 말을 조심하시라고 하자, 낙담해

서 〈폐구음(閉口吟)〉이라는 장시를 지었다. 전문은 이렇다.[41]

사람은 누구나 입 하나 있어 人皆有一口
말하고 먹는 것을 관장한다네. 只管言與食
두 가지는 없을 수 없는 거지만 二者不可無
득실 따라 화와 복이 뒤따라오네. 失得隨禍福
듣자니 참다운 도리가 있어 忽聞有眞道
서방의 나라에서 건너왔다지. 來自西方國
젊은 선비 앞다퉈 믿고 따르니 髦士競信趨
살펴보매 마음속을 갉아먹는 듯. 視之心內蠹
벗이야 토론함을 귀히 여기니 朋友貴講討
이 마음에 어이해 속임 있으랴. 此心豈有慝
한 마디도 도무지 알 수 없는데 一言不能會
함정에 빠뜨리는 도적 만드네. 便作陷人賊
평생 한 조각 깨끗한 마음 平生一片心
밝고 곧아 간교한 꾸밈 없었지. 白直無巧飾
말과 행실 솔직함에 내맡겼거늘 言行任坦率
도리어 남에게 탄핵받다니. 反爲人所劾
세상에 날 알아줄 사람이 없어 世無知我者
홀로 앉아 길게 탄식하누나. 獨坐長太息

평생 밝고 곧은 마음으로 간교함을 멀리했건만, 충정으로 건넨 말로 까마득한 후배에게 남을 함정에 빠뜨리는 도적 취급을 받은 것을 통탄했다. 그러고 나서도 분이 안 풀려 〈탄시(歎時)〉에서는 이렇게 비꼬았다.[42]

서양서 온 학술이 자못 신령스러워　西來一術頗靈神
한다 하는 어진 이들 참된 도라 말들 하네.　濟濟群賢說道眞
고루한 나 끌어주는 그 힘을 못 입으니　固陋未蒙提撕力
하늘의 심판을 빌 데 없음 뉘우치네.　天臺審判悔無因

'천주학이 그토록 신령스럽고 참된 도리라면, 나같이 고루한 사람도 그 은택을 입어 하늘의 심판에서 벗어나게 해주면 좋으련만, 그렇지가 못하니 내 죄를 내가 뉘우친다'고 불편한 심기를 들어 말한 것이다. 〈삼절음(三絶吟)〉에서는 다시 이렇게 자조했다.[43]

저촉되는 말 많으니 말을 응당 끊겠고　言多觸諱言當絶
편지조차 남 거슬러 편지마저 끊으리.　書或忤人書亦絶
게다가 질병 안고 왕래마저 끊으니　且抱沈痾斷往還
문밖과의 교유는 신발 소리 끊겼다네.　交遊門外跫音絶

'말만 하면 펄쩍 뛰니 말을 끊겠고, 편지만 보내면 성을 내니 더 이상 편지도 쓰지 않겠다. 병들어 누운 몸이니 왕래도 끊겠다. 말과 편지와 왕래, 이 세 가지를 다 끊어 철저히 혼자인 삶을 살겠다.' 어조가 구구절절 절절하여, 일련의 전개에서 안정복이 느낀 무력감과 낭패감이 오롯하게 전달되는 시편들이다.

마음이 아파서 쓴다

계절이 바뀌어도 양측의 분노는 고조되어만 갔다. 안정복의 《안정복일기》 1785년 10월 10일자에는, 앞에서도 잠깐 소개했지만, 마침내 폭발한 안정복과 이기양의 일전이 생생한 기록으로 남아 있다.[44] 안정복은 양지현감 유순(柳詢)을 통해 이기양이 곧 찾아갈 것이라는 전갈을 미리 받았던 듯하다. 기다리던 중에 이윽고 관인의 행차가 마을로 들어서고, 권마성(勸馬聲)이 진동했다. 이기양은 가마에서 내리지도 않은 채 뜨락까지 쳐들어왔다. 들어서는 서슬이 퍼렜다. 당시 안정복이 74세, 이기양은 42세였다. 어른을 만나러 오면서 가마를 탄 채 뜨락까지 들어오는 것은 명백한 도발적 행동이었다.

이기양은 자리에 앉자마자 다짜고짜 '왜 우리 어머니 편지를 남에게 말하느냐'고 앙칼지게 따지며 대들었다. 민망해진 안정복이 당황해서 말을 더듬자, 이기양은 이런 법은 없다고 기세를 더 돋웠다. "제가 어르신께 전후로 모든 일에 전심을 다했는데, 매번 책망을 받은 것이 한두 번도 아니고 십수 번입니다. 어르신께서 조정에 계시면서 이런저런 말이 날 때도 제가 나서서 두둔했건만 어찌 제게 이렇게 하십니까?" 내간(內簡)을 밖에다 퍼뜨린 일로 안정복은 약점이 잡혀 계속 쩔쩔매야 했다. "지난번 권철신에게 보낸 편지를 보고 사람들이 다 화심(禍心)이 있다고 말들 합니다. 제가 더는 못 참겠습니다."[45]

안정복이 아무리 달래며 화제를 바꾸려 해도 이기양의 기세는 좀체 가라앉지 않았다. 갈 때도 이기양은 분을 참지 못해 마당에서 가마를 탄 채로 나갔다. 둘은 다시는 얼굴을 안 볼 사람처럼 헤어졌다. 그가 간 후 안정복은 그날 일기에다 이렇게 썼다.

> 내가 그와는 나이 차가 크게 나서, 그의 아버지도 나를 존장(尊丈)이라 부르며 내 아들과 교제했고, 수십 년간 내게 스승의 예로 대했다. 뜻하지 않게 하루아침에 권철신에게 보낸 편지 하나로 나를 이렇게

> 대하니, 이것이 또한 천주학의 가르침인가? 천주학에서는 원수를 잊고 원수를 사랑하라고 하였는데, 그가 나를 원망하는 눈초리로 쳐다보니, 이는 천주학에서도 허용하지 않는 것이다. 그가 돌아간 뒤에 마음이 아파서 쓴다.[46]

자신의 글이 이기양의 입장에서 불쾌할 수 있겠다 싶어도, 막상 이기양이 이렇게까지 도발적인 행동으로 나올 줄은 상상하지 못했기에, 안정복은 그의 돌발 행동에 크나큰 충격을 받았다. 하지만 이기양의 행동에는 지난 여러 해 동안 켜켜이 쌓인 안정복에 대한 묵은 감정이 깔려 있었다.

독서한 사람도 이렇게 합니까?

이날 이후 안정복은 거의 식음을 전폐할 정도로 분노했다. 손자뻘에 가까운 후학에게 당한 느닷없는 봉변이 뼈아팠다. 이기양의 이날 일은 즉시 남인들에게 소문이 쫙 퍼졌다. 이재기의 《눌암기략》에도 이때 일이 적혀 있다.

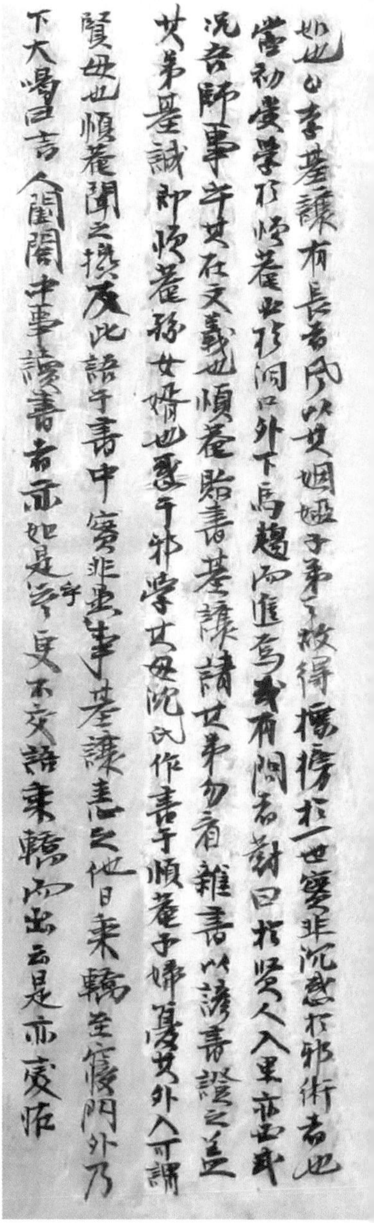

이기양이 안정복의 집으로 들이닥쳐 언쟁하는 현장이 《눌암기략》에 기록되어 있다.

> 이기양이 문의현감으로 있을 때 안정복이 이기양에게 편지를 써서, 그 아우더러 잡서를 보지 못하게 할 것을 청하면서, 한글 편지를 가지고 증거로 삼았다. 대개 그 아우 이기성은 바로 순암의 손녀사위로, 사학에 빠져 있었다. 그 어머니 심씨가 순암의 며느리에게 편지를 써서 그가 외도에 빠지는 것을 걱정했으니, 어진 어머니라 말할 만하다. 순암이 이 말을 듣고는 편지 속에다 언급했던 것인데, 실제로는 이상한 일이랄 것도 없었다. 이기양이 성을 내며, 다른 날 가마를 타고 안방 문밖까지 와 내리면서 크게 소리질렀다. "남에게 규방 안의 일을 말하니, 독서한 사람도 이렇게 하는가?" 그렇게 말하고는 다시 말도 섞지 않고서 가마를 타고 가버렸다. 이 또한 변괴다.[47]

안정복의 일기 내용과는 글의 결이 사뭇 다르다. 안정복이《안정복일기》에 쓴 것이 정전(正傳)이고, 이재기의 기록은 이 소문이 입을 옮겨가는 사이에 이야기가 섞이고 부풀려진 것이다. 하지만 이것이 당시 남인 내부에서 이 일을 지켜보던 평균적 시선이었다. 이기양은 대체 왜 이렇게까지 했던 걸까?

5. 안정복의 투혼

설득될 수도, 납득시키기도 힘든 문제

권철신의 절연과 이기양의 강력한 반발 앞에 노학자 안정복이 낙담하여 참담해하는 모습은 보기에 안쓰러울 정도였다. 이때 안정복은 거의 '멘붕' 상태였다. 권철신과 이기양 두 사람의 대응은 제삼자의 시선에서 볼 때 확실히 도가 지나쳤다. 특히 이기양의 도발은 남인 내부에서도 '변괴'라는 소리가 나왔을 정도다. 그들 내부에서 안정복의 논의가 자칫 큰 재앙을 부를 수 있다는 위기의식이 그만큼 높았음을 반증한다.

양측 사이에는 서학을 이해하는 입각점이 이미 도저히 합치될 수 없는 지점으로 멀어져 있었다. 그것은 결코 토론으로 좁혀질 수 있는 문제가 아니었다. 학계의 중진으로 후학들의 존경을 한 몸에 받고 있던 두 사람에 대해, 안정복이 10여 년간 계속해서 재기만 넘치고 경솔하고 천박하다고까지 하며 지속적으로 비난함으로써 문제를 키운 측면도 있었다. 안정복의 입장에서는 같은 성호의 문하로, 성호학의 주류를 그들에게 왜곡된 형태로 내어줄 수 없다는 마음이 강했고, 이들이 제자뻘의 까마득한 후배인지라 가볍게 여긴 측면도 없지 않았다. 양측은 타협점 없이 평행선을 그으며 다퉜다. 각자 자기 확신을 전제로 한 것이어서 중간 지점은 아예 없었다.

당시 권철신과 이기양이 남인 소장 그룹 내에서 지닌 위상은 대단했다. 다산이 〈녹암묘지명〉에서 권철신에 대해 기록한 대목을 보자.

> 공의 학문은 한결같이 효제충신(孝弟忠信)을 종지로 삼아, 집에서는 부모에게 순명하여 뜻을 봉양하였고, 벗과 형제를 한 몸처럼 여겨 애쓰고 노력하였다. 그 문에 들어선 사람은 한 덩이 화기로운 기운이 가득 차 울려퍼져, 마치 향기가 사람에게 끼쳐오고 지란(芝蘭)의 방에 들어선 것만 같았다.[48]

이어 그가 서학으로 인해 고문을 받고 죽자 다시 이렇게 썼다.

> 아! 인후(仁厚)함은 기린 같고, 자애롭고 효성스럽기는 범과 원숭이 같으며, 지혜는 샛별 같고, 모습은 봄 구름 사이로 비치는 상서로운 햇빛 같았다. 형틀에서 죽어 저자에 버려졌으니, 어찌 슬프지 않으랴![49]

다산의 계부(季父) 정재진이 서학에 물든 조카들로 인해 분개하며 "권철신은 갈가리 찢어죽여도 애석할 것이 없다"고 말한 뒤, "그렇지만 집안에서의 행실만큼은 훌륭했다"고 하자, 정약전이 "집안에서의 행실이 훌륭한 사람을 어찌 찢어죽인단 말입니까?"라고 반발했을 만

큼 권철신은 주변 모든 이의 존경과 기림을 한 몸에 받고 있었다.[50]

〈복암묘지명〉에서 다산은 이기양에 대해 이런 기록을 남겼다.

> 공은 타고난 자질이 우뚝하고 괴걸스러웠다. 이마가 둥글게 튀어나왔고, 미목은 시원스레 넓었다. 코와 입, 광대뼈와 뺨이 모두 오뚝하고 풍만하였다. 키는 8척이나 되고, 피부가 뽀얗고 훤칠했다. 수염은 몇 가닥뿐이었지만 변설은 장강대하와 같았다. 젊어서는 물러터진 것을 싫어했고 예법에 얽매이지 않았다.[51]

마지막 문장이 안정복과의 회동 시 앙칼졌던 그의 성정을 환기시킨다. 정조가 뒤늦게 그를 만난 뒤 "이기양을 얻었으니 내가 아무 걱정이 없다"고 했을 만큼 임금의 특별한 신임을 받았던 인물이기도 하다.[52] 그는 빈틈없는 문장과 명징한 사고의 소유자였다.

그런 그들이 스승뻘인 안정복에게 대화를 거부하고 절연을 선언한 것이 남인 내부에 일으킨 파장은 컸다. 1776년에 홍유한을 따라 남행 계획을 세울 때부터 그들은 이미 서학을 받아들여 완전히 새로운 질서를 품은 다른 세상을 꿈꾸고 있었다. 그들은 점차 성리학 내부의 해묵은 논쟁에 대해서도 완전히 흥미를 잃었다. 이것은 이미 스스로 설득될 수도 없고, 상대를 납득시키기도 힘든 문제였다.

어찌 두렵지 않겠는가?

1785년 봄의 명례방 추조적발 사건은 안정복과 권철신·이기양의 갈등이 점차 노골화되던 딱 그 시점에 터졌다. 안정복의 입장에서는

'그것 봐라!' 할 일이었고, 신서파의 젊은 그룹은 이 일의 배후에 안정복이 작용했다고 믿어, 노골적으로 적개심을 표출하기까지 했다. 앞서 보았듯, 정약전은 '이 노인네가 참 가련하다'며 막말을 했다. 지옥은 저런 늙은이를 위해 준비된 곳이라는 악담까지 나왔다. 신앙인의 말이라고 하기에는 너무 거칠어서, 안정복은 천주는 사랑과 용서를 말하는데, 천주를 믿는다는 너희가 그럴 수 있느냐고 말했을 정도였다. 안정복은 순식간에 남인 소장층의 공적(公敵)이 되어 있었다.

《벽위편》에는 〈안순암을사일기(安順庵乙巳日記)〉의 한 자락이 인용되었다. 그 내용은 이렇다.

> 내가 권철신과 이기양에게 편지를 보낸 것은 1784년 12월이었고, 1785년 3월에 천주학의 옥사가 있었다. 그 무리가 대놓고 말하기를, '광주로 가는 길에서 정씨(鄭氏) 성을 가진 문관이 내게 이 편지가 있다는 말을 듣고, 진신(搢紳)들 사이에 전해 퍼뜨렸다. 형조판서가 이 말을 듣고서 옥사를 만들었다'고들 했다. 나의 권력이, 평소 알지도 못하는 재상이 내가 길에서 들은 말을 믿고 이런 일을 벌이도록 할 정도란 말인가? 이들이 이렇게까지 제멋대로 모함하는 말을 하다니, 어찌 두렵지 않겠는가?[53]

현재 전하는 친필본 《안정복일기》에서는 어쩐 일인지 이 대목을 찾지 못하겠다. 이 글에서는 당시 안정복이 느꼈던 위기의식이 그대로 전해진다. 분명한 것은 명례방 추조적발 당시 권일신이 쟁쟁한 집안의 젊은이들을 이끌고 형조의 뜨락까지 쳐들어가서 당당하게 성상(聖像)을 돌려달라고 항의한 데서도 보듯, 초기 서학을 신봉하던 그룹은 좌고우면(左顧右眄)하여 눈치 보거나 주눅 들지 않았고, 언제나 정면돌파와 반대당에 대한 선제적 공격 방식으로 자신들의 이익을 지켜냈다는 점이다. 적어도 1791년 진산 사건이 일어나기 전까지 공서파의 목소리는 신서파의 일사불란한 대응 앞에 늘 무력감을 맛보아야만 했다. 이에 대해서는 차차 자세히 살펴보겠다.

진격

1784년 겨울 이후 안정복은 젊은 남인 학자들의 심상치 않은 움직임에 보다 공세적으로 대응할 필요를 깊이 느꼈다. 그는 성호의 증손인 이재남(李載南, 1755~1835)과 이재적(李載績)에게 편지를 써서 판토하의 《칠극》을 빌려왔다. 그 편지에서 안정복은 "지금 들으니 우리 무리 가운데 연소하고 재기 있는 자들이 모두 양학을 한다 하니, 그 이야기가 파다하여 덮을 수가 없다"고 써서, 《칠극》을 빌리려는 이유가 천주학에 적극 대응키 위해 공부를 하려는 것임을 밝혔다.[54]

곧바로 유옥경(柳玉卿)에게도 편지를 보냈다. "근래 들으니 양학이 크게 번성해서 아는 이들 중 재식(才識)으로 자부하는 자들이 모두 그 가운데로 들어갔다고 하니, 그대도 틀림없이 들었을 것일세"라 하고는 《기인십편》과 《영언여작》 두 책을 빌려달라고 했다.[55]

두 편지 모두 1784년 겨울에 쓴 글이다. 이들 책자가 서학을 믿는 것과 관계없이 널리 퍼져 있었음을 알 수 있다.

실제 안정복이 1784~1786년의 책력 뒷면에 친필로 쓴 《안정복일기》 제51책 끝에 〈자비서책질(自備書冊帙)〉 목록이 있다. 자신이 집에 갖춰두고 작업하던 서책을 나열한 것으로, 그중에 《천주실의》 2책, 《기인십편》 2책, 《영언여작》 1책, 《변학서독(辨學書牘)》 1책, 《직방외기》

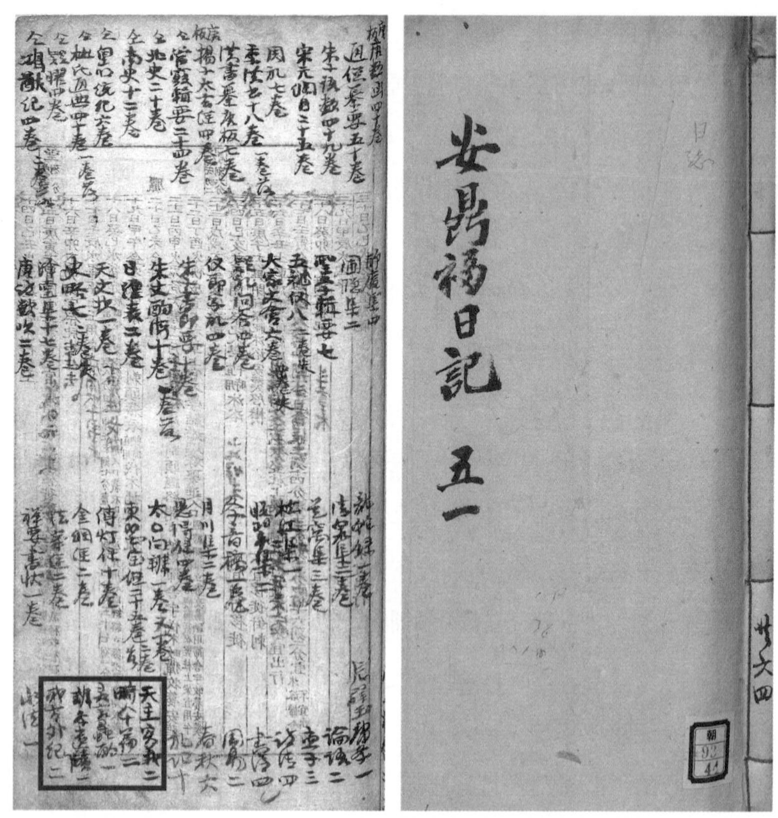

안정복이 친필로 쓴 〈자비서책질〉(왼쪽)과 〈자비서책질〉이 실린 《안정복일기》 제51책 표지. 표시한 부분이 서학서 목록이다. 국립중앙도서관 소장.

2책이 포함되었다.[56]

1784년 초 겨울에 안정복은 심유(沈浟)의 요청에 따라 〈천학설문(天學設問)〉이라는 글을 지었다. 남인 젊은 학자 그룹에서 천주학에 대한 관심이 크게 일어나자, 심유가 안정복에게 입장을 물었고, 이에 대해 대답한 글이다. 심유는 후에 아들 심동량(沈東亮)이 이승훈의 딸에게 장가들어 사돈을 맺게 된 인물이다. 1778년 겨울 성호학파의 젊은 이들이 서대문 밖에서 향사례(鄕射禮)를 열 때 그 모임을 주동한 일도 있었다.

〈천학설문〉에는 역사학자 안정복의 해박한 면모가 잘 드러난다. 그는 천주학에 대한 평소 공부가 있었다. 중국 역대 사서에 나오는 천주교 관련 언급을 간추렸고, 지옥설에 대한 자신의 견해를 밝혔으며, 《칠극》의 주장에 회의를 표시하고, 액륵와략(額肋臥略) 즉 성 그레고리오(Gregorius)와 '산자(産子)'라는 서양 사람의 이야기를 인용해가며 서학의 주장을 공박했다.[57]

1784년 12월 14일 권철신에게 보낸 편지에도 천주학에 대한 공격적 논설이 상당 부분 전재되었고, 편지 끝에 자신이 이미 지은 〈천학설문〉이라는 글이 있는데 베껴써서 보내줄 여력이 없다면서, "하지만 모두 망령된 주장이라 어찌 그대들이 이미 정하여 배움을 이룬 것을 움직일 수 있겠는가?"라고 썼다.[58] 〈천학설문〉을 보내줘봤자 아무 소용이 없을 것을 알고 있다는 뜻이었다.

이 편지를 받아본 권철신은 더 이상의 토론이 무의미함을 깨달았고, 이에 무대응으로 일관하다가 거듭 안정복의 편지를 받은 사정은 앞서 살핀 그대로다. 그 와중에 1785년 3월 명례방 추조적발 사건이 터졌다. 서학 문제의 심각성이 처음으로 수면 위로 드러난 것이다.

안정복은 이 문제를 더 이상 좌시할 수 없다고 보아, 천주학에 대한 학술적인 공박을 통해 유학의 입장을 체계적으로 정리할 필요를 절감했다. 그리하여 즉각 〈천학설문〉에서의 소박한 논의를 확대 발전시켜, 중국에 천주교가 들어온 역대의 자취를 역사 기록 속에서 추려내 정리한 〈천학고〉를 쓰고, 천학에 대한 30여 조목의 질문에 응답하는 방식으로 정리한 〈천학문답〉의 집필에 돌입했다.

6. 안정복의 〈천학고〉와 〈천학문답〉

참으로 안타깝다!

안정복의 〈천학고(天學考)〉와 〈천학문답(天學問答)〉은 평생 학문으로 잔뼈가 굵은 노학자의 저력과 경륜이 오롯이 담긴 대문자다. 인용 서목의 범주나 다룬 내용의 깊이에서 그의 대단한 내공과 작심이 그대로 느껴진다. 안정복은 〈천학고〉의 서두에서 이렇게 썼다.

> 계묘년(1783)과 갑진년(1784) 사이로부터, 재기가 있다는 젊은이들이 천학의 주장을 펴서 마치 상제가 친히 내려와 알려주고 시킨 듯이 하였다. 아! 일생 동안 중국 성인의 글만 읽다가 하루아침에 서로를 이끌어서 이단의 가르침으로 돌아가고 말았으니, 이야말로 3년을 배우고 돌아와 그 어미의 이름을 부른다는 것과 무엇이 다르겠는가? 참으로 안타깝기 짝이 없다.[59]

글 속에 '3년을 배우고 돌아와 어미의 이름을 부른다'는 것은 《전국책(戰國策)》〈위책(魏策)〉에 나오는 송인(宋人)의 고사에서 따왔다. 송나라의 어떤 학자가 3년을 공부하고 돌아와서 그 어미의 이름을 불렀다. 어머니가 어이가 없어 연유를 묻자 아들의 대답이 이랬다. "어머니, 저는 요순(堯舜)을 가장 존경하지만 요순이라고 부르고, 천지(天地)를 가장 위대하다고 여기나 천지라고 부릅니다. 어머니는 요순이나 천지보다 못하시니, 그래서 어머니를 이름으로 불렀습니다."[60] 이는 후대에 제대로 배우지 못해 행하는 망령된 행동을 나타내는 고사가 되었다. 천주를 배워 부모의 제사를 거부하고 조상의 신주를 불태우는 상황을 조준한 내용이다.

〈천학고〉는 천주학이 중국에 전래된 내력이 이미 오래되었고, 이제 막 시작된 신학문이 결코 아님을 밝히는 데 집필의 목적이 있었다. 글에서는 알레니의 《직방외기》, 마테오 리치의 《천주실의》에도 나오는, 천주교가 한나라 때 이미 중국에 전래되었음을 밝힌 사실을 제시했고, 《한서(漢書)》와 《열자(列子)》, 《통전(通典)》, 《북사(北史)》, 《자치통감(資治通鑑)》, 《홍서(鴻書)》, 《오학편(吾學篇)》, 《명사(明史)》, 《경교고(景教考)》, 《일지록(日知錄)》, 《지봉유설(芝峯類說)》 등 역사서와 관련 문헌을 망라해, 한나라 때부터 중국에 전해진 천주교 종교 전파의 자취를 낱낱이 찾아 파헤쳤다.

예를 들어 《후한서》에 실린 대진국(大秦國)에 대해 소개한 대목은 이렇다.

> 그 나라의 왕은 일정하지 않아서 어진 이를 선발하여 세운다. 그 법은 돼지, 개, 나귀, 말 등의 고기를 안 먹고, 국왕과 부모 같은 높은 사람에게도 절하지 않는다. 귀신을 믿지 않고 하늘에 제사 지낼 뿐이다.

> 그 풍속이 7일마다 하루를 쉰다. 이날은 매매도 하지 않고 출납도 하지 않으면서 다만 술을 마시며 종일 노닥거린다.[61]

대진국은 고대 로마제국을 일컫는 명칭이다. 《후한서》 〈대진국전〉에서 따온 인용이다. 왕이 일정하지 않다는 말은 로마의 공화정을 가리키고, 국왕과 부모에게 절하지 않는다 하여 상하 없이 평등을 지향하는 사회임을 밝혔다. 안식일을 주일로 지키는 풍습에도 주목했다.

그러고 나서 다시 다음 대목을 인용했다.

> 7일마다 왕이 나와 예배를 올리고 높은 자리에 올라 대중을 위해 이렇게 설법한다. "사람이 살아가기란 몹시 어렵고 하늘의 도리는 쉽지가 않다. 간사하고 잘못되며 겁박하고 훔치는 따위의 잔단 행실과 제멋대로 하는 말로 저만 편하고 남은 위태롭게 하며, 가난한 이를 속이고 천한 이를 못살게 구는 것, 이 가운데 하나라도 있으면 그 죄가 더없이 크다." 이에 온 나라가 교화되어 마치 물 흐르듯 그 말을 따랐다.[62]

이 밖에 고국(苦國), 고창국(高昌國), 언기국(焉耆國), 조국(漕國), 강거국(康居國), 활국(滑國) 등 고대 문헌에 나오는 동투르키스탄, 타클라마칸과 투루판 일대의 이슬람 국가 관련 기록들을 낱낱이 찾아내, 7일에 한 번씩 주일을 지키고 하루에 다섯 번씩 기도하는 그들의 종교의식과 핵심 교리, 그리고 사우디아라비아 헤자즈 지방의 내륙도시 묵덕나(默德那), 즉 메디나(Medinah) 지역의 풍속에 이르기까지 자세히 살폈다.

천주학에 대한 34가지 질문과 응답

안정복은《동사강목(東史綱目)》을 엮은 권위 있는 역사가로서, 중국 역대 기록에 대한 꼼꼼한 카드 작업을 바탕으로, 천주교의 교리가 이미 한나라 때부터 중국에 들어왔음을 밝혔다. 또 "내가 살피건대 개황(開皇, 수나라 문제의 연호) 이후로는 그들의 종교가 중국에 행해져서 건물을 지어 살았다. 도관(道觀)이나 사찰과도 다름이 없었는데 그 종교를 위주로 할 뿐이었다. 회창(會昌) 이후로는 그 종교가 마침내 끊어지고 말았다" 등의 언급을 통해,[63] 중국에 들어온 이들의 종교가 회창 연간, 즉 당나라 무종(武宗) 이후로는 어느 순간 명맥이 끊어지고 말았다고 썼다.

결국 안정복은 〈천학고〉에서 천주교가 이미 고대 중국에 들어왔고, 이후로도 그들의 종교가 중국 역사서에 언급된 자취를 따라가며, 천주교가 결코 신학(新學)이 아니고 파천황(破天荒)의 새로운 진리일 수 없음을 드러내고자 힘썼다. 글을 읽고 나면 안정복의 정보력에 먼저 압도된다. 이 한 편의 글을 짓기 위해 그가 준비한 시간과 섭렵한 전적은 결코 만만치 않았다.

안정복의 취지는 이랬다. '명나라 때 전겸익(錢謙益)과 청초의 고염무(顧炎武) 같은 대학자들이 그들의 허황함을 입증한 증언을 남긴 것은 이미 여러 문헌을 통해 명백하게 밝혀져 있다. 그러니 이 천주학을 무슨 파천황의 새로운 진리인 양 과대포장하여, 선철(先哲)의 가르침을 외면하고 앞선 역사가 이미 허위라고 입증한 잘못을 지금에 되풀이하는 것은 어리석은 일이 아닐 수 없다.'

이어서 쓴 〈천학문답〉은 혹자의 질문에 자신이 대답하는 즉문즉답식 설법으로, 천주학에 대한 32가지 질의에 응답했다. 부록으로 다시

地獄及前世之事者也彼西士之無理不窮無幽不
通而尚不離於膠漆盆中惜哉按先生之言如此而今為此學者聞或曰先生亦嘗為之欲伸己說因而為重而不覺自歸於誣師之科豈不寒心哉其學術之差別具于問答

天學問答

或問今世所謂天學於古有之乎曰有之書曰惟皇
上帝降衷下民若有恒性克綏厥猷詩曰惟此文王
小心翼翼昭事上帝又曰畏天之威于時保之孔子
曰畏天命子思曰天命之謂性孟子曰存心養性所
以事天也吾儒之學亦不外於事天董子所謂道之
大原出乎天是也

順菴集 卷十七 八

或曰吾儒之學果不外於事天則子斥西士之學何
也曰其所謂事天則一也而此正彼邪此吾所以斥
之也

或曰彼西士之童身制行非中國篤行之士所能及
也且其知解絶人至於天度推步曆法籌數制造器
皿若洞貫九重之天八十里火炮之類豈不神異我
仁祖朝使臣鄭斗元狀啓西洋人陸若漢制火器能作八十里之火炮若漢即利瑪竇之友其國
之人又能周行大地入其國則未幾而能通其言語
文字測量天度一一符合此實神聖之人也既為神
聖則烏不可信乎曰是果然矣然以天地之大勢言

유학으로 천주교의 핵심 교리를 논박한 〈천학문답〉 일부. 안정복의 〈천학고〉와 〈천학문답〉은 척사론에 사상적 배경을 제공했다.

성호 이익의 서학에 대한 입장을 설명하는 두 차례 문답이 덧붙어, 모두 34가지 질의와 응답을 소개한 장편의 글이다.

앞쪽 질문에는 천주교 교리의 핵심을 이루는 주제가 모두 망라되어 있다. 옛날에도 있었나? 왜 배척하나? 믿으면 왜 안 되나? 천학이란 유학과 어찌 다른가? 예수와 성인이 같지 않은가? 고금에 천학을 말한 자는 어찌 말했는가? 천학의 폐단은 무엇인가? 여기까지는 기본 입장에 대한 설명이다.

이어 천주교 교리를 구성하는 핵심 명제를 차례로 물었다. 현세와 후세란 무엇인가? 천당과 지옥의 주장은 어떠한가? 천학이 현세를 배척하는 것이 그리 큰 문제인가? 삼구(三仇), 즉 세 가지 원수의 주장이 어째서 잘못인가? 최초의 인간 아담과 이브는 어떻게 보아야 하나? 원조와 재조(再祖)의 주장이란 무엇인가? 서사(西士)의 천학 공부는 어떤 내용인가? 불교가 천학에서 훔쳐갔다는 말이 사실인가? 천학의 역사는 온전한 데 반해 중국은 그렇지 않다는데 사실인가? 서사들의 소견과 역량은 정말 대단하지 않은가? 중국 성인의 가르침이 천학만 못하다는데 그런가? 예수가 십자가에서 죽은 것이야말로 지극한 인(仁)이 아니겠는가? 주자가 천(天)을 이(理)라 한 주장이 맞는가? 중국 선비들이 어째서 서사의 가르침을 따르는가? 중국의 글에도 천주란 표현이 나오는가? 《열자》에 나오는 서방 성인이 곧 천주가 아닌가? 세례를 받고 별호를 정하는 것은 어떠한가? 삼혼설은 어떤가? 천학에서 제사를 거부하는 것은 어떻게 보아야 하나? 천학에서 말하는 마귀는 어떤 존재인가?

숨 돌릴 틈 없이 쏟아지는 질문을 늘어세워놓고, 안정복은 중국 고전에서 논거를 끌어오고, 방증 자료를 인용해 차례로 논박했다. 저들과의 논쟁과 토론에 대비해, 유학 쪽에서 대응할 논리를 제공하겠다는 사명감이 깊게 담긴 글이다.

논의는 마테오 리치가 《천주실의》에서 보여준 문답 방식과 질문 내용을 끌어왔다. 조선 초 숭유억불(崇儒抑佛)의 기조 아래 불교의 폐해를 바로잡고자 정도전이 쓴 〈불씨잡변(佛氏雜辨)〉의 글쓰기와 그 성격이 완전히 똑같다. 예상 가능한 질문의 목록이 모두 공박되면 그들의 허구성이 환히 밝혀져서 글은 마침내 소기의 목적을 달성하는 구조다. 천학의 무리가 이런 주장을 펼치거든 너희는 이 같은 논거로 이렇게 반박하여 그들의 논리에 대항하라는 지침을 내려주려고 작정하고 쓴 글이다.

천주학에 대한 성호 이익의 입장

안정복이 〈천학문답〉의 집필을 끝낸 것은 1785년의 가평일(嘉平日), 즉 납일(臘日)이었다. 그해 일력상 이날은 음력 12월 20일이었다. 같은 해 3월의 추조적발 사건과 10월 이기양과의 일전을 치른 뒤, 안정복은 서학서를 곁에 쌓아두고서 그들의 교리를 구성하는 핵심 개념들을 추출하고, 그들의 설명 방식을 이해한 뒤, 유학의 칼끝으로 그 허점을 파고들어 나름대로 명쾌한 분해를 시도했던 셈이다.

장강대하로 이어지던 문답이 다 끝나고, 안정복은 부록에서 다시 두 차례의 문답을 더 이었다. 성호 선생도 천주학을 믿었다는데 사실인가? 성호 선생이 마테오 리치를 성인이라고 말한 것이 사실인가? 안정복은 답변에서 선생의 진의를 악의적으로 왜곡한 거짓이라면서, 자신이 직접 들었다는 성호의 말로 성호의 입장을 변호했다. 이에 대해서는 앞에서 이미 상세히 검토한 바 있으므로 다시 다루지 않겠다.

실제로 성호학파 내부에서 신서파와 공서파로 갈려 전쟁을 벌이게 된 원인 제공자는 바로 성호 자신이었다. 성호의 직계인 이병휴와 홍유한, 이철환, 이가환 등은 서학에 대해 우호적이었고, 그 제자 권철신과 이기양, 이벽 등이 이 노선을 더욱 발전시켜 신서파의 흐름을 활짝 열었다. 그 반대쪽에 윤병규와 안정복, 황덕일 등 성호 우파의 흐름이 또 그만큼 굳건했다. 신후담이 《돈와서학변(遯窩西學辨)》을 지어 성호의 서학론에 대들고, 안정복의 가르침을 받은 안동의 남한조(南漢朝, 1744~1809)가 〈안순암천학혹문변의(安順菴天學或問辨疑)〉를 지어 안정복의 입장에 찬동한 것은 성호의 서학에 대한 태도가 끝내 석연치 않았기 때문이다.

홍유한, 권철신, 이기양 등은 성호의 속내를 읽어 서학에 경사되었고, 안정복 등은 성호의 진의를 앞세워 자신들의 입장을 개진했다. 남인 성호학파가 천주학의 수용과 반대를 두고 피비린내 나는 전쟁을 치르게 된 배경에는 성호 이익의 어정쩡한 태도가 있었다.

7. 두 과부의 전쟁

이겨도 지는 싸움

안정복과 권철신·이기양의 서학을 둘러싼 논쟁이 감정싸움으로 번지고, 곧이어 남인 내부의 정파적 투쟁으로 변질되면서 비극이 싹텄다. 남인 학맥의 뿌리에 성호 이익이라는 거목이 있었다면, 정계에는 번암(樊巖) 채제공(蔡濟恭, 1720~1799)이라는 불세출의 정객이 버티고 있었다. 80년 넘게 지속된 야당생활에 지칠 대로 지친 남인들에게 정조의 신임을 한 몸에 받고 있던 채제공은 유일한 희망이자 최고의 구원투수였다. 하지만 그에게도 얼마 못 가 정치적 시련이 닥쳤다.

채제공은 1780년 홍국영 실각 이후 정적들의 집중포화로 거의 죽음 직전의 상황에 몰려, 1786년 12월까지 본의 아닌 유폐생활을 견뎌야 했다. '채제공은 이제 끝났다'느니 '곧 사약이 내릴 것'이라느니 흉흉한 소문이 파다했다.

이 와중에 벌어진 작은 사건 하나가 남인 내부에 깊숙한 충격파를 안겼다. 이재기의 《눌암기략》은 전라도 나주의 미강서원(眉江書院), 즉 미천서원의 이야기로 시작된다.

1783년 서원의 유생 몇 사람이 서원 원장인 채제공을 찾아왔다. 무너져가는 서원 건물을 새로 짓기 위한 재원을 마련하기 위해서였다. 채제공은 서원의 부원장이자 관동관찰사로 있던 집안 조카 채홍리(蔡弘履, 1737~1806)에게 도와주라는 편지를 써서 이들을 그리로 보냈다. 원주로 찾아간 유생들은 몇 달간 그곳에 머물며 관찰사와의 면담을 요청했지만, 이들은 끝내 감영 안에 한 발짝도 들이지 못하고 빈손으로 돌아갔다.[64] 채제공의 부탁을 '개무시'한 처사였다.

집안 조카라도 자식 같았던 채홍리는 이 일로 채제공의 등에 칼을 꽂았다. 남인 내부가 들끓었다. 순식간에 채제공을 따르는 대채(大蔡)와 채홍리로 줄을 갈아탄 소채(小蔡)로 패가 갈렸다. 내부에서 우려의 목소리가 일제히 터져나왔다.

이재기는《눌암기략》에 이렇게 썼다.

> 우리가 100년간 버림받아 실로 다툴 만한 권세나 이익이 없었다. 사람마다 인정이 마치 골육간과 같아 서로 마주하면 간담이라도 내줄 것 같았다. 비록 수백 리 밖에 살아도 소리와 기운이 서로 통하여, 그 풍속이 아름답다 할 만하였다. 하루아침에 한방에서 창을 잡는 변고가 있었으니, 아! 또한 불행함이 심하다 하겠다.
>
> 누군가 물었다. "서인도 노론과 소론으로 나뉘어 싸우니, 이는 시대의 풍기 탓이 아닙니까?" 내가 말했다. "그렇지 않네. 서인이 자기들끼리 죽자고 싸우는 것은 이익이 있어서일세. 우리의 경우는 두 과부가 서로 싸우는 격이니, 어찌 가소롭지 않겠는가?"[65]

이들은 한번 시작한 다툼을 끝낼 생각이 없었다. 이겨도 진 것과 같은 싸움이었다. 둘이 실컷 싸우다가 피를 흘리고 나면 전리품은 노론이 다 챙겨가는 허망한 전쟁이었다.

이 일로 그간 채제공 중심으로 결속되었던 남인들 내부에 심각한 균열이 왔다. 이석하 같은 이는 뒤탈이 날까 봐 채제공에게 편지를 쓰면서도 자기 이름조차 적지 않았다. 채제공은 "어찌 그리 겁을 내는고?" 하며 분노했다.[66] 채홍리는 이 와중에 같은 남인인 홍수보·홍인호 부자와 손을 잡고 반채제공 연대를 확대시켰다. 대채와 소채로 갈라섰던 남인의 싸움은 이제 채당(蔡黨)과 홍당(洪黨)의 전쟁으로 확전되었다.[67] 채제공은 의연했다. 믿는 구석이 있었다. 이벽의 동생 이석(李晳)이 장용영 무관으로 있으면서 동요치 말라는 정조의 밀지를 지속적으로 전해왔던 것이다.[68]

고래 싸움 속 새우등

정약용은 이 싸움의 한가운데 끼여 있었다. 홍수보는 장인 홍화보와 친형제 간이었고, 홍인호는 사촌처남이었다. 아버지 정재원은 채제공에게 끝까지 의리를 지켰고, 자신 또한 채당이었다. 처가 쪽이 돌연 반채전선의 선두가 되면서 정약용은 입장이 껄끄러워졌다. 그러다가 1786년 12월, 왕명으로 채제공이 화려하게 복귀하면서 반채전선에 비상이 걸렸다. 1788년 2월에 채제공은 마침내 우의정에 올랐다. 남인이 재상의 반열에 오른 것은 80년 만에 처음 있는 일이었다.

채제공은 거물이었지만 품이 넓지는 못했다. 와신상담의 시절 자기에게 등 돌렸던 남인들을 반드시 응징했다. 반면 어려울 때 자신의 편이 되어준 이익운 형제 등은 끝까지 밀어주었다. 이로 인해 남인의 파이를 키워 노론을 견제해서 개혁의 동력으로 삼으려 했던 정조의 정치 구상에 상당한 차질이 빚어졌다. 게다가 채제공 친위 소장 그룹 중에 유독 신서파가 몰려 있었던 점이 큰 걸림돌이었다. 정조가 양측의 화해를 주선해도 채제공은 끝까지 마음을 풀지 않았다. 정조는 홍인호를 따로 불러 채제공을 직접 찾아가 지난 일에 대해 사죄할 것을 명하기까지 했다. 어렵게 찾아온 홍인호에게 채제공은 날씨 얘기만 하다가 눈길도 주지 않고 돌려보냈다.[69]

1791년 이명기가 그린 번암 채제공의 전신 좌상 시복본 초상. 오른쪽 상단에 채제공이 짓고 쓴 찬문이 있다. 수원화성박물관 소장.

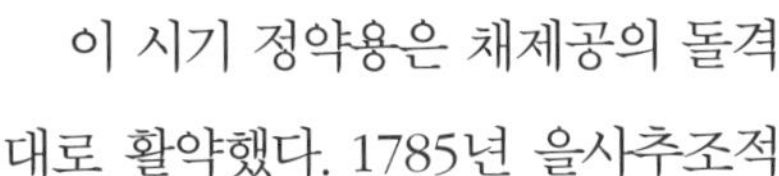

이 시기 정약용은 채제공의 돌격대로 활약했다. 1785년 을사추조적발 이후, 1787년 정미반회 사건이 터졌을 때도 그는 채제공의 그늘에 숨어 무사할 수 있었다. 천주교 활동에 온 힘을 쏟으면서도 부친과 함께 채제공을 옹위하는 전선의 앞장에 섰다. 성균관 유생의 자격으로 반대당을 저격하는 상소문에 이름을 올리기도 했다.

정약용은 동물적 정치감각의 소유자였다. 그는 이때 얼핏 자신이 꿈꾸던 서학의 가치가 임금 정조와 채제공의 그늘 아래서 개혁의 이름으로 꽃피울 수 있으리란 확신을 가졌던 듯하다. 1789년과 1790년 윤유일을 북경 교회에 특사로 파견할 때까지도 정약용은 천주교 최상부의 의사결정 구조 속에 들어 있었다.

1801년 2월 18일 이승훈이 의금부에 끌려갔을 때, 1789년 자신의 이름으로 북경 주교에게 보낸 편지가 사실은 자신이 쓰지 않았고 정약용이 자신의 이름을 훔쳐서 쓴 것이었다는 폭탄선언을 했다. 고베아(Alexandre de Gouvea, 湯士選) 주교의 제사 금지 조처를 불러온 그 편지를 실은 정약용이 썼다고 말한 것이다. 이승훈은 뒤늦게 이 사실을 알아 고발하려 하자, 정약용이 "조정에서도 이미 환히 아는 사실이니 제발 고발하지 말아달라"고 애걸했다는 말까지 보탰다. "정약용 삼형제가 제 이름을 빌려서 서양인과 교통하는 섬돌로 삼았다"고도 했다.[70] 처남매부 간 '막장드라마' 수준의 폭로전이었다. 이승훈의 처신은 늘 이랬다.

뜨거운 감자

하지만 1789년 3월 정약용은 식년시에 장원으로 급제해서 정계에 화려하게 데뷔했다. 정약용은 이후 정확한 판단과 기민한 일처리로 채제공 사단의 참모와 돌격대장 역할을 도맡았다. 명례방에 있던 그의 집은 소장파 채제공 옹위 그룹의 참모본부와 같았다. 무엇보다 그는 임금 정조의 가려운 곳을 알아 한발 앞서 문제를 처리하는, 임금의 마음에 꼭 맞는 신하였다.

덕분에 정약용은 벼슬길에 오른 후 승승장구했다. 1790년 3월 초계문신(抄啓文臣)을 거쳐 5월에는 품계를 다섯 등급이나 뛰어 종6품 용양위 부사과에 올랐다. 급제 1년 만의 파격적인 승진이었다. 이듬해 9월에는 사간원 정언이 되었다. 실로 거칠 것이 없었다. 정조와 채제공의 전폭적인 지원 없이는 가능한 일이 아니었다.

이 와중에 뇌관 하나가 터졌다. 1791년 9월의 진산 사건이 그것이다. 당사자인 윤지충(尹持忠)은 정약용과 사촌간이어서, 정약용은 이후 운신의 폭이 급격히 위축되었다. 여기에 1787년 정미반회 사건 당시 서학 타도의 집요한 문제 제기에도 헛발질로 물러났던 홍낙안이 진산 사건의 배후를 물고늘어지면서 천주교 문제가 정국을 강타한 뜨거운 감자로 떠올랐다.

진산 사건 직전 채제공은 자신의 서자와 정재원의 서녀를 혼인시켰다. 두 집안이 사돈의 인연을 맺은 것은 채제공의 입장에서는 어려울 때 자신의 편이 되어준 정재원에 대한 신뢰의 표시이기도 했다. 홍낙안은 진산 사건의 풍문을 채당의 신서파를 섬멸할 절호의 기회로 포착했다. 당시 홍낙안은 7품의 임시직인 가주서(假注書)였는데, 대담하게도 한참 선배인 진산군수 신사원에게 추궁하는 편지를 보내는 한편, 9월 29일에는 좌의정 채제공에게 공개적으로 장서(長書)를 올려 신서파 타도의 도화선에 불을 붙였다.

홍낙안은 이 글에서, 서학 집단을 사납고 흉포하며 불만이 가득한 무리라는 뜻으로 '걸힐불령지도(桀黠不逞之徒)'로 규정하고, 천당을 믿어 살기를 싫어하고 죽기를 즐거워하는 '오생락사지도(惡生樂死之徒)'라 하면서, 윤리를 어지럽히는 '멸륜난상지배(滅倫亂常之輩)'로 규정했다. 그러고는 왜 이런 자들을 비호하여 그저 두느냐고 달려들었다.[71]

장서를 받은 채제공은 경악했다. 직책 없는 하급 관원이 일국의 좌의정에게 할 수 있는 선을 훨씬 넘은 글이었다. 임금도 대신을 두드려 흔들려는 불순한 책동으로 보아 격노했다. 분위기가 자신들에게 불리하게 돌아가자, 홍낙안이 밤중에 채제공의 아들 채홍원을 찾아갔다. 그가 다짜고짜 말했다. "대감께서 우리를 죽이시려는 모양인데, 우리가 어찌 혼자 죽겠소이까?" 채홍원이 놀라 바라보았다. "근자에 정약종의 서매(庶妹)가 좌상의 며느리가 되었다면서요?" 자신들에게 죄를 줄 경우, 사돈인 정재원 때문에 서학을 믿는 정약용의 무리를 두호하고, 정재원의 처조카 윤지충을 지켜주려는 의도가 있는 것으로 공격하겠다는 명백한 협박이었다.[72]

이 때문에 채제공은 이튿날 임금께 올린 차자(箚子)에서 원래의 어조를 완전히 누그러뜨리고 말았다. 그러자 이번에는 반대로 정약용이 채홍원을 찾아갔다. 《벽위편》에 이런 내용이 나온다.

> 정약용이 밤을 타서 들어가 채홍원에게 애걸하는 한편, 채홍원을 공갈하고 위협했다. 또 홍낙안의 이번 일은 공적인 마음에서 나온 것이 아니니, 듣건대 김종수와 심환지가 함께 비밀리에 모의하여 겉으로는 척사의 명분을 빌리면서, 안으로는 일망타진하려는 계책으로, 야금야금 잠식하여 아울러 대감을 해치려는 것이니, 이로 인해 의리가 깨진다면 다만 우리가 죽는 것에 그치지 않을 것이라고 하였다.[73]

홍낙안은 같이 죽겠다고 위협했고, 정약용은 '저들의 최종 목적은 우리가 아니라 채제공'이라는 말로 종다짐을 놓았다. 어쨌거나 성호학파가 안정복과 권철신·이기양으로 갈려 싸우는 사이에, 정계에서도 채제공을 둘러싼 채당과 홍당의 분기로 남인들의 셈법은 한층 복잡해졌고, 정조의 정국 구상도 뒤엉키고 말았다.

8. 보험 들기

서학에서 돈과 곡식이 나온다

정조는 채제공 휘하의 이가환과 정약용 등 참모진으로 자신의 개혁 구상을 이끌어가려 했다. 이들은 똑똑하고 반짝반짝 빛났다. 기성의 권력을 추수하지 않았다. 이들과 함께라면 무언가 할 수 있을 것 같았다. 하지만 이들이 서학에 깊이 이끌렸던 것은 생각지 못한 변수였다. 채제공의 손발로 부상하던 이들 그룹이 서학 문제에 연루되면서, 정조와 채제공으로 이어지는 라인업에 심각한 지장을 초래했다. 채제공에게 내쳐진 홍당의 남인들은 적의 적인 노론 세력과 손을 잡고 반채전선의 동력을 이어갔다. 공서파들은 서학 문제를 집요하게 파고들었다. 시빗거리가 생기면 사냥개처럼 물고늘어졌다. 정미반회 사건이 출발점이었고, 진산 사건은 발화점이었다.

신서파가 자신들의 조직 보호를 위해 든 보험은 채제공과의 유착

이었다. 이재기의 《눌암기략》에 흥미로운 이야기가 있다.

이재기의 집안 아저씨뻘 되는 이도길(李道吉)이 1798년 산송(山訟)으로 해미의 감옥에 갇혔을 때다. 같은 감방의 죄수 중 사학(邪學)으로 붙잡혀와 갇힌 자가 있었다. 하루는 그가 서학책의 묘한 대목을 일러주며 말했다. "서학은 신분 상승의 발판입니다. 지금 채제공 대감과 이가환 판서 또한 모두 외워 본받고 있고, 선비의 과거 합격과 벼슬, 천한 사람의 돈과 곡식이 모두 이 가운데로부터 나옵니다."

'출세를 하고 싶거든 서학을 믿어라. 채제공과 이가환이 모두 천주교 신자이니, 과거 합격과 벼슬 승진도 이 줄을 잡지 않고는 안 된다. 돈줄도 다 여기서 나온다.' 이 이야기를 소개한 뒤 이재기는 이렇게 썼다. "이는 틀림없이 홍낙민의 무리가 채제공을 빙자해 팔아먹은 말인데도 어리석은 백성들이 취해 믿곤 한다. 이것을 보면 채제공이 사학의 우두머리가 된다는 것은 홍낙민의 무리에게서 나온 말이지, 홍낙안이나 이기경에게서 나온 것이 아님이 분명하다."[74]

서학을 믿는 집단들이 다분히 의도적으로 권력층과 자신들의 밀착관계를 과시함으로써 척사파에게 재갈을 물리려 한다는 뜻이었다. 실제로 정미반회 사건과 진산 사건 등이 신서파에게 불똥이 크게 튀지 않고 중간에 유야무야된 데는 이 같은 역학관계가 없지 않았다.

이기경(李基慶, 1756~1819)은 다산과는 단짝친구였고, 성균관 시절부터 선의의 경쟁자였다. 이기경은 정약용을 좋아했고 또 아꼈다. 정약용이 그의 집이 있던 용산까지 찾아가서 함께 공부한 일도 있었다.[75] 1787년 정미반회 사건도 이기경이 중간에서 말을 얼버무리는 통에 큰 문제 없이 넘어갈 수 있었다. 두 사람의 관계가 결정적으로 틀어진 것은 1791년 진산 사건 이후 홍낙안이 채제공에게 보낸 공개장인 장서 사건 이후의 일 때문이었다.

초토신 상소

1791년 당시 이기경은 부친의 상중이었다. 홍낙안에 의해 서학 관련 논의가 재점화되면서 4년 전 정미반회 사건이 다시 소환되었다. 상소가 빗발쳤고, 여론이 들끓었다. 이기경은 첫 발설자로 채제공 앞에 불려갔다. 1787년 당시 자신도 이승훈과 함께 사서를 읽었고, 이후 배척하게 된 사정을 진술하면서 이승훈과 정약용을 보호하는 취지의 진술을 하고 돌아왔다.

이기경은 바로 정약용에게 편지를 보내 자신이 대답한 내용을 전달하고, 이에 맞춰서 대응할 것을 귀띔해주었다. 적어도 이때까지는 이기경의 마음속에 정약용을 위하는 마음이 있었다. 이에 정약용은 이승훈 형제에게 반회에서 자신들이 서학책을 본 일을 임금께 사실대로 고하자고 했다. 하지만 이승훈 형제는 이기경이 이미 제 입으로 밀고했다고 자수한 터에 우리가 사실대로 말할 이유가 없다면서, 반회에서 서학책 읽은 일이 이기경의 무고라며 끝까지 잡아뗐다.

결과적으로 이기경만 뒤통수를 제대로 맞고 말았다. 보호해주려고 진술 내용을 미리 알려줬더니, 이를 역이용해서 자기를 무고죄로 밀어넣고 자신들은 무죄방면되었다. 실로 야비한 처사였다. 이 일로 정약용은 이기경에게 큰 부채감을 떠안았다. 입이 열 개라도 할 말이 없는 상황이었다.

예상 외의 전개에 초조해진 이기경이 여러 차례 자신의 입장을 전달하려 했지만 길이 막혔고, 심판 역할을 해줘야 할 채제공은 저들의 입장만 두둔하고 있었다. 더 이상 앉아 당할 수만은 없다고 생각한 이기경이 꺼내든 카드가 바로 초토신(草土臣) 상소였다.

상중에 상주가 쓴 상소문을 받아든 정조는 조정의 수치요 세도

《벽위편》에 실린 이기경의 초토신 상소. 자신의 억울한 심정을 토로한 이 상소문으로 이기경은 상복을 입은 채 함경도로 귀양 가야만 했다. 국립중앙도서관 소장.

(世道)의 변괴라며 불같이 노했다. 천주학의 원흉을 처단하라고 상소했더니 무고죄로 몰려 유배형에 처해지고, 사학죄인에게는 면죄부를 주었다. 그는 이 일로 해명의 기회를 얻기는커녕 상복을 입고 함경도 경원 땅으로 사면 없는 귀양길에 올라야 했다.

이 일에 대한《벽위편》의 평가는 이렇다.

> 이때에 사학 하는 부류들이 홍낙안과 이기경을 헐뜯어, 쇠를 녹이고 뼈를 녹여 한 수레에다 귀신을 실으려 하니, 비록 공정한 마음과 공변된 안목을 지닌 사람이 있어도 또한 입을 닫고 감히 그렇지 않음을 밝히지 못하였다.[76]

이승훈 형제의 책략

초기 이른바 신서파와 공서파의 공방에서 피해는 신서파보다 공서파 쪽이 훨씬 컸다. 그 중심에는 늘 이승훈 형제의 책략가적 술수가 있었다. 이들은 앞서 이기경의 예에서처럼 정공법이 아닌 속임수나 잔꾀로 문제를 해결했다. 정면돌파하지 않고 꼭 권도(權道)를 동원했다. 성균관 유생들이 척사의 통문을 돌린다는 소문이 나면, 참여자를 돈으로 매수해서 통문 자체를 무력화시키는 그런 방식이었다. 평택현감으로 내려갔다가 공자의 사당에 절을 올리지 않은 일로 문제가 되었을 때도, 암행어사로 사촌제부 김희채를 콕 찍어 내려보내 고발자가 도리어 무고죄로 매 맞아 죽는 일까지 있었다.[77] 술수가 통하지 않으면 위협과 공갈도 서슴지 않았다. 이들로서는 자신들의 존립과 생사가 걸린 문제여서 그만큼 필사적이었다.

신서파가 채제공 서손(庶孫)의 글공부 선생으로 홍교만의 서종제(庶從弟) 홍익만(洪翼萬)을 심은 것도 그 같은 책략의 하나였다. 채제공은 홍익만이 천주교 신자인 것을 모른 채, 정동에 집을 사주고 양식과 돈을 넉넉하게 대주기까지 했다. 소문을 들은 이재기가 측근인 교리 이경명을 찾아가 말했다. "홍익만은 권철신의 외종이오. 어려서부터 집안에서 서학을 익혀, 그 독에 가장 심하게 쏘인 자요. 대신께서 모르고 그런 것일 테지만 누가 됨이 클 것이오. 속히 알려드리시오."

말을 듣고 깜짝 놀란 채제공이 그를 내치려 하자, 홍익만이 도움을 청했고 서학의 무리가 채홍원을 찾아가 모함이라고 둘러댔다. 서손은 결국 여러 해 동안 홍익만에게 공부를 배웠다. 나중에 서학 두둔의 증거로 이 문제가 공론화되어, 채제공 사후에 관작을 추탈하는 한 명분이 되었다. 《송담유록》에 나온다.[78]

1801년 12월 15일에 대사간 유한녕 등이 올린 연명(聯名) 차자에서 "채제공은 바로 사역(邪逆)의 근저입니다. 평소 음흉하고 잘 속이는 성품은 허물 꾸미기를 잘했고, 아울러 흉악하고 교활한 습성은 환란을 방비하는 데 익숙하였습니다. 정약종의 온 집안이 사학의 늪에 빠졌건만 그 누이를 며느리로 삼아, 마침내 추악한 비방을 말로 할 수가 없습니다. 홍익만은 사학 하는 무리 가운데 두령으로, 서얼 손자를 공부시킨다는 핑계로 끌어다가 측실의 좋은 스승으로 만들었습니다"라고 말한 것이 그 뚜렷한 예에 해당한다.[79]

《눌암기략》의 다음 단락을 보자.

> 한편의 사람들은 문묵(文墨)으로 교유하며 자녀도 혼인시켜 그 동아리 안을 벗어나지 않았다. 을묘년(1795) 이후에 이승훈이 처음으로 문제를 해결할 계책을 만들었다. 그 아들로 하여금 이수 황덕길에게 배우게 하고, 또 사윤 심유와 더불어 사돈을 맺었다. 대개 황덕길과 심유는 사학에 물들지 않고 독서로 이름이 있었기 때문이었다. 심유는 이기경의 외가 쪽 형님이었다. 혼사를 의논할 때 이기경으로 하여금 이 사실을 알지 못하게 하니, 군실 심영석의 사촌동생인 심식이 여러 차례 그래서는 안 된다고 말했다. 그러자 성이 나서 매질까지 하였다. 심유와 심영석 또한 모두 힘껏 이를 말렸지만 듣지를 않았다. 몇 해가 지나지 않아 그의 아우 유첨 심오가 또 그 딸을 정약용 집안에 시집보냈는데, 그는 대개 가난해서 실성한 사람이었다.[80]

'한편의 사람들(一邊人)'은 신서파를 가리켜 한 말이다. 사학의 혐의를 벗기 위한 물타기용으로 무관한 집안 또는 공서파의 집안에 자녀를 제자로 보내거나 혼인을 맺기까지 했다는 내용이다.

이들은 다양한 방식으로 도처에 보험을 들어두었다. 요소요소에 위험을 차단할 장치를 마련해두고 있었다. 《송담유록》에서는 채제공의 양자 채홍원이 사람됨이 얄팍하고 편협했다면서, 사학 하는 무리가 채제공에게 붙지 않고는 기대어 돌아갈 데가 없어 밤낮 모시고 앉아 있었고, 채홍원과도 떨어지지 않았다고 썼다. 그 결과 채홍원은 일이 생길 때마다 공서파를 배척하여, 그들이 모함으로 무고한 사람에게 죄를 씌운다면서 신서파를 두둔했다고 했다.[81]

척사파의 해묵은 유감

1795년 겨울, 채제공이 이가환과 정약용, 이승훈 등을 손절할 결심으로 이들의 죄를 청하는 차자를 올리려 했을 때 일이다. 채제공은 차자의 초고를 완성해 보료 아래에 놓아두었다. 새벽에 채홍원이 아침 문안을 왔다가 간밤에 정약용이 다녀간 일을 고했다. 정약용이 채홍원에게 했다는 말은 이랬다. "대감께서 우리 세 사람을 죽이려 하시는데, 세 사람이 죽으면 자네가 홀로 능히 편안할 수 있겠는가? 자네는 물에서 사람을 건지면 그 사람이 반드시 손을 당겨서 들어간다고 한 말을 들어보지 못했던가?" 명백한 협박이었다. 이 말을 전해들은 채제공은 눈을 부릅뜨고 아무 대답도 하지 않았다. 아침밥을 먹는데 수저를 거꾸로 세워 밥상을 치는 소리가 탕탕 들렸다. 종일 분노하던 그는 밤중에 결국 차자의 초고를 꺼내 불에 태워버리고 말았다. 《눌암기략》에 나온다.[82]

신서파는 이런 수단을 통해 결정적인 순간에 채제공의 결심을 막고, 위기를 기회로 돌려 상황을 역전시키는 데 성공하곤 했다. 여기에 더해 노론의 전제적 권력을 차단해 왕권을 바로 세우려 한 정조의 정략적 판단 또한 이들을 극적으로 심폐소생해주었다. 신서파의 교활한 책동에 공서파들은 번번이 이를 부득부득 갈았다. 결정적인 한 방에도 이들은 미꾸라지처럼 요리조리 빠져나갔다. 걸렸다 싶으면 어느 순간 더 큰 쓰나미가 공서파의 뒤통수를 쳐서 타도의 야망을 초토화시켰다.

다음은《벽위편》의 한 대목이다.

> 이기경은 먼 변방으로 귀양 가고, 목인규는 시골로 쫓겨났으며, 홍낙안은 위험한 지역에 여러 번 쫓겨나 거의 죽을 뻔하다가 겨우 살아났다. 목만중 또한 내쳐져 문을 닫아걸었다. 그래서 척사하는 자들이 두려워 떨며 숨을 죽인 것이 10여 년이었다. 사람들이 혹 사학에 대해 말하면, 사학 하는 부류들이 이를 지목하여 '홍낙안의 무리'라고 하므로, 척사라는 두 글자는 꺼리는 말이 되었다.[83]

1801년 신유박해 이후에야 공서파는 비로소 묵은 원한을 풀 수 있었다.

3부

초기 교회의 기록과 집회

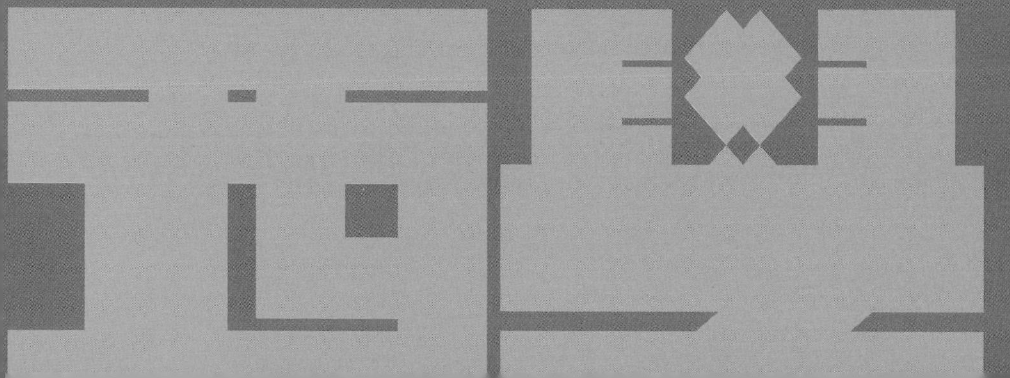

1. 그들은 왜 얼굴에 분을 발랐을까?

이벽의 설법 장면과 제건의 모양

최초로 천주교 집회가 국가 법망의 수면 위로 떠오른 것은 1785년 3월, 이른바 을사추조적발 사건에서였다. 당시 이들의 집회 모습은 어땠을까?《벽위편》에 실린 이만채(李晩采)의 글을 보자.

> 을사년(1785) 봄, 이승훈과 정약전, 정약용 등이 장례원(掌禮院) 앞 중인(中人) 김범우의 집에서 설법하였다. 이벽이란 자가 푸른 두건을 머리에 쓰고 어깨에 드리운 채 정가운데 앉아 있었고, 이승훈과 정약전·정약종·정약용 삼형제와 권일신 부자가 모두 제자를 일컬으며 책을 낀 채 모시고 앉아 있었다. 이벽이 설법하며 가르치는 것이 우리 유가에서의 사제의 예법에 비하더라도 더욱 엄격하였다. 날짜를 약속해서 모인 것이 거의 몇 달이 지났으므로, 사대부와 중인으로 참석한

자가 수십 인이었다. 추조(秋曹)의 금리(禁吏)가 그 모임을 도박판으로 의심해서 들어가보니, 대부분 낯에 분을 바르고 푸른 두건을 썼는데, 손가락을 드는 것이 해괴하고 이상했다.[1]

1785년 모임에 다산 삼형제가 나란히 앉아 있는 모습이 조금 낯설다. '설법'이라고 표현한 것은 이를테면 미사의 집전과 강론을 말한 것일 테고, 당시 이들이 옆에 끼고 있던 책은 드 마이야(J. F. M. A. de Moyriac de Mailla, 馮秉正, 1669~1748)의 한문본《성년광익(聖年廣益)》또는《성경광익(聖經廣益)》이었을 것으로 추정한다.

이 일이 있기 전 이벽 등이 천주교를 믿고 따른다는 말에 이가환이 나무라자, 이벽이 그와 논쟁하여 이가환의 말문을 막은 일이 있었다. 이에 이가환이 천주교 교리를 공부하겠다고 하니, 이벽은《성년광익》한 부가 있었지만, 이가환이 성스러운 기적을 믿지 않을까 염려해서 이 책을 빌려주지 않으려 했다는 내용이 황사영의 〈백서(帛書)〉에 나온다.[2] 이벽이 이미《성년광익》한 질을 갖춰두고 공부하고 있었음이 확인된다.

사제간의 예법이 엄격해 보였다고 한 것은 집전자이자 강론자였던 이벽의 권위가 엄연했음을 보여준다. 실제 사제의 역할을 최초의 영세자인 이승훈이 아닌 이벽이 맡았다는 이야기다. 사실 이벽의 권유에 의해 영세를 받고 돌아온 이승훈의 신심은 당시 북경에서도 영세를 줄 수 있느냐 없느냐로 논란이 있었을 만큼 확고한 것이 아니었다. 당시 조선에는 여러 해 전부터 천주교 공부를 집중적으로 계속해온 이벽을 능가할 사람이 없었다.

한편, 이벽에 대한 묘사에서 '청건(靑巾)을 복두수견(覆頭垂肩)', 즉 '푸른 두건을 머리에 쓰고 어깨에 드리웠다'고 적었다. 마테오 리치의

위는 네모지고 아래는 둥근 관을 쓴 마테오 리치의 초상(왼쪽). '동파건'으로 불리던 관이다. 위에서 보면 오른쪽 사진과 같다.

초상화에 나오는 두건처럼, 관(冠)을 머리 위에 쓰고 그 뒤로 두 개의 길쭉한 천을 달아 양어깨로 드리운 모양이었을 것이다. 마테오 리치는 승려의 복색을 참고해서 유가의 복색으로 바꾸면서 동파건(東坡巾)으로 불리던 고장건자(高裝巾子)를 썼다.

알레니(Giulio Aleni, 艾儒略, 1582~1649)가 정리한 《미사제의(彌撒祭義)》에 당시 이벽이 썼다는 제건(祭巾)에 대한 설명이 나온다.

> 위는 네모지고 아래는 둥글다. 사방 둘레에 모두 나부끼는 판이 있고, 세 번 꺾은 줄이 있다. 한 모서리는 앞쪽을 향하고, 뒤편에는 두 개의 길게 드리운 띠가 있다. 이것이 바로 제건이다.[3]

당시 이벽이 쓴 제건의 모양도 이것과 비슷했을 것으로 본다. 위쪽에 마름모꼴로 네모진 형태의 모자가 있고, 그 아래쪽을 둥근 테두리로 감싼 상방하원(上方下圓) 형태의 제건이다.

분면청건의 이유

앞《벽위편》의 기술에서 더 주목을 끄는 것은 대부분의 참석자가 '분면청건(粉面青巾)'을 하고 있었다는 대목이다. 참석자 모두 얼굴에 분을 바른 채 푸른 두건을 쓰고 있었다는 것이다. 미사를 드린 것은 알겠는데, 얼굴에 분은 왜 발랐을까? 뒤에서 살피겠지만, 권일신이 이 사건 이후 8일 피정을 진행한 것과, 근거 경전이 바로《성년광익》과《성경광익》인 점으로 미루어볼 때, 이날 이들이 얼굴에 분을 바른 것도 교회력에 따른 전례의 일환으로 봄이 타당하다. 이승훈은 1784년 봄에 귀국했다. 그가 북경에 체류한 기간은 1783년 음력 12월부터 1784년 2월까지이니, 혹 그 기간에 본 의례를 본떠 행한 것이 아닐까 하는 짐작이다. 우선 이벽의 제건과 달리, 나머지 사람들이 쓴 청건은 아마도 복두(幞頭)의 모양이 아니었을까 한다.

굳이 푸른색으로 통일한 것에는 어떤 뜻이 담겼을까? 당시 미사 때 입는 제복(祭服)은 흰색, 빨간색, 검은색, 하늘색, 녹색을 때에 맞춰서 썼다. 알레니가 쓴《미사제의》에서 하늘색의 의미를 설명한 다음 대목에 눈길이 간다.

> 천청(天青) 즉 하늘색은 하늘의 바른 색이니, 겨울과 봄에 많이 쓰고, 재일(齋日)을 만나 혹 힘들게 공과(功課)를 행하며 천주께 기구할 때 모두 이것을 쓴다. 대개 이 색깔은 하늘과 가깝기 때문에 천주와 통하

여 도달하기를 원하는 자가 입는다.[4]

한편, 얼굴에 분을 바르는 의식은 아무래도 재의 수요일 예식을 본떠 행한 것으로 보는 것이 옳지 싶다. '재의 수요일(Ash Wednesday)'을 당시에는 성회례일(聖灰禮日)로 불렀다. 자신의 죄를 참회하는 뜻에서 이마에 재를 바르는 의식을 행했다.《성년광익》의 〈성회례의(聖灰禮儀)〉 항목에서는 이 의례를 이렇게 설명한다. "대개 성회(聖灰)란 영혼의 거룩한 약제(藥劑)이니, 각 마음의 병을 능히 낫게 해준다"[5]

또 이런 설명도 나온다.

> 네가 사람이 됨은 재로 만든 것임을 기억하라. 어제 재에서 나서, 내일에는 반드시 재로 돌아가리라. 천주께서 재로 정신의 병을 치료해주신다. 명하노니 처음과 끝이 미소(微小)함을 생각하여 오만함을 꺾고 뜻을 눌러 죄를 뉘우치는 방법과 성회(聖會)의 뜻으로 삼아 삼가 천주의 뜻을 따르라. 인하여 오늘 천주의 약제와 천주의 말을 빌려 재를 써서 이마에 찍으면서, "벗이여 너는 처음부터 끝까지 미소하기가 모두 재와 같을 뿐이라, 천주께서 재를 가지고 사람의 몸을 만드셨으니, 그 몸은 얼마 못 가서 또 재로 돌아갈 것임을 기억하여라"라고 말한다.[6]

이날 이들이 흰 재를 이마에 바르고 있었다면, 영문을 모르는 순라꾼의 입장에서 봤을 때 영낙없이 사내들이 얼굴에 분을 발랐다고 착각할 만했을 것이다.

다만 교회력으로 확인해보니, 1785년의 재의 수요일은 양력 2월 9일이었고, 음력으로 환산하면 1월 1일, 정월 초하루로 나온다. 음력

3월 중순과는 도저히 날짜를 맞출 수가 없다. 하지만 초기의 영성했던 전례 지식과 정보를 고려할 때, 이들이 당시에 그레고리력에 의거해서 정확하게 로마 교회의 전례를 실행했을 수는 없을 것이다. 유일하게 교회의 전례를 체험한 이승훈의 기억에 바탕을 둔 전례 적용이었다고 보면, 이승훈이 북경에 체류할 당시 1784년 음력 1월에 체험했을 성회례일 행사를 떠올려, 3월에 이를 적용했을 가능성이 없지 않다.

당시 이들은 명례방에 모여 회개와 다짐의 의식을 행하면서《성년광익》 3편에 실린 〈성회례의〉의 설명에 따라, 이승훈이 북경 체류 기간에 직접 본 성회례의 의식을 재현했던 것은 아닐까?

명동성당의 '명례방 집회' 성화

현재 명동대성당에 걸려 있는, 명례방 집회 모습을 그린 성화(聖畫)는 화가 김태 선생의 작품이다. 정웅모 신부의 그림 해설에 따르면, 장면 하나하나에 깊은 뜻이 담겨 있다. 화가는 이벽이 입고 있는 하늘색 두루마기가 그가 지금 천상의 진리에 대해 가르치고 있음을 나타내고, 책상 위에 놓인 것은 십자고상과《천주실의》이며, 앞쪽에 공간을 비운 것은 후대에 주님을 믿게 될 사람을 위해 남겨둔 자리라는 뜻을 담았다고 설명했다.[7] 각각의 인물 배치까지 구체적인 인명을 염두에 두고 그린 빼어난 작품이다.

다만 그 복장이《벽위편》에서 묘사한 분면청건이 아닌 점, 푸른 두건이 머리를 덮고 어깨에 드리운 모습으로 표현되지 않은 점은 아무래도 조금 아쉽다. 기록에는 이벽뿐 아니라 대부분의 참석자가 청건

1984년 김태 화백이 그린 '명례방 집회' 성화. 하늘색 두루마기를 입은 인물이 이벽이고, 입구에서 중인과 평민을 맞는 인물은 김범우다. 명동 주교좌성당 소장.

을 쓰고 얼굴에 분을 발랐다고 했다. 인물들은 청건을 쓰고 있었기에 이마에 묻은 흰 재가 더욱 도드라져서 포졸들 눈에 마치 분을 바른 것처럼 보였을 것이다. 또한 이들이 손에 들고 있던 책은 입문서인 《천주실의》보다는 전례서인 《성년광익》이었을 가능성이 더 높다.

또 《벽위편》에서는 "마침내 예수의 화상과 서책과 물건 약간을 적발하여 추조에 보냈다"고 썼다.[8] 적어도 이벽이 앉은 뒤쪽 벽면에 예수의 초상화가 걸려 있었으면 더 좋았겠다 싶다. 또 '거지해이(擧指駭異)'라고도 썼는데, 손가락을 드는 행동이 해괴하고 이상했다는 말이다. 그들이 성호를 긋는 모습이 이렇게 보였던 듯하다.

이 작품은 화가의 깊은 이해와 해석이 담긴 작품임에 틀림없고, 오랫동안 신자들의 사랑을 받아왔다. 성화는 한 장면을 여러 화가가 나름의 해석을 담아 그리는 것이니, 청건을 쓰고 예수의 성상(聖像)을 걸어둔 형태의 그림도 새로 한번 시도해봄직하지 않을까 싶다.

어쨌거나《벽위편》의 명례방 집회 장면에 대한 묘사는, 당시 이들이 미사를 드리고 있었고, 청건까지 마련해서 썼을 정도의 열성이 있었음을 보여준다. 분을 바른 것은 재의 수요일 행사를 진행하고 있었을 개연성이 높다고 보았다. 당시 이들은 이미 미사 전례나 복식에 대해서도 상당한 지식을 가지고 있었으리란 생각이다.

2. 을사추조적발 사건의 막전막후

이상한 집회 현장

1785년 3월의 명례방 추조적발 사건에 대해 좀 더 이야기해보자. 명례방 집회 적발 현장에서 정작 당황한 것은 형조의 포졸들이었다. 얼굴에 분까지 바른 양반가의 자제들이 푸른 두건을 쓴 채, 푸른 제건을 한 키 큰 사내를 중심으로 빙 둘러앉아 있었다. 숨소리도 들리지 않았다. 책상 위에는 십자가가 놓였고, 벽에는 이상한 서양 사내의 화상이 걸려 있었다. 포졸들은 노름판인 줄 알고 덮쳤다가 싸한 현장의 분위기에 압도되어 도리어 허둥댔다.

뭐지? 방 안의 사내들은 당황한 포졸들과 달리 도리어 침착했다. 수십 명을 줄줄이 묶어 체포하고, 현장의 이상한 물건들을 압수한 뒤 보고가 올라갔다. 이제 막 형조판서로 부임한 지 며칠 되지 않았던 김화진(金華鎭, 1728~1803)은 이 일로 몹시 난감한 처지가 되었다. 실로 미묘한 타이밍에 난감한 사건이 터진 것이다. 붙들려온 사람들은 하나같이 한다 하는 남인 명문가의 자손들이었다. 게다가 그들은 평생 처음 포승줄에 묶여 와서도 전혀 주눅 들지 않았다.

이상한 것은, 실제 검거도 있었고 사회적으로 큰 물의를 일으킨 사건이었음에도, 사건 발생 당시에 공식적으로 남긴 기록이 하나도 없다는 사실이다. 김화진이 형조판서에 임명된 날짜는 《정조실록》에 1785년 2월 29일로 나온다. 그러니까 추조적발 사건은 그의 임명 이후인 3월에 발생했다. 또 이들이 매달 7일, 14일, 21일, 28일에 날짜를 정해 주일을 지켰다는 기록이 홍유한 관련 기록과 주어사 강학회 이후 천주교 모임을 말할 때마다 반복해서 나온다. 당시 명례방 집회 또한 1784년 연말부터 한 달에 네 번씩 정해진 날짜에 이루어졌을 것으로 추정된다. 한문본 《성경직해(聖經直解)》 제1권 서두 〈주일(主日)〉 항목에는 일력(日曆)의 날짜마다 표시된 28수(宿) 별자리 이름 중 허(虛), 묘(昴), 성(星), 방(房)의 네 날짜를 주일로 정한다고 되어 있다.[9] 당시 천주교 신자들이 일력의 위 네 별자리에 해당하는 날짜를 일요일로 정해 미사를 드렸음을 알 수 있다. 최근의 연구에 따르면, 이때 명례방의 집회 날짜는 음력 3월 9일이었다.[10]

김화진은 당시 58세로, 일반적으로는 노론 온건파로 알려졌지만, 황윤석의 《이재난고》에는 소론으로 나온다.[11] 이조와 호조, 병조, 예조의 판서를 두루 거쳤고 오늘로 치면 서울시장에 해당하는 한성부 판윤까지 지낸 노련한 정객이었다. 그런 그가 명례방 추조적발 사건을 쉬쉬하면서 사태를 덮기에 급급했던 것은 실로 의외다. 이것이 김화진의 개인적인 판단이기는 어렵다. 그냥 터뜨리기에는 이 사건이 지닌 폭발력이 너무 컸다. 한순간에 조정을 격랑 속으로 빠뜨릴 수 있는 문제임이 분명했다.

3월에 발생한 《정감록》 역모 사건의 여파

한편, 김화진이 형조판서에 제수된 1785년 2월 29일 《정조실록》에는 "숙장문(肅章門)에서 김이용(金履鏞)과 이율(李瑮)과 양형(梁衡)을 친국하다"라고, 역모 사건 취조의 공식적인 개시를 알리는 기사가 실렸다. 김화진이 형조판서에 제수된 날 역모 사건의 취조가 시작되었다는 것은, 이 사건의 총괄 처리를 위해 임금이 김화진을 형조판서에 임명했다는 뜻이다.

이날 터진 것은 이른바 문양해(文洋海)의 《정감록(鄭鑑錄)》 역모 사건으로 불리는 변고였다. 이 사건은 《정감록》 신앙과 관계되어 왕조의 아킬레스건을 깊숙이 찔렀다. 3년 전인 1782년에도 문인방(文仁邦)에 의한 《정감록》 역모 사건이 조선을 뒤흔들었다. 이번 또한 그때와 비슷하게 팔도에서 일제히 기병해 한양으로 쳐들어가서 조선을 접수해 새로운 나라를 세우겠다는 역모 계획이었다.[12]

문양해 등이 중심이 된 지리산 하동(河東) 일원의 신흥 종교집단과 서북 지역의 술사(術士) 주형채(朱炯采), 정조 초년 한때 최고의 권력자였던 홍국영의 사촌동생 홍복영(洪福榮), 밀고자 김이용 등이 복잡하게 얽힌 사건이어서, 자칫 국기(國基)를 뒤흔들 민감한 사안으로 번질 기세였다. 조정이 긴장하는 것이 당연했다.

이들의 배후로 지목된 이현성(李玄晟)이라는 인물은 나이가 250살인데, '도처결(都處決)'이라는 것을 지니고 다니면서 군사를 일으킬 방향을 지시하고, 권력을 탐하는 자를 자객이나 범을 보내 죽인다고 했다. 500년 된 사슴과 400년 된 곰이 사람으로 변했다는 녹정(鹿精)과 웅정(熊精)이라는 존재도 등장했다. 녹정은 별호를 청경노수(淸鏡老壽) 또는 백운거사(白雲居士)라 했고, 웅정은 청오거사(靑烏居士)라 불렀다.

녹정은 얼굴이 길고 머리털이 희며, 웅정은 낯빛이 흐리고 머리털은 검다고 했다.

녹정은 "동국(東國)은 말기에 셋으로 갈라져 100여 년간 싸우다가 비로소 하나로 통합된다. 통일할 사람은 정가(鄭哥) 성을 가진 사람이고, 그 싸움은 나주(羅州)에서 먼저 일어난다. 유가(劉哥), 이가(李哥), 구가(具哥) 성의 세 사람이 거사하여 반정(反正)할 텐데, 거사 시기는 을사년 7~8월이 아니면 병오년 정월이나 2월이다"라고 말했다고 한다. 모두 문양해의 서면 공초에서 나온 말이다.

여기에 더해 제주섬에 있다는 진인이나, 미래를 예언하는 향악선생(香嶽先生)이라는 별호를 지닌 일양자(一陽子) 김정(金鼎), 하동 영원사(靈源寺) 승려 혜준(慧俊) 같은 정체가 모호한 존재들이 잇달아 등장해서 풍문을 한껏 부풀렸다. 3월 16일 기사에는 마침내 비결서인 《정감록》과 《진정비결(眞淨秘訣)》의 내용까지 등장했다. 3월 26일에는 을사년 3월에 역모가 일어난다는 의미를 담은 '을용(乙龍)'이라는 두 글자가 관련자 대질심문 자리에서 불쑥 튀어나왔다.

취조의 결과만 두고 보면, 당시 역모의 정황은 전국 규모였다. 영흥과 통천, 고성과 광양, 태안, 당진, 면천, 공산, 한산, 황주, 봉산, 곽산, 안변 등 전국 각지에 거점을 두고, 자기들끼리 대도독이니 유장(儒將)이니 하면서 거점별 조직책의 이름까지 다 나온 상황이었다.

긴장한 조정에서는 비밀리에 사람을 보내 부산 동래와 묘향산, 남원 지리산까지 수색하는 소동을 벌였다. 이현성의 근거지라는 지리산 선원촌(仙苑村)을 찾기 위해 선전관(宣傳官) 이윤춘(李潤春)을 비밀리에 파견했고, 평안도관찰사 정민시(鄭民始)는 묘향산 일대를 여러 차례 수색한 뒤 조정에 보고서를 보내왔다.

조정은 이 풍문의 실체를 잡기 위해 3월 한 달 내내 온통 총력전을 펼쳤다. 하지만 대부분의 역모 사건이 그렇듯, 서로 물고 물리는 취조의 과정에서 연루자만 눈덩이처럼 불어났을 뿐, 손에 잡히는 실상은 없었다. 이 역옥(逆獄)은 3월 29일 주모자인 문양해와 홍복영을 처형하고 관련자들을 귀양 보냄으로써, 정확히 한 달 만에 서둘러 마무리되었다.

이 사건의 의미에 처음으로 주목한 백승종 교수는 이 사건이 이것으로 끝나지 않고, 이듬해 사건 수사에 간여했던 포도대장 구선복(具善復)과 그의 조카 구명겸(具明謙)이 사건 관련자로 체포되어 사형에 처해졌고, 정조가 이듬해 친위부대인 장용영(壯勇營)을 창설하게 된 것도 이 사건의 여파였다고 보았다. 남은 불씨가 완전히 꺼지지 않은 상태에서 조정은 서둘러 이 문제를 덮었던 것이다. 그만큼 《정감록》은 언제라도 민중의 소요를 일으킬 수 있는 뇌관이었다.

형조로 끌려간 그들은 어찌 되었나?

공교롭게도 명례방 추조적발 사건은 문양해의 《정감록》 역모 사건이 한창 확대일로로 치닫던 와중에 벌어졌다. 그런 점에서 보면, 어쩌면 그들은 운이 매우 좋았거나 대단히 나빴다. 조정은 역모 관련자가 눈덩이처럼 불어나던 상황에서, 전혀 다른 심각한 문제 하나를 더 얹을 여력이 없었다. 이것은 운이 좋았다. 하지만 역옥이 다른 데로 불똥이 튀어 번지면 걷잡을 수 없는 불길이 되는 것은 시간문제였다. 이 점은 몹시 불리했다.

처음에는 현장에 있던 수십 명이 모두 끌려갔다. 꽤 소란스러운 광경이었을 법한데, 이 장면에 대한 묘사가 어디에도 없다. 《벽위편》에는 "판서 김화진이 사대부가의 자제들이 또한 잘못 들어가게 된 것을 애석히 여겨, 알아듣게 타이르고는 내보내주었다. 다만 김범우만 가두었다"라고,[13] 처리 과정을 간결하게 적었다. 잡혀온 집회 참석자들을 심문한 김화진은 먼저 이들이 명망 있는 사대부가의 자제들임을 확인했다. 그 뒤 이들을 잘 타일러 무죄방면했다는 것이다. 장소 제공자인 김범우만 감옥에 가두는 것으로 이 사건을 마무리 지으려 했다.

하지만 김화진의 뜻과 달리 사태는 전혀 예기치 못한 방향으로 전개되었다. 숨을 죽이고 근신해야 마땅할 당사자들이, 압수해간 예수 성상과 십자가 및 책자를 돌려달라고 집단으로 형조까지 항의 방문을 한 것이다. 예상을 벗어난 이들의 행보에 가뜩이나 역모 사건 처리로 골치가 아프던 김화진은 인상을 더 찌푸렸다. 단지 이뿐이었을까? 여기에는 깊이 따져봐야 할 행간이 더 있다.

3. 적발 사건의 감춰진 뒷이야기

변명의 속사정

을사추조적발 사건은 알려지지 않은 뒷이야기가 적지 않다. 현재 전하는 두 종류의 《벽위편》 중 이기경이 정리한 양수본(兩水本)의 첫 면에 성균관 동재(東齋) 유생 정서(鄭漵) 등이 사건 발생 직후에 낸 통문(通文)이 본문 없이 제목만 언급되었다. 이 통문은 을사추조적발 사건의 처리 경과를 지켜보다가 이들이 분개해서 성명을 밝히지 않은 채 발표한 글이다.

통문의 본문은 이만채 편 《벽위편》에 실려 있다. 양수본 《벽위편》에는 본문은 빠진 채 글의 제목만 나오고, 그 아래에 작은 글씨로 다음과 같은 의미심장한 내용이 적혀 있다.

> 이때 사학(邪學)의 일이 하동의 역옥과 서로 이어졌다. 추조에서 김씨

> 성을 가진 중인을 심문하여 치죄(治罪)하면서부터 일이 장차 연루되려 하자 5~6인의 유생이 형조의 마당에서 스스로를 변명함이 있었다. 이 때문에 발문(發文)하여 이를 배척한 것이다.[14]

대체 이게 무슨 말인가? '하동의 역옥'이란 말할 것도 없이 앞에서 살핀 문양해의 《정감록》 역모 사건을 가리킨다. 문양해 등이 하동을 거점으로 거사를 준비하고 있었기에 붙은 이름이다. 글은 문맥이 아주 묘하다. 하동 역옥과 추조적발이 '서로 이어졌다(相連)'는 것은 두 사건이 잇달아 일어났다는 말이다. 역옥이 먼저였고, 추조적발이 뒤미처 발생했다.

그런데 이 일로 잡혀온 김씨 성을 가진 중인, 즉 김범우를 취조하는 과정에서 이들이 혹 역모를 꾀한 《정감록》 세력과 연루되지 않았을까 하는 의심이 제기되었던 듯하다. 이에 형조에서 이 부분을 집중해서 캐들어가자, 대여섯 명의 유생이 직접 형조의 마당까지 뛰어들어가 자신들이 역모와는 무관하고 오로지 서학을 믿은 것이라고 자변(自卞), 즉 스스로를 변명했다는 것이다.

《벽위편》의 추기(追記)에 따르면, 이들이 형조까지 쳐들어가서 스스로를 변명한 이유는 무엇보다 자신들의 명례방 집회가 자칫 문양해 역모 사건과 연루되는 것을 막기 위해서였다. 차라리 천주교 신자임을 드러내 정면돌파하는 것이 역모 사건과 자신들을 확실하게 분리하는 길이라고 여겼다는 뜻이기도 하다. 다만 이들의 집단

이기경이 정리한 양수본 《벽위편》의 주석에 하동의 역옥을 언급한 대목이 있다.

항의 방문이 단순한 굳센 신심의 표현이었는지, 역옥으로 연루되는 것을 방지하기 위해서였는지는 남은 자료만으로 단정하기 어렵다.

항의에 참여한 5~6인의 명단

형조 항의 방문에 앞장선 것은 권일신이었다. 그는 아들 권상문과 매부 이윤하, 이기양의 아들 이총억, 이기양의 외종 정섭 등 4인과 함께 형조를 찾아갔다. 《벽위편》에는 이름이 빠졌지만 이기양의 동생 이기성도 함께였다. 이기성은 안정복의 아들 안경증의 사위였다. 이기성의 참여 사실은 《일성록(日省錄)》 1801년 9월 15일 기사에 실린 장령 정한(鄭澣)의 상소문 중에 "이기양의 온 가족이 서학에 미혹되어 빠진 것은, 그 아우가 을사년에 입정(立庭)한 일 같은 것이 모두 명백한 증거입니다"라 했고,[15] 안정복의 친필 《안정복일기》 1785년 10월 10일 기사에서 이기양과의 대화를 적은 글 가운데 "불행히 권일신과 그대의 아들과 아우가 함께 추조에 들어갔는데, 그대의 아우는 내 손녀사위일세"라고 한 대목으로도 확인된다.[16] 《벽위편》에서 5~6인의 유생이 형조를 찾아갔다고 했으니, 이기성을 포함해야 6인이 된다. 《벽위편》이 5인이라 하지 않고 5~6인이라 한 것은 이유가 있다. 애초의 명단에서 이기성의 이름이 어째서 빠졌는지는 연유를 알 수 없다.

이만채 편 《벽위편》 〈을사추조적발〉 조의 통문 바로 앞에는 강준흠(姜浚欽, 1768~1833)이 쓴 글이 실려 있고, 앞서 살핀 '분면청건'의 사연이 바로 이 글에 나온다. 또 이런 내용이 이어진다.

곧장 형조의 마당으로 뛰어들어가 성상을 돌려줄 것을 누누이 호소

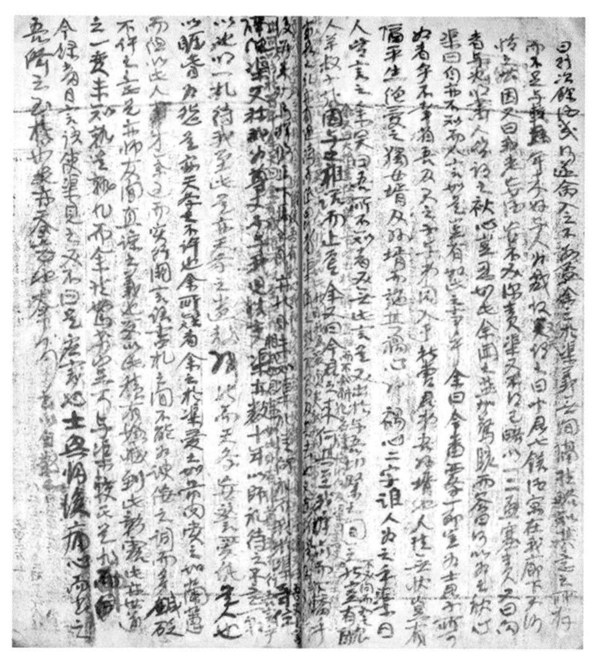

《안정복일기》 1785년 10월 10일자 제6행에 이기성이 추조적발 당시 형조 항의에 함께 참여했다는 내용이 나온다. 국립중앙도서관 소장.

> 하며 청하였다. 형조판서가 심문하고서 그들이 아무개와 아무개임을 알고 크게 놀라 야단치고 타일러서 내보내고, 다만 장차 김범우만을 기소해서 형벌을 주고 유배시키려 했다.[17]

이들의 정면돌파는 확실히 효과가 있었다. 형조판서 김화진은 심문 결과 큰일이기는 해도 이들이 역모 세력과는 무관함을 확인했다. 역모의 처결이 급박하게 돌아가던 상황에서 이 문제를 더 이상 확대하는 것은 오히려 역모 사건 종결에 걸림돌이 되리라는 판단이 섰던 듯하다.

김화진이 이들을 석방하자, 이번에는 진사 이용서와 정서 외 일곱 명이 통문을 돌렸다. 다만 익명으로 통문을 낸 것을 보면, 이들 또한 살얼음판의 역옥 정국에 이 문제의 제기가 불러올 파장을 의식했음을 알 수 있다. 통문 끝에 함께 회람하고 동조한 사람의 명단이 있다. 강세정, 김원성, 이기경 외 세 명이다.[18] 앞서 주어사 집회에 참석하고 《감호수창첩》에 이름을 올렸던 권일신의 조카사위 김원성의 이름이 눈길을 끈다.

달레의 《한국천주교회사》와 《사학징의》 속 사건 기술

달레는 《한국천주교회사》에서 이 사건에 대해 어떻게 썼을까? 이 대목은 전적으로 다산의 없어진 책 《조선복음전래사》에 기초한 기술일 가능성이 높다.

> 김범우 토마스는 형조판서 앞에 불려가 배교를 재촉받았다. 그러나 그는 하느님의 은총으로 힘을 얻어 끈기 있게 배교를 거부했다. 여러 가지 고문이 그에게 가해졌다. 그러나 그는 조금도 굽히지 않았다. 권일신 하베리오는 이 소식을 듣고 충실한 동교인(同敎人)을 버려두는 것이 자기답지 못한 일이라고 생각했다. 그리하여 다른 여러 신자와 함께 판서 앞에 나아가 용감하게 외쳤다. "우리 모두가 김범우와 같은 종교를 신봉하니, 대감이 그에게 내리는 운명을 우리도 같이하겠습니다." 판서는 그렇게도 유력하고 유명한 인물들에게 손을 대는 것은 슬기롭지 못하다고 생각하였다. 그는 그들의 말을 듣지 않고 그대로 돌려보냈으나, 그래도 김범우 토마스를 박해하는 것은 여전히 계속하였다. 그 내용은 자세히 알려지지 않았다. 여러 가지 형벌을 가한

뒤에도 이 천주교인의 신앙과 끈기를 이겨낼 수 없었으므로, 그를 충청도 동쪽 끝에 있는 단양읍으로 귀양 보냈다.[19]

이 대목은 앞서의 통문과 겹쳐 읽어야 문맥이 소상해진다.

한편, 《사학징의(邪學懲義)》 권2의 끝에 〈을사년 봄의 감결(乙巳春甘結)〉이라는 글이 부록으로 실려 있다. '감결'은 상급 관서에서 하급 관서로 내려보낸 문서를 말한다.

> 을사년 봄, 본조(本曹)의 판서 김화진이 차대에 갔다가 관아로 와서, 중인 김범우를 서학을 높이 받든 일로 붙잡아와 자세히 물었다. 김범우는 "서학에 좋은 점이 많이 있고 그릇된 점은 알지 못한다"고 하므로, 한차례 엄한 형벌을 내렸다. 또 최인길이 그 책을 함께 보았다면서 같이 죄받기를 원한다고 하였다. 그래서 그 어리석음을 꾸짖어 매질을 하고 김범우와 더불어 열흘간 같이 가뒀다. 그리고 다시는 믿지 말라는 뜻으로 타이르고 나서 최인길은 매질하여 풀어주고, 김범우는 유배를 보냈다. 이들이 간직했던 책자는 함께 형조의 마당에서 태워 버렸다.[20]

차대(次對)란 매달 여섯 차례 정기적으로 정부 당상과 대간(臺諫), 옥당(玉堂)들이 입시하여 중요한 정무에 대해 임금과 논의하는 자리다. 이에 따르면, 형조판서 김화진은 입궐해서 역옥 등의 현안 보고와 처리 방향에 대한 논의를 마치고 돌아와 바로 김범우를 취조했다. 이 말은 이때의 차대에서 명례방 집회 참석 남인들과 역옥의 연관 여부에 대한 논의가 있었다는 뜻이다. 심문에서 김범우는 서학이 좋은 점이 많은데 그것을 공부하는 것이 무슨 잘못이냐고 대들었다.

이 와중에 예상치 못한 인물 최인길(崔仁吉, 1765~1795)이 느닷없이 튀어나온다. 그가 권일신과 별도로 따로 형조를 찾아왔는지, 김범우와 함께 체포되어 있었는지는 분명치 않다. "그를 죄주려면 나도 같은 책을 읽었으니 함께 벌을 주시오." 김화진은 결국 열흘간 둘을 함께 가뒀다가, 최인길은 풀어주고 김범우는 충청도 단양으로 유배 보냈다. 압수한 책자는 형조 마당에서 불태우는 것으로 사건을 종결지었다.

최인길은 《벽위편》의 을사추조적발 관련 기록에서는 전혀 이름이 나오지 않았다. 그는 10년 뒤인 1795년에 중국인 신부 주문모를 계동에 있던 자기 집에 모셨다가, 진사 한영익의 밀고 때 윤유일, 지황 등과 함께 검거되어 열 시간 만에 흔적도 없이 죽임을 당한 인물이다. 당시 그는 스스로 주문모 신부 행세를 하면서 피신 시간을 벌어줌으로써 신부의 극적인 탈출을 도왔다. 감결의 기록은 을사추조적발 당시 최인길 또한 명례방 집회에 참석했고, 권일신 등 6인의 탄원에도 불구하고 이렇다 할 움직임이 없자, 그가 다시 나서서 자신도 함께 처벌해달라고 요청했다는, 전혀 새로운 사실을 우리에게 알려준다.

이렇듯 초기 교회사의 진실은 관련된 여러 기록을 교차해서 비춰 보아야만 그 속살이 드러나는 경우가 많다. 무심코 지나친 어떤 기록을 호명하면, 이를 통해 다른 기록 속에 감춰진 의미가 비치는 식이다.

4. 최초의 반서학 통문과 효유문

통문은 어떤 내용을 담았나?

을사추조적발 사건이 형조판서 김화진에 의해 유야무야되려 하자, 성균관 진사 이용서와 정서 등이 나서서 통문을 돌렸다. 다만 이들은 글을 발표하면서 자신들의 성명은 감추고 밝히지 않았다. 다른 기록인 《동린록(東麟錄)》에도 〈반중통문(泮中通文)〉의 전문이 실렸는데, 이 만채 편 《벽위편》의 것은 이것을 일부만 간추린 것이다.[21] 《벽위편》에 수록된 통문은 이러하다.

> 근래 들으니, 서양 것을 가져온 종자 5~6인이 도적떼처럼 모임을 맺어 도량(道場)을 설치하고 그 법을 강론하다가, 도량의 주인이 구속되어 형벌을 받게 되자, 5~6인이 제 발로 추조에 나아가 같은 죄를 받기를 청하며, 오로지 속히 육신을 버리고 영원히 천당에 오르기를 원

> 하였다고 한다. 부형이 금하여도 소용이 없고, 벗들이 만류해도 듣지 않았다. 저들은 다만 기꺼이 법을 어겼을 뿐, 젊은 축 중에 조금 명성이 있는 자는 문득 자신들이 그들 무리와 동학이라 일컬으며, 여럿이 공공연하게 이름을 적어내기까지 하였다. 추조에서 그들이 맹위를 떨쳐 눈을 어지럽히는 계책을 받아들이려 하므로, 우리가 만약 눈을 똑바로 뜨고 용기를 내서 힘껏 함께 성토하지 않는다면, 타오르는 불길이 들판을 덮고, 졸졸 흐르던 물이 하늘에 넘쳐, 말류의 폐해가 장차 오랑캐가 중화를 어지럽히는 것보다 크게 될까 염려한다.[22]

"우리도 같이 잡아가라! 속히 육신을 버리고 영원한 천당에 오르고 싶다." 권일신 등 6인이 추조에 와서 했다는 말이다. 부형의 금지와 벗들의 만류도 아무 소용이 없었다. 글 속의 '젊은 축 중에 조금 명성이 있는 자'는 바로 정약용을 지목한 말로 보인다. 다산은 1784년 정조의 《중용》 강의에 제출한 답안으로 1등을 차지한 뒤 단연 두각을 드러내 촉망받는 인재로 꼽히고 있었다. 이때 다산은 이벽의 도움을 받아, 마테오 리치의 논의를 끌어와 이(理)와 기(氣)의 관계를 풀이해 정조 임금에게 큰 칭찬을 받았다.[23]

일이 꼬이자 추조에 출두한 6인 외에 정약용 등 젊은 축까지 연명하여 자신들도 뜻을 함께하고 있다는 사실을 공개적으로 천명했다는 것이다. 이에 문제가 너무 커질 것을 염려한 형조판서 김화진이 그들의 술책에 넘어가 이 문제를 덮으려 하므로, 자신들이 분연히 일어나 이 통문을 돌리게 되었다고 썼다. 당시 명례방 집회 참석자들은 전혀 주눅 들지 않고 정면돌파를 택했던 셈이다. 이것이 역모 사건과의 연계를 차단하려는 절박함에서 나온 행동인지, 굳건한 호교(護敎)의 붉은 열성에서 나온 무모함인지는 가리기 어렵다.

달레의 오독과 문체의 과잉

한편, 달레는《한국천주교회사》에서 이때 일을 또 이렇게 기록했다.

> 곧이어 두려워하는 마음이 서울과 인근으로 퍼졌다. 태학생(太學生) 정서는 천주교 신자들을 맹렬히 공격하는 통문을 돌려, 자기 친척과 친구들에게 '천주교인들과 공공연하게 완전히 절교하라'고 강요하였다. 1785년 3월에 돌린 이 문서는 천주교를 공식적으로 공격한 첫 번째 공문서로 알려져 있다.[24]

달레의 이 문장은 위 정서 등이 쓴 통문을 오독한 것이 분명하다. 본래의 원문은 자신의 친척과 친구들에게 절교를 강요한 것이 아니라, 당사자의 친척과 친구들이 그들에게 천주교 믿는 것을 그만두라고 만류했다는 것이기 때문이다. 이 같은 오독은 다블뤼(Marie Antoine Nicolas Daveluy, 安敦伊, 1818~1866) 주교가 당시 척사와 관련된 1차 자료를 프랑스어로 번역하는 과정에서 해당 원문의 맥락을 잘못 이해한 탓이다. 다블뤼의 1차 오역을 바탕으로 작성된 달레의《한국천주교회사》가 그 오류를 답습한 것은 어쩔 수 없는 일이다.

또 한 가지, 한문 텍스트를 번역하는 과정에서 화려한 프랑스어식 수식이 덧붙어 이루어진 문체의 과장도 이 책을 읽을 때 가감해서 살펴야 할 부분이다. 자기들 언어의 결로 가공된 프랑스어 원문을 다시 우리말로 옮기면, 한문 원본 텍스트와는 두 번 멀어진 글이 되고 만다. 여기에 더해 용어에 대한 이해 부족도 한몫했다. 달레는 당시 정서의 신분인 '태학생'이라는 단어 옆에 '왕의 스승인 학자'라는 풀이를 달아놓기까지 했다. 과거시험을 준비하던 수험생을 왕의 스승 역할을

맡은 최고 학자로 본 것이다.[25]

한편, 뒤늦게 이 소동을 알고 대경실색한 것은 이승훈의 부친 이동욱과 다산의 부친 정재원이었다. 한창 과거시험 공부를 준비하고 있다고 믿었던 자식들이 천주학에 깊이 빠진 것을 알게 된 이들은 크게 놀라 즉각 자식 단속에 들어갔다. 직접 죄를 묻고, 친지의 집안을 돌면서 제 입으로 잘못을 말하고 다니게 했다. 이승훈의 부친은 아들에게 척사문(斥邪文)을 지어 스스로 배교를 선언하게끔 했다.[26]

당시 역모 사건을 처리하던 김화진은 문제의 불똥이 엉뚱한 데로 튀는 것을 어떻게든 막으려 했고, 남인 명문가에서는 자칫 역모로 비화되어 집안의 명줄을 쥘 수도 있는 민감한 사안에 자식들이 연루되는 것을 차단하려 했다. 어쨌거나 집안 어른들이 나서서 누르고, 당시 역모로 가파르게 상승하던 정국의 힘을 빌려, 을사년의 추조적발 사건은 이러구러 가라앉았다.

형조의 효유문

그렇다고 형조판서 김화진이 아무런 조처 없이 그저 사건을 종결해버린 것은 아니었다. 《사학징의》의 부록 〈을사년 봄의 감결〉 끝에 서학을 금하는 효유문(曉諭文)이 실려 있다.

> 근래에 서양학이 허황한 이야기를 펴고 화복을 주장하나, 그 말의 황탄함과 가리키는 뜻의 속임수는 불교에서 곁길로 난 별파에 지나지 않는다. 또한 그 책에서 말하는 천당과 지옥, 육신과 영혼 등의 주장은 불경스럽기 짝이 없음을 알 만하다. 아! 저 하늘은 아득하고 멀어

秋官志 乙巳春甘結 一七八五

乙巳春本曹判書金華鎭自次對赴衙以中人金範禹崇奉西學捉來盤問範禹以
爲西學多有好處不知其非云嚴刑一次又有崔仁吉以同看其書願同被罪故責
以家眼決杖與範禹同囚十日以更勿崇信之意曉諭仁吉加杖放送範禹徒配所
藏冊子並燒曹庭仍以禁西學曉諭坊曲曰近來西洋學架鑿空虛主張禍福語
之荒誕旨意之隱詭不過釋家之旁蹊別派而其書所言天堂地獄肉身靈魂等說
可知其不經之甚也噫上天玄遠無聲無臭曷嘗有形體之可以摸像者而乃敢畵
畵人像跡稱耶穌奉之私室加以頂禮慢瀆之罪孰大於是坊曲愚迷之類藏其書
而奉其像者一幷燒毁淘洗無使犯科之意一一知委捧甘五部

《사학징의》에 실린 〈을사년 봄의 감결〉의 마지막 부분에 효유문이 수록되어 있다.

서 소리도 없고 냄새도 없건만, 어찌 일찍이 본뜰 수 있는 형상이 있어서 이에 감히 사람의 모습으로 그림을 그려놓고 예수라고 부르면서 개인의 집에서 이를 받들어 머리를 조아려 예를 올린단 말인가? 오만하게 모독하는 죄가 이보다 더 큰 것이 어디에 있겠는가? 시정의 어리석고 미혹된 무리가 그 책을 간직해두고 그 화상을 받드는 것을 한꺼번에 불태워 없애 말끔히 씻어내어, 그들로 하여금 법을 범하는 뜻이 없게끔 하나하나 알게 하려 한성의 5부에 지시한다.[27]

천당지옥설과 육신과 영혼에 대한 주장을 특정해서 비판했고, 하늘을 인격신으로 보아 사람의 형상으로 그려놓고, 사실(私室)에서 머리를 조아리며 예배한 것이 큰 죄가 됨을 밝혔다. 서학책은 불태우고, 예수 화상은 보이는 대로 없애라는 지침이 처음 공식적으로 내려졌다. 원문 끝의 '봉감(捧甘)'은 공문서를 접수하라는 뜻이다. 5부는 한성부의 5부이니, 형조판서가 서울 5부에 직접 지시를 내린다는 의미다. 하지만 실록과 《일성록》 등에는 이 사건과 관련된 일체의 언급이 삭제되고 없다.

이후로도 천주교 관련 사건 기록에는 늘 이런 식이 많았다. 1795년 주문모 신부 실포 사건 당시에도 윤유일, 지황, 최인길이 잡혀와서 그날로 물고를 당해 죽었지만, 당일 중앙정부의 각종 기록에는 아예 사건 자체에 대한 내용이 보이지 않는다. 관련 당사자인 주문모가 중국인이어서, 자칫 청나라 정부와 예민한 외교적 사안이 발생할 위험 요소가 있었기 때문이다.

어쨌거나 추조적발 사건은 3월 말 《정감록》 역모 사건의 뒤처리 과정에 묻혀 그럭저럭 흐지부지되었다. 하지만 이 일로 엉뚱하게 남인 성호학파의 한 축을 떠받치던 안정복에게 남은 불똥이 튀었다. 이미 앞에서 살폈듯이, 안정복은 추조적발 사건이 발생하기 넉 달 전인 1784년 12월에 권철신과 이기양에게 편지를 써서, 이가환과 정약전, 이승훈과 이벽 등의 이름을 지목하며, 경박한 연소배들이 서학을 창도하는 데 두 사람이 끌려다니는 것을 지적했다. 이들은 모두 권철신과 이기양의 가까운 벗 아니면 문도인데, 두 사람이 이를 금하여 눌렀다면 어떻게 이들이 함부로 날뛸 수 있겠느냐고 나무랐다. 결국 금하여 누르지 않은 것이 아니라, 오히려 그들과 한통속이 되어 파란을 조장하는 것이 아니냐고 으름장을 놓기까지 했다.[28]

안정복의 이 같은 편지에 이기양이 거칠게 반발했고, 뒤이어 추조 적발 사건이 발생하자, 안정복의 이런 행동이 같은 남인을 재앙 속으로 몰아넣는 화심(禍心)에서 나온 것이라며 강력하게 대들었던 사정은 앞에서 살핀 대로다. 이후 같은 남인들 간에 깊은 골이 생겼다. 당시 74세의 노인이었던 안정복은 이 일로 큰 충격을 받았다. 이것이 남인이 공서파와 신서파로 갈려 길고 긴 전쟁으로 이어질 줄은 당시 이들은 미처 알지 못했다.

5. 주머니마다 쏟아져나온 예수 성상

놀라운 자료, 강세정의 《송담유록》

교회사학자 홍이섭 선생이 쓴 〈한국 가톨릭사의 조기적(早期的) 자료에 대해서〉라는 글이 《가톨릭청년》 1962년 11월호에 실렸다. 초기 교회사 연구의 주요 자료인 《벽위편》과 진주 강씨 일문 문집의 자료 가치를 짧게 소개한 내용이다.[29]

홍이섭 선생은 특별히 강세정(姜世靖, 1743~1818)의 《송담유록(松潭遺錄)》에 주목했다. 《송담유록》은 필사본 1책 53장 분량이다. 선생의 글에 따르면, 제1장에서 22장 전면까지에 성호의 서학에 관한 논의부터 신유교난(辛酉敎難)까지의 역사를 요약했고, 뒤쪽에는 서학 관련 상소문과 황사영의 〈백서〉, 그리고 신후담의 《돈와서학변(遯窩西學辨)》을 수록했다.[30]

강세정은 자가 명초(明初), 호는 송담(松潭)이다. 앞서 을사추조적발 당시 이용서 등이 돌린 통문에 서명한 당사자다. 대표적인 공서파 인물 중 한 명인 강준흠이 바로 그의 아들이다. 다산과는, 귀양 간 지 14년 만에 해배의 기회가 왔을 때, 강준흠이 극렬한 반대 상소를 올려 4년을 더 유배지에서 보내야 했던 악연이 있다. 강준흠의 아들 강시영이 《벽위편》을 쓴 이기경의 사위이기도 하다. 강준흠은 이기경의 묘지명을 지어주기도 했는데, 이 글은 강준흠의 문집인 《삼명집(三溟集)》에 실려 있다.[31]

강세정은 다산이 쓴 〈정헌묘지명(貞軒墓誌銘)〉에도 그 이름이 보인다. 다산은 이 글에서 1794년 여름, 강세정이 정헌 이가환에게 글을 보내 홍낙안의 죄상을 논하고, 아들 강준흠을 거두어달라고 청한 일이 있었다고 적었다.[32] 다산은 특별한 맥락 없이 이 일을 굳이 거론했다. 강세정이 한때 이가환에게 홍낙안을 욕하면서까지 아들의 훈도와 교시를 부탁해놓고, 이후 돌변하여 신서파를 해코지하는 데 앞장선 것을 비난하려는 의도가 담겨 있었다. 이럴 때 다산의 붓끝은 앙칼지고 매서웠다. 이재기의 《눌암기략》에도 강세정에 대한 언급이 자주 나온다.

필자가 홍이섭 선생이 소개한 강세정의 이 《송담유록》을 추적하여 확인한 결과, 놀랍게도 이 책의 원본이 연세대 도서관에 소장되어 있었다. 복잡한 과정을 거쳐 책을 구해서 내용을 펼치자 듣도보도 못한 초기 교회사의 중요한 기술이 줄줄이 나와 크게 놀랐다. 성호 일문의 서학에 대한 지속적 관심, 권철신과 이존창에 관한 전혀 새로운 몇몇 사실, 진산 사건의 이면 기록 등. 이 책은 실로 초기 교회사의 중요한 이면을 담고 있는 간과치 못할 증언집이다.

주머니마다 예수상이 나왔다

먼저 이 책에 실린 을사추조적발 사건과 관련된 대목을 보자.

> 형조판서 김화진이 염탐하여 김범우가 붙들려와 감옥에 갇혔다. 장물(贓物) 중에 예수의 화상이 몹시 많았다. 사학을 배우는 자들은 저마다 작은 주머니를 차고 있었고, 주머니 안에는 화상이 하나씩 들어 있었다. 바로 예수가 형벌을 받아 죽어 하늘로 올라간 뒤에, 서양 사람들이 그 모습을 그려 늘상 몸 가까이에 차고서, 아침저녁으로 경문을 외며 높여 받드는 것이다.[33]

형조에서 집회 관련자 검거 후 장물을 조사할 때, 저마다 차고 있던 작은 주머니 속에서 예수의 형상이 그려진 상본(像本)이 쏟아져나왔다. 호신부처럼 지녀 아침저녁으로 기도할 때 받들어 섬겼다고 했다. 명례방 집회 참석자 대부분이 작은 크기의 예수 성화를 주머니에 넣고 다녔다는 것은 이제껏 처음 듣는 이야기다.

뒤쪽에 비슷한 내용이 한 번 더 나온다.

> 여염의 여자들이 좇아서 사학에 교화되었다. 그중에서도 과부들이 천당과 지옥의 주장을 깊이 믿어, 귀천을 따지지 않고 또한 많이들 빠져들었다. 또 모여서 강학하는 장소가 있어서 밤중을 틈타 왕래하였다. 달마다 강습하고 예배드리는 날이 따로 정해져 있었다. 각자 작은 주머니를 찼는데, 천주의 화상이 들어 있었고, 반드시 편경을 넣어두었다.[34]

충남 예산군 신암면 계촌리에서 출토된 1791년 이전 성물 중 편경, 즉 성인 메달. 이와 똑같은 것이 초기 교인들의 주머니 속에 하나씩 들어 있었다. 절두산 순교성지박물관 소장.

여성을 중심으로 천주교 신앙이 퍼져나갔고, 집회 장소와 일자가 정해져 있었다. 흥미로운 것은 주머니 안에 앞서의 상본 외에 편경(片鏡)이 들어 있었다고 한 부분이다. 편경은 또 무엇일까?

편경은 요사스러운 거울

편경은 편면경(片面鏡)의 줄임말이다. 동경(銅鏡)처럼 한 면은 매끄럽고 다른 한 면은 문양이 새겨져 있어서 붙은 이름이다. 《사학징의》 끝에 1801년 신유박해 때 천주교 신자의 집에서 압수해와 불에 태운 물건 목록을 정리한 기록이 부록으로 실려 있다. 〈요화사서소화기(妖畵邪書燒火記)〉가 그것이다. 이 압수 품목은 초기 천주교 신자들의 신앙생활을 구체적으로 엿볼 수 있는 매우 유용하고 유력한 기록이다.[35]

서책에 대해서는 나중에 따로 살피겠고, 이 가운데 눈길을 끄는 것이 도상족자 3점과 소낭(小囊) 즉 작은 주머니 6개다. 소낭의 바로 아래에는 "그 가운데 간혹 머리카락과 나뭇조각, 잡다한 분말 등 요사한 물건이 들어 있다"는 설명이 나온다.[36] 이건 또 무슨 말인가?

다시 윤현(尹鉉) 집안의 방구들 밑에서 찾아낸 압수 품목에 목자목랍요상(木字木鑞妖像) 1개와 요경(妖鏡) 1개, 소소경(小小鏡) 7개, 그리고 소소유원요상(小小鍮圓妖像) 2개가 보인다. 이 밖에도 소소수낭(小小繡囊) 2개와 소소낭(小小囊) 14개가 더 있다. 작은 주머니 14개는 새로 입교한 신자들에게 나눠주기 위해 미리 준비해두었던 것으로 보인다.

편경의 재질은 놋쇠〔鍮〕 또는 납(鑞)이다. 놋쇠 재질이거나 납과 주석의 합금으로 만든 타원형 또는 원형의 형태 위에 '요사스러운 형상'이 새겨진 물건이다. 이것이 바로 앞선 글에 나오는 편경의 실체다. 김희인(金喜仁)의 압수 품목에도 '납요상(鑞妖像)' 1개가 있다.

작은 주머니 속에 들어 있던 편경과 머리카락 등의 물건에 대해서는, 한신애의 딸 조혜의(趙惠義)가 1801년 2월 형조에 붙잡혀와서 취조받을 때 바친 공초에 설명이 나온다.

> 파내온 잡물 중 사람의 머리카락 및 자잘한 나뭇조각은 바로 연전에 사학으로 사형을 당한 사람의 두발과 목이 잘릴 때 고였던 목침입니다. 작은 붉은 주머니 안에 주석 조각을 솜으로 싸서 채워넣은 것은 이름을 '성두'라 합니다. 이것은 사학 하는 사람들이 몸 주변에 으레 차고 다니는 것입니다.[37]

《송담유록》 속 편경이 '성두(盛斗)'라는 명칭으로도 불렸고, 관에서는 이를 요경 또는 사경(邪鏡)이나 마경(魔鏡)으로 불렀다. 모두 북경을 통해 들어온 서양 물건이었다. 편경은 예수와 성모 또는 성인의 얼굴을 새긴 동전 크기의 작은 성인 메달을 가리키는 말이었다. 몸에 지니고 다니면 일종의 수호성인처럼 자신을 지켜준다는 신심이었다. 편경을 특별히 솜으로 싸서 보관했다는 대목이 눈길을 끈다. 흠집이 나지 않게 소중히 간직했다는 뜻과, 남의 눈에 잘 띄지 않게 감추려는 의도가 같이 담겨 있었다.

초기 교회의 신심

1856~1865년에 장 베르뇌(Siméon-François Berneux, 張敬一, 1814~1866) 주교가 파리 외방선교회에 보낸 서한 중에 반입 요청 물품 목록이 있다. 1856년 11월 5일 편지에는 성모 칠고(七苦) 메달 10그로스(grosse)를 요청했다. 1그로스는 12다스, 즉 144개이니, 10그로스면 1,440개의 메달을 보내달라고 요청한 셈이다. 예수와 마리아, 사도 또는 세례명으로 자주 쓰이는 성인들의 모습이 그려진 상본 200개를 보내달라는 부탁도 있다. 1859년 11월 4일 편지에도 예수와 마리아 상본 50개와 사도와 성인 상본 400개, 그리고 칠고 메달 2그로스와 성모 메달 4그로스를 요청했다. 1864년 11월 25일 편지에서는 성모와 성인 상본 요청이 1,000개로 늘었고, 1865년 12월 15일 편지에는 칠고 메달 큰 것 5그로스와 중간 것 10그로스, 기적의 성모 메달 큰 것 5개와 다른 모델 각 20개, 상본 컬러 1,500장과 흑백 1,000장 등을 요청하고 있다.[38]

편지에서 성모 칠고 메달에 대한 요청이 반복되는 것을 볼 수가 있다. 교회력으로 해마다 9월 15일은 성모 칠고 주일인데, 성모 마리아가 아들 예수 때문에 겪은 일곱 가지 큰 고통을 기리는 축일이다. 성모 칠고 메달이란 그 형상을 편경에 새긴 것을 말한다. 이는 초기 교회에서부터 성모 신앙이 대단히 중시되었다는 뜻이기도 하다.

최양업 신부도 1857년 9월 14일에 르그레즈와 신부에게 보낸 편지에서, 성물을 달라고 아우성치는 교우들의 요구를 달랠 길이 없으니, 얇은 종이에 색채 없이 그린 조금 큰 상본과 성모님 상본을 보내달라고 청했고, 성인 상본은 요셉, 베드로, 바오로, 요한, 야고보, 프란치스코, 안나, 아가다, 막달레나, 바르바라, 루치아, 세실리아, 아나스타시아 등의 상본을 약 100프랑어치만큼 보내달라고 요청했다.[39] 작은 십자가와 성패(聖牌)도 함께 청했는데, 성패는 바로 편경의 다른 이름이다.

《송담유록》에서 뜻밖에 찾은 초기 교회의 상본과 메달에 관한 기록은 명례방 집회 당시부터 이들의 신앙 활동과 행위가 나름대로 상당히 체계와 계통을 갖춘 것이었음을 알려준다. 당시 이들이 나눠 가졌던 상본과 메달은 이승훈이 북경에서 돌아올 때 함께 가져온 물품들이었고, 그 분량이 상당했던 것을 알 수 있다. 집회에서 그들이 읽은 교리서와 미사 전례의 수준 또한 그냥 일반적인 호기심의 차원을 훨씬 상회하는 것이었다.

6. 교회, 신분의 벽을 허물다

명례방 집회와 관련한 새로운 기록

여기서는 성립기 조선 교회의 정황에 대해 적은 강세정의 《송담유록》 속 기록을 좀 더 소개해보겠다.

> 계묘년(1783) 겨울에 이동욱이 서장관으로 연경에 들어가게 되자, 그의 아들 이승훈이 수행하였다. 조선관(朝鮮館)에 머물 적에 자주 천주당(天主堂)을 왕래하여 (중국에는 천주당이 있는데, 서양인이 와서 머무는 곳이다) 날마다 머물러 자고 돌아왔다고 한다. (당시 다른 사신을 수행했던 막료 비장의 말이다) 사서(邪書) 중에 이전에 나온 적이 없던 허다한 책자들을 모두 사가지고 왔고, 그들이 가르치고 공부하는 방법까지 다 배워서 왔다. 이때 이후로 그 교법(敎法)이 크게 갖추어졌다.[40]

이승훈이 천주당에 가서 날마다 머물러 잠까지 자며 천주학을 배웠다는 내용이다. 강세정은 당시 연행에 수행했던 비장의 전언을 직접 들었던 듯하다. 여기에 더해 당시 이승훈이 수많은 천주교 관련 서적을 지니고, 교학 방법까지 다 익힌 채 돌아온 사실을 적었다. 실제 귀국 이듬해인 1785년 3월 명례방 집회 당시, 이들이 모두 예수 상본이 담긴 주머니를 들고 있었고, 이미 《성경광익》과 《성년광익》 같은 책을 바탕으로 주일 미사까지 드리고 있었던 것으로 보아, 이승훈이 귀국할 때 가져온 천주교 관련 물품이 우리가 일반적으로 생각하는 수준을 훨씬 뛰어넘는 것이었음을 짐작할 수 있다.

《송담유록》에 나오는, 명례방 집회 검거 이후 권일신이 이윤하(李潤夏, 1757~1793), 이총억 등 5인과 함께 추조로 들어가서 성상을 돌려달라고 요청했을 때, 형조판서 김화진의 반응과 이후 이총억의 이야기도 흥미롭다.

> 권일신이 그 아들과 이윤하(지봉 이수광의 불초손이자 권일신의 매부다), 이총억(이기양의 아들이다), 정섭(이기양의 외종이다) 등 5인을 이끌고 곧장 추조의 뜰로 들어가 성상(서양 사람들이 예수를 성인이라 일컫기 때문에 이렇게 말했다)을 돌려달라고 청하였다. 누누이 호소하자, 형조판서가 그중 아무개와 아무개를 심문하고는 크게 꾸짖어 말했다. "너희는 모두 이름난 집안의 사대부의 자식인데, 어찌하여 이런 외교(外敎)로 들어갔더란 말이냐? 너희는 상민과는 다르므로 형벌이나 매질을 하지 않고 특별히 놓아보내준다. 다시는 이 학문을 하지 말거라." 단지 김범우만 엄형에 처하고 귀양 보냈다.[41]

이어지는 다음 한 단락이 더 흥미롭다. 《송담유록》의 저자인 강세정은 같은 남인이었기 때문에 이기양과도 잘 알고 지내던 사이였다.

> 이총억은 아는 사람의 어린 아들이어서, 그가 이웃에 와 머문다는 말을 듣고는 가서 만나보고 몹시 꾸짖어 말했다. "네가 추조의 뜨락까지 들어갔다던데, 사대부는 산송(山訟)이 아니고는 그곳에 들어가서는 안 된다. 네가 나이 어린 선비로 어찌하여 패악스러운 거동을 하는 게냐?" 그가 대답했다. "성상에 재앙이 박두한지라 어쩔 수 없이 고하여 호소하였습니다." 내가 말했다. "네가 이미 예수를 두고 성상이라 하는 것을 보니 거기에 빠진 것이 심하구나." 이후로 다시는 보지 않았다. 이른바 총억은 그 숙부인 이기성과 더불어 어려서부터 가정에서 물든 자다.[42]

이총억의 이와 같은 대답은 명례방 집회 당시 22세였던 그의 천주교 신앙이 이미 상당히 깊은 상태였음을 보여준다. 강세정은 이기성과 이총억의 신앙이 어려서부터 가정에서 뿌리내린 것이었다고 적고 있다.

이기성의 놀랍고 해괴한 행동

이기성은 이기양의 동생이자 안정복의 손녀사위였다. 안정복이 이기성과 이총억, 이방억의 일로 이기양과 일전을 벌인 일은 앞서도 살폈다. 이기성은 권일신이 형조에 찾아갔을 때 함께 간 인물이기도 하다. 하지만 막상 당시 관련 기록에서 그의 이름은 빠져 있다. 그가 5인과 함께 간 것이 아니라 혼자서 따로 찾아갔기 때문인지는 분명치 않다.《송담유록》에 이기성에 관한 기록이 더 나온다.

신사원(申史源, 1732~1799)은 1791년 진산 사건이 발생했을 당시 진산현감으로 있던 인물이다. 그는 이보다 앞선 1785년 8월에 예산현감으로 부임했다. 1787년 4월 충청도 암행어사로 나갔던 심환지가 올린 보고를 통해 볼 때, 신사원은 여러 마을을 직접 찾아다니며 사민(士民)의 말을 듣고, 읍리로 들어가 아전과 장교의 정상을 살펴서, 그 고장의 모든 사람이 입을 모아 훌륭한 사또라고 칭찬했던, 인격적으로도 훌륭한 인물이었다.[43]

《송담유록》은 이렇게 말한다.

> 신사원은 자가 순형(舜衡)이고 호는 당고(唐皐)다. 젊어서 시로 성균관에서 이름을 날렸다. 중년 이후로는 학문에 종사했다. 타고난 자질이 순수하여, 마주 대하면 도의(道義)의 기상이 있었다. 뒤늦게 벼슬에 나아가 예산현감이 되었다. 그 땅과 접해 있는 천안 여소동(余蘇洞)에 이존창이라는 자가 있었다. (그는 홍낙민이 속량해준 노비로, 자못 문필을 알아 홍낙민에게서 수업했다고 한다.) 그는 오로지 사학만 공부하여 근처에서 이름이 있었다. 상민은 말할 것도 없고 남녀노소가 서로서로 전하여 익혔다. 신사원이 공문을 보내 붙잡아서 천안의 감옥에다 가두었다.[44]

여소동은 여사울의 또 다른 표기다. 여사울은 천안에 속한 월경지로 예산군 안에 있었으므로 예산현감 신사원이 이존창을 체포해서 천안으로 이송했다. 그런데 지금까지 이존창이 처음으로 체포된 것은 1791년으로 알려져왔다. 이 기록을 통해 그보다 4년 앞선 1787년에 이미 신사원에 의해 체포되어 천안 감옥에 이송되었던 사실이 확인된다. 이 일이 1787년의 일인 것을 어찌 알 수 있는가? 다음 이어지는 기록 때문이다.

> 이기성이 이 말을 듣고는 곧장 옥문 밖에 가서 이존창에게 절을 올린 뒤에, 자기도 함께 죽기를 원하였다. 천안군수 조정옥은 평소 이기성과 친숙했던 터라 불러와 몹시 꾸짖었지만 듣지 않았다. 온갖 방법으로 달래자 그제야 떠나갔다. 이존창이 비록 상민이지만, 그의 서학에 대한 조예가 깊고 독실했기 때문에, 사학을 하는 일파들이 마치 스승처럼 높여서 그를 섬겼다. 이기성이 예로써 대한 것 또한 이 때문이었다.[45]

강세정의 위 기록은 신사원과 조정옥(趙鼎玉, 1733~?)의 재임 시기로 보더라도 분명한 사실임이 확인된다. 《일성록》의 기록을 통해 볼 때, 조정옥이 천안군수로 내려간 것은 1787년 2월 4일이었고, 그해 11월 9일에 평양서윤으로 전보되어 천안을 떠났다. 그러니까 이존창이 검거되어 천안 감옥에 갇힌 것은 1787년 2월에서 11월 사이의 일일 수밖에 없다. 신사원은 1785년 8월 10일에 예산현감으로 부임해, 1789년 6월 20일 진산현감으로 자리를 옮겼다.

이존창이 천안 감옥에 갇혔다는 소식을 듣고, 이기양의 동생 이기성이 보인 행동은 참으로 뜻밖이어서 놀랍다. 우선 그는 명례방 사건 당시 형조에 뛰어들었던 것과 똑같이, 이번에는 멀리 천안 감옥까지 이존창을 찾아갔다. 찾아갔을 뿐 아니라, 옥문 밖에서 옥에 갇힌 이존창을 향해 큰절까지 올렸다. 양반이 종의 자식에게 큰절을 올린 셈이다. 그러고는 천안군수 조정옥을 찾아가 자기도 이존창과 함께 죽여달라고 요청했다. 정작 기겁을 한 것은 천안군수 조정옥이었다. 조정옥은 권철신의 매부 조정기(趙鼎基)의 친동생이었고, 이기성과도 친숙하게 알고 지내던 사이였다. 조정옥은 그런 이기성을 달래고 어른 끝에야 겨우 돌려보낼 수 있었다. 이기성의 행동은 당시의 상식에 비추어 참으로 납득하기 힘든 해괴한 일이었다.

이존창에 대한 새로운 사실

앞의 기록에서 우선 이존창이 홍낙민이 속량해준 노비였다는 사실이 처음으로 밝혀진다. 사실 그간 그의 신분에 대해서는 여러 설이 있었다.《송담유록》의 뒤쪽에 좀 더 구체적으로 이런 내용이 한 번 더 나온다.

> 이존창은 천안의 상놈으로 홍낙민이 속량시켜준 종의 아들이었다. 홍낙민과 이기양에게 글을 배워, 글씨도 잘 쓰고 시에도 능했다. 사학에 조예가 깊어 인근을 교화시켰다. 마을 사람 중에 다른 고을의 양민과 혼인한 사람은 남녀 할 것 없이 모두 교화되어 사학을 하니 덕산과 홍주, 예산과 청양, 정산의 사이가 온통 사학에 빠져들었다. 이에 한글로 전하여 가르쳤다.[46]

이존창 자신이 아니라 그의 아버지가 홍낙민 집안의 종이었고, 홍낙민이 그를 속량시켜 노비의 신분을 면하게 해주었다는 것이다. 이존창은 시문에 능하고 글씨까지 잘 썼을 뿐 아니라, 천주교에 대한 깊은 조예로 내포 일대가 천주학의 진앙지가 되게 했다고 썼다.

이 같은 정황은 당시 교회 내에서 이존창이 지녔던 위상에 대해 좀 더 다르게 생각해야 함을 시사해준다. 이존창의 교계 내부에서의 위치는 분명히 신분을 뛰어넘는 어떤 아우라가 있었다. 더 놀라운 것은 《송담유록》의 다음 기록이다.

> 홍낙민의 외종질인 조아무개는 참판 조경진의 후예이고 상사 조육의 손자였는데, 이존창의 딸을 취해 며느리로 삼았다. 홍낙민이 권유하여 성사되었다. 그들의 학문은 배움의 깊고 얕음을 가지고 높고 낮음의 차례로 삼을 뿐, 문벌의 고하는 따지지 않았으므로 서로 혼인을 통하기에 이르렀다. 사학이 세상의 도리를 그르치는 것이 이에 이르러 말할 수 없게 되었다.[47]

홍낙민은 외종질인 조아무개에게 자기 집 천한 노비 출신인 이존창의 딸을 며느리로 데려갈 것을 권유해, 이 일을 밀어붙여 성사시켰다. 노비 집안의 딸이 명문대갓집의 며느리로 들어간 것도 놀라운데, 그것을 지체 높은 양반인 홍낙민이 나서서 주선했고, 그의 외종질이 이를 수락했다는 사실이 더 놀랍다. 조아무개 또한 독실한 천주교 신자였던 것이다.

그토록 강고한 신분제의 틀을 유지해온 조선 사회에서 어떻게 이런 일이 생길 수 있었을까? 어쨌든 이렇게 해서 신분의 벽을 허물고, 말씀으로 하나가 되는 교회공동체의 꿈이 위태롭게 성장하고 있었다. 이들은 이전에 그 누구도 생각해보지 못한 평등한 세상을 복음을 통해 열고자 했다.

7. 조선 천주교회 최초의 8일 피정

권일신이 용문산 절에서 가진 최초의 피정

1785년 3월 명례방의 집회가 추조에 적발되면서 천주교 신앙집단의 존재가 수면 위로 처음 드러났다. 형조판서 김화진은 뜻밖에도 문제를 키우지 않고 중인 김범우 한 사람만 처벌한 뒤 서둘러 사태를 봉합했다. 관련자들이 모두 쟁쟁한 집안의 후예여서 자칫 큰 파란으로 번질 우려가 있었다. 리더였던 이벽은 이 와중에 부친에 의해 유폐된 상태에서 1785년 7월경 전염병으로 갑작스레 세상을 떴다. 조선인으로서는 처음으로 북경에서 세례를 받은 이승훈은 아버지 이동욱의 강요로 친척들 앞에서 배교를 공언하고 〈벽이문(闢異文)〉까지 공표하며 이탈을 선언한 상태였다. 정약용 형제 또한 아버지의 밀착 감시 아래 옴짝달싹할 수가 없었다.

최고의 이론가 이벽의 죽음 이후 교회의 중심 그룹이 주춤하는 사이, 피치 못하게 천주교회의 새로운 리더 역할을 맡게 된 권일신(權日身, 1751~1791) 프란치스코 하베리오는 조동섬(趙東暹, 1739~1830) 유스티노와 함께 피정을 결심하게 된다.

달레의 《한국천주교회사》에 따르면, 권일신은 활발한 전교 활동 와중에 피정의 필요성을 절감하게 되었던 듯하다. 서학서를 펴놓고 함께 공부하던 사람들이 뿔뿔이 흩어진 상황에서 교회의 새로운 구심점으로서 지도력을 발휘하려면 보다 굳건한 영성의 확립과 교리 이론 장악이 절실했을 것이다. 권일신은 자신의 신심과 교리 지식이 이벽에 결코 미칠 수 없음을 잘 알고 있었다.

달레는 이때 일을 이렇게 썼다.

> 그는 규칙적인 피정을 할 결심을 하고, 자기의 계획을 더 쉽게 실천하기 위하여 용문산에 있는 어떤 적막한 절로 들어갔다. 친구들 중에서는 오직 한 사람, 조동섬만이 그를 따라갔다. 절에 도착한 그들은 피정 동안 서로 한 마디도 하지 않기로 결심했다. 그들은 주님과 그 성인들을 본받고자 하는 바람으로 머리에 떠오르는 신심 수업, 즉 기도와 묵상에만 전념하면서 절에서 8일을 지냈다.[48]

이때 권일신이 찾아갔다는 용문산의 적막한 절은 어디였을까? 권일신의 집이 있던 한감개 즉 대감포리를 기준으로 볼 때, 남한강을 건너 용문산 중턱에 숨은 절 사나사(舍那寺)였을 가능성이 가장 높아 보인다. 널리 알려진 용문사는 반대쪽으로 접근해야 한다. 사나사는 계곡이 워낙 깊고 물이 많아, 지금도 여름철이면 행락객이 많이 찾는 곳이다.

권씨 집안의 가승(家乘)에 따르면, 1802년 초 권씨 문중의 살아남은 가족이 용문 덕동, 지금의 양평군 용문면 덕촌리로 들어가 풍양 조씨 문중의 도움을 받았다고 한다. 당시 용문에 한지를 만들던 곳이 있었고, 권씨 집안이 이곳에서 한지를 공급받아 용문 내왕이 잦았다는 것이다.[49] 1785년 권일신의 용문산 피정도 이 같은 연고와 무관치 않을 것이다.

시끄러운 곳을 피해 고요히 수행하다

피정(避靜, retreat, recessus spiritualis)은 말 그대로 고요한 곳으로 피해 들어가는 것이다. 시끄러운 곳을 피해서 고요함을 취한다는 뜻의 피뇨취정(避鬧取靜) 또는 피속추정(避俗追靜), 즉 속세를 피해 고요함을 취한다는 말에서 나왔다. 예수가 40일간 광야에서 단식하신 일을 본떠 시작된 것이, 16세기 성 이냐시오 데 로욜라(San Ignacio de Loyola)가 자신의 저서 《영신수련(靈身修鍊, Exercitia Spiritualia)》을 통해 실제적인 피정 방법을 제시하면서, 오늘날까지 천주교회에서 보편적인 신심 수련의 방법으로 자리 잡았다.

그렇다면 권일신이 8일간의 피정에 들어가면서 근거로 삼은 서학서는 무엇이었을까? 그것은 《성경광익》과 《성년광익》 두 책이었음에 틀림없다. 8일이라는 피정 기간도 《성경광익》에 규정된 것으로, 이 책에는 8일간 매일매일의 시간표와 묵상 제목까지 제시되어 있다. 또 묵상의 구체적인 내용은 《성년광익》에 실려 있다.

이 두 책은 모두 프랑스 출신의 예수회 선교사 드 마이야의 저술이다. 그는 중국어와 만주어에 능통하고 중국 문화에 대해 해박한 식견을 지녔던 인물로, 두 책 외에도 《성세추요(盛世芻蕘)》 같은 교리서와

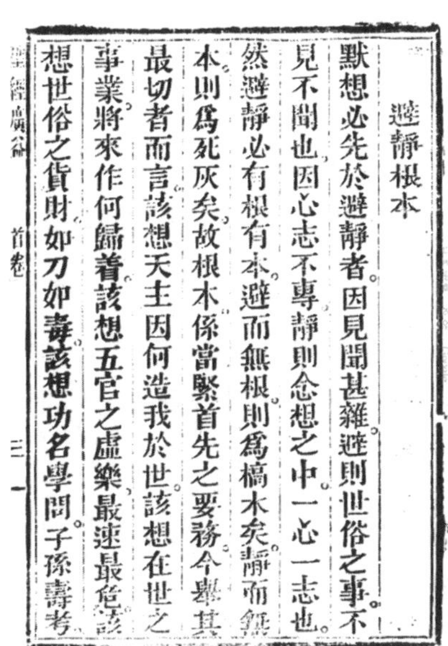

避靜根本

默想必先於避靜者。因見聞甚雜。避則世俗之事。不見不聞也。因心志不專。靜則念想之中。一心一志也。然避靜必有根有本。避而無根。則為槁木矣。靜而無本。則為死灰矣。故根本係當緊首先之要務。今舉其最切者而言。該想天主因何造我於世。該想在世之事業將來作何歸着。該想五官之虛樂。最速最危。該想世俗之貨財。如刀如毒。該想功名學問子孫壽考

聖經廣益 首卷 三

翻譯校錄鑒定允行諸姓氏與聖年廣益同

聖經廣益

天主降生一千八百七十五年重刊

司教厄都亞杜准

《성경광익》 앞쪽에 수록된 피정 관련 기록 '피정근본'(왼쪽)과 표지. 프랑스 국가도서관 소장.

신심서를 펴냈다. 《성경광익》은 《성경》의 중국어 완역이 이루어지지 않은 상황에서 《성경직해》를 확장해, 매주 미사에 맞춰 성경 본문과 이에 대한 묵상, 그리고 기도문을 제시한 책이고, 《성년광익》은 날짜별로 정리한 가톨릭 성인전과 각 성인에 따른 부속 묵상 자료집이다.

《성경광익》의 머리말은 이렇게 시작된다.

> 이제까지 성인이 되는 바탕은 묵상에서 말미암은 것이 대부분이다. 고금의 여러 성인이 서로 전해온 것을 두루 소급해 보더라도 이 한 가지 길을 버리고서 능히 큰 덕과 기이한 공을 이룬 경우는 거의 없다.[50]

두 사람이 피정이 신행된 8일 동안 묵언수행을 다짐한 것은 이 첫 문장 때문이었다. 권일신은 장차 조선 천주교회에서 대덕기공(大德奇功)

을 세워 기사귀정(棄邪歸正), 즉 삿됨을 버리고 바름으로 돌아가겠다는 굳은 결심을 했다.

이어지는 글에서 "마땅히 한 번에 8일을 기준으로 삼아 거행해야 한다"고 한 것을 권일신이 그대로 따랐다. 또 책에 실린 〈팔일총강(八日總綱)〉에는 "8일 중에 날마다 세 차례 묵상하고, 매번 한 시간을 쓴다"면서, 그 자세한 수행의 방법을 설명했다. 날마다 묵상하는 제목은 반드시 《성경광익》과 《성년광익》 두 책에 제시된 제목을 순서대로 진행하되, 순서를 건너뛰거나 다른 날 할 것을 미리 앞당겨 해서는 안 된다고 적었다. 이 과정 중에는 속무(俗務)를 완전히 손에서 떼어냄으로써 다른 생각으로 분심이 들지 않게 해야만 한다고도 했다.[51]

구체적으로 앞쪽에 실린 〈8일 내 묵상간서제목(默想看書題目)〉을 보자. 첫날의 묵상 주제는 '잠시 살다 가는 인생을 잘 쓰자〔善用暫生〕'와 '시간을 헛되이 보내지 말자〔小心時候〕', 그리고 '영혼을 잘 보살피자〔小心靈魂〕'이다. 이것을 하루 동안 세 차례에 걸쳐 한 시간씩 묵상한다. 제목 아래 '《성년광익》 1편 14일'처럼 함께 읽어야 하는 대목이 지정되어 있다. 이를 이어 성 바오로 전기와 성 안토니오의 전기를 지정해서 이를 읽고 묵상할 것을 권했다. 그러고는 '경기(輕己)', '중령(重靈)', '진심(盡心)', 즉 개인적인 욕망을 가볍게 하고, 영혼의 사업을 중시하며, 온 마음을 다해 기도한다는 세 가지 화두를 들고 스스로를 돌아보며 기도한다. 역시 항목마다 두 책에서 엮어 읽을 대목이 미리 지정되어 있다.[52]

하루의 일정은 새벽 5시부터 시작해 저녁 8시까지 시간표에 의해 진행되었다. 대단히 빡빡한 강행군이었다. 8일간 두 사람은 두 책을 옆에 두고 서로 한 마디 말도 나누지 않은 채 길고 고단한 피정의 일정을 소화했다.

명례방 집회와《성경광익》

이렇게 볼 때, 당시 권일신과 조동섬은 그냥 단순히 '조용한 사찰로 가서 기도와 묵상 등으로 신앙을 실천한 것'이 아니었다. 본격적인 각오와 다짐 아래 교회 지도자로서 부족한 자질을 채우고 신심을 고양시켜 천주 대전에 부끄러움이 없는 신앙인으로 거듭나겠다는 비장한 각오로, 정해진 규정에 따라《성경광익》과《성년광익》두 질의 책을 펼쳐가며 8일 피정을 진행한 것이다. 이것은 조선 천주교회에서 최초로 진행된 본격 피정이었다.

이 사실은 여러 문제를 환기시킨다. 먼저 1785년 명례방 집회 당시 이벽이 둘러앉은 사람들에게 강론했고, 함께 있던 사람들의 손에 들려 있던 책이 다름 아닌《성경광익》이었고, 당시 이들이 이 책과 함께《성년광익》도 열심히 읽었음을 확인시켜준다.《성경광익》은 앞쪽의 피정에 대한 설명 이후로는 매주 미사에서 읽을 성경 한 대목과, 이를 이어 '의행지덕(宜行之德)'이라 하여 마땅히 행해야 할 한 가지 덕목에 대한 묵상 주제를 설명하고 있다. 그리고 끝에 실은 '당무지구(當務之求)'는 그 아래에 기도의 제목을 적고, 기도문을 제시했다. 이에 비해《성년광익》은 앞쪽에 1년 365일에 따라 주제문에 해당하는〈경언(警言)〉을 제시한 뒤, 날마다 한 분의 성인전을 소개하고, 그를 통해 배우는 '의행지덕'과 기도문인 '당무지구'를 수록했다.

명례방 검거 당시의 집회는 단순한 교리 연구 모임이 아니었다. 이벽이 주일 미사를 집전하면서, 해당 주일의 성경을 읽고 이에 대해 설명한 뒤, 의행지덕에 대해 강론하는 상황이었던 것으로 보인다. 당시 권일신이 이벽보다 연장자였음에도 불구하고 스스로 제자라 일컬으며 책을 옆에 끼고 모시고 앉아 있었다고 한《벽위편》의 기록은 앞에서 이미 살폈다. 그런 모임이 두어 달 되었다고 한 시점이었으므로, 권일신의 입장에서는 이벽에게 강론을 듣지 못한 부분에 대한 이해 부족을 절감하고 있었을 터였다.

달레는 《한국천주교회사》에서 이들의 피정을 소개한 뒤, "진정한 천주교 정신에 잘 맞는 이러한 실천은 그들 자신과 그들이 피정 후에 가르친 사람들에게 하느님의 풍성한 은총을 얻게 한 것이 확실하다"고 썼다.[53] 그들은 영성이 충만해져서 산을 내려왔고, 8일간의 영적 기도를 통해 얻은 은총으로 침체에 빠진 조선 교회에 새로운 생기와 활력을 불어넣고자 했다.

8. 김범우의 유배지는 단장 아닌 단양이다

김범우의 입교와 정약용 집안

김범우(金範禹, 1751~1786)는 1785년 을사추조적발 당시, 관련자 중 유일하게 귀양 가서 이듬해인 1786년 유배지인 충북 단양에서 죽었다. 단양에서도 그는 큰 소리로 기도를 바치고 교리를 가르치는 등 열심을 잃지 않았다. 그러나 매질로 인한 상처로 이듬해에 세상을 떴다. 111년 뒤인 1897년에 편찬된 《경주김씨정유보(慶州金氏丁酉譜)》에는 김범우가 1787년 7월 16일에 죽었다고 해서, 사망연도에 차이가 난다. 하지만 동생 김이우와 이승훈 등 당대인의 증언이 1786년인지라, 여기에 따르는 것이 옳다고 본다.[54] 다블뤼도 《조선순교사비망기》에서 "이 나라의 날짜 계산법에 따르면, 단양의 아전들은 그가 2년 뒤, 다시 말해 1786년에 사망했다고 말한다"고 하여,[55] 1786년 사망 사실을 확인했다.

1984년 조영동 화백이 그린 김범우 초상화. 명동 주교좌 성당 소장.

김범우는 아버지 김의서(金義瑞)와 어머니 남양 홍씨 사이에서 4남 1녀의 장남으로 태어났다. 김의서는 첩에게서 따로 2남 1녀를 더 두었다. 서자인 김이우(金履禹, ?~1801)와 김순우(金順禹, 1775~1801)가 그들이다. 복자 김현우(金顯禹, 1775~1801)의 이름은 족보에 보이지 않는데, 김순우가 김현우의 고치기 전 이름인 듯하다. 김의서는 이렇게 적서를 합쳐 모두 6남 2녀를 두었다.[56] 다블뤼가 《조선순교사비망기》에서 김범우의 형제가 여덟 명이라고 한 것은 이 때문이다.

6남 2녀 중 맏형 김범우와 서제인 김이우·김현우 세 사람만 서학을 받아들였다. 《사학징의》에 실린 복자 김현우 마태오의 공초 기록을 보면, 형 김이우는 맏형 김범우에게 사학을 배웠다. 세 사람은 주문모 신부가 입국하기 전 이승훈에게 세례를 받아, 김범우는 토마스(道模), 김이우는 바르나바(發羅所), 김현우는 마태오(馬頭)라는 세례명을 받았다.[57]

김범우의 집안은 증조 대부터 역관직을 수행했다. 증조 김익한(金翊漢)이 역관을 지내며 수역(首譯)으로 연행을 다녀왔고, 부친 김의서도 종5품 역원판관(譯院判官)을 지냈다. 김범우 또한 영조 49년(1773) 역과 증광시에 2등으로 합격해서 한학우어별주부(漢學偶語別主簿)가 되었다. 그의 집안은 아버지 김의서가 1762년에 간행된 경주 김씨 족보 편찬 비용을 모두 감당했으리만큼 상당한 경제적 부를 갖추고 있었다.[58]

김범우가 1784년 처음 천주교 신앙을 받아들인 것은 이벽, 정약용 형제와의 교분을 통해서였다. 김범우와 정약용은 척분이 있었다. 정약용의 서모 김씨(1754~1813)는 다산이 열두 살 나던 해에 20세로 정재원의 측실이 되었다. 그녀는 당시 어머니를 잃고 투정만 부리던 어린 다산을 각별하게 보살폈다. 그녀에 대한 정약용의 애틋한 정은 〈서모김씨묘지명(庶母金氏墓誌銘)〉에 자세하다. 정약용은 서모 소생의 서제 정약횡과도 각별했다. 정약횡은 독실한 천주교 신자였다. 서모 김씨는 본관이 우봉(牛峯)으로, 역시 유력한 중인 집안이었다.

다산의 부친 정재원은 1776년 호조좌랑이 되었을 때 명례방에 거처를 마련했다. 이때 김범우와 이웃해 살았고, 다산도 이 명례방 집에서 오래 살았다. 당시까지 선대의 부를 물려받아 넉넉했던 김범우의 명례방 집이 천주교의 집회 장소로 정해지자, 서학 모임은 수표교 저동에 있던 이벽의 옹색한 거처를 벗어나 좀 더 넓은 집회 공간을 확보할 수 있었다.

김두헌의 정리에 따르면, 다산의 서모는 김의택(金宜澤)의 서녀였다. 한편, 그녀의 숙부 김성택(金聖澤)은 김범우의 증조부 김익한의 손녀사위로 들어갔다. 게다가 김범우의 재당숙 김취서(金就瑞)의 처가 다산의 서모와는 오촌간이었다. 김취서는 김범우의 칠촌숙부다. 이래저래 얽히고설킨 혼맥을 통해 김범우는 이벽, 정약용 등과 이웃하며 가깝게 지내다가 1784년 교회 출범기부터 신앙생활을 함께 시작했다.[59]

단양과 단장

1785년 김범우가 귀양 간 곳이 어딘지를 두고 오래 논란이 있어왔다. 김범우의 도배지(徒配地)는 최석우 신부가 명확히 지적한 대로 충청도 단양(丹陽)이지 밀양의 단장(丹場)일 수 없다.[60] 다만 밀양부 단장면 법귀리 7통 3호로 명시된 호구단자가 김범우 후손가에서 발견되고, 1989년 단장면(경남 밀양시 삼랑진읍 사기점길 50-100)에서 김범우의 무덤을 찾았다고 알려지면서, 김범우의 유배지가 단장이라는 주장이 큰 힘을 얻어왔다. 이는 더 나아가 김범우의 단장 유배를 계기로 경남 지역에 천주교가 널리 퍼졌다는 논리로까지 확대되었다.[61] 하지만 이것은 전혀 사실이 아니다.

동생 김현우는 공초에서 형 김범우의 도배지가 충청도 단양이라고 분명하게 말했다. 다블뤼 주교도 《조선순교사비망기》에서 '충청도 동쪽 끝의 단양(Taniang)'이라고 썼다. 또 《조선주요순교자약전》에서는 "불과 몇 해 전에도 단양의 나이 든 아전들은 외교인이면서도 여전히 존경심을 갖고 그에 대해서 말하곤 하였다"고 덧붙였다.[62] 다블뤼가 이 기록을 정리하던 1858년 즈음에도 충청도 단양의 늙은 아전들이 김범우에 대해 존경을 표했다는 이야기다.

만에 하나 김범우가 단장 쪽으로 귀양을 갔다면, 유배지를 단장이라 할 수 없고 밀양이라고 썼어야 한다. 귀양지는 행정 단위의 고을 이름으로 하지, 면 단위로 적는 법은 없다. 다산을 강진에 귀양 보낸다고 할 수는 있어도, 귤동(橘洞)에 귀양 보낸다고 말하지 않는 것과 같은 이치다. 또 도배는 유배와 달리 노역의 의무가 있다. 더욱이 면 단위 조직인 단장이라면 늙은 아전 이야기가 나올 수 없다.

또 한 가지 특기할 만한 사실은, 1757년에 편찬된 《여지도서(輿地圖書)》로 볼 때 당시 밀양부에 단장면이 없었다는 점이다. 1834년 김정호가 정리한 《청구도(靑丘圖)》의 밀양부 지도에도 단장면은 없다.[63] 그러다가 1870년 즈음에 와서야 두 지도에 실린 중삼동면(中三同面)을 단장면으로 개칭했다. 따라서 김범우가 유배 갈 당시 밀양부에는 단장면이라는 지명 자체가 아예 없었고, 김범우의 손자 김동엽(金東曄, 1795~1877)이 하동면에서 이사할 즈음에야 단장면으로 고쳐 불렀다는 뜻이다. 결국 김범우의 단장 유배설은 어떻게 보더라도 성립할 수 없는 주장이다.

김동엽의 후손가에 전해오는 호구단자와 간찰 문서에 김범우 후손이 아무 연고 없던 밀양에 정착하게 된 과정이 잘 나타난다.[64] 집안에 전해온 일곱 건의 호구단자를 보면, 1854~1864년 작성된 세 건의 문서에서 김동엽의 주소지는 단장면이 아닌 밀양부 하동면(下東面) 굴암리(掘岩里)였다가, 1867년에는 하동면 구암리(龜巖里)로 바뀌었다. 김동엽은 1870년에야 단장면 법귀리(法貴里)로 이사했다. 증손자 김영희(金穎熙, 1840~1905) 대인 1898년의 호구단자에는 다시 성주군(星州郡) 금수면(金水面) 덕산리(德山里)로 거주지를 옮긴 사실이 보인다.

이로 보아 단장은, 김범우가 충청도 단양에서 사망하고 68년 뒤인 1854년에 손자 김동엽이 경제 활동을 위해 밀양으로 내려가, 하동면 굴암리와 구암리에서 1869년까지 15년간 살다가, 1870년에 다시 옮겨간 주소지였다. 김동엽의 부친 김인구(金仁耉, 1768~1800)는 김동엽이 여섯 살 때인 1800년에 33세의 젊은 나이로 일찍 세상을 떴다. 김범우의 부친 김의서 위로 3대의 묘가 모두 경기도 양주 성산리 선영에 모셔져 있는 것으로 보아, 당시 김범우의 시신 또한 아들 김인구가 운구해서 선산에 묻었을 것이다.[65]

한편, 손자 김동엽이 자신의 아들 영희를 46세에 얻은 것을 보면, 이때까지 상당히 굴곡진 삶을 살았으리란 짐작이 든다. 이들의 신앙생활 여부는 알려진 것이 없다.

손자 김동엽의 밀양 정착 이유

'척제(戚弟)'라고 쓴, 역관 진계환(秦繼煥)이 김동엽에게 보낸 편지 7통이 남아 있다. 진계환은 본관이 풍기(豐基)로, 그의 조모가 김동엽의 고모할머니였다.[66] 1849년 5월 18일자 편지는 서울에서 진계환이 당시 동래에서 내부관(萊府館) 전차비관(專差備官)을 맡고 있던 김동엽에게 보낸 것이다. 1849년과 1852년의 다른 편지에는 수신인을 유원관(柔遠館)의 김주부(金主簿)로 썼다. 앞서 내부관은 동래부 유원관을 줄인 표현이었다. 유원관은 당시 동래 초량 왜관에 조선 관리가 제반 사무의 처리를 위해 머물던 관소(館所)로, 성신당(誠信堂) 동편에 있던 건물 이름이다. 이로 보아 김동엽이 1849년부터 1854년 밀양 이주 직전까지는 동래 왜관에서 문서 관리의 직임을 맡고 있었던 것이 분명하다.

진계환은 1849년 5월 18일 편지에서 자신이 중국 사행 시 서장관으로 수행했던 현 동래부사에게 청탁을 넣어 김동엽을 비장전령(裨將傳令)으로 쓰도록 하겠다는 뜻을 전했다.[67] 김동엽이 당시 맡고 있던 보직을 옮겨달라고 진계환에게 부탁했던 것으로 보인다. 하지만 이 일은 뜻대로 되지 않았던 듯, 1852년 8월 2일 정봉조(鄭鳳朝)가 보낸 편지에서도 김동엽은 여전히 유원관에서 근무 중이었다. 편지에는 김동엽이 생계를 위해 예전에 맡았던 일이라도 얻고 싶다고 청탁한 내용이 보인다.[68]

1854년 즈음에야 60세의 김동엽은 어려운 생활의 방편을 마련하기 위해 밀양으로 옮겨가 정착했다. 김동엽 집안에 전해오는 고문서 중 〈소록(小錄)〉에, 본영(本營)이 소유한 밀양 둔답(屯畓)의 감관(監官)으로 김동엽을 천거하면서, "균청둔감(均廳屯監) 김동엽은 수십 년 동안 김범우의 손자 김동엽 집안에 전해오는 고문서 〈소록〉 일부. 김동엽이 근래에 밀양으로 유락해 들어왔고, 그가 그간 균청둔감으로 이곳저곳을 전전했음을 적고 있다.

문하에서 가깝게 지낸 사람으로, 일을 잘 알 뿐 아니라 십분 부지런하고 야무진데, 근래 본부(本府)에 유락해온 정상이 불쌍히 여길 만하다"고 언급한 내용이 있다.[69]

김동엽은 밀양으로 오기 전 동래 왜관에서 4년 이상 일했고, 그 전에도 여러 지방을 다니면서 균역청에 속한 둔전의 감독 직임을 맡아왔다. 위 글에서는 김동엽이 근래에 밀양부에 유락(流落), 즉 흘러들어왔다고 했다. 그가 밀양으로 이주한 때가 밀양 발급 호구단자가 시작되는 1854년경이었다는 뜻이다.

김동엽은 이때 왜 밀양으로 이주했을까? 김동엽은 진계환의 주선으로 당시 세도가 김좌근(金左根)의 전장(田場)을 관리하는 집사 노릇과 함께 둔답 감관 일을 맡게 되었던 것으로 보인다.[70] 이중환은《택리지》에서 밀양을 두고 "낙동강을 끼고 바다와 가까워서 생선과 소금을 팔아 이문을 남기고, 뱃길의 이로움을 누린다. 한양의 역관 무리가 이곳에 귀중한 재물을 많이 쟁여두고서 왜국과 교역하여 이익을 얻는다"고 썼다.[71] 가까이에 동래 왜관이 있어 일본과 오가는 물화가 드나드는 길목이 바로 밀양이었다. 그래서 역관들이 자신의 지위를 이용해 일본과의 음성적인 밀무역으로 큰 수익을 남길 수 있는 거점이기도 했다.

당시 김범우 삼형제가 장가들었던 유명한 역관가 천녕 현씨 집안의 현시복(玄時福, 1769~?)도 밀양에 거주하고 있었다. 현시복의 조부 현태익은 김범우의 고모부였다.[72] 김범우가의 역관 인맥을 이리저리 이어 밀양까지 내려왔지만, 막상 김동엽은 전해오는 편지의 내용으로 보아, 진계환의 끝없는 요구에 하루도 마음 편할 날이 없었고, 경제적 압박마저 몹시 심했다.

1856년 4월 아들의 혼사를 치른 김동엽은 이 일로 발생한 비용 때문에 선혜청에 상납해야 할 둔세(屯稅) 200냥조차 보내지 못했다. 진계환은 1856년 4월 25일에 보낸 편지에서 "대저 공물(公物)을 기한에 맞춰 상납하는 것은 사리의 당연한 것인데, 혼사를 구실로 상납하지 못한다는 것이 어찌 말이 되는가? 이제껏 듣도보도 못한 말이다"라며 펄펄 뛰었다.[73]

1857년 10월 26일 편지에는 교동 김좌근 대감의 회갑을 맞아 밀양 특산의 연죽(煙竹) 즉 담뱃대 100개를 기일에 맞춰 만들어 올려보내라는 요구도 있었다.[74] 김동엽이 이마저도 약속을 지키지 못하자 진계환은 다시 화를 내며, 이것 외에 밀양 환도(環刀) 5개를 대마도로 보내 옻칠을 잘 해오게 하고, 왜숙복(倭熟鰒) 즉 일본산 삶은 전복 100개, 고래 고기 7~8근, 왜토장(倭土醬), 그리고 일본제 찬합 2개를 구해 함께 올려보낼 것을 요구했다. 이 밖에도 왜통(倭桶), 풍로(風爐) 등의 일본 물품을 구해 바치라는 내용의 편지가 이어진다.[75]

돈 문제로 오간 편지를 보면 해당 물품의 대금조차 제대로 지급되지 않았다. 요구 물품은 대부분 동래 왜관에서 흘러나온 일본제여서, 밀양에서의 그의 역할이 둔감의 일보다 김좌근가에 소요되는 일본 물자를 공급하거나 밀무역을 중개하는 데 있었음을 보여준다. 그러다가 1856년 4월 22일과 4월 25일, 1866년 8월 3일의 편지에는 수신자로 구암(龜巖) 또는 구남(龜南)이라는 지명이 또 나온다. 구남이라고 쓴 것은 당시 김동엽의 집이 구암리 남쪽에 있었기 때문이었을 것이다.[76] 1854년 밀양 이주 후 굴암리에서 2년 뒤 다시 구암리로 옮긴 셈이다.

어쨌거나 김동엽의 밀양행은 김범우와는 아무 상관이 없다. 만에 하나 김동엽이 김범우의 묘를 경기도 양주군 성산리 선산에서 어떤 사정에 의해 단장으로 옮겨왔다 하더라도, 그 시점은 적어도 김동엽이 단장에 자리 잡은 1870년 이후로 보는 것이 상식적이다.[77] 하지만 김동엽은 당시 76세의 고령이었고, 경제적 여유도 전혀 없었다. 더욱이 김범우의 증손자 김영희가 단장에서 성주로 옮겨간 후부터는 후손의 묘소가 대부분 경북 성주군 금수면의 발왕현(發旺峴)에 위치해 있다.

정리한다. 김범우가 귀양 가서 죽은 곳은 충청도 단양이다. 김범우의 손자 김동엽이 밀양부 하동면으로 내려온 것은 1854년이고, 이후 단장면에 정착한 것은 김범우 사후 84년 뒤인 1870년의 일이었다. 따라서 김범우는 단장과는 애초에 아무 인연이 없었다. 단장은 손자 김동엽 대에 생계를 위해 한동안 머물러 살던 곳이었을 뿐이다. 밀양에서 발견되었다는 김범우 무덤의 사실성 여부도 투명한 자료 공개와 함께 면밀한 검토가 필요하다고 생각한다. 여러 맥락상 경주 김씨의 선영인 양주 성산리 또는 신혈리에서 멀쩡히 관리되던 김범우의 무덤이 뜨내기살이 중이던 김동엽에 의해 밀양 단장으로 이장되었다는 가정은 성립하기 힘들다.

4부

초기 교회의 조직 구성과 신앙

1. 양말론과 빈 병론

우리는 한 형제다

양반과 상놈의 구분이 없고 남녀를 차별하지 않는, 이제껏 들어본 적이 없는 공동체에 대한 소문은 소곤소곤 금세 원근으로 퍼져나갔다. 믿기만 하면 노비문서도 불태운다더라, 가난한 이에게는 옷과 양식도 아낌없이 나눠준다더라고들 했다. 하나라도 더 못 가져 안달하던 사람들이, 제 것을 나눠주면서 행복하다 못해 아련한 표정까지 짓는 것이 좀체 이해되지 않았다. 그 못되고 심술궂던 시어머니가 어느 날 문득 며느리를 친딸 위하듯 하고, 술만 마시면 세간을 부수고 아내를 때리던 술꾼이 그날로 영판 딴사람이 되었다. 이웃들은 고개를 갸웃하지 않을 수 없었다. 대체 저들에게 무슨 일이 일어난 걸까?

충청도 면천 사람 유군명 시메온은 양반 신분이었고, 효자로 이름난 사람이었다. 양친이 세상을 떠났을 때도 정성껏 제사를 모셨다.

59세 때 그는 덕산 황무실로 이사해 천주교에 입교했다. 이존창에게 영세를 받고는 다른 사람으로 거듭났다. 유군명은 노비를 모아놓고 노비문서를 불태웠다. 우리는 이제 천주 대전에 아무 차별 없는 한 형제라고 선언한 것이다. 그는 자신의 재물을 흩어 가난하고 불행한 이들에게 나눠주었다. 이후 속량 노비 출신의 이존창을 도와 천주교를 가르치고 포교하는 일에 오로지 헌신했다.

신유박해가 있던 1801년 5월에 체포된 유군명은 갖은 고문에도 다른 교우를 한 명도 고발하지 않았고, 끝까지 배교도 하지 않았다. 먼 지방으로 귀양 가서도 흔들림 없이 신자의 본분을 지켰다. 다만 성서를 지녀가지 못한 것만 원통스레 여겼다. 그는 82세의 나이로 유배지에서 죽었다. 그가 보인 신앙의 모범은 그 지역 주민들까지 감화시켰다. 그는 그들의 찬양과 감탄을 받으며 꿇어앉아 기도를 드리는 모습으로 세상을 떴다. 달레의 《한국천주교회사》에 나온다.[1]

《눌암기략》의 한 단락은 또 이렇다.

> 사학 하는 무리의 법문(法門)은 재물을 함께 나누고 여색을 함께하는 까닭에 과부와 홀아비 및 가난하여 스스로 먹고살 수 없는 자들이 모두 기꺼이 내달아가곤 하였다. 비록 천한 종놈이라도 한번 그들의 무리에 들어가면 마치 형제처럼 보아 등급이 있는 줄을 몰랐으니, 이것이 그들이 어리석은 백성을 속여 미혹시키는 꾀였다.[2]

이 글은 삐딱한 시선으로 천주교를 바라본 언급이다. 하지만 내부자들에게 이 같은 나눔의 공동체가 어떠한 기쁨과 일체감을 주었을지는 상상하기 어렵지 않다.

실제 지역 교회의 하부 조직에서는 이존창 외에도 신분이 미천한 지도자들의 존재가 포착된다. 박종악(朴宗岳)의 《수기(隨記)》에는 여사울의 천한 부류 지도자로 최구두쇠에 대한 기록이 보인다. 그는 서학을 오래 익혀 교리에 깊이 통달한 사람이었다. 인근의 서학을 믿는 백성들이 대부분 그를 높여 존장(尊長), 즉 어르신으로 불렀다고 했다.[3] 이들에게 신분은 조금도 중요하지 않았다. 그보다는 교리에 대한 이해도가 훨씬 중요했다.

이 버선을 신어보게!

1794년 주문모 신부가 조선에 밀입국했을 때, 당시 천주교 신자들의 소원은 오로지 신부를 직접 만나보는 것이었다. 하지만 신부의 일거수일투족은 철저하게 비밀에 부쳐져, 아무나 만날 수가 없었다.

1839년에 순교한 신태보 베드로가 감옥에서 쓴 편지는 창립 초기 자료를 수집하던 샤스탕(Jacques Honore Chastan, 鄭牙各伯) 신부의 명에 따라 작성한 글이었다.[4]

신태보는 친척 이여진 요한과 함께 신부를 한 번이라도 만나보고 싶다는 소원을 이루려 애를 썼지만, 끝내 이루지 못했다. 140리 떨어진 서울까지 무려 열여덟 번이나 올라왔어도 소용이 없었다. 이를 딱하게 여긴 한 교우가 장에서 버선 한 켤레를 꺼내더니 신어보라고 했다. 어린아이의 발도 들어가지 않을 작은 버선이었다. "어른더러 어떻게 아이 버선을 신으라는 겐가?" "아무 말 말고 한번 신어나 보게." 그러자 놀랍게도 그 작은 버선이 신태보의 발에 쏙 들어가는 것이 아닌가? 이것이 양말(洋襪), 즉 서양 버선을 처음 접한 조선 사람의 이야기다.[5]

당황한 신태보에게 그 교우가 말했다. "천주교는 아주 공평한 것이라네. 어른도 아이도, 양반도 상놈도 없지. 부드럽고 탄력이 있어서 아무 발에나 다 맞는 이 버선과 같다네. 자네도 열심히 하기만 하면 신부를 만나볼 수 있을 걸세. 조금만 애를 쓰면 누구나 이 버선을 신을 수 있듯이 말이야." 평면 재단이어서 버선본 없이는 발에 꼭 맞는 버선을 지을 수 없던 당시에, 양털로 만든 신축성 있는 서양 버선은 이들에게는 또 하나의 문화충격이었다.

신태보와 함께 갔던 이여진의 경우 신부를 만나 본격적인 신앙생활을 하기 위해 서울로 이사까지 했다. 하지만 신태보는 결국 신부가 사형당해 죽었다는 소식을 들을 때까지 단 한 번도 신부의 얼굴을 보지 못했다.

천주교인들의 이 같은 공동체는 외부자의 시선에서는 해괴한 변고에 지나지 않았다.《눌암기략》의 다음 기술을 읽어보자.

> 이른바 사학이란 학문은 그 주장이 불교의 남은 투식에서 나왔다. 또 경전의 말을 가지고 서로 꾸며서 이것으로 천하를 바꾸려 드니, 그것이 가능하겠는가? 우리 유학이 어찌 일찍이 하늘을 공경하고 하늘을 두려워하지 않았겠는가? 그런데도 저들이 하늘을 섬긴다는 것은 도리어 상제를 속이는 것이다. 그렇다면 저들의 무리는 이것으로 복을 구하려다가 도리어 재앙을 부르고 말 것이다. 어째서 그런가? 저들이 높은 하늘을 큰 부모로 여기고, 다시 낳고 길러주신 은혜는 알지 못한 채, 벌거벗은 몸으로 한방에서 섞여 지내며 남녀의 구별조차 없으니, 이는 거의 짐승만도 못한 것이다.[6]

유학의 입장에서 보면, 남녀가 구분 없이 한방에 앉아 요사스러운 서양인의 형상 앞에 엎드려 기도하며 밤을 새우는 것은 변괴에 가까웠다. 박종악은 《수기》에서 "비록 부자지간이라도 아들이 사학을 하는데 아비가 하지 않으면 아비를 아비로 여기지 않고 다른 무리라고 지목합니다. 아비가 비록 남에게 구타와 모욕을 당하더라도 가만히 보기만 하고 구하지 않습니다. 사학이 사람을 깊이 빠뜨리는 것이 이와 같습니다"라고 적기까지 했다.[7] 상당히 일그러지고 왜곡된 형태의 묘사임이 한눈에 보인다. 이처럼 관리들의 눈에 비친 그들은 윤리를 무너뜨리는 멸륜패상(滅倫敗常)의 무리였을 뿐이었다.

부모가 빈 병인가?

나열(羅烈, 1731~1803)이 1790년에 지은 〈서학(西學)〉이라는 장시가 있다. 그의 문집 《해양유고(海陽遺稿)》에 나온다.[8] 시의 제목을 아예 '서학'으로 내건 시는 처음 본다. 그런 만큼 내용이 대단히 흥미롭다. 다소 길지만 자료 소개를 겸해 전문을 제시한다. 5언 54구 270자에 달한다.

서학은 천주를 위주로 하여	西學主天帝
부모를 빈 병처럼 여긴다 하네.	父母視空甁
자신을 병 속 물건처럼 보거니	自同甁中物
따른 뒤엔 병에 무슨 정이 있겠나.	脫來甁何情
조조가 공융을 무고해 죽인	曹操誣殺融
이 죄는 용납되기 어렵다 해도,	知此罪難容
죄 범하면 살펴서 용서 없으니	有犯諦莫宥
영웅임을 드러내기 충분하다네.	亦足見其雄

西學

西學主天帝父母視空瓶自同瓶中物旣來瓶何情
曾緣誣殺辭知此罪難容有非錦莫宥亦丕見其雄
死乃民所畏懸法使遠罪君子遇成仁殺身方未悔
學術雖千竅好生則同貫云何媒性命至乃樂斬斷
累累繫刑獄榜箠備楚毒不肯易初辭但願速就戮
借問戮何願魂魄升天堂天堂麗且淨其樂孔揚揚
此說近佛者佛亦悲涅槃吾道貴明哲黃老尚貞觀
未有仇此軀陰滅以為安乾坤或毀改無乃迷其端
茲教若遂行可賞當施刑懲罪用何物充舜道亦傳
上帝豈不重所施有遠延首教畔其親已非帝所創
越序而諂事明神必不饗見今受誅勵雜處固其然
自言得其求匿哀誣上玄盖氏沒已久邪說方蔓延
其勢已就下其末將滔天吾恐張角徒搆煽在潛淵
願言司殺者慎勿撓其權

나열의 시 〈서학〉 전문. 그의 문집인 《해양유고》 권1에 수록되었다.

백성은 죽음을 두려워하니 死乃民所畏
법을 세워 죄를 멀리하게 해야지. 懸法使遠罪
군자가 인(仁)을 이룰 기회 만나면 君子遇成仁
몸 죽어도 후회는 하지 않는 법. 殺身方未悔
학술이야 1천 가지 갈래 있어도 學術雖千竅
살기를 좋아함은 한가지라네. 好生則同貫
어이해 목숨을 매개로 삼아 云何媒性命
베여 죽음 즐겨 함에 이른단 말가. 至乃樂斬斷

줄줄이 감옥에 묶여 들어와	累累繫刑獄
매질 채질 온갖 형벌 두루 받누나.	榜箠備楚毒
처음 한 말 바꾸려 들지 않고는	不肯易初辭
그저 빨리 죽기만을 원한다 하네.	但願速就戮
묻노라, 죽는 것 왜 소원하나?	借問戮何願
혼백이 천당에 오른다 하네.	魂魄升天堂
천당은 화려하고 깨끗도 하여	天堂麗且淨
그 즐거움 몹시도 대단하다고.	其樂孔揚揚
이 주장은 불교와 다름없지만	此說近佛者
불교 또한 열반에 듦 슬퍼한다오.	佛亦悲涅槃
유교는 명철함을 귀히 여기고	吾道貴明哲
황로(黃老)는 바른 도리 지키려 하지.	黃老圖貞觀
이 몸뚱이 원수로 생각하여서	未有仇此軀
죽음을 편안하게 여기진 않네.	殄滅以爲安
온 세상을 혹 헐어 다 고쳐야만	乾坤或毁改
아마도 그 단서가 드러나겠지.	無乃兆其端
만약에 이 가르침 수행한다면	玆敎若遂行
상으로 형벌을 내려야 하리.	可賞當施刑
죄 징벌함 어떠한 물건을 쓸까?	懲罪用何物
요순의 도리 또한 멈추었다네.	堯舜道亦停
상제가 어이 중치 않으랴마는	上帝豈不重
베푸는 바 멀고도 가까움 있네.	所施有遠近
가장 먼저 부모 배반 가르치는 건	首敎畔其親
천주의 교리에도 어긋난다네.	已非帝所訓
차례 건너 아첨하여 섬기는 것은	越序而諂事

밝은 신(神)도 틀림없이 옳다 않으리. 明神必不蠲
오늘날 베어져 죽임 당하니 見今受誅鋤
죄 얻음이 진실로 그럴 수밖에. 獲戾固其然
스스로 그 구함을 얻는다면서 自言得其求
슬픔 감춰 하늘을 속이는구나. 匿哀誣上玄
맹자는 세상을 떠난 지 오래 孟氏歿已久
사설(邪說)이 바야흐로 두루 퍼졌네. 邪說方蔓延
그 형세 아랠 향해 내달려가니 其勢已就下
끝에 가선 하늘까지 잠기겠구나. 其末將滔天
걱정키는 장각(張角)과 같은 무리가 吾恐張角徒
못에 숨어 이끌어 선동함일세. 搆煽在潛淵
원컨대 형벌을 맡은 사람들 願言司殺者
그 저울질 절대로 안 흔들리길. 愼勿撓其權

빈 병론은 첫 네 구에 나온다. '부모는 병이고, 나는 그 병에 담겼던 술과 같다. 술을 잔에 따르고 나면 술이 병에 대해 무슨 애틋한 정이 있겠는가?' 천주교를 부모자식간의 인륜을 끊는 패륜집단으로 내몰고, 남녀의 분별을 허무는 난륜(亂倫)의 무리라고 비난하는 것은 당시 박해자들이 입만 열면 하던 이야기였다.

시는 몇 가지 고사를 끌어와 말문을 연 뒤, 박해의 현장에서 자신이 지켜본 천주교 신자들의 태도를 묘사했다. 잔혹한 형벌에도 그들은 배교하지 않고, 그저 '예수 마리아'를 외치며 속히 죽여달라고만 했다. 어서 빨리 천당에 올라가 그 끝없는 즐거움을 누리겠다는 소망이었다. 나열의 이 시는 문집의 배열로 볼 때 진산 사건 이전에 지은 것으로 보이는데, 당시 그가 직접 목격했다는 현장이 어디였는지는 분명치 않다.

'그들은 믿지 않으면 부모조차 원수로 여긴다. 부모를 저버리고 천주를 섬기겠다니, 이는 천주의 명에도 어긋나는 것이 아닌가? 세상을 떠난 제 부모의 제사는 거부하면서, 노비문서를 불태우며 만유 위에 모든 이가 평등하다 외친다. 인륜을 저버린 채 이웃을 내 몸처럼 사랑하는 것이 가능한가? 남녀의 분별을 잃고 한방에 떼로 모여앉아 밤을 새우니, 이런 꼴을 어찌 보고만 있을 수 있겠는가? 이러니 베어 죽임을 당해 마땅하다'고 했다. 당시 서학에 대한 평균적 시선이 이러했다.

2. 초기 천주교인의 제사관

권철신 집안의 희한한 상례

1790년 고베아 주교가 일체의 조상 제사를 금지한다는 사목교서를 윤유일 편에 보내오면서 조선 천주교회는 일시적으로 패닉 상태에 빠졌다. 이를 계기로 양반 계층 지도급 신자들의 이탈이 가속화되었다. 이 와중에 윤지충과 권상연이 조상의 신주를 태워 없애고 제사를 거부하면서 일어난 1791년 진산 사건을 계기로 천주교는 순식간에 패륜집단으로 내몰렸다.

그렇다면 진산 사건 이전의 상황은 어땠을까? 정약용도 이승훈도 진산 사건 이후 완전히 천주교에서 손을 뗐다는 말을 여러 번 했다. 그 전에는 정말 천주교가 제사를 금지하는 줄 몰랐고, 알고 난 뒤 천주교를 떠나게 된 것일까? 정말 그랬을까? 여기에는 살펴야 할 몇 가지 장면이 있다. 먼저 《송담유록》에 묘한 기록이 보인다.

> 이에 앞서 권철신이 그 부친의 장례를 치를 때 아녀자들이 모두 성장(盛粧)을 하고 화려한 옷을 입은 채로 면화솜으로 망자의 코를 막을 때에 나와서 영결하였다. 손님들이 가서 조문하자, 맏아들만 홀로 조문을 받고 나머지 형제는 조문을 받지 않았다. 손님을 접대하면서 권철신이 말했다. "우리 집안의 상례(喪禮)가 어떠하오?" 사람들이 모두 괴이하게 여겼다.[9]

권철신의 부친 권암이 세상을 떴을 때 권철신 집안의 이상한 장례 예법에 대한 기술이다. 권암의 몰년은 족보에 나오지 않고, 위 기록에도 연대가 없다. 다만 천진암 성지가 소장한, 1781년 12월 3일 권철신이 홍유한에게 보낸 간찰에 "하생고자(下生孤子)인 아우 권제신"이라는 표현이 있다. 1781년 당시 이미 권암이 사망했다는 뜻이다.

무엇보다 결정적인 자료는 신택권(申宅權, 1722~1801)의 《저암만고(樗庵漫稿)》 상권에 실린 〈권맹용시암만(權孟容尸庵挽)〉이라는 시다. 1780년 9월에 지은 이 시의 7~8구에 "9월이라 된서리에 지기(知己)들 눈물지으니, 이승에서 어이해 시암 다시 만나볼꼬"라 한 것이[10] 그의 사망 시기에 대한 가장 분명한 기술이다. 권암은 1780년 9월에 세상을 뜬 것이다.

이때는 고베아 주교의 사목교서로 인해 조상의 제사 금지 소식이 조선에 처음 전해진 1790년보다 10년 전이고, 명례방 집회 사건이 있기 5년 전이다. 그 한 해 전에 주어사 강학회가 있었다. 권철신 집안의 상례가 이때 이미 이와 같았다는 것은 대단히 놀랍다. 부친상에 여자들은 소복을 입지 않고 오히려 단장을 한 채 화려한 복장으로 차려입고 있었다. 문상도 오형제 중 장남인 권철신만 받았다. 이 같은 해괴한 장례를 진행하면서 정작 그가 우리 집안의 상례가 어떠냐고 자랑하듯 물은 것은 말 그대로 괴이한 일이었다.

이 말은 척사파들이 권철신을 천주교 신자로 몰기 위해 꾸며낸 이야기일 가능성이 없지 않다. 하지만 이 이야기가 사실이라면 1780년, 조선 교회의 공식 출범 훨씬 전에 그가 이미 상례에 대해 대단히 개방적인 생각을 하고 있었다는 뜻이 된다. 이는 1791년 진산 사건 당시 윤지충이 사람들에게 어머니가 좋은 곳에 가서 기쁜데 왜 곡을 하느냐고 되물어 사람들을 경악케 했다는 일화와 맞물려 있다.[11]

1791년 윤지충과 권상연이 조상의 신주를 태워 없애고 제사를 거부하면서 일어난 진산 사건으로 두 사람은 한국 천주교회 최초의 순교자가 되었다. 사진은 첫 순교 터인 전주 전동성당에 세워진 윤지충과 권상연 동상.

《송담유록》에서는 이때 일을 이렇게 썼다.

> 경술년(1790) 여름에 윤지충이 그 어머니 권씨의 상을 만났는데, 효건(孝巾)만 쓰고 상복도 입지 않았다. 게다가 조문조차 받지 않았다. 친척과 벗 중에 성복(成服)을 하고 가는 자를 보고도 일절 조문을 받지 않았고, 장례도 예법대로 하지 않았다. 우제(虞祭)도 행하지 않고 궤연조차 설치하지 않았다 한다. 그 어머니가 세상을 떴을 때 상서로운 기운이 허공에 뻗고 기이한 향기가 방 안에 가득했다고 하는데, 이것을 그는 서학을 하여 도를 닦은 징험으로 여겼다. 그 전에 또 신주를 태워 없앴으니, 그 말이 이로 인해 크게 퍼졌다.[12]

앞서 본 권철신 집안의 상례와 분위기가 사뭇 비슷하다. 조상 제례나 상례에 관한 천주교 신자들의 이 같은 태도는 걷잡을 수 없는 반감을 불러일으켰다.

백지 답안지 제출 소동

《송담유록》의 기록을 좀 더 따라가보자.

> 이승훈과 정약용의 무리가 감제(柑製)에 들어가니, 임금께서 내리신 제목에 제사에 대한 주장이 있었다. 그러자 둘 다 백지를 내고 보이지 않았다. 이 또한 제사는 마귀가 먹는 것이고 제사가 무익하기 때문이었다.[13]

강세정은 글 끝에 강이원(姜履元)에게서 이 말을 들었다고 적었다. 강이원이 누군가? 1787년 정미반회 사건 당시 김석태의 집에서 정약용과 이승훈이 서학 공부를 할 당시 함께했던 바로 그 사람이다.

이 일은 1787년 11월 17일 제주에서 진상한 귤을 성균관 유생들에게 나눠주면서 치른 황감제(黃柑製)가 있던 날의 이야기다. 이날의 시험 제목은 '한나라 분유사(枌楡社)'에 관한 것이었다. 한고조는 분유(枌楡), 즉 느릅나무를 한나라 사직단의 신주목으로 정한 뒤, 해마다 봄 2월과 납월에 양과 돼지로 제사를 지내게 했다. 시험은 이 고사를 가지고, 국가의 제사 전례에 대한 자신의 견해를 밝히는 것이었다. 문제를 받아든 이승훈과 정약용은 끝까지 한 자도 쓰지 않은 채 버티다가 백지 답안을 제출하고 나갔다. 제사란 마귀가 먹는 것이어서 아무 쓸

데가 없다는 이유에서였다.

이때 일에 대해서는 1791년 11월 13일에 쓴 이기경의 〈초토신이기경상소(草土臣李基慶上疏)〉에 더 자세한 진술이 있다.

> 이때 마침 감제를 만나 시험장에 들어가니 함께 앉은 사람이 또 우리 셋이었습니다. 제목이 내걸렸는데 '한분유사'였습니다. 지금은 다 외울 수가 없지만 대개 제사에 관한 내용이었습니다. 승훈은 팔짱을 끼고는 묵묵히 앉아 한 구절도 짓지 않고 일부러 백지를 제출하더군요. 그래서 제가 괴이하게 여겨 묻자, 천주학에서는 천주 외에는 다른 신에게 제사를 지내지 않는다고 하였습니다. 다른 신에게 제사를 지내지 않을 뿐 아니라, 이 같은 글을 짓기만 해도 또한 큰 죄가 된다고 하더군요. 하도 놀라고 당황해서 바로 그날 밤에 승훈과 함께 자면서 되풀이해 토론하여 배척했지만 끝내 돌이켜 깨닫게 하지 못하였습니다. 또 정약용을 경계시키려고 두 차례나 그의 집에 갔지만 모두 만나지 못하였습니다.[14]

앞서 강세정은 강이원의 전언으로 이승훈과 정약용이 동시에 백지를 제출했다고 했는데, 이기경은 정약용의 백지 답안에 대해서는 말을 얼버무렸다. 이때까지만 해도 이기경은 친구인 정약용을 감싸줄 생각이 있었던 것이다. 제사를 지내는 정도가 아니라, 제사에 관한 글이 시험문제로 나왔다고 해서, 수험생이 아예 백지 답안을 내고 나와버렸다. 이것은 진산 사건이 일어나기 무려 네 해 전 일이다.

이승훈의 공자묘 배알 거부

다시 두 해 뒤인 1789년에는, 평택현감으로 내려간 이승훈이 공자의 사당에 배알하지 않겠다고 버티는 바람에 큰 소동이 벌어졌다. 이 일이 공론화된 것은 1792년이지만, 이 일 자체가 일어난 것은 진산 사건 이전이다.《송담유록》은 이 일을 이렇게 적고 있다.

> 평택 고을 사람은 무릇 관장이 임지에 도착한 뒤 사흘 안에 몸소 성묘(聖廟)를 배알하는 것을 법례로 여겼다. 하지만 이승훈은 벼슬에 오른 뒤 10여 일이 지나도록 병을 핑계 대고 배알하지 않다가, 비가 새는 곳을 살펴보겠다며 나가서는 성인에게 배알하는 예를 행하지도 않고, 그저 비 새는 곳만 살펴보고 돌아왔다. 고을에서 말이 시끄럽게 돈 뒤에도 성묘에 배알하지 않다가, 발송한 통문이 태학에 이르렀다. 태학의 전례가 봉심(奉審)할 때에는 배알하는 예가 없었기에, 전례를 끌어와 초기(草記)함으로써 아무 일도 없게 되었다. 하지만 사실은 봉심할 때에 비록 배알을 하지 않더라도, 새로 출발해서 도임한 사흘 안에는 전례에 따라 배알을 해야만 했다. 그렇지만 이승훈은 도임한 뒤에도 애초부터 공경하여 배알한 일이 없었다. 봉심할 때에 성묘에 들어가서는 마땅히 먼저 성인께 배알하는 예를 행한 뒤에, 비 새는 곳을 살피는 일을 행함이 규례에 마땅한데, 그저 봉심만 하고 성인께 배알하는 예는 행하지 않았다. 그럴진대 이는 비 새는 곳을 봉심만 한 경우와는 다르니 성인의 사당에 배알하지 않았다고 한들 그가 어찌 그런 비난을 면할 수 있겠는가?[15]

이승훈은 왜 평택현감으로 내려가서 관례를 굳이 무시하고 공자의 사당에 예를 올리지 않았을까? 이를 우상숭배로 여겨, 앞서 제사에 대한 글 쓰기를 거부했던 것의 연장선상에서 나온 행동이었다. 이로 보아, 천주교 내부에서는 진산 사건 이전부터 제사에 대한 거부감이 공공연하게 있어왔음을 알 수 있다.

안정복이 1785년에 쓴 〈천학문답〉 중 30번째 질문에도 이런 이야기가 보인다.

> 근래에 한 상사생이 석전(釋奠)에 참석하려 하자, 천주학을 하는 그의 벗이 말리면서 말했다. "무릇 형상을 꾸며놓고 제사를 올리는 것은 모두 마귀가 와서 먹는다. 어찌 공자의 귀신이 와서 흠향함이 있겠는가? 인가에서 제사 지내는 것도 또한 한가지다. 나의 경우 비록 풍속에 따라 이를 할 수밖에 없지만, 마음으로 그것이 망령된 줄을 아는지라, 반드시 하늘을 우러러 묵묵히 천주께 어쩔 수 없이 한다는 뜻을 아뢴 뒤에야 이를 행하곤 한다." 예법에 어긋나고 가르침을 허무는 것이 이보다 심한 경우가 어디 있겠는가?[16]

어쩔 수 없이 올리는 절은 허배(虛拜)다. 도덕률과 부딪치기 싫어서 하늘에 기도하여 양해를 구한 뒤에 절 올리는 시늉만 한다는 것이다. 안정복의 이 글은 이승훈이 평택에 내려가기 네 해 전에 쓴 것이다. 글 속에 나오는 상사생(上舍生) 또한 이승훈을 염두에 둔 표현이었던 것이 분명하다.

이렇듯 1780년 권철신의 상례, 1787년 이승훈과 정약용의 백지 답안 제출, 그리고 1789년 이승훈의 공자 사당 배알 거부 등 세 사례를 살폈다. 일반적으로 알고 있듯, 1790년 이후 북경에서 조상 제사를 금지하는 사목교서가 내려오고, 이후 진산 사건이 터지고 나서 제사 문제에 대한 논란이 시작되었던 것은 아니다.

3. 집 나가는 아우들

제사를 지내느니 혈연을 끊겠다

초기 천주교 신자들을 가장 괴롭힌 것은 제사 문제였다. 특별히 1790년 고베아 주교의 사목교서가 조선 교회에 전해진 뒤로 그 정도가 더 심해졌다.

윤지충의 막내아우 윤지헌(尹持憲)은 1795년 주문모 신부가 전라도 고산(高山)의 이존창 집에 여러 날 머물렀을 당시, 신부를 만나기 위해 고산으로 찾아갔다. 이후 전주 유관검의 집으로 내려와 머물자, 다시 신부를 찾아가서 만났다. 1800년 11월에는 내종간인 정약종의 서울 집에서 한 번 더 신부와 만났다. 그는 드물게 다른 세 장소에서 신부를 만날 수 있었던, 특별한 위치에 있던 신자였다.[17]

세 번째 만났을 때 주문모 신부가 윤지헌에게 물었다. "제사를 지내고 있는가?" 윤지헌이 "죽은 이를 산 사람처럼 섬기는 것이 우리나라의 예절입니다"라고 대답하며 말꼬리를 흐렸다. 신부는 바로 "제사는 지극히 허황하고, 또 우리 도에서 꺼리는 바다"라고 하며 나무람을 이어갔다.[18] 《사학징의》에 나온다.

고베아 주교의 사목교서 이후 주문모 신부까지 제사 금지의 원칙을 강력하게 요구하면서, 조선에서 제사 여부는 천주교 신앙을 받아들이느냐 마느냐의 징표로 굳어졌다.

집안 전체가 신앙생활을 하는 경우는 문제 될 것이 없었지만, 그렇지 않을 경우 제사 문제는 신앙생활에 심각한 장애요 걸림돌이었다. 정광수·윤운혜 부부가 여주 부곡면(浮谷面)의 터전을 버리고 서울로 상경한 것은 제사 문제로 인한 집안 갈등이 폭발 직전까지 갔기 때문이었다. 《사학징의》의 공초에서 윤운혜는, 계속해서 조상 제사에 참석을 거부하자 시어머니가 나무라며 꾸짖음이 너무 심해서 상경을 결심했다고 했다.[19] 신앙을 지켜낼 수 없다면 혈연을 끊는 것이 옳다고 그들은 생각했다.

정약종 일가가 마재를 떠나 분원(分院) 쪽으로 세간을 난 것도 발단은 제사 때문이었다. 정약종이 제사 참석을 거부하자, 부친 정재원의 노여움은 극에 달했다. 뜻을 꺾고 순종한 약전·약용과 달리, 약종은 꿈쩍도 하지 않고 차라리 부자의 연을 끊겠다며 자진해서 솔가하여 집을 나갔다.

《추안급국안(推案及鞫案)》에 실린 신유년(1801) 2월 12일 의금부의 공초에 당시 압수된 정약종의 일기장 관련 이야기가 나온다. 심문관이 말했다.

> 네 일기 속에 또한 조상에게 제사 지내거나 묘소에 참배하거나 부모의 상을 치를 때 비단으로 신주를 만들고 제사상을 차리는 것 등의

일들은 모두 죄짓는 것이라고 했다. (……) 또한 네 부모에 대해 차마 할 수 없는 망측한 말을 했고, 나라에 대해서도 뻔뻔스럽게 도리에 어긋난 말을 했으니, 매우 흉악하다.[20]

'차마 할 수 없는 망측한 말'이란 일기에 적힌 "나라에 큰 원수가 있으니 임금이요, 집에 큰 원수가 있으니 아비다"라는 문장을 두고 한 말이었다.[21] 임금과 아비가 신앙의 가장 큰 걸림돌이 됨을 두고 비유적으로 표현한 말이었지만, 당시 사학죄인을 다스릴 때 입만 열면 나오는 말이 '무부무군(無父無君)의 무리'라는 소리였다. 천주를 믿는 데 장애가 된다면, 그들에게는 임금도 아버지도 원수요 마귀일 뿐이라는 이야기였다.

정약종의 아들 정철상(丁哲祥)은 《사학징의》의 공초 중 〈형추문목(刑推問目)〉에서 심문관이 "어려서부터 사학에 물들어 네 아비 정약종의 악행을 도왔고, 심지어 집에 있을 때는 네 조상의 제사에 참배하지도 않았다"고 추궁하자, "저는 사학에 깊이 미혹되어 제사에 참석하지 않았습니다. 저의 종대부(從大夫)께서 사학을 금지하며 신부에 대해 바른대로 고하라는 뜻으로 송곳으로 찔렀지만 고하지 않았습니다"라고 대답했다.[22]

글 속의 '종대부'는 정약종의 숙부 정재운(丁載運)을 가리키는 것으로 보인다. 정재운은 정철상의 조부 정재원의 친동생이지만 정지열(丁志說)에게 출계(出系)되었다. 종손(從孫)을 송곳으로 찔러가며 주문모 신부의 행방을 대라고 추궁했다는 이야기에서, 정약종이 목이 잘려 죽은 뒤 갈 곳이 없어 마재로 돌아온 그 가족에게 집안의 무지막지한 폭력이 행사되었음을 알 수 있다.

개가 웃을 말

정인혁(鄭仁赫)의 공초에도 신주를 불태우고 제사를 거부하는 행동으로 집안과 지속적인 갈등을 빚는 모습이 보인다. 정인혁은 1791년 형조에 붙들려갔을 때, 부형이 같이 끌려갔다. 아버지와 형은 형조에서, 죽음을 각오하고 금지하여 끊게 하고 친척들이 온갖 방법으로 타일렀어도 오히려 더 깊이 믿어 어찌할 수 없었다고 진술했다. 정작 정인혁 본인은 천주교에서 제사를 크게 그르다고 가르치므로 영원히 폐기했다고 담담하게 말했다.[23]

한정흠(韓正欽)은 최후진술에서 "사당을 헐고 제사를 폐하고도 오히려 천당과 지옥에 일찍 가지 못함을 안타까워하였습니다. 죽는 것을 사는 것과 같게 보았고, 그릇된 도리로 대중을 미혹시켰습니다"라고 대답했다.[24]

이재신(李在新)의 〈형추문목〉에는, 그가 주변 사람에게 사학을 권유할 때 제사 문제가 걸림돌이 되자, "사학 하는 사람은 제사를 드리지 않지만, 만약 제사를 안 드리면 남들이 지목하므로 어쩔 수 없이 사당에 절은 하는데, 이른바 허배 즉 헛절이라는 것이 이것이다"라고 훈수하는 이야기가 나온다.[25] 일부 눈가림용의 위장술을 슬쩍 권하기도 한 셈이다.

반면 남필용(南必容)은 형조에 올린 초사(招辭)에서 다음과 같은 말로 정면돌파했다.

> 산 사람은 음식을 몹시 즐겨도 영혼은 음식을 먹지 못합니다. 뿐만 아니라 만약 부모의 영혼이 분명히 흠향하실 것을 안다면, 비록 집을 팔고 몸을 팔아서라도 반드시 또한 풍성하게 차리고 넘치도록 행할 것

입니다. 하지만 그것이 허사인 줄을 알기에 과연 정성된 마음으로 제사를 지내지 않았습니다. 사학을 하지 않는 자가 제사를 지내지 않는 것은 진실로 죄일 것입니다. 하지만 사학을 하는 자가 제사를 드리지 않는 것은 또한 도리입니다.[26]

형조와 좌우포청에서 천주교인들을 잡아다가 문초할 때 첫마디는 늘 패륜멸상(敗倫蔑常)과 이적금수(夷狄禽獸)였다. 그 주된 근거 또한 언제나 제사 거부였다. 앞에서 소개한 나열의 시 〈서학〉에서 "서학은 천주를 위주로 하여, 부모를 빈 병처럼 여긴다 하네. 자신을 병 속 물건처럼 보거니, 따른 뒤엔 병에 무슨 정이 있겠나"라고 지적한 데서 보듯, 그들에게 육신을 준 아버지는 잠시 몸을 담고 있던 빈 병에 지나지 않았다.[27] 인간의 가짜 아버지는 잠시 몸을 빌려 태어난 것일 뿐이고, 진짜 아버지는 하늘에 계신 천주여야만 했다. 조상 제사를 거부하고 부모에게 이런 모진 말과 행동을 하면서 이웃을 내 몸같이 사랑하겠다니, 유학자들의 입장에서는 패륜도 이런 패륜이 없었다. 개가 웃을 말이었다.

바깥사람들은 점차 제사 여부를 그가 천주교 신자인지 아닌지를 가늠하는 시금석으로 여기게 되었다. 한번은 궐내에서 숙직하던 이가환에게 집에서 제삿밥을 보내왔다. 함께 숙직하던 승선(承宣) 임제원(林濟遠)이 불쑥 이렇게 말했다. "그대 집에서도 조상에게 제사를 지낼 수 있는가?"[28] 천주학을 한다는 사람이 어떻게 제사를 지내느냐고 비아냥거린 말이다. 《눌암기략》에 나온다. 그 전 이승훈과 권철신의 예에서도 보듯, 진산 사건 이전에도 제사에 대한 거부감은 있었지만, 진산 사건 이후로 이 문제는 더 이상 대충 뭉개고 넘어갈 수 없는 문제가 되었다.

가출하는 동생과 통곡하는 형

강세정의 《송담유록》에는 제사 때만 되면 가출하는 아우들의 이야기가 두 차례 나온다. 먼저 홍교만(洪敎萬)의 이야기를 보자. 그는 정약종의 집안과 혼인을 맺었고, 권철신과는 내외종간이었다. 서종제 홍익만(洪翼萬)도 독실한 천주교 신자였다. 온 집안이 남녀노소 할 것 없이 모두 천주교를 믿었다.

> 성품이 몹시 편협한 데다 미혹됨이 더욱 심하였다. 서울에 들어오면 큰형님 집에 여러 날씩 머물렀는데, 부친의 기일을 만나면 그때 임시해서 포천의 자기 집으로 돌아가곤 했다. 서학에서는 제사를 지내면 마귀가 와서 먹는다고 해서 제사의 예를 폐한다. 그 백씨가 힘껏 붙들어도 듣지 않았으므로 마침내 통곡하기에 이르렀다. 사학이 사람의 심술을 빠뜨림이 이와 같았다.[29]

그의 큰형은 한성판윤을 지낸 홍주만(洪周萬)이었다. 내둥 서울서 지내다가, 아버지의 기일만 되면 제사를 피해 포천 청량면(淸涼面)에 있는 제 집으로 슬며시 돌아가 자리를 피하곤 했다. 홍주만이 통곡을 하며 붙잡아도 들은 체도 하지 않았다.

《송담유록》에 거의 똑같은 기록이 하나 더 있다.

> 충주의 사족인 이최연과 이기연 형제가 권일신에게 배워 오로지 사학에 마음을 쏟았다. 그의 큰형인 이세연은 근후하고 이름이 알려진 선비였다. 한번은 부친의 기일이 되었는데, 두 아우가 참석하지 않자 이세연이 통곡하였지만, 끝내 마음을 돌리지 않았다.[30]

앞서 홍교만의 기록과 짜맞춘 듯 똑같다. 큰집 제사에 천주학을 믿는 동생들은 핑계를 대고 참석하지 않았다. 큰형이 통곡으로 만류해도 들은 체도 하지 않은 것까지 판박이다.

4. 반주인 김석태

반촌은 고시촌이었다

1785년 3월 을사추조적발 이후, 교회는 이벽의 돌연한 사망에다 이승훈과 정약용 형제가 집안의 탄압으로 주춤한 사이, 권일신과 조동섬의 8일 피정으로도 막상 이렇다 할 돌파구를 마련하지는 못했다. 이벽의 부재로 인한 공백이 뜻밖에 깊고도 컸다. 재개의 움직임은 1787년에 이르러서야 활발해지기 시작했다. 1787년 이승훈과 정약용이 성균관 근처 반촌(泮村)에서 천주교 공부 모임을 갖다가 이기경에게 들키는 바람에 일어난 이른바 '정미반회(丁未泮會) 사건'이 그 대표적인 반증이다.

김석태(金石太)는 이름 석 자 외에는 이렇다 하게 알려진 것이 없는 인물이다. 그는 이승훈과 정약용이 천주교 공부 모임을 하던 집의 주인이었다. 김석태의 집은 어디에 있었고, 그곳의 공간 성격은 어찌 보

일제강점기 성균관 문묘 인근 반촌의 풍경. 서울역사박물관 소장.

아야 할까?

반촌은 19세기 초반 당시, 가구수가 800~1,000호가량 되고, 거주 인구가 1만 명가량 되던 특수한 구역이었다. 성균관은 전국에서 몰려든 유생과 과거시험을 위해 머무는 응시생들로 늘 북적댔다. 오늘날 노량진의 고시촌처럼 고급 정보와 인프라를 갖췄고, 비교적 저렴한 비용으로 서울 생활이 가능한 곳이었다. 반주인(泮主人)은 이들에게 숙식의 편의를 제공하는, 오늘날 대학가 하숙촌이나 원룸의 주인쯤에 해당한다. 때로 이들은 과거시험의 브로커로도 활약했다. 수험생에게 필요한 답안지나 지필묵을 대신 구매해주는 역할도 맡았다.[31]

반촌에는 이런 반주인이 많았다. 또 오늘날 강원학사나 호남숙사처럼 각 지역에서 올라온 같은 고장 출신들이 대놓고 왕래하는 집도 있었다. 아버지의 반주인이었던 집에 그 아들이 대를 이어 들어가서 수험생 시절을 보내는 경우도 없지 않았다. 반주인과 유생의 관계는 훗날 그가 출세하여 벼슬길에 진출한 뒤에도 끈끈하게 이어졌다.

먼저 《송담유록》의 기록을 보자.

> 정미년(1787) 겨울에 이승훈과 정약용이 재(齋)에서 지내며 과업(科業)을 닦겠다는 핑계로 동반촌 김석태의 집에 모여 밤낮없이 사서(邪書)를 강설한 지 거의 한 달 가까이 되었다. 진사 강이원이 사학을 배우겠다고 거짓말하고 마침내 그 집에 들어가, 서양의 책 이름과 설법 등의 일을 살펴 얻지 않음이 없었다. 그러다가 갑자기 벗 이기경에게 적발되자, 강이원이 한바탕 크게 놀라 즉시 그만두고 나왔다. 강이원이 그 주장을 벗들 사이에 누설하여 모르는 사람이 없게 되었다.[32]

김석태의 집이 있던 곳은 성균관 아래 동반촌(東泮村)이었다. 동반촌은 지금의 명륜동 2가, 즉 성균관대학교 정문 맞은편 일대에 해당한다. 혜화동 로터리에서 성균관대학교 쪽으로 올라올 때 오른편 지역이다. 이곳에 하숙집들이 밀집해 있었다.

김석태의 집 위치와 공부 내용

1787년 10월 어름에 이승훈과 정약용 등이 한동안 잠잠하다가 다시 서학에 열심이라는 소문이 크게 퍼졌다. 그도 그럴 것이, 그들의 아지트가 바로 성균관 코앞의 동반촌이었던 것이다. 김석태의 집은 동반촌 중에서도 어디였을까?

뜻밖에 홍낙안의 문집인 《노암집(魯巖集)》 권3에 실린 〈이승훈의 모함 공초로 인해 변정하여 진술한 상소(因李承薰誣供陳卞疏)〉에 그 내용이 나온다.[33] 이 상소문은 1791년 11월 진산 사건 이후 사학 문제로 시끄러울 당시, 신서파의 반격에 대응해서 쓴 글인데, 제목 아래 '도원불봉(到院不捧)'이라고 쓴 것을 보면, 올리려고 들고 갔으나 정작 올리지는 못하고 간직해두었다가 문집에만 실은 글이다. 공개된 글이 아니어서《벽위편》등 어떤 기록에도 남아 있지 않다. 이 글 가운데 김석태의 집 위치에 대해 쓴 대목이 있다.

> 저들이 모임을 가진 것은 바로 반촌 가운데 가장 조용하고 구석진 곳에 있었다. 문을 닫아걸고 한데 모이더라도 남들이 능히 엿볼 수가 없는 숨겨진 곳이었다.[34]

김석태의 집은 성균관과 아주 가까운 거리에 있으면서도 외지고 조용해, 대문만 닫으면 밖에서는 안쪽을 살필 수가 없었다. 동반촌 후미진 골목길의 끝집이거나, 산자락을 끼고 있는 외딴집이었을 것이다. 이는《사학징의》중 이우집(李宇集)의 공초에서, 유관검(柳觀儉)이 마련한 집회 공간에 대해 말하면서 "그는 궁벽한 곳에다 새로 사랑채를 지어놓고, 오직 함께 배우는 사람만 이곳에서 영접한다"고 한 것을 떠올리게 한다.[35]

이곳에서 한 이들의 행동에 대한 언급도 홍낙안의 위 글에 나온다.

> 그 아비를 속이고서 원점(圓點)을 핑계 삼아 젊은이를 유혹하여, 표문(表文)을 짓는다면서 밤낮 반민(泮民) 김석태의 집에서 경문을 외운 자들이 과연 그들이 아니란 말인가? 파리 대가리만 한 작은 글씨를 손바닥만 한 작은 수십 권의 책자에 쓰고, 비단보자기에 싸서 궤 속에 넣어둔 것은 그들의 물건이 아니었단 말인가? 아침저녁으로《조만과경》을 외면서, 남이 그 학문을 엄하게 배척하는 말을 듣고는, 원수를

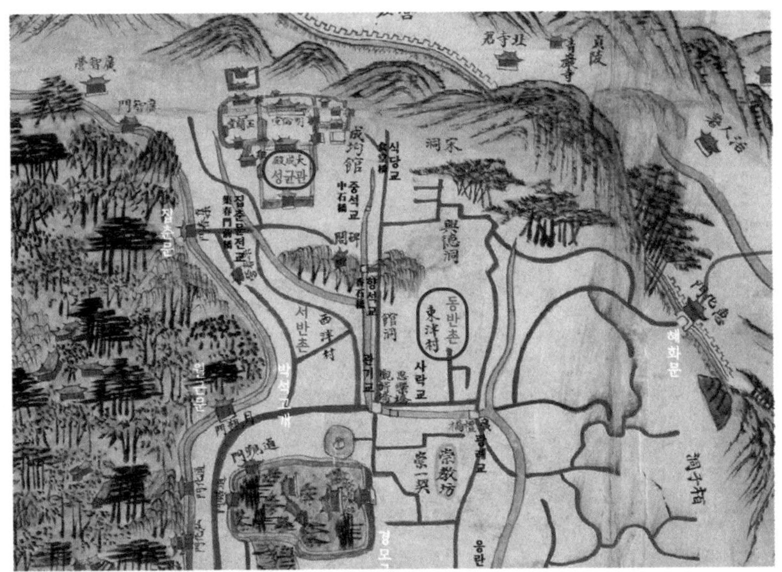

김석태의 집이 있던 동반촌. 왼쪽에 창경궁이 있고, 위쪽에 성균관이 보인다. 〈한양도성도〉 일부. 개인 소장.

> 사랑하자며 가슴을 치고 눈물을 흘리며 "저들이 무지하여 스스로 지옥에 빠짐을 슬퍼한다"고 말한 것이 그들의 말이 아니었던가?[36]

내용이 대단히 흥미롭다. 《벽위편》에 실린 이기경의 초토신 상소를 보면, 이곳에서 이승훈, 정약용, 강이원 세 사람이 천주교 서적에 대한 공부만 진행한 듯이 보인다. 하지만 이들은 그 정도에 머물지 않고, 아침저녁으로 경문을 외우고, 수십 권의 천주교 서적을 수진본(袖珍本) 크기의 작은 책자로 만들어서 집중적으로 학습했다. 또《조만과경(早晩課經)》을 들고 아침 기도와 저녁 기도를 올렸다. 서학을 배척하는 말을 들으면 원수를 이웃처럼 사랑하자며, 그들이 무지해서 이것이 지옥으로 떨어지는 것임을 모르고 하는 말이라고 안타까워했다.

'내 탓이오'를 외치며 가슴을 치면서 눈물을 흘리기까지 했다. 여기 보이는 《조만과경》이란 《천주성교일과(天主聖教日課)》 제1권에 실린 내용을 따로 발췌해서 만든 소책자를 말한다. 그 구체적인 내용이 최해두가 쓴 《자책(自責)》에도 나온다.[37]

당시 이들은 이곳에서 천주교 교리 학습뿐 아니라, 정해진 날짜에 미사까지 드렸을 것으로 보인다. 이곳은 막 출범한 가성직제도(假聖職制度) 아래 서울에 있던 두세 곳의 본당 중 하나였을 것이다. 강이원은 자신이 이곳에서 읽은 서양 서적 이름과 사학을 배우는 절차를 온통 떠들고 다녔다. 사학이 문제가 될 듯하자 발 빠르게 발을 뺀 것이다. 《눌암기략》에는 "강이원은 얼마간 재간은 있었지만 말하기를 좋아했다. 채홍원에게 아첨하여 붙어 한세상에 명성을 얻었으므로 기세가 당당하였다. 하지만 사람됨이 음험하고 사나웠다. 게다가 술주정을 해대서 가까이할 수가 없었다"고 부정적으로 적고 있다.[38]

다산이 지은 김석태 제문

《다산시문집》 권17에 뜻밖에 〈숙보를 제사 지내는 글(祭菽甫文)〉이 있다. 제목 아래에 "반촌 주인 김석태이니, 자가 숙보다"라는 풀이가 달려 있다.[39] 석태(石太)를 '석태(錫泰)'로 달리 쓴 것이 눈길을 끈다. 반주인 김석태가 세상을 뜬 해는 알 수 없다. 1801년 이전이었던 것은 분명하다. 전문은 이렇다.

지극 정성 하늘 뚫고　　至誠徹天
지극한 정 땅과 통해,　　至情徹地

날 위해서 잠을 깨고	寤爲余寤
나를 위해 잠들었지.	寐爲余寐
집안 살림 성글어도	闊于家室
날 위해선 꼼꼼했고,	而爲余密
좇아 따름 게으르나	慢于趨逐
날 위해선 재빨랐네.	而爲余疾
남이 잘못 지적하면	余咎人摘
칼 뽑으며 발끈했고,	拔劍大嗔
나와 좋은 사람에겐	人與余好
그를 위해 몸 바쳤지.	爲之糜身
영혼 더디 빙빙 돌며	魂兮遲徊
여태 나의 곁에 있네.	尙在我側
저승 비록 멀다 하나	九原雖邃
가도 장차 기억하리.	逝將相憶

지극한 정성과 지극한 마음으로 자신을 돌봐주었던 김석태에 대한 추모의 정을 넘치게 담았다. 자신의 집안 살림은 대충 하던 그가 다산을 위한 일이라면 철두철미 꼼꼼했다. 돈 버는 일에는 손방이지만, 다산의 일이라면 그렇게 재빠를 수가 없었다. 누가 다산에 대해 나쁜 말이라도 하면 성이 나서 싸우려 들었고, 다산과 잘 지내는 사람에겐 속없이 기뻐하며 다 내주었다. 그러던 그가 홀연 세상을 떴다. 하지만 그의 영혼은 하늘로 오르지 못한 채 아직도 자신의 둘레를 맴도는 것만 같다. 다산은 천국이 아득히 멀지만 언젠가 그곳에서 다시 만나자는 다짐으로 글을 맺었다.

다산이 자신의 문집에 이 글을 실을 수 있었던 것은 김석태가 천주교 신자임이 드러나지 않은 채 세상을 떴기 때문이다. 그가 만약 정미반회 사건 당시 의금부에 잡혀갔거나 훗날까지 살아 순교했더라면, 그의 제문도 문집에서 소거되었을 것이 분명하다. 글 속의 다산과 김석태의 관계는 마치 주임신부와 본당 사무장의 관계와 다름없다. 그는 다산을 신부 모시듯 했다. 다산이 하는 모든 일에 앞장서서 돕고, 궂은일은 도맡아 하며, 주변까지 관리해주었다. 그런 그가 세상을 뜨자 다산은 깊은 정을 담은 한 편의 제문으로 영결을 고했다.

반회가 열렸던 김석태의 집은 당시 서울에 개설된 명륜동 본당쯤에 해당하는 공간이었다. 초대 주임신부는 이승훈이었고, 얼마 못 가 정약용이 이를 이어받았던 것으로 보인다.

5. 이 무덤 위에 교회가 서리라

무덤에서 출토된 사발과 다산의 글씨

2021년 3월 11일 초남이 성지 바우배기 성역화 작업 도중 윤지충, 권상연, 윤지헌의 무덤과 유해가 발견되었다. 반년간의 검증 과정을 거쳐 2021년 9월 24일 전주교구의 공식 학술보고회가 있었다.[40] 출토된 유골에는 목과 팔 등에 난 칼자국이 고스란히 남아 있었다.

보고서에 따르면, 윤지충과 권상연의 무덤에서는 망자의 인적 사항을 적은 직경 15센티미터 크기의 사발이 묘광의 중간 부분에서 수습되었다.

윤지충의 묘에서 나온 사발에는 "성균생원(成均生員) 윤공지묘(尹公之墓). 속명지충(俗名持忠), 성명보록(聖名保祿), 자우용(字禹庸), 기묘생(己卯生), 본해남(本海南)"이라고 적혀 있었다. 특별히 세례명을 성명(聖名)이라 표기하고 '바오로(保祿)'라 적었다. 세례명을 '성명'으로 표기한 것은 달리 용례를 찾을 수 없다. 관변 기록은 모두 사호(邪號), 별호(別號), 또는 표호(鏢號)라 했지, 성명이라는 표기는 처음 본다. 측면에 "권공묘재좌(權公墓在左)"라 하여, 바로 왼편의 무덤이 권상연의 묘임을 밝힌 것도 인상적이다. 반대쪽 하단 측면에는 돌아가며 "건륭(乾隆) 오십칠년(五十七年) 임자(壬子) 시월십이일(十月十二日)"이라고 묻은 날짜를 적어놓았다. 임자년은 1792년이다.

권상연의 묘에서 나온 사발에 적힌 글은 이렇다. "학생(學生) 권공지묘(權公之墓). 휘상연(諱尙然), 자경삼(字景參), 신미생(辛未生), 본안동(本安東)." 윤지충과 달리 '야고보(雅各伯)'라는 세례명은 쓰지 않았다. 역시 측면에 "윤공묘재우(尹公墓在右)"라고 쓴 것은 훗날 두 무덤 중 어느 하나가 발견되었을 때 두 사람이 나란히 묻혀 있음을 알려주려 한 표지다. 또 이곳이 유항검 집안의 선산이었기 때문에 후대에 무덤이 혼동되는 것을 막기 위한 조처였을 것이다. 반대편 하단에 적힌 날짜는 윤지충의 것과 같다.

필자는 사발을 처음 보고 글씨가 다산의 필체와 흡사해 깜짝 놀랐다. 중간중간 운필의 습관에서 다산의 필획이 보여주는 특성과 일치하는 점이 많았다. 고해상도의 사진을 구해 보니 느낌이 더 분명했다. 지석에 쓴 글씨는 또박또박 해서로 단정하게 썼다. 다산이 해서로 쓴 다른 친필 글씨와 하나하나 필적을 대조해보았다. 한 글자씩 잘라 표로 만들었다. 그 아래 칸에 다산의 각종 친필에서 같은 글자를 찾아 채웠다. 채집 글자의 모집단이 많아질수록 낱낱의 글자가 보여주는 다산의 특징적 필체와의 일치도가 점점 선명해졌다. 붓질의 습관과 구성의 특징도 대부분 일치했다. 빈칸을 거의 채우고 나자, 애초의 의구심은 점차 확신 쪽으로 바뀌었다.

예컨대 '본(本)' 자의 경우 두 개의 예시 모두 다산만의 독특한 습관

윤지충의 묘에서 출토된 백자 사발 지석.

권상연의 묘에서 출토된 백자 사발 지석.

을 보여주는데, 두 글자 다 거의 똑같은 용례가 여럿 나왔다. '휘(諱)'나 '권(權)'에서 부수자인 '언(言)'과 '목(木)'을 작게 쓰는 습관, '연(然)'이나 '생(生)'의 기울기 등 다산만의 특징이 반복되었다. 물론 47자의 예시만 가지고 다산의 친필로 단정하기는 쉽지 않다. 하지만 반대로 다른 사람의 글씨를 이와 같은 방식으로 배열할 때 이 정도의 유사도를 보이는 것은 거의 불가능하다고 단언할 수 있다.

사학죄인으로 사형당한 죄인의 지석 사발을, 당시 배교를 공언한 다산이 쓸 수 있었을까? 다산은 광중본 〈자찬묘지명〉에서 자기 입으로 "정미년(1787) 이후 4~5년간 서학에 자못 마음을 기울였다(丁未以後四五年, 頗傾心焉)"고 썼다. 1791년 진산 사건이 발생할 때까지 전심으로 천주교 활동에 힘을 쏟았다는 뜻이다. 그런 그가 윤지충의 죽음 이후 천주교를 버렸다. 그 이유는 조상 제사를 거부하는 교리를 받아들일 수 없었기 때문이었다.

이 말은 진실일까? 앞서 보았듯, 1787년에 다산은 성균관의 시험에서 제사에 관한 문제가 출제되자 이승훈과 함께 백지를 제출했다. 그때 두 사람은 제사를 지내는 것은 물론 제사에 대해 글을 쓰는 것조차 천주교에서는 금하기에 백지를 낸다고 말했다. 《송담유록》에 이기경과 강이원의 증언이 남아 있다. 그러니 1791년에 새삼 조상 제사를 이유로 배교했다는 것은 앞뒤가 안 맞는 말이다. 다산은 이때도 신앙생활을 놓지 않았고, 드러나지 않게 적극적으로 활동했다. 이 지석의 글씨가 거꾸로 이를 증명한다.

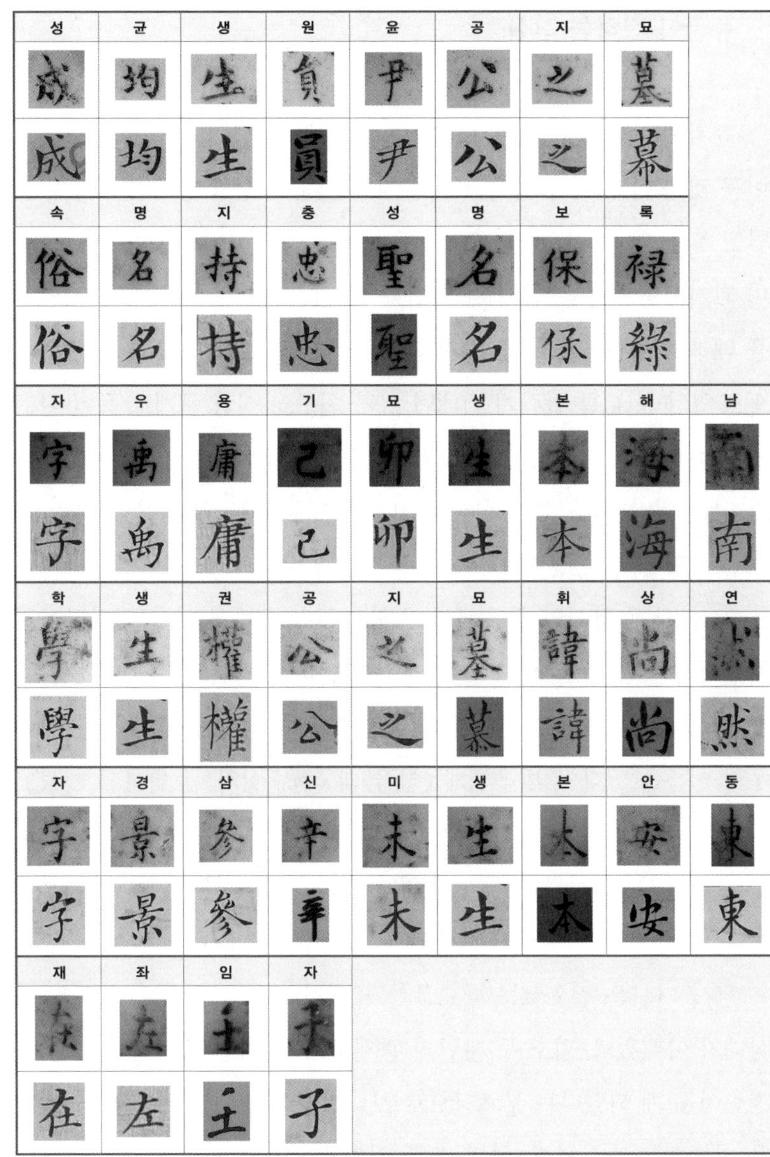

성 균 생 원 윤 공 지 묘
속 명 지 충 성 명 보 록
자 우 용 기 묘 생 본 해 남
학 생 권 공 지 묘 휘 상 연
자 경 삼 신 미 생 본 안 동
재 좌 임 자

윤지충과 권상연의 묘에서 발굴된 지석 사발의 글씨와 다산의 해서 비교 대조표. 상단이 지석 사발의 글씨이고, 하단은 다산의 각종 친필 서첩에서 채자한 것이다. 다산의 여러 친필 서첩과 시문집에서 동일한 글자를 찾아서 배열했다.

유골이 전하는 진실

윤지충과 다산은 고종사촌간이었고, 무엇보다 윤지충을 천주교로 이끈 것이 바로 다산 형제였다. 윤지충은 서울 생활 당시 명례방에 살았고, 다산은 그 이웃에 살았다. 두 사람은 봉은사에서 보름간 합숙하며 과거시험 공부를 함께 한 인연도 있었다. 1787년 윤지충은 정약전을 대부로 이승훈에게 세례를 받았다. 세례명은 사발에 적힌 대로 '바오로'였다. 이토록 살갑게 지내던 그가 천주교 신앙 문제로 목이 잘려 사형당했을 때 다산은 어떤 생각을 했을까? 윤지충은 어머니의 오빠가 낳은 다산 외가 쪽의 적장자였다. 그가 아들도 없이 목이 잘려 죽어 집안의 대가 끊겼으니 다산의 충격이 얼마나 컸겠는가!

진산 사건 당시의 공초에서 윤지충은 누구에게 사서를 받았는지 자백하라는 문초에 처음엔 생각나지 않는다고 하다가, 나중에는 알아도 댈 수 없다고 버텼다. 고문을 심하게 당한 뒤에는 이미 죽은 김범우의 이름을 댔다. 김범우에게 《칠극》과 《천주실의》를 받아와 베꼈노라고 진술한 것이다. 하지만 처음부터 김범우의 이름을 대지 않은 것을 보면, 이는 다산 형제를 보호하기 위한 거짓 진술이었을 가능성이 높다.[41]

당시 다산은 겉으로는 배교를 공표했지만 교회 활동에서 손을 뗀 상태가 아니었다. 평소 두 사람의 관계로 보나 자신으로 인해 사촌 윤지충이 죽게 되었다는 부채감으로 보더라도 사발의 글씨를 다산이 썼을 가능성은 충분하다. 앞의 표를 일견해 보더라도 전체적으로 필체의 유사도가 상당하다. 이것만으로 다산의 친필이라 단정할 수는 없겠지만, 하나의 유력한 가능성으로 제시해둔다.

한편, 윤지충과 권상연보다 10년 뒤인 1801년 신유박해 때 순교한 윤지헌의 무덤에서 나온 백자 제기(祭器) 접시에는 중앙에 청화로 원이 그려져 있고, 가운데 '제(祭)' 자만 적혀 있었다. 1776년 진도에 귀양 갔다가 1797년 영암에서 세상을 뜬 실학자 이덕리(李德履)의 무덤에서도 거의 똑같은 모양의 제기가 출토되었다.[42] 이 제기는 다산의 집 인근에 있던 경기도 광주 분원에서 구워진 것이었다.

윤지충과 권상연의 묘에서 나온 사발에는 1792년 10월 12일이라는 날짜가 적혀 있다. 정확하게 사망 후 11개월이 지난 날짜다. 형장에서 시신을 수습해 가매장한 뒤 1주기를 한 달 앞두고 시신을 이장해 모시면서 망자의 인적 사항을 적은 사발을 함께 묻었던 것이다. 이때 다산은 인근 광주 분원에서 구운 그릇에다 정성껏 글씨를 써서 다시 그 위에 유약을 발라 구워 전주 유항검에게 내려보낸 듯하다. 성명, 즉 세례명까지 써넣은 것은 큰 용기가 필요한 일이었을 것이다.

이는 당시 두 사람의 1주기를 맞아, 교중이 함께 뜻을 모으고 집행부의 상의를 거쳐 당시 전주 지역 교회 지도자였던 유항검 형제의 주도로 면례(緬禮)를 치렀음을 알려준다. 사발의 글씨가 다산 것이 맞다면, 1주기 행사를 지역을 넘어 전체 교계 차원에서 준비했다는 뜻이 된다. 남의 이목 때문에 많은 사람이 모일 수는 없었겠지만, 유항검은 자신 소유의 땅인 바우배기 언덕에 두 사람의 유해를 조용히 모셨다. 여기에는 두 사람에 대한 교계의 존숭과 흠모가 반영되었다. 유항검 형제와 윤지충도 사촌간이었다.

당시 교회에서 윤지충과 권상연 두 사람의 위상은, 《사학징의》 속 1801년 3월 28일 윤지헌의 공초에서 심문관이 "네 형 윤지충이 사형을 당해 죽은 뒤에, 무릇 사학 하는 자들이 모두 네 형을 절의에 죽었다고 하면서 주교처럼 높이자, 네 집은 사학 하는 집의 주인이 되었다"고 추궁한 내용을 통해서도 확인된다.[43] 두 사람은 처형 뒤에 순교의 아이콘이 되어, 주교의 예우에 해당하는 존경과 흠숭을 받고 있었다.

시신에는 처형의 자취가 또렷이 남아 당시의 정황을 가늠케 한다. 천주교 전주교구의 발굴 보고서에 실린 전북대 의대 해부학교실 송창호 교수의 보고에 따르면, 윤지충의 경우 5번 경추가 칼날에 날카롭게 절단되었고, 권상연의 경우 잘린 머리뼈 일부분과 목뼈 및 견갑골이 없는 상태였다. 능지처사에 처해진 윤지헌의 유해는 2번 경추가 잘렸고, 양쪽 상완골과 왼쪽 대퇴골에도 절단의 흔적이 남았다. 팔꿈치와 무릎 아래로는 뼈가 아예 남아 있지 않아, 사지가 잘린 채로 시신이 훼손되었고, 매장 당시 흩어진 팔다리를 수습하지 못했음을 보여준다.[44] 팔다리의 관절 아래가 없는 몸체만의 시신을 관에 넣고, 떨어진 머리를 제자리에 놓을 때의 정경을 생각하면, 그 잔혹함에 몸서리를 치게 된다.

고명한 사람의 무덤입니다!

한편, 230년 만에 세상에 나온 세 사람의 유해 소식은《사학징의》에 실린 유관검의 공초를 새삼 생각나게 한다. 1795년 4월, 전주의 유관검은 내포의 이존창과 함께 상경했다. 당시 주문모 신부는 계동 최인길의 집에 머물고 있었다. 두 사람은 지방 교회 교인들의 갈급한 심정을 헤아려 신부가 한차례 남행을 해야 한다고 강력하게 요청했다. 이존창의 속내는 이참에 아예 신부를 고산으로 모셔갈 작정이었다.[45] 실제로 신부를 중국에서 모셔오는 일을 주도한 사람이 이존창과 유관검이었다. 이렇게 해서 신부는 이존창과 유관검의 안내를 받아 초여름의 신록과 함께 처음이자 마지막이 된 남녘 사목 여행을 떠났다. 《사학징의》 중 권상문의 공초 기록을 보면, 이때 최인길과 최창현, 최필제, 최인철, 윤유일 등이 신부의 남행에 동행했다.[46] 교회의 집행부가 총출동한 모양새였다. 신부는 이때의 나들이를 오래도록 잊지 못했을 것이다.

신부를 모시고 가던 일행의 발걸음이 전주에 이르러 윤지충과 권상연의 무덤 아래를 지나게 되었을 때였다. 유관검이 주문모 신부에게 말했다. "이곳은 우리나라 교우 중 고명한 사람의 무덤입니다." 4년 전에 순교한 두 사람의 무덤이 바우배기 언덕에 있었다. 이 말을 들은 신부가 대답했다.

> 우리 성교(聖敎)의 공부는 성인품에 이르면 마땅히 그 사람의 무덤 위에다 천주당을 세웁니다. 훗날 동방에 성교가 크게 행해지면 이 두 사람의 무덤 또한 마땅히 천주당 안으로 들어가야 할 것입니다.[47]

유관검은 훗날 1801년 3월 28일 의금부의 심문에서도, 윤지충의 무덤 위에 천주당을 세울 것이라는 말이 지극히 흉측하고 패악스럽다는 힐난이 있자, "윤지충의 무덤 위에 천주당을 세우는 일은 근거가 있습니다. 서양 사람들은 반드시 이 학문을 하다가 죽은 사람의 시신을 천주당 안에 장사 지내기 때문에 그렇게 말한 것입니다"라고 대답했다.[48]

주문모 신부의 이 예언은 발굴된 세 분의 유해가 지난 9월 초남이 성지 교리당에 안치되면서 마침내 실현되었다. 스쳐지나간 기록 속의 장면을 이렇게 현실에서 조우하게 될 줄은 생각지 못한 일이다.

엄동에도 굳지 않은 신선한 피

윤지충과 권상연이 교회 내에서 이 같은 존숭을 받게 된 것은 체포 이후 순교에 이르기까지 그들의 한결같고 의연한 태도 때문이었다. 형장에 끌려가면서도 윤지충은 의젓하게 예수 그리스도를 증언했고, 잔치에 나아가는 듯한 즐거운 표정이었다고 달레는 《한국천주교회사》에서 기술했다.[49] 그는 커다란 나무토막 위에 머리를 얹으면서도 예수 마리아의 이름을 여러 차례 불렀다. 망나니는 시신에 남은 간명한 절단의 흔적처럼 단칼에 그의 머리를 베었다.

혹독한 심문 도중에도 윤지충은 조금도 자신의 신앙을 흐트러뜨림이 없었다. 오히려 틈만 나면 관장들에게까지 천주교의 신앙을 이해시키려 애썼다. 그 자신이 직접 쓴 《죄인지충일기》에 그 경과가 자세하게 남아 있다.[50] 이같이 자랑스러운 신앙의 모범을 통해 그는 그 육신 자체로 교회가 되었다.

처형 후 두 사람의 장례는 9일이 지나서야 겨우 허락이 떨어졌다. 달려가서 시신을 본 사람들이 술렁댔다. 죽은 지 9일이 지났는데도 시신은 조금도 부패되지 않았다. 살결은 탄력을 그대로 유지하고 있었다. 머리를 자른 나무토막과 결안이 적힌 명패 위에는 방금 전에 흘린 것처럼 묽고 신선한 피가 흥건했다. 음력 11월 21일은 겨울이라 물이 얼 만큼 추운 날씨였기 때문에, 그들은 눈앞의 광경을 도무지 믿을 수가 없었다.[51]

그들은 수많은 손수건으로 두 사람의 피를 적셨다. 이후 다 죽어가던 환자가 피에 젖은 명패를 담갔던 물을 마시자 그 자리에서 벌떡 일어나 회복하는 이적이 일어났다. 피 묻은 수건을 만지는 것만으로도 치유의 은사를 입었다는 증언이 잇따랐다. 두 사람은 그 보혈로 천주의 임재하심을 증명했다. 이에 고무된 조선 신자들은 1792년 윤유일이 세 번째로 밀사가 되어 북경에 갈 때, 두 사람의 피에 적신 손수건 몇 조각을 순교 사실을 적은 기록과 함께 이적의 징표로 북경 주교에게 보냈다.[52]

《사학징의》 중 정섭의 공초에 1794년 12월, 아들이 복학증(腹瘧症)으로 위독할 때 윤유일이 왔다가 품속에서 머리카락과 소소한 나뭇조각으로 채워진 주머니를 끓는 물에 담갔다가 마시게 한 이야기가 나온다.[53] 여기에는 '흑진(黑珍)'이라고 부르는 성혈(聖血)도 함께 있었다고 했는데, 피가 굳어 검게 변한 조각을 이렇게 불렀던 듯하다. 윤지충과 권상연의 시신을 수습할 때 나온 것이었음이 틀림없다.

6. 란동과 판쿠

로마 교황청에 남은 이승훈과 유항검의 편지

로마 교황청 포교성성(지금의 인류복음화성) 고문서고에 있는 중국 및 동인도 관계 문서(1791~1792) 속에, 1789년 말과 1790년 7월에 북경의 북당 선교사에게 보낸 이승훈의 편지 2통과 그에 앞서 '현젠(Hiuen-Chen)'으로 표기된, 유항검으로 추정되는 인물이 이승훈 등 교회 집행부에 보낸 편지 1통이 프랑스어 번역으로 남아 있다.[54] 한문 원본은 전하지 않는다. 모두 윤유일 편에 북경으로 전해진 편지다. 문서 속 한자의 알파벳 표기는 당시 번역자가 지역 방언에 따른 한자음을 자기네 언어로 표기한 것이어서, 정확하게 대응하는 한자를 찾기가 쉽지 않다.

이승훈은 북당 선교사들에게 보낸 첫 편지에서 유항검으로 추정되는 인물이 자신에게 의례에 관해 문제 제기한 편지를 첨부해 여섯 가지 질문을 던졌다. 가장 핵심이 되는 질문은 1786년 가을 조선 교회에서 미사성제와 견진성사를 거행하기로 결정이 났을 때, 당시 가성직 신부 10인 중 한 사람이 그것이 독성죄(瀆聖罪)에 해당함을 지적했고, 《Cheng kiao Iva yao》라는 책에서 해당 근거를 찾았으니, 이에 대한 유권해석을 청한다는 내용이다. 한자음으로 추정할 때 '성교입요(聖教入要)'쯤으로 볼 수 있을 듯하나, 이런 책 이름은 찾아볼 수가 없다. 음이 가장 비슷한 《성교절요(聖教切要)》에는 문제가 된 신품(神品)과 인호(印號)에 대한 내용이 없는 것이 또 문제다.

편지에는 자신을 신부로 뽑은 집행부의 토론과, 이후 여러 차례에 걸쳐 진행된 모임에서 독성죄에 대한 논의가 있었음을 적었다. 또 '란동(lan tong)'과 '판쿠(fan kou)'에서 열린 모임에서 자신의 의견이 논의조차 되지 않았음을 항의하고, 정식으로 문제를 제기했다. 이 글은 당시 조선 교회의 집행부에 해당하는 가성직제도 아래 10인의 신부가 란동과 판쿠에서 정기적인 모임을 규칙적으로 가졌고, 이 모임에서 교회의 사목지침이나 의례 및 그 밖의 주요 결정사항을 의결했음을 보여준다.

란동은 지금의 회현동

이 편지 중 당시 서울 지역의 집회 공간으로 '란동'과 '판쿠'라는 두 지명이 나온다. 우선 란동은 난정동(蘭亭洞) 또는 난동(蘭洞)으로 불리던 오늘날 회현동 2가에 있던 공간으로 보인다.

달레의 《한국천주교회사》에 "서울에 사는 최관천 요한이 집 한 채를 세내어 성사를 거행하였다. 그는 매우 활동적이고 몹시 총명하여 신부들을 영접하고 교우들을 준비시키는 등 모든 일을 처리하였다"라고 했고,[55] 다블뤼 주교는《조선순교사비망기》에서 이렇게 썼다.

> 서울에서도 규정에 따라 모임을 가졌다. 우리는 별명이 관천인 최 요한이 신부들을 영접하여 신자들에게 성사를 줄 수 있도록 일부러 집 한 채를 세낸 것을 보았다. 그는 활동적이고 유능한 성격으로 신부들을 영접하고 모든 일을 처리하고 교우들을 적절하게 준비시켰으며, 귀찮아하거나 피곤함을 마다하지 않고 밤낮으로 신부와 교우들에게 헌신하기에 바빴다.[56]

당시 가장 비중 있는 집회 공간으로 적시된 이 집이 바로 편지 속의 '란동'이었을 것으로 보인다. 글 속의 최관천은 최창현(崔昌顯, 1759~1801)이다. 황사영의 〈백서〉에 따르면, 최창현의 집은 지금의 을지로 3~4가에 해당하는 중구 입정동(笠井洞)에 있었다.[57] 입정동은 갓(笠)을 만드는 곳에 우물이 있어 '갓방우물골'이라 불린 곳이다. 관천(冠泉)은 관(冠)이 갓이고 천(泉)은 샘이니 '갓우물' 즉 입정의 다른 표현이다. 최창현은 자신이 관리할 수 있는 공간으로 집에서 그다지 멀지 않은 난정동에 집 한 채를 세내 교인들의 집회 공간으로 제공했던 듯하다.

판쿠는 어디?

유항검이 지목한 또 한 곳은 '판쿠'다. 이곳은 동반촌 김석태의 집을 가리킨 것으로 보인다. 판쿠는 반구(泮口)로 비정되고, 반촌(泮村)

어귀라는 뜻이다. 지금의 대학로에 해당하는 낙산(駱山) 아래 살았던 이민보(李敏輔, 1720~1799)가 지은 시에, "꽃과 바위 전해오는 반촌 어귀 마을은, 유거(幽居)가 말쑥해서 티끌 어둠 저 너멀세"라고 한,[58] '반구촌(泮口村)'의 용례가 있다.

이곳은 1787년 당시 이미 이승훈과 정약용이 상주하다시피 하면서 성균관의 유생들을 불러모아 천주교 강학을 진행했던 공간이다. 난동을 최창현이 맡아 운영했다면, 반촌 쪽은 김석태가 같은 역할을 맡았던 셈이다. 앞서 보았듯, 정약용이 쓴 제문에 나오는 김석태는 대단히 열성적으로 당시 가성직제도 하의 신부 이승훈과 정약용 등을 보좌했던 인물이다.

이곳 교회는 정미반회 사건 이후로도 같은 곳이나 혹 인근의 다른 장소로 옮겨서 운영되었던 듯하다. 《벽위편》의 다음 대목이 음미할 만하다.

> 1800년 6월에 주상께서 승하하시자, 옥사가 마침내 풀렸다. 새 주상이 나이가 어려 정순대비께서 반년간 수렴청정하시니, 다시 신칙하여 금지함이 없었다. 사학의 무리가 아무 거리낄 것이 없게 되자, 가을과 겨울 이후로는 배나 성하게 되었다. 곳곳에서 설법하여, 심지어 부녀자들이 새벽과 밤에 등불을 밝혀 거리를 왕래하며 끊이지 않고 잇달았다. 선달이 되었을 때는 성균관의 제생이 밤중에 집으로 돌아갈 때 거의 어깨가 맞닿을 지경까지 이르렀다. 나졸들이 이를 괴이하게 보아, 전날에 한 번도 보지 못한 일로 여겼다. 1801년에 옥사가 일어나자 왕래가 마침내 끊기니, 그제야 그들이 사학의 무리인 줄을 알았다.[59]

정조 승하 후 국상(國喪) 기간 동안 모든 옥사가 중단된 틈을 타서,

천주교 신자들이 반년간 아무 거리낌 없이 천주교 집회를 가졌다는 것이다. 그들은 밤중에 모였다가 새벽에 흩어졌다. 교세가 폭발적으로 확장됨에 따라 집회 장소도 여러 곳으로 확장되었다. 성균관 유생들이 밤에 귀가할 때, 부녀자들이 등불을 밝히고 거리로 쏟아져나와서 서로 어깨가 닿을 정도라 해괴하게 생각했는데, 신유박해 이후 종적이 완전히 끊긴 뒤에야 그들이 모두 천주교 신자였음을 알았다는 내용이다. 굳이 성균관 유생의 이야기를 넣은 것은 당시까지 여전히 반촌 일대에서 집회가 이루어지고 있었음을 말하기 위함이다.

란동과 판쿠, 이 두 곳은 당시 조선 천주교회의 헤드쿼터였다. 이곳에서 교리서 보급과 의례 절차 등 교회의 모든 중요한 결정이 내려졌다. 신부의 역할을 정하고, 미사 경본을 조정하며, 미사와 성사를 행하는 등 주요 활동이 이루어지는 공간이기도 했다.

미사와 고해성사

이승훈의 1차 편지에서 북경에 올린 여섯 가지 문목 중 다섯 번째는 고해성사의 적법성에 관한 내용이었다. 1786년 봄, 이들은 신자 상호간에 고해하는 방법을 논의했다. 그 결과 갑은 을과 병에게 고해를 하되, 갑과 을 또는 을과 병은 서로 고해하지 못하게 하는 교차 고해 방식을 채택했다.[60] 같은 해 가을에는 가성직제도에 따라 10인의 신부가 임명되었고, 미사성제와 견진성사 거행의 권한이 부여되었다.

당시의 미사 전례는《시과경(時課經)》, 즉《성무일도(聖務日禱)》 외에 미사 경본을 형편에 맞게 첨삭한 형태를 채택했던 듯하다. 정미반회 때도《조만과경》을 외운 이야기가 보인다. 당시 신부는 중국 비단으로 만든 제의를 입었고, 중국의 서양 신부들이 쓰던 모자와 비슷한 관을 만들어 썼다. 앞서 살핀《미사제의》에 나오는 상방하원, 즉 위는 네모지고 아래는 둥근 모양의 제건이었을 것이다.[61] 고해성사 때 신부들은 단 위 높은 의자에 앉았고, 고백자는 그 앞에 서서 죄를 고했다. 보속은 대부분 희사였고, 죄가 중할 경우 신부가 회초리로 죄인의 종아리를 치기도 했다.

달레의《한국천주교회사》에 따르면, 신부들의 가장 큰 고충은 지체 있는 부인들의 고해성사 요청이었다. 남녀가 유별한 터에 여인네들의 죄 고백을 면대하고 듣는 일은 하는 쪽이나 듣는 쪽이나 생각보다 쉽지 않았다. 하지만 그녀들이 너무도 졸랐기 때문에 동의하지 않을 수 없었다.[62] 고해는 이를 원하는 신자들이 신부가 있는 곳을 찾아와 성사를 요청하는 방식으로 진행되었다. 고해를 마친 이들은 마음의 무거운 짐을 비로소 내려놓은 개운한 표정으로 기쁘게 돌아갔다.

서울을 비롯해 양근, 여주, 이천, 충주, 내포, 전주 등지에서 조직과 공간을 마련하고 가성직 신부들의 활동이 본격화되자 전국적으로 신자의 수가 하루가 다르게 늘어갔다.

7. 남대문과 중구 일대의 약국 주인들

약값을 어찌 함부로 받겠습니까?

1801년 신유박해 당시 윤유일의 아버지 윤장(尹鏘)은 최창현과의 관계를 따져묻는 형조의 공초에, 그와의 첫 만남을 이렇게 설명했다. 4년 전인 1797년 딸의 병 때문에 상경해서 최창현의 집안사람인 최가가 운영하는 약국에서 약을 지었다. 다른 곳에 비해 약값이 터무니없이 쌌으므로 괴이하게 여겨 연유를 물었다. 함께 있던 최창현이 이렇게 대답했다. "천주께서 하늘에 계시면서 사람의 마음속 선악을 살피시니 약값을 어찌 함부로 받겠습니까?" 윤장은 그래서 최창현이 사학 하는 사람인 줄을 알게 되어, 그와 사학에 대해 담론하게 되었다고 했다.[63]

약국 또는 약방은 당시 서학을 전파하는 주요 거점이었다. 약계(藥契)라는 명칭으로도 불렸다. 아들 윤유일이 1795년 주문모 신부 실포 사건 때 최인길, 지황 등과 함께 죽었으므로, 1797년 당시 윤장이 최창현의 존재를 몰랐을 리는 없다. 굳이 최가의 약국을 찾은 것도 이런 연분 때문이었을 것이다. 최필제도 1793년 신여권이 자기 약국을 찾아와 약을 지을 때 말뜻이 보통 사람과 달라, 피차간에 허교하여 몇 차례 와서 보는 사이에 서학을 전하게 되었다고 《사학징의》에 실린 공초에서 말했다.[64] 이처럼 반복적으로 등장하는 장면은 천주교인인 약국 주인이 병으로 약국을 찾은 사람에게 좋은 약재를 대단히 싼값에 공급해서 신뢰를 쌓고, 그 바탕 위에서 포교 활동을 시작하는 정황을 잘 보여준다.

초기 교회에서 상시적인 집회 공간을 마련하는 일은 결코 쉽지 않았다. 도회지의 특성상 사람들의 왕래가 많다고는 해도, 한집에 수십 명이 계속해서 들락거릴 경우 대번에 이웃의 눈에 띄게 마련이었다. 천주교도 검거령이 떨어진 상황에서 이 같은 모임의 운영은 특히나 조심스러울 수밖에 없었다. 그러니 집회 공간은 평소에도 사람들의 왕래가 잦아서 출입이 특별히 남의 시선을 끌지 않을 곳이라야 했다. 그렇지 않으면 반촌 김석태의 집처럼 외따로 떨어진 으슥한 곳을 택했다. 한편으로는, 자칫 밀정이 침투할 경우 조직 전체가 노출될 위험이 있었으므로, 집회에 참석하는 사람 간의 신뢰가 무엇보다 중요했다. 만일의 사태에 대비해 중간 조직을 차단하는 방어 장치도 마련해 두어야 했다.

약국은 이 같은 두 가지 조건을 충족할 수 있는 공간이었다. 당시의 약국 또는 약방에서는 진맥과 침구, 조제까지 이루어졌으므로 오늘날의 병원과 약국을 합친 기능이었다. 경제적으로 어려운 형편에 놓인 가난한 사람들이 싼값에 좋은 약을 지어준다는 소문에 모여들었다. 또 몸을 괴롭히던 병이 나으면 의원에게 큰 은혜를 입은 것이어서 서로 간에 깊은 신뢰가 형성될 수 있었다. 이렇게 맺어진 신뢰에 종교적 신심이 보태질 때 그 결속력은 대단했다. 여주 감옥에서 뛰어난 의술로 명성을 날리고 포교 활동까지 했던 이중배 마르티노의 경우만 보더라도 의료 행위와 신앙 전파의 관련을 알 수 있다.

양인 출신 의원 손경윤(孫敬允)은 안국동과 관정동에서 약국을 운영했다. 그는 굉장히 큰 집 한 채를 따로 마련해 바깥채에는 술집을 열고, 안채에 여러 개의 큰 방을 두어 천주교인들의 집회와 교리 교육 공간으로 활용했다. 바깥쪽의 시끌벅적함으로 안채의 천주교 집회를 은폐하려는 전략이었다.[65] 그도 안 되면 벽동의 정광수나 충훈부 후동 강완숙의 경우처럼 둘레의 집에 천주교인들이 입주하게 해서 한 구역 전체를 천주교인의 주거공간화하기도 했다. 이에 대해서는 9부 〈1. 잇닿은 담장〉에서 자세히 살펴보겠다.

초기 교회와 약국

약국 주인들은 이 같은 이유로 초기 교회에서 핵심적인 역할을 맡았다. 기록을 통해 보면, 당시 서울 지역에서 천주교 지도자급 인물로 최창현, 최필공, 최필제, 손인원, 정인혁, 손경윤, 손경욱, 김계완, 손경무, 현계흠 등 무려 열 명의 약국 주인이 포착된다.[66] 이들은 서로 혈연으로 얽힌 일종의 약국 카르텔을 형성하고 있었다. 여기에 김종교, 김일호처럼 자신의 약국 없이 떠돌이로 의료 행위를 하던 사람이나 옥천희같이 약재 판매를 빌미로 이들과 접촉한 이들까지 포함한다면 범위가 더욱 확대된다. 말하자면 약국은 초기 교회 조직을 떠받치고 있던 중요한 축이었다.

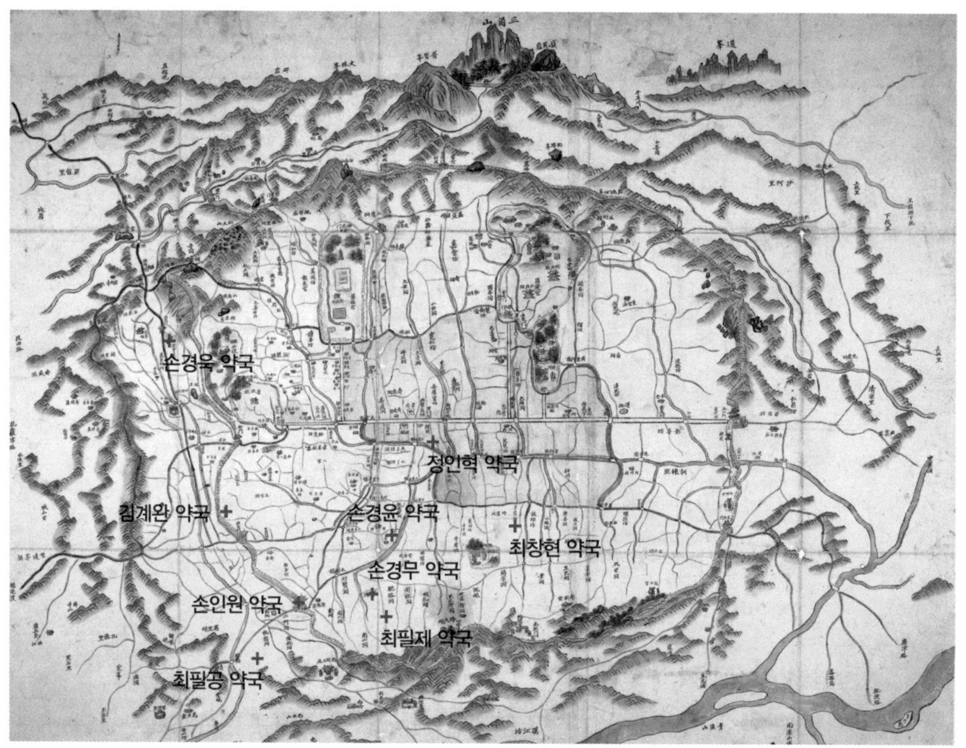

약국 또는 약방은 초기 서학을 전파하는 주요 거점이었다. 서울 지역에서 천주교 지도자급 인물로 최창현, 최필공, 최필제, 손인원, 정인혁, 손경윤, 손경욱, 손경무, 김계완, 현계흠 등 무려 열 명의 약국 주인이 포착된다. 〈여지도〉. 서울대학교 규장각한국학연구원 소장.

이들 약국이 대부분 오늘날 남대문과 중구 일대에 집중되어 있었던 점도 흥미를 끈다. 최창현은 초전동(중구 초동), 최필공은 도저동(중구 도동), 최필제는 장흥동(중구 충무로 1가?), 손경윤은 관정동(중구 태평로 2가)과 안국동(종로구 안국동), 손경욱은 모화관(서대문구 영천동), 손인원은 남대문 밖 삼거리(중구 도동 인근), 김계완은 양대전동(서대문구 의주로 1가), 정인혁은 광통교(중구 남대문로 1가), 현계흠과 손경무는 회현동(중구 회현동)에서 약국을 열고 있었다.

이들의 신분은 대부분 중인이었고, 이중 최필공과 김종교의 집안은 선대에 대궐에서 의관(醫官)으로 근무한 경력이 있었다. 최필공과 최필제는 사촌간이고, 정인혁은 최필공과 성이 다른 친척이었다. 손경윤과 손경욱은 형제간인데, 이중 손경욱은 최필공의 약국에서 근무한 경력이 있다. 이들 형제는 최필공을 통해 천주교를 받아들였다. 형제의 사촌동생 손경무는 교계의 주요 인물 중 한 명이었던 현계흠의 사위였다. 그는 회현동 큰 거리에 장소를 마련해서 천주교 신자들과 집회를 가졌다고 한다.[67] 한편 《추안급국안》에 나오는 1801년 10월 11일 옥천희와 황사영의 대질심문에서, 옥천희는 "작년 10월에 너를 남대문 안 현가의 약포(藥舖)에서 보았다"고 하여, 현계흠 또한 회현동에서 약포를 운영하고 있었음을 밝힌 바 있다.[68]

같은 손씨인 손인원과 손경욱의 인척관계는 분명하게 알려진 것이 없다. 천주교인 고광성이 손인원을 통해 천주교에 입교했고, 손경욱이 고광성의 바깥채에 약국을 열었다는 진술이 《사학징의》에 나오는 것으로 보아, 이들 사이에도 보이지 않는 끈이 있었다고 추측할 수 있다. 허속은 최인철의 매부다. 그의 조부 허수(許璲)는 왕실의 수의(首醫)에까지 올랐던 실력 있는 인물이었다. 그는 실제 약국을 운영하지는 않았던 듯하다. 양근 사람 김일호는 의술에 대한 조예로 서울과 지방의 사대부 집을 왕래하며 의료 행위를 했다. 그는 최필제의 집에 몸을 의탁하거나 정인혁의 약국을 자주 드나들면서 서학에 깊이 빠져들게 되었다.

연락 거점과 집회 장소

양대전동에서 약국을 운영했던 김계완(金啓完)은 최필공을 통해 입교했다. 그는 교회 일에도 깊이 관여해서, 홍필주가 충훈부 후동에 새

집을 마련할 때 황사영, 이취안과 함께 각자 돈 100냥을 헌금하기도 했다.[69] 《사학징의》 중 허속의 공초에 관정동에 사는 최창현의 부친 최용운(崔龍雲)이 약값을 받으려고 자기 집을 찾아온 일을 말했는데,[70] 이들 사이에 약재 거래를 통한 잦은 왕래가 있었음을 보여준다.

이렇듯 서울 시내 서대문구와 중구 쪽에 집중적으로 약국을 포진해두고서, 이곳을 천주교 집회의 거점으로 삼았고, 이곳을 통해 집회 외에 교리서 번역 필사나 지방의 각 거점을 연결하는 연락망을 가동시킬 수 있었다. 이들은 약값을 받는다거나 약재의 구입과 판매 및 치료를 구실로 지방까지 빈번하게 왕래했다. 약방 안쪽에 마련한 공간에서는 주일마다 미사가 열리고, 시도 때도 없이 모여 교리 공부를 진행했다.

양근에 살던 김일호는 1799년 서울로 이주한 후에 사학을 배우기 위해 정인혁의 약국으로 찾아가서 《천주실의》를 빌려보고 차츰 깊이 미혹되었다고 했다. 이후 그는 최필제의 집에 몸을 의탁했고, 황사영과의 첫 만남이 이루어진 곳도 정인혁의 약국에서였다.[71] 변득중은 이용겸의 소개로 남대문 밖 손인원의 집을 찾았다가, 그곳에서 황사영과 만난 일을 진술했다.[72] 이렇듯 약국에는 교계의 핵심 인물들이 수시로 드나들고 있었다.

《사학징의》에서는 최필제(崔必悌)를 두고 "약국이라 이름을 내걸어 놓고 오가는 요망한 사람을 모아다가 남몰래 사학의 소굴로 만든 것이 오래되었다. (……) 계축년(1793) 이후로 다시 큰 길거리에다 약국을 열었으니, 그 왕래하며 모인 곳과 아침저녁으로 강론한 것은 대체로 황사영과 손경윤의 무리였다"고 적었다.[73]

신유박해의 신호탄

1800년 12월 19일 밤, 형조의 나졸들이 남대문 안쪽 장흥동 어귀 큰길 옆의 약국을 지날 때였다. 창 안에서 문득 패짝을 맞추는 소리가 났다. 투전판이 벌어진 것으로 짐작한 나졸들이 창을 밀치며 방 안으로 순식간에 뛰어들었다. 방 안에는 사람이 여럿 모여 있었는데, 분위기가 자못 묘했다. 좀 전에 들은 소리는 투전패의 패짝을 던지는 소리가 아니라 그들이 제 가슴을 치면서 낸 소리였다. 아마도 미사 중에 '내 탓이오'를 외치며 낸 소리였을 것이다.

이날은 성헌당(聖獻堂) 첨례일, 즉 '주의 봉헌 축일'이었다. 몸을 뒤지자 투전패는 안 나오고 첨례단자 한 장이 나왔다. 나졸 중에 글자를 아는 자가 없어, 이를 압수해 형조로 가져가 바친 뒤에야 그 종이가 천주교의 축일을 적은 축일표인 줄을 알았다. 즉각 다시 출동해서 검거에 나섰지만, 자리에 있던 자들은 모두 달아나고 최필제와 오현달 두 사람만 남아 있었다.[74] 이곳은 아마도 최필제가 운영하던 약국이었을 것이다.

이날 이들의 체포는 1800년 6월 정조의 급작스러운 서거 이후 국상으로 인해 근 반년 동안 일체의 종교탄압이 중단되었던 상태에서 박해의 새로운 시작을 알리는 신호탄이 되었다. 7월 이후 여성들이 겁도 없이 밤중에 불을 밝히고 거리를 쏘다니던 때가 있었는데, 이 사건을 계기로 최창현 등 교계 중심인물들이 잇달아 검거되면서, 좌우포도청이 체포된 천주교도로 가득 차는 상황을 맞게 되었다. 여기에 더해 해가 바뀌면서 1월 11일 대왕대비가 오가작통법의 시행과 함께 토사반교를 내렸고, 엎친 데 덮친 격으로 2월 12일 정약종의 일기장이 압수되면서 신유박해의 참혹한 살육이 시작되었던 것이다.

8. 초기 교회의 성화와 성물

봉물짐에 숨겨온 성화와 성물

1784년 이승훈이 영세를 받고 귀국한 후 얼마 지나지 않아 조선 천주교회에는 1,000명에 달하는 신자가 생겨났다. 신앙의 열기는 요원의 불길처럼 번져나가 걷잡을 수가 없었다. 앞서 《송담유록》에서 명례방 집회에 참석했던 사람들의 압수품 가운데 성화 상본이 든 작은 주머니가 사람마다 나왔고, 충청도에서는 신자들이 저마다 상본과 편경 등을 작은 주머니에 넣고 다녔다는 기록을 살핀 바 있다.

한편 이승훈은 1789년 말 윤유일을 통해 북경 천주당의 신부에게 보낸 편지에서, 자신이 지은 몇 가지 독성죄를 고백했다. 그중 세 번째에 "북경에서 귀국할 때 저는 상본을 외교인들에게 맡겼다가 이후 다시 돌려받았습니다. 그것은 독성죄가 아닙니까?"라고 질문한 내용이 있다.[75] 국경 검색에 걸릴까 봐 지녀온 성물을 외교인의 손에 맡겼다가 되찾았는데, 이것이 신성모독이 아니냐고 물은 것이다. 질문이 너무 순진해서 미소가 지어진다.

이 질문은 몇 가지 사실을 일깨워준다. 1784년 봄, 이승훈은 귀국할 때 천주당에서 받거나 자신이 구입한 많은 서학 관련 서적을 가지고 왔다. 여기에 더해 십자가와 상본, 그리고 성인 메달과 묵주 등의 성물도 듬뿍 받아와서, 신자들에게 나눠주었다. 명례방 집회 때 저마다 성화 상본을 지녔다고 한다면, 당시 그가 가져온 물건의 부피가 만만치 않았을 테고, 이는 정상적인 국경 심문에 당연히 걸릴 수밖에 없는 물품들이었다. 그런데 이것을 이승훈은 어떻게 무사히 반입할 수 있었을까? 위 편지에서 이승훈은 외교인들에게 맡겼다가 다시 돌려받았다고 썼다. 아마도 수색에 예외가 되는, 국왕에게 가는 봉물짐 속에 이 물건들을 숨겨왔을 테고, 그것은 서장관 직분에 있던 아버지 이동욱 윗선의 양해와 지시가 있거나, 해당 실무 담당자와의 뒷거래가 있어야만 가능한 일이었다.

귀국 후 기하급수적으로 늘어난 신자들에게서 상본과 성물에 대한 요청이 빗발쳤고, 여기에 부응하려면 제작이 불가능한 편경 같은 성인 메달은 어쩔 수 없다 해도, 집회 때 내걸 예수상이나 십자가와 묵주 같은 것은 점차 자체 제작하지 않을 수 없었을 것이다. 여기서는 《사학징의》에 부록으로 수록된, 1801년 신유박해 당시 압수해 불태운 물건 목록을 정리한 〈요화사서소화기(妖畵邪書燒火記)〉 중에서 책자와 문서류를 제외한 물품을 살펴, 당시 전례에 소용된 성화와 성물에 대해 알아보겠다.

먼저 흥미로운 것은, 한신애의 집에서 압수한 물품 중 도상판(圖像板)의 존재다. 도상판은 성상을 새긴 판목인 듯하고, 여기에 먹물을 묻혀 찍어낸 뒤 채색을 했을 것으로 보인다. 신유년의 순교자 송재기(宋再紀)

의 직업이 각수(刻手)였다고 밝힌 《사학징의》 속 공초 기록과 겹쳐진다. 크기에 대한 설명이 없지만, 미사 전례를 드릴 때 벽 뒤에 붙여놓는 제법 큰 성화를 찍어낸 원본 틀로 보인다. 또 정광수의 집에서 나온 물품 중에 요화초(妖畵草) 1장이 있다. 성화를 직접 그린 초본으로, 복제를 위한 범본(範本)으로 보관된 것이었을 듯하다.

머리카락과 나뭇조각이 든 주머니

이 밖에 성화 관련 물품은 한신애의 집에서 나온 도상족자 3개와 윤현의 집에서 압수된 요상족자(妖像簇子) 3개, 그것을 담아둔 요화갑(妖畵匣) 4개, 그리고 김희인의 집에서 나온 요화족자(妖畵簇子) 3개가 더 있다. 족자는 마족(魔簇) 또는 요족(妖簇)으로도 불렀다. 윤현과 김희인의 족자 중에는 여상(女像)이 하나씩 포함되었다. 성모 마리아의 화상이었을 것이다. 조금 큰 크기의 상본을 족자로 표구해 예배 장소에 펼쳐 거는 용도였을 것으로 보인다. 목인판(木印板)도 있으나 글씨가 새겨진 것인지 성상을 찍어내는 인판(印板)인지는 가늠키 어렵다.

눈길을 끄는 것은 유난히 많은 작은 주머니다. 노끈으로 그물처럼 엮어짠 승낭(繩囊)과 진홍빛 폭넓은 수낭(繡囊), 이 밖에 백목각낭(白木角囊), 대목낭(大木囊) 외에 소소낭(小小囊), 색소낭(色小囊), 소소수낭(小小繡囊) 등 명칭과 종류가 다양하다. 이 주머니들은 앞선 글에서 보았듯, 상본이나 편경을 넣어두고 호신부(護身符)처럼 몸에 차고 다니는 용도였다. 상본만 든 경우와 편경을 넣은 경우는 모양이 달랐던 것 같다. 성두(盛斗)로도 불린 주머니는, 편경을 솜으로 싸서 채워넣은 모양이 가득 채운(盛) 됫박(斗) 같다고 해서 이런 이름을 얻었던 듯하다. 조혜의의 공초 속에 사학 하는 사람들이 몸 주변에 으레 차고 다니던 것들이라고 쓴 물건이 바로 이것이다.

한신애의 집에서 나온 작은 주머니 6개 중, 머리카락과 나뭇조각 및 잡분말 등이 들어 있는 것이 있었다. 이 또한 앞서 보았듯, '사학죄인'으로 사형당한 사람의 머리카락과, 그들이 목이 잘릴 당시 목 아래 고였던 목침의 조각이었다. 목침은 왜 받쳤나? 희광이의 칼날이 목을 자르고 나서 땅바닥을 찍어 칼날이 상할까 염려해서였다. 굳이 붉은 천으로 주머니를 만든 것은 순교자의 보혈(寶血)을 상징하는 것이 아니었을까? 정섭의 집에서 나온 작은 주머니에도 작은 나뭇조각과 머리카락이 함께 들어 있었다.

순교자의 머리카락이나 그들의 피가 묻은 나뭇조각 등을 주머니에 담아 몸에 지님으로써 그들의 순교 영성이 자신과 일체화되고, 자신을 지켜주기를 소망했다. 한편으로 이들 주머니 속 물건들은 단순하게 상징적 소지에 그치지 않고, 기적을 만드는 성물(聖物)이 되기도 했다.

주머니 속 물건의 용도

조선 교회는 윤지충 순교 이후 북경 밀사 편에 그의 선혈을 적신 수건을 여러 장 보냈다. 이때의 사정은 달레의 《한국천주교회사》에 자세하다. 윤지충과 권상연은 1791년 11월 13일 오후 3시에 형장에서 목이 잘렸다. 관부에서는 천주교인들이 공포에 질리도록 사형당한 시신을 현장에 그대로 두었다. 시신을 수습해 장례를 치러도 좋다는 허락은 형이 집행된 지 9일 만에야 떨어졌다.

시신을 거두려고 형장을 찾은 친지들은 크게 놀랐다. 겨울이라지

1925년 프랑스 파리에서 간행된 《조선과 프랑스인 순교자》에 수록된 삽화. 형장에 효수된 천주교인의 머리를 그린 것으로, 그 옆에 나무 목패가 함께 걸려 있다.

만 9일 동안이나 야외에 방치되었던 시신은 조금도 부패하지 않았고, 피부 또한 혈색을 띠고 있는 데다 경직 없이 탄력을 유지하고 있었다. 희광이가 목을 자를 때 머리를 얹었던 나무토막과 판결문이 적힌 명패에는 묽고 신선한 피가 전혀 응고되지 않은 채 방금 흘린 것처럼 홍건했다. 그해 겨울은 추위가 유난히 매서워 그릇에 담은 물이 얼 정도였으므로 그들의 놀라움은 점점 커져만 갔다. 어떤 이는 이 같은 기적에 감동해 입교하기까지 했다.

교인들은 기쁨으로 눈물을 흘리며 천주께 찬미를 올렸다. 그들은 많은 손수건을 가져와 두 순교자의 피를 적셨다. 그중 몇 장은 이 같은 사정과 함께 북경 주교에게까지 전달되었다. 의사마저 손을 놓아 죽음만 기다리던 어떤 환자는 피에 젖은 명패를 담갔던 물을 마시고 그 자리에서 벌떡 일어났다. 그 밖에 죽어가던 여러 사람이 피가 묻은 손수건을 만지는 것만으로 병이 말끔히 치유되는 기적이 일어났다. 작은 주머니 속에 들었던 물건들은 이렇게 해서 치유의 기적을 가져오는 거룩한 신앙의 징표가 되었다.

신유박해 때 사형당한 정섭(鄭涉)의 공초에도 이 주머니가 등장한다. 심문관의 질문 중에 "형조에서 수색할 때 네 베개갑 안에서 나온 염주와 네가 성혈, 흑진이라고 부르는 것을 채운 주머니, 여타 흉하고 더러운 물건은 모두 다 사학에서 차고 다니는 물건이다"라고 한 대목이 있다.[76] 정섭은 묵주를 베개 안에 넣어두고 그것을 베고 잤다. 또 성혈을 흑진이라 불렀다는 사실도 흥미롭다. 피가 오래되어 검은색으로 변해 응고한 것을 흑진, 검은 보배로 부른 것이다. 정섭의 주머니 속 머리카락과 나뭇조각에도 검은 보배가 묻어 있었다.

정섭의 공초는 이랬다.

> 압수된 염주는 재작년 여름에 제 아들이 천연두를 앓을 당시, 약 마시기가 어려울 때 잠시 가지고 놀던 물건입니다. 과거 기름장수 여인이 준 것으로, 여태 베개갑 안에 있었습니다. 두발과 자잘한 나뭇조각이 담긴 주머니는 갑인년(1794) 12월에 제 아들이 복학증으로 위독했는

묵주 형태에 성인 메달이 달린 초기 교회의 성물. 다산영성연구소 소장.

> 데 양근 사는 윤유일이 마침 땔감 값을 받으러 제 집에 왔다가 제 아들이 병이 위중한 것을 보고, 자기 몸에 지녔던 이 물건을 꺼내주며 말했습니다. "어린아이의 학질 증세는 이 약만 한 것이 없습니다." 그래서 뜨거운 물에 담갔다가 마시게 했는데, 끝내 효험을 얻지는 못했습니다.[77]

이 기록은 주머니 속에 든 머리카락과 나뭇조각의 실체와 용도를 잘 보여준다. 초기 신자들은 순교자의 보혈과 머리카락, 그리고 그 보혈이 묻은 나뭇조각들을 잘게 쪼개 작은 주머니에 담아 몸에 지니거나 베개 속에 넣어두었고, 중병이 든 환자가 이것을 담근 물을 마시거나 손을 대는 것만으로 치유의 기적이 일어난다고 믿었다.

이 밖에 편경, 요경 또는 마경이라 불린 성인 메달과, 미사를 드릴 때 벽장 가운데 예수상을 그린 족자를 걸고 족자 위쪽에 장식용 장막으로 드리웠던 금수홍앙장(綿紬紅仰帳)이나 목홍금수앙장(木紅綿紬仰帳), 자적장(紫的帳) 따위의 물건들이 압수 품목에 더 들어 있다. 앙장(仰帳)은 천장 위로 드리운 장막을 뜻한다. 목자목랍요상(木字木鑞妖像)도 궁금한 물건 중 하나다. 짐작건대 나무 목(木) 자 모양으로 된 나무틀 한가운데 주석 합금 재질로 된 성상이 박혀 있는 스탠드형 물건이었던 듯하다. 벽에 거는 족자 대신 탁자 위에 세워놓고 예배를 드릴 때 썼던 것으로 보인다. 납요상 또한 편경이 아니라 조금 큰 형태의 성상이었을 것으로 짐작된다.

5부

지방의 교회 조직

1. 여사울 신앙공동체의 출발점

여사울은 여우골이다

충남 예산의 여사울은 최초의 수덕자 홍유한이 1757~1775년 18년간 살았던 곳이다. 내포의 사도 이존창 루도비코 곤자가가 같은 시기에 이곳에서 태어나 자랐고, 신유박해에서 병인박해에 이르기까지 순교자가 이어진 초기 천주교 신앙의 못자리다. 김대건, 최양업 두 사제의 출신지도 인근이었다.

여사울 성지의 답사기나 지명 설명에는 으레 여사울이 '여(如)서울', 즉 부유한 기와집이 즐비해서 마치 서울에 온 듯한 느낌이 든다고 한 데서 유래했다는 풀이가 보인다. 삽교천과 무한천을 중심으로 펼쳐진 내포평야가 교통의 요지여서 일찍부터 농업과 상업으로 부를 축적한 백성들이 많이 살아서 이런 이름을 얻었다는 설명도 따라붙는다.

그러나 사실 여사울이 '여서울'에서 나왔다는 설명은 도대체 터무니가 없어 듣기에 딱하고 민망하다. '여사'는 여우의 고어인 '여ᅀᆞ'와 고을을 나타내는 '골'이 합쳐진 합성어 '여ᅀᆞ골'에서 'ㄱ'이 탈락해 '여ᅀᆞ올'이 되고, 이것이 다시 '여사울'로 굳어진 것이다. 여사울은 여우가 출몰하는 여우골이다. 드넓은 평야지대에 얼마간의 숲이 있어, 여우들이 굴을 짓고 모여 살 만한 곳이라 하여 이런 이름을 얻었다.

《훈민정음》 해례에 호구(狐裘), 즉 여우가죽을 '여ᅀᆡ갗'이라 해서, '여우'의 원형이 '여ᅀᆞ'임이 입증되고, 이 밖에도《석보상절》을 비롯한 옛 문헌에 많은 용례가 보인다. '여ᅀᆞ'가 지역에 따라 여사, 여시, 여수, 여으, 여우 등으로 음이 변했다. 여사울은 고어의 원형이 지명에 용케 그대로 살아남은 흥미로운 예에 속한다. 이곳의 당시 한자 지명이 바로 여우 호 자를 쓰는 '호동(狐洞)'인 것만 보더라도 알 수 있다.

여사울을 지칭한 다른 표현으로 '여호(餘湖)'와 '여사동(餘事洞)', '여촌(餘村)'이 여러 기록에 나타난다. 여호는 그 앞에 무슨 호수가 있었던 것이 아니라, 말 그대로 '여호', 즉 여우를 우아하게 표현한 데 지나지 않고, 여사동 또한 여사울의 음을 취해 전아하게 표기한 것이다. 사실 호동, 즉 여우골이라는 지명은 당시에는 비교적 흔한 이름이었다. 한 예로 1872년에 작성된 인근 〈홍주지도(洪州地圖)〉에는 '호동'이라는 지명이 무려 세 군데나 보인다. 백석의 시 〈여우난골족(族)〉에 나오는 '여우난골'도 뜻이 같다.

예산 호동리의 인문지리

호동리의 환경에 대한 설명은 박종악의《수기》중 1792년 1월 3일에 올린 글에 특별히 자세하다.

이른바 호동은 100여 호의 큰 마을로, 두 고을의 땅으로 나뉩니다. 20여 호는 예산 두촌면(豆村面) 호동리이고, 80여 호는 천안 신종면(新宗面) 호동리입니다. 그중에 요사한 술법을 하지 않는 자는 20호 안팎에 불과합니다.[1]

그러니까 여사울은 예산군 두촌면과 천안군 신종면으로 행정구역이 갈라진, 하지만 하나의 큰 부락을 이루고 살던 같은 마을이었다. 한 지역의 행정구역이 이렇게 갈라진 것은 신종면이 이른바 천안군과는 떨어져 있는 월경지(越境地)였기 때문이다. 이곳은 고려 후기 몽골 침략 당시 주민이 이주한 곳에 만들어진 월경지가 조선시대까지 지속된 경우에 해당한다.

글 속의 '요사한 술법(妖術)'이란 말할 것도 없이 천주학을 가리킨다. 박종악의 이 보고서에서 놀라운 것은, 홍유한이 이곳을 떠나고 17년 뒤인 1792년 당시, 두촌면과 신종면으로 나뉜 여사울 100호 큰 부락 중에 천주교를 믿지 않는 집은 5분의 1밖에 되지 않았다는 사실이다. 그중에서도 예산 호동리에 믿지 않는 자가 6~7호, 천안 호동리에는 10여 호 정도의 소수 비신자 집단이 있다고 했다. 이때는 전주에서 진산 사건이 막 일어난 뒤끝이어서 천주교 신자 검거 선풍이 불 때였고, 이곳 천주교의 지도자 이존창은 감옥에 갇힌 상태였다.

《청구요람(靑丘要覽)》의 호동리가 표시된 지도를 보면, 위 박종악의 기록대로 마을 가운데 점선으로 신종면과 두촌면이 분할된 것이 명확히 보인다. 호적 작성 당시 홍유한과 홍낙교는 예산 두촌면 호동리에 거주했고, 같은 시기 이존창은 천안 신종면 호동리에 살았다. 갈린 것은 행정구역만 그랬고, 실제로는 한마을이었다.

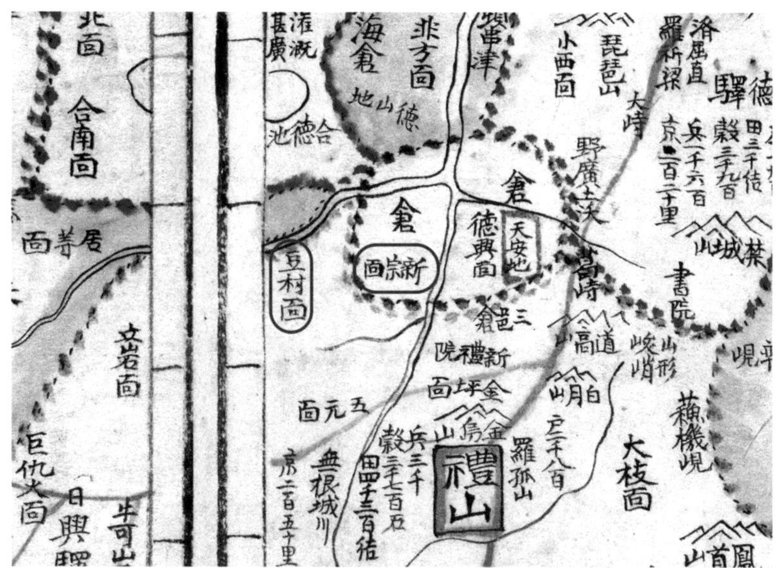

충남 예산군 두촌면 호동리와 천안군 신종면 호동리의 경계선이 그려져 있는 《청구요람》의 두촌면 지도 일부. 서울대학교 규장각한국학연구원 소장.

홍유한 집안의 호적단자

홍유한의 8대 종손 홍기홍 선생 종가에 홍유한의 호동리 호적단자가 남아 있다. 호동리 것뿐 아니라 서울 아현동 시절부터 순흥 구고리 것까지 3대에 걸친 14장의 호적단자가 전한다. 동거인의 명부와 노비의 이름과 나이, 숫자까지 포함되어 있다.[2]

이 가운데 1765년에 작성된 〈두촌면 호동리 을유식(乙酉式) 호적단자〉에는 홍유한의 집이 두촌면 호동리, 즉 여사울의 8통 3호에 있었다고 호수까지 나온다. 당시 홍유한은 40세의 비교적 젊은 나이였다. 1757년 서울에서 여사울로 내려온 후 8년째 되던 해였다. 동거인 명부에 나오는 아들 팔희(八喜, 홍낙질의 아명)가 12세였다.

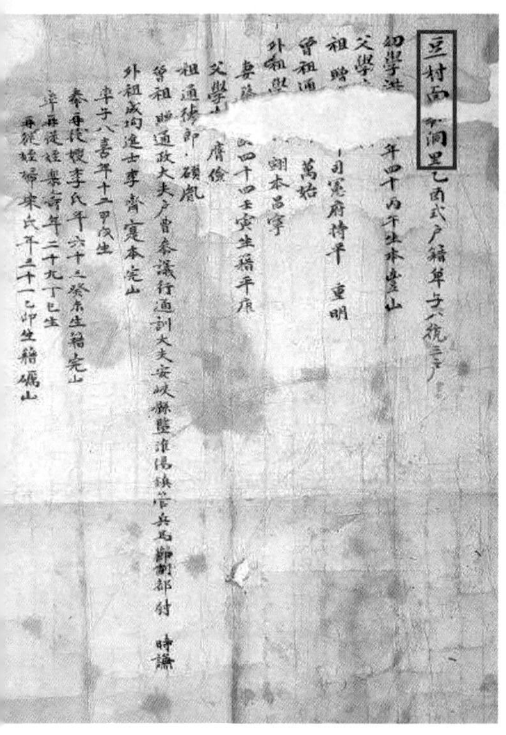

홍유한의 두촌면 호동리 여사울 호적단자. 종손 홍기홍 소장.

또 같은 해인 1765년에 작성된 홍낙교(洪樂敎)의 호적단자도 남아 있다. 그는 당시 26세였다. 그의 집주소 또한 예산현 두촌면 호동리다. 한마을 한 타작마당에서 자란 홍유한의 육촌형제 홍양한(洪亮漢)의 맏아들이 홍낙교이니, 홍유한과는 칠촌당질 간이다. 그의 자는 성육(聖育)인데, 권철신과 이기양 등의 편지 속에 아우 성눌(聖訥) 홍낙민(洪樂敏, 1751~1801)과 함께 자주 등장한다.

이 호적단자에 당년 15세의 아우 문인(文寅)이 동거인으로 올라 있다. 바로 복자 홍낙민 루카다. 기해박해 때 순교한 복자 홍재영(洪梓榮, 1780~1840) 프로타시오가 그의 아들이다. 부친이 죽자 홍재영은 여사울로 다시 이사해 살았다. 홍낙민의 손자이자 홍재영의 형인 홍기영의 아들 홍병주(洪秉周, 1798~1840) 베드로와 홍영주(洪永周, 1801~1840) 바오로 형제 또한 순교의 신앙으로 103위 성인품에 올랐다. 홍재영은 또 다산의 큰형 정약현의 사위였다. 그의 아들 홍봉주도 순교했다.

홍유한과 홍낙민

1765년 당시 홍유한과 홍낙교 두 집안은 여사울 한마을에 함께 살고 있었다. 홍낙민은 종손가에 남은 친필 〈홍유한제문〉에 이렇게 썼다.

> 아! 소자가 하늘에 버림받아 1763년에 아버님께서 세상을 뜨시니, 이때 소자는 성인이 되기 두 해 전이었습니다. 다만 선생께서 사랑으로 길러주시고 정성스레 가르쳐주시며, 재주 없다고 여기지 않고 성취가 있으리라 기대하셨습니다. 소자가 오늘날 큰 허물을 면하고 사람들과 어울릴 수 있었던 것은 선생께서 내려주시지 않은 것이 없습니다. 아! 선생께서 소자를 자식처럼 보아주셨으니, 소자가 어찌 선생을 아버지처럼 보지 않을 수 있겠습니까?[3]

13세 때 부친 홍양한이 세상을 뜨고, 홍낙민 형제는 한마을에 살던 재당숙 홍유한의 훈도를 받고 자랐다. 애초에 두 집안이 여사울로 이주한 시기도 비슷했다. 이후 1775년 홍유한이 경상도 순흥의 구고리로 이사하자, 홍낙민 또한 이듬해인 1776년에 충주로 거처를 옮겼다. 이 일을 두고 홍낙민은 또 제문에서 이렇게 적었다.

> 아! 소자가 호서에 있을 적에 선생과 더불어 한마을에 살면서, 10년을 하루같이 계신 곳에 나아가 배웠습니다. 1775년에 선생께서 순흥 땅으로 이사하시매, 소자는 충주로 집을 옮겼습니다. 대개 충주는 순흥 땅에서 180리 거리여서 하룻밤만 자면 이를 수 있는지라, 그 가까움을 취한 것이었습니다. 그리고 점차 그곳으로 가서 의지할 계획을 꾀했던 것입니다.[4]

앞서 살핀 권철신, 이기양 등이 합류한 공동체 구상 속에 홍낙민 형제도 포함되어 있었음을 알 수 있다. 이들을 하나로 묶어준 고리는 서학이었다. 초기 교회사의 바탕에는 홍유한이 뿌린 씨앗들이 이렇게 무럭무럭 자라고 있었던 셈이다.

한편 15년 뒤인 1780년에 작성된 홍유한의 순흥 구고리(九皐里) 호적단자에는 그가 구고리, 속칭 구구실 4통 2호에 살았고, 이때 이름을 홍유한에서 홍유호(洪儒浩)로 개명한 사실이 나온다. 아들 낙운(樂運)이 27세로 함께 살고 있었고, 당시의 며느리는 인동 장씨였다.

2. 여사울은 예수골이었다

'야소'라 쓰고 '녀슈'로 읽다

여사울이라는 이름에 대해 한 차례 더 써야겠다. 앞 글에서 한자 지명 호동리(狐洞里)로 알아보았듯, 여사울은 '여우골'이라는 의미이며 당시에는 '여수골' 또는 '여수울'로 불렸을 것이다.

여기에 한 가지 풀이가 더 남았다. 새로 찾은 자료《송담유록》을 통해 여사울이 여우골이라는 의미를 넘어 '예수골'로 불렸음이 확인되기 때문이다. 예수골은 예수쟁이들이 모여 사는 마을이라는 뜻이다. 홍유한의 편지 등에는 여사울의 한자 표기가 '여호(餘湖)', '여사동(餘事洞)', '여촌(餘村)' 등으로 되어 있다. 하지만《송담유록》에서는 이곳을 '여소동(余蘇洞)'과 '야소동(邪蘇洞)'으로 표기했다. '야소(邪蘇)' 또는 '야소(耶蘇)'는 예수의 한자식 표기다. 당시의 발음으로는 '녀슈' 또는 '여슈'로 읽었다.《송담유록》은 앞에서는 '余蘇洞'이라 적고 뒤에는

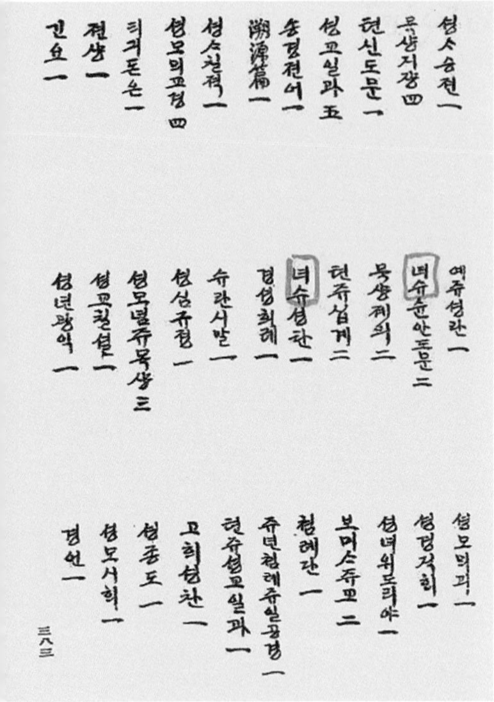

두 차례나 '邪蘇洞'으로 표기했다. 둘 다 음은 똑같이 '여슈동'이다.

19세기 초반까지의 기록에서 천주교 신자들은 한자 '耶蘇'를 '야소'로 읽지 않고, '여슈'로 발음했다. 그들은 '예수'님을 '여슈'님으로 불렀다. '여슈'가 '예수'로 정착한 것은 19세기 중반의 일이다. 그 가장 명확한 증거는 《사학징의》 뒤쪽에 부록으로 실린 〈요화사서소화기(妖畵邪書燒火記)〉에서 찾을 수 있다.

19세기 초반까지의 기록에서 천주교 신자들은 예수의 한자 표기인 야소(耶蘇)를 '녀슈' 또는 '여슈'로 발음했다. 《사학징의》에 부록으로 실린 〈요화사서소화기〉에서도 예수를 모두 '녀슈'로 표기했다.

1801년 신유박해 당시, 5월 22일에 아홉 명의 천주교인을 처형했다. 이때 관련자의 집에서 압수한 각종 천주교 서적과 성화 및 성물을 처형장 바로 곁에서 소각 처리했다. 〈요화사서소화기〉는 소각하기 전 압수품의 목록을 사람별로 정리해 목록화한 것이다. 한문 서적의 경우는 한자로 적었고, 한글로 언해한 책은 한글로 표기했다. 이 책들 중 제목에 예수의 이름이 들어간 책자가 여럿 있었다. 그 표기는 다음과 같다.

《녀슈셩탄쳠례(耶蘇聖誕瞻禮)》, 《녀슈셩호(耶蘇聖號)》, 《녀슈슈난도문(耶蘇受難禱文)》, 《공경여수성심(恭敬耶蘇聖心)》, 《녀슈도문(耶蘇禱文)》, 《녀슈수란도문(耶蘇受難禱文)》 등등. 괄호 안의 한자는 한글 표기를 유추해 적은 것이다. 거의 모든 책에서 예수의 한자 표기 야소(耶蘇)를 '녀슈'로 읽었고, 한 차례 '여수'로 읽은 예가 보인다. 이 밖에도 초기 교회 필사본에서 예수를 '녀슈' 또는 '여수'로 표기한 문헌은 남은 실물이 적지 않다.[5]

이렇게 볼 때, 강세정이 《송담유록》에서 여사울을 야소동으로 표기한 것은 당시 이 지역이 '여수동'이었고, 그 속뜻이 '예수골'임을 밝히려는 데 있었음을 어렵지 않게 알 수 있다. 이는 강세정의 악의적 왜곡이 아닌, 당시 은연 중 통용된 표기였을 것으로 본다.

여사울의 예수공동체

앞에서 이존창이 1787년 여사울에서 상민과 남녀노소에게 천주학을 전하여 익히게 하다가 예산현감 신사원에게 검거되어 천안 감옥에 갇힌 일을 살펴보았다. 《송담유록》은 이때 일을 이렇게 적고 있다.

> 홍낙민은 또 이기양과 혼인으로 맺어서 몰래 서로 얽혀 호우의 천안 야소동에서 서교(西敎)를 전파하였다. 이존창은 성품이 자못 교활하고 영리한 데다 문자를 제법 알아 사학에 조예가 깊었다. 이 때문에 이기양과 홍낙민의 무리가 복심(腹心)으로 삼아 그 가르침을 널리 폈다. 또 오석충으로 하여금 사서(邪書)를 번역해서 언문책으로 만들게 해 이존창에게 많이 보내주어, 그로 하여금 어리석은 천인들을 가르쳐 꾀게 하였다.[6]

이기양과 홍낙민이 호우(湖右) 지역, 즉 충청남도 지역 교회의 실질적인 우두머리였고, 이존창이 그의 심복으로 실제적인 가르침을 폈다는 이야기다. 여기서 문제의 인물이 새로 등장한다. 이기양과 홍낙민이 오석충에게 천주교 서적을 한글로 번역시켜 책자로 만들게 해서 이존창에게 보내주도록 했다는 것이다.

당시 이기양은 문의현감으로 현직에 있었고, 홍낙민은 충주로 이주한 상태였다. 오석충은 정약용이 그의 묘지명을 따로 남겼고, 그의 첫째 딸이 권철신의 아들 권상문과 결혼했으며, 둘째 딸은 순교 복자 이경도 가롤로와 혼인했다. 오석충은 1801년 천주교 신자로 윤장, 권상문과 함께 임자도로 유배 가서 그곳에서 죽었다. 정약용은 묘지명에서 멀쩡하게 두 명인 그의 딸을 외동딸로 만들면서까지 그가 천주교 신자가 아니었다고 극구 변명해주었으나, 여러 기록이 가리키는 지점에서 오석충은 틀림없는 천주교 신자였다. 그간 교회 서적의 한글 번역에 최창현 등의 이름이 나온 적은 있어도, 오석충이 번역자로 나온 기록은《송담유록》이 처음이다.

이어지는 다음 단락은 여사울 공동체의 신앙 상황을 보여준다.

> 야소동은 온 동네의 남녀노소 할 것 없이 빠져들지 않은 이가 없었다. 그 밖에 인근의 6~7개 고을에서 야소동의 백성과 혼인을 맺은 상민들이 돌아가며 서로 전하여 익히니 몇백 명이 사학을 외워 본받는지 알 수조차 없었다. 그들의 무리는 모두 이문의(이기양이 앞서 문의현감을 지냈다)와 홍정언(홍낙민을 말한다)을 알았다. 대개 두 사람이 그 교리를 행하는 것을 주장하였기 때문이었다. 그나마 다행인 것은 이존창이 상민이었기 때문에, 비록 무식하고 어리석은 백성에게 가르침을 행하였지만, 충청도의 사족(士族) 중에는 한 사람도 물든 자가 없었다는 점이다.[7]

충청도 교회가 서울이나 양근, 충주 등지와 달리 양반 신자 없이 일반 백성 중심의 교회로 자리 잡은 이유를 지도자가 속량 노비 출신의 이존창이었던 데서 찾은 것이 흥미롭다.

여사울 공동체에 대한 다른 증언

박종악은 1791년 당시 충청도 지역의 관찰사로 있었다. 이 시점에 그의 관할 지역에서 진산 사건이 터졌다. 《수기》는 이 시기를 전후해서 박종악이 정조에게 올린 비공식적 보고 기록이다. 이 속에 여사울과 이존창에 관한 이야기가 무더기로 나온다. 먼저 1792년 1월 3일자 보고다.

> 이존창은 본래 신창(新昌) 사는 성덕산 집안의 사천(私賤)입니다. 어려서부터 홍낙민 형제와 함께 공부하여 과거 공부도 제법 익혔는데, 사술(邪術)에 가장 먼저 물들어 마음을 쏟아 배우고서 힘을 다해 사람들을 꼬드겼습니다. 친한 사람에게는 요사하고 허탄한 주장으로 꾀어 따라 배울 것을 권하고, 따라 배우는 무리에게는 쉽게 풀이한 글을 가져다가 진서와 언문으로 베껴 전하였으니, 점점 더 전파되어 따르는 자가 날마다 이르렀습니다. 대개 이존창은 홍씨 집안 제자 중에 문자를 알아 정통한 자로, 호서 사학에서 방서(方書)를 얻어 널리 퍼뜨린 자입니다.[8]

성덕산(成德山)은 덕산현감을 지낸 성덕형(成德馨, 1682~?)을 가리키는 듯하다. 이존창이 애초에 성덕형 집안의 종이었다면 앞서 강세정이 '홍낙민이 속량시켜준 종의 아들'이라고 한 말과는 상치된다. 무언가 우리가 잘 알지 못하는 사정이 있을 것이다.

이들의 공동체에 대해서는 또 이렇게 썼다.

> 사학을 본받아 배우는 노비에게는 그 노비문서를 불태우고 대가 없이 양민으로 놓아주었고, 사학을 따르는 이웃에게는 그 곤궁함을 불쌍히 여겨 옷과 양식을 마련해주었습니다. 이로 말미암아 가까운 데서부터 먼 데까지 이 말을 들은 자들이 문득 기뻐하였습니다.[9]

신분에서 자유롭고 차별을 떠난 초기 교회 신앙공동체의 모습이 잘 그려져 있다. 노비가 믿겠다고만 하면 노비문서를 불태워 양민이 되게 하고, 그 모습을 본 이웃들은 그들이 자립할 수 있도록 의식주를 도와주며 공동체의 일원으로 기쁘게 받아들였다. 한 번도 본 적 없고, 이전에 상상해본 적도 없는 실험이 이들 내부에서 이루어지고 있었다. 이 같은 일은 입소문을 타고 순식간에 원근으로 퍼져나갔다.

이어지는 기록은 또 이렇다.

> 대저 사술을 하는 자들은 서로를 교중(交中)이라 부르면서 종과 주인이 존비의 구분이 없고, 멀고 가까움에 친하고 소원한 구별이 없습니다. 남자만 그런 것이 아니라, 반가(班家)의 아낙들도 언문으로 풀이하여 이를 읽고, 상천(常賤)의 어리석은 아낙들은 입으로 가르침을 받아 이를 외워, 노소도 없고 장유도 없이, 한번 이 사술에 빠지기만 하면 미혹되지 않음이 없습니다. 시험 삼아 반가의 아녀자로 말한다면, 가령 길 가는 사람이 사학을 한다고 제 입으로 말할 경우 성명이나 거주도 묻지 않고, 양반인지 상놈인지도 따지지 않고, 모두 들어와 내실에

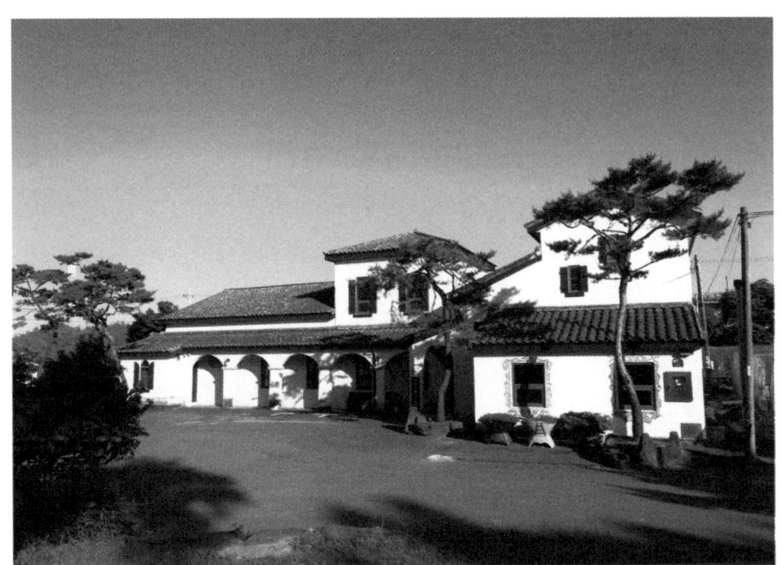

충청도 예산 이존창의 집터에 세워진 여사울 성지 성당의 현재 모습.

> 서 만나보기를 허락하고 큰 손님처럼 공경하며, 가까운 친족같이 아낍니다. 거처와 음식도 동고동락하며 떠날 때는 또 노자까지 줍니다.[10]

사학 하는 이들에게 투전이나 윷놀이를 하자고 시험해보고, 농담이나 욕설로 도발해도, 아예 하려 들지 않을 뿐 아니라 대꾸조차 하지 않는다는 이야기도 보인다. 이들은 도덕적으로도 대단히 엄격한 규율 속에 행동하는 신앙공동체였다.

3. 별라산의 별난 사람

홍지영의 별라산과 원백돌의 응정리

박종악의 《수기》는 앞서 보았듯 1791년 진산 사건 이후 충청도 초기 교회의 생생한 현장 정보를 중계한다. 탄압 대상의 동향과 활동 정보 및 관련자 색출에 대한 보고서라서 그렇다. 《수기》에서 특별히 지속적 주목 대상이었던 인물 중 하나가 덕산 별라산의 홍지영이다.

1791년 12월 2일에 정조에게 보낸 비밀 공문에서 박종악은 이 지역의 호법(護法) 하는 무리로 덕산 별라산(別羅山)의 홍지영(洪芝英)과 홍주 응정리(鷹井里)의 원백돌(元白乭)을 꼽았다.[11] 별라산은 고지도에는 별아산(別鵝山)으로 나온다. 1792년 1월 3일의 보고에서는 성호 이익의 종손 이삼환이 80여 호나 되는 장천리(長川里)에 사는데, 홍지영의 별라산과는 고작 3리 거리지만, 별라산과 달리 한 집도 사학에 물들지 않았다고 썼다.[12] 홍지영이 살던 별라산이 이삼환의 장천리와 지

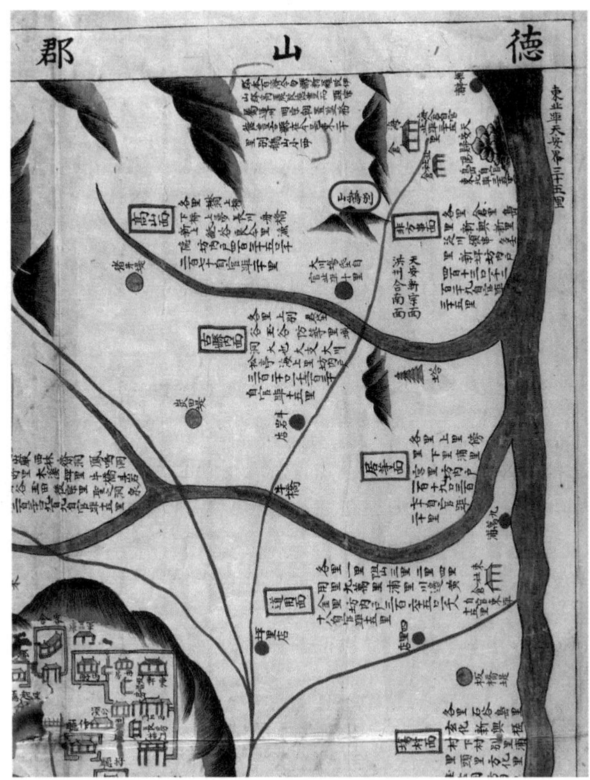

1872년 제작된 〈덕산군지도〉에서 별라산 인근을 확대했다. 상단에 '별아산(別鵝山)'으로 표기된 곳이 별라산이다. 서울대학교 규장각한국학연구원 소장.

척의 거리에 있었다는 이야기다. 남아 있는 1801년 이삼환의 호구단자에 따르면, 장천리는 오늘날 예산군 고덕면 상장리다.

홍지영의 집은 이곳에서 3리 떨어진, 별라산 자락 덕산군 고현내면(古縣內面) 별라산리(別羅山里)에 있었다. 오늘날 행정명으로는 예산군 고덕면 대천 3리 별암마을에 해당한다. 현지에서는 '별아미마을'이라고도 한다. 별암에 명사형 어미 '이'가 붙은 '별암이'가 연철된 형태다. 이곳은 1760년대에 편찬된 《여지도서(輿地圖書)》에 편성 민호 93호,

충청남도 당진시 합덕읍 성동리에 위치한 원시장 베드로와 그의 사촌동생 원시보 야고보의 생가 터에 초상화가 그려져 있다. 이곳에는 예배 공간인 신당이 있었다. 또 이곳의 우물 터는 당시 교인들이 신앙을 고백하는 장소였다고 한다.

남자 105명, 여자 260명이 거주한다고 쓰여 있는, 꽤 큰 규모의 마을이었다.[13]

원백돌은 복자 원시장 베드로다. 백돌은 세례명 베드로의 음차다. 그가 있던 응정리는 홍지영의 별라산에서 9.8킬로미터 떨어진 홍주 합남면(合南面)에 속한 지역으로, 오늘날 당진시 합덕읍 성동리이니, 현재 합덕성당이 자리한 일대다. 인근에 신리, 솔뫼 성지가 도보 거리에 포진해 있다. 여사울 성지와도 거리가 그다지 멀지 않다.

박종악은 홍지영에 대해 "원래 양반의 명색으로 함께 배우는 사람은 상천(常賤)과 친소를 묻지 않고 번번이 내외가 상통하여 안방으로 맞아들인다"고 썼다.[14] 홍지영의 아내가 바로 초기 교회의 여걸 강완숙(姜完淑, 1760~1801)이다. 열흘 뒤에 쓴 12월 11일 보고에서는 홍주 지역 사학교도들이 무려 60여 책의 사서(邪書)를 들고 와서 자수했고,

이에 홍지영 등 네 사람을 잡아 가두고 신당을 헐어버리게 했다고 적었다.[15] 이들은 당시 별도의 예배 공간까지 마련해두고 집회를 가졌던 모양으로, 천당(天堂)으로도 불린 예배 장소는 응정리 원백돌의 집에 있었다.[16]

별라산의 신앙공동체

1791년 12월 20일에 올린 보고에서 박종악은 다시 이렇게 썼다. 홍지영을 붙잡아 조사하자, "저의 어미와 처는 과연 서양학 언문 책자에 종사하였으나 저는 문자를 알지 못해 애당초 뜻을 두지 않았다"고 발뺌했고, 이에 홍지영을 타이른 뒤 다짐을 받고 석방했다는 내용이다. 박종악은 홍지영이 "전혀 문자를 몰라 어리석기 그지없다"고 따로 보고했다.[17]

1792년 1월 3일의 보고에서도 홍지영 집안의 신앙 활동에 대한 설명이 길다. 앞서도 잠깐 소개했듯, 이들은 상하친소나 노소장유를 따지지 않고 서로를 '교중'이라 부르며 신앙생활을 했다. 길 가는 사람이 신자임을 밝히면 양반가의 아낙이 안방에서 그를 맞아 가까운 친척처럼 대접하고, 떠날 때는 노자까지 주어 보냈다. 양반가의 아낙은 언문 사서를 읽고, 상민과 천인의 경우 입으로 외워 전했다.

이렇듯 별라산의 신앙공동체는 1792년 당시 기록만 보더라도 신앙으로 똘똘 뭉친 특별한 구역이었다. 글 속의 양반가 아낙은 상경 이전의 강완숙이라고 보면 틀림이 없다. 이 밖에 홍지영 집 행랑채에 사는 고오봉(高五峯), 김취재(金就才)와 그의 다리 저는 처남, 대천(大川) 장터 옆 안갑동(安甲同), 이름을 모르는 안충의(安忠義) 외에 별라산 사람 장성로(張聖魯)와 그의 생질 이가(李哥) 등 여러 사람이 별라산 신앙 공동체의 중심부를 형성하고 활발하게 신앙 활동을 펼치고 있었다.[18] 특별히 장성로는 그 인근의 유명한 의사여서 은혜를 입은 사람들이 차마 입을 열지 못해 관가에서 이들의 정체를 파악하기가 쉽지 않았다고 보고했다.[19]

홍지영은 혜경궁 홍씨의 칠촌 서조카

앞서 1791년 12월 20일의 보고 끝에 추가된 다음 내용이 묘하다.

> 홍지영을 잡고 나서 비로소 이 사람이 영돈녕 홍낙성의 오촌 서조카임을 알았습니다. 그의 이름의 영(英) 자는 영(榮)입니다. 당초에 사실과 어긋났으니 너무도 황공합니다.[20]

이름 한 글자 틀린 것이 왜 황공했을까? 돌림자가 英이 아니라 榮임이 밝혀지는 순간, 그는 임금 정조와 혼척으로 얽힌 가까운 집안이 되기 때문이다. 박종악이 무식한 향반(鄕班)으로 여겼던 홍지영은 놀랍게도 정1품 영돈녕부사 홍낙성(洪樂性, 1718~1798)의 오촌 서조카였다. 그는 좌의정과 영의정까지 지낸 인물로, 정조의 생모 혜경궁 홍씨와는 육촌간이었다. 그렇다면 홍지영은 임금의 어머니인 혜경궁 홍씨의 칠촌 서조카이고, 강완숙은 혜경궁의 칠촌 서질부(庶姪婦)가 된다. 그의 문벌이 비록 서족이라고는 해도 시골구석의 한미한 무지렁이 양반은 아니었던 것이다.

이에 《풍산홍씨대동보》의 추만공파(秋巒公派) 파보에서 사실관계를

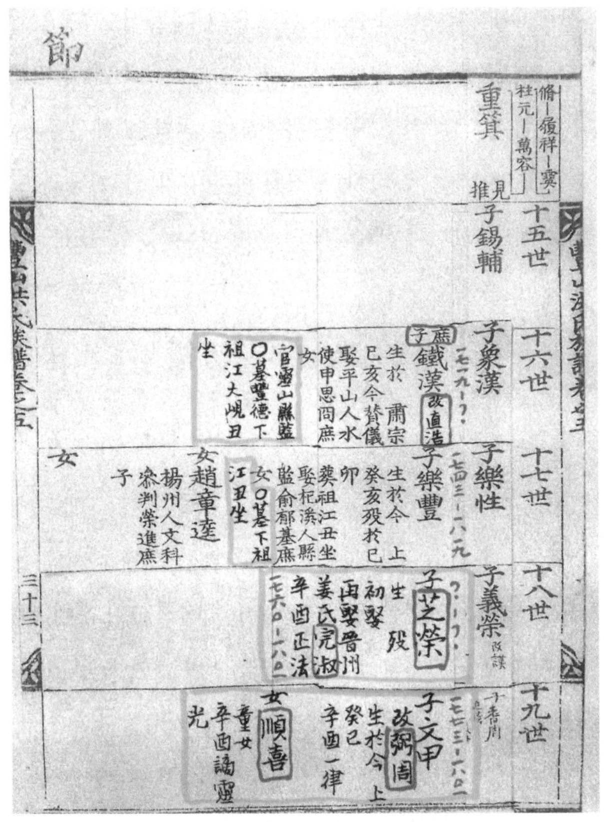
十五世
子錫輔
十六世
子象漢
子(庶)鐵漢 改直浩
十七世
子樂性
子樂豊
十八世
子義榮
子芝榮
十九世
子文甲
女 順喜

1768년 풍산 홍씨 족보의 해당 면. 최휘철 선생 편집본에 필자가 관련 내용을 추가해(초록색 부분) 정리했다.

확인했다. 홍낙성의 부친 홍상한(洪象漢, 1701~1769)에게 서제 홍직호(洪直浩, 초명 鐵漢)가 있었고, 그의 아들은 홍낙풍(洪樂豊)이다. 조부 홍석보(洪錫輔, 1672~1729)는 서자 홍직호를 포함해 아들이 둘뿐이었다. 결국 홍낙성의 오촌 서조카라면 홍낙풍의 아들일 수밖에 없다. 그런데 족보에는 홍낙풍 아래에 '무후(無後)'라 하고 홍지영의 이름이 없다. 이름을 파낸 것이다. 왜 팠을까? 부부가 모두 천주교 신자였고, 대역부도로 죽은 강완숙의 이름을 올릴 수가 없었기 때문인 듯하다.

족보에서 파낸 홍지영이 실제 홍낙풍의 아들이요, 홍직호의 손자라는 사실은 어떻게 특정할 수 있을까? 1801년《사학징의》기록 중 남대문 밖에 살던 권생원의 여종 복점(福占)의 공초에 "홍문갑(洪文甲, 홍지영의 아들)의 아비는 일찍이 홍영산(洪靈山)의 집 여종과 유모의 일로 결성(結城)에 내려가 1년에 두 번쯤 올라와서 어머니를 뵙습니다"라고 한 진술이 결정적이다.[21] 강완숙의 여종 정임(丁任)도 "제 바깥 상전이 갈 만한 곳은 덕산의 농막(農幕)이나 결성의 수리(水里)와 오리(五里) 등지"라고 진술했다.[22] 덕산 농막은 별라산 집을 가리키고, 이와 별도로 결성의 수리와 오리라는 곳에 전장(田莊)과 노비 등의 생활 근거가 더 있었음을 알 수 있다.

이렇게 볼 때 홍지영은 무과에 급제해 영산현감을 지낸 조부 홍영산, 즉 홍직호에게 물려받은 전장과 노비를 관리하기 위해 1801년 당시까지 가족과 떨어져 별라산과 결성 등지에 머물고 있었음을 알 수 있다. '문갑'은 홍지영의 아들 복자 홍필주의 초명이다.

영산현감을 지낸 홍직호는 대사헌과 형조판서를 지내고 영의정에 추증된 홍낙성의 서제였다. 그 아들 홍낙풍은 현감을 지낸 기계(杞溪) 유씨(兪氏) 욱기(郁基)의 딸과 혼인했다. 홍지영은 그 홍낙풍의 아들이었다. 그런 그를 두고 달레는《한국천주교회사》에서 내포 지방의 지체 낮은 외교인 향반이며, 순박하지만 어리석고, 신앙생활에도 우유부단했던 사람으로 묘사했다. 그는 강완숙이 천주교를 믿는다고 하여 쫓아내기까지 한 인물로 그려졌다.[23]

강완숙은 1792년 이후 어느 시점에 남편 홍지영을 남겨두고 상경하는데, 남편에게 쫓겨났다는 여자가 시어머니와 전처소생 아들 홍필주를 데리고 올라왔다. 뭔가 앞뒤가 안 맞는 이야기다. 매사에 적극적이었고 여장부의 기질이 다분했던 강완숙은 왜 남편만 남겨두고 훌쩍

홍지영·강완숙 내외가 살았던 곳인 충청남도 예산군 고덕면 대천3리의 마을회관과 400년 된 노거수의 모습. 강완숙이 살던 당시에도 거목이었을 것이다.

상경했을까? 여기에는 분명 우리가 잘 모르는 속사정이 있음에 틀림없다.

다시 《수기》로 돌아가, 1792년 1월 3일 보고에서 박종악은, 충청도 사학의 종장(宗匠)이라는 홍낙민이 12월 10일 예산에 내려와 수령과 대면하고 관아에서 묵어 잔 뒤, 11일에 예산 호동 즉 여사울에 도착해 노비 박꽁꽁의 집에 묵은 동향을 적었다. 이어 19일에는 "그 서족으로 덕산 별라산에 사는 홍지영의 집을 방문하였다"고 보고했다.[24] 별라산은 내포 지역 교회에서 홍낙민이 한차례 내려올 때마다 순방할 만큼 비중 있는 곳이었고, 그곳의 책임자가 홍지영이었다.

그는 과연 무식하고 신앙심도 약하며, 천주교를 믿는다고 아내를 내쫓기까지 한 인물이었을까? 쫓겨났다는 그의 아내 강완숙은 어째서 굳이 성정이 만만찮았던 시어머니 기계 유씨와 전처소생의 아들까지 데리고 상경길에 올랐을까? 족보상 1819년까지 살아 있었던 것으로 돼 있는 홍지영의 부친 홍낙풍은 왜 이들과 함께 살지 않았을까? 1801년 당시《사학징의》에 천주교 관련 인물로 여러 차례 이름이 나오는 또 다른 '홍낙풍'은 누구인가? 우리는 이렇듯 연쇄적인 질문에 휩싸인다.

4. 윤지헌과 고산 저구리 교회

참혹한 시신

윤지헌(尹持憲, 1764~1801) 프란치스코는 형 윤지충의 그늘에 가려 알려진 것이 많지 않다. 1801년 9월 17일에 처형된 그의 유골은 2021년 3월 완주 바우배기의 묘소에서 양 팔꿈치 아래와 두 무릎 아래가 절단되어 사라진 상태로 수습되었다. 2번 경추와 팔꿈치, 그리고 무릎에는 칼날에 절단된 자취가 남았다. 10년 전인 1791년 그의 형 윤지충과 사촌형 권상연은 목만 잘렸는데, 그는 팔다리까지 잘려서 전신이 여섯 도막이 났다. 그마저도 끊긴 팔다리는 수습하지 못한 채로 잘린 목만 몸통에 붙여서 묻었다.

왜 그만 이토록 잔혹한 형벌을 받았을까? 앞의 두 사람이 단순히 신주를 태운 패륜멸상(敗倫滅常)의 죄였던 데 비해, 윤지헌은 대역부도의 역모에 동참한 죄인이었기 때문이다. 신유박해에서 대역부도로 능

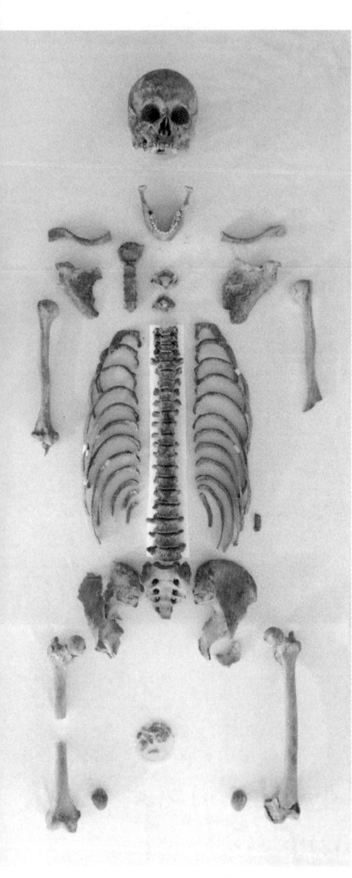

완주 초남이 성지 바우배기 묘소에서 발견된 복자 윤지헌 프란치스코의 유골. 전주 남문 밖에서 1801년 9월 17일 능지처사형으로 순교한 그의 유골은 경추 2번에 잘린 흔적이 있고, 양 팔꿈치 아래와 두 무릎 아래가 절단되어 사라진 상태로 수습되었다. 전주교구 홍보국 제공.

지처사에 처해진 죄인은 황사영과 유항검·유관검 형제, 그리고 윤지헌과 황심 등 다섯 명뿐이었다. 다섯 사람 모두 서양 배를 몰고 와 신앙의 자유를 쟁취해야 한다는 대박청래(大舶請來)의 문제에 연루되었다. 당시 국가가 유독 이 사안에 대해 얼마나 예민하게 반응했는지 잘 보여준다. 천주교 내부에서 윤지헌의 역할과 위상이 결코 만만치 않았다는 뜻이기도 하다.

1791년 11월 13일 윤지충이 처형되자 윤지헌은 그 직후 고산(高山) 고을의 운동면(雲東面) 저구리 깊은 산골로 숨어들었다. 오늘날 행정구역상 완주군 운주면 산북리에 속하는 곳이다. 저구리는 현재 한자 표기가 없고, 한자로 쓸 때는 신복(薪伏)이라는 지명으로 쓴다. 《사학징의》에는 적울촌(積鬱村) 또는 적오리(積梧里)로 표기되었다.[25] 그가 고산 지역으로 간 것은 연고가 분명치 않다. 《사학징의》에 실린 각 도별 유배자 명단 중 윤지충에게 사학을 배운 인물로 고산 사람 양언주(梁彦柱)가 있다. 윤지헌의 공초에도 고산에서 활동한 교우 이름의 첫머리에 양언주를 거론했다. 윤지헌의 고산행은 아무래도 양언주와의 인연이 작용한 듯하다.

1791년 12월 윤지헌은 폐서인이 되어 고

산으로 옮겨온 뒤, 의업(醫業)으로 집안을 일으킨 아버지 윤경을 이어 매약업(賣藥業)으로 생활의 근거를 마련했고, 약롱(藥籠) 안쪽에 공간을 두어 그곳에 사서를 숨겨두고 보급에 힘을 쏟았다.[26]

서학으로 처형된 최초의 순교자인 형 윤지충과 사촌형 권상연이 굳건하게 신앙을 지켜 세상을 뜬 뒤, 시신과 피의 징표로 보여준 치유의 기적으로 인해 두 사람은 사후에 주교(主敎)의 위상으로 받들어졌다. 윤지헌의 고산 이주는 이 같은 후광을 안고 고산 저구리 교회를 또 다른 신앙의 중심축으로 만드는 동력으로 작용했다. 이곳은 그가 나고 자란 진산과도 그다지 멀지 않았다.

1801년 3월 28일, 전라감영에서 행한 윤지헌의 공초 문목 중에 "궁벽한 산골에 몰래 숨어 지내며 옛 습속을 고치지 않고 어리석은 백성을 가르쳐 꾀어 그 무리를 퍼뜨렸다"면서, 사서와 사구(邪具)의 소재를 캐묻는 대목이 나온다. 또 심문 기록 중에 윤지충이 신앙을 지켜 죽은 뒤, 그의 집안이 사학가(邪學家)의 주인이 되었고, 윤지헌이 베껴 쓴 책자와 문서가 서울과 지방으로 널리 퍼졌다고도 했다. 윤지헌이 고산 이주 후 감시망을 벗어나 더욱더 적극적으로 신앙생활에 투신했음을 보여준다. 심문관은 또 유항검 형제가 소장한 사학 관련 물품 태반이 윤지헌의 것이었고, 사구 즉 사학에 쓰이는 각종 성물도 많이 가지고 있었다며 소재를 추궁했다.[27]

이로 보아 윤지헌의 집은 당시 호남 지역의 성물 제작소와 서학서 제조창의 역할을 담당했던 듯하다. 뒤에 살피겠지만, 서울 지역에서는 벽동 정광수와 아현동 황사영의 집이 성물 제작과 서학서 보급을 맡았다. 당시 전국적으로 이에 대한 수요가 빗발치고 있었다. 이를 판매해 얻은 수익으로 이들은 교회의 운영과 유지에 필요한 자금을 확보할 수 있었다.

이존창의 합류 시점

1795년 봄에는 내포의 사도 이존창이 몇 해 동안 머물던 홍산(鴻山)을 떠나 고산 저구리로 합류했다. 이를 계기로 그간 윤지헌이 다져온 인프라 위에 더욱 묵직한 힘이 실렸다. 이존창의 저구리 이주는 윤지헌과의 긴밀한 협의 아래 이루어졌을 것이다. 이를 계기로 고산 저구리 교회는 호남 교회의 새로운 중심으로 존재감을 드러내게 되었다. 다만 이존창의 고산 합류 시점을 따질 때《사학징의》속 금정역졸 김유산의 공초가 문제가 된다.

김유산은 공초에서 자신이 1791년 7월 이웃 늙은이에게 홍산천(鴻山泉) 뒤편에 짚신 재료가 많다는 말을 듣고 그곳을 찾아갔다고 했다. 가보니 그곳은 바로 이존창이 사는 마을이었다. 그곳에서 이존창 집에 고용살이하는 유순철이라는 사람을 만나, 그의 권유로 이존창에게 사서와 십계를 배웠다. 이후 같은 해 12월에 이존창은 고산 적울촌으로 이사하게 되었고, 잉천(仍泉) 장터에서 유순철을 다시 만나 그 소식을 들은 김유산은 바로 고산으로 이존창을 찾아가 다시 사학을 강론했다고 공술했다.[28]

김유산의 말에 따르면, 이존창은 1791년 12월 윤지헌과 거의 같은 시점에 저구리로 들어온 셈이다. 하지만 김유산의 이 기억은 연도에 상당한 착오가 있다. 우선 1791년에 이존창은 홍산이나 고산에 있지 않았다. 충청관찰사 박종악의《수기》에 따르면, 이존창은 1791년 11월 13일에 여사울에서 충청감영으로 붙들려와 형벌을 받고 내내 공주 감옥에 갇혀 있었다.[29]

그가 박종악에게 잡혀온 11월 13일은 윤지충이 처형된 당일이었다. 이존창의 체포는 진산 사건의 여파로 남은 천주교도에 대한 일제 검거령이 내려온 일과 관련이 있다. 이존창은 엄한 형벌을 버티다가 11월 20일에는 태도를 바꿔 서학을 요술(妖術)이라 하며 정도(正道)로 돌아오겠다는 다짐장을 냈다. 다시 11월 29일에는 배교의 강도를 높여 제 입으로 예수를 배척하고 모욕하면서 '소'라 하고 '말'이라 하기에 이르렀다.[30] 《사학징의》에는 장덕유도 예수를 '개, 돼지'라고 욕하며 배교의 맹세로 삼는 장면이 나온다. 예수를 소나 말, 개, 돼지에 견주는 것은 천주교 신자들 사이에서는 나중에 회개해도 용서받지 못하는 죄에 해당한다는 인식이 있었다. 《수기》에 관련 내용이 보인다.[31]

1792년 1월 3일 박종악의 보고에는 12월 15일경 그를 다시 체포했다가 20일 이후에 풀어줬다는 내용이 나온다. 이후 이존창은 달레가 《한국천주교회사》에서 적은 대로, 12월 30일에 마을 사람의 전송을 받으며 여사울을 떠나 홍산으로 이주했던 듯하다.[32] 그렇다면 김유산이 공초에서 1791년 7월과 12월에 홍산과 고산에서 이존창을 만났다고 한 것은 도저히 앞뒤를 맞출 수 없는 요령부득의 진술이다.

한편, 《사학징의》 속 유관검의 공초에는 "홍산에 사는 이존창이 장차 신부를 숨겨 감추려고 고산 땅으로 집을 옮겼고, 1795년 4월에 제가 이존창과 함께 계동 최인길의 집으로 신부를 뵈러 가서, 그대로 시골 집으로 맞이하여 왔다"고 했다.[33] 이 기록으로 이존창의 고산 이주가 주문모 신부가 한양에 도착한 1795년 1월에서 4월 사이였음이 분명하게 확인된다.

고산 교회가 배출한 인물들

윤지헌이 닦아놓은 기반 위에 이존창이 합류하자 고산 저구리 교회는 활기가 넘쳤다. 각지의 열심한 신자들이 속속 모여들면서 공동체의 규모가 나날이 불어났다. 1795년 주문모 신부까지 이곳을 방문해 며칠간 머물며 세례를 주자 저구리 교회의 위상은 더욱 높아졌다.

달레의《한국천주교회사》에 언급된 몇몇 인물이 이때를 전후해 고산으로 속속 합류했다. 먼저 충청도 아산 출신 중인 김강이 시몬은 많은 재산과 종을 모두 버리고 고향을 떠나 동생 김 타테오와 함께 고산으로 이사해왔다. 그는 신유박해 당시 유력한 지도자 중 한 사람으로 지목되어 집중적인 감시 대상이 되었다. 나중에는 등짐장수로 변장해서 경상도 영양의 머루산과 강원도 울진까지 떠돌다가, 1815년 4월에 체포되어 그해 11월 원주에서 옥사했다.[34]

청양 출신 중인으로 풍헌 노릇을 하며 신자의 본분을 지켜 존경을 받았던 김풍헌 토마스는 1796년 천주교인으로 지목되어 청양관아에서 혹독한 형벌을 받았다. 마른 쑥을 항문에 얹어 태우는 형벌까지 받고도 그는 배교하지 않았다. 빨갛게 달군 보습 위를 맨발로 걸으라 하자, 그는 조금도 망설이지 않고 버선을 벗었다. 그러자 오히려 그 일을 시켰던 사람이 놀라, 미쳤다며 그를 제지했다. 이후 고을에서 추방된 그는 부여와 금산 등지에서 교우들을 열심히 가르치며 극빈한 생활을 이어갔다. 그런 그가 고산 교회의 풍문을 듣고 합류했다.[35]

복자 고성대 베드로와 고성운 요셉 형제는 덕산 고을의 벽암마을 출신이었다. 이들도 신앙생활을 지키기 위해 고산 땅으로 옮겨왔다. 1801년 윤지헌이 잡혀갈 때 고성대도 함께 저구리에서 체포되어 전주로 압송되었다. 고성대는 이때 배교하고 석방되었으나, 이내 잘못을 뉘우치고 아우 및 다른 교우들과 경북 청송 노래산으로 숨어들었다가, 1815년에 순교했다.[36]

이들은 모두 고산에서 순교하지는 않았지만, 윤지헌의 그늘에서 신앙생활을 하다가 다른 지역으로 옮겨가 전교를 계속했고, 끝내 순교의 화관을 받았다. 윤지헌은 신유박해 당시 포도청에 끌려와 바친 공초에서, 함께 활동한 교중(敎中)의 사람으로 고산에 사는 양언주, 안무산(安茂山), 박군원(朴君源), 김광적(金光迪), 한응천(韓應天), 유순철(劉順喆), 김용이(金龍伊)·김요(金鐃) 형제, 진산(珍山)에 사는 목서중(睦序中), 금산(金山)에 사는 김종우(金宗祐)·박맹손(朴孟孫), 영광(靈光)에 사는 윤종백(尹宗白), 강진에 사는 윤제현(尹濟賢), 진산에 사는 박춘지(朴春之), 정산(定山)에 사는 김방통이(金方通伊), 이름을 모르는 박가(朴哥) 등 여러 사람을 꼽았다. 여기에 윤지헌에게 사학을 배운 이로 은진 사람 이채운(李采雲)이 더 있다. 《수기》에 김광적은 청양 사람이라고 했으니, 그도 나중에 고산으로 합류한 것으로 보인다.[37]

이로 보아 고산 저구리 교회는 윤지헌을 중심으로 인근 진산과 금산, 영광과 정산, 은진에 이르는 넓은 지역에 걸친 교인 조직을 아우르는 상당한 규모였고, 열심한 신자들이 속속 모여들어 단단한 신앙공동체를 형성해갔음을 알 수 있다. 막상 이존창의 고산 체류는 그다지 오래가지 않았다. 1795년 4월 주문모 신부가 다녀가고, 신부를 고산에 모시는 일이 무위로 돌아가자 이존창은 다시 천안 성거산(聖居山)으로 거처를 옮겼다. 그는 1795년 12월 금정찰방으로 내려가 있던 정약용에 의해 체포되어 이후 긴 감옥생활을 해야만 했다.[38] 고산 저구리 교회, 그 중심에는 처음부터 끝까지 윤지헌이 있었다.

5. 홍교만·홍인 부자와 포천 교회

홍교만 집안의 신앙

홍교만(洪敎萬, 1738~1801)은 1801년 2월 26일 정약종, 최창현, 최필공, 홍낙민, 이승훈과 한날 목이 잘려 순교했다. 정약용은《추안급국안》에 실린 1801년 2월 13일 의금부 공초에서 "포천의 홍교만 또한 유명하고, 제 형과는 친사돈간이며, 홍주만의 아우입니다"라고 진술했다.[39] 함께 형이 집행된 인물들의 면면과 정약용의 진술로 당시 홍교만의 교계 내 위상이 드러난다. 아들 홍인(洪鏔, 1758~1801)과 서종제 홍익만(洪翼萬)도 신유박해 때 순교의 길을 따랐다.

홍교만의 큰형 홍주만(洪周萬, 1718~1799)은 집의를 거쳐 오늘날 서울시장에 해당하는 정2품 한성판윤을 지낸 명망 있는 인물이었다. 부친 홍회(洪晦, 1694~1763)의 기일에 홍교만이 제사에 참석하지 않으려고 포천으로 떠나자 홍주만이 대성통곡했다는 이야기가《송담유록》

경기도 포천시 홍인 순교 터에 세워진 순교현양비. 홍교만과 홍인 부자의 초상화가 그려져 있다.

에 나온다.

《송담유록》에서는 1785년 을사추조적발 이후 지역 교회의 활성화를 말하면서 이렇게 적고 있다.

> 권일신은 한강 상류에서 가르침을 행하였다. 남필용, 이기연, 이최연, 홍교만, 홍익만 등이 마음을 기울여 본받아 배우며 남몰래 서로에게 전수하였다. 양근과 여주, 이천의 몇 고을 사이에 무지한 어리석은 백성들이 휩쓸리듯 이를 따르니, 마치 소리의 기운이 멀리서 서로 호응하는 듯하였다.[40]

양근의 권일신을 중심으로 동심원을 그리듯 충주의 남필용과 이기연·이최연 형제, 그리고 포천의 홍교만 등이 지역 교회의 간판 역할을 하면서 교세를 확장해가는 과정을 설명했다.

이들은 모두 권철신 집안과 친인척간이었다. 남필용(南必容, ?~1802)은 권철신의 처남으로, 충주에 살다가 1791년 양근에서 사학을 배웠다. 그해 충주 관아에 끌려갔다가 석방된 뒤 1792년 서울 소공동으로 이사했다. 상경 이유는 마음껏 신앙생활을 하기 위해서였다. '충주의 사도' 이기연은 권철신의 동생 권득신의 아들 권상익에게 딸을 시집보내 사돈을 맺었다.

홍교만은 그 명망과 비중에 비해 알려진 사실이 많지 않다. 《사마방목(司馬榜目)》에 따르면, 1738년생인 그는 40세 때인 1777년 식년시에 진사로 급제했고, 자가 도경(道卿)이다. 부친 홍회는 초배 풍천 임씨와의 사이에서 맏아들 홍주만, 둘째 아들 홍소만(洪召萬)을 두었다. 이후 18년의 터울을 두고 계배 한양 조씨에게서 막내 홍교만을 얻었다. 남양 홍씨 예사공파 족보에는 홍교만과 그의 아들 홍인의 이름은 파버리고 없다. 그의 계보는 《남보(南譜)》와 《만가보(萬家譜)》에 겨우 남았다.

권철신의 부친 권암(權巖)에게 시집간 홍상빈(洪尙賓)의 딸 홍씨는 홍교만의 고모였다. 따라서 권철신은 홍교만과 고종사촌간이다. 그런데 《만가보》에서 홍회의 여동생 홍씨를 홍교만의 누이로 잘못 적고, 또 황사영이 〈백서〉에서 홍교만을 권철신의 외숙이라고 착각하는 바람에, 홍교만과 권철신의 계보 이해에 얼마간 혼선이 빚어졌다.[41] 1794년에 간행된 《안동권씨족보》에 권암의 배(配)가 남양 홍씨 참판 상빈의 딸이라고 분명하게 기록되어 있어, 움직일 수 없다. 홍교만의 부인은 《남보》에는 유주갑(柳周甲)의 딸로 나온다.

홍교만의 입교 시점

홍교만이 천주교에 입교한 시점은 찬찬히 따져볼 부분이 있다. 교회사에서는 1791년에 아들 홍인이 입교하고, 그 후 아들의 설득으로 1795년 주문모 신부에게 세례를 받은 것으로 정리된다. 달레의《한국천주교회사》의 기록에 바탕을 둔 설명이다. 홍교만은 1777년 늦깎이 진사가 된 얼마 뒤 포천으로 이주했고, 고종간인 인근의 권철신 집안을 통해서 천주교에 대해 알게 되었다고 썼다.[42]

우선, 홍교만이 권철신과 권일신을 통해 1차로 천주교에 접촉한 것은 1785년 전후 교회 출범 당시인 듯하다. 강세정은《송담유록》에서 이렇게 썼다.

> 홍교만은 판윤 홍주만의 막내아우로, 나와는 함께 공부했다. 문사(文詞)가 풍부하여 사람들이 알찬 인재라고 일컬었다. 전에 나와 함께 있을 때, 말이 사학의 주장에 미치면 팔뚝을 걷고 큰 소리로 극구 엄격하게 배격하였다. 나중에 정약종과 혼인을 맺었고, 또 권철신의 형제와는 내외종간이었다. 그의 서종제인 홍익만도 서학에 깊이 들어갔기 때문에 뒤늦게 그 술법을 배워, 남녀노소 할 것 없이 온 집안이 빠져들었다. 성품이 몹시 편협한 데다 미혹됨이 더욱 심하였다.[43]

강세정은 젊은 시절 홍교만과 함께 수학했다. 강세정은 이때만 해도 홍교만이 천주교에 대해 엄격히 배격하는 태도를 지녔다고 증언했다. 이후 권철신과 고종사촌간인 데다 정약종과 사돈을 맺으면서 서학에 본격적으로 뛰어들었고, 외골수 성격 탓에 한번 배워 익힌 뒤에는 걷잡을 수 없이 빠져들었다고 적었다.

또 강세정은 《송담유고(松潭遺稿)》에 실린, 척사파였던 아들 강준흠을 변호하기 위해 쓴 〈가아준흠변방록(家兒浚欽卞謗錄)〉에서 "사학에 빠진 자는 수가 많으니 이가환과 이기양, 이기성, 이총억, 그리고 정약종, 정약전, 정약용, 정철상, 그리고 권철신의 온 집안 형제와 숙질, 이벽과 홍교만 부자, 이학규와 황사영, 유항검 형제, 이윤하 부자 등 50~60명을 밑돌지 않는다"고 적고 있다.[44] 여기에 언급된 이름들은 모두 교회 창립 초기의 핵심 구성원이다. 특별히 홍교만 부자의 이름은 이벽과 나란히 호명되고 있다. 누구보다 홍교만을 잘 알았던 강세정의 일관된 진술은 홍교만의 입교가 1785년 전후 교회 창립 당시로 소급될 가능성을 열어준다.

더욱이 홍교만은 1801년 2월 20일 의금부의 공초에서, 예수의 학문이 정학(正學)이며 사학(邪學)일 수 없다고 당당하게 선언했고, 존경하고 찬송한다는 말까지 붙여 심문관의 매서운 추궁을 받았다. 예수 강생설을 확신해, 《시경》《서경》《역경》에 비춰봐도 내용이 합치한다며 고집을 꺾지 않았다. 심문관이 이쪽과 저쪽 중 하나만 가리키라고 하자, 그의 대답이 이랬다.

> 제가 이 학문에 대해서는 수십 년 동안 공부를 쌓아서 비로소 얻은 것이니, 이제 어찌 한마디 말로 억지로 뉘우쳐 깨달았노라 말할 수 있겠습니까? 제가 이미 강생한 예수를 아는지라, 이제 갑작스레 뉘우쳐서 예수를 삿되다 하기 어렵습니다.[45]

말이 당당하고 단단했다. 추국장에 끌려온 사학죄인의 진술 중 가장 힘 있는 대답이었다. 이 말을 한 엿새 뒤인 2월 26일에 그는 사형에 처해졌다.

홍교만이 1791년 이후, 주문모 신부에게 세례를 받은 1795년 언저리에 입교했다면 불과 6년 뒤의 일이라 위 진술 중 '수십 년'이라는 언급은 가당치 않다. 이를 자신이 수십 년은 아니더라도 적어도 십수 년 이상 공부했다고 말한 것으로 본다면, 또한 1780년대 중반 입교설에 더 힘이 실릴 수 있다고 본다.

사위 정철상과 아들 홍인

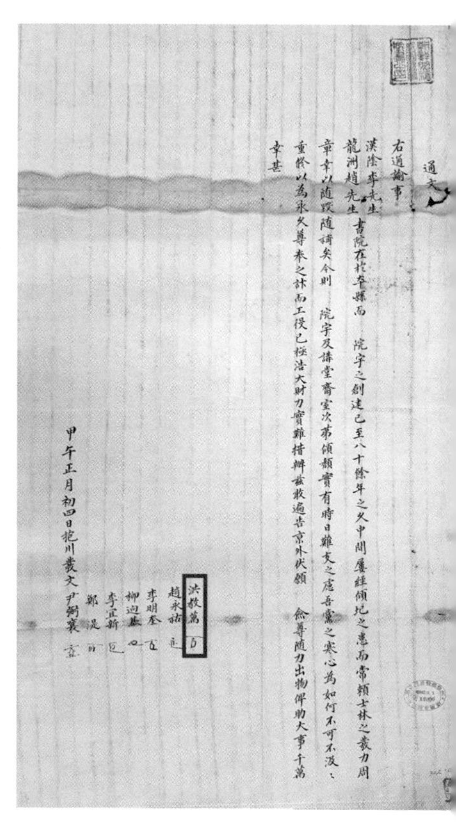

通文

右道諭事

漢陰李先生
龍洲趙先生 書院在於本縣而 院宇之創建已至八十餘年之久中間屢經傾圮之患而常賴士林之戮力周
章幸以隨毁隨補矣今則 院宇及講堂齋室次第傾頹實有時日難支之慮吾黨之寒心爲如何不可不汲汲
重修以爲永久尊奉之計而工役已極浩大財力實難措辦玆敢遍告京外伏願 僉尊隨力出物俾助大事千萬
幸甚

洪敎萬
趙永祜
李明[illegible]
柳迥[illegible]
李宜新
鄭[illegible]

甲午正月初四日抱川[illegible]文尹[illegible]

용연서원 개축을 위해 각계의 지원을 요청하는 포천 유림의 통문. 연명한 명단 첫머리에 홍교만의 이름이 보인다. 국립중앙도서관 소장.

홍교만은 정약종과 사돈을 맺어, 막내딸을 정약종의 맏아들 정철상에게 시집보냈다. 다블뤼 주교는 《조선주요순교자약전》에서, 1801년 3월에 참수될 당시 정철상의 나이가 20여 세였다고 했고, 《조선순교사비망기》에서는 약관 20세였다고 썼다.[46] 정철상은 죽을 때 젊은 미망인과 아들 하나를 남겨두었다.

정철상이 홍교만의 딸과 혼인한 것은 정황상 1797년 전후였을 것이다. 부인 홍씨와 어린 아들은 마재에서 요절했다. 1801년에 사형당한 정철상은 당시 20세 남짓이었다. 그는 1780년 전후해서 태어났다. 정철상과 결혼한 홍교만의 딸이 통상 두 살쯤 위인

1778년생이거나 그 비슷한 언저리에 태어났다고 볼 때, 그녀와 오빠 홍인의 나이 차이가 20세가량 난다.

다블뤼 주교는 《조선주요순교자약전》의 '홍인' 조에서, 그가 포천에서 태어났고, 그곳에서 유년기를 보냈다고 했다.[47] 국립중앙도서관에 1774년 1월 4일에 작성된 포천 유림의 통문이 남아 있다. 포천 용연서원(龍淵書院)의 건물이 낡아 새로 짓기 위해서 각계의 지원을 요청하는 내용으로, 연명(聯名)한 명단 첫머리에 홍교만의 이름이 적혀 있다.[48] 이는 진사시에 급제하기 3년 전인 1774년에 이미 홍교만이 포천 지역 유림을 대표하는 위치에 있었다는 의미이니, 그의 포천 이주를 1777년 이후로 본 달레의 언급과 달리, 그보다 훨씬 앞선 시점에 포천으로 이주한 것으로 보아야 할 것이다. 다만 1758년생인 홍인이 태어나기 전부터 이미 이곳에 정착해 살았는지는 알 수가 없다.

한편, 《사학징의》의 공초에서 홍인은 "저는 홍교만의 아들로, 신해년(1791)에 아비의 가르침을 곁에서 듣다가 따라 배워 깊이 미혹되었습니다"라고 하여,[49] 자신이 아버지 홍교만을 신앙으로 이끈 것이 아니라, 아버지를 통해 신앙을 갖게 되었음을 밝혔다.

'포천의 사도' 홍교만의 행적은 이렇듯 풀어야 할 고리가 많다. 신앙의 출발점이 1785년 직후인지 아닌지, 포천으로 이주한 시기는 언제인지를 살펴야 하고, 홍교만과 홍인의 신앙 선후 관계도 짚어봐야 한다. 《사학징의》에 포천 지역 검거 교인 명단이 따로 나오지 않는 것은 의외다. 1795년 이후 홍교만이 서울 지역으로 중심 활동 공간을 옮겼기 때문일 것이다.

6. 사학이 아니고 정학입니다

유가 경전으로 사학을 설명하다

홍교만 프란치스코 하비에르는 1801년 2월 의금부로 잡혀갔을 때 64세였다. 《추안급국안》에 2월 14일과 15일, 《추국일기(推鞫日記)》에 2월 20일의 공초 기록이 남아 있다. 이 기록 속에 홍교만이 심문관과 서학이 사학(邪學)이냐 정학(正學)이냐를 두고 벌인 논쟁이 나온다.

2월 14일에 심문관이 "네가 이미 이 책을 보아 이 학문이 바른지 삿된지를 변별할 수 있을 테니, 네 견해에 따라 사실대로 대답하라"고 하자, 홍교만이 대답했다. "그 학문을 삿되다 해서는 안 됩니다. 그 학문은 대저 하늘을 공경하고 하늘을 두려워하는 것을 위주로 하는데, 어찌 삿되다 말할 수 있습니까?" 경천외천(敬天畏天)은 유학에서도 중시하는 가르침으로, 유학이 정학이면 서학도 정학임에 분명하다고 맞받아친 것이다.[50] 경천외천이라는 말은 《시경》의 '경천지노(敬天之怒)'

와 '외천지위(畏天之威)'에서 가져왔다.

이튿날인 2월 15일에 그가 다시 끌려나오자, 심문관은 첫마디부터 전날의 발언을 문제 삼았다. 홍교만이 또 대답했다. "천지는 대부모(大父母)이니 큰 부모로 섬기지 않는다면 이는 부모를 부모가 아니라고 말하는 것입니다. 그래서 앞선 공초에서 이른바 삿되다고 여기지 않는다고 했던 것입니다."[51] 부모를 부모로 섬기는 것이 어째서 사학인가? 말은 짧았지만 힘이 있었다. 그는 죽기로 작정한 사람이었다.

심문관이 다시 다그치자, 그가 한 번 더 소리 높여 말했다.

> 도의 큰 근원은 하늘에서 나오고, 또 천명(天命)을 일러 성(性)이라 하며, 또 유황상제(惟皇上帝)께서 하민(下民)에게 참마음을 내려주시는 것이 똑같이 경천(敬天)의 뜻에서 나왔습니다. 어찌 사학이라 말할 수 있습니까?[52]

홍교만의 이 대답은 경전의 말을 짜깁기한 것이었다. 천지가 대부모라는 말은 《주역》의 풀이에서 "건곤대부모(乾坤大父母)"라 하고, 《시경》 〈교언(巧言)〉에서 "아득한 하늘을 부모라 한다"라고 한 데서 끌어왔다. "도의 큰 근원은 하늘에서 나오고"와 "천명을 일러 성이라 한다"는 말은 《중용》 구절의 인용이며, "유황상제께서 하민에게 참마음을 내려주신다"는 것은 《서경》의 한 대목 그대로다.[53] '이렇듯 경전의 가르침이 서학의 그것과 한 치 어긋남이 없다. 그런데 어찌 사학이라 하느냐'는 것이 대답의 요지였다. 그는 이 대답으로 64세의 고령임에도 이날 곤장 20대를 맞았다.

삼경에 나오는 예수 강생의 이치

닷새 뒤인 2월 20일에 겨우 몸을 추스른 그가 다시 끌려나왔다. 심문관이 첫마디로 "네가 기꺼이 사학을 하면서 감히 경전을 가지고 그 주장을 꾸며 끝내 사학이 사학 됨을 깨닫지 못하였다"라고 했다.[54] 앞서 경전의 말로 사학의 가르침을 옹호하려 든 괘씸죄를 묻겠다는 뜻이었다. 홍교만이 다시 대답했다.

> 저는 일찍이 이 학문의 종지(宗旨)가 대월(對越)을 존경하는 뜻과 같은데, 지금 세상에서 이것을 사학으로 여기는 것은 존경의 도리에 어긋날까 염려합니다. 그래서 사학이 아니라고 생각합니다.[55]

여기 나오는 존경대월(尊敬對越), 즉 대월을 존경한다는 말은《시경》〈청묘(淸廟)〉에서 "하늘에 계신 분을 우러러, 신속히 달려와 사당에서

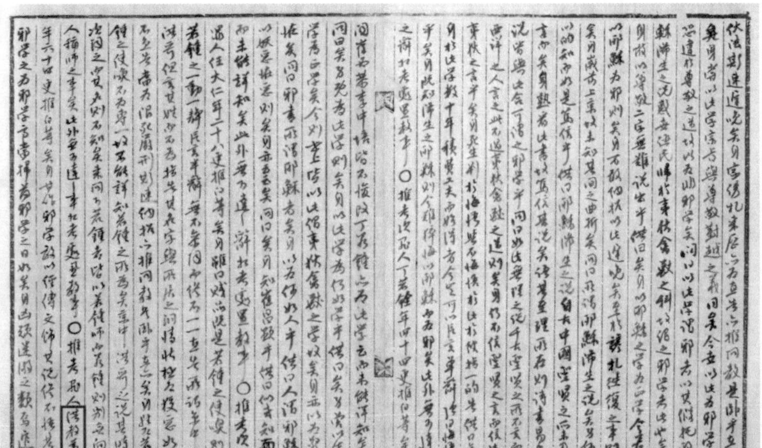

《추국일기》 중 1801년 2월 20일의 홍교만 공초 기록 일부.

조아킴 부베의 《천학본의》 중 "하느님은 임금이요 아비며 스승으로, 명령의 권세가 있다"는 교리를 고대 유교 경전의 말로 이어서 설명한 대목이다. 각 구절 끝에 출전을 적었다. 밑줄 친 부분이 홍교만이 공초에서 대답한 인용과 일치한다. 프랑스 국가도서관 소장.

신주를 받든다"에서 끌어왔다.[56] 대월은 본래 '마주하여 높인다'는 찬송의 뜻이나, 여기서는 그 뒤에 나오는 재천(在天) 즉 '하늘에 계신 신령'의 의미로 썼다. 그러니까 서학의 종지는 하늘을 존경하자는 것이거늘, 이것을 사학이라고 한다면 이야말로 존경의 도리에 어긋나는 것이 아니냐고 반문한 것이다.

자꾸 경전을 들이밀자 짜증이 난 심문관이 화제를 돌렸다.

> 이 학문을 삿되다 하는 것은 그것이 예수가 강생했다는 주장에 가탁하여, 혹세무민으로 사람들을 이적금수의 죄과에 돌아가게 하기 때문이다. 네가 감히 존경이란 두 글자를 쉬 꺼낸단 말이냐?[57]

존경대월의 문제가 아니라, 예수 강생의 이단을 숭배하는 것을 문제 삼는 것이라는 힐난이었다.

홍교만의 대답은 단호했다. "저는 예수의 학문을 정학으로 여깁니다. 이제 만약 예수를 삿되다고 한다면 저는 감히 공초를 바치지 않겠습니다."[58] 예수를 삿되다고 할 경우, 일체의 진술을 거부하겠다는 것이었다.

어이가 없어진 심문관이 다시 물었다. "예수가 강생했다는 주장을 네가 어떻게 분명히 알아 이처럼 독실히 믿느냐?" 홍교만이 대답했다.

> 예수가 강생했다는 주장은 예로부터 중국의 성현이 미처 말하지 못한 것이나, 제가 이 책을 익히 보았던지라 그 주장을 독실히 믿습니다. 그 지극한 이치의 소재를 말한다면 《시경》과 《서경》, 《주역》의 주장이 모두 이것과 합치되니, 어찌 사학이라 하리까?[59]

예수 강생의 주장마저 《시경》과 《서경》, 《주역》의 설명과 정확히 일치한다고 한발 더 나아갔다. 이에 심문관은 성현의 말과 서양 오랑캐의 말은 합치될 수가 없으니, 양단간에 분명하게 한쪽을 택하라고 다그쳤다. 이에 대한 홍교만의 대답이 바로 앞 글에서 인용한, 수십 년 동안 공부를 쌓아 이미 강생하신 예수를 알았으니 갑작스레 한마디 말로 삿되다 할 수 없다는 그 말이다. 그는 이렇듯 구차하지 않았고, 당당했다.

마테오 리치의 적응주의를 넘어서는 색은주의적 해석

국청에서 벌어진 이 같은 문답은 다른 죄수의 공초와는 그 성격이 확실히 달랐다. 그는 유학을 버리고 서학을 믿겠다거나 그 반대로도 말하지 않았다. 유학에 이미 서학의 정신이 내재되어 있으므로, 서학을 믿는 것은 유학의 가르침에 어긋남이 없다는 논리로 나왔다.

이는 달레가 《한국천주교회사》에서 강완숙의 공초 장면을 묘사하면서 "옥중 관리들 앞에서까지도 천주교가 하느님에게서 오는 것임을 끊임없이 주장하여, 공자와 그 밖의 가장 유명한 철학자들의 글에서

증거를 끌어내 자기 말을 뒷받침하였다"고 한 것을 연상시킨다.[60]

홍교만과 강완숙이 심문관의 추궁에 한결같이 유가 경전에서 근거를 끌어대 서학을 옹호하는 논지를 펼친 것은, 당시 교회 지도부에서 서학의 논리를 유가 경전의 가르침에 접속시키기 위한 학습 활동을 지속적으로 진행해왔다는 뜻이다.

실제로 중국 교회에서도 이 같은 움직임이 지속적으로 있었다. 《천학본의》와 《고금경천감(古今敬天鑑)》, 《천학총론(天學總論)》, 《경전중설(經傳衆說)》 등은 모두 유가 경전과 중국 고전에서 천주교의 교리를 뒷받침할 만한 구절들을 발췌해, 경전 구절의 인용만으로 편집해서 천주교 교리를 설명하고자 시도한 책들이다.[61]

특별히 《천학본의》와 《고금경천감》은 프랑스 예수회 전교사 조아킴 부베(Joachim Bouvet, 白晉, 1656~1730)가 편집한 것으로, 1707년에 쓴 부베의 서문은 앞서 본 홍교만의 설명과 핵심 용어뿐 아니라 논리까지 똑같아 놀랍다.

부베가 쓴 《고금경천감》 서문의 첫 단락만 소개하면 이렇다.

> 예로부터 제유(諸儒)가 모두 전적에 실려 있는 수신제가치국의 도리를 중시하여, 경천을 본연으로 삼지 않음이 없었다. 앞뒤로 유자들의 경천의 뜻은 크게 서로 같지가 않은데, 상곳적의 유자들은 천학(天學)에 가까웠다. 그래서 그들의 경천은 지극히 존귀하고 비할 데 없이 전능하사 지극히 신령하고, 선을 상주고 악을 벌주시며, 지극히 공변되어 사사로움이 없는 분이 만물의 근본 주재(主宰)가 되심을 분명히 알아, 아침저녁으로 조심하고 삼가서, 하늘을 두려워하고 하늘을 공경하여 섬겼다.[62]

이후 전국시대에 분서(焚書)의 횡액을 만나고, 진한진당(秦漢晉唐)을 거치면서 진도(眞道)가 실전되어 만유의 주재를 모르게 되었고, 이후 송유(宋儒)들이 유일진주(惟一眞主)의 뜻을 모른 채 억지 주장을 펼치면서 경전의 뜻이 완전히 어두워졌다고 주장했다. 그래서 고대 경전의 근본 정신으로 돌아가, 경전의 원문 속에 숨어버린 진의(眞義)를 찾아 정리했다는 주장이다. 이들 글 속에는 앞서 홍교만이 인용한 모든 문장이 순서까지 비슷하게 나열되어 있다.

마테오 리치의 적응주의에서 한발 더 나아가 고대 유교 경전으로 그리스도교 교의를 탑재하는 시도를 보여준 것이다. 《천주실의》에도 초기 경전을 활용한 설명이 나오지만, 부베는 이를 더욱 극단으로 밀어붙여 이른바 색은주의(索隱主義, figurism) 또는 부베주의(Bouvetism), 에노키즘(Enochism)으로 불리는 해석학적 태도를 도입했다.[63] 색은주의란 《주역》 등 고대 전적에서 천주교의 신비를 찾아 예언 서적으로 간주해 해석하려는 학술적 흐름과 연계되어 있다. 《천학본의》와 《고금경천감》 등의 저작은 마테오 리치의 보유론적 적응주의가 극단적 색은주의로 넘어가는 중간 지점에 놓여 있다.

홍교만은 예수 강생의 신비조차 《시경》, 《서경》, 《주역》의 이치와 합치된다며, 수십 년간 이 연구에 몰두해 얻은 결론이라고 밝혔다. 여기서 《천주실의》의 보유론적 경전 적용 시도를 넘어서는 색은주의의 환원론적 해석 시도의 흐릿한 흔적과 만나게 되는 것은 대단히 흥미롭다.

7. 충주의 사도 이기연 형제와 충주 교회

충주의 최고 명문 가문

조선 교회 출범기의 지역 교회사에서 그 실체에 비해 제대로 된 평가를 받지 못한 것이 바로 충주 교회다. 충주 교회에는 '충주의 사도' 이기연(李箕延, 1739~1801)과 그의 아우 이최연(李最延)이 있었다. 달레의 《한국천주교회사》에는 이기연이 1801년 고문을 못 이겨 배교했다가 다시 신앙을 증거해 63세의 고령으로 사형당했다는 짤막한 정보가 있을 뿐이다.[64] 하지만 초기 교회 창설에서 신유박해에 이르는 시기까지 충주 교회에서 그의 역할은 절대적이었다.

앞서 이기연이 아버지 제사 때만 되면 집을 나가, 그 형 이세연(李世延, 1721~1804)이 통곡했다는 《송담유록》의 이야기를 짧게 소개했다. 이기연은 권득신의 외아들 권상익(權相益)에게 딸을 시집보내, 권철신 집안과 사돈을 맺었다. 《송담유록》은 이기연·이최연 형제가 충주의 남필용과 포천의 홍교만, 그의 서종제 홍익만 등과 함께 권일신에게 서학을 배워 인근 여러 고을의 백성들이 휩쓸리듯 따랐다고 썼다. 이기연 형제는 청백리로 이름 높았던 연원부원군(延原府院君) 이광정(李光庭, 1552~1627)의 6세손으로, 충주 지역에서 명망이 우렁찬 최고의 명문 출신이었다.

《송담유록》의 기록을 한 번 더 찾아 읽으면 이렇다.

> 충주의 사족인 이최연과 이기연 형제가 권일신에게 배워 오로지 사학에다 마음을 쏟았다. 그의 큰형인 이세연은 근후하고 이름이 알려진 선비였다. 한번은 부친의 기일이 되었는데, 두 아우가 참석하지 않자 이세연이 통곡하였지만, 끝내 마음을 돌리지 않았다. 사족들과 무지한 백성을 가르쳐서 꾀니, 당시에 사학의 소굴로 일컬어진 곳은 내포의 여러 고을과 충주와 양근, 여주와 이천이라고 한다. 임금께서 몰래 사람을 시켜 이들 고을을 염탐케 하여 사학이 더욱 심하다는 것을 밝게 아셨다. 특별히 이가환을 충주목사에 보임하고, 정약용을 금정찰방에 앉혔다. 임금의 뜻은 그들의 무리에게 죄를 알게 하고, 또 사학 하는 무리가 두려워 그만두게 하려 한 것이었다. 해가 바뀌고 나서야 체직을 허락하였다. 이가환과 정약용의 무리가 비로소 담을 잃고 겁을 먹었다.[65]

1795년 7월 25일에 이가환을 충주목사로 보낸 이유가, 이곳에서 이기연 형제를 중심으로 한 천주교 세력이 특별히 기승을 부리므로, 이가환을 시켜 이들을 일망타진케 하려 했다는 것이다. 1801년 신유박해 때뿐 아니라, 1795년 주문모 실포 사건 직후에도 충주는 사학이 창궐하는 핵심 소굴의 하나로 지목된 곳이었다.

1795년 이가환이 충주목사로 있을 당시, 금육일을 골라 자기 집에 선비들을 초대해 고기를 대접해서 천주교 신봉 여부를 알아보았다는 이야기가 달레의 《한국천주교회사》에 나온다.[66] 천주교도에게 도둑을 다스릴 때나 쓰는 주리형을 처음 적용한 것도 이가환이었다. 황사영의 〈백서〉에 나온다.[67] 당시 이가환이 서로 너무나 잘 알고 있던 이기연 집안 사람들을 어떻게 다뤘는지에 대해서는 알려진 것이 없다.

이기연·이최연 형제

교회사 기록에 이기연의 이름은 있어도 그 아우 이최연의 존재는 전혀 포착되지 않는다. 《사학징의》에도 그의 이름은 없다. 하지만 《송담유록》에서는 이최연이 형 이기연과 함께 충주 교회의 중추적 역할을 담당했다고 분명히 적고 있다.

현재 연안 이씨 삼척공파(三陟公派) 족보에는 이기연과 이최연 두 사람의 이름을 모두 파낸 상태다. 맏형 이세연과 둘째 이혜연(李惠延, 1732~1775), 셋째 이제연(李濟延, 1736~1767)의 이름만 있고, 넷째였을 이기연과 다섯째 이최연의 이름이 없는 것이다. 이것만 보더라도 이최연이 사학에 연루된 것은 일단 분명한 사실이다. 규장각본 《남보》에는 이기연은 여전히 빠진 채 이최연의 이름만 올라 있다.

이기연이 충주 교회를 세우고 중심 역할을 한 것은 1785년 조선 교회 창설 직후부터의 일이다. 박종악이 1791년 12월 11일 정조에게 올린 보고서의 별지에는 "충주에 사학 하는 자들의 무리가 실로 많다"는 말이 보이고, "이기연이 《이십오언(二十五言)》 1책, 《성세추요(盛世芻蕘)》 1책을 지니고 자수해 관청 뜰에서 불태웠다고 합니다. 허물을 고치겠

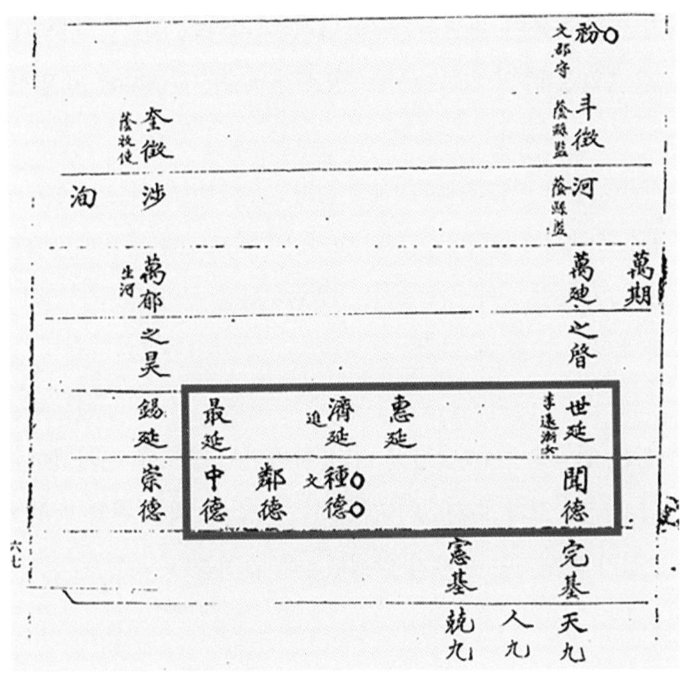

규장각본 《남보》에 실린 이기연 집안의 계보. 이기연은 빠진 채 이최연의 이름만 보인다.

다는 공초를 받고 풀어주었습니다"라고 쓰여 있다.[68]

이 기록에 함께 등장하는 충주 지역 인물에 홍장보(洪章輔, 1744~?), 홍계영(洪桂榮, 1746~1826), 최종국(崔宗國, ?~?) 등이 더 있다. 특별히 홍장보의 집에서는 모두 15종의 사서가 쏟아져나와 이목을 놀라게 했다. 이들은 모두 한문으로 된 높은 수준의 교리서를 소지하고 있었다.[69] 1791년 당시 충주 지역 교회는 내포와 달리 양반 지식인층이 상층부를 구성하고 있었다는 뜻이다. 당시 이기연의 배교는 그때뿐이었고, 이후 그는 다시 충주 교회의 확장에 온 힘을 쏟았다. 그 결과 충주 교회의 교세는 그 어느 지역보다 비약적으로 성장했다.

이기연의 이름이 관변 기록에 다시 나타나는 것은 신유년(1801) 3월 10일《일성록》의 기록에서다. 형조판서 조진관(趙鎭寬)이 말했다.

> 지금에 사학 하는 자들 중 물든 것이 조금 가벼운 자는 마땅히 먼 지방으로 내쳐야 합니다. 하지만 이기연을 북도(北道)에 정배한 일로 볼 때, 그가 있는 곳에서 접촉하는 데마다 독을 끼치니, 이는 깊이 염려하지 않을 수 없습니다.[70]

이 짧은 언급은 1801년 3월 이전 이기연이 북도에 정배되어 있었고, 그곳에서도 그가 부지런히 전교하는 바람에 해당 지역 백성 중에 천주교 신자가 생기는 문제가 발생했음을 알려준다.

형제의 뒷바라지

그런데 4년 뒤인 1805년 8월 2일《순조실록》의 기사에 나오는, 함경도 종성(鍾城)에서 동몽(童蒙) 교관을 하던 채경갑(蔡慶甲)이 올린 상언(上言) 때문에 이기연·이최연 형제의 1801년 당시 동선이 한 가지 더 포착된다.

1801년 채경갑의 부친 채홍득(蔡弘得)이 집 앞에서 타작을 하고 있는데 웬 사람이 들어와 밥을 달라고 청하므로 점심밥을 대접한 일이 있었다. 그 사람은 그날 종이묶음까지 팔고 돌아갔다. 그 뒤 종성부사가 돌연 그 아비를 감영의 감옥에 가두고 사학죄인 이최연에게 곡식을 대주고 밥을 먹였다는 죄목으로 금화현(金化縣)으로 정배 보냈다. 채경갑의 상언은, 아비 채홍득이 밥을 먹인 것이 이최연이 아니므로

부친의 귀양이 억울하니 특명으로 석방해달라는 내용이었다.[71]

해당 부서에서 유배안을 가져다 서류를 확인했다. 정작 채홍득은 사학죄인 이기연을 유배지까지 찾아가서 쌀포대를 건네주어, 죄인끼리의 연통 금지를 범한 죄목으로 귀양을 간 것으로 되어 있었다. 채홍득이 유배를 간 것은 1801년 3월 이전의 일이었다.

이 묘한 상황은 많은 생각을 불러일으킨다. 확인되는 팩트는 이렇다. 당시 이최연도 사학죄인으로 함경도 종성 땅에 머물고 있었다. 이최연은 그곳 사람 채홍득에게 부탁해 종성에서 멀지 않은 곳에 유배가 있는 형님 이기연에게 곡식과 생필품을 전달해달라고 부탁했다. 하지만 이 일이 탄로나는 통에 엉뚱하게 채홍득이 그만 유배를 가게 되었다. 죄인끼리의 연통 금지를 범했다고 한 것은, 이최연이 형 이기연을 도우려고 사람을 중간에 두어 연통했다는 뜻이다. 그럼 부탁 당사자인 이최연은 당시 어떤 처벌을 받았을까? 알 수가 없다. 그에 관한 기록이 온전히 부재하는 것은 실로 비정상적이다.

당시 이최연은 형 이기연을 돌보기 위해 일부러 종성까지 올라갔던 걸까? 아니면 그 자신 또한 유배객의 신세로 종성에 있었던 걸까? 후자라면 기록이 없는 것이 이상하고, 전자라면 인근 고을로 가서 간접적으로 도움의 손길을 보내려 했던 것으로 볼 수 있겠다. 어쨌거나 채경갑의 상언으로 인해 충주 명문 형제의 사학 관련 행적 하나를 보탤 수 있게 된 것은 그나마 다행스러운 일이다. 필자의 생각은 후자 쪽이다.

이기연은 함경도 꼭대기까지 귀양 가서도 근신하지 않고, 오히려 적극적으로 지역 주민들에게 포교해 천주교의 씨앗을 퍼뜨리고 있었다. 이최연이 종성 사람 채홍득에게 부탁해 형님을 도우려 했던 것 또한 채홍득이 이최연 또는 이기연을 통해 서학을 받아들였기에 가능한

충주 교회의 순교 현장인 충주 관아(왼쪽)와 연풍 성지(오른쪽)에 세워진 순교현양비. 이기연과 이부춘·이석중 부자, 권아기련 등이 참수형을 받아 순교한 충주 관아에는 관아공원이 조성되었다.

일이었을 것이다.

애초에 이들 형제가 충주 교회의 핵심이었음에도 유배형에 그쳤다면, 그것은 배교의 다짐과 집안의 배경이 작용했을 것으로 보인다. 다시 1801년 10월 23일 《순조실록》 기사에 충청감사 윤광안(尹光顔)의 보고가 더 나온다.

> 사학죄인 충주의 이기연은 권일신과 체결하여 사학에 깊이 미혹되어 집안 제사에 참석하지 않았습니다. 먼저 집안으로부터 이웃 마을에 이르기까지 남녀를 속여 꾀어 한 고을을 그르쳤습니다. 스스로 와주

(窩主)가 되어 기꺼이 사학의 괴수가 된 증거가 이미 드러나 자취를 가리기 어렵습니다.[72]

이기연은 유배지인 북도에서 신앙생활을 계속했을 뿐 아니라, 주변에 접촉한 사람들에게 포교하다가 문제가 되어 다시 충주 관아로 끌려와 계속 갇혀 있었고, 이때 복심(覆審) 절차를 진행했다. 결국 그는 1801년 12월 17일, 집안 제사에 참여하지 않고 요언과 요서를 만들어 대중을 미혹시킨 죄로 목이 잘려 죽었다. 그의 나이 63세였다. 《일성록》에 나온다.[73]

8. 충주 교회의 저력

이기연 집안의 신앙

이기연 형제가 선두에서 이끈 충주 교회는 창립기부터 다져온 저력이 있었다. 충주 교회는 당시 전국의 거점 지역 중에서 가장 기반이 단단하고 균형이 잡힌 찰진 조직을 갖추고 있었다.

충주 교회의 출발은 이기연·이최연 형제가 권일신 집안과 사돈을 맺고, 그에게서 천주교 신앙을 받아들이면서 시작되었다. 여기에 충주에 살던 권철신의 처남 남필용과 권철신의 사위 이재섭(李載燮) 등이 충주 교회의 출범을 함께 도왔다. 이기연의 사위 권상익도 충주에 근거지를 마련해 가세했다.

《사학징의》〈작배질(作配秩)〉에는 1801년 당시 신유박해로 유배 간 23인의 명단이 나온다. 이중 이기연 집안만을 따로 추려내면, 이기연의 아들 이중덕(李仲德)과 연풍(延豐)에 살던 둘째 형 이혜연의 아들 이

항덕(李恒德), 셋째 형 이제연의 아들 이종덕(李宗德, 족보명은 種德)이 더 보인다.[74] 명단에 들지 않은 이최연 부자도 포함해야 마땅하다. 여기에 여종 덕춘(德春)과 이름이 알려지지 않은 집안 여성들까지 포함한다면 온 집안이 천주교 신자였다고 해도 과하지 않다.

충주 이기연·이최연 집안에서 주목되는 또 한 사람은 이관기(李寬基, 1771~1831)다. 그는 이기연의 큰형인 이세연의 장남 이문덕(李聞德)의 맏아들로, 삼척공파 대종중의 종손인 이행덕(李行德)에게 입계되어 종가의 종손이 되었다. 그 또한 신유박해 때 사학의 혐의로 장흥에 귀양 갔다.

《사학징의》에 실린 1801년 10월 11일자 사헌부의 이첩 공문에 다음 내용이 있다.

> 서부(西部)에 사는 유학(幼學) 이관기는 흉적 이기연의 종손인데, 사학을 전습하는 정황이 이미 목격되었다. 그의 아비 이문덕이 미혹되어 믿고 높이 받들어 세상이 지목하자 그의 늙은 조부가 이를 금하였지만 안 되니 밤낮으로 호곡하였다는 이야기가 경향간에 널리 알려져 있다.[75]

이로 보아 이문덕 부자도 천주교 신자였다. 이렇게 보면, 이기연의 부친 이지계(李之啓)의 다섯 아들 중 장남 이세연과 일찍 죽은 차남 이혜연, 3남 이제연을 제외하고는 이기연·이최연 형제 및 오형제의 자식들 대부분이 천주교에 입교한 상태였고, 이들 집안을 중심으로 충주 교회가 터전을 닦아나간 것으로 보아 무리가 없다.

충주 교회의 양반층 신자 그룹

충주 교회는 초기부터 이기연 집안 외에 양반층 신자 그룹의 존재가 확인되는 안정적인 조직을 운영하고 있었다. 1791년 12월 11일 박종악의 《수기》에 이름을 올린 홍장보, 홍계영, 최종국 등도 초기부터 이기연 형제와 서학서를 읽으며 함께 공부한 양반층 신자들이었다.

먼저 홍장보와 홍계영 두 사람이 당시 관아에 자수하며 바친 책자는 《성년광익(聖年廣益)》 제1책, 《문답(問答)》 1책, 《칠요(七堯)》 1책, 《석판진본연해(石板眞本演解)》 한글본 1책, 《일과(日課)》 한글본 1책, 《구은축문(九恩祝文)》 1책, 《여미사규정(與彌撒規程)》 한글본 1책, 《천주십계(天主十誡)》 한글본 1책, 《성사문답(聖事問答)》 1책, 《이십오언(二十五言)》 1책, 《점성수경(點聖水經)》 2책, 《만물진원(萬物眞原)》 1책, 《칠극(七克)》 2책, 《성모괴고경(聖母魁告經)》 1책, 《인진주(認眞主)》 1책 등 무려 15종 17책에 달해 눈길을 끈다.[76]

1791년에 지방의 개인이 이 정도의 서학서를 보유했다는 것이 우선 놀랍다. 언해본이 다수 포함된 것은 집안에 여성 신자가 그만큼 많았다는 뜻이다. 특별히 미사 전례와 기도문, 예비 신자 교육에 필요한 서책이 대부분이어서, 1791년 당시 충주 교회가 이미 첨례와 교리 교육이 대단히 활성화된 상태였음을 명확하게 보여준다. 최종국은 《성교일과》 1책, 《천주》 한글본 1책을 바쳤고, 이기연은 《이십오언》 1책과 《성세추요》 1책을 더 바쳤다. 기본 교리서 공부에도 충실했음을 알 수 있다.

이중 홍장보는 《수기》에 직위가 '참봉'으로 되어 있다. 그는 풍산 홍씨로 충청도의 교회를 이끌던 홍낙민과 한집안이었다. 홍장보는 1790년 선릉참봉을 지냈고 1795년에 감역(監役), 1799년 아산현감, 1800년 옥천군수를 지냈다. 또 같은 집안인 홍계영은 홍낙증(洪樂曾)

의 아들로, 족보에는 홍정모(洪鼎謨)라는 이름으로 올라 있다. 자는 주빈(周賓), 호는 월도(月島)다.[77] 최종국은 따로 알려진 사실이 없다. 족보의 기록이나 이후 홍장보의 벼슬 이력으로 볼 때 두 사람은 1791년 서학책을 바치고 배교를 선언한 뒤에 천주교와는 발을 끊은 것으로 보인다.

어쨌거나 충주 교회는 1785년 출범 당시부터 이기연 형제를 정점에 두고 남필용, 이재섭, 권상익, 홍장보, 홍계영, 최종국 등 충주 지역 유력 가문의 자제들이 적극 참여한 가운데 서학서를 깊이 연구하면서 시작되었다. 여기에 1775년 홍유한이 순흥으로 이사 가자 그와 좀 더 가까운 곳에 살겠다며 1776년 여사울에서 충주로 이주한 홍낙민 집안도 초창기 교회 형성에 가세했을 것이다. 홍장보, 홍계영이 다 그의 집안인 점에서 그렇게 볼 수 있다.

이중 최종국의 경우는 신유박해 당시 아들 최길증(崔吉曾)이 이기연에게 사학을 배운 죄로 언양(彦陽)에 도배되었고, 이기연과 종유한 죄로 또한 신천(信川)으로 귀양 간 최종해(崔宗海)가 아마도 최종국과 형제간이거나 사촌간이었을 것으로 보인다. 여성 중 익산(益山)으로 도배된 최조이(崔召史) 또한 최종국 집안의 여인이었을 것이다.

교회의 허리를 떠받친 이부춘 부자와 여성 지도자 권아기련

신유박해 때 충주 지역 신자로 사형에 처해진 사람은 이기연, 이부춘, 이석중, 권아기련 네 사람이다. 〈작배질〉, 즉 유배자 명단에 이름을 올린 이는 무려 23명으로, 전국 지역 단위 가운데 가장 많은 수다.[78]

이기연과 함께 충주 교회의 허리를 받쳐준 잊을 수 없는 인물이 바로 이부춘(李富春, 1734~1801)과 이석중(李石中, 1773~1801) 부자다. 이부춘은 이기연보다 다섯 살 위로, 충주감영의 아전이었다. 뒤에 비장 노릇도 했다. 그는 이기연에게 사학을 배워 충주 지역 풀뿌리 신앙의 선봉장이 되었다. 《사학징의》 〈결안초(結案招)〉의 최후진술에서 이부춘은 다음과 같이 자백한 뒤 형장으로 끌려갔다.

> 이기연과 뒤얽혀 사설에 미혹되어 믿었고, 십계(十戒)와 오배(五拜)를 그치지 않고 강습하였습니다. 주일의 모임에 활발하게 함께 참여하면서 먼저 집안에서부터 이웃 마을의 남녀노소에 이르기까지 모두 사학에 오염시켜, 문득 와주가 되었습니다. 집안 제사에 참여하지 않아 윤리와 기강을 없애 끊어버렸습니다.[79]

위 진술 중 십계와 오배를 쉬지 않고 강습했다는 대목에 눈길이 간다. 이 두 가지를 신자 교육의 바탕으로 삼았다는 이야기인데, 이중 오배는 다소 낯설다. 이는 천주교 신자들이 날마다 행하는 조과경(早課經), 즉 아침 기도의 제1양식 중 오배례(五拜禮)를 말한다. 아침마다 다섯 가지를 다짐하며 절을 올리는 의식이다.

> 첫째는 "천주를 믿어, 일체의 삿되고 망령된 일을 모두 끊어버리나이다"이고, 둘째는 "천주께서 보우하사 나의 모든 죄를 온전히 사하여 주시기를 바라나이다"이다. 셋째는 "지극히 높고 지극히 선하신 주님을 만유의 위에 사랑하고 공경하나이다"이고, 넷째는 "한마음으로 제가 지은 죄와 허물을 통회하고, 다시는 감히 천주께 죄를 얻지 않을 것을 다짐하나이다"이며, 다섯째는 "성모께서 천주께 전구하사, 내게 항상되이 마치는 은혜를 내려주시기를 간절히 비나이다"이다.[80]

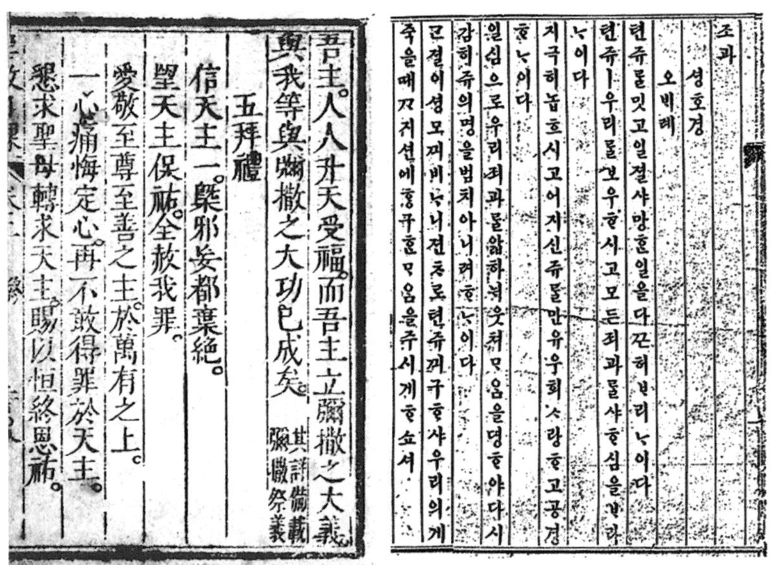

吾主。人人升天受福。而吾主立彌撒之大義
與我等與彌撒之大功已成矣 其詳備載彌撒祭義
五拜禮
信天主一。槩邪妄都棄絕。
望天主保祐。全赦我罪。
愛敬至尊至善之主。於萬有之上。
一心痛悔定心。再不敢得罪於天主。
懇求聖母轉求天主。賜以恒終恩祐。

조과 셩호경
오배례
텬쥬를 밋고 일졀 샤망ᄒᆞᆫ 일을 다 ᄭᅳᆫ허ᄇᆞ리ᄂᆞ이다
텬쥬ㅣ 우리를 보우ᄒᆞ시고 모든 죄과를 샤ᄒᆞ심을 ᄇᆞ라ᄂᆞ이다
지극히 놉흐시고 어지신 쥬를 만유 우희 ᄉᆞ랑ᄒᆞ고 공경ᄒᆞᄂᆞ이다
일심으로 우리 죄과를 앏하ᄒᆞ며 곳쳐 ᄆᆞᄋᆞᆷ을 뎡ᄒᆞ야 다시 감히 쥬의 명을 범치 아니ᄒᆞ기로 ᄒᆞᄂᆞ이다
ᄀᆞᆫ졀이 셩모ᄭᅴ 비ᄂᆞ니 젼ᄎᆞ로 텬쥬ᄭᅴ 구ᄒᆞ샤 우리의게 죽을 ᄯᆡᄭᆞ지 션에 항구ᄒᆞᄂᆞᆫ ᄆᆞᄋᆞᆷ을 주시게 ᄒᆞ쇼셔

프랑스 국가도서관이 소장한 《천주성교공과》 중 오배례 부분(왼쪽)과 1912년 민아오스딩이 감준한 《텬쥬셩교공과》 중 오배례 부분(오른쪽). 신유박해 때 이부춘은 최후진술에서 십계와 오배를 쉬지 않고 강습했다고 자백하고 형장으로 끌려갔다.

여기에 십계와 오배의 각 조목마다 구체적인 행동지침이 제시되었을 것이다. 그 내용과 방식은 최해두의 《자책》에 상세하다. 이는 당시 충주 교회의 신자 교리 교육이 대단히 실천적이고 체계적인 방식으로 진행되었음을 보여준다.

특별히 여성 신자 그룹에서는 충주 아전 집안 출신의 과부 권아기련(權阿只蓮, ?~1801)의 역할이 우뚝했다. 그녀는 이부춘의 처 이조이(李召史)와 이부춘의 사돈댁 황조이(黃召史), 이부춘의 며느리 이조이(李召史)·정조이(鄭召史)와 함께 충주 교회의 여성 사목을 이끄는 중심 역할을 수행했다. 이들은 모두 신유박해 때 한목으로 귀양 가 뿔뿔이 흩어졌다.

이 같은 면면은 충주 교회의 특성을 잘 보여준다. 첫째, 이기연을 정점으로, 깊은 교리 지식을 갖춘 양반 지도자층이 중심에 존재했다. 둘째, 이기연, 최종국, 이부춘 등 부자간 또는 며느리로 대를 이은 교우 가정이 여럿 있어, 가족 신앙의 모범적 형태를 갖췄다. 셋째, 양민과 신분이 낮은 백성을 이끈 아전 출신 이부춘 부자의 리더십이 있었다. 이들은 십계와 오배례 같은 실천적 신앙지침을 교리 교육의 근간으로 삼아 포교에 매진했다. 넷째, 권아기련을 중심으로 여성 조직의 일사불란한 활동 체계가 작동되고 있었다.

이렇게 볼 때 충주 교회는 신분별·직능별·성별 역할분담이 효율적으로 이루어졌고, 교리 이론뿐 아니라 신앙 활동에 있어서도 대단히 활성화된 안정적인 교회였음이 확인된다. 이들은 똘똘 뭉쳐 하나된 신앙공동체를 이뤘다. 하지만 신유박해의 충격파로 충주 교회의 기간 조직은 한동안 회복이 불가능할 정도로 와해되고 말았다.

6부

세례명 퍼즐 풀기와 여성 신자

1. 세례명 이야기

《사학징의》 속 정체 모를 세례명들

초기 교회 신자들은 세례명을 어떻게 정했을까? 그들은 성인 성녀의 이름과 행적을 어떤 경로로, 어느 범위까지 알 수 있었을까? 세례명은 왜 이렇듯 쉬 알기 어렵게 다양한 형태로 표기되었을까?

유관검(柳觀儉)은 《사학징의》에 수록된 공초에서 세례명이 "서양의 도가 높은 사람의 이름을 본떠 짓는 것"이라고 했고,[1] 정복혜(鄭福惠)도 공초에서 "사호를 부르는 것은 죽은 뒤에 좋다고 해서" 짓는 것이라고 대답한 것을 보면,[2] 서양에서 신앙으로 모범을 보인 성인 성녀의 이름을 따서 이들의 신앙을 자신의 표양으로 삼는 한편, 수호성인으로 여겨 살았을 때와 죽은 뒤까지 자신을 지켜주는 후광 같은 존재로 인식했음을 알 수 있다.

《사학징의》와 《추안급국안》의 죄인 심문 과정에 여러 사람의 세례명이 나온다. 백다록(白多祿, 최필제 베드로), 보록(保祿, 이국승 바오로), 다묵(多默, 최필공 토마스), 갈릉파(葛隆巴, 강완숙 골롬바)처럼 비교적 익숙하고 널리 알려진 이름도 있지만, 다목이(多木伊, 주문모), 투다(投多, 여종 구월), 이사발(二四發, 최조이), 이사우(以梱于, 충주 이생원), 이로수(二老叟, 강완숙 시모), 다슬아(多瑟阿, 김순이), 싸을이(조혜의), 윤아(閏阿, 복점), 갈오사(𥜥於沙, 유덕이), 오소랄(吳蘇辣, 김녀), 발라소(發羅所, 김이우), 마달(馬達, 성조이), 강량(姜良, 노비 낙선) 같은 처음 듣는 낯선 세례명도 여럿 있다. 이들은 대부분 지금껏 제대로 된 이름을 찾지 못한 상태다.

세례명은 어떻게 정했을까? 세례식을 집전하는 주례자나 해당 신자 본인이 희망하는 삶의 모범을 두어 정하거나, 그의 생일이나 기념일에 해당하는 주보성인으로 정했을 것이다. 여성들의 경우 부르기 좋은 예쁜 이름을 선호한 경향도 보인다. 당시 성인에 대한 정보는 365일 날짜마다 주보성인을 정해 생애를 정리, 소개한《성년광익(聖年廣益)》의 범위를 벗어날 수가 없었다. 이 밖에《성교일과(聖教日課)》에 수록된 성인 호칭 기도 속의 명단이 더 있지만, 대부분《성년광익》과 중복된다. 실제 현재 기록으로 남아 있는 세례명은 칸디다, 우르술라 등의 예외를 빼고 나면 모두 이 범위를 벗어나지 않는다.

1794년 주문모 신부가 입국하기 전 10년의 기간 중 초기에는 유일한 세례자인 이승훈이 세례를 주었고, 이후 가성직제도 아래에서는 10인의 신부가 세례명을 정해주었다. 주문모 신부가 오고 나서 세례는 신부에 의해서만 이루어졌으나, 얼마 못 가서 신부가 교주로 허락한 몇몇에게 세례를 줄 수 있는 권한이 부여되었다. 당시 폭발적으로 증가하는 신자를 관리하기 위해 불가피한 결정이었다.

초기 신자들의 세례명은 어떤 기준으로 정해졌을까? 조선은 신분사회였으니, 해당 성인 성녀의 신분이나 지위가 작명의 제약 요인으로 작용했을 것이다. 예를 들어, 천한 노비가 교황이나 주교 학자의 이름을 세례명으로 취할 수는 없었겠고, 나이 들어 입교한 기혼 여성이 젊어서 순교한 동정녀의 이름을 따서 세례명을 짓지는 않았을 터이다. 형제가 나란히 세례를 받을 경우, 그에 걸맞은 형제 성인의 이름을 취하기도 했다. 손경윤·손경욱 형제가 나란히 제르바시오와 프로타시오 치명(致命) 형제의 이름으로 세례명을 삼은 경우가 그렇다. 이 같은 사례는 당시 성인의 전기에 대한 비교적 충실한 이해 위에서 작명이 이루어졌음을 보여준다.

세례명이 《성년광익》에 수록된 성인 명단의 범위를 벗어날 수 없었음을 전제한다면, 유추하기 어려운 낯선 세례명 또한 《성년광익》에 수록된 성인 성녀 중 한 사람일 것임이 틀림없다. 다만 표기 방식이 생소하고, 조선식 생략과 조선 한자음을 반영한 표기로 인해 중국과는 동떨어진 형태가 되는 바람에 누군지 모르게 된 것일 뿐이다.

은폐의 전략

세례명을 사호(邪號)라 한 데서도 보듯, 당시 신자들은 별호의 느낌을 담아 썼다. 신자들은 평소 이름을 부르지 않고 세례명으로 서로를 불렀다. 그것은 지금도 마찬가지다. 그런데 입에 붙어 습관이 되었다가 외교인과 함께 있을 때 '마리아' 같은 세례명이 불쑥 튀어나오면 곤란해질 수 있었다. 그래서 겉으로 표나지 않게 글자 수를 줄이거나 우리말 표현에 가깝게 바꿔 불렀다. 별명처럼 편하게 부르다 보면 교우들 사이에 친근감과 결속력을 강화하는 계기가 되기도 했다. 여기에는 얼마간 은폐의 전략도 있었다. 실제로 《사학징의》의 공초 기록을 보면, 세례명만 알고 성명을 알지 못하는 경우가 적지 않게 나온다. 평소에 서로를 세례명으로 불렀다는 뜻이다.

다산 정약용은 1801년 2월 10일 의금부 국청에 끌려가 심문을 받았다. 당시 압수된 정약종의 문서더미에 들어 있던 편지 중에서 '정약망(丁若望)'이라는 이름이 나왔다. 심문관이 정약망이 누구냐고 따져묻자, 다산은 "제 일가 중에는 이런 이름을 가진 사람이 없습니다"라고 잡아뗐다. 약망은 다산의 세례명인 '요한'이니, 정약망을 모른다는 말은 '내가 나를 모른다'는 말과 같았다. 다산은 심문관이 약망이 천주교의 세례명인 줄 짐작지 못하고, 집안의 돌림자인 약(若) 자 항렬의 어떤 사람인 줄 아는 듯하자, 눈썹 하나 까딱 않고 명백한 거짓말로 상황을 일단 모면했다.[3] 이때만 해도 심문관의 서학에 대한 지식은 이처럼 어수룩한 구석이 있었다.

일반적으로 호(號)는 두세 글자로 쓰므로, 원래 여러 글자로 된 세례명의 경우 두 글자나 세 글자로 축약하는 경우가 잦았다. 또 서양 이름의 원래 발음을 조선 한자음으로 반영해 글자를 우아하게 교체하거나 호 같은 느낌이 나게 고치는 이른바 아화(雅化) 현상이 생겨났다. 게다가 오늘날 확인이 어려운 세례명 중에는 의금부나 형조, 포도청의 심문 과정에서 죄인의 진술을 받아적을 때 들리는 대로 기록하다 보니 바뀐 예까지 포함되어 있어, 초기 교인의 세례명 표기는 실제 이름과 연결 짓는 데 상당한 어려움이 뒤따른다.

먼저 축약과 교체의 경우를 보자. 《추안급국안》의 공초에서 이승훈을 이백다(李伯多), 권일신을 권사물(權沙勿)로 부른 예가 보인다.[4] 백다는 백다록(伯多祿, 베드로)을, 사물은 방제각 사물략(方濟各 沙勿略, 프란치스코 하비에르)에서 두 글자만 취해 줄여 썼다. 《사학징의》 중 정철상의 공초에는 주문모가 본국에 있을 때 다목이(多木伊) 또는 백다(白茶)

로 불렀다고 한 대목이 있다.[5] 다목이의 '이'는 인명 끝에 붙은 접미사다. 다목(多木)은 중국 발음으로 '두어무'니 다묵(多黙, 토마스)과 발음이 똑같다. 다목이는 토마스라는 본명을 조선식으로 바꿔 적은 이름인 것이다. 백다는 백다록의 앞 두 글자에서 취했지만, 조선식 한자음을 취해 글자를 교체했다. 백다(白茶)는 중국 음으로는 '바이차'로 읽지만, 여기서는 반드시 '백차'가 아닌 속음 '백다'로 읽어야 한다.

결국 정철상의 이 공초는 주문모가 중국에서는 토마스 또는 베드로라는 세례명을 썼고, 조선에 들어오면서 아각백(雅各伯) 즉 야고보라는 세례명을 쓰기 시작했다는 이야기인데, 어떤 의도에서 이렇게 말했는지는 알기 어렵다. 《사학징의》 중 정인혁의 공초에는 주문모의 세례명을 '약거백(若去白)'으로 표기한 예도 보인다.[6] 이 약거백은 주문모 신부의 세례명 아각백의 중국어 독법과 조선식 독음이 반씩 섞여 있는 묘한 방식의 표기다. '약거'는 조선 음을 취했고, '백'은 중국 음 '보'를 가져와 '약거보'로 절충한 형태다.

빠을이와 이로수

한편, 중국 현지에서 쓰는 한자 표기 세례명은 알파벳 원어 표기를 중국어 발음으로 음차한 것이어서, 우리식 한자음으로는 발음이 어렵거나 기괴한 느낌을 주는 것이 많았다. 예를 들자면, 성 이냐시오(Ignatius)를 의납작(依納爵)이라 하고, 디모테오(Timotheus)를 제막득아(弟莫得阿)라 하며, 라자로(Lazarus)를 랄잡록(辣匝祿)으로 표기하는 따위가 그렇다. '납작'이나 '막득' 또는 '랄잡'은 조선 한자음으로는 어감이 좋지가 않다. 그렇다 보니 이런 이름들은 그다지 선호하지 않았

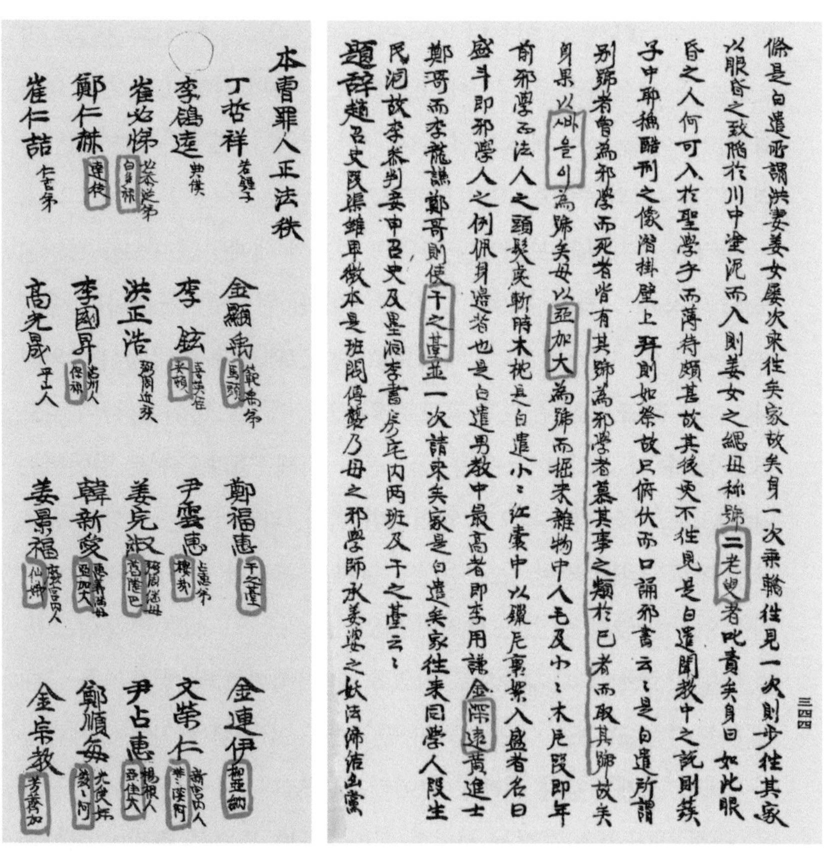

초기 교회 신자들은 원래 여러 글자로 된 세례명을 두 글자나 세 글자로 축약해 호처럼 쓰는 경우가 많았다. 사진은 《사학징의》 중 〈죄인정법질〉에 보이는 세례명(왼쪽)과 《사학징의》 중 조혜의 공초 기록의 세례명 부분(오른쪽).

다. 쓰더라도 글자 수를 줄이거나 조선식 한자음을 반영해 글자를 바꾸는 경우가 적지 않았다. 이런 사정 아래 중국 사람들이 봐서는 가늠조차 안 되는 이상한 표기의 세례명이 적지 않게 생겨난 것이다.

《사학징의》에 한글로만 적힌 조혜의의 세례명은 '싸을이'다.[7] 싸을이라는 이름의 성녀는 대체 누구였을까? 싸을이는 성녀 '바르바라(Barbara)'임에 틀림없다. 한자로는 파이발랄(巴爾拔辣)이라 쓰고 '빠을

바라'로 읽는다. 빨리 읽으면 '빨바라' 또는 '발바라'가 된다. 빠을이라는 본명은 빠을바라 네 글자에서 앞의 두 글자만 취하고, 여기에 명사형 어미 '이'를 붙여 애칭처럼 줄여 부른 것이다. 바르바라는《성년광익》12월 4일의 주보성녀다.

별라산 홍지영의 모친이자 강완숙 시모의 세례명인 이로수(二老叟)도 달리 용례를 찾기 어려워, 그간 추적이 안 된 이름 중 하나다. 이로수는 성녀 아녜스(Agnes), 영어식으로는 아그네스다. 중국에서는 의닉사(依搦斯)로 표기한다. 그쪽 음으로 읽으면 '이누오스'이고, 줄여 읽으면 '이노수'가 된다. 이로수는 중국 음을 취해 '얼라오슈'로 읽어서는 안 되고 조선식 한자음으로 읽어야만 한다. 의닉사라는 이상한 발음보다 이로수라고 써서 뜻도 점잖고 글자도 평이한 데다, 불리는 사람의 나이도 가늠할 수 있는 명칭이 되었다.

이렇듯 조선식 한자음으로 읽었을 때 어색한 중국식 표기를 그대로 따르지 않고, 조선식으로 뜻이 좋고 발음이 편한 한자로 교체하는 과정에서 정체불명의 세례명이 여럿 생겨났다. 하지만 원어와 중국음, 조선 한자음을 견줘서 하나하나 따져보면 특별히 추정이 어려운 한두 가지 예외를 제외하고는 대부분 확인이 가능하다.

2. 세례명 퍼즐 풀기

중국 음으로 읽어야 풀리는 퍼즐

중국에서 쓰는 한자 이름은 중국 발음으로 읽어야 원어와 비슷해진다. 중국의 한자 이름이 조선으로 건너와 현지화되는 것은 어찌 보면 당연하다. 앞의 글에 이어 세례명을 특정하지 못한 몇 가지 예를 마저 살펴보자.

먼저 최조이(崔召史)의 세례명으로 기록된 이사발(二四發)은 엘리사벳(Elisabeth)을 가리킨다. 중국어 표기 의살백이(依撒伯爾)를 '이사보얼'로 읽는데, 줄여 읽으면 이사발로 들린다. 이사발을 중국 음으로 읽을 경우 '얼쓰파'가 되어 영 딴말이 되고 만다. 흔히 이사벨에 해당하는 이름이다.

남판서 댁 여종 구월(九月)은 《추안급국안》에 박파투다(朴婆投多)로 나온다.[8] 하지만 파투다가 세례명은 아니다. 성씨 박(朴)에다 파(婆)는

'노파'라는 뜻이니, 세례명은 투다(投多)다. 투다는 성녀 테오도라(Theodora)로, 중국에서는 투다랄(投多辣) 또는 투다납(投多納)으로 쓰고 '토우도라'로 읽는다. 역시 앞 두 글자만 따서 축약한 형태다.

성조이(成召史)의 세례명은 마달(馬達)이다. 중국 음으로 읽으면 '마아따'다. 중국 표기는 마이대(瑪爾大)로 쓰고 '마얼따'로 읽는다. 동정성녀 마르타(Martha)를 가리킨다.

유덕이(柳德伊)의 세례명 갈오사(乬於沙)는 알기가 어렵다. 그나마 유사하기로는, 중국어 표기로 기리사제납(基利斯弟納)이라 쓰는 성녀 크리스티나(Christina)의 첫 세 글자 '기리사'에서 유사한 음을 취한 것이 아닐까 추정해본다.

《추안급국안》 1801년 3월 15일 주문모 공초 중에, 창동 사는 노파로 김오소랄(金吳蘇辣)이라는 이름이 나온다.[9] 오소랄은 '우스라'로 읽는데, 세례명 우르술라(Ursula)의 중국식 표기다. 다만 우르술라 성녀는 《성년광익》에는 나오지 않는 이름이다. 아마도 주문모 신부가 다른 성인 전기에서 본 성녀의 이름을 그녀에게 준 것으로 보인다.

우아하게 바뀐 성녀들의 이름과 성녀 전기

같은 음의 한자를 쓰더라도 한국인의 정서에 맞게 우아한 뜻을 지닌 글자를 끌어다 쓰는, 이른바 아화 현상이 특히 여성의 세례명에서 자주 발견되는 것은 흥미롭다. 서양 여성의 이름 끝에 자주 나오는 '나(na)'와 '아'가 중국어 표기에서는 거의 '납(納)'과 '랄(辣)' 또는 '아(亞)'로 쓰는데, 조선에서는 대부분 '라(羅)'나 '아(阿)'로 교체되는 특징이 있다.

김순이의 세례명 다슬라(多瑟羅) 또는 다슬아(多瑟阿)는 성녀 타르실라(Tharsilla)에 해당한다. 중국어 표기는 대서랄(大西辣)로 쓰고 '다시라'로 읽는다. 대서랄을 버리고 같은 발음의 '다슬라'라는 어감 좋고 예쁜 글자로 대체했다.

여종 윤복점의 세례명 윤아(閏阿)는 성녀 레지나(Regina)를 가리킨다. 중국어 표기는 유납(類納)이고 음으로는 '레이나'다. 유납을 '유나'로 읽고, 이것을 다시 우리 음운에 맞춰 '윤아'로 표기한 것이다. 똑같은 원리로 김염이의 세례명 안아(按阿)는 조선식 표기이고, 중국 표기로는 아납(亞納)이다. 둘 다 성녀 안나(Anna)를 나타낸다.

궁녀 문영인의 세례명으로 기록된 비비한아(非非漢阿)은 성녀 비비아나(Bibiana)로, 중국어 표기는 피피아납(彼彼亞納)이다. 정순매는 앞서 '쌔을이'라고 쓴 조혜의와는 달리, 발발아(發發阿) 또는 발발아(發發娥)를 택했다. 조도애의 세례명 안아다시아(安阿多時阿)는 중국어 표기 아납대서아(亞納大西亞)로, 성녀 아나스타시아(Anastasia)에 해당한다.

홍순희의 세례명 루시아(樓始阿)는 중국에서는 로제아(路濟亞)로 쓰고 루치아(Lucia)로 읽는다. 윤운혜는 루치아를 루재(樓哉)로 표기했는데, 중국 음 '루짜이'로 읽지 않고 '루치아'를 빠르게 읽는 느낌으로 적은 것이다. 강경복의 세례명 선아(仙娥)도 루재의 경우와 비슷하다. 수산나(Susanna)를 이렇게 썼다. 중국에서는 소살납(穌撒納)으로 쓰고 '수사나'로 읽는다. 김연이의 세례명 유아납(柳亞納)은 중국 표기 유리아납(儒里亞納)에서 한 글자는 바꾸고 한 글자를 줄였다. 성녀 율리아나(Juliana)를 가리킨다.

이렇듯 발음이 다른 중국어 표기를 우리 한자음에 맞게 바꿀 때는 발음이 편안하고 우아한 의미를 담으려고 애썼다. 바꾸는 데도 어느 정도 일정한 규칙이 작동했음을 볼 수 있다.

《사학징의》 끝에 부록으로 실린 〈요화사서소화기(妖畵邪書燒火記)〉에 성인 전기에 해당하는 책들이 보인다. 《셩녀 간거다》, 《셩녀 더릐ᄉᆞ(聖女 테레사)》, 《셩녀 아기다(聖女 아가다)》, 《셩종도보(聖宗徒譜)》, 《셩안덕늑(聖安德肋, 성 안드레아)》, 《셩녀 아ᄶᅡ다(聖女 아가다)》 등이다.

당시 여성 신자들에게 테레사, 아가다 성녀가 특별한 사랑을 받았다. 성녀 간거다는 《성년광익》에 없는 낯선 이름인데, 사학매파로 이름이 높았던 정복혜의 세례명 간지대(干之臺)에 해당한다. 간지대는 성녀 칸디다(Candida)로, 같은 이름의 두 성녀가 있다. 성녀 칸디다에 대해서는 6부 〈4. 간지대 정복혜와 성녀 칸디다〉에서 따로 살피겠다.

동일인명 이표기와 추정 오류의 예

같은 이름을 다르게 표기한 예는 여럿 있다. 세례명 시몬(Simon)은 한자로 서만(西滿)으로 적고 중국 음 '시먼'으로 읽는다. 김계완은 중국 표기를 따라 '서만'이라 했고, 황일광은 '심연(深淵)'으로 표기했다. 조선식 한자음으로 좋은 뜻을 취해 빌려쓴 것이다. 김계완은 김백심(金百深), 김심원(金深遠) 등의 별칭으로도 불렸다. 백심은 그의 자이고, 심원은 시몬을 조선식으로 고쳐 부른 명칭이다. 안토니오(Antonius)의 중국 표기는 원래 안당(安當)이지만, 홍익만은 안당(安堂)으로 고쳐 적어, 마치 별호처럼 보이게 했다.[10]

홍재영의 세례명은 파라(玻羅), 즉 '보로'다.[11] 파라는 중국어 표기 파라대삭(玻羅大削)의 줄인 표현이니, 프로타시오(Protasius) 성인을 가리킨다. 네 글자 중 앞 두 글자만 취해 별호처럼 썼다. 손경욱의 세례명은 액로대삭(厄老大削)인데, 앞쪽의 'ㅍ'이 묵음으로 처리되어 '으로

타시오'로 읽는다. 같은 세례명 프로타시오의 이(異)표기다.

특이한 이름으로 유항검의 노비였던 전주 출신 낙선(樂善)의 세례명 강량(姜良)이 있다.[12] 두 글자 중 량(良)이 세례명 레오(Leo)에 해당한다. 순교자 정은(鄭溵)의 후손 정규량(鄭奎良, 1882~1952) 신부의 경우, 세례명이 레오여서 집안의 돌림자인 규 자에 본인의 세례명을 얹어 이름을 지은 것만 봐도 알 수 있다. 강량의 강(姜)은 아마도 그의 성씨가 아니었을까 싶다. 강낙선 레오가 그의 실제 이름이었을 것으로 추정한다.

현재 통용되는 세례명이 잘못되어 고쳐야 할 것도 있다. 《추안급국안》 1801년 2월 13일 공초에서 정약용은 "권파서(權巴西) 형제는 아마도 권철신의 아들 권상문을 가리키는 듯하다"고 진술했다.[13] 3월 15일자 주문모의 공초에서는 권상문에 대해 말하면서 "남대문의 권가는 바로 파서략(巴西略)인데 현재 양근에 있습니다"라고 더 분명하게 짚어 말했다.[14]

한편, 달레는 《한국천주교회사》에서 복자 권상문의 세례명을 세바스티아노(Sebastianus)라고 했다.[15] 세바스티아노의 중국어 표기는 파사제앙(巴斯弟盎)이다. 파서와는 '파(巴)' 자만 일치한다. 중국어 표기 파서략(巴西略)은 바실리오(Basilius)이지 세바스티아노가 아니다. 권상문의 세례명은 세바스티아노가 아닌 바실리오가 분명하다. 달레의 기록보다 당시 주문모 신부와 정약용의 언급에 따르는 것이 맞다. 수정해야 마땅하다.

달레의 기록에는 이런 종류의 오류가 적지 않다. 황일광의 세례명도 《사학징의》에서 본인의 입으로 심연(深淵) 즉 시몬이라 했는데, 달레는 알렉시오라 적고 있다. 또 윤운혜의 경우 《사학징의》에는 루치아(樓哉)라 했으나, 1811년 〈신미년백서〉에는 마르타(瑪爾大)라 했고,

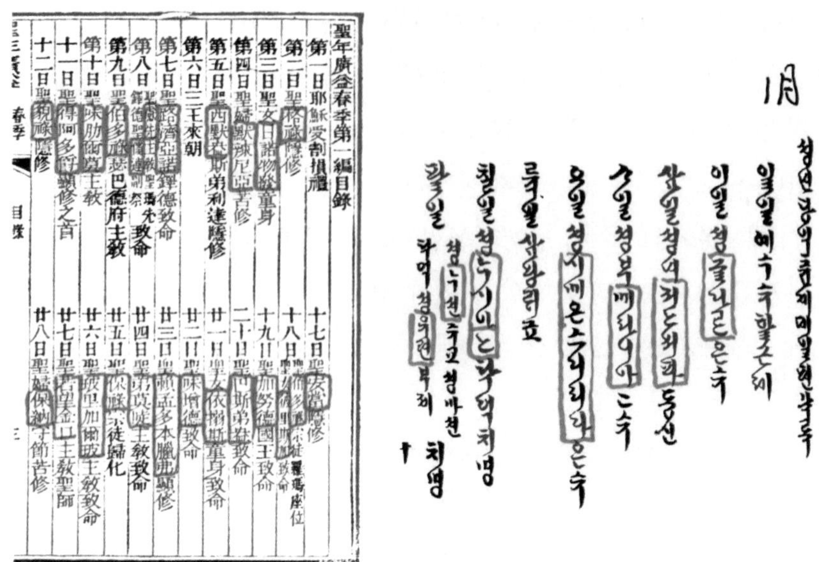

《성년광익》 마이야 본 1월 목차(왼쪽)와 《성년광익》 한글본 목차(오른쪽).

홍낙민의 세례명도 황사영은 〈백서〉에서 바오로라고 했지만, 다블뤼 주교의 기록에는 루카로 나온다.

김이우의 알려진 세례명은 바르나바(Barnaba)다. 《사학징의》에는 발라소(發羅所)로 표기했다.[16] 바르나바는 중국에서는 파이납백(巴爾納伯)으로 쓰고 '빠얼나바'로 읽는다. 정광수의 세례명이기도 하다. 발라소는 어떻게 읽어도 바르나바로 연결 짓기가 어렵다. 하지만 발라소의 '소(所)'는 '바' 소 자이니, 발라소로 적고 읽기는 '발라바'로 읽었던 것으로 보인다. 그래서 발라바가 바르나바로 되는 것이다. 이런 세례명 표기는 퍼즐 풀기에 가깝다.

또 《성년광익》에 수록된 성인 성녀의 이름 중에는 다른 사람인데 표기가 같은 예가 아주 많다. 이 경우 의도적으로 글자를 조금 바꿔서 사람을 구분하기도 한다. 이현 안토니오는 안돈(安頓)으로 표기했다.

홍익만은 안당(安堂)이라 하고, 중국에서는 안당(安當)으로 적거나, 안다니(安多尼)로 쓴다. 1월 17일의 주보성인 안당은 은수자 안토니오고, 6월 13일의 성 안다니는 현수자 성 안토니오다. 베드로의 경우도 사도 베드로는 백다록(伯多祿)으로 적지만, 4월 29일의 주보인 치명 성인 성 베드로는 백다록(白多祿)으로 달리 표기했다. 앞서 나온 최필제의 세례명은 후자에서 취한 것인 듯하다.

3. 요사팟이란 세례명

싯다르타를 모델로 한 허구의 성인전

이번에는 세례명을 지을 때 주보성인과 세례자의 연결이 어떤 방식으로 투사되는지를 '요사팟'이라는 세례명을 통해 알아보자. 주문모 신부는 1799년 6월 김건순(金建淳, 1776~1801)에게 세례를 주었다. 그런데 김건순은 두 사람이 처음 만난 1797년 당시 신부가 자신에게 요사팟(Josaphat, 若撒法)이라는 별호(別號)를 주었다고 진술했다.[17] 세례 이전에 세례명부터 먼저 받았다는 이야기인데, 특별한 경우이기는 해도 애초부터 주문모 신부가 김건순과 요사팟 성인의 삶을 겹쳐보고 있었다는 뜻으로 읽힌다.

《사학징의》 중 조혜의(趙惠義)의 공초를 보면, "이른바 별호란 것은 일찍이 사학을 하다가 죽은 사람은 모두 이름이 있는데, 사학을 하는 자가 그 일이 자기에게 비슷하게 되기를 사모하여 그 이름을 취한다"

고 했다.[18] 그러니까 세례명은 본인 또는 이름을 지어주는 사람이 그에게 바라는 바를 반영하여 짓는다는 뜻이다. 초기 신자 그룹 중에 '요사팟'이라는 세례명은 김건순만 받았다. 요사팟 성인은 과연 어떤 사람이었고, 신부는 김건순에게 어떤 역할을 기대해서 요사팟이라는 세례명을 지어주었을까?

《성년광익》에서는 11월 27일을 요사팟 성인의 날로 지정했다. 두 종류의 서로 다른 《성년광익》이 똑같다. 그의 이름 아래에는 '국왕고수(國王苦修)'라고 써놓았다. 요사팟 성인의 신분이 고귀한 국왕이었고, 그럼에도 고통스러운 수행을 통해 성인품에 올랐다는 뜻이다. 요컨대 요사팟이라는 세례명은 고귀한 신분으로 모든 기득권을 내려놓고 고통을 견뎌 어렵게 신앙을 쟁취한다는 의미를 띤다.

막상 성 요사팟의 전기를 읽어보면 고개가 갸웃해진다. 우선 그는 유럽의 성인이 아니다. 그는 소서양(小西洋)으로 불리는 인디아(應帝亞)에서 작은 나라의 왕자로 태어났다. 당시 인도에서는 천주교 신앙이 크게 일어나, 집을 버리고 들판에서 수행하며 득도한 사람이 많았다. 불교를 독실히 믿어 천주교도를 박해하던 국왕 아우니르(Auennir, 亞物尼耳)는 귀한 아들이 태어나자 그의 운명을 점쳤다. 태자가 성장하면 천주교를 믿어 봉행할 것이라는 점괘풀이가 나오자, 왕은 왕자가 외부와 접촉하거나 늙음과 질병과 죽음 같은 추한 것을 볼 수 없도록 차단된 공간에 격리한 채로 길렀다. 하지만 왕자는 우연한 계기에 나환자와 맹인, 노인과 시체 등 인생의 생로병사의 비참함을 목격하게 되고, 천주의 섭리로 은수자 발람(巴爾郞)을 만나 그의 인도로 천주교 신앙을 받아들였다. 이후 그는 왕의 지위를 버리고 수행자의 삶을 통해 천주교의 고귀한 성인으로 추앙받게 되었다는 이야기다.

그런데 그 사연을 읽어가다 보면 에피소드마다 자꾸 어떤 기시감

(旣視感)이 느껴진다. 성 요사팟의 전기가 고타마 싯다르타, 즉 석가모니의 생애와 거의 완벽하게 일치하고 있기 때문이다. 요컨대 성 요사팟은 실제로 존재한 천주교의 성인이 아니다. 불경에 나오는 석가모니의 일생 고사에 천주교 성인 서사의 외피를 입힌 허구적 성인전이다. 가톨릭의 성인이 허구적 인물, 그것도 석가모니라는 것은 의아하다 못해 황당한 느낌마저 든다.

《성 요사팟 시말》 속 불경 이야기

대체 어떻게 해서 이와 같은 일이 벌어지게 된 걸까? 롱고바르디(Nicolas Longobardi, 龍華民, 1565~1655)가 '성 요사팟 시말(聖若撒法始末)'이라는 제목의 번역본을 한문으로 간행한 것은 1602년의 일이다. 이 책의 원본은 '발람과 요사팟(Barlaam and Josaphat)'이라는 제목으로 7세기에 다마스쿠스의 성 요한에 의해 그리스어로 기록된 책자다. 중국과 페르시아의 고대 문헌에는 2~3세기경에 벌써 요사팟의 일대기가 소개되고 있는데, 이는 불교가 중앙아시아 지역으로 퍼져나갈 때 천주교 문헌과 습합되면서 이루어진 일이라는 것이 학계의 일반적인 정설이다. 이후 이 책은 라틴어와 프랑스어, 스페인어, 영어 등으로 번역되면서 살이 붙고 삽화까지 들어가, 요사팟은 천주교의 이교도 출신 은수자 성인으로 굳건한 위상을 지니게 되었다.

이 책의 역자 롱고바르디는 마테오 리치의 뒤를 이은 인물이다. 중국에서 포교할 때, 불교가 성행했던 광동 지역 불교도들이 천주교가 몇 권의 교리문답서에 의존해 포교하는 것을 보고 거칠고 비루한 수준의 종교라고 비하하자, 이에 대응하기 위해 이 책을 번역했다.

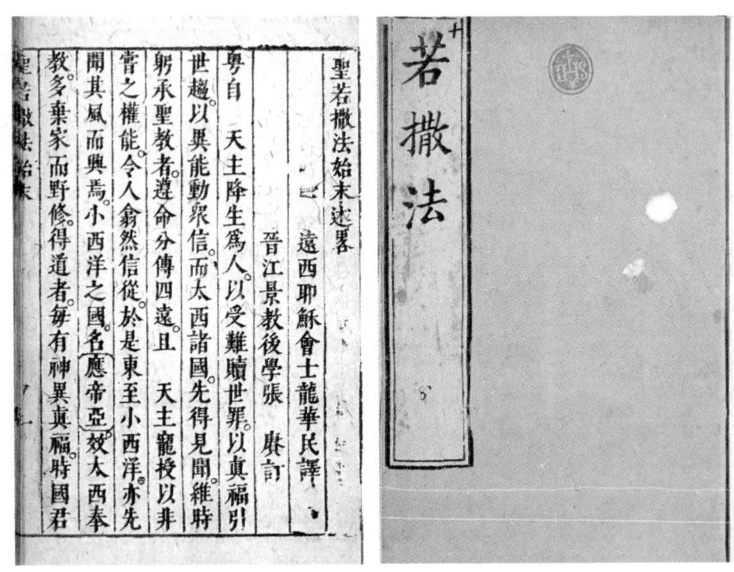

聖若撒法始末述畧
遠西耶穌會士龍華民譯
晋江景教後學張 賡訂
粤自 天主降生為人。以受難贖世罪。以真福引
世趨。以異能動衆信。而太西諸國。先得見聞。維時
躬承聖教者。遵命分傳四遠。且 天主寵授以非
常之權能。令人翕然信從。於是東至小西洋。亦先
聞其風而興焉。小西洋之國。名應帝亞。效太西奉
教。多棄家而野修。得道者。每有神異真福。時國君

1602년 롱고바르디가 한문으로 옮겨 간행한 《성 요사팟 시말》의 첫 면과 표지.

《성 요사팟 시말》은 동양에 최초로 소개된 천주교 성인 전기였고, 이에 앞서 1591년에 일본어로도 번역되어 천주교의 일본 전파에도 큰 영향을 끼쳤다. 하지만 이 책이 실제로는 불교의 창시자인 석가모니의 일생 행적을 천주교 성인 전기로 바꾼 이야기인 것이 명백하게 밝혀진 것은 서구 학계에서도 19세기 이후의 일이다. 번역자인 롱고바르디 또한 이 사실을 몰랐던 셈이다.[19]

초기 예수회 선교사들은 교리 교육에서 유학이 아닌 불교를 주 교화 대상으로 삼았다. 중국을 불교 국가로 오해했기 때문이다. 1581년 이탈리아 선교사 루제리(Michele Ruggieri, 羅明堅, 1543~1607)가 최초로 펴낸 교리서 《신편천주실록(新編天主實錄)》에 보면, 서사(西士)가 자신을 '승(僧)'으로 지칭하고 있다.[20]

선교사의 복장도 초기에는 승복이었다. 그러다가 마테오 리치 이

이탈리아 파르마 세례당의 요사팟 부조.

후 보유론적 시각으로 전환하면서 복장도 유복(儒服)으로 바뀌고, 용어도 유학의 그것으로 전환했다. 하지만 롱고바르디가 활동한 광동 지역은 특별히 불교의 위세가 강했으므로, 불교의 논법으로 불교를 설복한다는 선교 전략을 세웠던 것으로 보인다.

《성 요사팟 시말》 속에는 은수자 발람이 요사팟을 일깨우려고 전한 여섯 가지 비유가 나온다.[21] 그중 하나만 소개한다. 세상 사람들은 육신의 쾌락을 추구한다. 이것들은 모두 헛된 것인데도 사람들은 온통 미혹에 사로잡혀 깨닫지 못한다. 어떤 사람이 호랑이가 으르렁거리며 달려들자 이를 피하려고 구덩이 속으로 뛰어내렸다. 떨어지던 도중 작은 나무에 걸려 간신히 추락을 면하고 매달렸는데, 쥐 두 마리가 나타나 매달린 나무의 뿌리를 갉아먹어 곧 끊어질 지경이었다. 아래로 동굴의 바닥을 보니 독사 네 마리가 입에서 불을 뿜으며 사람을 잡아먹으려고 입을 딱 벌리고 있었다. 이럴 수도 없고 저러지도 못하는, 실로 절체절명의 순간이었다. 그런데 고개를 들어보니 나무 위에서 꿀이 똑똑 떨어지는지라, 마침내 위에서 호랑이가 으르렁거리고, 아래에는 뱀이 아가리를 딱 벌리고 있으며, 매달린 나무의 뿌리는 금세 끊어질 지경인 것을 까맣게 잊고, 그 단 꿀을 받아먹더라는 이야기다.

여기서 호랑이는 죽음, 사람이 뛰어든 굴은 세상을 상징한다. 쥐가 갉아먹는 나무는 인간의 수명을 뜻하니, 시각에 따라 줄어들어 마침내는 끊어지고 만다. 네 마리의 독사는 인간의 네 가지 행실, 즉 사행(四行)이고, 꿀은 세상의 헛된 쾌락이다. 그리고 나뭇가지에 매달린 사람은 미혹에 빠진 중생을 나타낸다.

이것은 불경《백유경(百喩經)》에 실린 널리 알려진 비유다. 발람과 요사팟은 이 비유를 두고 긴 대화를 이어가다가, 신망애(信望愛) 삼덕으로 벗을 삼아 세상을 성실히 살아야만 죽을 때 천주의 대전에서 자신의 죄악을 용서받을 수 있음을 말하는 가르침으로 마무리 지었다. 불경의 비유로 천주교의 가르침을 제시함으로써 차례차례 깨달음으로 인도하는 방식을 쓴 셈이다.

《성년광익》 속 요사팟 전기

《성년광익》의 11월 27일자에 수록된 〈성 요사팟 전기〉는 롱고바르디가 번역한《성 요사팟 시말》의 긴 서사를 간략하게 압축한 내용이다. 원전에 장황하게 소개된 불경의 비유가 대부분 생략되었고, 생애 사실 위주로 서사를 간추렸다.

서두에는 〈경언(警言)〉이라 하여 전편의 주제문에 해당하는 성경한 구절을 수록했다. 〈루카복음〉 16장 9절의 "여러분에게 말하거니와, 불의한 마몬으로 친구들을 만들어, 그것이 없어질 때 그들이 여러분을 영원한 초막에 맞아들이도록 하시오"라는 구절을 제시했다.[22]

뒤편의 〈의행지덕(宜行之德)〉은 요사팟 성인의 삶을 통해 배워야 할 것을 '경세(輕世)', 즉 세속을 가벼이 보라는 가르침으로 꼽았고, 마땅히 힘써야 할 〈당무지구(當務之求)〉에는 세상에 미혹된 자를 위해 기도하는 것을 내세웠다.[23] 이 모든 내용이 귀한 신분의 후예로서 기득권을 모두 내려놓고 세속적 가치를 멀리하여, 천주의 가르침에 따라 신앙의 삶을 산다는 주제와 연결되어 있다.

뒤에 다시 보겠지만, 김건순은 노론 최고의 명문인 김상헌 집안의 제사를 받드는 봉사손이었다. 부와 명예가 드높았고, 학문과 문장으로도 공자의 제자 안연(顔淵)의 환생이라는 말을 들을 만큼 대단한 위치에 있었다. 18세에 양부(養父)의 상을 당했을 때, 상주였던 그는 우리나라의 상복 제도가 송나라 때 제도를 본떠 옛 법을 잃었다며 이를 고쳐 바로잡아 상을 치렀다. 그가 입은 낯선 상복의 모양새를 본 사람들이 힐난하며 소동을 일으키자, 김건순은 조목조목 논거를 들어 그들의 주장에 반박하는 글을 지었는데, 근거가 명확하고 문장이 유려했다. 당대의 천재로 일컬어졌던 이가환이 18세 소년이 쓴 글을 읽어보고는 내가 도저히 따라가지 못하겠다고 감탄했다는 일화가 황사영의 〈백서〉에 실려 있다.[24] 그의 총명이 어떠했는지 실감나게 보여주는 예화다.

세속적 출세가 보장되어 있던 그는 어느 순간 둔갑술과 육임의 술법을 익히며, 강이천 등과 결탁하여 새로운 세상을 꿈꾸는 위험한 모험을 꿈꾸고 있었다. 동료였던 강이천은 그의 반짝반짝 빛나는 예지를 기려 그에게 가귤(嘉橘)이라는 별호를 지어주기까지 했다. 그런 그가 주문모 신부를 만나 두 차례 토론하고 나서는 전격적인 전향을 선언하고 천주교로 개종하는 결단을 내렸다. 김건순은 남대문 인근에 머물고 있던 남곽도인(南郭道人) 주문모를 서방성인(西方聖人) 또는 서방미인(西方美人)이라 부르며 그의 말에 따랐다.[25]

주문모 신부는 김건순과 황사영 두 사람을 천주교 차세대 지도자로 낙점했던 것 같다. 1801년 사형을 당할 당시 김건순이 26세, 황사영은 27세였다. 두 사람 모두 명문가의 봉사손이었고, 학식이 높고 문장 또한 대단했다. 신부는 김건순에게 그 학문과 문장으로 정약종을 도와 모든 천주교 교리 지식을 종합해 한 질의 총서로 묶는《성교전서》편찬의 소임을 맡겼다. 신부가 그의 두 어깨에 어떤 기대를 걸었는지 잘 보여주는 대목이다.

4. 간지대 정복혜와 성녀 칸디다

간지대, 간거다, 칸디다

세례명을 살피다 보니 유독 《성년광익》에 없는 '간지대(干之臺)'라는 이름이 궁금해진다. 간지대는 복자 정복혜(鄭福惠)의 세례명이다. 그녀는 1801년 2월에 붙들려와서 4월 2일 처형되었다.

간지대는 대체 어디서 온 이름일까? 《성년광익》에도 없는 성녀 이름을 정복혜는 어떻게 자신의 세례명으로 쓸 수 있었을까? 《사학징의》에 따르면, 그녀에게 세례를 준 사람은 이합규(李鴿逵)였다. 그녀는 1791년경 입교한 것으로 나온다. 또 《사학징의》 말미에 부록으로 실린 〈요화사서소화기〉에 한신애의 집 땅속에서 파낸 서책 중에 《셩녀간거다》라는 책이 있다. 한신애는 공초에서 "사서와 요상(妖像)을 땅에 묻은 것은 모두 정간지대가 가져온 것"이라고 진술했다.[26] 자신의 집에서 파낸 수많은 책은 모두 정복혜 간지대가 가져와 맡겨둔 물건이었다는 것이다.

간거다와 간지대는 동일 인명의 이표기로 보인다. 간지대 또는 간거다라는 이름의 성녀는 《성년광익》 365일에 날짜별로 정해둔 성인 성녀의 명단에는 없다. 별도로 전하는 그녀의 전기가 따로 있었다는 이야기다. 정복혜는 《셩녀 간거다》를 읽고 자신의 세례명으로 삼았을 것이다.

간지대는 성녀 칸디다(Candida)로, 중국어 표기로는 감제대(甘第大) 또는 감제대(甘弟大)라 쓰고, 읽기는 '칸디다'로 읽는다. 1811년 〈신미년백서〉에는 '감제대(甘弟大) 복혜(福惠)'라고 적혀 있다.[27] 간지대는 긴 장대를 가리키는 우리말이기도 해서, 음운조합이 다소 어색한 칸디다를 친숙한 우리말 어감으로 바꾼 표기라고 할 수 있다. 책 제목 속의 '간거다'라는 표기 또한 '칸디다'의 '디'에 해당하는 글자가 마땅치 않아 발음하기 좋게 교체된 것으로 볼 수 있다.

기록상 서양 성녀 칸디다는 적어도 두 사람이 있다. 한 사람은 서기 78년경 사도 베드로가 로마 여정 중 나폴리를 지날 때 처음으로 그를 환영한 여인으로, 베드로 사도에 의해 치유의 은사를 받은 뒤 그의 제자가 되어 후에 로마 성문 밖에서 다른 그리스도교인들과 함께 순교한 동정 성녀다. 그녀는 로마에서 오랫동안 공경을 받아왔고, 그녀의 유품은 9세기부터 성 파스칼 1세(Paschalis I) 교황에 의해 성 프락세데스(Praxedes) 성당에 안치되어 전해온다. 또 한 사람은 성 에메리우스(Emerius)의 어머니로, 에스파냐 북동부 카탈루냐의 헤로나(Gerona) 부근에 있던 성 스테파누스(Stephanus) 수도원 근처에서 은수자로 살다가 선종한 여인이다.[28]

중국 여인 서 칸디다

실제로 정복혜가 어떤 칸디다를 지향으로 삼았는지는 분명치 않으나, 앞쪽의 동정 성녀 칸디다보다는 후자일 가능성이 크다. 그런데 여기 또 한 사람의 칸디다가 있다. 중국에 천주교가 들어올 당시 마테오 리치와 교유하며 천주교 신앙을 받아들인 서광계(徐光啓)의 손녀 서 칸디다(徐甘第大, 1607~1680)로, 서양 선교사 백응리(柏應理, Philippe Couplet, 1623~1693)가 라틴어로 그녀의 전기를 남기면서 "고금에 짝할 이가 드물고, 중국 성교(聖敎)에서 유일무이한 여사(女士)"라고 칭송한 여인이다.[29] 그녀가 허씨 집안에 시집갔으므로 서양식 관습에 따라 서양 문헌에서는 남편의 성을 따서 '허 부인(許夫人)'으로 부른다.

그녀는 로마 가톨릭교회로부터 성녀의 공식 칭호를 얻지는 못했

마테오 리치, 탕약망, 서광계 등과 나란히 그려진 서 칸디다의 초상화(오른쪽 아래)와 그녀의 은제 십자가 문구.

다. 하지만 이미 당시 교회에서 "경건한 정성으로 주를 공경하며, 성덕을 부지런히 닦았다(虔誠敬主, 勤修聖德)"는 평가를 얻어, 중국 천주교회와 유럽 교회에서 성인 이상의 기림을 받았다.[30] 그녀의 전기는 라틴어로 먼저 쓰여졌고, 이후 프랑스어로 번역 출간되었는데, 정작 중국어로 번역된 것은 19세기 후반의 일이었다. 하지만 그녀의 놀라운 신앙과 서양 선교사들에 대한 헌신적인 공헌 및 기여는 이미 중국 천주교회 내부에 널리 알려진 것이어서, 정 간지대가 지녔던 《셩녀 간거다》는 중국 교회에서 프랑스어 번역판을 보고 그녀의 사적을 간략하게 간추린 것이었을 가능성이 높다. 달레의 《한국천주교회사》 프랑스어판을 바탕으로 중국에서 《고려주증(高麗主證)》이 간행된 것과 비슷한 경우라고 볼 수 있다.

서 칸디다는 중국에서 천주교가 정착하는 데 결정적인 역할을 한

라틴어로 간행된 백응리의 서 칸디다 전기 표지(오른쪽)와 책 속에 수록된 서 칸디다 초상화.

서광계의 외아들 서기(徐驥)의 5남 4녀 중 차녀로 태어났다. 그녀는 어머니 고씨(顧氏)를 통해 천주교 신앙을 익힌 뒤, 16세에 송강부(宋江府) 허씨 집안에 시집가서도 신앙생활을 계속했다. 당시 교난(敎難)을 만나 고통 속에 있던 서양 선교사들을 헌신적으로 돌보고, 어려운 살림에도 금전적 지원을 아끼지 않았다. 수많은 성당의 건립에도 기여해, 송강과 소주 인근 지역에 135개의 작은 성당이 세워지는 데 헌신했고, 근 400권에 달하는 천주교 교리 서적의 간행에도 경제적 후원을 아끼지 않았다. 강도를 만나 칼에 찔려 죽기 직전의 신부들을 구출해 정성껏 치료해주고 빼앗긴 여행 경비를 마련해준 일도 있었다. 당시 최악의 상황에 처해 있던 서양 선교사들에게 그녀는 구원의 천사 같은 존재였다. 이후 중국 천주교회사에서 그녀는 서양 신부들의 입과 기록을 통해 성인 이상의 존재로 각인되어, 각종 전기가 잇달아 출간되었다. 그녀는 중국에서보다 유럽 교회에 먼저 알려진 특이한 경우였다.

정복혜 간지대가 소장했던 《셩녀 간거다》라는 책 또한 그 같은 전문(傳聞)을 수록한 소책자 중 하나였을 것으로 추정된다. 그녀가 교회 서적의 보급에 중요한 역할을 맡았던 것도 서 칸디다를 연상시킨다.

사학매파 간지대

《사학징의》에서 정복혜를 '여항천파(閭巷賤婆)'로 지칭한 것을 보면, 그녀는 신분이 낮고 나이가 적지 않았다.[31] 그녀는 당시 교회 조직에서 서민 출신으로 가장 영향력이 막강했던 이합규를 통해 입교했고, 그녀에게 간지대라는 세례명을 내려준 것도 이합규였다.[32] 그녀는 강완숙의 집과 예산군수를 지낸 조시종(趙時種)의 집을 수시로 들락거렸다. 당시 서울 지역 천주교 조직의 중심부를 구성하던 이합규, 정광수, 김이우, 황사영 등과도 빈번하게 접촉했던 이른바 사학매파였다. 특별히 조시종의 처 한신애 모녀와 가까웠고, 한신애의 요청으로 이합규와 정광수, 홍문갑 등을 그 집으로 데려가 그 집 비복들에게 전교하는 중간 역할을 맡기도 했다. 정광수의 처 윤운혜도 자신이 간지대와 몹시 가까웠다고 진술한 바 있다.[33]

간지대는 온 집안이 천주교 신자였다. 오라비 정명복(鄭命福) 내외와 아들 윤석춘(尹碩春) 내외도 신자였다. 정명복 내외는 전농동에 살다가 1798년에 서소문으로 이사 왔고, 이들 또한 이합규를 통해 신앙을 받아들였다. 정명복의 사위 김덕중(金德重)도 강완숙의 집을 들락거리며 강학에 열심이었다. 정명복은 배교하고 목숨을 구해 1801년 12월에 장성으로 귀양 갔다. 윤석춘의 처는 이기양의 아들이자 이총억의 동생인 이방억의 유모였다. 이 인연으로 간지대가 천주교 신자였던 그 집안을 자주 왕래할 수 있었다. 이총억과도 가까웠다.[34]

간지대는 덕산(德山)의 교주인 송가(宋哥)와 친해, 그가 만든 천주교 서적을 들고 다니며 교인들에게 판매한 일도 있다.[35] 송가는 송복명을 가리킨다.

그녀가 이 시기 교회에서 담당했던 주요한 일 중 하나는 천주교 교리서의 공급과 보급책의 역할이었다. 한신애의 집에서는 땅에 파묻어 둔 26종의 교리서가 쏟아져나왔다. 이 책은 모두 간지대가 검거의 위협을 느껴 한밤중에 가져다 땅에 묻어둔 것이었다.

간지대의 것으로 압수된 책의 목록을 보면 실제로 첨례에 필요한 기도서 종류가 압도적으로 많다.[36] 《수진일과(袖珍日課)》, 《미사(彌撒)》, 《성경일과(聖經日課)》, 《성경직히(聖經直解)》, 《성경광익(聖經廣益)》,

《셩경광익직히(聖經廣益直解)》, 《쥬년쳠예쥬일(周年瞻禮主日)》 등이 쏟아져나왔고, 《여미사규정(與彌撒規程)》과 《오상경규정(五傷經規程)》 등의 책자도 모두 주일 미사 첨례에 필요한 각종 기도문과 독서 성경 및 의례와 관련된 내용이었다. 이 밖에 교리서로는 《교요셔론(教要序論)》, 《주교은지(主教恩旨)》, 《묵상(默想)》, 《묵상지장(默想指掌)》, 《고히요리(告解要理)》, 《셩교쳔셜(聖教淺說)》, 《척죄정규(滌罪正規)》, 《삼문답부십계(三問答附十誡)》, 《요니문답(要理問答)》 등이 더 있다. 《묵상지장》의 경우 한문본과 한글본이 따로 있었다.

여기에 성 라우렌시오의 순교 일기로 보이는 《노능좌(치)명일기(老楞佐(致)命日記)》와 《셩녀 간거다》 같은 책은 성인전 계통이다. 또 여성 교육을 위한 《규잠(閨箴)》, 《규람(閨覽)》 등이 더 있다. 이들 중에는 미처 표지를 씌우지 못한 책자도 여럿 보인다. 그녀의 집은 정광수·윤운혜 부부가 이끌던 성물 공방과 연계된 거점이었던 듯하다.

그녀의 집에서 나온 《셩모시히명도회규인(聖母始胎明道會規引)》은 주목할 만하다. 주문모 신부에 의해 운영된 명도회의 회칙을 적은 책자로 보이기 때문이다. 명도회에 대해서는 9부에서 자세히 소개하겠다. 특별히 그녀의 압수 물품 목록에 도상판(圖像板)과 도상족자 3개가 눈길을 끈다. 도상판은 성화를 찍어내기 위해 원화를 새겨둔 목판을 말한다. 이를 통해 당시 성화의 제작이 목판에 새겨 찍어낸 뒤 채색을 입히는 방식으로 제작되었음을 알 수 있게 된 점도 소중하다. 함께 발견된 작은 주머니 6개에는 순교 성인의 머리카락과 나뭇조각 및 성해(聖骸)와 관련된 가루 등이 들어 있어서, 당시 신자들에게 이 같은 물품의 수요가 지속적으로 있었음을 보여준다.[37]

정작 집주인인 한신애의 거처에서 압수된 것이 《성호경》과 사학 경전을 언문으로 베낀 책 1권뿐이었음을 본다면, 당시 간지대가 한신애의 집 마당에 묻어둔 자료의 범위가 얼마나 위력적인 것이었는지 알 수 있고, 이를 통해 당시 교계 내 그녀의 위상에 대해 한 번 더 돌아보게 된다. 다만《사학징의》에 실린 그녀의 공초는 뜻밖에 짧아 구체적인 내용이 없다. 그녀가 특별한 진술과 배교를 거부하고 단호한 태도로 군더더기 없는 죽음을 택했기 때문이다.

5. 사학매파 삼인방

교회의 허리

《사학징의》의 공초 기록 속에서 사학매파(邪學媒婆)로 일컬어진 사람이 셋 있다. 복자 정복혜 간지대와 복자 김연이 율리아나, 비녀 윤복점 레지나. 정복혜는 1801년 4월 2일에 처형되었고, 김연이는 5월 22일에 처형되었으며, 여종 윤복점은 배교로 목숨을 건져 5월 18일에 영해(寧海)로 유배 갔다.

《사학징의》 중 윤복점의 〈형추문목(刑推問目)〉에 이런 내용이 있다.

> 너는 본시 사학의 매파로 양반 천민 할 것 없이 들락거리며 속여서 꾄 것이 이미 여러 해고, 다닌 곳이 몇 군데나 되는지 모른다. 뿐만 아니라 사학노파로 여러 곳을 두루 다닌 자로 간지대와 김연이 같은 이가 또한 많다.[38]

이로 보아 사학매파는 양반 천민 할 것 없이 여러 집을 들락거리며 포교하는 역할이었다. 윤복점뿐 아니라 당시 대표적인 사학매파로 정복혜와 김연이가 소문이 났고, 그 밖에도 적잖은 사학매파들이 활동하고 있었던 것으로 보인다. 파(婆)는 일반적으로 40~50대 중년 부인의 호칭이고, 60대를 넘어가면 '노파'라 했다. 매파란 사학을 매개하는 여성이라는 뜻이다. 그녀들은 이집 저집을 다니면서 포교 활동을 하고 교리서 및 성물 보급, 그리고 연락책의 역할을 했다.

거점 역할의 강완숙이나 정광수의 부인 윤운혜를 두고는 매파라는 호칭을 붙이지 않았다. 신유박해 당시 42세였던 강완숙은 '강파(姜婆)'라고만 했지, 매파라고는 부르지 않았다. 윤운혜는 자신의 공초에서 간지대를 매파라고 했는데, 매파라는 호칭은 지체가 높지 않은 여인에 한정되는 느낌이 있다. 또 같은 심부름을 해도 강완숙의 여종 소명이나 남판서 댁 여종 구월 등 다른 여인들에게는 매파의 호칭을 붙이지 않았다. 나이 탓도 있겠지만 매파는 교리 교육이 가능해야 했기 때문이다. 매파는 지도자급과 개별 신자를 연결하는 중간 역할이었다. 그녀들은 교회의 허리를 든든히 받치는 존재여서 교회 내 비중이 결코 낮지 않았고, 교회 내부의 핵심 정보를 두루 꿰고 있었다.

세 사람 중 비녀 윤복점의 경우 달레의 《한국천주교회사》에는 관련 내용이 전혀 없다. 김연이와 정복혜는 형 집행자 명단에만 한 차례씩 나오고, 누구인지 모른다고 썼다.[39] 이들은 모두 주문모 신부에게 배워 영세를 받았고, 교회 일에서 심부름꾼 노릇을 했으며, 추적받는 교우들을 피신시키고, 상본과 책을 비롯해 천주교 관련 물품을 숨겨둔 죄였다고만 적었다. 달레가 집필 당시 《사학징의》를 보지 못해 생긴 일이다.

세 사람의 신분은 정복혜와 김연이는 양인이었고, 윤복점은 사노비였다. 나이는 정복혜와 김연이가 대략 50~60대였다면, 윤복점은 60대 후반쯤이었던 것으로 보인다. 《사학징의》 중 윤복점 공초 기록의 제사(題辭)에 "나이가 이미 늙어 해독을 끼칠 날이 얼마 없다"는 언급이 남아 있어,[40] 그리 짐작해둔다. 윤복점은 사학매파 가운데 몰지각하고 안면이 가장 넓다는 평을 받았지만, 첫 공초부터 배교하겠다고 하면서 요긴한 정보를 술술 불었으므로, 사형을 면하고 귀양 가는 데 그쳤다.

겹치는 동선과 폐궁 전담 김연이

세 사람의 동선을 보면 정복혜는 강완숙, 이합규, 한신애, 정광수, 이기양의 집과 접촉이 잦았다. 김연이는 강완숙, 한신애, 이기양의 집과 폐궁에 자주 출입했다고 했으니, 정복혜의 동선과 거의 일치한다. 여종 윤복점은 이윤하, 이가환, 박생원, 이기양, 한신애, 정재록, 남판서의 집안과 왕래가 잦았다고 진술했다. 정복혜는 산림동(山林洞)에 살았고, 김연이는 계동(桂洞) 용호영 안, 윤복점은 남대문 밖에 살았다.[41]

세 사람 모두 강완숙, 한신애, 이기양의 집안을 공통적으로 출입했고, 그 밖에 왕래한 집안의 면면으로 보아, 이들은 당시 교회 수뇌부나 명망가의 내실을 드나들면서 그 집안 부녀자들에게 교사로서 천주교 교리를 교육하고, 교회 소식 및 교리서를 전달하는 역할을 맡았음을 알 수 있다.

정복혜에 대해서는 앞 글에서 이미 살펴보았다. 여기서는 김연이와 비녀 윤복점에 대해 알아보겠다. 공초에 따르면, 김연이(金連伊)는 한신애를 통해 신앙을 받아들였다. 〈형추문목〉에서 "너는 사학 중의 매파로 상하 할 것 없이 종적이 두루 미쳐, 심지어 폐궁 나인과도 어지러이 수작하였다"고 했다.[42] 그녀는 강완숙과 한신애, 그리고 이기양의 집을 빈번하게 출입했고 정광수, 홍필주, 최필제, 이합규, 윤현, 김백심 등 당시 교회의 핵심 그룹과 자주 왕래했다. 자신의 딸 복인(福仁)과 함께 계동의 용호영 안쪽에 살았으므로, 흔히 '용호영 노파'로 불렸다. 지금의 계동 현대빌딩 인근이다.

김연이는 주로 강완숙의 지시를 받아 그때그때 기밀을 요하는 중요한 일을 처리했다. 특별히 은언군 이인의 부인 송 마리아와 은언군의 아들 이담의 처 신 마리아가 살고 있던 양제궁과 관련된 일을 전담했던 듯하다. 일종의 VIP 담당이었다. 공초 기록에 "폐궁과 교통하였고, 강완숙에게 소개하여 그녀로 하여금 주문모가 강론하는 자리에 참여하게 하였습니다"라거나, "폐궁과 교통하여 그들을 전염시켰습니다"라고 진술한 것을 통해 알 수 있다.[43]

김연이는 수시로 양제궁을 들락거리면서 그곳 나인들이 만든 수놓은 베개를 찾아온다는 핑계로 연락을 취했고, 폐궁 나인 강경복, 서경의와 함께 강완숙의 집에서 사서를 강학한 일도 있었다. 주문모 신부가 집전한 미사 첨례에도 그녀는 늘 참석했다. 이와 같은 인연으로 김연이의 딸 복인은 1800년 12월 잠깐이지만 폐궁의 나인으로 들어가기도 했다. 달레는 《한국천주교회사》에서 "어떤 여교우가 그들의 불행을 동정하여 1791년인가 1792년경에 천주교 이야기를 그들에게 해주었다. 불행으로 인하여 그들의 마음이 준비되어 있었으므로 그들은 입교하였다"라고 썼는데,[44] 그 '어떤 여교우'는 김연이가 아닌 이조이였다. 그녀에 대해서는 6부 〈8. 폐궁의 여인들〉에서 따로 자세히 살피겠다.

당시 황사영은 주문모 신부와 강완숙 등 교회 지도부에 의해 차세대 지도자로 낙점되어 주목받고 있었다. 신유박해가 일어나자, 황사영은 강완숙의 주선으로 용호영 안 김연이의 집으로 가서 숨었다. 강완숙의 지시에 따라 이합규와 김계완(김백심)이 잇따라 그 집으로 찾아왔다. 초기 며칠간 교계 핵심 인물들에게 그녀가 은신처를 제공했던 것이다. 그녀는 1801년 5월 22일에 강완숙, 한신애, 최인철, 김현우, 강경복, 문영인 등과 함께 서소문 밖에서 목이 잘려 죽었다.

비녀 윤복점

윤복점(尹福占)은 성을 뗀 채 이름으로만 불렸고, 복금(卜今)으로도 불렸다. 그녀는 주동(鑄洞, 중구 주자동) 권생원 댁의 외거노비였다. 권생원은 아마도 권상문이지 싶은데, 확실치 않다. 세례명 '윤아'가 성녀 레지나를 가리킴은 앞에서 살펴보았다. 그녀는 남대문 밖 이통진(李通津) 댁 사랑채에 기거했다. 통진현감을 지냈고 이씨 성을 가진 사람으로 이민채(李敏采, 1740~?)가 보이나, 복점이 살던 집이 바로 그의 집이었는지는 알 수 없다. 이후 남편을 잃은 그녀는 이동(履洞, 중구 을지로 3가 일대) 심진사 댁 행랑채로 거처를 옮겼다가, 1799년 남대문 내창(內倉) 앞에 사는 손만호(孫萬戶)의 첩에게 서학을 처음 배웠다고 했다.[45] 이는 죄를 가볍게 하려는 거짓말로, 그녀의 입교는 그보다 훨씬 여러 해 전의 일이었다.

윤복점은 이후 강완숙의 집을 자주 왕래했다. 생계의 방편은 베갯모에 수를 놓아 팔아서 마련했다. 그녀의 진술대로라면, 남대문 밖 이통진의 집 사랑채에 살 때 "먹고살기가 어려워서 홍문갑의 집을 왕래하면서 수침(繡枕), 즉 수놓은 베개를 내다 팔아 먹거리가 여유롭게 되었다"고 했다. 베개를 팔기 위해 홍문갑의 집을 들락거릴 때, 강완숙이 서학을 믿으면 "죽은 뒤에 마땅히 천국으로 돌아간다"고 하므로 그 말에 혹해 천주경을 익히게 되었다고 했다.[46]

막상 그녀의 강론 장소는 서울 전역에 걸친 전방위적 규모였다. 한남동 이윤하의 집과 정동 이가환의 집, 이가환의 동서인 피난동 박생원 집, 확교 이기양의 집, 수구문 안 조시종의 집, 도저동 정재록의 집, 그리고 냉정동 남판서 집 외에도 대사동 홍문갑의 집, 사창동의 여염집, 아현의 황사영 집, 산림동 윤춘선 어미의 집, 벽동 정광수의 집, 전동 홍익만의 집에 이르기까지 사학매파 중 보폭이 가장 넓었다. 그것이 공초 기록에서 "안면이 넓고 종적이 비밀스럽기로는 이보다 더 심한 경우가 없다"는 말을 듣게 된 이유다.[47]

윤복점은 아녀자들에게 교리를 전달하는 능력이 대단히 특출했던 듯하다. 여기에 유모의 일로 이기양과 이가환의 집을 들락거렸다는 진술이 남은 것으로 보아, 윤복점은 이들 집안에 유모를 소개하거나 집안의 대소사와 관련된 일까지 챙기면서 이들에게 깊은 신뢰를 얻었음을 알 수 있다.

정복혜, 김연이, 윤복점은 맡은 역할이 조금씩 달랐다. 정복혜는 교리서 보급 쪽에 비중이 있었고, 김연이는 폐궁 쪽 전담, 그리고 윤복점은 전 구역을 망라해 교리 교육을 맡았던 것으로 보인다. 이들 외에도 《사학징의》에는 사학노파로 보이는 여성들의 존재가 여럿 포착된다. 냉정동 남판서 댁 여종 구월이나 동의(童義) 어미 같은 이들이 바로 그들이다.[48] 하지만 구체적인 기록이 남지 않아 아쉽다. 특별히 냉정동 남판서 댁은 《사학징의》에 여러 번 거명되었지만, 이제껏 그의 실체를 파악하지 못하고 있다. 그 집안이 천주교 신자 집안이었는지, 아니면 여종 구월만 신앙을 가졌던 것인지조차 자료가 없어 더 살필 수가 없다.

정복혜와 김연이는 모녀가 함께 활동했다. 대부분의 천주교 신자들이 가족 단위로 움직였다. 그간 교회사 연구에서 기층에서 활동하다 이름 없이 스러진 하층민들의 신앙과 역할에 대해 조금 무심하지 않았나 하는 생각이다.

6. 주인이 세 번 바뀐 여종 영애

미심쩍은 여종

사학죄인이 대역부도죄로 사형당하면 그 집의 재산도 몰수되었다. 국고로 귀속되어야 할 몰수 재산 중 돈이 될 만한 것은 중간에 다 털어 저희끼리 빼돌려서 나눠 가졌다. 크게 한몫 잡는 일이어서 하나라도 더 챙기려고 혈안들이 되었다.

달레는 《한국천주교회사》에서 이렇게 썼다.

> 정약종의 재산은 모두 정부의 특별한 명령으로 몰수되었다. 그의 적들은 그렇게 함으로써 그 집안이 복권되는 것을 영구히 막아, 복수를 할 수 없도록 만들고자 한 것 같다.[49]

이 와중에 정약종의 여종이었던 영애(永愛)에 대한 처분 문제가 불

辛酉四月二十二日
戶曹移文內 正法罪人若鍾買得婢永愛身乙自西部捉納故仍爲逢授該部後當初賣買來歷詳査回移以爲別般區處事移文矣 廣州判官牒報內節該 謹依關辭別定伶俐捕校多般探知於若鍾家及隣近居人處則若鍾婢永愛本以全羅道井邑縣女兒早失父母隨其收養母入於京中丁未年分自賣於京中桃洞吳宣傳家又爲轉賣於宣惠廳書吏趙哥處是白加尼乙卯年分罪人若鍾給價十兩趙哥處買得使喚是如可昨年八月永愛備給七兩錢自願退贖故減價許良的實是如報來是乎所旣是自賣而許贖者則雖不當沒入官籍而茅厥女之三次轉賣其主俱爲干連於邪學者來歷殊常有難遽爾放送是乎等以玆以移文爲去乎到關卽時同永愛身捉致官庭前後來歷及使喚年條許贖委折詳細査問處置事
五七

정약종의 여종 영애와 관련한 《사학징의》 기사의 원문.

거졌다. 《사학징의》를 보면, 1801년 4월 22일 호조에서 형조로 공문을 보냈다. 서부에서 여종 영애를 붙잡아들였으니, 그녀에 대한 매매 내력을 조사해 알려달라는 요청이었다.[50] 정약종의 여종 영애를 관적(官籍)에 몰수해 관노로 삼기 위한 예비 조사였다.

얼마 후 광주판관(廣州判官)의 첩보가 올라왔다. 《사학징의》에 수록된 첩보 내용은 이랬다.

> 삼가 공문의 내용에 따라 따로 영리한 포교를 정해, 정약종의 집과 인근에 사는 사람에게 여러모로 탐문해 알아보니, 정약종의 여종 영애는 본래 전라도 정읍현의 여자아이였다. 일찍 부모를 잃고 거두어 기른 어미를 따라 서울로 들어왔다. 정미년(1787)에 서울 도동(桃洞) 오선전의 집에 자매(自賣)하였고, 또 선혜청 서리인 조가(趙哥)에게 전매(轉賣)되었다. 을묘년(1795)에는 죄인 정약종이 돈 10냥을 조가에게 지급하고 심부름꾼으로 샀다가, 작년 8월에 영애가 7냥의 돈을 마련하여 지급하고는 속량(贖良)되어 물러나기를 자원하므로 값을 감하여 양인이 되는 것을 허락한 것이 확실하다.[51]

주인 정약종이 한 해 전인 1800년 8월에 이미 그녀를 속량하여 양인이 되게 했으므로, 그녀를 관적에 몰수하는 것은 부당하다는 판단이었다. 영애는 1787년에 정읍에서 고아 상태로 양어미를 따라 상경했다. 그녀는 도저동(桃渚洞) 오선전의 집에 자신을 스스로 팔아 그 집의 여종이 되었다. 이후 선혜청 서리 조가의 집에 다시 팔렸고, 1795년에 정약종이 다시 그녀를 10냥에 샀다. 그러고는 5년 뒤에 정약종은 산값도 못 되는 고작 7냥에 그녀를 노비의 굴레에서 놓아주었다.

세 주인의 실체

여종 영애는 불과 13년의 짧은 기간 동안 주인이 세 번이나 바뀌었고, 막판에는 원래 상태였던 양민으로 돌아왔다. 뭔가 미심쩍은 구석이 많았다. 형조에서는 다음과 같은 처분을 내렸다.

> 다만 그 여자가 세 차례나 전매되었고, 그 주인이 모두 사학에 관련된 자인 것은 내력이 수상하므로, 급하게 놓아보내기는 곤란한 점이 있다. 이에 공문을 보냈으니, 공문이 가거든 즉시 위 영애를 관가 마당에 잡아다 놓고, 앞뒤의 내력과 심부름꾼으로 지낸 햇수, 속량을 허락받은 곡절을 상세하게 조사하여 처리하라.[52]

그녀를 샀던 세 사람이 모두 사학과 관련된 자들이라고 분명하게 언급했다. 그녀를 산 세 사람은 어떤 이들이었던가? 이제 그 세 주인에 대해 살펴볼 차례다.

먼저 영애의 첫 주인은 오선전(吳宣傳)이다. 선전관(宣傳官)은 무직승지(武職承旨)로 일컬어지는 무관직으로, 왕의 시위(侍衛)·전령(傳令)·

부신(符信)의 출납과 사졸(士卒)의 진퇴를 호령하는 직책이었다. 오선전은 《사학징의》에 실린 이재신(李在新)의 공초에 따르면, 도저동에 사는 천주교인 정재록(丁載祿, 1734~1819)의 사위였다.[53] 나주 정씨 족보에서 정재록을 찾아보니, 사위의 이름은 동복 오씨 오대진(吳大晉, 1762~?)이다. 다시 《남보》에 실린 동복 오씨 족보로 확인하니, 무과에 급제해서 선전관을 지낸 그의 경력이 분명하게 확인된다. 그의 자는 숙규(叔圭)로, 내외가 역시 모두 천주교 신자였다. 부친은 오정운(吳鼎運)이다.

정재록은 나주 정씨로 정약종과는 먼 일족이다. 부친은 정지선(丁志先)이고, 생부는 정지규(丁志逵)였다. 자는 수상(綏常)이다. 정재록은 50세 되던 1783년 식년시에 진사 3등 22위로 급제했다.[54] 아들은 약신(若紳, 1783~1843)이고, 손자는 학보(學溥), 족보명이 우교(禹敎)다. 정재록의 부인은 전주 이씨 의저(義著)의 딸이다.

영애의 두 번째 주인은 선혜청 서리 조가(趙哥)다. 그는 또 누구인가? 《사학징의》 속 여러 죄인의 공초 기록을 교차 검토해보면, 그 역시 도저동에 살고 있었다. 이합규의 외숙모인 정분이(鄭分伊)의 공초에 강완숙의 여종 소명(小明)이 "서소문 안 선혜청 서리 조가의 이모 집"으로 가겠다고 한 이야기가 나온다.[55] 선혜청 서리 조가의 집이 서소문 안에 있었다고 했으니, 선혜청은 오늘날 지하철 1호선과 2호선 시청역 7번 출구 옆에 있었고, 그가 살았던 도저동은 바로 근처 남대문로 5가 법정동 인근이었다.

조가의 이름은 조신행(趙愼行)이다. 이경도의 공초에 "도저동에 사는 조신행이 자주 찾아와 활발하게 강론하였다"는 자백이 있고,[56] 홍낙민의 아들 홍재영도 공초에서 "도저동에 사는 조신행과 이재신 또한 모두 사학을 믿는 사람"이라고 언급한 기록이 있다.[57] 정광수는 "자를 이수(而秀)라 하는 이름을 모르는 조가"를 언급했는데,[58] 같은 사람으로 보인다. 제관득은 공초에서 간혹 황사영의 집에 가서 잘 때 한밤중에 왕래한 사람으로 "한쪽 눈이 먼 조신행"을 거명했다.[59] 이로 보아 조신행은 도저동에 살았고, 한쪽 눈이 보이지 않았으며, 자를 이수라 하고 선혜청 서리 직분을 맡았던 인물임이 확인된다. 그 또한 부부뿐 아니라 이모까지 온 집안이 열심한 천주교 신자였다. 그는 1801년 신유박해 때 국청에 끌려가 매를 맞다 죽어서 《사학징의》 〈장폐죄인질(杖斃罪人秩)〉에 이름이 올랐다.

영애의 주인은 1795년에 갑자기 정약종으로 바뀌었다. 당시 정약종은 서울이 아니라 경기도 광주 분원에 살고 있었다. 정약종은 1799년에 약 2개월간 서울에서 지낸 일이 있었고, 가족과 함께 상경한 것은 1800년 5월의 일이었다. 어째서 서울 도저동에 살던 영애가 갑자기 분원으로 팔려가게 되었을까? 여기에는 분명 일상적인 노비 매매로 볼 수 없는 여러 요소가 겹쳐 있었다.

문서화된 신분증명

그녀의 세 주인은 모두 당시 조선 천주교회의 핵심부거나 핵심에 근접해 있던 열성 신자들이었다. 특히 앞쪽 두 사람과 연결된 인물들을 따라가다 보면, 신유박해 당시 서소문 안팎의 신자 조직 계보가 훤히 드러나는 흥미로운 경험을 할 수 있다. 이는 9부 〈4. 이합규와 서소문 신앙공동체〉에서 따로 살펴보기로 하자.

궁금한 점은, 영애를 두고 천주교 교인들 간에 반복적인 전매 행위가 이루어진 사실이다. 이는 경제적인 문제를 넘어 교회 조직과 관련된 활동의 필요성 때문이었을 것으로 보인다. 그녀에게 노비 매매 증서는 일종의 신원보증서 역할을 겸했던 듯하다. 정읍에서 근거도 없이 상경한 그녀가 누구 집 여종이라는 문서화된 소속을 갖게 된 셈이다. 그녀의 주인들은 단순한 주종관계를 넘어 후견인이나 보호자 역할에 가까웠을 것이다.

영애는 애초부터 천주교인이었기에 오대진의 집에 들어가게 되었을 테고, 이후 다른 필요에 따라 다시 조신행으로 주인이 바뀌었다. 그녀는 교중의 심부름이나 연락책 등에 준하는 역할을 맡았던 것으로 보인다. 이 경우 노비문서는 일종의 계약관계로 법적 신분을 입증하는 신분증 같은 역할을 했을 것이다.

주인은 어째서 자주 바뀌었을까? 일종의 신분 세탁이 계속 있었다는 이야기인데, 이 또한 교회 지휘부의 판단에 따른 것인 듯하다. 정약종의 여종 영애는 오대진과 조신행을 거쳐서 그의 노비가 되었고, 세 사람 모두 소유권의 이전을 확실하게 문서화해두었다. 정약종은 조신행에게 10냥을 주고 영애를 사환, 즉 심부름하는 종으로 사들였다. 몇 년 후 1800년 8월 영애는 7냥을 지급한 뒤 속량되어 양민으로 신분이 바뀌었다.

10냥에 산 여종을 7냥에 속량해준 셈이니, 정약종으로서는 상당히 밑지는 장사를 한 셈이었다. 이 돈마저도 실제로 오간 것이 아닌 서류상으로만 존재하는 금액이었을 것이다. 처음에 영애가 광주에 사는 정약종의 사환이 되어 간 것은 당시 서울 교회와의 원활한 소통을 위해 그녀에게 모종의 역할이 주어졌기 때문이었을 것으로 추정된다. 그렇다면 영애는 어째서 이때 와서 스스로 양민으로 속량해줄 것을 청했을까? 정약종이 노비를 해방시켜준 것이 아니고, 본인의 요청이었다고 했다. 1800년 6월 임금 정조가 갑작스레 세상을 떴고, 8월은

4월 명도회의 설립 이후 교회 조직이 힘차게 되살아나고 있을 때였다. 교회 조직을 위해 그녀를 정약종의 울타리 밖에 두는 것이 더 낫다고 여긴 정황이 있었을 것이다. 이때 정약종은 명도회의 회장을 맡고 있었다.

당시 천주교인 중에 노비의 신분으로 천주교인을 따라 주인이 바뀐 예는 영애 말고도 더 있다. 강완숙의 여종 소명은 당시 활동 범위가 넓어, 수많은 사람의 공초에 이름이 등장한다. 그녀는 원래 조시종의 처인 한신애의 여종이었으나, 강완숙에게로 보내졌다.[60] 황일광 시몬도 처음 홍주 땅에 살다가 1798년 홍산의 이존창을 통해 입교했다. 이후 경상도로 내려갔고, 1800년 2월에는 앞서 영애처럼 난데없이 광주 분원 정약종의 이웃으로 이사했다. 그러고는 다시 정약종을 따라 상경해 정약종이 부쳐살던 궁녀 문영인의 청석동 집에서 멀지 않은 정동의 주막집에 터전을 잡고, 각종 연락책의 일과 심부름을 하고 비선을 연결하는 역할을 맡았다. 영애와 비슷한 경우에 속한다.

당시 천주교회는 각 지역 거점을 연결하는 중간 매개자들의 역할이 대단히 중요했다. 각종 성물과 교리서의 유통 및 보급뿐 아니라, 신자 조직 간의 모임과 행사 정보를 공유하는 일도 이들의 발품을 통해야만 했다. 정약종의 여종 영애 또한 이 같은 비선 조직의 연결책이었던 것으로 보인다. 비밀스러운 연결을 통해서만 만남이 이루어진 당시 천주교 조직의 특성상 이 같은 연락책의 존재와 역할은 교회에 필수불가결한 요소가 아닐 수 없었다. 여종 영애의 이야기는 그 같은 정황을 잘 보여준다.

7. 동정녀 신드롬

나도 아가다 성녀처럼

《사학징의》에는 동녀(童女)가 여럿 나온다. 동녀란 동정녀(童貞女), 즉 신앙을 이유로 순결을 지켜 혼인하지 않은 여성을 말한다. 말하자면 '수녀(修女)'의 다른 표현인 셈이다. 그녀들은 어째서 동녀의 삶을 선택했을까? 동녀의 신앙적 근거는 어디에서 나왔나?

《사학징의》에 나오는 동녀는 윤운혜의 언니 윤점혜(尹占惠) 아가다, 정광수의 누이동생 정순매(鄭順每) 바르바라, 심낙훈의 누이동생 심아기(沈阿只), 이합규의 누이 이득임(李得任), 정분이의 친척 박성염(朴成艶), 조섭의 누이 조도애(趙桃愛) 아나타시아, 강완숙 집에 살던 김달님(金月任), 강완숙의 딸 홍순희(洪順喜) 루치아, 이어린아기의 딸 김경애(金景愛) 등 얼핏 꼽아도 아홉 명이나 된다.

홍순희의 공초를 보면, "제 어미가 평소에 제게, '작은 방에 사학을 잘하는 과부 여성을 불러두었는데, 그 사람들은 정결하기 짝이 없어 어린아이를 꺼리니 일절 가까이해서는 안 된다'고 하였습니다. 그래서 정말 그 생김새는 못 보고, 단지 여인이 있다는 것만 알았습니다" 라고 한 대목이 나온다.[61]

강완숙이 안방 안쪽에 있는 협방(挾房)에 주문모 신부를 모셔놓고, 어린 딸에게 엿보지 못하게 겁을 주어 다짐을 두는 내용이다. 실제로는 남자를 들여놓고, 딸에게는 사학을 잘하는 과부 여성으로 너무도 정결하니 범접치 말라고 했다는 이야기다. 간접적이나마 동정녀에 대한 강완숙의 평소 생각을 알 수 있다. 실제로 위 아홉 명의 동녀 중 윤점혜와 김달님, 홍순희 세 사람이 강완숙의 집에 함께 살고 있었다. 강완숙은 공초에서 "가르쳐 뀐 사람은 제 딸 홍순희와 윤점혜, 복점, 달님, 정임, 효명, 김연이, 덕이, 문영인, 정순매, 득임, 순이 등"이라고 꼽아 말했다.[62]

달레의 《한국천주교회사》에는 강완숙이 처녀들을 많이 모아 단단히 교육을 시켰고, 그 일은 집에 와서 살고 있던 동정녀 윤점혜 아가다의 도움을 받았다고 썼다.[63]

윤점혜는 1795년 신앙을 지키기 위해 어머니와 함께 상경했다. 그녀는 윤유일의 사촌동생이다. 이후 어머니가 세상을 뜨자 아예 강완숙의 집으로 들어갔다. 강완숙은 그녀에게 자기 집에 모아놓고 가르치는 처녀들의 신앙 교육을 책임지는 직분을 맡겼다. 윤점혜는 동정성모의 발현을 보기도 했고, 자신의 주보인 동정 성녀 아가다를 특별히 공경하여, "나도 아가다 성녀처럼 순교를 한다면 얼마나 좋을까?" 라고 말했던 신심 깊은 신앙인이었다.[64]

특별히 강완숙이 처녀들의 공동체를 실현하기 위해 윤점혜에게 역할을 부여한 것은 어찌 보면 조선 최초의 수녀원을 구상했던 것으로 볼 수도 있겠다. 이들에게 교리 교육뿐 아니라 정결한 몸을 지켜 교회를 위해 헌신하는 추수의 일꾼으로 양성하려 한 의도가 엿보인다. 그 배경에는 주문모 신부의 지도가 있었다. 윤점혜는 말하자면 조선 최초의 수녀원장이었던 셈이다.

동정녀 열풍의 진원

조선 교회에서 동정녀 열풍이 일어난 데는 무엇보다《성년광익》에 실린 성인전의 영향이 적지 않았고, 여기에 더해《칠극》의 영향이 컸다.《칠극》 권6 〈방음(坊淫)〉 [6.36]을 보면, 동정을 지키는 일에 대한 예찬이 이어진다. 성 암브로시오는 "혼인한 사람은 세상에 가득하고, 동정의 몸은 천당에 가득하다"고 하고, 아들을 낳으면 사람의 수가 늘지만, 정결을 지키면 성현의 수가 늘어난다고 설명했다.[65] 솔로몬은 "나는 정결의 덕이 천주께서 내게 내리시지 않고는 나 스스로 이를 할 수 없다는 것을 잘 안다. 그래서 항상 기도하며 구한다"고 했다.[66] 또 "천주께서 세상에 강생하셔서 동정의 몸을 지니신 어머니에게서 태어나, 자신도 또 동정의 몸을 지켰고, 또 정결한 덕의 아름다움을 드러내 보이시자 정결의 덕이 비로소 세상에 일어났다"고 했다.[67] 동정을 지키는 일은 이렇게 예수의 모범을 따르는 일과 같게 되었다. "천주의 거룩한 가르침을 높여 따르는 곳에는 동정의 몸을 지키는 남녀가 마침내 많이 있게 되었다. 그들은 정결의 덕을 목숨보다도 중하게 보았다"고도 했다.[68]

[6.38]에는 "정결한 사람은 반드시 본성을 이기고, 세속을 범하며, 삿된 마귀와 대적해야만 정결의 덕이 이루어진다"고 했고,[69] [6.40]에

는 "정결의 덕은 신체의 수명을 늘려주고 육신의 강함을 지켜줄 뿐 아니라, 죽은 몸이 향기로워 썩지 않게 해준다"고 적었다.[70]

[6.43]에는 동정 부부의 이야기가 나온다. 성녀 체칠리아가 동정을 지키기로 맹세했는데, 부모의 강제적인 명령에 따라 시집을 가게 되었을 때, 첫날 밤에 그녀의 발원에 의해 남편에게 천사가 나타나 정결한 사람을 보호할 것을 명했다. 이에 남편이 놀라 정결을 지키기로 약속했다. 천사가 기묘한 꽃으로 관을 만들어 씌워주니, 1년 내내 향기가 사라지지 않았고 색도 마르지 않았다. 다만 두 사람만이 그 향기를 맡고 꽃을 볼 수 있었다.[71]

[6.8]에 실린 요한의 일화도 인상적이다. 그는 마귀를 복종시키는 능력이 있었으나, 어떤 사람에게 씌인 마귀는 너무도 강력해서 요한의 명령도 별 소용이 없었다. 얼마 뒤 한 소년이 왔는데, 마귀가 그를 보더니 그만 소리를 지르며 떠나갔다. 요한이 이상하게 여겨 물어보니, 소년은 천주를 섬기기 위해 정욕을 끊어 동정의 몸을 간직했고, 혼인 첫날 밤에 신부와 함께 뜻을 같이하기로 맹세하여 10여 년간 함께 살면서도 서로를 형제같이 보아 더러운 행실을 짓지 않았을 뿐이라고 대답했다.[72]

이 두 이야기가 이순이 누갈다와 유중철 요한 동정 부부에게 깊은 영감을 주었음에 틀림없다. 또 이 동정 부부의 결합에 주문모 신부가 깊이 관여한 점은 달레의 《한국천주교회사》에 나온다.[73] 여기에 최필제 베드로 부부와, 후대지만 조숙 베드로와 권천례 테레사 부부도 있다. 조선 교회에 불어닥친 동정 열풍은 주문모 신부가 조선에 온 이후의 일로 보인다. 그것은 남자가 아닌 여성 신자들에게서 더 크게 일어났다.

처녀들의 과부 행세

《사학징의》 속 윤점혜의 〈형추문목〉에 이런 말이 있다.

> 처음부터 남에게 시집가지 않고 과부라 일컬은 것은 사학 하는 여자들에게 으레 이 같은 버릇이 많다. 큰길을 떠돌다가 남의 집에 붙어사니, 처녀가 아니고 과부가 아니라면 어떤 꼴이 되었겠느냐? 부부가 한집에 사는 것은 사람의 큰 윤리거늘, 일개 젊은 여자로 이러한 풍속을 해치고 어그러뜨리는 행동을 하는 것은 틀림없이 시집가지 않아도 시집가는 것과 같은 것이 있기 때문일 것이다. 이 어찌 천지의 사이에 용납되겠는가?[74]

묘한 이야기다. '시집가지 않아도 시집가는 것과 같은 것'은 무엇을 두고 한 말이었을까? 앞서 나온 아홉 명의 동정녀 중에는 윤점혜 외에도 과부 행세를 한 처녀가 여럿 있었다. 여주의 정순매 바르바라는 허가의 처로 과부 행세를 했지만, 형조의 공초에서는 "나이가 올해 25세로 여태 출가한 일이 없다"고 했고, "동정을 지키기 위해 나이가 찼는데 시집가지 않았고, 거짓으로 허가의 처라고 일컬었습니다"라고 밝혔다.[75] 이합규의 누이동생 이득임과 조섭의 누이 조도애 아나타시아, 이어린아기의 딸 김경애 또한 거짓으로 과부라고 일컬은 경우에 해당한다. 공교롭게 김경애도 정순매와 마찬가지로 자신을 허가의 처라고 했는데, 〈형추문목〉에 "허서방의 처라고 한 것은 그런 사람이 없다는 말" 아니냐고 묻는 내용이 보인다.[76] 허(許)는 허(虛)의 뜻으로 끌어다 쓴 성씨가 아니냐는 추궁이다. 아무튼 이런 과부 행세는 과년한 처녀들이 자신의 동정을 지켜나가기 위한 고육책이었다.

《칠극》[6.32]에는 정결의 세 단계에 대한 설명이 보인다. 하등은 한 지아비와 한 지어미가 절도를 넘지 않고 욕망을 끊는 정결이다. 중등은 홀아비와 과부가 배우자가 세상을 뜬 뒤 다시 결혼하지 않고 욕망을 끊는 것이다. 상등은 동정의 몸을 지키는 정결이다.[77] 신앙을 받아들이기 전에 결혼했다가 남편을 잃고 과부가 되었을 때, 주변의 눈길과 경제적인 어려움 속에서도 신앙을 지켜가기 위해 과부들끼리 모여 함께 생활하는 공동체를 만들기도 했다.

《사학징의》 속 비녀 복점의 공초에는 "남대문 내창 앞 손만호의 집 또한 여러 곳의 과부 7~8명이 간간이 함께 모여 사서의 이야기를 강습하였다"고 했다.[78] 7~8명의 과부가 모여 규칙적으로 교리 공부 모임을 가졌다는 내용이다.

김희인(金喜仁)의 공초에도 청상과부 여러 명이 한방에 모여 지내며 사학에 깊이 빠졌고, 사서와 요화 또한 많은 양이 압수된 사연이 나온다. 김희인은 자신이 150냥을 마련하고 김경애가 50냥을 보태서 군기시(軍器寺) 앞의 집을 한 채 사서, 시숙모 이홍임과 김홍련, 그리고 김경애와 그녀의 모친 이어린아기와 함께 지냈다고 자백했다.[79]

〈요화사서소화기〉에 실린, 김희인의 집에서 압수된 서목은 《묵샹디쟝셔(默想指掌書)》 3책, 《셩모믜괴경(聖母玫瑰經)》 1책, 《녀슈셩탄(耶蘇聖誕)》 1책, 《녀슈수란도문(耶蘇受難禱文)》 1책, 《셩경광익(聖經廣益)》 1책, 《공경일과(恭敬日課)》 1책, 《이에왕호심(?)》 1책, 《요리문답(要理問答)》 1책, 《셩녀 아짜다(聖女 아가다)》 1책, 《셩여수셩호(聖耶蘇聖號)》 1책, 《셩부 마리아(聖婦 마리아)》 1책, 《셩톄문답(聖體問答)》 1책, 《텬쥬셩교도문(天主聖教禱文)》 1책, 《언교(諺教)》 1책, 《셩교일과(聖教日課)》 1책, 《유시마리가(?)》 1책 등 16종 18책에 달했고, 낱장에 베껴쓴 것만 456장에다 한글로 베껴쓴 문건이 134건에 달했다. 이 밖에 요화족자 3개가 있었고, 그중 하나는 여상(女像)이라 한 것으로 보아 성모 마리아를 그린 족자 하나가 포함되어 있었다. 주석으로 만든 납요상(鑞妖像)과 나무십자가, 자주색 휘장까지 나왔는데, 이 물건들은 그녀들이 그 공간에서 미사 첨례를 드렸다는 뜻이기도 하다.

이 같은 동정녀 모임과 과부 공동체의 형성은 당시 천주교의 교세가 가파르게 치솟으면서, 사회적 약자인 여성들의 신앙 형태가 새로운 활로를 찾기 위한 모색과 활력으로 가득 차 있었음을 보여준다.

8. 폐궁의 여인들

고인 물 속에 전해진 복음

신유박해 순교자 가운데 정조의 이복동생 은언군(恩彥君) 이인(李裀, 1754~1801)의 처 송 마리아(1753~1801)와 며느리 신 마리아(1769~1801)의 존재가 눈길을 끈다. 사도세자의 아들이자 정조의 동생 이인은 강화로 귀양 가서 목숨이 위태로운 상태였고, 그 아들 상계군(常溪君) 이담(李湛, 1769~1786)은 이미 세상을 뜬 원빈 홍씨의 양자로 그를 입계해 세자로 추대하려 한 홍국영의 모의에 연루되어 1786년 11월에 이미 자살로 생을 마감한 상태였다.

국왕의 친동생으로 산다는 것은 차라리 잔혹한 형벌에 가까웠다. 국왕 정조는 하나 남은 동생의 목숨을 지켜주려 안간힘을 썼지만 주변에서 가만 놔두지 않았다. 은언군이 죽어야만 끝날 일이었다. 은언군의 서울 집 양제궁(良娣宮)은 송현(松峴) 인근 전동(磚洞)에 있었다.

지금의 조계사 뒤편, 종로구 수송동 일대다. 양제궁은 1786년 은언군의 강화 유배 이후 '폐궁(廢宮)'으로 불렸다.

폐궁에는 은언군의 부인 송씨와 그녀의 며느리이자 죽은 상계군의 부인 신씨가 살았다. 폐궁은 늘 깊은 적막에 잠겨 있었다. 바깥출입 없이, 나인 몇이 수발을 들었다. 고인 물로 썩어가던 시간이 여러 해 지났을 때, 그녀들의 불행한 처지를 동정한 한 여교우가 찾아와 복음의 희한한 소식을 전했다.[80]

폐궁을 찾아와 전교한 여교우에 대해서는 주문모 신부가 진술한 내용이 따로 있다.

> 폐궁의 집안사람이 천주교를 받든 것은 제가 조선에 들어오기 여러 해 전입니다. 들으니 그때 조씨(趙氏) 성의 한 노파가 궁에 들어가 이를 권하였다고 합니다. 이 노파는 바로 서씨 나인의 외조모라고 하더군요. 제가 조선에 들어온 뒤에 폐궁의 집안사람이 이 노파를 통해서 바로 알고 저를 만나 천주교를 받아들이려 하였습니다.[81]

이때가 1792년 즈음이었다. 당시 그녀들은 바싹 마른 스펀지가 물을 빨아들이듯 천주교 신앙을 받아들였다. 이후 주문모 신부의 입국 소식을 알게 된 그녀들의 적극적인 요청으로 1799년 즈음에 주문모 신부에게 세례를 받은 듯하다.

하지만 이들의 입교는 자칫 전체 교회에 큰 재앙을 불러올 단초가 될 수도 있었으므로 아무도 이들과 접촉하려 들지 않았다. 강완숙만 용감하게 폐궁으로 직접 찾아가서 그녀들에게 교리를 가르치는가 하면, 신부를 직접 모시고 가서 성사를 받게 하기도 했다. 신앙에 목말랐던 그녀들은 밤중에 주문모 신부가 머물고 있던 근처 충훈부 후동 강완숙의 집으로 여러 번 직접 찾아가서 교리 교육을 받았고, 이후 성사를 받고 세례명을 얻었다. 두 사람에게 똑같이 마리아라는 세례명을 지어준 것은 신부의 뜻이 따로 있었을 것이다. 두 사람은 교회의 특별 관리 대상이었다. 달레는 이렇게 썼다.

> 그들은 신부를 궁에 모셔들이는 것이 기뻤다. 신부가 거기 있을 때에는, 홍익만 안토니오의 집과 붙어 있어서 벽에 비밀리에 뚫어놓은 구멍을 통해 그 집과 왕래할 수 있는 따로 떨어진 방에 숨어 있었다. 귀양 간 이인도 자기 궁에서 일어나는 일을 알고 있었으나 아무런 방해도 하지 않았다. 그러나 그 자신은 끝내 천주교인이 되지 않았다.[82]

강완숙은 그녀들을 특별히 관리하기 위해 아들 홍필주의 장인인 홍익만 안토니오를 그 옆집에 이사시켜, 비밀 통로를 통해 신부가 그 집에 드나들 수 있도록 주선했다. 그녀들의 인도로 폐궁의 나인 강경복과 서경의가 입교했고, 나중에 이들은 함께 명도회의 지부를 구성해서 회원으로 활동했다.

사학교주 이조이

폐궁의 두 여인에게 처음 서학을 전한 '조씨 노파'는 누구였을까? 앞서 사학매파 삼인방을 이야기하면서 김연이가 폐궁 전담이었다고 했다. 하지만 처음 이들과 접촉한 사람은 홍정호(洪正浩) 또는 홍시호(洪時浩)로 불린 이의 어머니로, 초기 교회 조직에 깊숙이 참여했던 이조이(李召史)였을 가능성이 높다.[83]

《사학징의》 중 이조이가 진술하는 대목.

이조이는 1755년 나주 괘서 사건 당시 역모 세력에 의해 왕으로 추대되었다가 역적으로 사형당한 여선군(驪善君) 이학(李壆)의 서녀(庶女)였다. 이학은 인조의 아들인 낙선군(樂善君) 이숙(李潚)의 3세손으로 영조와 항렬이 같았다. 말하자면 그녀는 왕가 혈통의 서녀였다. 《추안급국안》에 홍시호의 어미가 동대문 밖에서 격쟁하여 그 선인의 원통함을 밝히려 했다는 이야기가 실린 것을 보면, 그녀가 부친 이학의 죽음을 억울하게 생각했음을 알 수 있다.[84] 이조이는 풍산 홍씨 집안의 서족인 홍탁보와 결혼해 홍정호를 낳았다.

그녀는 《사학징의》에 실린 1801년 11월 23일 한성부의 이문(移文)에서 '사학교주(邪學教主)' 또는 '사설정범(邪說正犯)', '추류본색(醜類本色)'으로 지목되었다. 아들 홍정호가 어미의 죄를 대신 뒤집어쓰고 1801년 5월 22일에 사형당했다는 말도 있다. 그녀는 끌려와 고문을 당하면서도 눈을 꽉 감고 매질을 참으면서 끝까지 한 마디도 입을 열지 않았다.[85]

《사학징의》에는 이조이의 아들 홍정호가 강완숙의 아들 홍필주와 가까운 인척간이라고 소개했다.[86] 홍필주의 증조부 홍석보(洪錫輔)와 홍정호의 부친 홍탁보(洪鐸輔)가 항렬이 같아, 직계일 경우 촌수로 따져 육촌간이 된다. 두 집안 모두 서족이긴 해도 정조의 모친 혜경궁 홍씨와 가까운 일가였다. 강완숙은 혜경궁의 칠촌 서질부였다. 이조이는 후에 홍탁보와 이혼하고 조봉상(趙鳳祥)과 재혼했다. 여기에는 무언가 우리가 모르는 곡절이 있는 듯한데, 남은 기록이 더 없어서 살필 수가 없다.[87]

이조이가 재혼한 남편 조봉상은 1801년 3월 3일에 포도청으로 끌려왔다. 그는 1791년 8월에 이윤하의 전도로 천주교를 받아들였다. 이윤하는 이경언 바오로와 이순이 누갈다의 부친이다.

조봉상은 포도청의 공초에서, 자신의 아내 이조이가 여러 해 전부터 사학을 하느라 전동 폐궁을 자주 드나들었고, 사위의 전실(前室) 딸인 서경의가 과부로 지내다가 5년 전 폐궁의 나인으로 들어갔다고 진술했다.

조봉상은 서경의가 폐궁에 들어간 것을 계기로 이조이가 그 집을 들락거린 것처럼 말했지만, 사실은 이조이가 서경의를 폐궁 나인으로 추천했을 것이다. 왕실의 자손으로 억울하게 역모에 연루되어 아버지 이학을 잃은 이조이와, 남편이 임금의 친동생임에도 강화로 귀양 가 목숨이 위태롭고, 아들마저 자살로 생을 마감해야 했던 송씨의 처지는 확실히 동병상련의 지점이 있었다.

이조이는 1801년 검거 당시 나이가 70세를 넘겼고 중풍으로 거동마저 불편한 상태였다. 아들이 이미 사형을 당한 상황이었고, 막상 고령인 자신에 대해서는 구체적인 증거가 나오지 않았으므로, 그녀는 1801년 12월 20일에 진주로 유배 가는 것으로 마무리되었다.

《사학징의》의 여러 기록을 통해 볼 때, 당시 교계에서의 위상은 홍정호 모자와 홍필주 보자가 대등했다.[88] 당시 교회 내에서 이들의 역할과 비중은 결코 만만치 않았다. 홍정호는 당시 자신의 집에 주문모 신부를 네다섯 차례나 모셔올 만한 위치였다. 홍정호의 집을 수색했을 때 상자 속에서 서양화 1점이 나왔는데, 양(羊)을 그린 그림이었다. 홍정호 모자가 그 역할에 비해 교회사에서 거의 논의되지 않고 있는 것은 부족한 자료를 감안하고라도 조금 의아하다.

왕가의 두 여인과 나인들

폐궁에는 부리는 나인이 여럿 있었다. 강완숙, 홍정호와 한날 서소문 밖에서 사약을 받아 죽은 강경복(姜景福) 수산나와 죽음을 면하고 웅천(熊川)으로 귀양 간 서경의(徐景儀), 그리고 늙은 나인 이덕빈(李德彬)의 이름이 확인된다. 이 밖에도 이름을 알 수 없는 나인이 몇 더 있었다.

《사학징의》 속 용호영 노파 김연이 율리아나의 공초에 강화도 죄인 집 나인 방으로 수놓은 베개를 찾으러 간 이야기가 나온다.[89] 나인들이 용돈 마련을 위해 베갯모에 수를 놓았고, 이를 핑계로 천주교 신자들이 그 집을 들락거린 정황이 짐작된다.

신유박해 당시 주문모 신부는 다급한 상황에서 나인 서경의의 안내를 받아 폐궁에 숨어들었다. 3월 12일 주문모 신부가 자수하고 나서 나인 서경의의 발고로 이 일이 알려지자 송씨와 신씨는 1801년 3월 17일에 즉각 사약을 받았다. 처음 사약이 내려졌을 때 그녀들은 사약 마시는 것을 한사코 거부했다. 죽음이 두려워서가 아니라 천주교 교리에서 그것이 자살죄에 해당해 십계명을 어기는 것이 되어 죽어서 천국에 들어갈 수가 없기 때문이었다.[90] 결국 그녀들은 강제로 사약을 먹고 죽임을 당했다. 그녀들의 죽음 장면은 외부와 차단된 상태에서 이루어져 아무것도 알려지지 않았다. 나인 강경복도 서소문 밖 작은 집으로 끌려가 따로 사약을 받았다. 왕가와 관련된 사안이라 다른 죄수들과 격리한 것이다. 함께 사약을 받은 나인이 더 있었으나, 그녀들의 이름은 알려지지 않았다.

달레는 《한국천주교회사》에서 "이 불쌍한 왕족 부인들의 오랜 불행은 섭리의 비밀스러운 계획 속에서 그들의 입교와 영복의 원인이 되었다. 왜냐하면 하느님께서는 세상이 배척하는 자들을 즐겨 선택하시는 일이 많기 때문이다. 그들은 은총에 끝까지 충실하고 그들의 열심과 인종(忍從)과 그들의 명성과 지위로 새로 나는 천주교회에 크나큰 격려를 주었다"고 썼다.[91]

강화도에 유폐되어 있던 은언군 이인도, 그녀들이 주문모 신부를 집으로 불러들인 것이 역모와 관련되어 있고, 그 또한 이 음모의 주동자라 하여 사형을 선고받았다. 그는 6월 30일에 사약을 받고 48세의 나이로 배소에서 죽었다. 평생 그의 보호막이 되어주었던 정조가 급서한 지 1년 만에 대왕대비 정순왕후에 의해 집행된 일이었다.

그녀들의 천주교 관련 사건 기록들은 은언군의 손자로 훗날 보위에 오른 '강화 도령' 철종이 즉위한 뒤, 왕계의 불미스러운 기록을 삭제하라는 순원왕후의 명에 따라 국가 기록에서 대부분 말소되었다. 《사학징의》에 폐궁의 나인이었던 강경복과 서경의의 공초만 남고, 두 왕가 여인의 공초 기록이 빠지고 없는 이유다. 그 밖에 《사학징의》 속 홍정호와 이조이 등 폐궁과 밀접한 관련이 있는 사람들의 공초 내용에 자주 얼버무리거나 뭉뚱그려 쓴 기술이 많이 보이는 것도 국가의 검열이 작동한 결과로 보인다.

은언군 이인의 부인 송씨와 며느리 신씨는 천주교 신봉과 주문모 신부를 숨겼다는 죄목으로 사약을 받았다. 이인도 역모의 배후로 몰려 역시 사약을 받았다. 서학은 외래의 종교였고, 파급력이 대단했으므로, 종종 집권세력에 의해 역모 또는 반역의 굴레가 씌워졌다. 그녀들은 진심을 다해 신앙을 지켰고, 신분을 잊고 교회 활동에 힘을 쏟았다. 왕가 차원의 기록 말살로 오늘날 그녀들의 신심마저 잊힌 것은 조금 슬픈 일이다.

7부

주문모 신부와 강완숙

1. 밀고자 한영익과 다산 정약용

짧은 방심

1794년 11월 2일, 천신만고 끝에 주문모 신부를 모신 조선 천주교회에 기쁨이 넘쳤다. 신자들은 이전에 가성직 신부에게 받은 영세 대신 진짜 세례와 성사를 받겠다며 줄을 섰다. 하지만 막상 신부를 만나기는 하늘의 별 따기보다 어려웠다. 당시 4,000명에 달하던 교우의 수는 신부 혼자서 감당할 수 있는 규모가 아니었다. 신부를 뒷받침할 조직도 일사불란하지 않았다. 신부를 모시려고 마련한 최인길의 집은 놀랍게도 임금이 계신 창덕궁에서 1킬로미터 남짓 떨어진 계산동(桂山洞, 지금의 종로구 계동) 안쪽의 으슥한 길 끝 집이었다. 신부를 만나 미사를 드리고, 성체를 영하고 고해성사를 받으며, 그들은 천국을 얻은 듯이 기뻐했다. 눈물이 줄줄 흐르는데도 어깨춤이 절로 나왔다. 죄에 찌들었던 삶이 한순간에 순백의 순결을 얻었다.

그 틈새로 밀고자가 파고들었다. 진사 한영익(韓永益, 1767~1800)! 그는 예비자였다가 1791년 진산 사건 때 배교한 사람이었다. 한영익의 여동생은 주문모 신부에게 성사를 받았다. 그녀가 열심한 핵심 신자였기에 가능한 일이었다. 너무 기쁜 나머지 그녀는 오빠에게 신부가 조선에 들어온 사실과 강론 내용을 전해주었다. 신부님께 함께 가서 세례를 받자고 권한 것이다.[1]

순간 한영익은 나쁜 마음을 먹었다. 그는 1795년 5월 11일에 누이의 주선으로 신부를 찾아가 만났다. 죄를 뉘우치고 세례받기를 간절히 소망했다. 당시 신부와 교회 집행부는 의욕이 앞서 조심성이 부족했다. 한영익은 신부에게 교리문답을 받던 중, 최인길 등에게 신부의 입국 경로에 대해서도 자세히 물었다. 그 짧은 방심의 허를 찔렀다.

한영익은 그 길로 국왕의 친위 조직인 별군직(別軍職)으로 별군청을 지키고 있던 이석(李晳)에게 달려갔다. 이석은 이벽의 동생이었다. 한영익은 평소 알고 지내던 이석에게 계산동 집의 위치와 주문모 신부의 용모를 상세히 알려주었다. 한영익이 이벽의 형제인 이석과 가까웠던 것으로 보아, 그의 집안은 초창기 교회 성립기부터 서학에 접할 수 있는 위치였던 것으로 보인다.

이석은 그 길로 영의정 채제공에게 뛰어가 이 놀라운 소식을 보고했다. 더 놀란 채제공이 즉각 임금에게 이 사실을 알렸다. 임금은 포도대장 조규진(趙圭鎭)을 불러, 좌의정의 지휘를 받아 비밀리에 주문모를 체포해오게 했다.[2] 모든 것이 짧은 시간에 전격적으로 이루어졌다. 하지만 조규진이 입단속을 하며 포졸을 풀어 계산동의 천주당을 덮쳤을 때, 주문모 신부는 이미 사라진 뒤였다. 전광석화 같은 출동이었건만 포도청의 급습 정보는 이미 새나간 상태였다. 신부는 마치 하늘로 솟은 것처럼 사라졌다. 그야말로 귀신이 곡할 노릇이었다. 중국인 주문모의 공개적인 체포는 청나라와 심각한 외교 문제를 야기할 수 있었다. 임금은 그 점을 꺼렸다.

귀신이 곡할 노릇

한영익의 고발 이후 이석, 채제공, 임금을 거쳐 포도대장에게 긴급 명령이 하달되는 사이에, 이 사실을 안 누군가가 계산동 천주당으로 황급히 달려갔던 것이다. 그 짧은 시간에 찾아와 주문모 신부를 황급히 피신시킨 그 사람은 대체 누구였을까?

바로 다산 정약용이었다. 얼마 전까지 우부승지였던 그는 배교 상태에서 서학 문제로 비방을 받아 체직되어, 부사직(副司直) 신분으로 규장각에서 《화성정리통고(華城整理通考)》의 교서(校書) 작업을 진행하고 있었다. 급여를 주려고 임시로 내린 부사직은 오위(五衛)의 무직(武職)이었다. 이석은 이벽의 동생이었고, 다산의 큰형 정약현의 처남이기도 했다.

신부를 피신시킨 사람이 다산임을 어찌 알 수 있는가? 두 가지 기록을 교차해 보아야 보인다. 다산은 회갑을 맞아 쓴 〈자찬묘지명〉에 이렇게 적었다.

> 4월에 소주(蘇州) 사람 주문모가 변복하고 몰래 들어와 북산 아래에 숨어서 서교를 널리 폈다. 진사 한영익이 이를 알고 이석에게 고하였는데, 나 또한 이를 들었다. 이석이 채제공에게 고하고, 공은 비밀리에 임금께 보고하고, 포도대장 조규진에게 명하여 이들을 잡아오게 했다.[3]

다산은 이 글에서 "나 또한 이를 들었다(吾亦聞之)"라고 썼다. 다산의 이 말은 나중에 전해들었다는 이야기가 아니라, 한영익이 밀고하던 자리에 자신도 같이 있었다는 의미다. 문장의 순서가 그렇게 말하고 있다.

엉뚱한 데서 맞춰진 퍼즐

하지만 다산은 들었다고 했지, 자신이 주문모 신부에게 달려갔다고는 말하지 않았다. 다산이 직접 달려간 증거는 어디에 있나? 전혀 엉뚱하게도 1797년 8월 15일 북경의 고베아 주교가 1796년 주문모 신부의 사목 보고를 받고 나서, 사천의 대리 감목 디디에(Jean Didier de St. Martin, 1743~1801) 주교에게 보낸 장문의 라틴어 편지 속에 나온다.

> 이 일이 터진 것은 6월 27일(음력 5월 11일)이었습니다. 그 사람이 조선 대신들에게 밀고하는 자리에 어떤 무관 한 사람이 같이 있었는데, 그 사람은 한때 천주교 신자였다가 배교를 한 사람이었습니다. 하지만 그 무관은 배교의 죄를 진심으로 뉘우치고는 신부님께 고해성사를 볼 수 있는 날이 오기만을 애타게 기다리고 있었습니다. 그런데 다른 천주교 신자들은 이 무관에게 신부님이 오셨다는 사실을 전혀 알려주지 않았습니다. 혹시라도 그 사람이 그런 사실을 누설하지 않을까 두려워하였기 때문이었습니다. 그런데 그 무관은 앞에서 이야기한 또 다른 배교자가 고발하는 모든 사실을 듣고는, 곧장 신부님이 머물고 계시다고 일러준 집으로 달려갔습니다. 그러고는 신부님이 고발당하였기 때문에 신부님과 천주교회에 위험이 닥쳤다는 것을 알려주었

습니다. 그는 신부님에게 한시라도 빨리 그 집을 떠나는 것이 좋겠다 고 말하고 나서 자기가 신부님을 다른 곳으로 모시고 가겠다고 나섰습니다.[4]

한영익의 밀고를 함께 들은 어떤 무관이, 이석이 채제공에게 사태를 보고하기 위해 달려간 사이에 쏜살같이 계산동 천주당으로 달려가 신부를 피신시켰다는 내용이다. 다산은 자신이 한영익의 밀고 현장에 함께 배석했다고 분명하게 이야기했다. 고베아 주교는 조선 교회가 보내온 주문모 신부의 편지와 밀사의 전언을 통해, 신부를 극적으로 구출한 사람이 그 자리에 함께 있던 어떤 무관이라고 콕 짚어서 이야기했다. 다산은 당시 배교 상태에 있었고, 명목상 무관 신분에 무관 복장으로 궐내에 머물고 있었다. 모든 진술이 다산 한 사람을 정확하게 가리키고 있다.

그 무관이 계산동으로 화급하게 뛰어들었을 때, 역관인 최인길이 중국인 행세로 시간을 벌겠다면서 선뜻 그에게 신부를 맡긴 것만 보더라도, 최인길 등은 그 무관을 전부터 익히 알고 있었음을 알 수 있다. 명례방 집회 시절부터 함께 열심히 활동했던 다산을 그가 어찌 모를 수 있겠는가? 다산이 아니었다면 난데없이 뛰어든 무관의 무엇을 믿고 그 귀한 신부를 덜컥 내준단 말인가? 대체 어떻게 모셔온 신부였던가? 지난 몇 년간 피눈물 나는 조선 교회의 노력이 일시에 물거품으로 돌아갈 절체절명의 상황이었다.

다산은 〈자찬묘지명〉에 "나 또한 이를 들었다"고 쓸 때만 해도, 그 이야기가 돌고 돌아 고베아 주교의 기록 속에 자신을 콕 짚어 말한 내용이 들어갔으리라고는 상상도 하지 못했을 것이다. 기록이 이렇게 무섭다. 고베아 주교의 이 기록은 당연히 주문모 신부의 보고서와 밀사의 전언에 바탕한 것이다. 이런 글에는 이름을 특정하지 않는 것이 일반적이다. 중간에 문서가 발각되어 압수되기라도 하면 뒷감당을 할 수 없기 때문이다.

비참한 죽음의 진실

한편, 달레는 《한국천주교회사》에서 밀고자 한영익에 대해 이런 기술을 추가했다.

> 밀고자 한영익은 그의 배반에서 아무런 이익도 얻지 못하였다. 그해 가을에 그는 자기 집안과 집에서 멀리 떨어진 곳에서 비참하게 죽었다. 그가 죽을 때 탄식하고 눈물 흘리기를 그치지 않았다는 말이 있다. 진실한 참회로 하느님께 자기 죄의 용서를 받을 수 있었으면 좋겠다.[5]

그가 예수를 판 유다 이스가리옷처럼 죽었다는 것이다. 하지만 이는 전혀 사실이 아니다. 1799년 10월 서얼 조화진(趙華鎭)이 이가환, 정약용이 한영익 부자와 함께 서교에 탐닉했다고 고발하자, 정조가 벌컥 화를 냈다. "한영익은 주문모를 고발한 자인데, 그가 어떻게 이가환과 정약용의 심복일 수 있는가? 무고다." 이 한 마디로 이가환과 정약용은 혐의를 벗었다.[6] 이 조화진은 충청도로 내려가 밀정 노릇을 하다가 결국 옥에서 자살한 조화진(趙和鎭)과는 다른 사람이다. 밀정 조화진 이야기는 8부에서 다시 살펴볼 것이다.

한영익은 1795년 가을에 죽기는커녕 1799년에도 멀쩡하게 살아 있었다. 그뿐만이 아니다. 다산은 〈자찬묘지명〉에 이렇게 썼다. "조화진이 일찍이 한영익에게 구혼했는데, 한영익이 응하지 않고 그 누이를 나의 서제인 약횡(若鐄)에게 출가시켰다. 이 일로 한영익을 죽이려고 꾀하다가 내게 미쳤던 것이다."[7] 한영익의 천주교 신자 누이는 다산의 서제 정약횡과 결혼해, 다산 집안과 사돈이 되었다. 족보상 한영익은 서족(庶族)이 아니니, 그녀는 한영익의 서매(庶妹)였던 듯하다.

한영익의 밀고를 무력화시킨 다산이 그 밀고자와 사돈을 맺다니, 해괴하다! 한영익의 회심(回心)이 전제되지 않고는 될 일이 아니었다. 신부 입국 초기에 신부를 만날 수 있었으리만큼 열심이었던 한영익의 누이와 결혼한 정약횡도 열심한 천주교 신자였을 것이다.

2019년 10월, 필자는 1821년 1월 24일 귀양에서 돌아온 다산이 귤동 다산초당 주인 윤문거(尹文擧)에게 보낸 친필 편지를 보았다. 글 가운데 다음 사연이 눈길을 끌었다.

> 어린 딸은 데려오지 않을 수가 없겠습니다. 박포의가 봄 사이에 북쪽으로 돌아올 때 말 모는 하인 녀석 또한 혹 오래잖아 올라올 듯합니다. 모름지기 김인권(金仁權)과 군보(羣甫) 윤시유(尹詩有) 등과 상의하여 하인이 업고 박포의가 데리고 오면 좋겠습니다. 그렇지 않으면 봄에 과거 보러 올 때 군보가 비록 안 오고 공목(公牧)이 혼자 오더라도 말 모는 하인 하나를 빌려서 업고 오게 해도 무방합니다. 공목으로 하여금 데려오게 해도 또한 좋습니다. 요컨대 곧장 서울로 올라가 사창동에 있는 제 아우의 집에 데려다 두면 좋겠습니다.[8]

강진 시절 소실에게서 얻은 딸을 서울로 데려와 사창동에 사는 아우 약횡의 집에 데려다 달라는 사연이 간곡하다. 그간 다산이 강진에서 얻은 딸의 행방에 대해서는 알려진 것이 별로 없었다. 다산이 해배

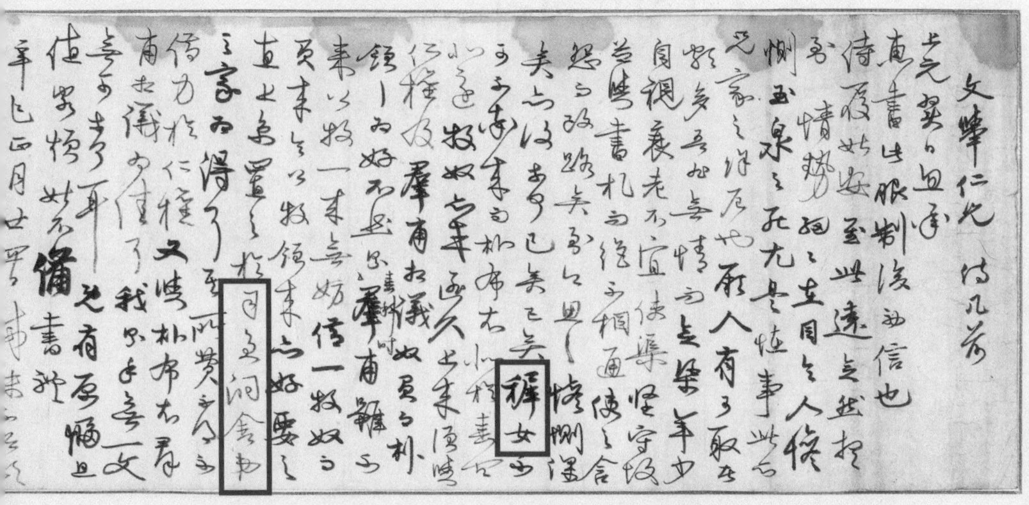

다산이 다산초당 주인 윤문거에게 보낸 친필 편지. 어린 딸(穉女)을 하인 편에 업고 올라오게 해서 사창동(司倉洞)에 사는 사제(舍弟) 정약횡의 집에 데려다 달라고 부탁하는 내용이다. 개인 소장.

될 당시 소실 모녀를 데리고 함께 상경했다가 홍씨 부인과의 갈등으로 다시 강진으로 내려보낸 사연은, 다산이 지은 것으로 보이는 〈남당사(南塘詞)〉 16수에 자세하다. 하지만 이후의 행방이 묘연했다.

이 사연을 보는 순간 마음이 참 짠했다. '홍임'이라는 이름으로 알려진 이 딸 또한 결국 독실한 천주교 신자였을 정약횡 부부의 손에서 천주교 신자로 키워졌으리라는 짐작이 들어서였다. 어린 딸의 안부를 묻는 다산의 다른 친필 편지가 두 장 더 남아 있다. 이에 대해서는 별도의 글에서 따로 살펴보겠다.

2. 죽여서 입을 막다

기록에서 사라진 세 사람의 죽음

1795년 5월 11일, 한영익의 밀고 당시 주문모 신부는 정약용의 도움을 받아 계산동 최인길의 집을 극적으로 탈출했다. 상황이 너무 다급했다. 최인길은 시간을 끌려고 상투를 잘라 중국 사람처럼 꾸미고 기다리다가 체포조가 들이닥치자 중국어를 섞어가며 주문모 행세를 했다. 그는 역관 집안 출신이었다. 조선말을 못 알아듣는 척하며 시간을 벌었다.

수염이 길었다는 한영익의 밀고와 달리 수염이 하나도 없었던 최인길의 가짜 행세는 포도청에 압송된 뒤 바로 들통이 났다. 속은 줄 안 기찰포교들이 화들짝 놀라 주문모를 체포하기 위해 다시 뛰어나갔다. 그사이에 신부는 남대문 안쪽 수각교 인근 강완숙의 집으로 쥐도 새도 모르게 숨어들었다. 대신 윤유일과 지황이 잇따라 붙잡혀왔다.

최인길, 윤유일, 지황 세 사람은 5월 11일 체포되어 이튿날 새벽에 죽었다. 참 이상한 일은 당시《정조실록》,《승정원일기》,《일성록》 등 국가 공식 기록에 당일 이들의 체포 사실 자체가 남아 있지 않다는 점이다. 이들은 기록상 체포된 적이 없어 사형 집행 기록도 당연히 없다. 이들이 어떻게 죽었고, 누가 심문했고 심문에 임하는 태도는 어땠는지, 시신은 어찌 처리했으며, 가족과 관련 인물의 후속 처리는 어떻게 마무리되었는지에 대한 기록조차 전무하다. 세 사람은 그야말로 전광석화로 끌려가서 흔적을 남기지 않은 채 쥐도 새도 모르게 죽었다.

이 세 사람의 죽음은 달레의《한국천주교회사》에만 편린의 기록으로 남아 있다.

> 체포된 그날 밤으로 그들은 법정으로 끌려나갔다. 그들의 굳은 결심과 말의 지혜는 재판관들을 당황하게 하였다. 명백하고 용감한 신앙고백이, 재판관들이 외국 신부와 그의 도착과 그의 서울 체류에 대하여 하는 모든 질문에 대한 그들의 유일한 대답이었다. 그들에게서 신부에게 위험한 자백을 끌어내기 위하여 여러 차례 고문을 하고, 매를 몹시 때리고, 팔과 다리를 뒤틀고, 무릎을 으스러뜨렸으나, 아무것도 그들의 용기를 꺾거나 그들의 인내심을 흔들 수는 없었다. 그들의 마음에는 천상의 기쁨이 넘쳐 얼굴에까지 번졌다. 마침내 임금은 천주교의 원수들이 거듭 내는 요청에 못 이겨 그들의 결안에 서명하였다. 판결은 그날 밤으로 옥 안에서 집행되었고, 순교자들의 시체는 강에 던져졌다.[9]

'그들은 5월 11일 저녁에 잡혀가, 당일 밤에 심문장에 끌려갔고, 잔혹한 고문을 받았지만 신부의 소재에 대해 끝까지 침묵했다. 당일 판결을 내려 옥 안에서 사형을 집행했고, 시신은 강물에 던져졌다'는 것이다. 과연 그랬을까? 달레의 기록은 대부분 추정 기술일 뿐이다. 극비리에 끌려가 이들의 체포 사실 자체를 아는 이가 거의 없는 상황에서 '천주교의 원수들이 거듭 내는 요청'이란 것은 애초에 있을 수 없었다. 시신을 강에 던졌다는 말도 믿기 힘들다. 시신을 강에 던져 공연한 소문을 키울 일도 아니었다.

이들 세 사람에 대한 처결은 법 절차를 깡그리 무시했다. 당일 체포한 주요 사범에게 당일 사형을 내려 이튿날 새벽 시신을 강물에 던지는 것과 같은 법 집행은 조선의 사법체계에서 결코 있을 수 없는 일이었다. 이들은 고문을 당해 죽었다기보다, 입을 막으려고 살해한 것에 가까웠다. 주문모 신부를 기필코 잡으려 했다면 세 사람은 결코 죽여서는 안 되는 거였다. 세 사람과 주변 인물들과 가족까지 모조리 잡아들여 신부가 붙잡힐 때까지 고문하고 심문했어야 했다.

무시된 법 절차와 공서파의 반격

한영익의 밀고로 갑작스레 돌출한 주문모 신부 체포 문제는 이렇게 아무 일도 없었던 것처럼 쉬쉬하며 수면 아래로 내려갔다. 문제는 당사자인 주문모 신부의 종적이 내내 묘연한 거였다. 시간문제로 보였던 신부의 체포가 시일이 지나도 해결되지 않자 임금과 조정은 당황해 허둥지둥한 기색이 역력하다.

달레는 이때 하룻밤 만에 죽은 세 사람 외에 다섯 명의 교인이 같이 체포되었고, 보름간 고문을 당한 뒤에 자유의 몸이 되었으며, 기뻐 하느님을 찬미하고 찬양하며 물러갔다고 썼다. 이 사실도 물론 공식 기록에는 남지 않았다. 훗날《사학징의》중 허속의 공초에, 최인철의 매부였던 그가 "1795년 5월 제가 처남 최인길과 함께 본청에 체포되었는데, 최인길은 죽었고, 저는 감화되어 바른길로 돌아오겠다는 뜻으로 공초를 올리고 석방되었습니다"라고 했다는 기술이 보인다.[10] 김종교도 "저는 최필공, 최창현, 김종순, 최인길, 최인철 등과 서로 사서를 강학하다가 1795년 포청에 체포되었는데, 감화되었다는 뜻으로 공초를 바쳐 석방되었습니다"라고 진술했다.[11] 앞선 세 사람 외에 허속과 김종교가 별도로 체포된 5인에 포함되어 있었다는 뜻이다. 위 명단에서 김종순(金宗淳)은 다른 기록에는 나오지 않는 이름이다. 별도의 5인 중 나머지 세 사람은 누군지 알 수 없지만, 위 명단 가운데 있었을 것으로 보인다.

문제를 조용히 덮으려 했던 조정의 바람에도 불구하고, 세 사람이 서학 문제로 포도청에 끌려와서 당일 매맞아 죽어 나갔다는 소문은 수군수군 원근으로 퍼져나갔다. 이만채는《벽위편》에 〈포도청에서 세 역적을 급히 죽인 일(捕廳三賊徑斃事)〉이라는 항목을 따로 두어 이 일에 대해 논했다. 그런데 워낙 극비리에 처리된 일이고 보니, 문제 삼는 측에서도 명확한 사실관계를 파악하지 못하고 있었다.《벽위편》의 기록은 이렇다.

> 이해 6월 염탐하는 포졸에게 잡히자, 한밤중에 좌의정 채제공과 포도대장 조규진에게 들라 명하시고, 세 역적을 내어주며 포도청에서 이를 다스리되 좌의정으로 하여금 그 일을 주관케 하였다. 이때는 자궁(慈宮)의 회갑이 장차 가까운지라 조야가 모두 경사로 일컬었다. 그런데도 임금께서 이렇게 명령하시니, 들은 자가 모두 성상의 뜻이 엄중함을 우러렀다. 신문하여 조사함에 미쳐 이가환, 이승훈, 황사영 등이

공초에서 모두 긴요하게 나왔다. 하지만 이른바 중국 사람은 달아나서 붙잡지 못하고 그저 최인길, 윤유일, 지황 세 역적만 하룻밤에 박살하고 나머지는 모두 불문에 부쳤다. 비밀로 하여 숨긴 것이 비록 심하였지만, 사람들의 말이 낭자해져서 권유의 상소가 나오게 되었다.[12]

5월 11일의 일을 6월이라 하고, 밀고로 잡은 것을 포졸의 염탐에 걸렸다 한 것을 보면, 사실 파악이 제대로 되지 않았음을 알 수 있다. 6월 18일에는 정조의 모친 혜경궁 홍씨의 회갑연이 국가적인 잔치로 예정되어 있었다. 화성 건설도 본궤도에 올라 속속 건물이 낙성되던 터여서 온 나라가 축제 분위기였다. 이 와중에 도성의 한복판, 그것도 임금이 집무하던 창덕궁 담장에서 얼마 멀지 않은 지근거리에 중국인 신부가 버젓이 천주당을 만들어놓고 서학을 포교하고 있었던 것이다. 임금은 이들의 대담한 행보에 깜짝 놀랐다.

강세정은《송담유록》에서 이때의 정황을 이렇게 기술했다.

영의정 채제공이 포도대장 조규진을 불러서, 하룻밤에 삼적(三賊)을 때려죽이게 했는데, 그 까닭을 알지 못했다. 다들 사적(邪賊)인데 그것이 퍼져나가는 것을 걱정해서 입을 막으려는 계책이라고들 했다. 주문모 때문이라고 말하는 자도 있었다. 이승훈의 무리가 그자를 데려오면서 서양 사람이라 일컫고, 그를 추대하여 교주로 삼았다. 그 뜻은 오로지 어리석은 백성을 속여 꾀어 그들을 미혹에 빠뜨려 믿게 하려는 데 있었다. 그를 높여 '신부(神父)'라 하고는 별도로 집을 마련해서 수시로 들락거렸으므로, 말들이 크게 퍼져 임금의 귀에까지 들어갔다. 임금께서 비로소 사학 하는 무리들이 하는 바가 못하는 짓이 없는 줄을 알게 되었다. 여러 가지로 기찰하고 염탐하였으나 종적이 몹

시 비밀스러워, 바람을 붙잡고 그림자를 붙드는 것과 같아서 끝내 붙잡지 못하였다.[13]

모든 일 처리가 극비리에 이루어졌고, 소문은 무성하게 번졌으나 실상은 좀체 분명하게 드러나지 않았다.

공서파, 포문을 열다

최인길, 윤유일, 지황 세 사람은 붙들려온 지 열두 시간도 채 못 된 이튿날 새벽 고문 끝에 죽었다. 이것은 심문이 아닌 살해에 가까웠다. 중국인 신부의 국내 잠입 사실이 외부에 알려지는 것을 원천봉쇄하려 한 것이었다. 은폐의 시도는 위 일련의 기록으로 볼 때 일단 성공했던 듯하다.

이때는 화합의 메시지와 함께 화성 신도시의 청사진이 막 펼쳐지려는 시점이었다. 1791년 진산 사건 이후 잠잠해진 천주교 문제로 정국이 다시 격랑 속에 빠져드는 것은 국왕 정조도 좌의정 채제공도 원치 않았다. 노론에게 이 일이 알려져서도 곤란했다.

《벽위편》에서는 신문 과정에서 이가환과 이승훈, 황사영 등의 이름이 나왔다고 했지만, 속사정을 모른 채 넘겨짚어 찔러본 데 지나지 않았다. 수군대는 말이 떠도는 것이 당연했다. 대비의 생일잔치가 끝나고 보름쯤 지난 7월 4일, 대사헌 권유(權裕)가 상소로 첫 포화를 쏘아올렸다.

일전에 포도대장이 때려서 죽인 세 놈은 듣자니 사학 하는 무리라고 합니다. 비록 대신이 경연에서 아뢰어 포도대장을 지휘하여 그리했다 하나, 이는 보통의 변고가 아니고 또한 비밀로 감출 일이 아닙니다. 진실로 마땅히 뿌리와 마디를 자세히 살펴서 법 집행을 밝고 바르게 하여, 사람으로 하여금 얻어서 알게 하고, 얻어서 토벌케 해야 합니다. 그런데도 한밤중에 아무도 모르는 가운데 다급하게 거두어 죽여, 마치 단서가 드러나는 것이 두려워 입을 없애고 자취를 가리려 함과 같은 점이 있으니, 이것이 무슨 뜻이고 무슨 법이란 말입니까?[14]

난감해진 정조는 비답(批答)에서, 어찌 자세한 사정도 모르면서 이처럼 과도하게 말하느냐고 나무랐다. 멸구엄적(滅口掩跡), 즉 입을 틀어막고 자취를 감추려는 데서 나온 것이 아니라며 전후 사정을 설명하는 한편, 이들이 너무 갑작스레 죽는 바람에 드러내놓고 알릴 수가 없었다고 말했다.[15] 임금의 대답은 이래저래 옹색하기 짝이 없었다.

사흘 뒤인 7월 7일에는 부사직 박장설(朴長卨)이 다시 상소를 올렸다. 그는 상소에서 엉뚱하게 이가환을 저격했다. 이 일이 중국인 신부 때문에 일어난 사건인 줄 전혀 모른 채 헛다리를 짚은 것이다. 저들이 상황도 모른 채 신서파 타도의 깃발만 올린 줄을 알게 된 정조는 불같이 노해 박장설의 직위를 박탈하고 삼천리 유배형에 처해버렸다.

상소문에서 박장설은 자신을 기려지신(羈旅之臣), 즉 '떠돌이 신하'로 일컬었다. 정조는 박장설의 상소가 해괴하고 앞뒤 없는 글이라고 꾸짖고, 벼슬아치가 자신을 가리켜 떠돌이 신하라는 말을 입에 담는 것이 놀랍다며 그대로 해주라고 했다. 그 결과 박장설은 두만강으로 귀양 보냈다가, 도착 즉시 동래로 옮긴 뒤, 다시 제주로 보내고, 곧바로 압록강까지 다시 끌어올리는 최악의 유배형에 처해졌다. 길에서 죽으라는 이야기였다. 당시 정조의 분노가 어떠했는지를 잘 보여준다.

정약용은 〈정헌(이가환)묘지명〉과 〈복암(이기양)묘지명〉에서, 권유의 상소와 박장설의 상소가 척사파 악당들의 사주를 받아 채제공을 공격하고, 이가환과 자신을 모함하기 위해 벌인 음모였다고 반복해서 썼다. 이 일로 결국 이가환은 충주목사로, 정약용은 금정찰방으로 쫓겨났다. 이들을 크게 중용하려던 정조의 개혁 구상은 이렇게 또다시 주춤하고 말았다.

3. 윤지헌과 주문모 신부

주문모 신부와의 상시 채널

시간을 조금 되돌려야겠다. 1791년 12월 고산 저구리에 정착한 윤지헌이 그곳 신앙공동체를 일구며 내실을 다지자, 1795년 봄 이존창이 이주해왔다. 이존창은 이 깊은 산골에 주문모 신부를 모셔두고 이곳을 조선 교회의 총본부로 자리매김할 생각이었다.[16] 신부가 서울에서 첫 미사를 올린 것은 음력으로 1795년 2월 16일이었고, 첫 지방 사목 방문길에 오른 것이 4월이었다. 신부는 1월에 서울에 들어온 뒤 한 달 정도 준비 과정을 거쳐 부활절 첫 미사를 드렸고, 이후 한 달 반 남짓 사목 활동을 이어오다 지방 순방길에 오른 셈이다.

1795년 4월 초순경 서울을 떠난 신부 일행이 호남 땅에 이르러 맨 처음 묵은 곳이 바로 저구리 이존창의 집이었다. 신부는 이곳에서 일주일가량 머물렀다. 윤지헌은 이때 신부 앞에 나아가 감격적인 세례를 받았다. 그는 이전에 이미 세례를 받은 상태였지만 신부의 손길로 거듭 보례를 받았다. 이후 신부가 이종사촌 유관검의 집으로 옮겨가자, 윤지헌은 그의 집으로 가서 다시 신부 곁에 머물렀다.[17] 너무도 소중하고 귀한 시간이어서 신부의 곁을 떠날 수가 없었던 것이다.

신부는 이존창과 유관검의 집에 근 일주일씩 머물며 세례와 성사를 주었다. 신부의 지방 체류가 예상외로 길어지고, 아예 보내지 않으려는 움직임까지 감지되자, 그새를 참지 못해 윤유일과 최인길이 서울에서 내려와 신부를 모시고 다시 상경했다. 고산 저구리로 신부를 모시려 했던 이존창과, 전주에 붙들어두려 한 유관검, 그리고 서울로 다시 모셔간 윤유일과 최인길의 움직임을 통해 당시 교회 수뇌부에서 주문모 신부를 모시는 주체를 두고 미묘한 줄다리기가 있었음이 짐작된다.

이후로도 윤지헌은 상경할 때마다 매번 그토록 비밀에 싸여 일반 신자들은 존재조차 알기 어려웠던 신부를 만날 수 있었다. 1800년 봄에는 강완숙의 집에서, 그해 11월에는 정약종의 집에서 신부를 만났다고 진술했다. 또 1801년 3월 28일의 공초에서 윤지헌은 서울 사람 현계온의 집에서 신부를 만났다고 했다.[18] 그는 교회 일로 서울에 올 때마다 신부와 만났다. 그가 당시 교회 수뇌부의 핵심 그룹에 속해 있었다는 뜻이다.

진술 중에 윤지헌은 자신이 술을 끊지 못해 주문모 신부에게 십계명을 어겼다고 꾸지람 받은 일과, 제사 지내는 일로 꾸중 들은 일에 대해 말했다.[19] 이것은 그가 제사를 지내고 술을 마시며 속인처럼 생활한 사정을 말해 자신의 죄를 경감해보려 한 뜻에서였지, 실제로 제사를 지내거나 했던 것은 아니었다.

1795년 4월 전주 체류 당시 신부는 윤지헌을 통해 유관검에게, 1793년 지황이 중국에 들어갔을 때 은자 400냥을 받아왔는데, 이것을 현금으로 바꾸지 못해 못 쓰고 있다면서, 돈 200냥을 꾸어달라고 요청했다. 《사학징의》 속 유관검의 진술에 나온다.[20] 꺼내기 어려운 돈 이야기를 굳이 윤지헌을 통해 전달한 것을 보면, 주문모 신부의 윤지헌에 대한 신뢰가 엿보인다. 《사학징의》 속 1801년 3월 28일 유관검의 공초에는, 집을 사기 위해 300냥을 빌리자 했다고, 조금 다르게 진술했다.[21] 당시 주문모 신부는 유관검에게 돈을 빌려 최인길의 집이 아닌, 제대로 된 교회 공간을 별도로 마련할 준비를 하고 있었던 듯하다.

상경 직후 발생한 한영익의 밀고

주문모 신부가 유관검의 집을 떠나 상경한 것은 1795년 4월 하순경이었다. 대개 20일 남짓한 여정이었을 것으로 보인다. 지방 사목 방문에서 얻은 자신감을 바탕으로, 서울 계산동 최인길의 집으로 돌아온 신부는 세례와 성사를 주며 활발한 행보를 이어갔다. 하지만 과도한 의욕과 잠깐의 방심이 곧바로 큰 화를 불렀다. 귀경한 지 채 보름도 안 된 5월 11일에 진사 한영익의 밀고 사건이 터진 것이다. 신부는 이때 정약용의 극적인 도움을 받아 기적적으로 도피할 수 있었다.

밀고 사건의 전후 경과는 앞 글에서 이미 자세히 살폈다. 윤유일, 최인길, 지황 세 사람은 실제로 매를 맞다 죽었다기보다는 입을 막으려고 죽인 것에 더 가까웠다. 신부의 입국 사실 자체를 없었던 일로 덮은 상태에서 신부를 극비리에 체포해 사건의 공론화를 막으려 한 비상조치였던 셈이다.

극적으로 계산동을 탈출한 주문모 신부는 남대문 안쪽 수각교 인근에 있던 강완숙의 집 뒤란 장작광 속에 숨어 목숨을 겨우 건졌다.

이제 막 서광이 비쳐들던 조선 교회는 이 일로 다시 직격탄을 맞았다. 신부는 장작광 속에서 석 달간 꽁꽁 숨어 지냈다. 달레가《한국천주교회사》에 쓴 내용이다.[22]

앞길이 전혀 보이지 않았다. 지근거리에서 자신을 보좌하던 든든한 후견인들도 한순간에 모두 사라졌다. 이제 신부가 기댈 곳은 지방교회의 지도자들밖에 없었다. 하지만 그들과의 연락은 원활하지 않았다. 신부는 강완숙의 장작광 속에 발이 묶인 채 할 수 있는 일이 아무것도 없었다. 속절없는 시간이 안타까웠던 주문모 신부는 전주 쪽에 긴급한 도움을 요청하는 편지를 썼다. 7월에 강완숙이 시모인 기계 유씨, 세례명 이로수(二老叟, 아녜스)를 설득해 안채로 신부의 거처를 옮긴 직후였을 것이다.[23]

주문모 신부의 편지는 1795년 7월에 전주 유관검에게 도착했다. 편지를 들고 온 사람은 자를 운서(雲瑞)라 하는 송복명(宋福明)이었다. 그는 당시 서울과 충청도, 전라도를 오가며 연락책으로 활동했던 듯하다. 1800년 즈음 면천으로 이사한 뒤, 그 직후 세상을 뜬 것으로 나올 뿐 그 밖의 인적 사항은 알려진 것이 없다.[24]

당시 신부의 편지는, 북경 천주당에 사람을 보내 조선 교회의 현황을 알리고 당면한 위기 타개를 위한 도움을 청하려 하니, 편지 심부름을 보낼 믿을 만한 사람을 천거하고 비용을 마련해달라는 내용이었다. 유관검의 당질 유중태가 즉각 윤지헌을 청해서 주문모 신부의 전갈을 알렸고, 윤지헌은 북경에 보낼 심부름꾼으로 황심을 천거했다. 유항검·유관검 형제와 유중태가 다시 400냥의 돈을 마련해 신부에게 보내주었다. 하지만 1795년 겨울 동지사행에는 시일이 촉박했던 데다 강화된 감시망으로 인해 황심을 사행단에 합류시키지 못했다. 속절없이 다시 한 해가 더 흘러갔다.

대박청래 청원과 5인의 대표 서명

황심은 이듬해인 1796년 겨울에야 북경에 들어가 주교를 만났다. 당시 북경 교회에서는 1794년 말 조선 입국 이후 연락이 두절된 주문모 신부를 거의 포기하고 있던 상태였다. 이미 붙잡혀서 순교했을 것으로 짐작하고 있던 터에, 신부의 사목 보고와 조선 신자 대표들이 연명으로 서명해서 보낸 청원서를 받은 것이다. 신자 대표들의 청원서는 주문모 신부의 요청에 의해 작성되었다. 자신의 사목 현황 보고에 더해 신자 대표들의 청원서를 첨부함으로써 북경 교회의 더 강력한 후속 행동을 촉구하기 위한 것이었다. 그것은 대박청래(大舶請來), 즉 서양의 큰 선박을 조선에 보내 종교탄압을 멈추고 신앙의 자유를 허하도록 압박을 가해달라는 내용이었다.

주문모 신부는 유항검 형제와 윤지헌 등에게 이 같은 탄원서를 작성해서 보낼 것을 반복해서 요청했다. 이들이 글쓰기의 어려움을 호소하자 답답해진 주 신부는 자신이 편지를 대필해서 초고를 보내왔다. 《추안급국안》에는 이들이 써보낸 청원서의 문장이 좋지 않다며 신부 자신이 직접 고쳤다고 조금 다르게 적혀 있다.[25] 신부는 대박청래를 자신이 아닌 조선 교회의 중의로 요청하는 모양새를 갖추려 했다. 유관검은 《사학징의》 속 공초에서 주문모 신부가 자신들에게 보내온 편지의 초고에 대해 이렇게 진술했다.

> 신부를 모셔온 뒤로 나라에서 금함이 지극히 엄하여, 조그만 나라에서 편하게 지낼 길이 전혀 없는지라, 성교 또한 이 때문에 행하기가 어렵습니다. 서양의 큰 배를 보내주도록 청하여 한바탕 결판을 낸 뒤라야 신부가 편안하고 성학(聖學)을 행할 수 있겠습니다. (……) 만약

큰 배를 맞이하게 된다면 나라에서 금지하는 것이 분명히 느슨해져서 우리의 도를 펼 수가 있을 것입니다. 서국의 임금에게 부탁하여 원시경(遠視鏡) 같은 물건을 가져오고, 폐백을 후하게 마련하여 반드시 우리나라에 글을 보내, "늘 귀국의 소문을 사모하였으나 성교가 없음이 유감스러우니, 우리나라의 성학에 독실한 자를 배에 태워 내보내면 틀림없이 성교가 크게 행해질 것입니다. 먼 곳의 바람을 저버리지 마십시오"라고 하십시오.[26]

유항검 형제와 윤지헌 등은 신부의 지시에 따라 이 초고를 다시 옮겨적어 유항검, 유관검, 유중태, 윤지헌, 최창현 등 다섯 명이 연명해 서명한 뒤 황심을 통해 1796년 겨울 북경에 보냈다. 《추안급국안》의 유관검 공초에는 황사영의 이름도 올랐던 듯이 써놓았다. 뒤에 황사영의 〈백서〉로까지 이어져 역모의 파장을 불러온, 이른바 '일장판결(一場判決)'의 논의가 점화되는 순간이었다. 신앙의 자유를 보장받기 위한 이 같은 탄원이 자신들의 목숨을 앗아가는 부메랑이 되어 돌아올 줄은 이때까지 이들은 짐작조차 할 수 없었다. 최창현 외 4인이 모두 전주와 고산 쪽 인물이었던 점은 당시 주문모 신부의 동력이 어디에 기반하고 있었는지 잘 보여준다.

1797년 봄 황심이 들고 온 주교의 답장은 이랬다.

큰 배를 보내주도록 청하는 것이 우리의 소원이나, 다만 물길로 몇만 리나 되는 아득히 먼 곳의 일이라, 이는 이른바 어리석은 자는 행할 수가 없고, 지혜로운 자는 함부로 행하지 않는다는 것이니, 나라 임금이 비록 열심이 있다 하더라도 어찌 준비해서 보낼 리가 있겠는가? 다만 신부를 잘 지켜 보호하고 성교를 널리 행하기를 삼가 바라노라.[27]

한마디로 '대박'을 청해오는 것은 턱도 없는 이야기이니, 딴생각 말고 신부를 잘 보호해서 전교에 더 노력하라는 원론적인 지침이었다.

윤지헌은 당시의 공식 기록 상에서는 그 위치와 비중이 크게 높지 않았지만 실제로는 그렇지 않았다. 교회가 북경에 보낸 청원서에 조선 신자 5인 대표로 이름을 얹었을 만큼 핵심 중의 핵심이었다. 윤지헌은 황심을 뽑아 보낸 당사자이기도 했다. 그는 고산 저구리 지역 교회의 책임을 맡은 지도자였고, 주문모 신부가 중국에 서신을 보내는 연락망을 관리하고 실무를 진두지휘한 비선 책임자였다. 윤지충과 권상연의 무덤 곁에서 220년 만에 팔다리가 잘려 사라진 채 발굴된 그의 유골이 당시 교계 내 그의 위상을 다시 한번 증언한다.

4. 주문모 신부의 등대, 이보현과 황심

주문모 신부의 한양 탈출과 지방 잠행

1795년 4월 전주에서 윤유일과 최인길을 따라 상경한 주문모 신부는 5월 11일 한영익의 밀고로 큰 위기에 처해 강완숙의 집 뒤란 장작광에 숨어 7월까지 지냈다. 푹푹 찌는 삼복의 불볕더위를 지나 서늘한 가을 기운이 돌을 때까지 계속된, 어두운 장작광 속의 도피생활은 기도밖에 아무 할 수 있는 일이 없는 절망적인 시간이었다.

이후 전주로 보낸 편지에 응답이 올라오고 나서도, 신부를 추적하는 감시망이 계속 죄어오자 더 이상 한양에 숨어 지내기가 어렵게 되었다. 1801년 3월 15일 의금부 추국장에서 심문관이 계산동 최인길의 집에서 달아나 어디로 갔었느냐고 묻자, 신부는 강완숙의 이름은 건너뛴 채, 한양을 떠나 연산(連山) 이보현(李步玄, 1773~1799) 프란치스코의 집에 몇 달간 머물렀다고 진술했다. 당시 체포되기 전이었던 강완숙을 보호해야 했기 때문이다.

심문관이 다시 그동안 먹고 잔 곳을 자세히 고하라고 하자, "양근에서 한 차례 권가(權家)에 이르러 곧장 올라가 약 3일간, 연산에서는 한 차례 약 두 달 남짓 머물렀습니다. 대략 병진년(1796) 5월쯤 한양으로 돌아왔습니다"라고 대답했다.[28] 한양을 탈출해서 양근으로 신부를 모셔간 것으로 보아, 당시 신부와 동행한 것은 강완숙 집 인근 창동에 살았던 권상문(權相問, 1768~1801) 바실리오〔巴西略〕였을 것이다. 그는 1791년에 죽은 권일신의 셋째 아들이다.

이 대목에서 갑자기 등장하는 이름이 이보현이다. 신부는 충청도 연산 사는 이보현의 집에서 두 달간 머물렀다고 진술했다. 결과적으로 신부의 지방행은 1795년 4월에 이어 1796년 봄에도 있었던 셈이다. 신부는 어떤 경로로 그의 집까지 가게 되었을까? 당시 신부가 이보현의 이름을 바로 댈 수 있었던 것은 그가 이미 두 해 전 해미에서 순교한 상태였기 때문이었다. 신부는 아마도 1796년 봄 2월경에 한양을 탈출해 양근을 거쳐 연산으로 피신했을 것이다.

이 무렵 신부는 잠행 중에도 비선을 통해 지방의 지도자들과 연락하며 교회 조직의 재건을 위해 총력을 기울이고 있었다. 신부가 한양을 벗어난 것은 포위망이 점점 촘촘하게 좁혀들어온 때문이기도 했겠지만, 북경에 보낼 문건을 작성하고, 조선 신자를 대표해 북경 주교에게 올리는 청원서의 문안을 손질하려면 가까운 거리에서 지도부와 긴밀하게 소통할 필요 또한 절박했기 때문이었다. 당시 서울의 최창현과 최인철 등은 중인 신분이어서 문안 작성을 상의하기가 어려웠고, 감시의 눈길마저 엄중해 접촉조차 쉽지 않았다. 이존창 또한 천안 감옥에 갇혀 있는 상태였다. 신부는 북경에 보낼 청원서 작성을 위해 유항검 형제 및 윤지헌과 긴밀하게 소통하고 있었다.

신부가 연산 이보현의 집에 머문 이유

신부는 양근을 떠나 1796년 2월 말쯤 연산 땅 이보현의 집에 안착해, 이곳에서 두 달 남짓 비교적 오랜 기간 머물렀다. 이보현은 어떤 사람인가? 그의 집으로 신부를 안내한 것은 또 누구였을까? 여기에도 마치 기밀 작전을 수행하듯 당시 교회 집행부의 네트워크가 총동원되어 진행한 느낌이 있다.

우선 연산 이보현의 집에 신부를 모시기로 한 결정은 서울 수뇌부 및 양근, 그리고 전주 유관검 등의 협의에 의한 것으로 보인다. 이보현은 1795년 7월 유관검에게 보낸 주문모 신부의 편지에 따라 윤지헌이 북경 밀사로 추천한 황심 토마스의 처남이었다. 그는 19세 때인 1791년경 황심을 통해 천주교에 입교했다.

본래 그의 집은 덕산 황무실에 있었다. 부유한 양인 집안에서 자란 그는 어려서부터 고집이 셌다. 일찍 부친을 여읜 데다 외골수의 성격이 더해져서 아무도 말릴 수 없는 고집불통이 되었다. 하지만 천주교와 만난 뒤 그는 180도 다른 사람으로 변했다. 애당초 결혼에 뜻이 없었던 그가 어머니의 말씀에 순종하여 결혼했고, 속죄와 고행을 통한 영성 수련에 온통 힘을 쏟았다. 그는 본격적인 신앙생활을 위해 고향 황무실을 떠나 자형 황심이 살고 있던 몇백 리 떨어진 연산 땅 계룡산 자락으로 들어갔다. 이곳에서 그는 채소만 먹는 금욕생활에 돌입하는 등 신앙생활에 전심했다.[29]

황심(黃沁, 1756~1801)의 본명은 황인철(黃寅喆)이었다. 1801년 10월 11일 추국 기록에 그렇게 나온다. 여기에 1800년에 '황심'으로 개명했노라는 본인의 진술이 붙어 있다.[30] 자는 신거(信巨)를 썼다. 초기 기록에 황심이 아닌 황신거로 나오는 이유다. 그의 집 또한 원래는

이보현의 출생지에 세워진 황무실 성지의 모습. 충남 당진시 합덕읍에 있다.

덕산 용머리에 있었다. 황심이 먼저 연산에 정착했고, 이어 이보현이 합류해 황심과 함께 신앙공동체를 꾸려나갔던 것으로 보인다. 연산은 지금의 논산시에 자리한 연산면으로, 유관검의 전주나 윤지헌의 저구리와는 한나절이면 닿을 수 있는 가까운 거리였다. 신부는 유관검 등과 상의해 윤지헌이 북경 밀사로 지목한 황심이 살던 이곳을 체류 장소로 결정했을 것이다.

당시 신부는 북경으로 파견할 밀사와 북경 교회의 응답에 마지막 희망을 걸고 있었다. 소요 비용 마련과 밀사의 선발, 청원서 작성까지 모든 작업이 전주 유관검과 윤지헌을 중심으로 진행되고 있었으므로, 이들과의 원활한 의사소통을 위해서도 연산은 적당한 위치였다. 거기에 이보현의 집이 산속에 있고 타지인인 데다 철저한 금욕생활을 하던 터라 외부에 노출될 염려가 그만큼 적었다.

《추안급국안》 속 1801년 4월 2일자 주문모의 공초 가운데 이보현에 관한 묘한 구절이 하나 더 나온다.

> 저는 1797년에 한 차례 북경에 머물러 사는 서양 사람과 편지를 주고받았습니다. 9월 그믐에 동지사행으로 떠난 사람이 있었는데, 내 생각에 그는 중간에 따로 해야 할 일이 있었을 뿐입니다. 동지사의 행차는 아마도 마땅히 11월 그믐에 강을 건넜을 것입니다. 떠난 이는 이보현으로 연산에 사는 사람입니다. 재작년에 해미에서 죽었다고 합니다.[31]

문맥이 다소 모호하다. 요컨대 주문모 신부가 1797년에 북경의 서양 신부와 편지를 주고받았고, 이때 편지 전달 심부름을 맡은 이가 연산 사람 이보현이었다는 내용이다. 또 11월에 떠나는 동지사행에 앞서 9월 그믐에 이보현이 먼저 의주 쪽으로 떠났다고 했다. 그는 먼저 가서 중간에 처리해야 할 일이 있었다는 것이다.

하지만 이보현이 중국을 다녀왔다는 흔적은 어디에도 없다. 이때 중국에 들어간 사람은 황심이었다. 그렇다면 이보현이 먼저 올라가서 황심의 북경행을 위해 필요한 준비 작업을 미리 했다는 이야기일까? 그런 것이 아니라, 신부는 그때까지 체포되지 않은 황심을 보호하기 위해 일부러 죽은 이보현의 이름을 댔던 것이다. 어쨌거나 이보현과 황심은 처남매부간으로 찰떡궁합을 과시하며 신부를 두 달가량 자기들 집에서 모셨고, 이후로도 황심은 신부의 북경 심부름을 도맡아 북경만 세 차례를 다녀왔다. 꽉 막혔던 조선 교회의 숨통이 이를 통해 겨우 트여 숨을 쉴 수 있게 되었다.

연산 신앙공동체와 이보현의 죽음

다블뤼의 《조선주요순교자약전》에 따르면, 이보현은 금욕생활 중에 늘 "천주를 섬기고 자기 영혼을 구원하려면 금욕생활을 하든가 순교로 목숨을 바쳐야 할 것이다. 이것이 천주의 참된 자녀가 되는 유일한 방법이다"라고 말하곤 했다. 1799년 충청도에서 교난이 크게 일어나자, 그는 오히려 이를 순교의 기회로 여겨 가족과 마을 교우들을 가르치고 권면하는 데 더욱 열중했다. 매일 주님의 수난에 대해 이야기해주며 이처럼 좋은 기회를 놓쳐서는 안 된다고 말했다.[32]

체포를 예감한 그는 신앙촌을 이루고 살던 마을 사람들에게 한턱 내겠다며 술을 많이 담그게 했다. 술이 익고 이틀 뒤에 포교들이 그를 잡으러 왔다. 포교들도 그가 담가둔 술을 대접받았다. 그는 관장 앞으로 끌려갔다. 서학책을 내놓으라고 하니 너무 소중해 바칠 수 없다고 대답했다. 연유를 묻자, 만유의 주인이신 천주에 관한 내용을 담고 있어 외교인에게 맡길 수 없노라는 대답이 돌아왔다. 이 괘씸한 대답 때문에 그는 혹독한 매질을 당했다.

연산에 살던 그는 관할지로의 이송 명령에 따라 해미로 보내졌다. 해미의 천주교도에 대한 형벌은 악독하기로 소문나 있었다. 그곳 영장(營將)의 매서운 형벌 앞에서도 그의 태도는 조금도 꺾이지 않았다. 왜 고향과 조상을 버리고 굳이 먼 타지까지 가서 가증스러운 도를 따르느냐는 힐난에, 이보현은 생명을 준 대군대부이신 천주를 어찌 공경하지 않을 수 있느냐고 따박따박 대답했다. 함께한 무리를 모두 대라고 하자, 스승과 제자가 사방에 널려 있지만, 그들을 고발하면 나리께서 나처럼 다루실 터이니 죽어도 아무 말 하지 않겠다고 했다. 그는 몇 차례 기절하고 깨어나면서 갖은 고문을 당했어도 끝끝내 굴복하지 않았다.

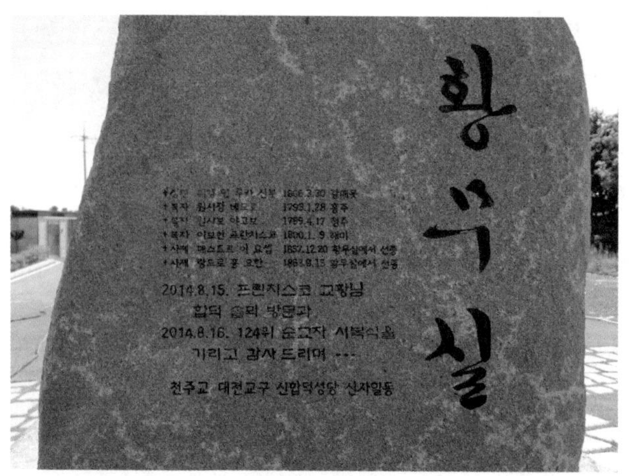

황무실 성지의 순교자현양비 뒷면에 이보현의 이름이 새겨져 있다.

온몸이 너덜너덜해져서 옥에 들어갔다. 옥에 갇혀서도 그는 감사의 기도를 올리며 함께 갇힌 이들을 권면하고 예수의 수난을 증언했다.

이튿날 관장은 더욱 분이 나서 천주를 배반하지 않으면 죽이겠다고 위협했다. 이보현은 "신하가 임금을 배반하면 그 신하를 벌합니까, 상을 줍니까? 나리께서는 임금께 녹을 받으시니 저를 국법에 따라 처리하십시오"라고 대답했다. 주리를 틀고 1만 대의 매를 맞더라도 아무것도 고하지 않겠다며 완강히 버텼다. 그는 천주의 이름으로 죽기를 작정한 사람이었다. 관장은 "저게 사람이냐"며 펄펄 뛰면서 갖은 극악한 고문을 더하게 했다. 그렇게 하고도 관장은 그에게서 아무런 자백도 받아내지 못했다. 지친 관장이 결안에 서명케 하자, 그는 처음으로 기쁜 표정을 지었다.

이튿날 관장은 이보현을 장터에서 조리돌린 뒤, 뭇사람이 보는 앞에서 때려죽이게 했다. 아무리 때려도 그는 숨이 끊어지지 않았다. 매를 치던 형리들이 온통 그의 피와 살점을 뒤집어썼다. 진저리를 칠 만큼 참혹한 모습에 관장이 못 견디고 먼저 자리를 떴다. 형리들이 엎드렸던 그의 몸을 뒤집어 몽둥이로 급소를 세게 치자, 그제야 숨을 거뒀다. 이때 그는 고작 27세의 젊은이였다.

며칠 뒤 그의 시신을 거둘 때 마을 사람들이 가서 보니, 몸이 눈부시게 빛나고 얼굴엔 미소를 짓고 있었다. 이 모습을 보고 외교인 몇 사람이 입교했다. 자형 황심은 그의 죽음을 전후해 거처를 연산에서 서울로 옮겨 활동을 이어나갔고, 황사영의 〈백서〉를 중국에 전달하려다 붙잡혀 1801년 10월 23일 능지처참에 처해졌다.

한편, 《추안급국안》 중 1801년 10월 10일 황사영의 심문 내용을 보면, "주문모가 갈릉파의 집 안에 있었는데, 바야흐로 매우 위급한 지경에 처했을 때, 한 남자 천주교인이 재빨리 시골로 가서 숨어 지내는 한 천주교인을 만나 두 곳의 적당한 장소를 미리 마련했다"고 한 이야기가 나온다.[33] '숨어 지내는 한 천주교인'이란 바로 이보현을 두고 한 말일 것이다. 심문관이 그의 이름과 피신 장소를 대라고 추궁하자, 황사영은 황심에게 들은 이야기이니 그에게 물어보라고 대답했다. 이렇듯 황심은 1795년 이래로 주문모 신부의 체포 직전까지 측근에서 보좌하며 신부를 곁에서 지켰다.

이보현과 황심! 처남매부간인 두 사람은 1795년 주문모 실포 사건 이후 총체적 난국에 빠져 방향을 잃었던 조선 교회의 명맥을 잇는 데 소중한 역할을 했다. 당시 절망적인 상황 속에서 주문모 신부가 이들의 손길과 도움을 통해, 1800년 이후 명도회를 설립해 다시 신앙의 불길을 들불처럼 번지게 한 동력을 얻을 수 있었다. 또 그 배경에 전주 교회의 큰 역할이 있었음도 기억하지 않을 수 없다.

5. 주문모 신부의 동선과 24시

창백한 낯빛에 긴 구레나룻

달레는 《한국천주교회사》에서 "주문모 신부의 도착은 천주교인들에게 형언할 수 없는 위로와 기쁨을 주었으니, 이들은 그를 하늘에서 내려온 천사처럼 맞아들였다"고 썼다.[34] 1795년 실포 사건 이후 신부가 조선에 와 있다는 사실이 알려지면서, 주문모 신부는 끊임없는 사찰과 체포 시도에 노출되어 있었다. 긴박한 상황도 여러 차례였다. 그때마다 여자로 꾸며 가마를 타고 달아나거나, 상복을 입고 삿갓을 쓴 채 자신을 체포하러 온 포졸들을 스쳐 벗어난 적도 한두 번이 아니었다.

달레는 조선 교회가 오직 하나뿐인 목자를 지키기 위해 온갖 노력을 다 기울였다고 하면서, "주문모 신부가 이런 비밀에 둘러싸여 있었으니, 조선의 전설이 그의 사목 활동에 대해 거의 아무것도 우리에게 전해주지 않음을 이상히 여겨서는 안 된다"고 썼다. 글 속의 '조선의 전설'은 정약용이 쓴《조선복음전래사》를 가리킨다. 정약용은 주문모 신부가 왔을 때 이미 배교를 공언한 상태였고, 실포 당시 극적으로 신부를 구출한 당사자였지만 이후 계속해서 배교를 공언한〈자명소(自明疏)〉까지 지어올리던 정황에서 신부의 동향에 대한 구체적인 정보를 확보할 수는 없었을 것이다.

달레는 또 이렇게 썼다.

> 교우들이 주문모 신부를 칭찬하는 것은 한결같다. 그들의 말에 따르면, 주문모 신부는 일에 지칠 줄을 몰라, 먹고 자는 데 필요한 시간을 겨우 낼 지경이었다 한다. 밤에는 성직을 수행하고 낮에는 책을 번역하거나 새로 쓰거나 하였다. 그는 금식을 하고, 극기를 하고, 자기 본분에 자기를 온전히 바쳤다. (……) 그가 조선에 왔을 때는 천주성교가 막 탄생한 길이었다. 그 교리의 광채는 마치 천주교인들의 큰 무지로 가려져 있는 것 같았다. 이러한 불행을 막기 위하여 그는 책을 짓고 가르칠 뿐 아니라 단호하고 지혜로운 수단으로 폐습을 고쳐 모든 이로 하여금 신앙의 실천을 충실히 하도록 하기에 성공하였다.[35]

주문모 신부의 외모와 인상은 어땠을까? 복자 김연이 율리아나가 포도청 공초에서 말했다. "신부는 나이가 오십 가까이 되고, 구레나룻이 조금 깁니다. 얼굴이 길쭉하고 아래턱은 뾰족하였습니다. 낯빛은 검은 듯하고 눈동자는 붉은 것 같았습니다. 키는 중간쯤 됩니다."[36] 유덕이는 또 이렇게 진술했다. "교종(教宗)이란 사람의 용모는 얼굴이 둥글고 조금 길쭉한데 양쪽 광대뼈가 높고 크고, 하관은 뾰족합니다. 낯빛이 창백하고 구레나룻은 조금 길고 희끗희끗합니다. 눈이 크고, 나이는 50세가량 되는 사람입니다."[37]

그는 늑수(勒鬚) 즉 구레나룻이 길었고, 광대뼈는 솟고 턱이 뾰족한 데다 얼굴이 조금 길쭉한 편이었다. 턱수염도 꽤 길었다. 조금 길쭉한 얼굴에 유난히 긴 구레나룻은 홍어린아기연이와 폐궁 나인 강경복, 김달님 등도 한결같이 증언한 바다.[38] 위 두 사람의 진술에서 한 사람은 신부의 낯빛이 검다고 하고, 한 사람은 창백하다고 했다. 조선에 온 뒤 그는 낮에는 방 안에 깊이 숨어 꼼짝도 하지 않았다. 심지어 한집에 살던 여종조차 그의 존재를 알지 못했을 정도였다. 햇볕 쬘 일이 아예 없다 보니, 얼굴색이 누렇게 떠서 핏기가 없어 보였던 것이다.

숨어 지내야 했던 신부의 이동 경로

입국 후 주문모 신부가 처음 머문 곳은 계산동 최인길의 집이었다. 1795년 1월부터 5월 초까지 4개월 남짓 이곳에서 생활했다. 계산동의 천주당은 내부를 중국 천주당을 본떠 꾸몄다. 신부의 겨울옷은 지황의 아내 김염이가 지어주었다. 이 밖에는 알려진 것이 없다. 두 번째 거주지는 강완숙의 창동 집이었다. 그마저도 처음 두어 달 동안은 장작광 속 겨우 웅크려 지낼 만한 좁은 공간에서 집안 식구들조차 모르게 숨어 지냈다. 밤중이면 불도 없는 칠흑 속에서 무더위와 싸우고 물것들을 견디며 오로지 기도 속에 그 참혹한 시간을 건넜다.

그 뒤 강완숙네 안방 뒤쪽 협실로 거처를 옮긴 뒤에도 햇빛 볼 시간은 없었다. 밖으로 다닐 수도 없었다. 그는 24시간을 늘 긴장 속에서 살았다. 유사시에는 탈출을 위한 플랜B가 수립되어 있었다. 이 와중에도 신부는 교리서 집필에 힘쓰고 미사 집전에 애를 썼다.

1801년 2월 말 폐궁 나인 서경의의 공초는 주문모 신부의 일과를 엿보는 데 의미 있는 자료다. 하루는 그녀가 무심코 폐궁 송씨의 방문을 여니 한 사람이 화들짝 놀라 일어나 곁방 뒷문으로 나갔다. 괴이하게 여긴 그녀가 누구냐고 묻자, 송씨는 홍필주 집안의 여종이 잠시 숨어 있는 것이라고 둘러댔다. 2월 20일 밤 2~3시경 사람의 발자국 소리에 놀란 그녀가 창문을 열고 살펴보았을 때는 웬 남자가 송씨 방의 측간에서 급하게 곁방 문 안쪽으로 들어가는 모습이 보였다. 놀란 그녀가 송씨에게 가서 물으니, 며느리 신씨가 측간에 간 것을 잘못 본 모양이라며 말을 돌렸다.[39] 당시 긴박한 상황에서 폐궁 송씨의 협실에서 숨어 지내던 주문모 신부는 낮에는 숨을 죽이며 지냈고, 용변 같은 생리현상도 깊은 밤중에 몰래 나와 처리해야 했다. 신부의 숨 막히는 24시가 눈에 그릴 듯 선하다.

연산 이보현의 집에서 상경한 뒤 신부의 동선도 궁금하다. 1801년 3월 15일 의금부 공초에서 주문모 신부는, 최인길의 집을 나와 어디로 갔느냐는 물음에, 연산 이보현의 집에 도피해 몇 달간 머물렀고, 1796년 5월 상경 이후에는 강완숙의 창동 집에 머물다가 계산동 최인철의 집과 창동 김 우르술라의 집에 하루나 이틀 또는 사나흘씩 머물렀다고 대답했다. 그러다가 상황이 잠잠해지면 다시 강완숙의 집으로 돌아갔다.

1798년 충청도 지역에서 박해가 일어났을 때는 반년간 지방으로 도피해 숨었고, 이후 다시 서울로 돌아왔다. 1799년에 강완숙이 대사동(大寺洞)으로 이사했다. 집 확장 문제로 법적인 다툼이 생기자 계산동 최인길의 집과 아현 황사영의 집을 번갈아 오가며 묵었다. 1799년 겨울 청주에서 교난이 일어났을 때도 이를 피해 다시 몇 개월간 지방을 전전했는데, 이때에는 교우의 집에 머물지 않았다.

1800년 3월 강완숙은 대사동 집을 되팔고 관훈동으로 이사했다. 이른바 '충훈부 후동'으로 일컬어진 곳이다. 4월에 그 집으로 들어간 지 며칠 되지 않아 다시 여주에서 교난이 발생했다. 신부는 다시 황사영과 남대문 안 현계흠의 집, 창동 정약종과 벽동 정광수, 광통교 김가의 집, 김종교의 행랑채를 옮겨다니며 지내야 했다. 외교인의 행랑채뿐 아니라 전동 폐궁에도 머물렀고, 막판에는 황해도로 피해가기까지 했다. 황해도 도피 때 신부는 중국으로 돌아갈 작정이었다.

주문모 신부는 조선 천주교회 신자들에게 큰 위로와 기쁨을 주는 존재였고, 조선 신자들은 교회에 하나뿐인 목자를 지키기 위해 온갖 노력을 기울였다. 사진은 경기도 이천 어농 성지에 세워진 주문모 동상.

정리한다. 주문모 신부는 처음 5개월 남짓은 계산동 최인길의 집에서 살았고, 이후 1795년 5월에서 연말까지 강완숙의 집에서 숨어 지내다, 해가 바뀐 뒤 충남 이보현의 집에서 두어 달 살았다. 5월 상경 이후에는 계속 여러 집을 전전하며 거처를 옮겼다. 한곳에 오래 머물지 못한 것은 신분이 노출될 염려가 컸기 때문이다. 거처를 옮길 때마다 그곳에서 미사나 성사를 행했고, 그 흔적은 《사학징의》 속 여러 사람의 공초에 남아 있다.

검거 선풍으로 사정이 다급해지면 지방으로 몇 달씩 잠적했고, 1799년 5월 이후로는 외교인의 행랑채에 숨어 지내기도 했다. 1800년 4월 이후 명도회 모임이 활성화되면서 신부의 각 구역 순회 활동이 부쩍 활발해졌다. 이 기간은 정조의 국상으로 인한 국가적 애도 기간이어서 일체의 천주교 검거 활동이 멈췄기 때문이다.

주문모 신부의 6년에 걸친 조선 체류는 그야말로 칼끝 같은 긴장의 연속이었다. 낮 동안 그는 꼼짝도 않고 방 안에 틀어박혀 지냈고, 그것도 여성의 거주 공간인 안방의 더 깊은 안쪽 협실에 숨어 지냄으로써, 양반 여성의 내실을 조사하지 못하는 조선의 관행을 보호망으로 삼았다.

주문모 신부의 민망한 조선어 구사력

조선에 6년간 머물렀음에도 신부의 조선어 구사력은 '반아(半啞)', 즉 반벙어리 수준이었다. 여러 사람의 증언이 한결같다. 서양 신부들이 입국한 지 두어 달 만에 기본적인 언어를 익혀 바로 고해성사를 조선말로 행한 것과 확실히 대비된다.[40]

폐궁의 나인 강경복은 포도청의 공초에서 "사서를 배우려고 홍문갑의 집에 갔더니 홍문갑의 어미가 한 남자와 같이 앉아서 경문을 가르치는데, 그 소리가 벙어리 같은지라 홍문갑의 어미가 대신해서 가르쳐주었습니다"라고 했다.[41] 또 "1800년 7월에 정약종의 집에 두 차례 갔다가 서양국에서 나온 신부를 만나보고 사학을 강론하였는데, 그 사람은 말이 어눌해서 반벙어리 같았으므로 필담을 서로 주고받았습니다"라고 한 것을 보면, 확실히 주문모 신부의 조선어 습득 능력에는 문제가 있었음을 알 수 있다.[42]

나중에 의금부에 자수했을 때도, 신부는 자신이 조선말을 잘하지 못하므로 글로 진술하겠다며 붓과 종이를 요청하기까지 했다. 이에 반해 김건순의 편지를 보고 그 문장력에 감탄했다거나, 유관검 등이 보낸 청원서의 문장이 시원찮다며 직접 손봤다는 것을 보면, 한문 문장력은 매우 뛰어났던 듯하다. 달레도 주문모 신부가 훌륭한 재질과 한문에 대한 박학한 식견, 비범한 종교 지식과 덕행의 소유자였고, 점잖은 외모와 고상한 태도, 크나큰 친절로 모든 사람의 마음을 끌어당겼다고 말한 바 있다.[43]

비록 이곳저곳을 전전하며 거처가 일정치 않았지만, 신부에게는 강완숙의 집이 베이스캠프 같은 곳이었다. 강완숙의 집에서 신부는 그녀의 각별한 보살핌을 받았고, 대외 활동에 있어서는 그녀의 아들 홍필주가 지척에서 이른바 수행비서 역할을 맡았던 것으로 보인다. 신부가 거처를 옮기거나 이동할 때도 그가 동행하며 곁에서 수발을 들었다.

1799년부터 강완숙의 집에서 심부름을 하며 지낸 여종 정임은 포도청 공초에 묘한 말을 남겼다.

> 바깥상전 홍필주는 작년 섣달에 피를 토하는 증세로 의원을 찾으러 나가서, 이제 석 달이 되도록 들어오지 않아 간 곳을 알지 못합니다. 안상전은 조금도 놀라거나 괴이하게 여기는 마음이 없이 으레 그런 일로 보았습니다.[44]

홍필주가 1800년 12월 이후 혈증(血症) 즉 폐병을 치료하겠다고 나가서는 석 달째 돌아오지 않고 있는데도 강완숙은 당연하다는 듯이 행동해서 자신이 이상하게 여겼다는 내용이다. 또 권상문의 여종으로 강완숙의 집을 수시로 드나들었던 비녀 복점은 공초에서 "금년(1801) 정월에 들으니, 홍 서방은 미친 증세가 나서 거처를 알지 못한다고 하였습니다"라고 진술했다.[45] 당시 장기간에 걸친 홍필주의 부재를 이리저리 둘러대고 있었던 셈이다.

당시 주문모 신부는 정약종과 김가의 집을 옮겨다니다가, 12월에는 김종교의 행랑채에 머물렀고, 해가 바뀌어 다시 천주교인 검거가 시작되자 남의 집 행랑채와 북산 등지로 달아나 숨어 지낼 때였다. 아마도 홍필주는 이때 신부를 밀착 수행하며 신변을 지키는 호위무사 역할을 맡고 있었을 것이다. 홍필주 자신도 결안에서 "저는 계모와 더불어 한마음으로 사학에 깊이 빠졌고, 외국인을 귀한 보배처럼 보아 아비처럼 섬겼다"고 말한 바 있다.[46]

마지막에 의금부에 갇혔을 때 가혹한 고문으로 마음이 약해진 홍필주는 천주를 배반하는 말을 여러 차례 했다. 강완숙이 조사를 받으러 가다가 홍필주와 마주쳤다. 강완숙이 크게 소리쳐 말했다. "필립보야! 네가 어찌 네 머리 위에 예수님이 임하시어 비추고 계심을 못 보고, 스스로 그릇된 길로 가려느냐?" 이 말에 홍필주는 정신이 번쩍 들었고, 마침내 기쁘게 순교했다.[47] 초기 교회에서 홍필주가 감당했던 역할과 비중은 결코 만만치 않았다.

6. 여걸 강완숙의 카리스마

압도적 존재감

강완숙은 초기 교회사에서 결코 잊을 수 없는 이름이다. 1801년 신유박해의 공초 기록인 《사학징의》에 그녀의 이름은 128회나 등장한다. 단연 압도적인 존재감이다. 총회장 최창현과 명도회장 정약종보다 훨씬 비중이 높았다. 주문모 신부는 1795년 실포 사건 이후 이곳저곳을 떠돌며 지냈지만, 기본적으로는 그녀의 집이 6년간 주된 거처였다. 신부는 강완숙의 안방 안쪽에 딸린 협실에서 기거했다.

신부가 있는 곳이 교회의 중심이었기에 그녀의 집 또한 자연스레 교회의 심장부가 되었다. 그녀의 허락 없이는 누구도 신부를 만나지 못했고, 신부의 동선과 행선지도 그녀가 결정하고 관리했다. 그녀의 위상은 황사영이 〈백서〉에서 "박해 후에 신부가 그 집을 거처로 정하였다. 6년 동안 교회의 중요한 사무에 모두 그녀의 도움을 받았으므

로, 신부가 총애하여 신임함이 몹시 융숭하여 견줄 만한 사람이 없었다"고 썼을 정도다.[48]

그녀는 신부의 비서실장이자 보호자였다. 그녀의 둘레에는 수행비서 역할을 맡은 아들 홍필주와 신심으로 똘똘 뭉친 동정녀 및 과부들의 조직이 겹겹으로 에워싸고 있었다. 황사영이 〈백서〉에서 당시 교회를 설명하면서 "부녀자가 3분의 2를 차지하였고, 어리석은 천한 사람이 3분의 1이었다. 사대부 남자는 세상의 화를 두려워하여 믿어 따르는 자가 몹시 적었다"고 한 말이 실감난다.[49] 남성 지도자 조직은 오히려 외곽에서 지원을 맡았다.

강완숙은 당시 조선 천주교회의 명실상부한 실세였다. 그녀를 '강파(姜婆)'로 지칭한 탓도 있겠지만, 그 압도적 카리스마로 인해 세상을 뜰 때 그녀의 나이가 적어도 50대 후반쯤은 되었겠지 싶은데, 막상 그녀가 처형당할 때의 나이는 42세였다.

강완숙은 1792년 이후, 1793년쯤 상경했다. 별라산 시절부터 그녀의 리더십은 출중했다. 앞서 살핀 대로, 그녀는 계실(繼室)로 홍지영과 혼인했다. 홍지영은 영의정을 지낸 홍낙성의 오촌 서조카로, 정조의 어머니 혜경궁 홍씨에게는 칠촌 서조카가 되는 인물이었다. 가족으로는 전처소생의 아들 홍필주와 성격 고약한 시어머니 유 아녜스가 있었다. 박종악의 《수기(隨記)》 속 홍주와 덕산 지역 천주교도 명단에 강씨 성이 적지 않은 것으로 보아, 그녀 또한 덕산 인근 진주 강씨 집안이었을 것이다.

별라산 시절부터 길 가는 사람이 천주교 신자임을 밝히면 안방으로 불러들여 식사를 대접하고 노잣돈까지 쥐여줬다는 이야기에서도 그녀의 거침없는 성격이 엿보인다. 남편 홍지영과 고오봉 등 주요 신자들이 홍주감영에 끌려갔을 때, 강완숙은 음식을 장만해서 감옥까지 찾아가 적극적으로 수발했다. 그녀는 다소곳하지 않았고, 매사에 적극적이었다. 이 적극성과 과감성이 초대 교회를 견인하고 주문모 신부를 수호해낸 밑바탕이 되었다.

황사영이 〈백서〉에서 강완숙에 대해 말한 것을 한 대목 더 들어보자.

> 골롬바는 안에서 신부를 받들며 기거와 복식을 모두 경우에 맞게 하였다. 밖으로 교회의 사무를 처리함은 경영과 수응이 조금도 게으르지 않았다. 동녀(童女)를 많이 모아 가르쳐 성취시켰고, 각 집을 나누어 다니면서 사람들에게 주님을 믿을 것을 권면하게 하였다. 자기 또한 두루 다니며 권면하여 교화시키느라 밤으로 낮을 이어 편히 잘 때가 드물었다. 그러면서도 도리에 두루 통하고 말솜씨가 민첩하여 사람을 교화시킴이 가장 많았다. 일 처리에 강단이 있고 위엄을 갖추어 사람들이 모두 두려워하며 어려워했다.[50]

기록 속에 언뜻언뜻 비치는 그녀의 카리스마는 실로 대단했다. 한신애는 "강완숙은 제가 아들과 비첩들에게 서학을 능히 가르치지 못한다고 하여 매번 비웃곤 했다"고 했고,[51] 한신애의 딸 조혜의는 자신이 강완숙의 집을 찾아갔을 때 눈이 어두워 내에 빠져 진흙을 묻히고 들어가자 강완숙의 시모 유 아네스가 "이렇게 눈이 어두운 사람이 어떻게 성학에 들어왔느냐?"고 박대해서 다시는 가지 않았다고도 했다.[52] 궁녀 문영인은 강완숙의 집으로 찾아가 사서를 배우려 했으나, 강완숙이 금방 왔다 금세 가는 사람에게는 가르쳐봤자 도움이 안 된다고 해서, 다시는 찾아가지 않았다고 말했다.[53] 창동에 살던 유덕이 갈오사도 강완숙에게 정성이 부족하고 배움에 게으른 사람은 쓸모가 없다는 나무람을 듣고 다시는 찾아가지 않았다고 진술했다.[54] 거의 비슷한 표현이 반복되는 것으로 보아, 그녀는 강단이 있었고 여장부의 기질을 지녀 결코 살가운 성격과는 거리가 멀었다.

카리스마를 갖춘 여회장

1811년 11월 3일 조선 교회 신자들이 북경 주교에게 보낸 〈신미년 백서〉에는 강완숙의 일생이 꽤 길고 자세하게 서술되어 있다. 다음은 그중 한 단락이다.

> 갑인년(1794)에 신부가 동국에 오셨으나, 조심스레 비밀로 한지라 나아가 뵙지는 못하였다. 하지만 신부가 이미 그녀의 재주와 그릇을 아시고 천거하여 여회장으로 삼았다. 당시의 교우들이 모두 신부가 알아주고 대우해줌을 보고 놀랐다. 이때 신부는 말이 잘 통하지 않았지만 성사를 조금 행하였다. 동국의 풍습은 남녀가 내외함이 지극히 엄하였다. 그래서 겉모습을 남모르게 꾸미는 것은 여교우가 나은 점이 있었지만, 신중하고 비밀스레 계책을 짜는 것은 남자 교우에게 미치지 못하였다. 강완숙은 앞에서 끌고 뒤에서 인도하여 정성을 다하고 힘을 온통 쏟아, 안으로 받들어 모시는 예절을 지극히 하고, 밖으로는 가늠해 따지는 본분을 다하였다.[55]

1794년 말 조선에 입국한 신부가 계산동 최인길의 집에 도착한 뒤에도 강완숙은 신부를 직접 만나지 못했다. 그럼에도 그녀의 평판을 익히 들어 안 주문모 신부는 그녀를 여회장으로 지명했다. 이후 그녀는 열과 성을 다해 신부를 모시고 교회를 지키는 데 앞장섰다. 글 속의 '겉모습을 남모르게 꾸민다'는 말은 천주교 신자가 아닌 척한다는 뜻이다.

앞서 윤유일, 최인길, 지황 세 사람이 잡혀가던 급박한 상황에서 정약용이 주문모 신부를 창동 강완숙의 집으로 빼돌린 것은 다 이유가 있었던 셈이다. 다시 〈신미년백서〉에서 강완숙에 대해 말한 다음 한 단락이 유독 눈길을 끈다.

> 3년이 되자 박해의 기미가 조금 누그러져서 성사가 점차 늘어났다. 강완숙은 위로 신부님을 받들고 아래와 연결하니, 곧고 굳고 바르고 반듯해서 사람들에게 강론을 펴자 당목(撞木)에 종이 울리듯 호응하였고, 뜨거운 사랑으로 사람들을 끌어당기자 섶에 불이 붙듯 교화되었다. 어려움이 몰려와도 물리쳐 해결함이 마치 예리한 칼로 얽힌 뿌리를 잘라내는 것 같았고, 세속이 위험하나 그 나아감은 마치 남자가 전쟁에 임하는 듯이 하였다. 남자 교우가 비록 많았지만 열심만큼은 매번 그녀에게 손색이 있었고, 신부 또한 그녀에게 의지하여 일을 이루었다. 진실로 거룩한 모임의 간성(干城)이요 당시의 우두머리였으니, 치마저고리를 입은 여인이라 논할 수가 없었다. 비록 그러나 인정을 매번 살필 수는 없었고, 세상일을 모두의 뜻에 맞게 하기가 끝내 어렵다 보니, 간혹 못마땅하게 여기는 자가 있었다. 성인의 전기 가운데서 두루 살펴보더라도 또한 이 같은 종류가 많았으니, 이것으로 흠을 잡아서는 안 될 것이다.[56]

당시 교회 내에서 그녀의 위상이 어떠했는지를 웅변하는 글이다. 다만 끝의 한 문장은 교회를 앞세우고 신부를 위하는 그녀의 선 굵은 행동과 말투로 인해, 한신애나 유덕이의 경우처럼 마음에 상처를 입거나 얼마간 불만을 품은 이들이 없지 않았음을 보여준다.

한편, 폐궁 나인 강경복은 "사서를 배우려고 홍문갑의 집에 갔더니 홍문갑의 어미가 한 남자와 같이 앉아서 경문을 가르치는데, 그 소리가 벙어리 같은지라 홍문갑의 어미가 대신해서 가르쳐주었습니다"라고 했고, 정인혁은 "탁자 위에 등촉을 밝히며, 요상(妖像)을 걸어놓고는 신부인 주문모가 상 앞에 서서 입으로 사서를 외웠습니다"라고 했다.[57] 주문모 신부의 조선어 실력이 워낙 형편없었기 때문에, 첨례는 신부가 주도하되, 교리 교육은 신부와 강완숙이 나란히 앉아, 신부가 우물우물 몇 마디를 하면 강완숙이 알아서 가르치는 형태로 이루어졌다.

토론으로 기세를 압도하다

1801년 2월 26일경 강완숙과 한신애가 체포되었다. 신부는 이미 다른 곳에 숨은 뒤였다. 신부가 숨은 곳을 알아내기 위한 고문으로 인해, 그녀들은 뼈 마디마디가 부러져 성한 곳이 없을 정도였다. 그럼에도 강완숙은 아무 감각이 없는 사람처럼 그 고문을 다 받아 견디며 입을 열지 않았다. 형리들이 저건 여자가 아니라 귀신이라며 혀를 내둘렀다. 〈신미년백서〉는 형장에서의 그녀의 모습을 이렇게 적었다.

> 유학을 끌어와 도리를 증명하고 본원을 환하게 밝혀, 삿됨을 배척하고 바름을 높이며 고금의 내력을 확고하게 드러내었다. 심문관은 말문이 막혀 여사(女士)로 일컬었고, 당시의 여론이 기운을 빼앗겨 모두 여장부(傑婦)라고들 하였다.[58]

달레도 "관리들도 감탄하여 강완숙 골롬바를 '유식한 여인네, 비길 데 없는 여인'이라는 말로 표현하며 기가 막힌다고 말했다"고 썼다.[59] 고문으로 위협하다가 달래고 얼러 유혹을 해보아도 그녀는 조금의 흔들림이 없었다. 감옥에서 주문모 신부의 처형 사실을 안 뒤에는 옷을 찢어 신부가 조선에 와서 행한 모든 일을 처음부터 끝까지 남김없이 기록하여 감옥에 함께 있던 여교우에게 맡겼다.[60]

강완숙은 1801년 5월 22일에 서소문 밖에서 목이 잘려 죽었다. 그녀 외에 최인철, 김현우, 이현, 홍정호, 김연이, 강경복, 한신애, 문영인 등 여덟 명이 한날 같이 죽었다. 형장으로 끌려가면서도 그들은 기도와 찬미를 멈추지 않았다. 형장에서도 그녀는 구차하지 않았다. 형관에게 당당하게 요구했다.

> 법은 마땅히 옷을 벗은 채 형을 받아야 하나, 다만 우리 부녀자를 똑같이 그렇게 하는 것은 마땅치가 않소. 담당 관리에게 속히 여쭈어, 이 죄수들이 옷을 입고 죽게 해주시오.[61]

강완숙은 성호를 긋고 맨 먼저 칼날을 받았다. 이튿날 큰비가 쏟아졌다. 그녀를 포함한 아홉 구의 목 잘린 시신이 진창 속에 널려 있었다. 그래도 시신에서는 썩은 냄새가 나지 않았고, 낯빛은 살았을 때와 같았다. 신부가 처형되고, 강완숙을 필두로 교계의 지도자들이 앞서거니 뒤서거니 형장의 이슬로 사라지면서, 조선 천주교회는 깊고 오랜 침묵의 나락 속으로 떨어지고 말았다.

7. 강완숙의 충훈부 후동 집 구조와 구성원

스무 명이 넘는 상주 인원

강완숙은 1799년 남대문 밖 창동에서 도심 속 대사동으로 이사했다. 그곳에 새집을 지으려다 법적인 분쟁이 발생해, 1800년 3월 충훈부 후동(관훈동)으로 거처를 다시 옮겼다. 이곳에서 4월에 명도회가 출범했고, 6월 28일 정조의 갑작스러운 죽음으로 국상이 선포되면서, 일시적으로 검거가 중단된 진공 상태가 열렸다. 탄압이 멈추자 때맞춰 갓 출범한 명도회 모임이 날개를 달았다. 명도회의 활동에 대해서는 9부에서 자세히 살피겠다.

이 기간 강완숙의 충훈부 후동 집은 명실공히 조선 천주교회의 최전선이었다. 집행부의 중요한 의사결정뿐 아니라 첨례와 교리 교육도 이 집을 중심으로 이루어졌다. 지방의 지도자들이 상경하면 신부를 뵙기 위해 그녀의 집에 가장 먼저 들렀다. 강완숙은 당시 조선 교회의

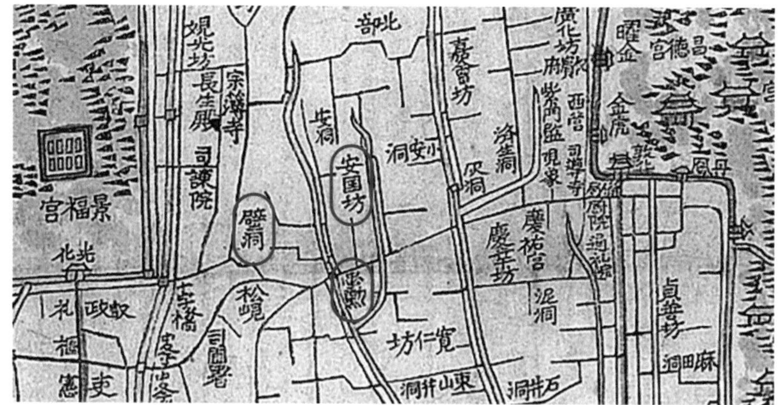

19세기 서울의 모습을 그린 〈수선전도〉 일부. 종로구 안국동 인근 충훈부 후동에 강완숙의 집이 있었다. 현재 지하철 3호선 안국역 근처, 인사동 입구다. 왼쪽에 경복궁, 오른쪽에 창덕궁이 있다. 충훈부 왼쪽 위에는 정광수의 집이 있던 벽동이 보인다. 서울역사박물관 소장.

실제적인 총사령관이었다. 이 글에서는 당시 강완숙의 충훈부 후동 집이 어떤 구조로 이루어졌고, 어떤 인원들이 상주하고 있었는지를 살펴보자.

황사영은 〈백서〉에서 주문모 신부가 강완숙의 집에 머물게 된 경위를 이렇게 썼다.

> 을묘년(1795) 박해 때 강 골롬바는 신부를 보호한 큰 공이 있었고, 재능이 무리 중에서 뛰어났기 때문에 신부가 모든 일을 그에게 맡겼다. 강 골롬바 또한 열심히 일을 처리해서 감화된 사람이 몹시 많았다. 벼슬아치 집안의 부녀자로 입교한 사람이 자못 많았는데, 대개 나라의 법이 역적이 아닐 경우 사족(士族)의 부녀에게는 형벌이 미치지 않았다. 이 때문에 그들은 금지하는 명령을 염려하지 않았고, 신부 또한 이를 빌려 교회를 널리 선양할 바탕으로 삼으려 하여, 대우함이 특별히 두터웠으므로 교인 중의 큰 세력이 모두 여교우에게 돌아갔다. 하

지만 이 때문에 소문 또한 널리 퍼졌다.[62]

여성이 조선 천주교회에서 실제 주축이 된 배경을 설명한 내용이다. 끝에 말한 '소문'은 남녀간에 구분 없이 문란하다는 구설이 있었다는 뜻이다.

먼저 강완숙 집의 상주 인원을 알아보자. 적어도 이 집에 상주하던 인원은 최소 20명 이상이었고, 대부분 여자였다. 집의 규모가 상당히 컸다는 이야기다. 우선 여러 사람의 공초 기록을 통해 확인되는 강완숙의 직계 친속이 8명이다. 시어머니 유 아녜스와 강완숙 본인, 아들 홍필주와 딸 홍순희, 홍필주의 처와 처형 및 조카딸 등이다.

여기에 더해 주문모 신부와 윤점혜, 김달님, 김순이와 여종 소명, 정임, 복임, 동의 어미, 고공(雇工) 김흥련(金興連), 최한봉과 그의 어미 등 최소 11명이 더 이 집에 살고 있었다. 이 19명 외에도 매번 첨례일이 가까워오면 3~4일 전부터 객방에 기본적으로 대여섯 명 이상이 머물렀다. 동의 어미나 소명, 복임 등은 심부름과 빨래 등 허드렛일을 맡았고, 경기감영 앞에 살던 윤례(允禮) 어미는 정임과 함께 신부의 식사를 책임졌다. 외부로 나가는 편지 심부름도 도맡아 했다. 윤례 어미는 날마다 출근했다. 이 밖에 평상시에도 교리 교육이 활발히 이루어졌기에, 상주 인원은 기본적으로 늘 25명이 넘었다. 도심 속 그녀의 집은 규모도 컸고 늘 사람들로 북적거렸다.

안채의 구조와 역할분담

많은 인원이 함께 생활하려면 우선 이들이 숙식을 해결할 공간이 필요했다. 방은 몇 개고, 공간은 어떻게 분할되어 있었을까? 《사학징의》 속 여러 관련자의 공초를 꼼꼼히 들여다보면 대충 어렴풋하게나마 집의 구조가 파악된다.

동정녀 김달님(金月任)은 과부의 유복아로 태어나 아이 적부터 강완숙의 집에서 길러졌다. 그녀는 1796년 창동 시절부터 강완숙의 집에 살았다. 그녀의 진술은 이렇다.

> 이른바 신부는 어떤 사람인지 알지 못합니다. 그리고 그 집의 노소(老少)가 그를 고향의 친족이라면서 비밀로 상청(上廳)의 가운뎃방에다 숨겨두었고, 그 방에 출입하는 자는 강완숙 모녀와 다슬아입니다. 강완숙은 종종 혼자 그 방에 들어갔는데, 매번 그 방에 들어갈 때는 문득 안에서 닫아걸어 제가 들어가지 못하게 할 뿐 아니라, 제가 혹 창틈으로 엿보기라도 하면, 강완숙의 어미가 대경실색하여 한사코 막아 금하였습니다.[63]

상청은 위채이니, 우선 이 집이 위채와 아래채로 분리된 것을 알겠다. 주문모 신부의 거처는 위채 즉 안채의 안방 옆에 따로 들인 월방(越房) 즉 건넌방이라고 부르는 협방(挾房)에 있었다. 협방 즉 협실은 안방을 통해서만 들어갈 수 있는 일종의 밀실이었다. 그 옹색하게 좁은 협방이 주문모 신부의 비밀 거처였다. 주문모 신부의 방에 접근할 수 있었던 사람은 강완숙과 그녀의 딸 홍순희, 그리고 김순이뿐이었다.

비녀 복점의 다음 공초도 이 같은 내용을 뒷받침해준다.

> 그 집의 모든 일은 홍문갑의 어미가 맡아 하므로 왕래하는 여러 사람이 모두 아랫방으로 들어갑니다. 저는 항상 노주인이 지키는 안방에

> 있었기에, 비록 한집 가운데 있었지만 건넌방의 일을 실로 자세히는 알지 못합니다.[64]

요컨대 윗방에는 시어머니 유 아네스가 있었고, 그 아랫방에서 강완숙이 지냈는데, 주문모 신부가 거처하던 곳은 강완숙의 아랫방에 딸린 협방이었다는 것이다. 그러니까 주문모 신부의 방은 유 아네스의 윗방과 강완숙의 아랫방 사이에 끼어 있었다. 집 뒤편으로 신부가 드나들 수 있는 별도의 출입문이 있었을 것이다.

1801년 3월 15일의 의금부 공초에서 주문모 신부는 "제가 그 집에 계속 머물긴 하였으나 또한 장소가 없어서 그 집 건넌방에 몸을 깃들여 묵었을 뿐입니다. 그 아들이 함께 잤습니다. 그 시어머니는 윗방에서 홍문갑의 어미와 함께 있었으니, 서로 지냄에 절대로 남녀가 유별하지 않은 처신은 없었습니다"라고 약간 다르게 진술했다.[65] 안채의 윗방 즉 안방에서 강완숙이 시어머니 유 아네스를 모시고 지냈고, 아들 홍필주가 자신과 함께 곁방에서 잤다고 한 것이다.

이 문제와 관련해 주문모 신부는 이런 진술도 남겼다.

> 대개 조선 집의 제도는 천하의 여러 나라와 비교해 다릅니다. 비록 네다섯 칸의 초가집도 내외 구분이 반드시 몹시도 분명합니다. 그래서 도망해 달아난 사람이 만약 사랑방에서 지낸다면 며칠 못 가서 바로 붙잡히게 됩니다. 저는 제 몸을 온전하게 보전하려 한 까닭에 어쩔 수 없이 매번 남의 집 중문 안쪽의 건넌방에서 지냈습니다. 그 집에 혹 남자가 있거나, 혹 남자가 없더라도 또한 한집에 지내는 타인인 셈인지라, 저는 이곳을 여관방과 같이 보면서 경문을 외우거나 묵묵히 기도하며 방문을 닫고서 가만히 수행하였을 뿐입니다. 어찌 삿되고 더

럽다는 두 글자를 가지고 더한단 말입니까?[66]

조선의 가옥 구조가 4~5칸짜리 초가집의 경우라도 중앙의 마루를 두고 오른편의 부엌과 연결된 안방과 남성의 생활공간인 사랑방의 구분이 분명했다. 사랑방은 열린 공간이어서, 바깥 시선을 차단하기 위해 자신은 늘 여성의 공간인 안방의 옆에 달린 협실에 숨어서 지냈고, 그 집의 남자나 다른 식구와 함께 있었기에 남녀의 분별은 분명하게 지켰다는 내용이다. 비녀 복점의 진술이 사실일 것이다.

한편, 안채에서 생활하던 다른 식솔에 대한 진술 역시 비녀 복점의 공초에 보인다. "홍문갑의 집에 늘 왕래한 여자는 냉정동 남판서 댁 여종 구월의 여식 복임과, 아기씨 방에서 지내는 달님, 아랫방에서 지내는 이름을 모르는 아기씨로 늘 노마님의 조카딸로 불리는 여자 등입니다"라고 했다.[67] 동정녀 김달님은 강완숙의 딸 홍순희와 한방에서 지냈고, 아랫방 아기씨는 동정녀 윤점혜를 두고 한 말이다. 윤점혜는 본인의 진술에 따르면 17~18세 때 양근에서 상경해 이후 10년 가까이 이 집에서 살았다. 그녀는 강완숙의 시모인 유 아네스의 조카딸로 행세하고 있었다.

이렇게 보면 안채에는 유 아네스의 윗방과 강완숙의 안방, 그리고 그사이 주문모 신부가 숨어 지내던 협방, 이와 별도로 홍순희와 김달님이 거처하는 방과 윤점혜의 아랫방, 다시 비녀 정임의 공초에 나오는 홍필주의 처나 처형 및 조카딸이 거처하는 방까지 포함해 최소 여섯 개의 방이 있었던 셈이다. 홍필주의 처나 처형 및 조카딸은 검거자 명단에도 없어 알려진 것이 전혀 없다.

아래채 사람들

손님이 머무는 객방과 여종과 하인들이 머무는 공간은 아래채에 별도로 있었다. 여종은 소명과 정임, 복임이 있었고, 여기에 동의 어미와 윤례 어미 등이 주로 음식 수발을 담당했다. 이 밖에 집안의 허드렛일과 바깥심부름을 맡았던 김홍련이 있었다. 소명은 원래 한신애의 여종이었는데, 18세 때 강완숙의 집으로 보내졌다. 이후 24세 때까지 7년간 이 집에서 강완숙을 모셨다. 교회의 비밀스러운 심부름을 믿고 맡길 만한 사람이 필요했기 때문이었을 것이다. 여종 정임은 강완숙의 집에 온 지 3년째였고, 윤례 어미와 함께 신부의 식사 준비를 담당했다. 규모가 있다 보니, 남자의 일손도 필요했다.《사학징의》속 김한봉의 공초를 보면, 이종사촌 최춘봉이 어머니와 함께 이 집에 머물렀다는 기록도 보인다.[68]

이 밖에도 거의 상주하다시피 하면서 교회 일과 교리 공부를 함께 하던 그룹들이 있었다. 비녀 복점의 공초를 보자.

> 냉정동 남생원(南生員) 댁 안양반과 수구문 안 조예산(趙禮山, 조시종) 집 안양반이 찾아오면, 혹 보름이나 수십 일 동안 계속 머물렀습니다. 여염집 여인으로는 어디 사는지도 이름도 모르는 네다섯 명이 왕래하며 경문을 외우면서 날마다 함께 모였습니다. 자세히 물어보면 첨례 기일 사나흘 전에 와서 잔다고 하였습니다.[69]

남생원 댁 안양반과 한신애의 경우, 한 번 오면 보름이나 수십 일간 머물렀다. 여기에 더해 정복혜 간지대와 김연이 율리아나, 비녀 윤복점 레지나 등 사학매파 삼인방을 비롯해, 문영인과 강경복, 서경의 같은 궁녀나 나인들도 출입이 잦았다. 또 젊은 과부 이득임과 이어린아기, 이윤하의 몸종으로 안주인을 따라 홍필주의 집을 들락거리며 여러 심부름을 맡아 했던 박구애(朴九愛), 정광수의 여동생으로 과부 행세를 하며 동정을 지킨 정순매, 강완숙에게 배워 강론에 적극 참여했던 유덕이 등이 더 있었다. 출입 인원 또한 대부분 여성이었다. 남성들은 각 거점별로 신부를 모셔갈 때나, 신부의 재가가 필요한 긴급한 현안이 있을 때만 강완숙의 집을 찾았다. 주문모 신부의 침구 관리는 김계완과 홍필주가 전담했다.[70]

윤점혜는 앞서 6부 〈7. 동정녀 신드롬〉에서 살폈듯, 수녀원장 같은 위엄으로 동정녀 그룹을 이끌었다. 또 김흥련, 이흥임, 이어린아기, 김경애 등 군기시 인근(지금의 중구 태평로 1가) 젊은 청상과부들의 공부동아리와 남대문 내창 앞 손만호의 집에도 여러 곳의 과부 일고여덟 명이 모여 사서를 공부하는 모임이 있었다. 그녀들 또한 강완숙과 종횡으로 얽혀 그녀의 지휘를 받았다.

홍어린아기연이는 강완숙의 바로 뒷집에 살았는데, 그 집에는 우물이 두 개였다. 1800년 겨울 강완숙의 집에 화재가 났을 때, 그녀의 아들인 좌포청 포교 강득녕이 불을 꺼준 일도 있었다. 뒷문을 만들어 수시로 왕래했고, 폐궁 나인 강경복의 어미가 그녀의 집 곁채에 세들어 산 인연으로 서학을 전파하기도 했다. 왕래하는 사람이 워낙 많았으므로 강완숙 집의 여종들은 집에서 나오는 빨래나 허드렛일거리를 들고 그녀의 집으로 건너가서 해결했던 듯하다. 이 또한 천주교인으로 한 구역을 블록화하는 전략의 일환이기도 했다.

강완숙의 집에서는 강습과 첨례가 수시로 열렸다. 첨례는 강완숙의 안방에서 신부의 거처인 곁방으로 통하는 문을 열어놓고 진행되었다. 유덕이는 공초에서 그 광경을 이렇게 설명했다.

교종이라 일컫는 사람이 협실에 앉아 있고, 그 집 모녀와 집 안에 있는 여자아이 및 과부, 침교(沈橋) 조예산의 처 한신애, 동네 이름을 알지 못하는 홍주부(洪主簿)의 처 등 여러 사람이 좌우로 열을 지어 무릎을 꿇고 앉은 뒤에 강완숙이 강론하는 책을 가지고 이를 외웁니다.[71]

첨례 때에만 주문모 신부의 거처인 협실이 개방되었다. 신부가 협실 중앙에 앉고, 여성 신자들이 안방의 좌우에 열을 지어 무릎을 꿇고 앉으면, 강완숙이 책을 외워 강론하는 방식으로 진행되었다. 조혜의의 공초에는 신부의 뒤편에 십자가와 함께 족자가 걸렸는데, 예수가 잔혹한 형벌을 받는 형상을 그려놓았다고 했다. 그러면 사람들이 마치 제사를 지내듯이 절을 올리고, 엎드려 입으로 사서를 외운다고 썼다.[72] 이로 보아 신부의 거처에는 소박한 형태로나마 제대가 꾸며져 있었음을 알 수 있다. 그 옆에서 홍필주가 복사를 섰다.[73]

손님인 주문모 신부를 제외하면 20명이 넘게 상주하는 집 안에 남자라고는 홍필주와 최춘봉 정도뿐인 여성의 집이었다. 이것을 안전망으로 삼아 신부는 도심 속 강완숙의 집에서 오래 숨어 지냈다. 상황이 급박해지면 주변의 다른 거점으로 며칠씩 거처를 옮겨다녔고, 그마저 여의치 않을 경우 지방에 내려가거나, 비교인의 행랑채를 임대해 숨어 지내곤 했다. 이 모든 일을 진두지휘한 총사령관은 언제나 강완숙이었고, 홍필주가 신부 곁을 늘 그림자처럼 수행했다.

8. 100년 전의 연극 대본 《고려치명주아각백전략》

1920년대 초 중국 강소성 천주교회의 연극 대본

《한어기독교진희문헌총간(漢語基督教珍稀文獻叢刊)》(중국 광서사범대학 출판사, 2017) 제1집 제10책은 조선 천주교회의 역사를 기록한 책만 따로 묶었다. 1879년 파리 외방선교회 소속 프랑스인 신부 은정형(殷正衡, Séraphin Michel Bazin, 1840~1914)이 중경에서 펴낸《고려주증(高麗主證)》2책 5권과 1900년에 중국인 신부 심칙관(沈則寬, 1838~1913)이 상해에서 간행한《고려치명사략(高麗致命史略)》1책이 그것이다.[74]

이 책 끝에《고려치명주아각백전략(高麗致命周雅各伯傳略)》이라는 낯선 제목의 책이 실려 있다. 놀랍게도 이 책은 조선에서 순교한 주아각백(周雅各伯), 즉 주문모 야고보 신부의 일생을 정리한 연극 대본이다. 앞의 두 책과 달리 필사본인 데다, 작가나 창작 시기에 대한 정보가 나오지 않는다. 그 내용을 살펴보니《고려치명사략》에 실린 주문모 신부 관련 내용에 기초하여, 이를 무대에 올리기 위해 쓴 창작 연극 대본이었다. 원본에 '상해 서가회(徐家匯) 천주당 장서루인(藏書樓印)'이라는 장서인이 찍혀 있다.

이 연극 대본은 언제, 누가, 왜 지었을까? 제10막 에필로그 부분에 단서가 들어 있다.

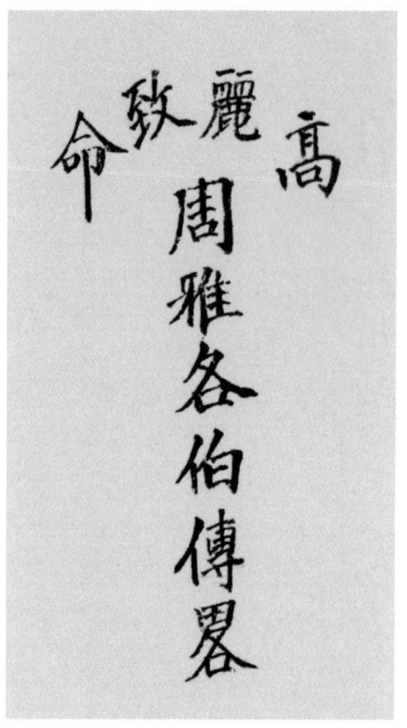
高麗致命
周雅各伯傳畧

주문모 신부의 일대기를 담은 연극 대본 《고려치명주아각백전략》 표지. 중국 상해 서가회 장서루 소장.

> 현재 로마에서 예비심사를 진행 중인, 조선에서 순교한 몇 분의 주교와 신부의 안건이 예비로 진복품(眞福品)과 성품(聖品) 등등에 포함되어 있다. 다시 여러분께 청하니, 이분 주 신부를 잊지 말아야 할 것이다. 그는 중국 신부이고, 우리 본성(本省)의 소주부(蘇州府) 사람이다. 하루아침에 진복품에 오르게 된다면 우리 강소(江蘇) 사람에게 영광이 될 것이다. 그래서 우리는 마땅히 천주께서 주 신부께 상을 내려주시어 일찍 진복품에 오르게 해주시기를 청해야 할 것이다. 아울러 현재 조선의 교우를 위해서 천주께서 이들에게 성교를 널리 펴시고 나라가 태평하고 백성이 편안하게 해주시기를 기도해야 할 것이다. 아멘.[75]

로마 교황청에 기해박해와 병오박해 때 순교한 79인의 시복 요청이 받아들여져서 진복품, 즉 복자품에 오르게 된 것은 1925년 7월 5일의 일이다. 위 글에서 이들의 시복시성을 위한 예비심사가 진행 중이라고 했으니, 이 대본은 1925년 이전 시복시성 재판에 앞서 예비심사가 이루어진 1923년 3월 이후 1924년 사이에 창작된 것이다.

'본성'이라고 말한 것에서 창작 주체가 강소성 천주교회였음을 알겠고, 목적은 강소성 소주부 출신인 주문모 신부가 하루속히 복자품에 올라 강소성 천주교회에 큰 영광이 될 수 있도록 힘을 모으자는 취지였다.

당시 로마에서 진행 중이던 청원에는 주문모 신부 등 신유박해 때의 순교자는 포함되지 않았다. 재판 신청이 파리 외방선교회에 의해 주도되었고, 조선에서 순교한 외방선교회 출신 프랑스 신부의 시복시성에 초점이 맞춰져 있었기 때문이다.

1909년 베트남의 순교자 성 로렌소 응우옌 반흐엉(Lôrensô Nguyễn Văn Hưởng, 阮文享, 1802~1856) 외 26명이 복자품에 올랐고, 조선의 순교자들에 대한 진복품 예비심사까지 진행되던 상황에서, 중국의 경우는 오랜 역사에도 불구하고 심사 진행이 이루어지지 않았으므로, 하루라도 빨리 중국인 복자와 성인을 내야겠다는 열망도 얼마간 작용한 듯하다.

중국 교인들은 기해박해와 병오박해에 앞서, 조선 교회 최초의 신부로 신유박해 때 순교한 중국인 주문모 신부의 공덕을 먼저 기억해야 한다는 취지에서 이 대본을 창작했던 것이다. 주문모 신부의 일생을 무대에 올려 그곳 천주교인의 신심을 북돋우고 긍지를 고양시켜, 이를 통해 신부의 시복 청원 운동에 힘을 실으려는 뜻이기도 했다.

당시는 주문모 신부가 순교한 지 120여 년이 지난 시점이었다. 중국 강소성 신자들은 애초에 주문모 신부의 존재 자체를 모르고 있다가, 《고려치명사략》을 보고 주문모 신부가 강소성 소주부 출신이라는 사실을 처음 알았고, 그의 순교에 깊은 감동을 받았다. 이때 마침 조선 교회의 순교자 시복 재판 소식이 중국 교회에 알려졌던 모양이다. 이

명단에 주문모 신부가 빠진 것을 보고 그의 시복을 위한 기도를 요청하게 되었던 것이다.

10막으로 구성된 스케일 큰 무대

주문모 신부의 일대기를 다룬 연극은 장장 10막으로 구성된 규모가 큰 무대였다. 막마다 서두에 8자 또는 7자 2구로 내용을 간추렸고, 뒤이어 각색(脚色)이라 하여 등장인물을 소개했다. 이후 지문과 대사, 그리고 방백으로 줄거리를 전달하는 방식이다. 1막부터 10막까지의 제목은 이러하다.

1. 조선 사람이 북경에서 주교를 찾아뵙고, 서신을 읽은 주교가 손님을 머물게 하다〔高麗人北京見主教, 念書信主教留客人〕.
2. 윤유일 바오로가 답장을 지니고 조선으로 돌아오고, 권일신 프란치스코 하비에르는 주교의 말씀을 그대로 따르다〔尹葆祿帶信回高麗, 權方濟樣樣聽主教〕.
3. 제상(祭箱)을 보내오자 교우들이 크게 기뻐하며, 빨리 신부를 보내줄 것을 천주께 기도하다〔送祭箱教友大歡喜, 求天主快賜神父來〕.
4. 주 신부가 처음으로 조선에 들어오자, 여러 교우가 새 신부를 환영하다〔周司鐸初次進高麗, 衆教友歡迎新神父〕.
5. 주 신부가 서울에 머물며 조선말을 배우고, 여러 교우가 나아가 주 신부를 뵙다〔周司鐸住京學方言, 衆教友晉謁周司鐸〕.
6. 최인길 마티아가 주 신부로 가장하고, 주 신부는 잠시 강완숙의 집으로 피하다〔趙瑪弟假裝周司鐸, 周司鐸暫避姜姓家〕.

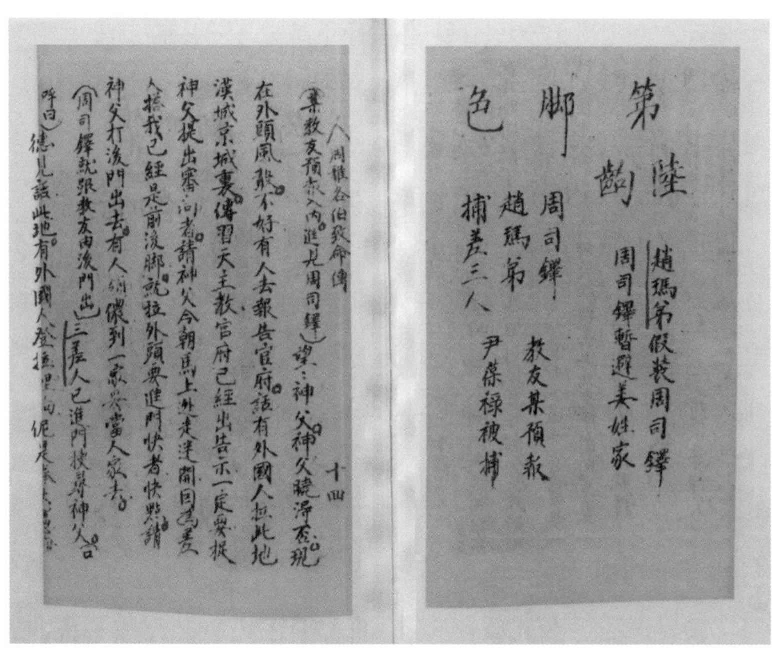

第陸齣

脚色

趙瑪弟假裝周司鐸

周司鐸暫避姜姓家

周司鐸　教友某預叙

趙瑪弟　尹蔡祿被捕

捕差三人

十四

(某教友預叙入內，進見周司鐸) 望望神父，神父曉得否，現在外頭風聲不好，有人去報告官府，話有外國人在此地漢城京城裏傳習天主教，官府已經出告示，一定要捉神父，提出審問者。請神父今朝馬上逃走 [illegible] 人捉我已經是前後脚，就拉外頭要進門快者，快點請神父打後門出去。有人 [illegible] 到一家安當人家去。

(周司鐸就跟教友由後門出) 三差人已進門拔尋神父，各呼曰 德見該此地有外國人 [illegible]

《고려치명주아각백전략》의 6막 첫 부분. 6막 제목 '최인길 마티아가 주 신부로 가장하고, 주 신부는 잠시 강완숙의 집으로 피하다'가 쓰여 있다. 중국 상해 서가회 장서루 소장.

7. 주 신부가 위험을 피할 뜻이 있었으나, 천주의 뜻으로 다시 조선에 돌아오다〔周司鐸有意避危險, 天主意仍舊回高麗〕.
8. 주 신부가 자수하여 아문에 이르니, 심판관이 참수형으로 판정하다〔周司鐸自投到衙門, 審判官判定斬首刑〕.
9. 사형집행장에서 주 신부가 순교하자, 큰 우레와 비가 쏟아지는 변고가 일어나 사람들이 놀라 깨닫다〔押法場周司鐸致命, 大雷雨天變驚醒人〕.
10. 주 신부가 순교한 영광을, 조선 사람들은 지금껏 잊지 않고 있다〔周司鐸致命光榮, 高麗人至今不忘〕.

연극은 이렇듯 1790년 1월 윤유일이 북경 성당으로 고베아 주교를 찾아가는 장면으로 시작해, 귀국 후 조선 교우들의 환호와 주문모 신부의 입국, 이어 실포 사건과 피신, 자수, 순교에 이르는 도정을 장면별로 간추려 표현했다.

대본은 조선 천주교회의 순교사를 정리한《고려치명사략》의 내용을 바탕으로 했다. 전체 23장 중 특별히 제4장 〈중국 신부가 처음으로 조선에 들어가다(中華司鐸首進高麗)〉와 제5장 〈주 신부가 주님을 위해 순교하다(周司鐸爲主致命)〉에 나온 이야기가 주축을 이뤘다.

제상에 담긴 성물

현재 남아 있는 연극 대본은 원본이 흐리고 중간중간 글자가 많이 탈락되어 판독이 어려운 부분이 적지 않다. 여기에 더해 지역 사투리가 강하게 반영된 백화문의 본문은 '로(咾)'나 '로사(咾啥)', '탁(伲)' 등 지금은 쓰지 않는 생경한 옛 말투와 표현이 그대로 남아 있어 접근이 더 어렵다.

그럼에도 내용 중에 눈길을 끄는 대목이 적지 않다. 이승훈의 배교 사실을 강조해서 기록하고, 그의 배교 이후 신자들의 공의로 권일신을 새 주교로 세웠다는 이야기, 그리고 권일신이 자신의 이름으로 북경 주교에게 편지를 보낸 이야기 등이 나온다. 특별히 이류사(李類思)라는 인물이 여러 차례 비중 있게 다뤄지는데, 그는 바로 이존창 루도비코 곤자가다.

또 제3막에 보이는 윤유일이 주교에게 받아온 제상에 담겼다는 내용물 대목도 흥미롭다.

다만 제상뿐이지만 미사 때 신부가 입는 장백의(長白衣)와 성삭(聖索, 허리띠)과 영대(領帶, 목띠), 성석(聖石), 성경, 경문카드〔經頁子〕, 미사주〔彌撒酒〕, 성체〔阿斯底亞, 아스티아, '성체'의 라틴어 Eucharistia의 음역〕를 만드는 집게〔鐵鉗, 제병기〕, 복사가 입는 단백의(短白衣), 미사 때 쓰는 성작(聖爵)과 성반(聖盤), 성체(聖體)를 줄 때 쓰는 성합〔聖爵〕, 성체가 빛을 내며 색색을 두루 갖추고 이지러진 데 없는 성광(聖光)이 들어 있었다. 아! 하느님, 제발 빨리 신부님을 보내주시기를 바라나이다.[76]

사실 윤유일이 제상과 미사 물품을 받아온 것은 1차 북경 방문 때가 아닌, 1790년 9월 2차 방문 때였다. 대본에서는 이를 굳이 구분하지 않았다. 달레는 이때 윤유일이 성작 1개, 미사경본 1권, 성석 1개와 미사성제 거행에 필요한 모든 것을 받아왔다고만 썼다.[77] 이 물건들은 이때 북경 성당에서 새로 세례를 받게 된 성이 '오씨' 또는 '우씨'였을 수행 관리가 왕명으로 사가지고 가는 물품이 담긴 상자 속에 같이 담겨 국경을 통과했을 것이다.

제8막 끝에 실린, 1801년 4월 19일에 사형 언도를 받은 뒤 신부의 최후진술은 이렇다.

대노야께서 저에게 참수의 큰 은혜를 내려주심에 감사드립니다. 제가 귀국에 와서 전교하며 신자들에게 권면한 종지(宗旨)는 하루라도 편안히 죽고 잘 마침을 얻기를 기도하지 않음이 없었습니다. 이제 선종할 날짜를 판정해주시니, 제가 얼마나 기쁘고 감사하온지요. 천주께서 저처럼 비천한 죄인을 버리지 아니하시고, 마침내 순교의 영광이라는 큰 은전을 상으로 내려주시니, 감당치 못하겠나이다. 감당치 못하겠나이다. 교중(教衆)에게 청하노니, 주님을 찬미하고 주님의 이름

을 찬미합시다.[78]

이렇게 주문모 신부는 순교의 영예로운 화관을 썼다.

이어지는 제9막 끝, 참수 장면의 묘사를 보자.

> 망나니가 귀에다 화살을 꽂더니, 주 신부를 끌고 세 차례 돌게 하고는 돌아세워 한가운데로 오게 한다. 주 신부는 두 무릎을 꿇고 머리를 드리워 형 집행을 기다린다. 망나니가 칼을 뽑아 막 목을 베려 하자 우르릉 쾅 하는 소리가 난다. (막이 내린다.) 갑자기 비바람과 우레 소리가 들리며 번갯불이 번쩍번쩍한다.[79]

참수 죄인의 귀에 화살을 아래위로 꽂는 것은 목을 자른 뒤 화살 끝에 끈을 묶어 도르래로 머리를 달아올려서 장대 끝에 매달기 위함이었다. 목이 잘리는 장면은 보여주지 않은 채 막을 내리는 것으로 대신하고, 음향과 조명 효과로 대미를 장식했다.

전체 10막으로 구성된 이 연극 대본은 주문모 신부의 입국에서 순교까지의 과정을 장엄하게 담아냈다. 이제껏 이 자료는 중국 상해 서가회 장서루에 보관되어 세상에 알려지지 않고 있다가, 2017년에야 처음 공개되었다.

주문모 신부는 2014년 현 프란치스코 교황에 의해 시복되었다. 중국 강소성 신자들이 신부의 시복 청원을 위해 연극 대본을 만든 지 정확하게 90년 뒤의 일이다. 현재 주문모 신부의 시성 재판이 진행 중이고, 2022년은 한중수교 30주년이 되는 해다. 주문모 신부를 포함한 동료 순교자들의 시성 축원을 위해 이 연극 대본이 양국에서 무대에 올려진다면 실로 감동적이고 멋진 일이 될 것이다.

8부

탄압 속의 지방 교회

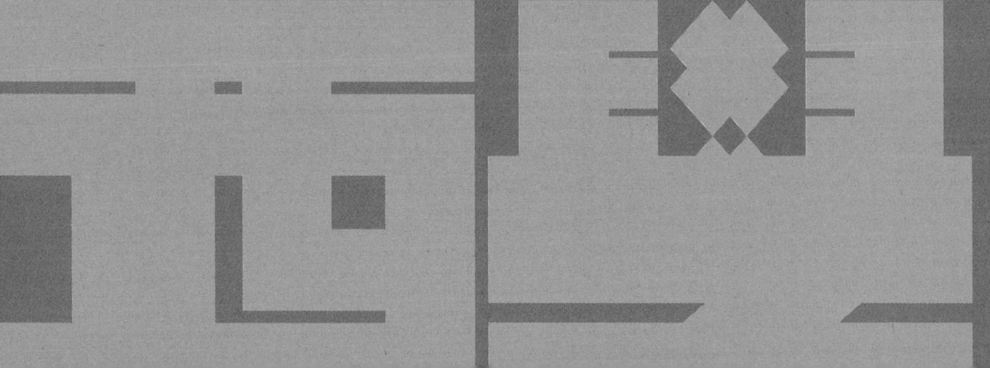

1. 박지원과 이희영 형제

박지원과 박제가

연암(燕巖) 박지원(朴趾源, 1737~1805)은 18세기 조선의 대문호였다. 한 시대의 문단이 그의 수중에 있었다. 그가 《열하일기(熱河日記)》 한 꼭지를 발표할 때마다 사람들은 숨죽여 기다렸고, 또 환호했다. 박지원은 1780년, 44세의 나이로 연행을 다녀왔다. 늘 이 점이 궁금했다. 그는 북경 성당에 가서 서양 문물을 직접 보았고, 마테오 리치의 묘소까지 찾아갔다. 선진 문물을 적극적으로 받아들이자는 이용후생(利用厚生)의 기치를 높이 들었던 그와 북학을 주장한 박제가, 유득공, 이덕무 등 그의 그룹들은 서학에 대해 어떤 속생각을 품었을까? 덮어놓고 배척하고 무조건 사갈시(蛇蝎視)하지는 않았을 것만 같다.

박제가는 당색이 다른 정약용과 유난히 가까웠고, 이벽이 죽자 그의 죽음을 애도하는 만시를 남기기도 했다. 게다가 정약용과 제너(Edward

2017년 이동원 화백이 그린 박지원 초상화.

Jenner, 1749~1823)의 종두법 실험까지 함께 했던 것을 보면,[1] 내놓고 이야기하지 않았을 뿐 서학에 대한 박제가의 속생각 또한 다산과 큰 차이가 없었던 것으로 보인다. 실제로 서학에 노출될 기회는 중국을 한 번도 가보지 못한 다산 주변보다는 연암 그룹 쪽이 훨씬 많았다.

1790년 북경 유리창에서 청나라 화가 나빙(羅聘)이 그린 박제가 초상.

1786년 1월 22일, 정조는 조정의 모든 신료에게 국가의 시무(時務)를 거리낌 없이 진언(進言)하라는 옥음을 내렸다. 박제가는 이때 올린 글에서 파격적으로 과감한 문호 개방과 중국과의 자유무역을 주장했다. 물류의 자유로운 이동과 정보의 유통으로 경제를 살리고 속된 유자들의 고루한 식견을 깨뜨려야 한다고 외쳤다.[2]

한 걸음 더 나아가 그는 국가에서 기하학에 밝고 이용후생에 정통한 서양인 수십 명을 초빙해 건축술, 광산 채굴법, 유리 굽고 화포 설치하는 법, 관개 제도와 수레 및 배 건조법 등의 기술을 배워야 한다는 주장을 펼쳤다. 그들이 천주교 신자들인데, 그 틈에 이단이 들어오면 어찌하느냐는 우려에 대해 박제가는 이렇게 대답했다.

> 그들 무리 수십 명을 한곳에 거처하게 하면 난을 일으키지 못할 것입니다. 그들은 결혼도 벼슬도 하지 않고 모든 욕망을 끊은 채 먼 나라를 여행하며 포교하는 것만을 신념으로 삼고 있습니다. 그들의 종교가 천당과 지옥을 독실하게 믿어 불교와 차이가 없지만, 후생(厚生)의 도구는 불교에는 없는 것입니다. 열 가지를 가져오고 그중의 하나를 금한다면 옳은 계책이 될 것입니다. 다만 저들에 대한 대우가 적절치 않아, 불러도 오지 않을까 염려될 뿐입니다.[3]

박제가는 어떻게 이런 과감한 주장을 임금에게 올릴 생각을 했을까? 몇 차례 중국 연행을 통해 직접 견문한 확신이 없이는 나올 수 없는 내용이었다. 박제가의 서학에 대한 이해는 누구보다 분명했다.

이 글을 쓴 1786년 1월은 명례방 을사추조적발 사건이 일어난 바로 이듬해였다. '서양 선교사 수십 명을 초빙해서 이들을 통해 이용후생의 도구를 조선에 도입하자!' 이것이 박제가의 '병오소회(丙午所懷)'라는 제목으로 더 잘 알려진 글이다. 서양 선교사들의 신념이 천주교 포교에 있음도 그는 잘 알고 있었다. 그런 그들에게 박제가는 과연 조선이 필요로 하는 과학기술 정보만 얻어내고, 그들이 전하고자 하는 신앙은 차단할 수 있을 거라고 생각했던 걸까? 이미 조선에는 가깝게 지내던 정약용 등에 의해 천주교 신앙이 사회 저층으로 파고들던 시점이었다.

연암 그룹과 이희영 형제

예수상을 잘 그렸던 화가 이희영(李喜英, 1756~1801)의 친형 이희경(李喜經, 1745~?)은 무려 다섯 번이나 북경을 왕래한 실력 있는 실학자였다. 동시에 이희경과 이희영 형제는 연암 박지원의 제자였다. 형제는 박제가, 이덕무 등과 늘 어울려다녔다. 젊은 날 박제가의 문집 속에는 이희경 형제의 자취가 많이 남아 있다. 연암의 임종을 지킨 이도 이희경이었다. 이희경은 당시 자타가 인정하는 중국통이었다.

그런데 그의 자취는 어느 순간 통째로 사라졌다. 죽은 해조차 알지 못한다. 당시 그의 위상으로 보아 이럴 수는 없다. 이희경의 문집 《윤암집(綸菴集)》은 일본 천리대학에 유일본의 필사본으로, 그것도 일부만 남아 있다. 북학의 또 다른 보고서인 이희경의 《설수외사(雪岫外史)》 역시 일본 동양문고에 누구의 저작인지도 모른 채 묻혀 있었다. 그나마 저자가 밝혀진 것도 불과 20여 년 전 일이다.[4]

그의 아우 이희영이 천주교 신자로 사형당한 뒤, 이희경의 자취 또한 흔적 없이 지워졌다. 여기에는 분명히 우리가 잘 알지 못하는 곡절이 숨어 있다. 그는 박제가와 어깨를 나란히 하고도 남을 사람이었는데, 아무도 기억하지 않는 이름으로 잊혔다.

박제가는 이희영에 관한 글도 남겼다. 박제가의 문집 《정유각집(貞蕤閣集)》에 수록된 〈십삼서루(十三書樓)〉라는 작품이 그것이다. 십삼은 이희영의 형 이희경의 별호다. 이덕무, 유득공, 이서구와 젊은 시절 함께 엮어 중국으로 가져가서 사가시(四家詩) 돌풍을 일으킨 《한객건연집(韓客巾衍集)》에는 같은 시의 제목이 '추찬의 서루에 들러(過秋餐書樓)'로 나온다.[5] 추찬은 이덕무가 지어준 이희영의 자다. 그러니까 이 작품은 원래 이희영을 위해 써준 시였는데, 뒤에 그가 천주교 신자로 죽는 바람에 시를 버리기는 아깝고 해서 자기 검열을 통해 제목을 바꿔버린 것이다.

이희영은 형 이희경의 요청으로 형의 책에 농기도(農器圖)를 그려준 일이 있다. 이 사실은 박제가의 《북학의》에 언급되어 있다. 막상 현전하는 대부분의 필사본 《북학의》에는 이희영의 이름이 역시 말소되고 없다.[6] 다산이 자신의 문집에서 천주교와 관련되어 죽은 인물과 관련된 기록을 철저하게 지워버린 것과 같다. 그 결과 남은 기록에서 이희영의 존재는 미미해졌지만, 생전의 위상마저 그랬던 것은 아니다.

박제가가 쓴 〈추찬의 서루에 들러〉는 다음과 같다.

암담함 속에서도 계절은 갈마들어,	氣候潛推黯淡中
봄 오자 며칠 동안 바람만 끊임없다.	春來數日不禁風
솔바람 파도 소리 빈집을 에워싸고,	松濤滅沒圍虛屋
눈기운 자옥하게 허공에 쌓여 있네.	雪意升沈貯碧空
처사가 수북에서 살려 한 것 아니니,	處士終非居水北
고인은 원래부터 성 동편에 숨는 것을.	高人元自隱牆東
한 해가 다 가도록 무엇을 얻었던가,	窮年兀兀吾何有
초목과 충어의 같고 다름 견줘볼 뿐.	草木虫魚較異同

그를 고인(高人), 즉 고상한 사람으로 높였고, 성 동편에 숨어 사는 은자에 견줬다. 궁한 살림 속에 그는 무엇을 하며 지내는가? 초목과 벌레, 물고기의 같고 다름을 연구하며 지낸다고 썼다. 그의 박물학적 관심과 그림 취미를 드러내려 한 표현으로 보인다.

연암을 찾아온 김건순

이희영이 10년 가까이 식객으로 머물렀던 여주 김건순(金建淳, 1776~1801)의 집안은 노론의 성골이었다. 그는 병자호란 당시 척화파의 수장 청음(淸陰) 김상헌(金尙憲, 1570~1652)의 봉사손(奉祀孫)이었다. 그는 천재였다. 아홉 살에 벌써 선도(仙道)에 뜻을 두었다. 김건순은 마테오 리치의 《기인십편(畸人十編)》을 즐겨 읽었다. 10여 세에 〈천당지옥론〉을 지어 사람들을 경악시켰다. 20세가 되자 명성이 온 나라에 진동했다.[7] 그가 여주에서 한 번씩 상경하면 큰 구경이 났다. 유력한 인사들이 그를 만나보려고 줄을 설 정도였다. 소문을 듣고 연암도 그를 한번 꼭 만나보고 싶어 했다.

그런 김건순이 1797년 어느 날 제 발로 불쑥 연암을 찾아왔다. 김건순이 어떻게 연암을 찾아왔을까? 제자 이희영이 주선한 것임에 틀림없다. 이희영은 김건순에게 연암을 꼭 만나보라고 권했을 테고, 김건순은 연암의 《열하일기》를 읽고 그가 궁금했을 것이다. 두 사람은 긴 시간 대화를 나눴다. 기대에 차서 그를 맞이했던 연암이 그가 떠나자 문득 서글픈 표정을 지었다.

연암은 잠깐의 대화로 이 보석 같은 청년의 눈길이 결코 가닿지 못할 먼 곳을 향하고 있음을 단번에 알아차렸다. 그것은 나라와 본인에게 재앙을 끼칠 것이 분명했다. 아들 박종채(朴宗采)는 《과정록(過庭錄)》에 이 일을 기록하고, 끝에 이렇게 썼다. "얼마 못 가 김건순은 그릇된 부류와 사귐을 맺어 폐해지고, 5년 뒤 천주교에 물들어 죽임을 당했다."[8]

김건순은 결국 1797년 11월, 강이천(姜彝天, 1768~1801)의 유언비어 사건에 연루되었다. 바다 섬에 사는 진인(眞人)이 군대를 이끌고 건너와 조선을 멸망시키고 새로운 나라를 세우리라는 풍문이었다.[9] 진인이 군대를 싣고 온다는 큰 배가, 당시 조선 신자들이 북경 교회에 그토록 청원했던 서양 배와 겹쳐지면서, 곧 큰 전쟁이라도 날 것 같은 흉흉한 소문이 시국을 강타했다. 그 배가 오기만 하면 새로운 세상이 활짝 열릴 것이었다. 신앙의 자유를 얻고, 신분제도의 족쇄도 풀릴 것이었다.

여기에 이희영을 매개로 한 주문모 신부와의 접촉까지 드러나면서, 천주교는 이로 인해 《정감록》 신앙을 신봉하는 역모집단과 한통속으로 몰렸다. 이 일로 노론도 발칵 뒤집혔다. 이제 서학은 남인들 내부의 문제가 아니라, 노론의 심장부로 불똥이 튀고 있었다.

2. 면천군수 박지원과 김필군

집 한 채 값을 주고 산 예수 성화

서학이 온 조선을 관통해 지나가던 시절, 연암 박지원은 서학이 가장 극성했던 충청도 지역에서 면천군수를 지냈다. 그는 이곳 면천에 1797년 윤6월 26일 부임해서 1800년 8월 18일 이임했다. 당시 충청감사 이태영은 천주교도 문제로 골치를 썩고 있었다. 천주교도 검거 실적을 놓고 병영(兵營)과 벌여야 하는 신경전도 피곤했다. 감화를 통한 온건한 처리를 주장했던 박지원은 이 와중에 끼여 큰 애를 먹었다.

박지원이 면천군수로 내려간 이듬해인 1798년의 일이다. 범천면(泛川面)에 사는 주민 김필군(金必軍)이 천주교 책자와 성화를 들고 군수 앞에 나타나 자수했다. 그는 천주교 신자로 수배되자 달아나 겨우내 숨어 있었던 자였다. 그가 들고 온 책자는 열심한 신자였던 죽은 아들의 것이었다. 김필군 또한 아전들조차 도저히 교화가 안 된다며 고개를 저었던 열성 신자였다.

죽은 아들은 어질고 착했다. 과거 공부도 열심히 했다. 그 아들이 아버지에게 자신이 읽은 천주교 교리서의 뜻을 친절하게 풀이해주었다. 아버지는 아들의 이야기를 들으며 더없이 기쁘고 행복했다. 아들은 그의 스승이었다.[10]

그런 아들이 1795년 갑자기 죽었다. 그는 하루라도 빨리 죽어 하늘나라로 먼저 간 아들과 만나고 싶은 마음뿐이었다. 그럴수록 아들이 들려주었던 이야기가 하나하나 귀에 생생했다.

아들의 손때 묻은 물건은 그 책밖에 없어 혹시 잃어버리거나 때가 묻을까 봐 열 겹으로 싸서 소중히 간직했다. 밖에 나갈 때도 몸에 꼭 지니고 다녔다. 책자는 모두 12권으로, 어린아이 손바닥만 한 크기였다. 앞서 정미반회 사건 당시 이승훈이 지니고 있었다던 책자와 크기와 생김새가 비슷했다.

성화 한 폭도 있었다. 아들은 이 그림을 서울서 사가지고 왔다고 했다. 워낙 정교해서 처음엔 수놓은 것인 줄 알았는데, 나중에야 직접 그린 그림인 줄 깨달았다고 쓴 것으로 보아, 인쇄된 원색의 채색 성화였던 듯하다. 입체적 질감의 서양 그림을 처음 보았기 때문에 수놓은 것인 줄 알았다는 말이 나왔을 것이다.

아들은 이 그림을 구입하는 데 200냥이나 되는 거금을 주었다고 했다. 200냥은 그때 돈으로 서울에 웬간한 집 한 채를 살 수 있는 엄청난 돈이었다. 당시 천주교인들에게 이 같은 서양 성화가 얼마나 귀하게 취급되었는지 실감나게 해주는 액수다. 아버지는 아들이 그림 한 장에 거금의 가산을 탕진했지만, 자식이 기뻐하는 것을 보고 아까운 줄을 몰랐다고 했다.

이제 신앙을 버립니다

김필군은 그가 그토록 아끼던 아들의 귀한 책과 성화를 들고 군수 앞에 제 발로 나타났다. 이제는 믿지 않겠다고 했다. 아비의 말이 이랬다.

> 아들이 죽은 뒤 4년 사이에 이따금 꿈에 보이기는 해도, 천주학의 일로 묻고 답하지는 않더군요. 또한 가서 좋은 곳에 있다고 알려주지도 않아, 살았을 때와 죽고 나서가 판이합니다. 기대하고 바라던 것이 문득 어그러지니, 이것만 보더라도 절로 알겠습니다. 여러 해 동안 쌓은 공이 과연 어디에 있답니까?[11]

아버지는 그리운 아들이 살아 그렇게 열심히 믿었으니, 꿈에라도 자기는 천국에 가 있으니 슬퍼하지 말라고 이야기해줄 줄 알았다. 하지만 아주 가끔 꿈에 아버지를 찾아온 아들은 아무 말도 없었다. 그다지 기뻐 보이지도 않았다. 그토록 재미나게 들려주던 책 이야기도 더 이상 하지 않았다. 아버지는 절망하고 있었다. 그렇다면 살았을 때 말씀을 기쁘게 믿어 달게 따른 보람이 없지 않은가? 그렇게 열심히 믿었는데 천국에 갈 수 없다면 천주가 대체 있기나 한 것이냐며 신앙을 완전히 버리겠다고 선언한 것이다.

박지원은 그의 말을 듣고 마음이 아팠던 것 같다. 그가 올린 소지(所志)에 위로하고 격려하는 말을 적어주고는, 감옥에 가두는 대신 그저 물러가게 했다. 그가 바친 책은 장날 사람들이 보는 앞에서 김필군의 손으로 직접 불태워버리게 했다.

하지만 병영에서 김필군의 이야기를 듣고는 갑자기 사람이 내려와 그의 책을 내놓으라고 윽박지르고, 애초에 김필군을 자신들이 체포한 것으로 조서를 꾸며 자기의 공으로 하겠다고 억지를 부렸다. 중간에서 연암의 입장만 난감해졌다. 병영에서는 군수의 태도를 문제 삼아 감사 이태영에게 보고를 올리며 강력하게 항의했다.[12]

연암은 "태양이 떠오르면 도깨비들이 날뛰지 못하고, 훈풍이 건듯 불면 얼음과 눈이 절로 녹듯" 형정(刑政)이 아닌 교화로 백성을 깨우쳐야 한다는 뜻으로 감사 이태영에게 해명을 겸한 보고서를 올렸다.[13] 그러고는 책을 감사에게 이미 보낸 것으로 처리해서 김필군이 병영 쪽으로 끌려가는 것을 막았다. 연암은 김필군에게 불리하지 않게 하려고 병영과 감사에게 올리는 보고서에 그들 부자의 신앙생활에 대한 묘사를 최대한 아껴서 썼다. 이 내용은 《연암집》 권2에 실린 〈상순사서(上巡使書)〉에 자세하다.

김필군은 정말로 배교했을까?

연암이 〈상순사서〉에 쓴 김필군의 사연은 뭉클한 감동을 준다. 그렇다면 이때 김필군의 배교는 정말이었을까? 나는 그렇지 않다고 생각한다. 그는 아들을 따라 덩달아 믿었던 서학꾼이 아니었다. 놀랍게도 7년 전인 1791년 12월 11일에 충청도관찰사 박종악이 정조에게 올린 비밀 보고서 별지에도 그의 이름이 등장한다.

이 별지에는 면천, 충주, 보령, 청주, 청양, 홍주, 예산, 덕산, 천안, 직산 등지에서 검거한 천주교도들의 명단과 그들에게서 압수한 서학책과 성물 등의 물품 목록이 적혀 있다. 그중에서도 면천이 첫머리를 차지한 것을 보면, 이곳의 천주교 신자가 인원도 가장 많고 규모도 컸음을 알 수 있다. 앞쪽의 기록은 다음과 같다.

> 면천의 강주삼(姜柱三), 황아기(黃惡只), 박일득(朴日得)은 깨우쳤으므로 다짐을 받고 풀어주었습니다. 김필군(金必軍), 김대윤(金大允), 김가상(金加床)은 방서책(方書冊) 21권을 관청 뜰에서 불태웠다고 합니다. 감결(甘結)에 의거하여 1개월에 한하여 보방(保放)하고 타이르겠다고 합니다.[14]

이 명단에 보이는 강주삼, 황아기, 박일득은 이 지역 천주교 세력의 리더였던 것으로 보인다. 이들을 바로 이어 김필군의 이름이 나온다. 아들이 과거를 보았다고 했으니, 그는 양반 신분이었다. 그 또한 이 지역의 지도자급 인물이었던 것으로 추정된다. 그의 이름이 앞쪽에 놓인 이유다. 그가 간직했던 성화는 이들이 미사를 볼 때 자랑스레 내걸었던 물건임에 틀림없다.

이어 나오는 김대윤과 김가상 중 한 사람이 1795년에 죽었다는 그의 아들일 것이다. 나란히 놓인 것으로 보아 김대윤이 아들이었을 가능성이 높고, 김가상은 한집안 사람이었을 것으로 짐작된다. 이때도 이들은 서학책 21권을 들고 자수해 관청 뜰에서 직접 불태웠다. 배교를 행동으로 드러내는 일종의 퍼포먼스였다.

'감결에 의거'한다 함은 상부 관청의 지시 공문에 따랐다는 뜻이다. 당시 21권의 서학책을 들고 자수한 김필군과 김대윤, 김가상 세 사람은 요즘 식으로 말해 '1개월 보호관찰' 처분을 받고 석방되었다. 당시는 진산 사건의 여파로 충청도 일대에 천주교도 검거 선풍이 대대적으로 불어닥쳤던 때였다. 김필군 부자가 보관하고 있던 서학책이 21권이나 되었다면, 그의 집안이 이 지역 천주교도에게 교리를 가르치던 핵심 수뇌부였다는 뜻과 같다.

그랬던 그가 그로부터 무려 7년 뒤인 1798년에 다시 서학책 12권

《청구요람》의 지도를 보면 김필군이 살았던 범천면과 이존창이 살았던 두촌면이 아주 가까운 거리임을 알 수 있다. 서울대학교 규장각한국학연구원 소장.

을 들고 군수 박지원 앞에 자수한 것이다. 이 12권은 앞서 관청 뜰에서 불태운 21책 외에 따로 숨겨둔 것이었을까? 아니면 그사이에 새로 마련한 것이었을까? 어쨌거나 김필군의 두 차례 배교는 일단 큰 바람을 피하고 보자는 눈속임용이었던 것이 틀림없다. 처음 책을 불태운 뒤로도 이들 부자는 이 지역에서 신앙생활을 계속했고, 아들이 죽은 뒤에도 김필군의 신앙 활동은 지속되었다.

박지원은 〈상순사서〉에 김필군 검거 당시의 정황을 자세하게 적었다. 그가 살던 범천면은 오늘날 당진시 우강면 일원의 솔뫼 성지가 속한 지역이었다. 그는 1797년 겨울 천주교도 검거 소식에 도망갔다가, 1798년 9월에 슬며시 돌아왔다. 그러자 당시 오가작통(五家作統)에 묶여 있던 주민 하나가 연좌를 피하려고 이 사실을 신고했다. 하지만 연암은 그를 즉시 체포하지 않고 그가 자리를 잡을 때까지 기다렸다. 그러고는 엉뚱하게 환곡(還穀)을 독촉하는 나졸을 보내 그를 불렀다. 연암은 "그 뜻이 실로 마치 알 듯 모르게 하는 가운데, 긴가민가하는 사이에 있었다"고 글에서 썼다.[15] 드러내지 않고 그를 불러 감화시키려 했다는 뜻이다.

달아난 죄를 추궁할 줄 알았는데, 사또가 환곡을 왜 안 갚느냐고 부르자, 김필군은 그 뜻을 알아차리고 제 발로 천주교 책자 12권과 성화 한 폭을 들고 소지까지 바치며 자수하기에 이르렀던 것이다. 연암은 그가 어리석고 무식해서 책이 있어도 읽지 못한다고 말했지만, 그는 글을 모르지 않았다.

그는 연암이 글에서 쓴 것처럼 아들만 믿고 따랐던 어수룩한 신자가 아니었다. 여러 아전이 병영 하리(下吏)의 추궁에 "이전에 서학을 학습하던 자는 저절로 사라져서 모두 평민이 되었고, 그 가운데 김필군이란 자가 가장 교화시키기 어려웠는데, 일전에 또 제 발로 와서 책을 바쳤으니, 이제 이곳 경내에는 다시 의심할 만한 것이 없소"라고 대답한 데서도 확인된다.[16] '가장 교화시키기 어려웠다'는 말 그대로, 그는 이 지역의 지도자급 골수 천주교 신자였다.

천주교 신자들을 처리하는 박지원의 이같이 관대한 처리에서 천주교에 대한 그의 태도의 일단을 짐작하게 된다. 그는 천주교를 믿지 않았고, 거부의 뜻도 분명했지만, 그렇다고 사람을 죽이면서까지 다스릴 문제로는 여기지 않았다. 그의 주변에 박제가 같은 개방론자와 이희영, 한재렴 같은 천주교를 믿는 제자들이 포진했던 것도 은연중 평소 그의 이런 태도의 영향이 아니었을까?

3. 자책하는 인간, 최해두

벽동의 천주교 조직과 최해두

최해두(崔海斗)는 정광수의 벽동 집과 담장을 잇대고 살았다. 반대쪽에는 조섭(趙燮)이 살았다. 최해두는 윤유일을 통해 입교한 여주 출신 양반의 후예였다. 명도회원으로 활동했던 윤유일의 숙부 윤현(尹鉉)은 아내 임조이(任召史)와 함께 안국동에 살았다. 최해두는 그 윤현의 사위였다. 윤현의 집에 같이 살다 검거된 심낙훈(沈樂薰)은 윤현의 셋째 딸을 며느리로 삼은 사돈간이었다. 심낙훈의 여동생 심아기는 동정녀로 포도청에서 맞아죽었다.

여주 사람 정광수는 윤현의 동생 윤선(尹鐥)의 딸 윤운혜 루치아와 결혼했다. 동정녀 윤점혜는 윤운혜의 언니다. 정광수의 여동생은 동정녀인 복자 정순매 바르바라다. 여주 일원의 천주교 핵심 그룹이 통째로 똘똘 뭉쳐 서울의 한복판으로 근거지를 옮긴 것은 여러모로 특기

할 만한 사실이 아닐 수 없다.

최해두의 숙부이자 원경도 요한의 장인 최창주(崔昌周)는 여주에 있다가 붙들려가서 "아버지를 아버지라 하지 않고, 아비의 이름까지 잊었다"고 한 패륜으로 지목되고도 끝내 전향을 거부하다가 박해 초기인 1801년 3월에 처형되었다.[17] 최창주의 딸 최조이는 신태보의 며느리였다.

최해두는 《사학징의》의 공초에서, 자신이 사학에 입교한 것이 16년 되었다고 했다.[18] 그러니까 그는 1785년에 입교한 초기 신자의 한 사람이었다. 또 자신과 어울렸던 사람이 정광수, 조섭, 윤현, 정약종, 이현, 이희영, 이재화, 심낙훈, 홍시호, 황사영, 최창현, 홍문갑 등이었다고 진술했다. 이들의 면면만 보더라도 최해두의 당시 교회 내 위상이 짐작된다.

《사학징의》에 따르면, 그는 1801년 2월 숙부 최창주가 경기감영에 붙들려갔다는 소식을 듣고는 겁을 먹고 장인 윤현의 집으로 피신했다. 장인마저 잡혀가자 이곳저곳을 떠돌며 숨어다니다가, 부친 최창은(崔昌殷)이 아들 대신 끌려갔다는 소식에 하는 수 없이 자수했다.[19] 부친 최창은도 천주교 신자였다. 최해두가 자수했을 때 벽동의 천주교 조직은 중심인물들이 모조리 끌려가서 완전히 와해된 상태였다. 최해두는 자신만이라도 살아남아 조직을 재건해야겠다고 생각했던 걸까? 첫 번째 공초에서 그는 맥없이 천주교가 이적금수(夷狄禽獸)의 법임을 알았으므로, 뉘우쳐 깨닫고 바른길로 돌아와 어진 백성으로 살겠다며 배교를 선언했다.[20]

그는 당시 포도청이 파악한 조직 계보에서 중심인물이 아니었고, 반성의 태도도 진실해 보였으므로, 정광수의 집에 주문모 신부를 세 차례 모셔다 미사를 드리고 사학을 주변에 권면한 죄를 물어, 1801년

5월 10일 경상도 흥해(興海) 땅으로 유배 가는 가벼운 처벌을 받는 데 그쳤다.

어찌 한심하고 가련치 않으랴!

하지만 흥해로 유배 간 최해두는 요주의 인물로 분류되어 흥해 감옥에 갇혀 지내야 했다. 유배 간 지 5~6년째 되던 1806년 무렵 아버지의 부고가 도착했다. 감옥의 죄수들과 시답잖은 음담패설로 노닥거리는 사이 신앙심이 흐려졌던 그는 이 일을 계기로 정신이 번쩍 들었던 모양이다. 그는 종이를 구해 신앙의 기억을 더듬어 한 자 한 자 적어나가기 시작했다. 그 기록이 저 유명한《자책(自責)》이다.[21]

글은 "두루 심란답답하여 두어 줄 글을 기록하니, 슬프고 슬프도다"로 시작된다.

> 나는 이미 입교하여 근 20년을 죽기로 봉사하다가, 시절이 불행하여 성교의 간군(艱窘), 즉 박해가 크게 일어났다. 평일에 열심히 봉사하여 실공(實功)을 세운 이는 우리 주 예수를 본받아 치명대은(致命大恩)으로 다 돌아가시고, 나처럼 무공무덕(無功無德)하고 유죄유실(有罪有失)한 인생은 썩고썩어 신유년 우리 동국의 신앙인에게 상으로 내리신 그리 흔한 치명대은에 참예치 못하고 나 혼자 빠져나와 이 흥해 옥중에 남은 목숨이 붙어 살았으니 이 무슨 일인고.[22]

문득 자신을 돌아보니 책선(責善)을 권면하던 벗도 없고, 한마음으로 책려(策勵)하도록 일깨워주던 책도 한 권 없었다. 그리하여 "만일이 모양으로 죽게 되면 주님의 자녀가 되지 못하고 영원무궁세에 비할 데 없는 참된 복을 얻지 못할 것이니, 어찌 한심하고 가련치 않겠는가?"라며 가슴을 치면서 아프게 통회했다.[23]

초기 교회의 교리 학습서

막상 최해두의 《자책》을 읽어보면, 스스로를 책망하는 내용은 서두의 잠깐뿐이다. 대부분의 내용은 각종 기도문과 전례서, 그리고 《십계》, 《경세금서(輕世金書)》, 《칠극》 같은 교리서의 내용에서 간추려, 천주교인들이 죄과에 빠지지 않고 천주의 가르침을 지켜나가는 방법을 누구나 쉽게 이해할 수 있도록 설명한 교리 교육용 책자에 더 가깝다. 글 한 줄 한 줄이 모두 근거가 있고, 그때그때 필요한 기도서나 교리서를 인용하며 논지를 펼치고 있어서, 최해두의 만만찮은 신앙 내공이 그대로 느껴진다.

〈진복팔단(眞福八端)〉, 〈회죄경(悔罪經)〉, 〈조과경(早課經)〉, 《경세금서》, 《십계》, 《칠극》 등이 《자책》에서 인용하거나 설명하고 있는 서목(書目)이다. 이 밖에 《성교절요(聖教切要)》에 보이는 하등통회(下等痛悔)와 상등통회(上等痛悔)의 개념을 끌어오고, 삼구(三仇)의 용어도 풀이했다. 《척죄정규(滌罪正規)》, 《회죄직지(悔罪直指)》에서도 통회의 방법과 태도에 대한 기술을 끌어왔다. 최해두는 본문에서 "나도 평생에 치명성인전 보기를 좋아했다"고 적었고, '셩젼셩ᄉᆞ(聖傳聖事)'의 한 대목을 인용하거나, 기도문의 한 부분 또는 성인전의 한 예화를 끌어오는 등 다양한 인용을 글 곳곳에 포진시켜 내용을 풍부하고 입체적으로 구성했다.

《자책》의 중반 이후는 '십계'에 대한 설명으로 이어진다. 다만 제6계까지의 내용만 있고, 그마저도 쓰다가 중간에 끝났다. 현재《자책》은 한국교회사연구소본과 호남교회사연구소본 등 2종이 있다. 이 2종 필사본의 모본이 된 원본의 제6계명 이후 부분이 낙장되었던 듯하다.

특별히 눈에 띄는 것은《칠극》의 예화를 여러 차례 인용한 점이다. 이는 앞에서도 보았듯, 초기 교회에서《십계》와《칠극》을 연계해 신자 교리 교육의 근간으로 삼았음을 증명하는 또 다른 증거이기도 하다. 최해두는《칠극》에서만 대여섯 부분 이상의 예화를 끌어왔다.

예전 한 음란하고 방탕한 여인이 잘생긴 남자에게 음행을 청하자, 남자가 '그렇다면 시장 한가운데로 가서 하자' 하였다. 이에 여인이 '남 보기에 부끄럽다' 하니, 남자가 '시장에서 사람들이 보는 것은 부끄럽고, 천주와 천사가 환히 봄은 부끄럽지 않은가?' 하자, 여인이 크게 뉘우쳐 음란한 행실을 버렸다는 이야기는《칠극》 권6 〈방음(坊淫)〉 [6.7]에서 그대로 따왔다. 부부가 언약하여 동정을 지킨 대목은 [6.43]에 나오는 성녀 체칠리아의 이야기이고, 한번 여자의 등을 만지고 돌로 가슴을 찧은 사람 이야기도 [6.42]의 삽화에 등장한다.[24]

음탕한 남자가 회개한 뒤 길을 가다 전에 간음하던 여자를 만나 모른 체 지나가자 여자가 '나를 모르느냐?'고 물었고, 남자가 '너는 옛날의 너 그대로이고, 나는 반성하여 고친 사람인데 내가 너를 어찌 알겠느냐?' 했다는 예화도《칠극》 [6.24]에 보인다. 수도자가 제자 여럿을 데리고 길에서 미녀를 만나 주고받는 마지막 면의 대화 또한 [6.25]에 실린 현자 사바(撒拔)의 이야기에서 끌어온 것이다.

최해두가 옥중에 책 한 권도 없다고 했으니, 그 말대로라면《자책》에 실린 수많은 예화와 조목별 설명 또한 최해두의 평소 기억 속에서 호출해낸 것이다. 최해두의 교리 지식은 여전히 녹슬지 않은 상태였다. 책에서 설명하고 훈계하는 방식은 초기 교회에서 일반 신자들을 가르치던 내용과 큰 차이가 없을 것이다. 최해두의 《자책》은 신유박해 이전 교회 지도층 인사의 교리 이해 수준과 전교 방식을 살펴보는데 대단히 중요한 자료인 셈이다.

하느님의 종, 최영수 필립보

최해두는 글에서 남은 가족에 대해 이야기하며, 칠십 노친과 청춘 약처(弱妻), 담발(髧髮) 치자(稚子), 즉 70대의 노모와 젊고 여린 아내, 그리고 더벅머리 어린 아들을 걱정했다. 그 더벅머리 어린 아들이 바로 '하느님의 종' 최영수(崔榮受, 1791~1841) 필립보다. 최해두가 흥해로 귀양 갈 때, 아들은 열한 살이었다. 그는 열 살 때 부친에게 십계명을 배웠다고 했다. '더벅머리'라 한 것으로 보아 최해두가 《자책》을 쓸 당시 최영수는 아직 장가를 들지 않았던 듯하다. 몇 해 뒤 최해두가 흥해 옥중에서 죽자, 최영수는 어린 나이임에도 그곳까지 찾아가서 부친의 시신을 묻었다고 한다. 달레는 《한국천주교회사》에서 최영수가 열 살 때라고 썼지만 사실과 다르고,[25] 17세 나던 1807년 언저리가 아닐까 추정한다.

아버지에게 받은 신앙의 씨앗은 고난 중에도 싹이 꺾이지 않고 자라나, 최영수는 38세 때부터 다시 신앙생활을 시작해 제2대 조선교구장 앵베르(Laurent Marie Joseph Imbert, 范世亨, 1797~1839) 주교에게 세례와 견진성사를 받았다. 프랑스 선교사들에게 양조 기술을 배워 익혀, 직접 포도를 재배해서 미사주를 빚기까지 했다. 1841년 4월 초에 체포되어, 아버지를 이어 혹독한 고문과 오랜 옥살이 끝에 1841년

4월 25일 무려 100대의 곤장을 맞고 순교했다. 그는 죽기 전 "어찌 집안 대대로 믿어오던 천주를 배반하고, 부친의 가르침을 어길 수 있겠습니까?"라고 하며,[26] 배교를 거부하고 죽었다. 아버지의 '자책'을 답습하지 않았다.

4. 1,400대의 곤장을 버틴 사내, 박취득

'부형이'와 '북실이'들

옛 기록을 보다가 거기 적힌 이름 앞에 울컥할 때가 있다. 앞서 본, 1791년 12월 11일에 충청도관찰사 박종악이 정조에게 올린 비밀 보고서《수기》의 별지를 볼 때도 그랬다. 당시 그가 충청도 관내 각 지역에서 검거한 천주교인들의 명단과 그들에게서 압수한 서책과 성물 등의 물품 목록을 적은 것인데, 면천군 관련 기록은 이렇다.

> 면천의 강주삼, 황아기, 박일득은 깨우쳤으므로 다짐을 받고 풀어주었습니다. (……) 신귀득(申貴得), 노막봉(盧莫奉), 김의복(金儀福), 모조이(牟召史), 김선돌(金先乭), 한봉돌(韓奉乭), 김부허응(金夫許應)은 자복을 받고 풀어주었습니다. 하귀복(河貴福), 강세종(姜世宗), 유엇재(劉旕才), 김만익(金萬益), 이오직(李五直), 김북실(金北失), 김답금(金畓金),

충청남도 당진시 합덕읍 궁리2길에 있는 무명 순교자 무덤. 목 잘린 시신들이 묵주, 십자가와 함께 발견되어 수습한 무덤이다.

> 방백돈(房白頓), 박산흥(朴山興), 김계룡(金癸龍), 김종택(金宗宅), 이쾌손(李快孫), 김상요(金尙要), 강점복(姜占福), 강행복(姜行福)은 자복을 받고 풀어주었습니다.[27]

뒤쪽에 나오는 사람들은 이름으로 보아 대부분 노비 신분이었을 것이다. 성씨는 떼고 그저 막봉이, 선돌이, 봉돌이, 엇재, 오직이, 답금이, 백돈이 등으로 불렸을 눈물겨운 이름들이다. 김부허응은 아마도 눈이 부엉이처럼 동그랗대서 '부헝이'로 불린 것을 음을 취해 이렇게 적어놓은 것일 테고, 김북실은 태어났을 때 북실북실 통통해서 얻은 이름이었을 것이다. 이 명단을 통해 당시 면천군의 교세가 상당했고, 그것도 대부분 신분 낮은 백성들 중심으로 구성되어 있었음을 알 수 있다.

사는 일 답답하고 평생 업신여김만 당하며 살아온 인생들이 천주학을 만나면서 삶이 문득 변했다. 사람이 이렇게 서로를 위해주고 아끼는 세상도 있었구나. 밥상에 떨어지는 음식 부스러기를 주워먹던 라자로가 천주의 품에 먼저 안겨 행복하더라는 천국의 소식에 이들은 고마워서 울었다. 뜻 모르고 외우던 천주경과 너무도 단순해서 무섭던 십계명의 가르침만 따르면 죽음 뒤에는 못된 양반도 없고 간악한 아전도 없는 천당이 기다리고 있을 터였다.

박일득과 박취득 형제

면천 고을 체포자 명단 첫머리에 나오는 강주삼과 황아기는 부부였을 가능성이 높다. 박일득은 이들 부부와 함께 면천 교회를 이끌던 지도자급이었을 것이다. 그를 바로 이어 앞서 살펴본 김필군과 그의 아들 이름이 등장한다.

박일득은 달레의 《한국천주교회사》에도 그 이름이 나온다.[28] 그는 복자 박취득 라우렌시오의 친형이다. 형 박일득이 면천 고을로 붙잡혀가 여러 달이 지나도 석방되지 않자, 박취득이 아침에 관청 문을 두드려 군수 정동표(鄭東杓) 앞에 섰다. "죄 없는 사람을 사납게 매질하고 여러 달 감옥에 가두니, 이것은 큰 잘못이 아닙니까?" 그가 박일득의 동생이라는 말을 들은 군수는 불같이 화를 내며 칼을 씌워 혹독하게 매질했다. 박취득은 가벼운 나무칼 말고 무거운 쇠칼을 씌워달라며 대들었다.

그는 면천 관내에서 인심을 얻은 인물이었다. 읍내가 들썩이며 민심이 동요하기 시작했다. 군수는 입장이 난처해졌다. 그마저 옥에 갇힌 지 한 달쯤 되었을 때 조정의 석방 공문이 내려왔다. 이렇게 해서

1791년의 소동은 겨우 가라앉았다.

그로부터 6년 뒤인 1797년 8월 19일 박취득은 홍주목사 김이호(金履鎬)에게 다시 체포되었다. 그의 형 박일득에 관한 기록은 더 이상 나오지 않는다. 처음에 피해 달아났던 그는 아들이 자기 대신 잡혀갔다는 소식에 자진출두했다. 목사가 임금과 관장의 명을 무시하고, 남의 아내를 범하며, 재산을 쓸데없는 데다 낭비하고, 조상에게 제사도 지내지 않는 패륜을 행한다며 나무라자, 그는 십계의 가르침을 낱낱이 대면서 목사의 말에 지지 않고 반박했다. 가난한 사람을 돕는 것이 어째서 재산을 쓸데없이 낭비하는 것이냐며 따졌다.

그는 매를 흠씬 맞았다. 형리는 집게로 맨살을 집어뜯기까지 했다. 책과 성패(聖牌)와 그림을 불사르라고 하자, 죽어도 못한다며 예수의 강생과 수난 공로, 부활과 승천, 재림에 대해 설교했다. 목숨을 앗아가겠다는 협박에는 이렇게 말했다.

> 죽어야 한다면 그것이 무슨 대수입니까? 인생은 아침 이슬과 같습니다. 삶은 잠시 지나는 나그넷길이요, 죽음은 본향으로 돌아감입니다.

도무지 말이 통하지 않았다. 그러나 힘이 있었다. 새로 부임한 목사 앞에서도 그는 사람들의 첫째 아버지시요 만물의 최고 주재자이신 천주를 결단코 배반하지 않겠다며, 어떤 고문에도 굴하지 않았다. 목사는 고개를 절레절레 저으며 혹독한 매질을 더한 뒤 그를 서학죄인들을 전문적으로 취조하던 해미의 좌영(左營)으로 넘겼다. 당시 해미현감은 조한진(曺翰振)이었다.

꿈에 예수님을 보았습니다

결국 심문은 처음부터 다시 시작되었고, 고문의 강도는 점점 더 세졌다. 현감은 한 마디도 지지 않고 교리로 가르치며 따지는 그에게 화가 날 대로 났다. 천주를 배반하지 않으면 죽이겠다고 하자, '우리는 죽어 천당에 올라가 큰 행복을 누리겠지만, 악인들은 지옥에 떨어져 영원히 꺼지지 않는 불구덩이에서 끝없는 고통을 받을 것'이라고 대답했다. 그러니 목을 쳐서 당장에 죽여달라고 했다.

현감은 감사에게 처분을 요청했고, 매질해도 항복하지 않으면 죽여도 좋다는 답변을 받아냈다. 현감은 박취득에게 그 공문을 읽어주었다. 그는 꿈쩍도 하지 않았다.

이후 여러 달 동안 박취득은 8일 또는 10일에 한 번씩 끌려가 끔찍한 고문을 당했다. 상처투성이의 그를 옷을 벗긴 채 진흙 바닥에 던져 밤새 추위 속에 비를 맞게까지 했다. 박취득은 온몸이 너덜너덜 만신창이가 되었지만, 옥중에서 어머니에게 보낸 편지에 이렇게 썼다.

> 봄과 가을은 흐르는 물처럼 지나갑니다. 세월은 부싯돌에 이는 불똥과 같아 길지 못합니다. 저는 잠결에 십자가를 따르라고 하신 예수님을 보았습니다.

1799년 2월 27일, 박취득은 열다섯 번 또는 열여섯 번째 심문에서 곤장 50대를 맞았다. 현감은 아예 그를 죽일 작정으로 때리면서 맨살에 물까지 부어가며 물볼기를 쳤다. 그래도 그는 죽지 않았다. 현감과 형리들은 죽지 않고 여전히 살아 있는 그를 귀신 보듯 했다. 완전히 까무러친 그는 다시 감옥에 내던져졌다.

몇 시간 뒤 그는 혼자 힘으로 자리에서 일어나 감방에 들어가 누웠다. 이튿날 그가 아직 죽지 않았다는 말을 들은 현감은 옥사장을 때리며 너까지 죽이겠다고 위협했다. 옥사장은 감옥으로 다시 와서 박취득을 죽도록 더 때렸다. 때리다 지친 옥사장이 잠깐 잠이 들었을 때, 감옥에 함께 갇혀 있던 교우들이 다가가자 박취득은 깨어나 그들에게 이야기를 시작했다. 상처는 이미 다 나아 흔적도 없었다.

옥사장은 눈앞의 광경을 도무지 믿을 수가 없었다. 그가 요술을 부린다고 생각했다. 옥사장은 새끼로 목을 졸라서 마침내 박취득의 긴 목숨을 거뒀다. 달레의 기록에 따르면, 1799년 2월 29일 오전 11시에 그는 세상을 떴다. 그가 감옥에 갇힌 뒤에 맞은 곤장은 모두 1,400대가 넘었다. 8일 동안 물 한 모금 안 주고 굶긴 적도 있었다. 인간의 한계를 한참 벗어난 잔혹한 매질이요 고문이었다.

풀뿌리 교회의 횃불

하지만 박취득이 1799년 2월 29일 오전 11시에 죽었다고, 시간까지 적시한 다블뤼와 달레의 기록은 사실이 아닐 가능성이 높다. 당시 충청감사 이태영이 1799년 6월 21일에 올린 상소문의 기록 때문이다. 그는 이존창의 석방을 청했다가 조정이 들끓자 사직을 청하는 상소를 올리고 저간의 사정을 설명했다. 당시 충청도에서 사학 문제로 전향하지 않아 미결수로 갇혀 있던 사람은 이존창과 박취득 두 사람뿐이었다. 박취득은 지난달에 갑자기 죽고 이존창만 남았는데, 지난가을 이후 이존창의 자세가 바뀌어 마음으로 맹세하고 입으로 다짐하는 태도에 진정성이 느껴졌다면서, 이태영은 이렇게 보고했다.

박취득과 같은 자는 주벌하여 죽이는 것이 법리상 당연하지만, 이미 깨닫고 귀화하여 성인이 다스리는 세상의 평민이 되기를 원한다면, 그의 뉘우침에 따라 즉시 너그럽게 처결하는 것이 조정의 법령을 믿게 하는 방법일 뿐만 아니라, 저들이 스스로 새로워지는 방법도 될 수 있다고 생각했습니다.[29]

이 보고에 따르면, 박취득이 죽은 것은 1799년 2월 29일이 아니라 1799년 5월이었다. 실제 해미에서 2월에 죽은 것을 감사에게는 5월에 죽었다고 보고해서 이태영이 잘못 알았을 가능성이 있지만, 당시 조선의 죄수 관리와 보고 체계가 그렇게 허술하지는 않았다.

이존창을 정점에 두고 형성된 충청도 일대의 신앙은 양반 지식인층이 선도했던 다른 지역과 달리 기층민 중심의 풀뿌리 교회였다. 정작 지도자였던 이존창이 1791년부터 여러 차례 배교 행동을 반복했음에도, 박취득이 조금의 흔들림도 없이 굳건하게 신앙을 지켜낸 것은 그 의미가 특별했다. 그의 주변에 형 박일득과 김필군 부자, 그리고 그들을 믿고 따랐던 부형이와 막봉이와 엇재, 그리고 수많은 북실이들이 있었다. 1,400대가 넘는 곤장으로도 결코 꺾을 수 없었던 박취득의 신앙은 그의 죽음 이후 점차 횃불로 타오르기 시작했다.

박취득은 한양에서 지황(池潢, 1767~1795) 사바에게 교리를 배워 입교했다. 그러니까 박취득이 지황에게 신앙을 받아들인 것은, 그가 처음 면천군수 앞에 섰던 1791년보다 훨씬 전의 일이었다. 지황은 1795년 주문모 신부 실포 사건 당시 윤유일, 최인길과 함께 의금부로 붙잡혀가서 단 하루 만에 쥐도 새도 모르게 죽임을 당한 인물이다. 이들의 죽음에도 감춰진 이야기가 많다.

5. 밀정 조화진

자세히 보아두라!

1791년 진산 사건으로 잠깐 주춤했던 교세가 1794년 이후 날로 커져갔다. 특별히 호서(湖西) 지역은 풀뿌리 교회의 저변을 확장해가며 온 마을이 한꺼번에 신자촌으로 변하는 등 확산세가 심상치 않았다. 1795년 주문모 신부 체포가 실패로 돌아가자, 장용영의 별군직 선전관(宣傳官)에게 비밀스러운 기찰(譏察) 명령이 자주 떨어졌다. 기찰 포교들은 그들 내부에 밀정을 심거나 각종 감시망을 동원해 신부의 자취를 바싹 좇았다. 하지만 신부의 종적은 묘연했다.

신부가 충청도로 숨어든 것 같다는 보고까지 올라오자, 임금은 이때를 전후로 충청감사와 충청병사에게 천주교 신자들의 동향을 면밀히 염탐해 하나하나 붙잡아 형벌로 다스릴 것을 특별히 명했다. 하지만 이 일은 조보(朝報)에도 실리지 않아 대부분 그 정황에 대해 몰랐다.

1798년 12월 1일, 정충달(鄭忠達)이 충청도 병마절도사로 임명되던 날이었다. 임명장을 받고 떠나는 인사를 올리려고 어전에 엎드린 그에게 임금은 고개를 들라고 명했다. 임금이 말했다. "여기 서 있는 사람의 얼굴을 자세히 보아두거라." 정충달이 그의 얼굴을 보고 얼른 고개를 숙이자, 임금이 다시 명했다. "아니다, 두 번 세 번 자세히 보거라. 다른 곳에서 만나더라도 그를 알아볼 수 있어야 한다." 정충달이 다시 고개를 들었다.

정충달이 홍주병영에 도착하고 얼마 뒤 한 사람이 찾아와 뵙기를 청했다. 불러서 보니 대궐에서 임금 앞에 서 있던 바로 그 사람이었다. 그의 이름은 조화진(趙和鎭)으로, 풍양 조씨 중에서도 명문의 위세가 대단하던 이른바 '청교 조씨'의 서족이었다. 그는 임금의 특명으로 특수 임무를 수행하기 위해 내려온 것이었다.

조화진은 사학을 염탐해 철저히 다스리라는 임금의 밀유(密諭)를 소매에서 꺼내 정충달에게 전했다. 전후 사정은《벽위편》에 자세하다.[30]

황사영의 〈백서〉에도 이 일에 대해 이렇게 적혀 있다.

> 을묘년(1795)에 주문모 신부를 놓친 뒤로부터 선왕의 의구심이 날로 깊어졌다. 몰래 염탐하고 비밀리에 기찰하는 것을 잠시도 그만두지 않았다. 하지만 끝내 신부의 종적은 알지 못했다. 이에 조화진이라는 자를 시켜, 천주교를 믿는다고 사칭하여 충청도 지역의 사정을 탐지케 하였다. 마침내 1799년 겨울 청주의 박해가 있었고, 충청도의 열심한 교우들이 거의 다 죽었다.[31]

한 사람의 밀정을 투입해서 서학이 극성하던 충청도 교회의 핵심 세력을 거의 궤멸시켰으니, 성과가 참 대단했다. 보이지 않게 그를 돕던 별동조직의 존재도 느껴진다. 교세는 불특정 다수를 향한 포교를 통해 성장한다. 한 사람이라도 더 끌어들이자면 먼저 자기 쪽을 열어야 했다. 작정하고 연구한 뒤에 달려든 밀정 앞에 열어야만 하는 신자들은 속수무책으로 당했다.

저도 신자입니다

밀정 조화진의 행동은 어땠을까? 조화진은 족제비 꼬리를 몇 개씩 달고 다니며 필공(筆工) 행세를 했다. 마을마다 돌아다니다가 주문을 받으면 그 집에 머물며 붓을 매주었다. 붓은 소모품이어서 어디서든 수요가 있었다. 양반집 사랑은 붓을 매는 척 염탐하기가 좋았다. 각종 행상 노릇도 했다. 구석진 마을을 다니며 옷감이나 기름, 젓갈과 실 또는 빗 같은 생활필수품을 파는 보부상은 전국 어디에나 흔했다. 실제 천주교 신자들의 포교도 이 같은 생활 밀착형 행상을 활용하는 경우가 많았다. 그들은 규칙적으로 여러 구역을 돌아다니며 안면을 텄고, 질 좋고 싼 물건으로 환심을 산 뒤, 어려움을 도와주며 포교했다.

조화진은 미리 파악해둔 천주교 신자의 집을 타깃으로, 이 마을 저 동네로 다니며 낯을 익혔다. 슬며시 성호를 그어 보여 자기도 신자라는 표시를 하며 그들에게 접근했다. 관심을 보이면 경문을 입으로 외워 보였다.[32] 순박한 촌사람들은 의심 없이 넘어갔다. 그는 어렵지 않게 신자로 대접받았다.

때로 그들의 집회에 참석해서 조직을 염탐하고 교세를 파악했다. 이따금 그들에게 필요한 물건을 전달해주는 심부름꾼 역할도 맡았다. 그러면서 마을별 사학 조직의 동태와 지역별 지도자 조직, 서학책의 수에서부터 집회는 언제 어느 집에서 열리고, 한 번 모일 때 인원이 얼마나 되는지 꼼꼼히 염탐하고 또 기록했다. 유동 인구가 많은 서울과 달리 향촌은 주거가 한정되어 이 같은 파악이 더 용이했다. 한 번 그물에 들 경우 벗어날 길이 없었다.

그 결과 조직 계통이 환히 드러나고 공격 목표가 분명해지면, 중간중간 편지로 자신이 수집한 정보를 비밀리에 보고했다. 절대로 자신이 직접 병영에 연통하지 않았다. 병영 근처에도 가지 않았다. 음성현감 노숙(盧橚)으로 하여금 중간에 사람을 보내게 해 우회해서 보고를 올렸다.[33] 다 미리 짜둔 설계에 따른 것이었다.

그러고도 혹 문제가 생길까 봐, 집회 날에 맞춰 천주교 신자 조직을 급습해 체포할 때, 일부러 조화진을 끼워서 검거하는 술수까지 부렸다. 그에게 의심의 눈길이 쏠리지 않게 하려는 배려였다. 신자들과 함께 신문하고 시늉으로 매질도 해서 신자들의 의심을 차단했다. 신심이 약한 신자들이 배교를 다짐하고 풀려날 때, 그도 슬그머니 묻어 나왔다.

함께 잡혀갔던 신자들은 그를 제 편이라고 더 믿었다. 그는 전처럼 다시 마을을 다니면서 병영에 잡혀가 겪은 경험담을 실감나게 늘어놓았다. 이런 꼼꼼한 술책 때문에 충청도 교회 조직은 내부의 첩자가 조화진일 줄은 꿈에도 몰랐다. 한동안 그가 다닌 곳마다 도미노가 쓰러지듯 해당 지역 교회 조직이 뿌리째 흔들렸다.

앞에서 박취득을 홍주에서 해미로 내려보낸 일을 말했는데, 당시 내포 일대의 천주교 신자들은 해미의 진영으로 끌려가서 사형에 처해지는 일이 많았다. 해미에는 충청좌군영이 있었다. 당시 천주교인의 검거는 행정 책임자인 충청감사와 군사 책임자인 충청병사가 함께 진행했다. 그래서 앞서 김필군의 경우처럼 서로 성과를 높이려는 보이지 않는 경쟁이 심했다.

충청병사 정충달은 1798년 12월 1일에 부임해 1800년 8월 18일 회령부사로 이임할 때까지 1년 9개월 동안 조화진을 통해 천주교 신자들을 붙잡아들여, 해미에서만 100명이 넘는 핵심 신자들을 죽였다. 교회 조직에서도 끝에 가서는 자신들을 사지로 밀어넣은 밀정이 조화진이라는 사실을 알게 되었다. 달레는 면천의 배관겸 프란치스코를 밀고한 것도 조화진이었다고 썼다.[34]

어떻게 이룩한 교회였던가? 밀정 하나 때문에 전체 교회가 붕괴 직전에 이른 것을 믿을 수가 없었다. 그들은 분해서 이를 갈며 복수를 생각했다. 1801년 신유박해가 터지자, 붙들려간 천주교인이 조화진을 지목했다. 입을 맞춘 조직적인 음해에 그는 여러 달 고문을 당했다. 이때는 충청병사 정충달과 음성현감 노숙도 타지로 자리를 옮긴 상태였고, 새로 온 관장들은 조화진의 정체를 잘 몰랐다. 애초에 그는 비선(秘線)에 속해 있어서 조정에서도 그의 존재를 알지 못했다. 그는 끝내 감옥에서 스스로 목을 매 죽었다.《벽위편》에 실려 있는 이야기다.[35]

한편, 달레는 "내포 지방에서는 조화진이라는 배교자가 밀고하여 많은 교우들을 죽게 하였는데, 박해가 끝난 뒤에도 그 흉악한 생활과 강도질을 계속하다가 드디어 법망에 걸리게 되자 자살하고 말았다"고 조금 다르게 썼다.[36]

방백동의 천주교 신자 명부

충청감사 김이영(金履永, 1755~1845)은 1799년 11월 17일에 충청감사로 내려왔다.[37] 이때 보령에서 천주교 신자 방백동(方百同)이 붙잡혀왔다. 방백동은《벽위편》과《정조실록》에 한 차례씩 나온다. 그는 체포될 때 작은 책 한 권을 압수당했다. 책 속에 유력한 천주교 신자의 성명이 적혀 있었다. 이가환과 정약용 형제, 홍낙민, 이기양 등의 이름이 줄줄이 나왔다. 일반 상민과 천민의 이름까지 100명이 넘었다.[38]

1801년 3월 11일에 정언 이의채(李毅采)가 올린 상소문에도 "작년에 호서에서 사당(邪黨) 방백동을 잡아들이고 그 비감(秘龕) 가운데 기록된 바를 수색해보니, 제일 먼저 이가환이 기록되어 있고 다음에 이일운(李日運)이 기록되어 있어 사람들의 말이 낭자하게 전파되었다고 합니다"라는 기사가 보인다.[39] 여기에 등장하는 이일운은 1791년 방백동이 살던 보령의 현감으로 있던 인물이니, 방백동과 어렴풋한 인연이 닿아 있었다.

책자를 보고 놀란 김이영은 비밀 공문과 함께 밀봉해 임금께 보고했다. 정조는 이 책자를 이익운(李益運)에게 보여주었다. 이익운의 아들 이명호(李明鎬)는 독실한 천주교 신자였고, 다산과도 아주 가까웠다. 이익운은 화들짝 놀라 그들 내부에 이 소식을 알렸다. 말이 금세 돌아, 기미를 알아채고 달아나 숨은 자가 많았다. 역시《벽위편》이 전하는 소식이다.[40]

여기에 나오는 방백동은 아무래도 달레의《한국천주교회사》에서 박취득 라우렌시오, 원시보 야고보, 정산필 베드로와 함께 순교하기로 약속했다고 한 복자 방 프란치스코와 동일 인물이 아닐까 싶다. 방 프란치스코는 충청감사 김이영의 비장이었다. 달레는 방 프란치스코가 1798년 12월 16일에 죽었다고 했는데, 방백동의 죽음은 1799년 말 또는 1800년 봄의 일이었다. 두 사람을 같은 인물로 보려면 이 사망 시기 문제를 해결해야 한다.

정조는 사학을 엄하게 다스려 교세의 확산을 차단했다. 다만 조정 관리에 대해서만은 스스로 사학을 끊고 임금의 교화에 따르게 하려는 기조를 유지했다. 이가환과 정약용 등은 이 때문에 여전히 벼슬길에서 쫓겨나지 않고 있었다.

1797년 이래로 충청도 교회는 밀정들의 밀고와 관장들의 참혹한 탄압으로 지도부는 와해되고 조직은 붕괴되어 피의 침묵 속으로 빠져들었다.

6. 내겐 천국이 두 개입니다

내포의 천민 출신 지도자들

초기 교회의 양상에서 지역별로 성격 차이가 발견되는 것은 흥미롭다. 여주나 양근, 충주 및 청주 교회는 양반 계층이 전면에 섰던 데 반해, 충청도 내포 일대만은 유난히 신분 낮은 일반 백성과 노비 계층이 신자의 주축을 이뤘다.

내포 지역의 지도자는 이존창이었다. 《송담유록》에 따르면, 그는 홍낙민 집안의 속량 노비의 아들이었다. 같은 책에서 또 "그나마 다행인 것은 이존창이 상민이었기 때문에, 비록 무식하고 어리석은 백성에게 가르침을 행하였지만, 충청도의 사족(士族) 중에는 한 사람도 물든 자가 없었다는 점이다"라고 적고 있을 정도다.[41] 내포 지역 교회의 특성은 상한(常漢), 즉 '상놈들'이라 불린 신분 낮은 계층을 중심으로 신도층이 형성되었다는 데 있다.

1791년 진산 사건 이후 박종악이 충청도관찰사로 내려와 내포 지역 교회에 대한 검거가 본격화되었을 때, 붙잡혀간 이존창은 자신의 제자 10인의 이름을 댔다. 천안의 최두고금(崔斗古金), 한봉이(韓奉伊), 최완복(崔完卜), 이개봉(李介奉), 황유복(黃有卜), 김명복(金明卜), 유복철(柳卜哲), 이복돌(李卜乭), 이취한(李就汗), 예산의 김삼득(金三得) 등이었다. 대부분 상한으로, 이름으로 보아 노비 출신도 적지 않았던 것으로 보인다.[42] 이들은 리더인 이존창이 배교를 다짐하며 타이르자, 그를 따라 대부분 다짐장을 쓰고 풀려났다.

이들 중 '존장(尊長)'으로 불리며 가장 존경을 받던 이는 최두고금이었다. 박종악은《수기》중 1792년 1월 3일의 보고에서 그에 대해 이렇게 썼다.

> 천안 호동의 사학 하는 무식한 부류 중에서는 최두고금이 가장 오래 익히고 깊이 통달한 자입니다. 그래서 근처의 어리석은 백성 중 사학을 하는 자들이 대부분 두고금을 추존하여 존장이라고 합니다. 이자는 비록 이미 다짐을 받고 놓아주었지만, 따로 징벌하여 혼낸 뒤라야 어리석은 백성들이 더욱 두려워 그만두게 될 것입니다.[43]

천안 호동, 즉 여사울의 천주교 신자 중 최두고금은 지도자급 인물이었다. 이존창이 내포 지역 전체를 관할하는 지도자였다면, 그는 여사울 지역 교회의 실질적인 리더였다.

최두고금과 최구두쇠

그런데 1801년 신유박해 당시 《사학징의》의 기록 속에 《수기》에 나오는 최두고금과 이름이 비슷한 최거두금(崔去斗金)이라는 인물이 다시 나온다.[44] 거두금(去斗金)은 '구두쇠'의 한자 표기다. 실제로 그는 '최구두쇠'로 불렸을 것이다. 현재 《수기》 번역본은 최두고금을 '최뚝쇠'로 읽었는데, 두고(斗古)는 '뚝'으로 읽을 수 없다. 뚝은 뚝섬(纛島)의 표기에서 보듯, '뚝'을 나타내는 글자가 따로 있다. 《수기》의 최두고금은 최고두금(崔古斗金)의 오기로 보인다. 두고(斗古)의 두 글자 순서를 바꾸면 '고두금' 즉 '고두쇠'이니, 역시 '구두쇠'가 된다.

1791년 박종악의 《수기》에 이존창의 제자로 나온 '최두고금'과, 1801년 《사학징의》에 보이는 최거두금, 즉 최구두쇠는 동일 인물이다. 충청감영에서 1801년 3월 29일자로 의금부에 보낸 공문 내용을 통해서도 확인된다.

> 최천명(崔千明)의 아비 최구두쇠(崔去斗金)는 이존창과 이웃에 있으면서, 오래 사학에 물들었다. 지금은 비록 하지 않는다 하면서도 삿되게 묵주를 숨겨두고 있었다. 이미 체포된 막내아들 최억명(崔億明)도 일찍이 이존창을 따라 금산(錦山)으로 들어갔는데, 지금 또한 달아나서 있는 곳을 알지 못한다. 그 부자의 자취는 실로 의심할 만한 것이 많다.[45]

최구두쇠는 1791년 배교를 다짐하고 풀려났지만, 배교는커녕 두 아들 천명과 억명까지 이존창의 심복으로 열심히 활동하다가 1801년 신유박해 때 모두 검거되었다. 이때 최구두쇠의 집에서 묵주가 나왔고, 최천명은 안성교(安聖教)와의 관련으로 서울까지 압송되어 취조를 받았다. 막내 최억명은 이존창을 수행해 금산까지 갔다가 달아나 숨은 상태였다.

최구두쇠는 여사울 교회의 실질적인 지도자였고, 두 아들도 이존창을 곁에서 보좌하며 직분에 충실했던 인물들이다. 아들 최천명이 《사학징의》에 남긴 공초에는, 이존창은 한마을에 살았지만 상종도 하지 않았다고 했는데,[46] 이는 살기 위한 거짓말이었다. 이들 부자는 다행히 뚜렷한 행적이 없고 증거물과 증인이 나오지 않아 당장 죽음에 이르지는 않았던 듯하다.

두 개의 천국을 가진 황일광 시몬

황일광(黃日光, 1757~1802) 시몬은 홍주 사람으로 최하층민인 백정 출신이었다. 달레는 그가 어린 시절과 젊은 날 "모든 사람의 멸시와 쓰레기 같은 취급을 받아가며 지냈다"고 썼다.[47] 이하 그의 생애는 달레의 《한국천주교회사》와 《사학징의》의 내용을 바탕으로 정리했다.

황일광은 42세 나던 1798년 홍산으로 이존창을 찾아가 그 집에 부쳐살며 천주교를 배워 열심한 신자가 되었다. 이후 그는 고향을 떠나 아우인 황차돌(黃次乭)과 함께 멀리 경상도 땅으로 옮겨가 살았다. 경상도 어디인지, 그곳엔 왜 갔는지에 대한 설명은 남아 있지 않다. 더 자유롭게 신앙생활을 하기 위해서라고만 했다. 뭔가 맡겨진 역할이 있었을 것이다.

그가 간 곳의 교우들은 천한 백정 출신 형제를 편견 없는 애덕으로 감싸주었다. 천주교를 받아들인 후 황일광은 모든 것이 달라졌다. 손가락질당하고 멸시받던 삶, 쓰레기 취급의 응어리가 눈 녹듯 사라졌다. 가슴 깊은 곳에서 기쁨이 샘물처럼 차올랐다. 하루하루가 벅찬 기쁨의 날들이었다. 그는 편견을 거두고 자신에게 하느님의 사랑을 나눠주는 신앙공동체 앞에서 이렇게 말했다.

> 내게는 천국이 두 개 있습니다. 저같이 천한 백정을 이처럼 점잖게 대해주시니, 이 세상의 삶이 제게는 천국이요, 죽은 뒤에 가게 될 하늘나라가 또 하나의 천국입니다.[48]

1800년 2월, 황일광과 황차돌 형제는 광주 분원 정약종의 행랑채로 이사했다.[49] 형제는 그 튼튼한 몸과 티 없는 신앙의 모범으로 이존창의 명에 따라 각 지역 교회를 오가며 모종의 역할을 맡았던 듯하다. 그렇지 않고서야 충청도 홍주 출신으로 경상도에 머물던 그들이, 당시 천주교의 지도자 중 한 명이었던 정약종의 경기도 광주 집 문간방으로 찾아들어갈 이유가 없다. 그들의 활동 범위는 가히 전국구였다. 황일광은 이곳에서 정약종과 서울 및 지방 교회를 연결하는 심부름꾼 역할을 수행했을 것이다. 그의 열심은 언제나 주변 모든 이의 탄복을 자아낼 정도였다.

어찌 배반하리이까!

정약종은 1800년 5월에 상경해서, 청석동에 살던 궁녀 문영인의 집으로 이사했다. 이후 6월에 정조의 국상을 만나 이 기간에는 일체의 검거 활동이 멈춘 까닭에 잠깐의 진공 상태가 있었다. 10월을 보통 소춘(小春)이라 하는데, 가을의 한복판에 한동안 봄날 같은 날씨가 이어진다. 앞서 《벽위편》에서 부녀자들이 겁도 없이 밤중에 쏟아져나와 길거리를 다녔다던 그 시기다. 곧 다가올 매서운 추위의 전조 격으로, 일종의 '인디언서머' 같은 기간이었다.

명도회 회장 정약종의 상경은 아마도 주문모 신부의 요청에 따른 결정이었을 것이다. 그는 천주교 신앙을 받아들인 뒤 궁에서 나와 살고 있던 궁녀 문영인의 집에 세를 얻어 서울에 근거지를 확보했다.[50] 이때도 황일광 형제가 이삿짐을 날랐다. 이 집에서 황일광은 마침내 주문모 신부를 만나 영세를 받고 '시몬(深淵)'이라는 세례명을 받았다. 신부와 함께 미사를 올리는 벅찬 기쁨도 맛보았다. 세상을 다 얻은 것 같았다.

문영인의 집이 좁아 함께 거처할 수 없자, 형제는 정동의 골목집 사랑채에 들어 땔감을 팔며 생활했다. 당시 서울 생활은 땔감 없이는 밥도 못 짓고 겨울철 난방도 할 수가 없었다. 땔감 배달은 신자들을 방문해 소식을 전하면서도 남의 의심을 사지 않을 일거리였다.

이들 형제는 1801년 2월, 정약종이 체포되기 며칠 전에 붙잡혔다. 끌려갈 때도 끌려가서도 황일광은 내내 명랑했다. 관리의 날카로운 추궁과 고문에도 조금의 흔들림이 없었다. 천한 백정이 신앙을 절대로 배신하지 않겠다며 확신에 찬 어조로 대답할 때는 거룩한 아우라가 넘쳤다. 대가는 잔혹한 고문이었다. 다리 하나가 완전히 으스러졌다.[51]

포도청은 11월 12일에 형제를 형조로 넘겼다. 황일광은 정약종, 이존창, 황사영 등 사학삼적의 심복으로 지목되었고, 혈안이 되어 찾고 있던 황사영의 소재를 대라는 집중 추궁을 받았다. 그의 대답은 구차하지 않았다.

저는 여러 해 동안 사학에 빠져서 이를 바른 도리로 알았습니다. 비록 죽는 지경에 이른다 해도 어찌 배반하여 버릴 마음이 있으리이까! 속히 죽임을 당하는 것이 지극한 소원이올시다.[52]

첫 번째 천국에서의 삶이 이렇게 끝나가고 있었다. 조정은 그를 고향인 홍주로 보내 그곳에서 목을 베라고 했다. 그곳 천주교 신자들에게 두려움을 갖게 하려는 뜻이었다. 다리뼈가 으스러진 그는 그 먼 길을 들것에 실려 갔다. 들것 위에 그를 얹고 서울에서 홍주까지 옮겨야 했던 포졸들은 죽을 맛이었을 것이다. 그는 홍주에 도착한 당일 46세의 나이로 목이 잘렸다. 그날 두 번째 천국에 올라 천주의 품에 안겼다.

황 시몬의 빛나는 덕행은 그곳 신자들에게 두려움을 주는 대신 무한한 용기를 불러일으켰다. '천한 백정인 그도 천주의 영광을 위해 저토록 거룩하게 죽었다. 우리도 따라가자. 우리도 할 수 있다.'

7. 윤지헌 일가의 신앙생활

숙부 윤징도 정사박해 순교자

《남보(南譜)》는 당시 남인 유력 가문의 족보를 모은 책이다. 해남 윤씨 항목에서 윤지충의 이름을 찾으면 윤두서(尹斗緖)의 아홉 아들 중 다섯째 윤덕렬(尹德烈)의 손자로 나온다. 윤덕렬의 아들 윤경(尹憬)에게 다시 두 아들이 있다. 맏이가 지충이고, 둘째가 다섯 살 터울의 지헌이다. 다산의 부친 정재원(丁載遠)에게 시집온 아내 윤씨는 윤경의 여동생이었다. 여러 종류의 《남보》에 윤지충과 윤지헌 두 사람의 이름 뒤에는 '사폐(邪斃)' 또는 '사주(邪誅)'라는 글자가 선명하다.[53] 사학으로 인해 처형되었다는 뜻이다.

《해남윤씨대동보》에는 윤지헌이 부친 윤경의 아우 윤징(尹憕, 1730~1797)에게 입계된 것으로 나온다. 반면 《남보》에는 입계 사실이 적혀 있지 않다. 대신 《남보》에는 윤징의 이름 밑에도 역시 '사주'라는

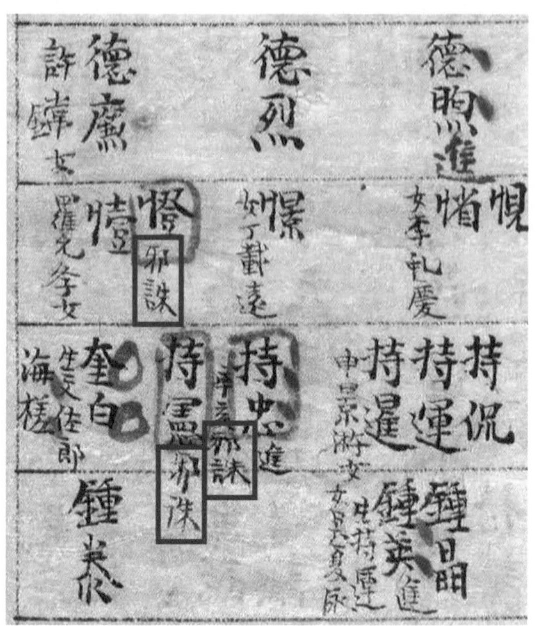

《남보》의 일종인 《백가보(百家譜)》에 수록된 윤지충 일가의 족보. 윤징, 윤지충, 윤지헌의 이름 아래 모두 '사주(邪誅)'라고 적혀 있다. 하버드대학교 옌칭도서관 소장.

두 글자가 적혀 있다. 윤징 또한 천주교 신자로 처형되었다는 뜻이다. 하지만 천주교 관련 어떤 문헌에서도 윤징이 천주교인이었고 순교했다는 이야기가 확인되지 않는다. 《해남윤씨대동보》에는 윤징의 자가 유평(儒平)이고, 정사년 즉 1797년에 세상을 떴다고만 했다. 그의 묘소는 진산군(珍山郡) 막현(莫顯)이라는 곳에 있었다. 윤지충 형제가 나고 자란 곳이다. 현재는 금산군 진산면 막현리다.

윤지충의 숙부 윤징이 천주교로 인해 죽임을 당했고, 사망한 해가 1797년이었으며, 묻힌 곳이 진산이었다면, 이는 그가 정사박해 때 순교했다는 뜻이다. 정사박해는 1795년 주문모 실포 사건 이후 충청도 일원에서 벌어진 대대적인 천주교도 검거령으로 인해 일어난 교난이다. 윤징 또한 정사박해 당시 서학에 연루되어 죽은 100여 명의 순교자 가운데 한 사람이었던 듯하다. 그런데 어째서 윤징의 순교 사실을 언급한 기록이 전무할까? 《해남윤씨대동보》에도 그가 사학으로 처형되었다는 기록은 쏙 빠졌다. 여러 《남보》에만 그의 순교 사실이 '사주'라는 두 글자로 또렷하게 남았다.

윤지충 형제는 숙부 윤징에 대한 정이 남달랐다. 1791년 진산 사건으로 윤지충에게 검거령이 떨어졌을 때, 그가 달아나 숨자, 군수는 숙부 윤징을 붙잡아다가 겁박했다. 윤징이 자기 대신 잡혀갔다는 말을 들은 윤지충과 권상연은 바로 자진출두했다. 달레의 《한국천주교회사》에 나온다.[54] 또 다블뤼의 《조선주요순교자약전》에서는 10월 28일에 윤징이 군수 앞에 끌려가서 "아무개가 그랬던 것처럼 이들을 막을 수 없었는가?" 하고 추궁받았을 때도 끝까지 아무 대답도 하지 않았다고 했다.[55] 윤징 또한 이때 이미 신자였던 것으로 보인다.

윤지충이 처형된 뒤, 윤지헌의 고산행에 윤징은 합류하지 않고 진산에 그대로 머물렀던 듯하다. 이후 1797년에 그가 사학죄인으로 죽자, 윤지헌은 진산으로 건너가 그의 장례를 주관했을 것이다. 그 외에는 직계가족이 아무도 남아 있지 않았기 때문이다.

숙부인가 양부인가?

윤징이라는 이름은 《사학징의》에 딱 한 차례 등장한다. 전라감사 김달순이 1801년 3월 28일에 보낸 비밀 공문에서다. 윤지헌을 신문하면서 심문관이 말했다. "폐지했던 제사를 새롭게 진설하였다고는 해도, 네 숙부의 상에 또 신주를 세우지 않은 것은 그 범한 죄를 살피건대 도리어 네 형보다 지나침이 있다." 윤지헌이 말했다. "제 숙부 윤징이 자식 없이 죽어서, 장례의 처리와 상례와 제사는 예법대로 행하였지만, 사당을 주관할 사람이 이미 없고 보니 사판(祠版)을 모실 수가 없어서, 신주를 세우지 않았습니다."[56]

족보로 보면 이미 입양되어 부자의 관계로 설명해야 마땅할 윤징을, 윤지헌은 아버지라 하지 않고 숙부라고 했다. 자신이 엄연한 양자였음에도 그가 자식 없이 죽었다고 말했다. 요령부득의 문맥이다. 혹 입계되었다가 윤지충이 후사 없이 죽자 큰집의 절손을 염려해 파양하고 원위치시켰을 수 있다. 그렇더라도 이 경우 전라감사의 문초에서 맥락 설명 없이 그저 '네 숙부'라고 말할 수는 없다. 《추안급국안》 중 1801년 9월 11일의 결안에도 "네 뿌리는 아비는 윤경이고, 조부는 덕렬이며, 어미는 권조이이고, 장인은 권기징인데 모두 죽었다"고 했다.[57]

이로 보아 윤지헌은 애초에 윤징에게 입계되지 않았다. 입계는 족보에만 존재하는 서류상의 처리였다. 윤지충이 사학으로 죽었으니, 이때 죽음을 면한 그 아우 윤지헌을 일단 윤징 쪽으로 돌려서 일종의 '족보 세탁'을 시도한 것으로 보인다. 한편, 현재 《해남윤씨대동보》에는 윤지헌의 맏아들 종건(鍾建)이 다시 윤지충의 밑으로 입계되어 대를 이은 것으로 나온다. 이것도 조금 이상하다.

《추안급국안》을 통해 볼 때, 윤지헌은 아내 유종항(柳宗恒)과의 사이에 3남 2녀를 두었다. 그녀는 유항검의 사촌동생으로 알려져 있다. 윤지헌이 처형된 뒤 1801년 10월 15일 이들에 대한 압송 공문이 내려갔다. 아버지 윤지헌이 대역부도로 능지처사되었으니, 당시 국법에 따르면 아들도 모두 사형에 처해야 했다. 하지만 이들은 나이가 어려 처형을 면했다. 아내 유종항은 흑산도에 노비로 끌려갔고, 15세 종원(鍾遠)은 제주목으로, 13세 종근(鍾近)은 경상도 거제부로, 4세 종득

(鍾得)은 전라도 해남현으로 관노가 되어 끌려갔다. 두 딸도 노비로 끌려가야 했다. 큰딸 영일(英日)은 함경도 경흥부의 여종이 되어 갔고, 둘째 딸 성애(成愛)는 평안도 벽동군으로 보내졌다.[58]

이렇게 해서 윤지충·윤지헌의 집안은 거의 멸문의 화를 입었다. 다블뤼의 《조선순교사비망기》에는 유종항이 거제도로 귀양 가서 1828년경에 사망했고, 막내 윤종득은 해남현에 끌려간 지 얼마 되지 않아 죽었다고 기록되었다.[59]

하지만 이 기록 어디에도, 족보에서 윤지충에게 입계되었다고 한 만이 윤종건의 이름은 보이지 않는다. 윤종건이 사형을 면하고 《추안급국안》의 기록에도 이름이 빠진 것은 윤지충 사망 후에 그를 윤지충에게 입계해 큰집의 후사를 이었기 때문이다. 이 입양 덕분에 윤종건은 천행으로 목숨을 건졌다. 사학으로 인해 국가에 의해 처형된 집안의 족보는 황사영이나 김대건 신부의 경우가 그러하듯 훼손되어 명확한 실상을 알기가 어렵다. 어떻게든 집안의 명맥을 잇고 사학의 낙인을 지우려는 안간힘이 이 같은 혼란을 빚은 원인이다.

10년 사이 세 명의 순교자를 내다

윤지헌의 숙부 윤징이 정사박해 때 교난으로 순교했다고 할 때, 그 또한 충청도관찰사가 신부의 종적을 추적하는 과정에서 천주교 신자임이 탄로나, 신앙을 증거하다가 죽었을 것으로 추정된다. 정사박해 때 이도기, 박취득, 원시보, 정산필, 방 프란치스코, 배관겸, 인언민, 이보현을 비롯해 충청도 출신의 초기 신앙인들이 줄줄이 순교했다. 현재 정사박해로 순교한 사람은 이들 여덟 명의 이름만 알려져 있다. 여기에 윤징의 이름을 추가할 수 있을 것이다.

이때 저구리 교회의 지도자였던 윤지헌은 숙부와 함께 잡혀가지는 않았다. 윤징이 진산에서 살고 있었다는 또 하나의 근거다. 사학죄인으로 죽은 윤징의 장례가 윤지헌의 주관으로 통상 절차에 따라 진행될 수 있었던 이유에 대해서는 남은 자료가 없어 자세한 사정을 알기 어렵다.

한편, 다블뤼의 《조선순교사비망기》에는 윤지충의 부인과 딸 이야기가 후일담처럼 기록되어 있다. 1791년 윤지충이 처형되고, 그의 아내와 열세 살 난 딸 하나가 가족으로 남았다. 두 사람은 윤지충의 제자였던 아전 출신 김 토마스의 집에 숨었다. 이후 대략 3년쯤 뒤인 1794년 즈음 윤지충의 딸은 나이가 차서 공주 숯방이(炭坊) 사는 송씨에게 출가한 듯하다. 윤지충의 아내는 딸과 함께 사위 집에 들어가 얹혀살며 신앙생활을 이어갔다.[60] 하지만 그 후 이들의 자취는 더 이상 포착되지 않는다. 이상한 것은 족보에 입계되었다고 적힌 양자 윤종건의 그림자가 두 모녀의 삶 속에 전혀 보이지 않는다는 점이다. 그렇다면 윤종건의 입양 또한 윤지충의 사후에 족보상으로만 이루어진 것일 가능성이 높다. 윤지헌은 4남 2녀를 두었던 셈이다.

윤지충은 1782년경 상경해서 명례방 근처에 집을 마련해 공부하다가, 고종사촌인 정약용 형제를 통해 천주학에 입문했다. 이후 고향으로 내려온 그가 어머니 안동 권씨와 아우 윤지헌, 숙부 윤징 및 아내와 딸에게 전교해, 온 집안이 천주교 신자가 되었다. 윤지헌의 아내와 자녀들 또한 저구리에서 아버지를 따라 신앙생활을 했을 것이 분명하다. 윤씨 집안의 이 같은 신앙에는 앞서 말했듯 이승훈, 이벽, 다산 형제, 유항검 형제 등과 얽히고설킨 인척관계가 크게 작용했다.

어머니 권씨는 세상을 뜨면서 천주교의 예법에 따라 조금의 어김

없이 장례를 치를 것을 유언으로 남겼다. 당시 제사가 교계의 뜨거운 쟁점이었으므로, 어머니의 이 같은 유언은 제사를 지내지 말라는 말과 같았다. 윤지충은 어머니의 유언을 준행하다가 어머니의 조카 권상연과 함께 사형당해 죽었다. 두 사람은 사학죄인으로 국법에 의해 공식적으로 사형에 처해진 첫 번째 케이스였다. 그 이전 김범우가 배교를 거부하고 충청도 단양으로 귀양 가서 죽어 순교했지만, 국법으로 사형을 당해 죽은 것은 아니었다. 그런 의미에서 두 사람에게 '조선 최초의 순교자'라는 호칭을 얹는 것은 조금도 지나친 일이 아니다.

이후 윤지헌과 윤지충의 아내 및 딸은 가산이 적몰되어 근거를 잃고 폐서인이 된 끝에, 감시망을 피해 산골로 숨어들어 신앙생활을 이어갔다. 윤지헌과 숙부 윤징은 밀접한 관계로 얽혀 신앙생활을 이어갔고, 숙부마저 1797년 정사박해로 죽자, 윤지헌은 약방을 운영하는 한편으로 교계, 특별히 주문모 신부와 유항검 형제를 연결하는 연락책의 역할을 충실히 수행했다.

1801년 신유박해 때까지 적극적인 활동을 이어가던 윤지헌은 유항검 형제가 검거되면서 함께 붙들려, 외국 선박을 청해 역모를 꾀하려 했다는 대역부도의 죄로 몰려 능지처사에 처해졌다.

8. 알 수 없는 이존창

초기 교회사의 특별하고 특이한 존재

이존창의 존재는 초기 교회사에서 특별하고 특이하다. 그는 '내포의 사도'로 불리며 충청도 교회를 견인한 거물이었다. 《송담유록》을 보면, 그는 선대의 신분이 노비였으나 면천되었고, 뛰어난 두뇌로 권철신의 강학에 참여하여 당당히 인정받았다. 1787년 그가 신앙 활동 중에 체포되자 이기양의 아우 이기성이 천안까지 찾아와 감옥에 갇힌 그에게 큰절을 올리고 군수에게 자기도 함께 잡아가라며 석방을 탄원한 일도 있었다. 노비의 집안이었음에도 딸을 사대부 명문가의 며느리로 시집보내기도 했다. 천주교가 신분을 타파했음을 알리는 일종의 상징적 퍼포먼스였다. 이 일은 5부에서 여사울 교회를 소개하며 자세하게 이야기했으니, 여기서는 생략한다.

그가 진심과 성심으로 개종시킨 사람은 손꼽을 수 없을 정도다. 이들은 모두 내포 교회의 주축으로 성장했다. 이존창의 일상은 전교 그 자체였다. 그의 손길이 닿기만 하면 사람들의 가슴속에 뜨거운 믿음이 샘솟았다. 그는 지치지 않는 열정의 소유자였다. 달레는 그를 두고 위대한 재능과 사람의 마음을 사로잡는 특별한 재주를 지녔다고 말했을 정도다.[61] 감옥에 갇힌 상태에서 그는 윤유일과 황심과 김유산을 북경 밀사로 파견하는 데 관여했고, 신부 영입을 설계하고 주도했다. 천안에서의 군교 노릇은 어찌 보면 신분 세탁과 안전한 활동을 보장받기 위한 방편이었던 것으로 여겨질 정도다. 그는 이 같은 역량과 영향력으로 내포 교회를 조선 교회의 못자리로 만들었다.

이존창이 최초로 관에 체포된 것이 1787년이었던 사실은 잘 알려져 있지 않다. 1787년 예산현감 신사원이 천안군수 조정옥에게 공문을 보내 천주교 문제로 이존창을 체포케 했다. 이것이 그의 첫 번째 검거였다. 이에 대해서는 앞서 3부 〈6. 교회, 신분의 벽을 허물다〉에서 상세하게 살핀 바 있다.

신사원은 1791년 진산 사건 당시에는 진산군수로 있었다. 그는 백성들에게 '부처님 같은 분'이라는 말을 들었을 만큼 백성을 위하는 어진 성품의 소유자였다. 그는 본의 아니게 천주교 문제와 깊게 얽혔다. 진산 사건 당시 평소 성품대로 문제를 온건하게 처리하려 했던 그의 태도가 홍낙안에게 항의 편지를 받게 만들었고, 이 때문에 이후 일이 더 커졌다.

달레는 이렇게 썼다.

> 이존창 루도비코는 첫 번 박해 때 나약했음에도 불구하고 조선에 있어서의 복음 전파에 가장 많이 활동한 이들 중 한 사람임은 이론의 여지가 없다. 오늘 우리 교우들 대부분이 그때 그가 입교시킨 사람들

의 후손이다. 그러므로 내포와 그 이웃 여러 고을에서는 그의 기억을 우러르고 있다.[62]

조선 최초의 신부 두 사람이 그의 집안이었으니, 김대건 안드레아 신부는 그의 조카딸의 손자요, 최양업 토마스 신부는 그의 조카의 손자다. 이 밖에도 김광옥, 김성옥, 인언민, 이성례, 홍지영, 원백돌, 양재, 김만득, 한봉이, 이개봉, 황유복, 최관복, 김명복, 유복철, 이취한, 최구두쇠, 이복돌, 김유산, 유가, 안성교, 최억명, 최필제, 홍필주, 황일광, 최여겸, 김순재, 유순철, 김명주, 김홍철, 김인철, 고윤득 등 수많은 초기 교회 신앙인과 순교자가 모두 그를 통해 입교한 인물들이다.

가장 슬프고 창피스러운 배교

그는 여러 번 잡혀가 감옥에서 오랜 시간을 보냈다. 그때마다 그는 적극적으로 배교를 맹세하고 개전의 정을 보여 석방되었다. 달레는 그의 이 같은 반복된 배교를 '내포 천주교 신자들의 가장 슬프고 창피스러운 일'로 규정했다.[63] 1791년 공주감영에 체포되어 배교할 당시의 사정은 충청도관찰사 박종악의 《수기》에 거의 날짜별로 중계되고 있다.

1791년 11월 13일의 보고에 이존창을 잡아와 형벌을 가하고 칼을 씌워 옥에 가뒀다고 했다. 처음에 버티던 이존창은 11월 20일의 보고에서는 서학을 배척해 요술이라 하며 바른길로 돌아오겠다고 다짐하는 모습으로 바뀐다.[64] 11월 29일에는 한결 명확한 태도로 배교를 선언했다.

> 이존창은 날마다 타이르고 부지런히 인도하였습니다. 그의 말을 들어 보고 그의 모습을 보니, 얼굴을 바꾸고 마음을 바꾸어 사학을 떠나 정도로 돌아올 것을 전혀 염려할 것이 없습니다. 심지어 제 입으로 예수를 배척하고 모욕하여 소라 하고 말이라 하였으니, 그가 진심으로 잘못을 고친 것이 이처럼 분명합니다.[65]

또《수기》 1792년 1월 3일자 공문에는 이 같은 표현이 갖는 의미를 설명하면서, "그 학문을 배척하여 극구 모욕하며 자신을 소, 말, 개, 돼지에 비유한 뒤에는 정말로 하지 못한다고 합니다"라고 했다.[66] 이때 이존창은 배교의 진정성을 강조하며 예수를 소나 말에 견줘 비하하기까지 했다. 선을 넘은 것이다. 정조는 이 말을 듣고 12월 1일에 이존창을 석방하라는 밀지를 내려보냈다.

하지만 어쩐 일인지 이존창은 12월 15일쯤 천안에서 또 체포되었는데 20일 이후에 다시 석방되었다. 이때는 배교의 증거로 사학서를 모두 모아 바치겠노라는 다짐을 함께 냈다. 이때 그를 또 체포한 것은 그가 석방 직후 다시 모종의 신앙 활동을 했고, 충청도 사학 조직이 생각 외로 덩굴이 크게 번져 있었기 때문이었다.

12월 20일경 배교를 거듭 맹세하고 재차 석방된 이존창은 신앙을 버리는 대신 고향을 버렸다. 12월 30일 밤 그는 여사울을 떠났다. 새해를 새로운 곳에서 새로 맞이하고 싶었던 듯하다. 그가 떠날 때 300가구가 넘는 동네 주민들이 일제히 나와 아버지나 형, 친구를 잃는 심정으로 그를 전별하는 광경은 대단히 인상적이다. 그에 대한 그곳 주민들의 신뢰와 지지가 절대적이었음을 보여준다. 그는 그 길로 홍산으로 넘어가 새로운 포교의 거점을 세웠다.

조건부 체포와 군교 노릇

네 해 뒤인 1795년 7월 29일에 정약용이 사학 세력을 근절하라는 밀명을 받고 금정찰방으로 내려왔다. 당시 정약용은 주문모 신부 실포 사건 이후 사학 세력 검거를 통해 비등하던 서학에 대한 자신의 혐의를 벗어야 하는 곤혹스러운 처지에 놓여 있었다. 검거망이 좁혀오자 이존창은 천안 성거산 속으로 숨어들었다. 그 이존창을 붙잡은 것이 정약용이었다. 이때의 체포는 사전에 두 사람 사이에 모종의 거래가 있었을 가능성이 높다. 1797년 2월 23일《일성록》의 다음 기록 외에도 여러 증거가 남아 있다.[67]

> 이존창은 재작년에 금정찰방의 염찰(廉察)에 걸려, 충청도관찰사에게 말해 감영의 감옥에 붙잡아 가두었습니다. 그가 바친 공초를 보니, 전날에 뉘우쳐 깨달은 것과 하나하나가 상반되었고, 심지어 다만 빨리 죽기를 원한다고 말하기까지 하였습니다. 만약 그렇다면 지난날 공초를 바친 것은 속마음에서 나온 것이 아니니, 풀려나 돌아온 뒤에 옛 습관을 고치지 않았음을 알 수가 있습니다.[68]

재작년, 즉 1795년 당시의 금정찰방은 정약용이었고, 이존창이 당시 정약용의 염찰에 걸려서 체포되었음을 분명히 말하고 있다. 뜻밖에도 1795년 당시 이존창은 배교를 거부한 채 빨리 죽여달라고까지 말했다. 하지만 그는 당시에도 처형을 면한 채 공주감영의 감옥에 갇혀 지냈다. 그러다가 1797년 충청도 일원에 사학 검거 선풍이 불자 다시 문초를 받았고, 이번에도 죽음을 면했다. 그 와중에 1796년과 1797년 황심을 북경에 밀사로 보내는 데 관여했고, 1798년과 1799년

다산 당시 금정역이 있었던 충청남도 청양군 용당리 마을 입구에 세워진 다산선생사적비.

에도 김유산을 북경으로 보내는 일을 주도했다. 《사학징의》 속 황심의 공초를 보면, 감옥으로 황심을 불러 온갖 지시를 내리는 모습이 자세하게 나온다.

1799년 6월경, 이존창은 도내를 순시하던 충청감사 이태영 앞에 나아가 다시 공개적으로 배교를 선언했다. 이에 그는 공주감영에서 천안으로 이송되었고, 이후 1801년 체포될 때까지 행수 군관 노릇을 하며 천안 읍내에 머물렀다. 그는 매달 1일과 15일에 보고를 올려야 했다. 이곳에서도 그는 특유의 친화력으로 아전들의 존경을 받았다. 1801년에 다시 공주로 이송되었고, 이후 서울로 이송되었다가 2월 28일 공주에서 참수되었다. 처형 당시 43세로, 이때 그는 중병을 앓아 신문조차 어려운 상태였다.

그를 통해 서학을 받아들인 황일광이나 박취득 같은 민초들은, '내게는 두 개의 천국이 있다'며, 인생은 아침 이슬이요 삶은 나그넷길이고, 죽음이 본향으로 돌아감이라고 증언하면서 끝까지 배교를 거부하고 기쁘게 순교의 길에 나섰다.

이와는 달리, 그들의 지도자였던 이존창은 습관적인 배교 행동을 수없이 되풀이했다. 예수를 소나 말에 견주고도, 돌아나와서는 교회 재건의 선봉에 서곤 했다. 그의 배교는 일신의 안위보다 교회를 수호하고자 하는 열망에서 비롯되었다는 점에서 이승훈의 배교와는 구분해야 할 점이 있긴 하나, 씁쓸함은 남는다. 달레의 말대로 '가장 슬프고 창피스러운' 일이었다.

황사영은 〈백서〉에서 이렇게 썼다.

> 이존창은 충청도에 전교한 죄로 공주에서 참형에 처해졌다. 이 사람은 여전히 배교한 가운데 있었기에, 죽음에 임하여서 어떠했는지는 알지 못한다. 어떤 이는 그가 잘 죽었다고 전하지만 감히 갑작스레 믿지는 못하겠다.[69]

싸늘한 평가다. 황사영은 그의 회두(回頭)에 대해 확신을 갖지 못했던 것이 분명하다. 1795년 주문모 신부가 고산을 찾았을 때 이존창에게 "그렇게 많은 죄를 범하고 자격도 없이 성사를 행하고, 배교로 교우들에게 나쁜 본을 보였으니, 어떻게 넉넉히 보속을 하겠는가? 순교만이 그대를 용서받게 할 것이오"라고 한 것을 보면,[70] 그의 배교를 두고 이전부터 교회 내부에서 많은 논란이 있었던 사실을 알 수 있다.

그의 죽음 장면 또한 특별히 거룩한 징표는 없었다. 그의 머리는 여섯 번 칼질 끝에야 땅 위로 굴렀다. 희광이가 사형수의 고통을 가중시키려고 고의로 장난친 결과였다. 《추안급국안》에 사형선고문이 실려 있다. "오래 감옥에 갇혀 선처가 불가능한 처지에서도 풀어주었는데 새로워지기를 약속하고도 고쳐먹지 않았다. 만번 죽여도 아깝지 않다." 우리는 그의 어느 쪽을 보아야 하는가? 배교의 나약함인가, 배교를 굳게 약속해놓고도 끝내 고쳐먹지 않고 신앙을 지킨 마음인가?

9부

서울의 교회 조직과 명도회

1. 잇닿은 담장

초기 교회의 공간 운영법

1795년 주문모 신부 실포 사건 이후, 천주교 집행부는 부쩍 촘촘해진 포도청의 감시망 아래서 모임 공간과 조직을 보호할 필요성을 절박하게 느꼈다. 말단의 세포 조직은 잘라낼 수 있었지만, 신부나 핵심 조직의 노출은 자칫 조선 교회 전체의 와해를 불러올 것이 분명했다. 포도청에서는 끊임없이 간자(間者)를 풀어 비선(秘線)에 닿음으로써 천주교 조직을 일망타진하려는 시도가 계속되었다. 그럴수록 조직의 은폐와 접선, 공간 위장을 위해 여러 방법을 동원해야만 했다.

포교를 하려면 불특정 다수에게 손을 내뻗어야 했다. 이것은 자칫 돌이킬 수 없는 결정적 위험 속으로 자신들을 통째로 몰아넣는 일이기도 했다. 특히 1795년 이후로는 만에 하나 신부가 체포되는 일이 생기지 않도록 이중삼중으로 검증된 극소수의 신자들만이 첩보 작전을 수행하듯이 비밀리에 신부와 접촉할 수 있었다.

인구가 밀집하여 외부의 시선에 노출될 가능성이 높은 서울의 경우에는, 규모가 작거나 동족 부락의 공동체 의식이 강한 지방보다 더 세심한 주의가 필요했다. 유사시에 안전을 담보하기 위해 서울 도심의 신자들은 아래윗집으로 담을 사이에 두고 거주하는 경우가 적지 않았다. 몇 집이 어울려 한 구역을 차지하고 있으면, 무엇보다 출입 인원을 분산할 수 있어 외부의 시선을 크게 신경 쓰지 않아도 되었다.

《사학징의》 중 윤운혜의 문목(問目)에 이런 대목이 나온다.

> 지아비를 데리고 서울로 올라와 기꺼이 사학의 소굴이 되니, 접옥연장(接屋連墻) 즉 집이 맞붙고 담장이 잇닿은 것이 모두 사학 하는 자들의 집이고, 문호상통(門戶相通) 곧 대문이 서로 통해 밤낮으로 뒤섞여 왕래하였다.[1]

천주교 신자들이 이웃으로 모여 살며 담장을 사이에 두고 담장 사이로 난 문을 통해 왕래했다는 뜻이다. 그러다가 기찰포교에게 적발될 위험이 있을 경우, "이웃한 서너 집의 요서(妖書)와 요물(妖物)을 거둬모아서 전부 임조이의 집에다가 감추어두었다"고 썼다.[2] 임조이는 윤유일의 숙부 윤현의 아내다. 당시 윤운혜의 집은 벽동에 있었고, 윤현의 집은 도보로 10분 거리인 안국동에 있었다. 이들은 조직을 보호하기 위해 한 구역을 블록화해서 체계화된 비상 방호 시스템을 가동하고 있었던 셈이다.

윤운혜의 남편 정광수 바르나바는 1799년 아내와 함께 상경해서 서울 벽동에 집을 구해 이사한 뒤, "설법 장소를 마련하기 위해 몇 칸의 방사(房舍)를 빈터에다 정밀하게 얽어지어, 매번 무리들을 모

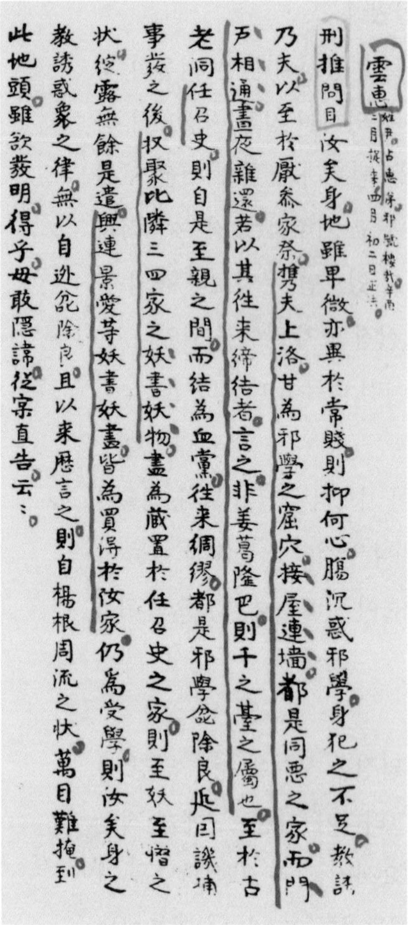
雲惠
刑推問目 汝矣身地雖卑微亦異於常賤則抑何心腸沉惑邪學身犯之不足教誘乃夫以至於厥叅家叅携夫上洛甘為邪學之窟穴接屋連墻都是同惡之家而門戶相通晝夜雜還若以其往來締結者言之非姜蕙隆巴則千之基之屬也至於古老洞任召史則自是至親之間而結為血黨往來綢繆都是邪學儉除良延同謀講事發之後收聚比隣三四家之妖書妖物盡為藏置於任召史之家則至妖至惛之狀從露無餘是遣興連景愛等妖書妖畫皆為買得於汝家仍為受學則汝矣身之教誘惑衆之律無以自逃儉除良且以來歷言之則自楊根周流之狀萬目難掩到此地頭雖欲發明得乎毋敢隱諱從寔直告云云

《사학징의》에 수록된 윤운혜의 공초 기록 원문.

아 날마다 강습하였다"고 했다.[3] 또 "1799년 서울의 벽동으로 이사 와서 최해두와 조섭의 집과 이웃에 살면서 대문과 담장이 서로 통하였고, 정사(精舍)를 얻어서 첨례하는 장소로 만들었다"고 하고,[4] "저와 최해두, 조섭 세 집이 담장을 터놓고 상종하며 한집이 되어 밤낮으로 함께 익혔다"고 자백했다.[5] 뿐만 아니라 공주 사람 김홍철의 공초에 따르면, 그 또한 정광수의 옆집에 살며 사서를 강론하고, 주문모 신부가 집전한 첨례에도 참석하다가 뒤에 탑동으로 이사했다.[6] 또 은진 살던 이중필이 솔가하여 상경한 뒤에는 정광수의 집 행랑채에 함께 살았다.[7]

이때 인근 안국동에 살고 있던 약방 주인 손경윤 제르바시오는 첨례 공간의 도배를 맡아서 해주었다.[8] 정광수 내외는 새로 이사한 벽동 집의 빈터에 새로 예배용 건물을 지었고, 그 아래윗집에는 천주교 신자인 최해두와 조섭이 살고 있었다. 공간 내부 인테리어마저 당시 신도 조직에서 역할을 맡아 함께 진행했다. 이 집은 정광수 개인의 것이라기보다 조선 천주교회의 공적 자산이었던 셈이다.

담장 사이의 비밀 통로

정가운데 위치한 정광수의 집은 천주교 집회가 열리더라도 들어오는 출입구가 여러 곳이고, 세 집은 담장으로 연결된 문이 따로 있어, 외부인이 볼 때는 특별히 이상하게 보이지 않을 구조였다. 집과 집 사이의 연결 통로는 외부인의 시선을 엄폐하고, 비상시 탈출 통로로도 활용할 수 있었다.

달레의《한국천주교회사》에 정조의 서제 은언군 이인의 양제궁 또는 폐궁으로 불린 공간에 대한 설명이 나온다. 폐궁에 살던 왕가의 두 여인은 이른바 특별 관리 대상이었다. 두 여인은 세례명이 모두 마리아였다. 신앙생활에 대단히 열심이어서 그녀들이 부리던 나인도 여럿 입교했고, 두 사람은 뒤에 명도회에 가입해 활동했을 정도였다.

달레의 기록은 이렇다.

> 그들은 신부를 궁에 모셔들이는 것이 기뻤다. 신부가 거기 있을 때에는, 홍익만 안토니오의 집에 붙어 있어서 벽에 비밀리에 뚫어놓은 구멍으로 그 집과 왕래할 수 있는, 따로 떨어진 방에 숨어 있었다.[9]

신부가 폐궁을 방문할 때는 대문을 통해 들락거리지 않았다. 옆집인 홍익만의 집으로 슬며시 들어가 숨어 있다가 인적이 완전히 끊긴 밤중에 벽에 몰래 뚫어둔 비밀 통로를 통해 들어갔다. 왕가 두 여인의 신앙이 노출되는 것을 막기 위해 강완숙은 홍익만으로 하여금 그 옆집을 매입해 거주하게 해서 연결 통로까지 마련해두었던 것이다. 왜 하필 홍익만이었을까? 앞선 글에서도 밝혔듯, 강완숙의 아들 홍문갑이 그의 사위였기 때문이다. 당시 천주교도 사이의 인적 네트워크는

물 샐 틈 없이 촘촘했다.

또 충훈부 후동 강완숙의 뒷집에 살던 홍어린아기연이는 좌포청 포교 강득녕의 어미였는데, 집 안에 뒷문을 내서 강완숙의 집과 맞통해 있었다. 1801년 2월 초, 강완숙의 여종 소명이 사서 세 권을 가져와서 숨겨두었다. 4월 5일 아침 이들의 검거 소식에 불안해진 그녀는 맡겨둔 사서를 불에 태우다가 그 현장에서 적발되어 체포되었다. 그녀의 집에는 폐궁 나인 강경복의 어미가 세들어 사는 등, 사학 하는 사람들이 수시로 들락거렸다. 집에 우물이 두 개 있어서 강완숙 집안의 여인들이 한집처럼 건너와 빨래하고 물을 길어가곤 했다.[10]

도심에서는 이렇듯 여러 집을 연결지어 블록화했다. 그것이 여의치 않으면 사람들의 시선이 잘 닿지 않는 구석진 공간을 골랐다. 반촌 중에서도 가장 조용하고 외진 곳에 있었다는 김석태의 집이 그랬고, 내부를 중국식으로 꾸민 천주당을 차려두고 주문모 신부를 모신 종로 계산동 깊은 골짝에 자리한 최인길의 집이 그랬다.[11] 떨어져 있어야 바깥의 시선을 차단할 수 있었고, 저들이 접근해오더라도 이쪽에서 먼저 알 수가 있었다.

주문모 신부의 은신술

1795년 5월 11일, 한영익의 밀고에 따른 주문모 체포 작전의 실패 후 윤유일, 지황, 최인길이 의금부에 끌려가서 당일에 형을 받아 자취 없이 죽었다. 이후 조선 정부는 주문모 신부를 체포하는 데 총력을 기울였다. 그가 중국인 신분이었기 때문에 이 문제는 자칫 중국과의 외교 문제로 비화할 수 있는 예민한 사안이었다. 그에 대한 수배와 추적은 철저히 비밀리에 진행되었다. 정조는 쥐도 새도 모르게 그를 체포해 처리한 뒤 문제를 조용히 덮을 생각이었다.

포도청에서는 모든 정보망을 총동원했지만, 천주교도들의 신부 보호를 위한 필사적인 노력에 가닿지는 못했다. 《벽위편》에 당시 우포도대장 이해우(李海愚, 1760~1832)의 이야기가 나온다.

> 이해우가 연부(蓮府) 즉 장용영에 있으면서, 왕명을 받들어 사학의 무리를 자세히 조사하며 주문모를 기찰하여 잡으려 한 지가 벌써 4~5년이 되었다. 그간 단서를 많이 얻어 주문모를 거의 잡을 뻔한 기회가 여러 차례였지만, 혹 부인의 가마를 타고, 혹은 상복을 입고, 정처 없이 거처를 자주 옮기는지라, 매번 팔을 스치며 지나가면서도 놓쳤다.[12]

1795년 실포 이후 여러 차례 결정적인 순간이 있었지만 간발의 차이로 번번이 체포에 실패했다는 이야기다. 주문모 신부를 붙잡으려는 쪽과 지키려는 측 쌍방 간에 두뇌 싸움이 치열했다. 1801년 신유박해가 시작되고 나서 당시 책임자가 이해우를 찾아가 자문을 청했을 때, 이해우는 말없이 '염문기(廉問記)'라는 제목의 서류 한 뭉치를 내주었다. 그 안에는 그간 자신들이 수집한 천주교 신자 조직에 관한 정보와 탐문 실패의 내력이 빼곡히 적혀 있었다고 한다.[13] 그가 제공한 이 고급 정보들이 신유박해 당시 천주교 조직 와해에 결정적인 기여를 했다. 이해우는 천주교도들의 행동 특성과 조직 관리 등 핵심 정보를 두루 꿰고 있었다.

1801년 2월 11일에 의금부로 끌려간 정약용도 심문장에서 자신이 1799년 형조에 근무할 당시 《척사방략(斥邪方略)》이라는 책자를 지어 아뢰려 한 일이 있었다면서, 지금이라도 영리한 포교를 데리고 나가게 해준다면 열흘 안에 사학의 소굴을 찾아서 잡아내겠다고 진술한 바 있다.[14]

중간 거점의 존재

박해의 불길이 점차 거세지면서, 천주교도들은 고정 거점이 노출되었을 경우 급하게 피신할 만한 장소를 도처에 마련해두어야 했다. 교계 중심인물들의 집은 이미 감시망 안에 포착되어 있었다. 드러나지 않은 중간 거점이 곳곳에 필요했다.

《사학징의》 중 김계완(金啓完)의 공초에 "올해(1801) 2월 초에 나라의 금지령이 지극히 엄한지라 저는 황사영, 이용겸 등과 함께 도피하여 용호영 안에 있는 사학 하는 매파 김연이의 집에서 유숙했습니다"라고 말하는 대목이 있다.[15] 검거 조직의 턱밑에서 이들의 동태를 한눈에 보면서 그들은 숨을 죽인 채 한동안 숨어 있었다. 이른바 '허허실실'에 해당하는 움직임이었다.

다시 검거망이 좁혀오자 김계완 등은 동네 안 돈녕부 근처의 우물이 있는 대장장이 최가의 집에서 10여 일 은신했고, 다시 반촌에 갔다가 계동으로 계속 거처를 옮겨가며 숨어 지냈다. 이후 그는 앞집에 살며 자신이 포교했던 과부 윤씨의 도움으로 아현의 활 만드는 장인 한성호의 집 뒷방에 세를 들어 숨어 살았다.[16] 이 과정에 다시 소공동의 필공(筆工) 곽정근과 동구 안 최가, 재동 사는 곽정근의 스승 이가 등의 존재가 잇달아 거명되고 있다. 손경윤 또한 공초 과정에서 동막의 처족 과부 태씨(太氏)의 집과 연서(延曙) 촌가, 아현 최봉득의 집, 편자동에 사는 여종 판례의 집 등 중간 거점들을 계속 노출시켰다.

이렇듯 도심의 곳곳에 신자의 가옥이 세포 조직으로 활동하고 있었고, 이들은 지도부의 검거를 막기 위해 며칠 간격으로 거처를 옮겨가며 만일의 사태에 대비하고 있었다. 뒤에 살펴보겠지만, 신유박해 때는 명도회의 세포 조직들이 큰 역할을 담당했다.

2. 정광수의 성물 공방

벽동 본당의 천주교인들

1799년에 상경한 정광수(鄭光受)는 벽동에 자리를 잡았다. 벽동은 오늘날 종로구 송현동과 사간동 일대에 걸쳐 있던 동네다. 길가인데도 다락처럼 깊숙하게 자리 잡았고, 벽장처럼 길게 끼어 있다고 해서 벽장골 또는 다락골로도 불렸다. 이전 송현동 미 대사관 직원 숙소 서쪽과 중학동 북쪽 일대에 해당한다.

대궐과 인접한 이곳에는 관리들이 들락거리던 고급 술집과 기생집이 연이어 있어서, 유행의 최첨단을 달리는 멋쟁이들이 많았다. 이옥(李鈺, 1760~1815)은 〈이언(俚諺)〉 연작 중 〈염조(艶調)〉에서 이 동네에 대해 이렇게 노래했다.[17]

외씨 모양 하이얀 버선을 신고　　白襪瓜子樣

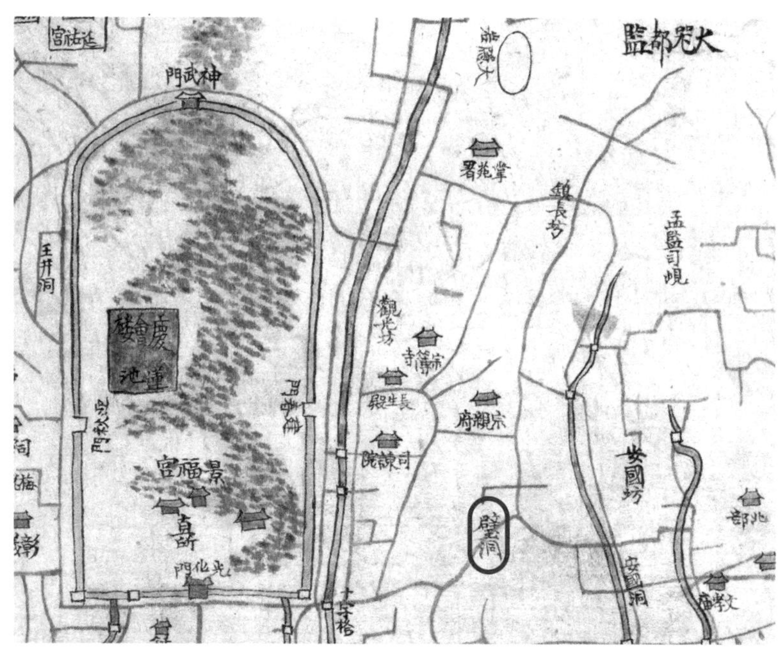

《청구요람》에 실린 벽동 지도. 경복궁과 안국동 사이에 벽동(璧洞)이라는 지명이 보인다. 서울대학교 규장각한국학연구원 소장.

벽장동에 가지는 말아야겠지.	休踏碧粧洞
요즘 유행 따라 하는 침선비(針線婢)에게	時體針線婢
조롱을 당하지 않을 수 있나.	能不見嘲弄

소박한 외씨버선을 신고 벽동에 가면, 그 동네의 옷 짓는 여자들에게 뭐 이런 후진 차림새로 이 동네에 들어왔느냐고 타박을 받기 쉽다는 이야기다.

경복궁 바로 옆 동네인 이곳 벽동에 정광수는 별채를 들여 천주교 집회소를 열었다. 그는 천주교 신도들에게 돈을 모금하고, 가까운 이들의 도움을 받아 벽동 집을 마련했다. 《사학징의》를 보면, 강완숙의 아들 홍필주가 충훈부 후동, 즉 관훈동에 집회 공간을 마련할 때도 황사영, 이취안, 김이우 등이 각각 100냥씩을 염출했다고 한다.[18] 이것은 요즘으로 치면 새로 본당 하나를 여는 것과 같은 개념이었다. 《사학징의》 중 윤점혜의 공초에 따르면, 이곳에서 이들은 "매달 첨례와 송경(誦經)을 6~7차례 또는 10여 차례씩 행하였고, 첨례 날에는 각처에서 모임을 갖고, 남녀가 섞인 채 강학"했다.[19]

벽동 집회소는 최해두와 조섭의 집을 양옆에 두고 있었다. 최해두는 윤유일의 숙부인 윤현의 둘째 사위이며, 여주 사람으로 순교한 최창주의 조카다. 조섭 예로니모는 조도애의 오라비로, 정광수를 도와서 주문모 신부를 모셔와 함께 공부하고 미사를 드린 인물이다. 벽동에는 이 세 집 말고도 김홍철 등 천주교 신자들의 집이 널려 있었다.

정광수의 집이 있던 곳의 통수(統首), 요즘 식으로 통장이었던 최경문(崔慶門)도 천주교 신자였다. 그는 정광수의 집에 사서를 은닉해두었다가 1801년 3월 19일에 검거되어 혹독한 형벌을 받았다.[20] 윤현과 임조이 내외도 정광수의 집에서 엎어지면 코 닿을 거리인 안국동에 옮겨와서 살고 있었다. 광주에서 올라온 심낙훈도 그 집에 임시로 머물렀다.[21] 윤현의 셋째 딸이 심낙훈의 아들과 혼인했다. 그러니까 윤현과 심낙훈은 사돈간이었다. 심낙훈의 여동생 심아기도 동정녀로 신앙을 지키다가 포도청에서 맞아죽었다. 똘똘 뭉쳐 안팎으로 온 집안이 천주교 신자였다. 이 밖에도 《사학징의》의 내용을 교차해 읽어보면 김낭청(金郎廳)의 아들 김부만(金富萬)이나 조연(趙延) 같은 인물도 당시 벽동에 거주했던 것으로 짐작된다.[22] 정광수의 집에도 여동생 정순매 바르바라가 함께 살고 있었다. 그녀는 1801년 1월 22일에 여주로 보내져 사형당한 순교 복자다.

이렇게 보면 정광수가 굳이 벽동에다 집회소를 마련한 것은 우연이 아니다. 장소를 정할 때 주문모 신부의 수행비서 역할을 맡았던 홍필주가 입지 조건의 타당성을 살피러 왔던 것만 봐도, 당시 교회 본부의 지시에 따른 큰 계획 속에서 이루어진 일임을 알 수 있다. 주변에 천주교 신자들이 모여 살고 있었고, 동네에는 술집과 기생집이 늘어서 있어 뜨내기 길손이 많다는 점도 천주교인들의 빈번한 왕래가 특별히 바깥사람의 이목을 끌지 않을 수 있어 유리했다.

김치가게 여주인 최조이

《사학징의》에 당시 필동에 살며 장과 김치를 담가 술집과 기생집에 판매하던 최조이(崔召史)라는 노파 이야기가 나온다. 그녀의 가게로 정광수 집 어린 계집종이 자주 와서 장과 김치를 사갔다. 첨례일에는 밤을 새워 기도했으므로 함께 식사를 해야 했고, 따로 음식을 마련할 시간이 없었기 때문이었을 것이다. 그러는 사이에 단골이 되어 안면이 익었다. 겨울이 되자 계집종이 값비싼 면화솜 뭉치를 선물이라며 주고 갔다. 그녀는 고맙고 미안해서 답례로 자신이 담근 장과 김치를 보내주었다. 그러자 계집종이 자기 주인마님이 한번 보자신다는 전갈을 전했다.[23]

최조이는 여종 합덕(合德)과 같이 정광수의 집을 찾았다. 그녀는 평소의 입버릇대로 "나무아미타불! 솜도 주시고, 쇤네를 이렇게 불러주기까지 하시니, 고맙습니다"라고 했다. 그러자 정광수의 처 윤운혜 루치아가 질색하며 급히 말을 제지했다. "나무아미타불을 외우면 죽어 지옥에 삽니다. 외워서는 안 됩니다." 그러더니 최조이에게 사학의 십계명을 가르쳐주며 말했다. "이것을 외우면 죽은 뒤에 천국에 올라갈 수 있답니다."[24]

그 뒤로도 최조이는 윤운혜에게 자주 들렀고, 그때마다 윤운혜는 그녀를 반갑게 맞이하면서 십계명을 외웠는지 점검하곤 했다. 하지만 최조이는 나이가 많아 번번이 십계명을 외우지 못했다. 윤운혜는 그녀를 답답해하며 말했다. "고기를 안 먹는다면 정신이 절로 맑아져서 십계명을 외울 수 있을 거예요." 그 말을 들은 최조이가 집에 돌아가 밥상에 오른 쇠고기에 젓가락을 대지 않았다. 그녀의 딸이 이상하게 여겨 연유를 물었고, 윤운혜가 한 말을 들려주자 펄쩍 뛰면서 다시는 그 집에 가지 못하게 했다.[25]

이 이야기는 당시 천주교인들이 주변에 전도하던 방식을 잘 보여준다. 단골이 되어 가까워지면 선물과 호의로 상대의 환심을 사서 이쪽에 대한 경계를 풀게 한 뒤, 십계명만 외우면 천국에 갈 수 있다는 이야기로 그들을 끌어들였다. 복잡할 것도 없었다. 그저 입에 붙어 있던 '나무아미타불' 대신 '예수 마리아'와 십계명만 외우면 집안이 복을 받고 자식들이 잘되며, 죽어서 천국에 간다는데 못할 게 없었다. 게다가 한번 그 무리에 들기만 하면 무슨 일이건 서로를 위하고 성심껏 도와주었다. 신분이 낮다고 함부로 대하지도 않았다. 고기를 못 먹게 하면서까지 십계명을 외우게 한 것은 그것이 세례를 받기 위한 기본 조건이었기 때문일 것이다.

1801년 3월 26일, 최조이는 딸 성조이와 함께 포도청에 붙들려왔다. 공초에서 성조이는 쇠고기 사건 이후 어머니를 그 집에 다시는 가지 못하게 했다고 진술했고, 최조이의 순실(淳實)한 태도에 거짓일 리 없다고 믿은 심문관의 판단에 따라 모녀는 석방되었다.[26] 하지만 윤운혜의 집 여종은 포도청에 끌려와서, 두 모녀가 이미 영세를 받았으며, 성조이는 본명이 마르타(馬達)이고 최조이는 엘리사벳(二四發)이라고 증언했다.[27] 어수룩한 체한 그녀들의 연기에 심문관이 그만 깜빡 속은 것이었다.

성물 제조 공방

정광수의 벽동 집은 당시 서울 지역에 공급할 교리서와 성상, 성화 등을 제작하는 성물 제작소이자 판매소이기도 했다. 검거가 시작되자, 정광수는 자기 집에 보관되어 있던 각종 서적과 성물들을 황급히 안국동 윤현의 집으로 옮겼다. 하지만 포도청의 정보망이 한발 더 빨랐다. 윤현의 집 구들장을 들어내자 그 안에서 천주교 서적들이 쏟아져 나왔다. 그중에는 정광수의 일기장도 있었다. 일기에는 천주교 신자들이 서로 왕래한 내용과 포교 대상으로 삼은 남녀의 동향까지 날짜별로 꼼꼼하게 적혀 있었다. 의금부에서는 이 일기장을 밀봉해서 포도청에 내려보내 이를 근거로 정광수를 취조하게 했다.[28]

이 과정에서 많은 사람이 줄줄이 붙들려왔다. 이문동에 살던 송건(宋健)은 아내가 돈을 받고 교리 서적을 베껴써준 죄로 부부가 함께 검거되었다.[29] 당시 서학 관련 필사본 자료를 전문적으로 베껴써주고 사례를 받는 직업적인 필경사가 있었다는 이야기다. 수요는 폭발하는데 공급이 미치지 못하니 이렇게 해서라도 신자들의 수요를 맞춰주어야 했다.

서울의 여러 집회소 중 성물의 제작과 판매에 관한 기사는 정광수 관련 인물들에게서 주로 나온다. 그가 성물 제작과 보급을 전담했다는 의미다. 서울뿐 아니라 지방의 보급까지도 중앙에서 맡았던 듯하다. 또 안국동에서 약방을 운영하고 있던 손경윤은 요서를 직접 베껴 전해주거나, 봉전행매(捧錢行賣) 즉 돈을 받고 방문판매까지 했다. 그는 앞서 정광수 집 도배를 해주었던 인물이다. 권철신 집안의 여종 구애의 공초에도 책값 심부름을 하거나, 교리서를 매매하고 혹 거간을 소개해준 이야기가 실려 있다.[30]

《눌암기략》에는 "1797년과 1798년 사이에 사서가 크게 유행하자, 책을 빌려주는 자가 큰 이익을 얻었는데, 언문책이 절반을 넘었다고 한다"라고 썼다.[31] 도서대여점에서도 비밀리에 천주교 서적을 취급해 큰돈을 벌었고, 그중 절반 이상이 언문으로 풀이한 책이었다고 했다. 실제 신유박해 당시 압수해서 불태운, 〈요화사서소화기(妖畵邪書燒火記)〉에 언급된 서책의 목록을 보더라도 한문책보다 언문책이 훨씬 많았다. 소비자가 주로 여성이었다는 의미다.

《사학징의》 중 윤운혜의 공초에 김흥련(金興連)과 이흥임(李興任), 김경애(金景愛)가 요서와 요화를 사갔다고 자백한 내용이 있고, 스스로도 요화 같은 흉하고 더러운 물건을 수조행매(手造行賣) 즉 직접 제작해 판매한 일을 고하기까지 했다.[32] 정광수의 공초에도 요서를 만들어 직접 다니면서 판매한 사실이 적시되어 있다.[33] 반복적으로 나오는 '행매(行賣)'라는 표현은 보통은 돌아다니며 파는 것을 말한다.

정광수의 벽동 집에서는 주일마다 신자들이 모여 미사와 송경을 했고, 수시로 교리 공부 모임이 열렸다. 1800년 4월 명도회가 결성된 후에는 주문모 신부가 직접 미사를 집전하는 경우도 있었다. 뿐만 아니라 교리서와 성화, 성상 등 성물의 제작도 이곳에서 직접 이루어졌던 것으로 보인다. 책의 경우는 전문적으로 필경하는 사람을 고용해, 비용을 지불하고 책자를 제작하게 해 납품을 받았고, 성화와 성상 등도 목수 등 전문 인력의 도움으로 제작해 신자들에게 돈을 받고 팔았다. 성당과 그에 딸린 성물 공방에 판매소까지 갖춘 형태였던 셈이다.

3. 예수상 전문 화가 이희영

각수 송재기

앞 글에서 정광수의 벽동 집에서 교리서의 전문적인 필사뿐 아니라 각종 성화와 성상 등 성물의 제작과 판매까지 이루어진 사실을 살펴봤다. 그렇다면 성화와 성상 제작은 어떻게 진행되었을까?

1801년 봄 신유박해가 시작되어 추국청이 설치될 즈음, 김의호(金義浩)가 송재기(宋再紀)의 집에 책판(冊板)을 찾으러 갔다가 그 집에 피신 와 있던 황사영을 만난 이야기가 《사학징의》에 나온다.[34] 막상 송재기의 공초에는 김의호가 황사영을 데리고 자기 집으로 피신 온 것으로 되어 있다.[35] 심문장에서는 저마다 자기에게 불리한 진술을 피하려다 보니, 종종 이런 어긋남이 발생한다. 송재기의 직업은 도감청(都監廳)에 소속된 각수(刻手)였다. 《추안급국안》에는 그가 능화판(菱花板)을 새기는 전문가로 나온다. 그의 집은 동대문에서 멀지 않은 훈련원 옆, 지금의 방산시장 인근 황정동(黃井洞), 즉 노랑우물골에 있었다.

능화판의 섬세한 문양을 새기는 각수의 집에 천주교 신자인 김의호가 책판을 찾으러 갔다는 대목이 탁 걸린다. 구체적인 기록은 없지만, 송재기가 각수의 재능을 살려 당시 수요가 빗발치던 기도문이나 성화를 책판에 새겨서, 이것을 찍어 보급했을 가능성이 있다. 신자들에게 나눠줄 상본의 세밀한 윤곽을 그린 것으로 보이는 도상판이 〈요화사서소화기〉 속 한신애 집 압수 품목에서 나온 것도 이 같은 심증을 더하게 한다.

《사학징의》 속 이합규의 공초에는 "첨례일에는 아래채 벽장 안에 예수상을 걸어놓고, 장막을 펼치고 방석을 깐 뒤에 여러 사람이 사서를 강습하였다"고 했고,[36] 최필제의 공초에서도 미사를 드리는 광경을 다음과 같이 묘사하고 있다.

> 새벽에 김이우의 집에 갔더니 홍문갑의 집에서 신부를 모셔와, 첨례를 한다면서 벽장 안에 예수상을 걸고 장막을 드리운 채 방석 등의 물건을 펼쳐, 신부가 윗자리에 앉았고, 저희들이 벌려 앉았는데, 창밖에는 김이우 집안의 여인들이 또한 앉아서 강송하였습니다.[37]

집회소에 내건 예수상은 정광수의 벽동 집처럼 새롭게 마련된 장소일 경우 중국에서 가져온 원본을 내걸 수가 없었다. 국경 검색이 까다로워지면서 성물 반입이 점점 어려워졌기 때문이다. 결국은 도상판으로 윤곽을 찍어낸 뒤 채색을 입혀 예수상을 제작할 수밖에 없었고, 그 역할을 각수인 송재기가 맡았을 것으로 짐작된다.

뛰어난 그림 솜씨로 예수상을 모사하다

완성도가 높은 예수상의 경우는 역시 직접 그려야 했다. 이희영은 당시 교회 내에서 예수상 그림에 독보적인 화가였다. 《순조실록》 1801년 3월 29일자에 실린 김백순(金伯淳)의 공초 관련 기록에 이런 내용이 있다.

> 죄인 이희영은 본래 김건순 집안의 식객으로, 김건순과 함께 주문모를 찾아가서 만났다. 하지만 전부터 몸가짐이 바르지 못하다는 이유로 김건순의 부형에게 쫓겨나게 되었다. 처음부터 끝까지 사학에 오염되어 서울을 들락거리며 사학의 무리들과 체결하였다. 한 달에 네 번 재계하고 서양책을 외워 익혔다. 그림 그리는 법을 조금 알아, 예수상 세 장을 모사하여 황사영에게 보냈다.[38]

위 글에서 '몸가짐이 바르지 못하다'고 한 것은 행실이 나쁘다는 뜻이 아니라 그가 천주교를 믿었다는 의미다. 《사학징의》 중 윤종백(尹鍾百)의 공초에도 이희영이 국청에서 예수상 한 장을 윤종백에게 그려주었다고 말한 내용이 보인다.[39] 하지만 정작 윤종백은 이 사실을 부정하며 이렇게 대답했다.

> 제가 얼마간 그림에 취미가 있습니다. 이희영이 그림을 잘 그린다는 이름이 있어서, 연전에 이희영의 거처로 찾아가 〈어옹쇄망도(漁翁曬網圖)〉와 〈동변일출서변우도(東邊日出西邊雨圖)〉 등 그림 두 장을 받아온 적이 있고, 그 밖에 다른 그림을 받아온 일은 실로 없습니다.[40]

당시 이희영이 윤종백에게 어부가 그물을 널어 말리는 장면을 그린 그림과, 동쪽에는 해가 나고 서쪽에서는 비가 오는 날씨 풍경을 그린 그림을 주었다는 것인데, 이것만으로도 이희영의 뛰어난 그림 솜씨를 가늠하기가 어렵지 않다. 윤종백은 예수상을 받은 일만은 극력 부정했다. 실제 그림을 받고 안 받고를 떠나, 이희영이 그린 예수상이 천주교 신자들 사이에 소문이 나서 그의 그림을 구해다가 모셔두려고 윤종백이 이희영을 접촉한 것만은 분명해 보인다.

황사영도 〈백서〉에서 "이희영 루카는 김건순 요사팟의 친밀한 벗입니다. 앞서는 여주에서 살다가, 나중에 서울로 옮겼습니다. 본래 그림을 잘 그려서 성상을 잘 모사하였지만, 또한 참수되어 순교하였습니다"라고 했고,[41] 강완숙의 아들 홍필주도 《사학징의》에 실린 공초에서 "예수 화상을 준 사람은 이추찬(李秋餐)입니다"라고 한 바 있다.[42] 추찬은 이희영의 자다.

이들 기록을 통해 확인되는 예수상만 해도 황사영에게 세 장, 윤종백에게 한 장, 홍필주에게 한 장 등 다섯 장이나 된다. 당시 전국의 천주교 집회에 첨례일이면 내걸리곤 하던 예수상은 중국에서 건너온 원화 외에는 상당 부분 이희영의 솜씨로 그려진 것이었을 것으로 본다. 그림은 예수의 상반신을 그린 것이 많았을 테고, 때로 십자가 위에 매달린 모습도 있었다.

이희영의 개 그림

유감스럽게도 이희영이 그린 예수상은 박해의 와중에 모두 사라져 현재 남은 것이 하나도 없다. 그의 실사 작품 중 가장 유명한 것은 오세창(吳世昌, 1864~1953)이 소장했던 〈견도(犬圖)〉다. 현재 숭실대학교 한국기독교박물관에 소장되어 있다. 그림 옆에 오세창이 친필로 쓴 글이 있다. 그림과 화가 이희영에 대한 설명은 다음과 같다.

> 서양의 화법을 모방해서 그린 것으로 우리나라에서 효시가 된다. 이추찬은 양성(陽城) 사람이다. 진사 이소(李𢢜)의 아들이다. 서화에 빼어난 재주가 있었고, 그림은 석치 정철조에게서 배웠다. 일찍이 청성 성대중을 위하여 석치가 그린 〈선미도(仙麋圖)〉를 모방하였다. 성씨 집안에서 대대로 간수하다가, 지금은 또한 내 서재로 돌아왔다. 순조 원년 신유년(1801) 봄 사학의 옥사 때 추찬은 붙잡혀가서 처형되었다. 일찍이 청나라 신부 주문모를 찾아갔다가 사학에 깊이 빠졌다. 또 예수상 3본(本)을 황사영에게 그려준 일이 탄로나서 자복하였다. 그의 조카 이현(李鉉) 또한 사학으로 형을 받아 죽었다.[43]

그림 왼쪽 상단에 '추찬초(秋餐艸)'라는 작가 서명이 보인다. 서양 품종의 경주견이 긴 앞다리를 뻗친 채 뒤편을 돌아보는 모습이다. 특별히 서양화풍의 그림인가 싶은 느낌은 없으나, 대상의 특징을 간결하게 포착하는 솜씨는 인상적이다. 갈필의 옅은 먹으로 마치 연필화의 느낌이 나도록 그렸다. 털빛의 명암으로 원근의 느낌을 적절하게 잘 살렸다.

이희영에게 '추찬'이라는 자를 지어준 사람은 이덕무였다. 그의 이름 희영(喜英)이 꽃잎〔英〕을 기뻐한다〔喜〕는 뜻이어서, 《이소경(離騷經)》에 나오는 "아침엔 목란에 지는 이슬 마시고, 저녁엔 가을 국화의 진 꽃잎을 먹누나"에서, 가을〔秋〕 꽃잎을 먹는다〔餐〕는 뒷구절을 따서 지은 것이다.[44] 당시 벗들이 이름이 절묘하다고 칭찬해, 이후 그의 자로

이희영이 그린 〈견도〉. 숭실대학교 한국기독교박물관 소장.

불렸다. 이 이야기는 《추안급국안》 속 1801년 3월 17일 이희영의 추국 기록에 나온다.[45]

새로 찾은 〈선미도〉와 정철조의 서학 공부

이 밖에도 실경산수풍의 〈누각산수도〉가 남아 있다. 그의 그림으로 알려진 또 다른 〈쌍견도〉는 진위 판단이 어렵다. 그런데 위 글에서 오세창이 자신의 집에 있다고 자랑한 이희영의 〈선미도〉가 서울역사박물관에 소장된 사실을 간행 도록인 《서소문별곡》을 통해 알게 되었다.[46]

책에는 똑같은 구성의 사슴 그림 두 장이 나란히 실려 있었다. 오른쪽은 석치(石癡) 정철조(鄭喆祚, 1730~1781)가 그린 것이고, 왼쪽이

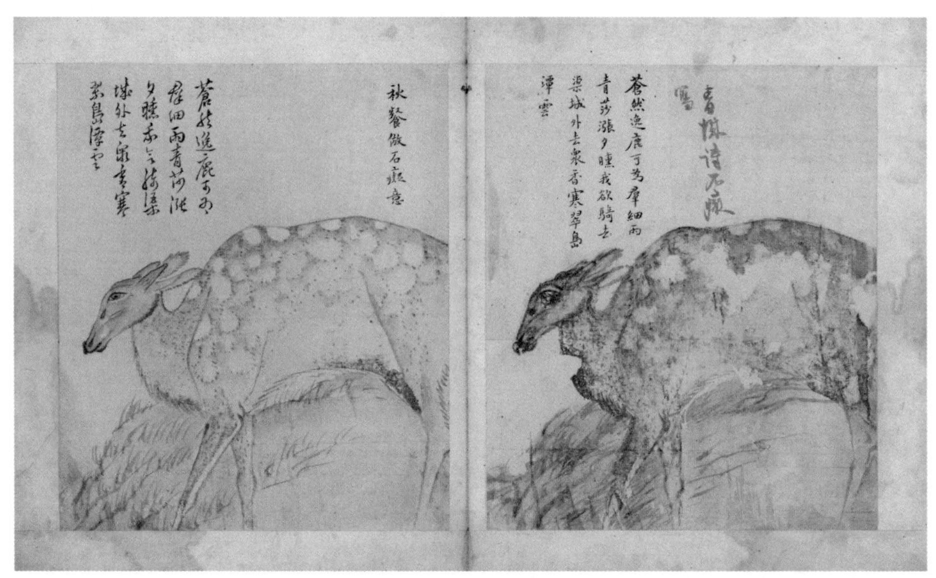

〈선미도〉. 오른쪽이 정철조의 그림이고, 왼쪽은 이희영의 모사본이다. 서울역사박물관 소장.

그것을 본뜬 이희영의 그림이다. 그림 상단에는 같은 시가 다른 글씨체로 적혀 있다. 정철조의 사슴 그림에 붙인 청성(靑城) 성대중(成大中, 1732~1812)의 시다. 성대중의 문집《청성집(靑城集)》에 '석치 정철조가 그린 사슴 그림에 제하다(題鄭石癡喆祚畵鹿)'라는 제목으로 실려 있는 작품이다.[47] 내용은 이렇다.

푸른 듯 멋진 사슴 무리 지을 만한데	蒼然逸鹿可爲羣
보슬비에 푸른 풀 석양빛만 가득하다.	細雨靑莎漲夕曛
내가 저 사슴 타고 성 밖으로 나가리니	我欲騎渠城外去
뭇꽃들 차고 푸른 도담(島潭)의 구름일세.	衆香寒翠島潭雲

오른쪽 정철조의 사슴 그림은 목과 등 부분이 어찌 된 셈인지 상당

부분 훼손되어 있다. 박물관에 전체 화첩 자료를 요청해서 살펴보니, 뒷면에 그림이 훼손된 사연을 적은 성대중의 글을 나열(羅烈, 1731~1803)이 옮겨적은 글이 있었다. 사연이 제법 길지만 귀한 자료이므로 전문을 제시한다.

> 내가 석치와 사귄 것은 황위수(黃渭叟)를 통해서인데, 이덕무 또한 함께 모였다. 석치가 나를 보더니 너무 기뻐하면서 술김에 장난으로 사슴 한 마리를 그려서 내게 주었다. 대개 나를 사슴에 견준 것이었다. 나 또한 절구 한 수를 지어, 석치의 손을 빌려 그림에다 쓰고는, 인하여 서로 보면서 웃었다. 이덕무가 마침 몹시 취해서 어지러이 손을 뻗어 그림을 구겨버리는 통에 사슴의 허리가 절반이나 문드러지고 말았다. 사람들이 모두 아까워했지만, 구할 수가 없었다. 내가 석치에게 말했다. "그림이 완성되고 망가지는 것 또한 운명입니다. 망가져도 틀림없이 완성됨이 있게 마련이니, 공께서는 마땅히 한 장을 다시 그려 망가진 것을 완성하시지요." 석치는 그러마고 하더니 일부러 이를 구겨버렸다. 나 또한 억지로 어쩌지 못했는데, 석치가 이제 갑작스레 세상을 떠났다. 아! 석치는 특별히 그림에 숨은 자이다. 그 우뚝하고 기이한 재주와 깊고 맑은 식견을 세상에서는 아는 자가 드물다. 하늘이 그를 세상에 낸 것은 대개 장차 이를 쓰려 함인데, 이제 여기에서 그쳤단 말인가? 아깝도다. 홀로 찢어진 화폭을 살펴보자니 나도 모르게 눈물이 솟는지라, 이 글을 써서 내 회포를 말하고, 아울러 황위수와 이덕무에게 보인다. 추찬 이희영 군 또한 석치의 제자이다. 장차 그로 하여금 석치의 필의를 본뜨게 하고, 내 시를 그 아래에 써서 석치의 뜻을 완성하였다.[48]

글 속의 황위수는《이재난고》를 쓴 황윤석(黃胤錫, 1729~1791)이다. 황윤석의 소개로 술자리에서 성대중을 처음 만난 정철조가 반가워서 선물로 이 그림을 그려주고, 성대중이 시를 써서 작품이 완성되었다. 그런데 그날따라 엉망으로 술에 취한 이덕무가 완성된 사슴 그림을 마구 구겨 찢어버렸다. 다들 그림이 아까워 발을 굴렀다. 이튿날 술에서 깬 이덕무도 민망해 어쩔 줄을 몰라 했다. 골샌님인 줄만 알았던 이덕무의 술주정 장면이 나와 흥미롭다.

정철조는 그림을 다시 그려주겠다고 약속하고는 애써 그린 그림을 구겨버리고 말았다. 하지만 얼마 후 그가 갑자기 세상을 뜨는 바람에 다시 그려주마던 약속은 지켜지지 못했다. 그래서 그의 제자인 이희영에게 정철조의 그림을 그대로 베껴그리게 하고, 망가진 원래 그림도 잘 배접해서 나란히 얹고, 그날의 추억거리로 삼았던 것이다. 글 끝에 위의 사연을 옮기고 그림에 대해 읊은 장편의 시 한 수를 따로 남겼다. 그림은 이희영의 것이 결이 한결 곱고 군더더기가 없다.

사실 정철조는 이가환의 처남으로, 그 또한 서학에 조예가 깊었다. 황윤석은《이재난고》1767년 2월 29일자 일기에서 정철조에 대해 이렇게 썼다.

> 역상과 산수의 학문에 오로지 힘을 쏟아 정밀하였고, 마테오 리치가 남긴 법을 으뜸으로 삼았다. 지금 나이가 20여 세인데, 한방에서 지내면서 서양서만으로 그 안을 꽉 채워놓고, 비록 그 아우라도 들어오는 것을 허락지 않았다. 직접 해시계를 제작해 이를 써서 그림자를 측정했고, 벼루를 잘 만들었다. 또 옛 그림에 뛰어났다. 남의 집에 서양서가 있단 말을 들으면, 비록 서로 모르는 재상이라 해도 반드시 서둘러 얻어서 빌려내곤 했다.[49]

또 1768년 8월 23일자 일기에서도 이렇게 썼다.

> 대개 정 군은 일생토록 서양의 역상학에 오로지 힘을 쏟았다. 또 《수리정온(數理精蘊)》과 《역상고성(曆象考成)》을 토론하며 검토하였다. 이 두 질의 책은 모두 강희 연간에 서법(西法)을 윤색하여 황제가 지은 것으로 일컫던 것이다. 《수리정온》 40여 권과 《역상고성》 8~9권은 간추리더라도 《기하원본》의 범위 밖을 벗어나지 않는다. 원본은 현재 그 매부인 이가환의 거처에 있다고 한다.[50]

뿐만 아니라 근세 위당(爲堂) 정인보(鄭寅普, 1893~1950)는 〈정석치가(鄭石癡歌)〉의 결사 부분에서 이렇게 노래했다.[51]

올 가을 《이재난고》 뽑아서 살펴보니	今秋紬繹頤齋稿
석치와 처음 만나 교유하던 기록 있네.	記與石癡初交游
서부의 한 동네로 등불 들고 찾아가서	西部一坊携燈往
방에 드니 의기들이 산통(算筒) 곁에 놓였었지.	入室儀器傍囊籌
서양의 역산 공부한 지 가장 오래되어	遠西曆算治最久
무기고에 창과 방패 잔뜩 벌여놓은 듯해.	如入武庫森戈矛
앉은 자리 오른편의 팔도 지도 가리키며	顧指坐右八道圖
농포(農圃) 부자 남긴 것을 계승한 것이라네.	農圃父子繼箕裘
또 말하길, 내 공부는 이가환에게 받았으니	又言吾法受貞軒
신령한 법 보려 하면 거기 가서 구하라고.	靈憲欲見當副求

성호의 서학에 대한 공부가 이가환을 통해 정철조로 이어진 현장의 증언이다. 이 정철조가 예수상 전문 화가 이희영의 그림 스승이었

다. 이희영의 형 이희경은 중국을 다섯 번이나 다녀온 중국통이었다. 여기에 이희영의 주선으로 연암을 찾아갔던 요사팟 김건순이 언뜻 비친다. 그리고 연암 그룹에 속한 김용겸과 홍대용, 박제가, 이덕무를 얹으면 남인 신서파와 북학파가 만나는 큰 그림이 그려진다. 중간에 황윤석이 매개 역할을 했다. 앞서 잠깐 살폈지만, 사실 북학파 연암 그룹의 천주교에 대한 인식도 참 궁금한 대목이다.

4. 이합규와 서소문 신앙공동체

교리를 가르치고 세례를 준 걸출한 교주

서울의 교회는 구역별로 분화되면서 내실을 다져나갔다. 각 구역마다 중심에 선 인물이 있어서 그를 주축으로 조직을 구성했다. 벽동쪽에 정광수가, 아현에는 황사영이, 양대전동에는 김계완이 있었다. 구역의 지도자가 양반이냐 중인이냐에 따라 중심 구성원의 성격도 영향을 받았다. 명도회의 활성화 이후 이들은 경쟁적으로 주문모 신부를 모셔다가 첨례를 드리고 성사를 받았다. 이합규(李鴿逵, ?~1801)가 주축이 된 서소문 구역의 신앙공동체 조직도 대단히 촘촘하고 탄탄했다.

《사학징의》 중 한신애 아가다의 공초에 이런 말이 나온다.

> 남자 교우 중에 가장 높은 자는 중인으로는 이용겸(李用謙, 이합규)과

> 김심원(金深遠, 김계완)이고, 양반 중에서는 정광수와 황사영 진사입니다. 그래서 제가 정복혜 간지대를 시켜 이용겸을 청해오게 해서 비복들을 가르치려 했습니다.[52]

정복혜는 또 "이합규는 '교주(敎主)'라 불렸고, 밤중에 혹 불러오기도 했습니다"라고 진술했다.[53] 서울의 남자 교우 중 서열이 가장 높은 네 사람 중 중인 신분으로 이합규와 김계완 두 사람을 지목했다. 그런데 막상 이합규는 교회사의 여러 기록에 누락되어, 오늘날까지 실제 위상에 비해 제대로 된 평가를 받지 못하고 있다. 어째서 이런 일이 벌어졌을까?

이용겸은 이합규의 다른 이름이다. 《추안급국안》 속 황사영의 공초에서는 이동화(李東華)라는 이름으로도 나온다. 이용겸, 이합규, 이동화는 같은 사람이었다. 그가 워낙 비중이 높고 노출된 인물이어서 검거될 때를 대비해 여러 이름을 썼던 것으로 보인다.

김심원은 김계완(金啓完, ?~1801)의 별칭이다. 《사학징의》에는 '현계완'으로 나오는데, 《추안급국안》 1801년 2월 11일자 최창현의 공초와 《사학징의》 홍필주의 공초에서 모두 그의 이름을 김계완이라고 썼다. 현계완은 김계완의 오기다. 막상 그는 김백심(金百深)이라는 이름으로 더 알려졌다. 심원(深遠)은 그의 세례명인 시몬(西滿)을 우리말 발음을 취해 듣기 좋게 옮겨적은 것이다. 김계완, 김백심, 김심원도 동일 인물이다. 김계완은 주문모 신부의 침구 관리를 맡았고, 강완숙이 충훈부 후동으로 이사할 당시 100냥을 헌금한 일도 있다. 그는 서소문 밖 양대전동에 살았다.[54]

이합규는 《사학징의》의 최후진술에서 이렇게 말했다.

> 저는 본래 반민(泮民)으로 도리어 사술을 배워 부녀자를 모아 남몰래 가르쳐 꾀고, 도처에서 세례를 주었습니다. 주문모를 높여 받들어 김이우와 강완숙의 집에 맞아들여 한세상을 속여 미혹시킨 죄는 만번 죽더라도 아까울 것이 없습니다.[55]

의금부의 〈형추문목〉에는 이합규가 천주교도 중에서도 교초(翹楚), 즉 걸출한 사람으로 일컬어졌다고 기록되어 있다. 그는 붙잡힌 뒤에도 공초를 바칠 때 주문모 신부의 호칭을 다른 이들처럼 '주가(周哥)'나 '주한(周漢)' 또는 '문모(文謨)'라 부르지 않고 깍듯이 '주 교주(周教主)'로 호칭해 따로 추궁을 받기도 했다.[56] 그는 배교하지 않았고, 1801년 4월 2일에 처형되었다.

《사학징의》 전체에 그의 이름이 49회나 등장한다. 이것만 보더라도 당시 교계에서 그의 비중이 어떠했는지 확연하게 드러난다. 그는 교주로 불렸을 뿐만 아니라, 신부를 대신해서 곳곳을 다니며 교리를 가르치고 세례를 주기까지 했다. 그는 주문모 신부가 해야 할 일을 대신해서 수행한 교주의 한 사람이었다. 이때 주문모 신부는 교주라고도 했지만, 교종(教宗)이라는 호칭으로 더 많이 불렸다.

'교주'는 지도급 신자 중 신부를 대신해 세례를 줄 수 있는 위치에 있던 사람을 일컫던 표현인 듯하다. 주문모 실포 사건 이후 신부의 행적을 극비에 부쳤으므로 전국 각지에서 하루가 다르게 불어나던 신자들에게 직접 세례를 줄 수가 없었다. 이에 가성직제도 당시처럼 그 역할을 위임받은 이른바 교주들이 임명되어 활동하고 있었다는 뜻이다. 《사학징의》에서 실제 교주라는 호칭으로 불린 사람은 주문모 외에 유항검, 김범우, 송복명, 최창현, 이합규 등이다.

교주는 문맥에 따라 다른 의미로도 쓰였다. 예수를 교주로 지칭한 예가 몇 차례 있다. 또 여성 중에 홍정호의 모친 이조이와 권아기련을 교주로 지칭한 사례가 있지만, 이 경우는 세례를 주었다는 의미가 아니라 그 동아리의 주요 인물이라는 수사적 의미로 썼다. 이방억과 옥천희를 두고도 교주의 호칭이 있었다. 하지만 당시 이들은 세례를 줄 위치에 있지는 않았다.

서소문의 사창동과 현방

달레는《한국천주교회사》에서 이렇게 썼다.

> 4월 2일(양력 5월 14일) 증거자 6명이 사형선고를 받고 형이 집행되었다. 정철상 가롤로, 최필제 베드로, 정인혁, 이합규, 운혜와 복혜라는 두 여자였다. 끝의 네 사람은 공문서로 보존된 결안을 통해서만 확인되는데, 그들의 본명은 알 수가 없다.[57]

다블뤼의 비망기나 약전에도 정인혁과 이합규, 윤운혜와 정복혜에 대한 이렇다 할 정보가 없다. 그 결과 이합규는 지금껏 위상에 걸맞은 대접을 받지 못했다.

이합규는 서소문 인근 사창동(司倉洞)에서 부모를 모시고 살았다. 사창동은 오늘의 서소문동으로, 인근에 선혜청의 새 창고가 있어서 신창동(新倉洞)으로도 불렸다. 선혜청은 남대문과 남대문시장 사이의 중구 남창동에 있었다. 오늘날의 남대문시장이 바로 선혜청 창고가 있던 자리다. 창동, 북창동, 남창동 같은 지명이 모두 이 창고에서 비롯되었다.

이합규는 황사영과 함께 당시 서울 교회를 대표하는 평민 지도자였고, 서소문 인근 사창동 신앙공동체를 이끌던 수장이었다. 사진은 서소문 순교성지 순교자현양탑. 가톨릭평화신문 제공.

이합규의 부친 이인찬(李寅燦)도 열심한 신자였다. 이인찬은 전복(典僕)이었다. 전복이라 함은 조선시대 각사(各司)와 시(寺), 성균관(成均館), 사학(四學), 향교(鄕校) 등에 딸려 잡역을 맡아 하던 공노비를 일컫는다.

한편, 《사학징의》에서 목수 이춘홍(李春弘)은 이인찬을 '현방(懸房)'으로 불렀다. 현방은 국왕이 허가해 국가가 공인한, 쇠고기를 살 수 있는 곳이었다. 도살한 소를 매달아 팔았기 때문에 이런 이름을 얻었다. 그를 현방이라 부른 것에서, 이인찬이 성균관 반민만의 특권인 도우(屠牛), 즉 소 도살과 쇠고기 판매 등의 일에 종사했음을 알 수 있다. 혹 현방은 반민과 같은 의미로 썼을 수도 있다. 반민들은 공노비의 특수 신분이었음에도 자신들의 한시집인 《반림영화(泮林英華)》를 펴낼 만큼 식견이 높고 자부심도 있었다.[58]

이합규의 신분 또한 아버지와 마찬가지로 '전복' 또는 '반복(泮僕)'으로 나온다. 그는 성균관에 소속된 공노비였다. 1782년 11월 2일자 《승정원일기》에 따르면, "반예(泮隷)는 생업이 없는 궁한 백성과는 조금 다르다. 대개 현방에 기대는 바가 있기 때문일 뿐이다"라고 했다.[59] 이들은 현방을 통해 경제적으로 비교적 넉넉한 생활을 해나갈 수 있었다. 이인찬·이합규 부자가 실제로 현방을 운영했는지는 분명치 않지만, 반민의 현방 운영 특권을 활용해 사창동에서 생계를 꾸려간 것만은 분명해 보인다.

사창동 인근의 신앙공동체

《사학징의》에 등장하는 인물들 중 이합규 일가가 특별히 많다. 아버지 이인찬과 어머니 김조이, 외숙 김득호(金得浩), 외숙모 정분이(鄭分伊), 누나인 동녀 이득임(李得任), 정분이의 육촌언니인 동녀 박성염(朴成艶) 등이 모두 이합규의 집안이거나 가까운 인척이었다. 동녀가 둘이나 포함되었을 정도로 모두 열심한 신자 집단이었다.[60]

이들은 대부분 사창동 인근에 모여 살며 작은 교회공동체를 이루었다. 외숙 김득호는 서소문 안에서 짚신가게를 운영했고, 박성염은 사촌형부인 선혜청 사령의 집 행랑채에 살고 있었다. 여기에 이합규에게 세례를 받은 간지대 정복혜와 그녀의 오빠 정명복(鄭命福), 이합규가 혈당(血黨)으로 지목한 최봉득(崔奉得)과 이름을 모르는 김가(金哥, 김계완?) 등까지 포함하면 그 규모는 더 커진다.

사창동 구역의 신자들은 선혜청에 속한 일을 하는 사람이 많았다. 선혜청 서리 조신행(趙愼行), 선혜청 사고지기〔私庫直〕 김춘경(金春景)의 처 유덕이(柳德伊) 등이다. 이들의 존재를 통해 평민들이 중심이 된 사창동 신앙공동체의 윤곽이 어렴풋이 잡힌다. 다산의 서제 정약횡과 그의 아내인 진사 한영익의 여동생도 사창동에 살고 있었다.

인근에는 현계흠의 약방을 비롯해 천주교 약국 카르텔이 그물망처럼 펼쳐져 있었고, 과부들의 공부 모임 등 단위 조직으로 운영되던 소규모 공동체도 적지 않았다. 사창동과 회현동 등 남대문과 서소문 일원은 당시 천주교 명도회 조직이 가장 활성화된 구역이었다. 그리고 이 구역을 책임진 평민의 우두머리가 바로 이합규였다.

정약종의 책롱 사건으로 일제 검거령이 내렸을 때, 강완숙은 황사영과 이합규, 김계완 세 사람을 용호영의 김연이 집으로 긴급하게 대피시켰다. 이합규는 황사영과 나란히 교회를 위해 보호해야 할 인물 1순위에 들어 있었다. 이들이 검거될 경우, 조선 교회가 받을 타격이 엄청났기 때문이었다.

이합규는 각처를 돌아다니며 교리 교육을 전담했다. 특별히 여성들과 일반 백성의 교리 교육을 맡았다. 그의 강의 능력이 출중했기 때문이다. 그는《삼본문답(三本問答)》한문본 1권과 한글본 1권,《진도자증(眞道自證)》2권, 한글본《성교일과(聖敎日課)》2권을 바탕으로 교리 교육을 진행했다.[61] 그의 교리 지식 수준이 상당했다는 뜻이다.

사학매파 삼인방 정복혜, 김연이, 윤복점 중 정복혜가 그에게서 세례를 받았다. 이곳저곳을 다니면서 포교와 연락책의 역할을 맡았던 사학매파 위에 이합규가 있었다. 한신애가 자기 집안의 비복들에게 천주교 교리를 가르치려고 굳이 이합규를 밤중에 청해온 것을 보면, 사학매파가 감당하기 힘든 부분을 이합규가 도맡아 처리하고 있었음을 알 수 있다.

이합규는 최필제를 통해 입교했다.《사학징의》의 공초에서 이합규가 자신의 혈당이라고 지목한 사람이 여럿 있다. 최필제, 김현우, 이국승, 정복혜, 한신애, 정광수, 현계완(김계완), 변득중, 이인채, 곽진우, 정명복의 관련 기록에 이합규의 이름이 어김없이 등장한다. 그는 당시 교회의 핵심 인물 중 하나였다.

이합규는 2월 초에 형조와 포청의 검거령을 듣고 김이우의 집에서 은신할 일을 모의했고, 강완숙에게 편지로 상의하자, 강완숙은 황사영이 먼저 피신해간 용호영 김연이의 집으로 이들을 보냈다. 며칠 뒤 검거망이 바짝 죄어오자 이들은 최가의 집과 이인채, 곽진우의 집을 거쳐 반촌으로 달아났다. 3월 1일 외숙 김득호 내외가 상황을 알아보려 반촌으로 이합규를 찾아갔고, 이튿날 강완숙의 여종 소명이 합류했다. 이합규는 이때 기찰포교들에게 부친 이인찬과 함께 검거되어 형조로 끌려갔고, 세 사람은 간신히 달아났다. 이합규는 한 달 뒤인 4월 2일 처형되었다.

이합규는 황사영과 함께 당시 서울 교회를 대표하는 평민 지도자였고, 서소문 인근 사창동 신앙공동체를 이끌던 수장이었다. 주문모 신부를 지근거리에서 보좌했고, 수많은 신자에게 세례를 주고 그들의 교리 교육을 맡아 신앙의 길로 이끌었다. 고문을 당하면서도 주문모 신부에 대해서만은 '주 교주'로 깍듯이 예를 갖춰 대답했고, 끝내 배교하지 않은 채 죽었다.

그의 신분 때문이었을까? 여러 사람의 공초가 이합규의 교회 내 위상을 가지런히 증언했음에도 불구하고, 당시 의금부에서조차 그는 그다지 비중 있게 다뤄지지 않았다. 함께 달아나 숨은 황사영이 붙잡히지 않았음에도 그를 바로 죽이고 말았다. 아무리 그렇다 해도 그가 《하느님의 종 윤지충 바오로와 동료 123위 시복 자료집》과 《하느님의 종 이벽 요한 세례자와 동료 132위》의 명단에조차 이름을 올리지 못한 것은 너무한 처사다. 당시 그의 위상은 결코 그렇지 않았다.

5. 명도회의 성격과 설립 시점

중간 세포 차단책과 플랜B

1795년 5월 주문모 실포 사건 이후 신부는 전면에 나서기가 어려웠다. 신부를 잡기 위해 1798년과 1799년 충청도 교회에 박해의 광풍이 몰아쳤고, 밀정 조화진의 암약으로 충청도 교회는 궤멸 직전의 상황에 내몰렸다. 내포의 지도자 이존창은 거듭 배교를 맹세하고도 오랜 기간 감옥살이를 해야 했다. 1800년 4월에는 이중배, 원경도 등의 부활절 부흥회 소동으로 양근 교회를 표적으로 한 탄압까지 시작되어, 핵심 인물들이 잇달아 검거되었다. 5월에 정약종이 검거를 피해 급거 상경해야 했을 만큼 다급한 상황이었다.

1800년 당시 주문모 신부는 국가의 지속적인 탄압으로 와해 상태에 놓인 신자 조직의 재건과 강화가 절박했다. 조선 교회는 주먹구구식 점조직 운영으로 해결할 수 있는 규모를 이미 넘어선 상황이었다.

하지만 신부는 손발이 꽁꽁 묶여, 지방 신자들은 신부의 존재조차 확신할 수 없었다. 세례는 어찌 받으며, 고해성사는 또 어찌하나? 주문모 신부를 만나기 위해 열여덟 차례나 상경하고도, 양말 한번 신어보는 것 외에는 끝내 만나지 못했던 신태보의 예만 보더라도, 당시 일반 신자가 신부를 만나기란 하늘의 별 따기만큼이나 어려웠음을 알 수 있다.[62]

꽉 막힌 상황을 돌파할 타개책은 좀체 보이지 않았다. 체계적인 신자 관리뿐 아니라 조직 및 재무 관리도 절실했다. 모든 것이 비선으로 움직여야 해서 어려움이 더 많았다. 1799년 충청도 교회의 예에서 보듯, 그중 하나라도 검거망에 걸려들 경우 전체 조직이 일거에 붕괴될 위험이 컸다.

감시의 눈길은 어디서나 번득이고 있었다. 신부는 밤중에도 숙면을 취할 수가 없었다. 비상 상황에 대비한 플랜B가 늘 필요했다. 실제로도 주문모 신부는 수없이 많은 검거의 위기를 아슬아슬하게 벗어나곤 했다. 강완숙의 집에 머무는 날이 점점 줄어들었고, 검거의 눈길이 미치지 않을 곳으로 거처를 옮겨가며 떠돌았다. 중간 세포를 차단하는 장치의 마련이 절박했다.

교회는 교회대로 지방 조직의 활성화나 사목지침의 하달, 효율적인 신자 관리를 위한 교리 교육, 신심 서적 보급 및 재정 확보를 위한 회계 관리 등 해야 할 일이 산적해 있었다. 박해의 강도가 세질수록 교회는 거기에 맞는 대응 전략을 수립해야만 했다.

이 같은 상황에서 명도회(明道會)의 설립은 국가의 탄압에 맞선 조선 교회의 절박한 대응책 중 하나였다. 명도회는 천주교의 도리를 밝히는 모임으로, 주문모 신부가 설립한 조선 교회 최초의 조직을 갖춘 신심단체였다. 명도회는 주문모 신부가 조선으로 건너오기 세 해 전인

1791년에 북경 고베아 주교에 의해 막 도입된 단체였다.[63] 명도회의 활동이 가져온 중국 교회 내부의 급속한 변화를 직접 보았던 주 신부는 이 단체가 중국 교회보다 조선 교회에 더 최적화된 모델임을 확신했다.

1800년 4월, 명도회 설립

명도회의 설립에 대해 황사영은 〈백서〉에서 이렇게 썼다.

> 경신년(1800) 4월에 명회(明會)가 보명(報名)한 뒤에 여러 교우가 신공(神工)을 부지런히 했다. 회 밖의 사람 또한 풍조에 따라 움직이며, 모두 남을 교화시키기에 힘썼다. 가을과 겨울 사이에는 성대하게 교화로 향하여서, 날마다 하루가 달랐다. 부녀자가 3분의 2를 차지하였고, 어리석은 천한 사람이 3분의 1이었다. 사대부 남자는 세상의 화를 두려워하여 믿어 따르는 자가 몹시 적었다.[64]

위 기록은 명도회의 첫 보명, 즉 최초의 회원 등록이 1800년 4월의 일이었다고 명시했다. 다블뤼 주교의 《조선순교사비망기》에도 "주 신부는 1800년 음력 4월에 명도회를 설립하였다"고 분명하게 적어놓았다.[65] 이 최초의 보명 이후 신자들이 신공과 교화에 힘쓰게 되어, 1800년 가을과 겨울이 되었을 때는 그 성과가 자못 놀라웠다. 심지어 명도회에 가입하지 못한 사람들조차 이 흐름에 동조해 일제히 기도생활과 전교 활동에 열성을 띠게 되는 시너지 효과를 불러왔다. 당시 명도회 주요 회원의 3분의 2가 여성, 나머지 3분의 1은 신분이 낮은 일반 백성이었다고 한 점은 주목할 만하다.

특별히 그해 가을과 겨울의 상황을 강조한 것은 1800년 6월 28일 정조의 돌연한 서거 이후, 반년에 걸친 국상 중에 포교들의 기찰이 일체 중단되면서, 신앙 활동에 아무런 제약이 없는 검거 공백 상태가 지속되었기 때문이다.《벽위편》에는 당시 상황을 이렇게 묘사했다.

> 1800년 6월에 주상께서 승하하시자, 옥사가 마침내 풀렸다. 새 주상이 나이가 어려 정순대비께서 반년간 수렴청정하시니, 다시 신칙하여 금지함이 없었다. 사학의 무리가 아무 거리낄 것이 없게 되자, 가을과 겨울 이후로는 배나 성하게 되었다. 곳곳에서 설법하여, 심지어 부녀자들이 새벽과 밤에 등불을 밝혀 거리를 왕래하며 끊이지 않고 잇달았다.[66]

명도회 출범 직후의 상황과 정확하게 맞물린다. 이렇게 보면 명도회는 1800년 4월에 처음 설립되어, 같은 해 7~12월에는 이미 자신들도 놀랄 만큼 예상외의 큰 성과를 거두고 있었다.

충훈부 후동으로 이사한 강완숙

명도회 설립 시점이 1800년 4월임을 가늠케 하는 다른 정황도 있다.《추안급국안》 1801년 3월 15일자, 주문모 1차 심문 당시 주 신부의 공초 중에 이런 내용이 나온다.

> 기미년(1799) 겨울 또 충청도에서 교난이 있음을 만나, 이로 인해 피

하느라 나가 다닌 것이 대략 몇 달이었습니다. 하지만 교인의 집에는 가지 않았습니다. 또 사동 홍문갑의 집은 여염집을 빼앗아 들어감을 금지하는 법 때문에, 다시 그 집을 팔고 훈동 집을 샀는데, 이때가 경신년(1800) 3월이었습니다.[67]

1799년 충청도 지역의 교난 이후 주문모 신부는 서울의 비선 조직이 불시에 노출될 것에 대비해 강완숙의 집을 떠나 경기도 양근과 이천 지역에서 거처를 옮겨다니며 지냈던 듯하다. 그러니까 1799년 10월에서 1800년 3월까지 주문모 신부는 서울을 떠나 여러 곳을 전전하는 처지였으므로 명도회 같은 조직을 가동시킬 수 있는 여력이 전혀 없었다.

원래 1792년 이후 충청도 별라산에서 상경해 남대문 밖 창동에 살았던 강완숙은 1799년에 규모를 키워 도심 속 대사동으로 집을 옮겼다. 이사하면서 집회와 거주 공간의 확충을 위해 몇 칸의 집을 새로 지어 들어가려 했다. 하지만 신축 과정에서 여가탈입률(閭家奪入律)에 저촉되는 상황이 발생하면서 일이 그만 꼬였다. 여가탈입률이란 《대전회통(大典會通)》〈형전(刑典)〉'금제(禁制)'에 "여염집을 빼앗아 차지한 자는 도(徒) 3년으로 정배한다. 월세로 빌렸다고 칭탁하거나 전세를 내었다고 칭탁하는 경우도 형률이 같다"고 한 조항이다.[68] 대사동 집과 둘레에 세 얻은 집을 터서 새집을 지어 공간을 확장하려다가 법적인 문제가 발생했던 듯하다.

결국 강완숙은 대사동 집의 신축 입주를 포기하고, 1800년 3월에 서둘러 충훈부 후동에 다른 집을 새로 구해 이사했다. 주문모 신부는 4월에야 그 집에 들어갈 수 있었다. 하지만 며칠 뒤 여주에서 다시 교난이 발생했고, 이에 신부는 황사영과 현계흠의 집으로 급히 피신했다가, 5월 이후 정약종과 정광수의 집, 그리고 광통교 김이우의 집 등으로 옮겨다녀야 하는 형편이었다. 그 내용은 주문모 신부의 공초 기록에 자세하다.

명도회의 출범은 1800년 3월 강완숙이 충훈부 후동으로 입주한 뒤 주거가 정돈된 시점에 바로 이루어졌다. 새로운 공간에서 침체된 교회에 새 기운을 불어넣기 위한 모종의 조처가 필요하다는 판단이었을 것이다. 특히 신부가 전면에 나서기 어려운 상황은 평신도 간의 학습과 지도를 통한 교리 지식의 확산 방식에 당위성을 더해주었다.

정약종의 갑작스러운 상경

한편, 초대 명도회장으로 임명된 정약종의 상경도 이 시점에 이루어졌다. 《추안급국안》 1801년 2월 13일자 정약용의 공초에 다음과 같은 진술이 보인다.

> 제 형 정약종은 작년(1800) 여름 대계(臺啓)가 나온 뒤 양근으로부터 도피해 올라와 배를 타고 서울에 이르러 전동(典洞)의 청석동(靑石洞) 오른편 서너 번째 집에 머물러 지낸다고 했습니다. 그래서 제가 아들을 보내 형을 모시고 와서 남대문 안에 집을 사 그로 하여금 옮겨 지내게 했습니다.[69]

정약종의 상경 시점은 황사영의 〈백서〉에 "명도회 회장 정 아우구스티노는 정약용의 셋째 형이다. 앞서 양근에 살다가 경신년(1800) 5월에 교난으로 가족을 이끌고 상경하였다"고 한 기록에 명확하다.[70]

그의 상경은 명도회가 설립된 4월에서 한 달이 지난 시점이었다. 1800년 4월 이중배 마르티노 등이 양근에서 체포되고, 이어 5월에 권상문마저 붙잡히면서 양근 교회에 위기가 닥쳤다. 또 지평 신귀조(申龜朝)와 장령 권한위(權漢緯) 등이 잇달아 상소를 올렸다. 이들이 여주와 양근 지역을 특정해서 사학의 박멸을 주장해, 더 이상 양근 지역에서의 종교 활동이 어려워졌다.[71] 여기에 더해 갓 출범한 명도회 조직의 리더로서, 정약종이 주문모 신부를 대신해 가까운 거리에서 조직을 총괄케 하려 한 교중의 뜻이 더해진 결과이기도 했다. 다만 정약종의 회장 임명이 4월 출범과 동시에 이루어졌는지, 아니면 5월 상경과 함께 결정된 것인지는 분명치 않다.

당시 정약종 일가는 청석동에 있던 궁녀 문영인의 집에 세를 얻어 들어갔고, 이 집은 한 해 전인 1799년에 정약종이 교회 일로 서울에 두 달간 체류할 때 강완숙의 주선으로 빌려서 묵은 곳이기도 했다. 하지만 이주 후 한 달 만에 정조가 갑작스레 승하하고 온 나라가 국상을 만나 애도 기간에 들어가면서 일체의 천주교 탄압과 검거 활동이 중단되자, 갓 출범한 명도회로서는 생각지 않게 최적의 상황을 맞이하게 되었던 것이다.

6. 명도회의 설립 목적과 운영 방식

명도회규와 설립 목적

명도회는 왜 설립되었고, 어떤 방식으로 운영되었을까? 《사학징의》의 〈요화사서소화기〉 중 윤현의 집 구들장 밑에서 나온 책자 목록에 《명도회규(明道會規)》 한문본 1책이 있다. 또 한신애의 집에서 압수한 사학 서적 목록 중에도 《셩모시힉명도회규인(聖母始胎明道會規引)》이라는 책이 보인다.[72] 인(引)이라 한 것으로 보아, 앞선 한문본 《명도회규》 중 총론에 해당하는 서문 부분과 주요 대목을 간추려 우리말로 옮긴 한글 책자로 보인다.

중국의 《명도회규》는 오늘날 대만 보인대학(輔仁大學) 서회신학원(徐匯神學院)에 소장된 《입성모시태명도회목훈(立聖母始胎明道會牧訓)》이 저본이다.[73] 뒤에서 살피겠지만 '신공(神工)', '보명(報名)', '육회(六會)', '성모시태' 등의 주요 술어가 일치하고, 모임의 성격 면에서 보더라도 당시 조선 명도회의 회규는 중국 것을 그대로 가져온 것임이 분명하다. 성모시태라는 말이 들어간 것은 명도회가 성모 마리아를 대주보(大主保)로 모신 단체였기 때문이다.

《입성모시태명도회목훈》은 초기 교회와 관련이 깊은 북경 고베아 주교가 1791년 봉재(封齋) 전 일주일에 공표했다. 봉재는 사순절의 옛 표현이다. 사순절이 시작되기 일주일 전이니, 해당 연도의 부활절인 양력 4월 24일을 기준으로 역산하면, 양력 3월 6일로 음력 2월 2일에 해당한다. 달레 또한 《한국천주교회사》에서 명도회가 전부터 북경에 세워져 있던 모임을 본떴다고 했고, 설립 목적은 "자신들이 천주교에 대한 깊은 지식을 얻고, 그것을 교우와 외교인들에게 전파하도록 서로 격려하고 도와주는 데 있다"고 썼다.[74]

명도회는 교리 연구와 전교를 주목적으로 한 신심단체지만, 중국 《입성모시태명도회목훈》의 〈본회종향(本會終向)〉 조목을 보면 반드시 그렇지만도 않았다. 종향은 '궁극적 지향'이라는 뜻이다. 이 조목에서는 명도회의 설립 목적을 모두 여덟 가지로 적시했다. 첫째는 천주의 영광을 밝게 드러냄이고, 둘째는 성모의 공덕을 찬송함이며, 셋째는 어리석은 이를 가르침이다. 넷째는 냉담자를 일깨움이고, 다섯째는 곧 죽을 어린이에게 대세(代洗)를 줌이며, 여섯째는 임종의 어려움을 도와줌이고, 일곱째는 이단의 주장을 물리침, 그리고 여덟째가 미혹한 길을 열어 인도함이다.[75]

명도회의 설립 목적에는 찬송과 예배, 전교와 교리 교육뿐 아니라, 어려서 죽은 어린이와 임종을 맞은 영혼의 구령(救靈) 사업이 포함돼 있었다. 전교 활동 전반에 걸친 보폭이 넓었던 셈이다. 요즘으로 치면 사목회의 안에 전교분과와 연령분과, 전례분과 등이 활동하는 모양새에 가깝다.

명도회 입회 절차와 보명의 의미

《추안급국안》의 1801년 10월 10일자 공초에서, 심문관이 "1800년 4월 명도회에 보명한 뒤, 여러 교우가 신공에 부지런하였다고 한 것은 무슨 말이냐?"라고 묻자 황사영은 이렇게 대답했다.

> 서양교에 명도회가 있습니다. 혹 3~4인, 혹 5~6인이 하나의 회가 되며, 먼저 이름을 신부에게 보고하고, 그 뒤에 신공을 합니다. 신공은 서양학을 살펴 남을 가르치는 것입니다. 1년 내에 신공이 부지런한 자는 회에 들어오는 것을 허락하고 부지런하지 않은 자는 뽑아냅니다.[76]

이에 따르면, 명도회는 서너 명 또는 대여섯 명을 단위로 한 사랑방 모임 형태의 소규모 신앙공동체로 운영되었다. 이 같은 세포 단위 운영은 유사시에 전체 조직을 보호하고, 소속 지회원 간의 결속력을 강화하는 데 맞춤한 체제였다.

또 앞선 글에서 황사영이 전체 명도회원의 3분의 2가 여성이었다고 한 언급으로 볼 때, 여성만으로 구성된 지회의 수도 적지 않았을 것이다. 《사학징의》 중 비녀 복점의 공초에 나오는 "남대문 내창 앞 손만호의 집 또한 여러 곳의 과부 7~8명이 간간이 함께 모여 사서의 이야기를 강습했다"는 것이나 김홍련, 이홍임, 이어린아기, 김경애 등의 청상과부들이 한방에 모여 지내며 몰래 사학을 익힌 것, 명도회의 회원이었다는 폐궁의 두 여인이 궁녀들과 함께 교리를 강습한 것도 모두 여성이 중심이 된 명도회 모임의 일단을 보여주는 예다.[77]

앞서 황사영의 〈백서〉에 나온 '보명(報名)이라는 용어를 알아보자. 보명은 모종의 활동이나 조직에 참가하려 할 때 주관하는 사람에게 자기의 성명과 나이, 본관 등을 적어내는 것을 말한다. 일종의 입회신청서인데, 중국에서는 이 같은 등록 절차를 지금도 '빠오밍', 즉 보명이라고 한다. 보명을 했다 하여 바로 명도회원이 되는 것이 아니고, 일정 기간 신공을 통한 수련 과정을 거쳐 최종 심사를 통과해야 입회가 확정되는 방식이었다. 오늘날 레지오 마리애에서 정단원이 되기 전에 예비단원의 기간을 두는 것과 꼭 같다. 또 희망한다고 아무나 보명할 수 있는 것도 아니었다.

《사학징의》 1801년 3월 28일자 전라감사 김달순의 추고에서, 심문관이 유관검을 문초하면서 보명과 영세(領洗)에 대해 물었을 때, 유관검은 이렇게 진술했다.

> 보명은 배움이 부지런한 사람을 택하여 주문모에게 보명한 것을 넣으면, 주문모가 서양의 도가 높은 사람의 이름을 본떠 이름을 지어 보내는 것입니다. 매년 연말에 얼마나 부지런히 공부했는지, 얼마나 많은 이들을 가르쳤는지를 가지고 주문모에게 보고합니다. 영세는 주문모가 작은 병에 물을 채워놓고 여러 학도를 늘어세워 앉히고는 무릎을 단정하게 꿇고 정수리를 드러내게 한 뒤에, 그 물을 정수리로 부어 내리는 것입니다. 이렇게 하면 이전까지 지은 죄과가 모두 사하여진다고 합니다.[78]

문맥이 조금 어수선한데, 따져 읽으면 이렇다. 보명은 천주교 신앙에 부지런한 사람을 집행부에서 추천해 이루어진다. 그리고 예비 회원의 자격으로 천주교 교리 공부의 근면·태만 정도와 전교한 사람의 인원을 보명자별로 표시한 보명단(報名單)을 연말에 신부에게 일괄 보고한다. 신부는 성과가 표시된 보명단을 보고 입회 자격 여부를 심사

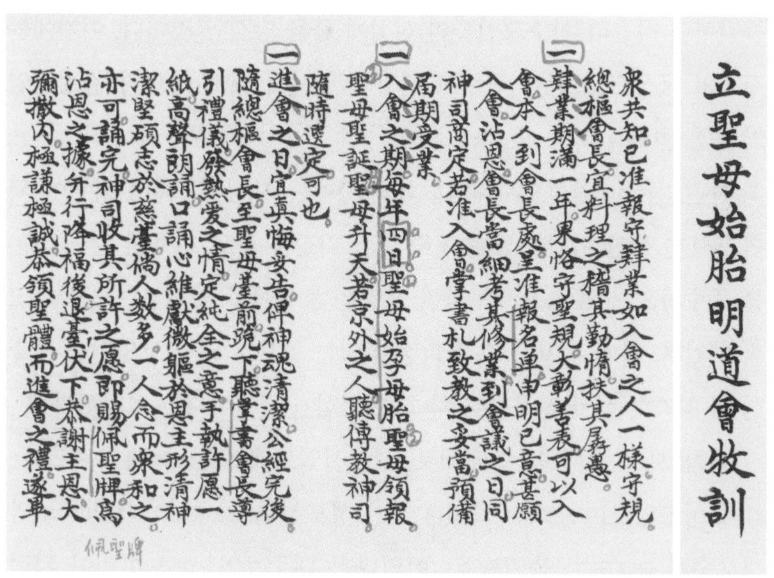

立聖母始胎明道會牧訓

衆共知已准報守肄業如入會之人一樣守規
總稿會長宜料理之稽其勤惰扶其孱愚
一 肄業期滿一年果恪守聖規大勤善表可以入
會本人到會長處呈准報名單申明己意甚願
入會沾恩會長當細考其修業到會議之日同
神司商定若准入會掌書札致教之妥當預備
届期受業
一 入會之期每年四日聖母始孕母胎聖母領報
聖母聖誕聖母升天若京外之人聽傳教神司
隨時選定可也
一 進會之日宜真悔妥告俾神魂清潔公經完後
隨總稿會長至聖母臺前跪下聽掌書會長導
引禮儀發熱愛之情定純全之意手執許愿一
紙高聲朗誦口誦心維獻微軀於恩主形清神
潔堅碩志於慈臺偶人數多一人念而衆和之
亦可誦完神司收其所許之愿即賜佩聖牌為
沾恩之據并行降福後退臺伏下恭謝主恩大
彌撒內極謙極誠恭領聖體而進會之禮遂畢

佩聖牌

《입성모시태명도회목훈》 중 입회 시기를 규정한 대목과 표지의 제목. 대만 보인대학 소장.

한다. 심사를 통과해 입회 자격을 얻은 사람에게는 주문모 신부가 서양 성인의 이름을 세례명으로 지어주고, 영세를 준다. 황사영은 앞선 공초에서 이름을 먼저 신부에게 알린 뒤에 신공을 한다고 했으니, 보명자 명단을 처음에 신부에게 보고하고, 연말에 그 성과를 표시한 보명단이 다시 올라갔다고 볼 수도 있겠다.

이어지는 심문 기록에 "보명기(報名記)를 살펴보니, 나열하여 쓴 것이 7~8인에 그치지 않을 뿐 아니라, 또 몇 사람을 권하여 입교시켰는지, 몇 사람을 밖에서 들어오게 했는지 기록한 것도 있다"는 말이 나온다.[79] 보명기는 등록자 명단이고, 그 수는 일고여덟 명 이상이며 이름 옆에 입교시킨 사람의 수 등 실적 수치가 적힌 양식지가 있었다.

이 보명기는 서울이 아닌 전라도 전주의 명도회 지부에 해당하는 내용이다. 서울뿐 아니라 지역 단위까지 명도회는 순식간에 요원의 불길처럼 타올라 천주교인들의 신심에 불을 당겼던 것이다. 여기에는 정조의 국상으로 인한 천주교 탄압의 일시적 공백 상태가 결정적인 역할을 했다.

한편, 중국 《입성모시태명도회목훈》에는 보명 후 예비 회원이 되면 만 1년 동안 이업기(肄業期) 즉 학습 기간을 갖고, 그동안 성규(聖規)를 준수하고 선표(善表) 즉 착한 표양을 보여야만 입회가 가능하다고 적혀 있다. 이때 본인이 직접 회장이 있는 곳으로 와서 보명단을 제출한 뒤 엄격한 심사 절차를 거쳐 최종 입회가 결정된다고 설명했다.[80]

입회 시기는 매년 네 차례로, 성모시잉모태(聖母始孕母胎) 축일(12. 8)과 성모영보(聖母領報) 축일(3. 25), 성모성탄(聖母聖誕) 축일(9. 8)과 성모승천(聖母升天) 축일(8. 15)이었다.[81] 대주보인 성모 마리아 관련 축일을 입회일로 지정한 점이 특이하다. 원문의 '매년사일(每年四日)'은 위 네 날짜를 특정한 것이니, 이를 '매년사월'의 오기로 봐서는 절대로 안 된다.[82]

주보성인의 전기

1811년 북경에 보낸 〈신미년백서〉에서는 명도회에 대해 이렇게 적고 있다.

> 또 성교(聖教)의 규례에 따라 명도회를 설립하였습니다. 성안에 각각 모임 장소를 두고, 각기 회장을 파견하여 나누어 관리하였는데, 남녀 교우로 하여금 구별을 두어 모두 법도에 맞았습니다. 오로지 남에게 권면하는 것을 임무로 삼아, 사람들이 모두 용맹하게 나아가 주보성

인의 전기를 받으니, 신공이 다달이 점차 증가하여 도성에서는 이미 볼만한 것이 있었고, 지방 또한 많이들 그 모범을 본받았습니다. 조심하여 비밀로 하였기 때문에 비록 성사(聖事)를 널리 전하지는 못하였지만, 정성으로 교화로 향하여 돌아오는 자가 앞뒤로 거의 1만 명에 가까웠습니다. 장차 산골 마을까지 다니면서 관리하려 하였으나, 일의 기미로 인하여 제지를 받아 굳이 길을 떠나지는 못했습니다.[83]

1800년 4월에 설립된 명도회가 천주교 신자의 폭발적 증가에 결정적인 기여를 했음을 말했다. 이 같은 성공에 고무되어 신부는 산향(山鄕), 즉 산골 마을까지 회장단을 파견하거나 자신이 영세를 주기 위해 직접 순방하려 했을 정도였다. 하지만 1800년 12월 19일 밤에 장흥동 어귀를 지나던 형조의 나졸들이 길가 집에서 나는 박자 치는 소리를 듣고 투전판이 벌어졌다고 여겨 현장을 급습했다가 천주교 집회임을 알고는 최필공과 오현달 두 사람을 체포한 일을 계기로 다시 검거 선풍이 불어닥치면서 이 계획은 실행에 옮겨지지 못했다.

달레는《한국천주교회사》에서 이렇게 썼다.

주 신부는 시내에서 회합을 가져야 하는 장소를 정하고, 집회를 주관하는 지도자들을 임명하며, 남자들은 여자와 서로 떨어져 회에 참석하도록 정하는 등, 한마디로 모든 것을 무게 있고 절도 있게 조절하였다. 주 신부의 열성에 감화되어 모든 회원은 지도자들이 매달 각 회원에게 나누어주는 표지를 받으러 서둘러 모여들었다. 그 표지에는 교회에서 공경하는 성인들 중의 하나를 주보로 지정하였는데, 그것이 주보의 표식이라는 것이었다. 이러한 실천은 차차 전국에 퍼져서 신기한 결과를 냈다.[84]

당시 서울 시내 여러 곳에 명도회 회합 장소가 정해져 있었고, 집회소에는 책임 회장이 임명되어 있었다. 지도자들은 매달 각 회원에게 주보의 표식을 정해주었고, 이것을 받기 위해 각지에서 회원들이 모여들었다는 이야기다.

주보성인의 표식 또는 전기를 받았다는 것이 모임 때마다 성인의 전기를 신심 자료로 주었다는 것인지, 사람마다 각각 세례명을 주었다는 것인지는 위 기술만으로는 다소 모호한 점이 있다.《입성모시태명도회목훈》에는 "신부는 그 허락한 바의 바람을 거두어 바로 성패(聖牌)를 주어 차게 해서 은혜를 입은 증거로 삼도록 했다"고 적었다.[85] 이로 보아 사람마다 표양으로 삼을 성인의 이름을 써서 패용하게끔 만든 성패를 개별적으로 주었던 듯하다. 이는 앞서 윤점혜가 '나는 아가다 성녀처럼 될 거야' 하고 다짐했다던 것을 떠올려준다.[86]

당시 신자들에게 신부가 직접 세례명을 지어주고 세례를 주는 것은 실로 은혜로운 일이자 엄청난 특혜가 아닐 수 없었다. 주문모 신부는 1800년 4월 명도회 설립 당시 기존에 세례를 받은 기간 조직의 열성 신자를 중심으로 명도회 육회 조직을 구성하고, 모임 장소를 지정한 뒤, 이들에게 회원 선발을 위한 보명 절차를 위임했을 것이다.

7. 명도회 육회의 조직 구성

혈당과 집회 형태

명도회에 대한 예상 밖 호응에 고무된 주문모 신부의 행보는 부쩍 바빠졌다. 신부는 주일마다 명도회의 지부를 돌면서 미사를 집전하고, 고해성사와 세례성사를 행했다. 《사학징의》에는 한 동아리의 멤버를 일러 혈당(血黨)이나 동당(同黨), 사당(死黨)이라고 쓴 표현이 자주 등장한다. 또 주요 거점 인물의 공초에는 예외 없이 함께 모임을 가진 4~10인의 이름이 나온다. 이 또한 이 시기 활성화된 명도회 모임 활동과 무관치 않을 것으로 보인다.

이합규의 공초에 "홍문갑의 집에서 모임을 가졌고, 각처에서 온 여인들과 함께 한자리에 늘어앉아 주문모에게 강의를 들었습니다"라고 했고, 다음과 같은 대목도 보인다.

> 또 손인원, 정인혁, 현계흠, 오현달, 김이우 등과 함께 매달 7일에 김이우의 집에 일제히 모여 사서를 강론하였습니다. 작년 6월에 제가 김이우의 집에 갔더니 현계흠과 손인원, 김이우 등이 주문모를 모셔 두고는, 첨례일이라고 하며 아래 사랑 벽장 속에 예수상을 걸어 장막으로 가리고, 방석을 깐 뒤 여러 사람이 사서를 강습하였습니다. 김이우 집안의 여인들은 창밖에 있으면서 엿들으며 강습하다가 파하였습니다.[87]

이 기록 중에 '매달 7일'이라고 한 대목이 특별히 눈길을 끈다.《입성모시태명도회목훈》 중 〈회내총규(會內總規)〉에, "매달 첫 번째 주일을 본회의 기일로 삼는다"라고 규정하고 있기 때문이다.[88] 그러니까 매달 7일에 김이우의 집에서 모인 모임은 다름 아닌 명도회 집회였고, 여기에 거명된 손인원 등 5인은 명도회의 한 지회를 구성하는 멤버였던 셈이다.

첫 보명 후 두 달이 지난 6월 집회 때 이들은 특별히 주문모 신부를 집으로 모셔서 미사까지 드리는 기쁨을 맛보았다. 이후 신부와 함께 교리 강습을 진행했다. 김이우의 집에서 지속적으로 이루어진 명도회의 강학 모임은《사학징의》 중 최필제와 정인혁, 김현우, 손경윤의 공초에도 나온다.

또 1801년 2월 최필제는 오현달, 충주 아이 구석이(具碩伊), 종현(鍾峴)의 이태량(李太良), 생민동(生民洞)의 이범이(李凡伊) 등과 사서를 강론하던 중에 체포되었다.[89] 이름으로 보아 이들은 모두 앞서 명도회원의 3분의 1을 차지했다고 한 신분이 낮은 백성이었을 것이다. 멀리 충주 교회에서 온 구석이의 존재가 눈에 띈다. 그는 아마도 충주 쪽에 명도회 지부를 만들려고 수련 과정을 익히던 중이 아니었을까 싶다.

명도회는 이렇듯 계속 분화를 거듭하며 저인망식 전교를 펼쳐나가고 있었다.

홍정호는 "네다섯 차례나 주문모를 제 집에 맞아와서 사술을 배웠고, 함께한 무리는 손인원, 현계흠, 최필제, 윤현, 박덕신, 최재도 등이옵고, 드나든 여자는 남판서 댁 여종 구월과 홍문갑의 여종 소명, 동의 어미라고 부르는 여자 등입니다"라고 했다.[90] 대부분 대여섯 명의 인원이 함께 모여 공부 모임을 가졌고, 여자들은 창문 아래 따로 모여 남자들이 강학하는 것을 귀 기울여 듣는 방식으로 남녀의 구분을 두어 참석했다.

육회에 대한 오해

《추안급국안》 1801년 10월 9일자 공초에서 황사영은 "육회(六會)는 홍문갑 집, 홍익만 집, 제 집, 김여행 집, 현계흠 집이고, 한 집은 알지 못합니다"라고 했다.[91] 명도회에 여섯 개의 지회가 있는데, 다섯 모임의 대표 이름을 대면서 나머지 한 집은 모르겠다고 한 것이다. 나머지 한 집을 굳이 꼽는다면 김이우의 집이었던 듯한데, 사실 육회의 집회 장소는 꼭 여섯 공간에 국한되지는 않았다. 어쨌든 이 여섯 곳의 집회 장소를 황사영은 육회라고 지칭했다.

굳이 여섯 곳 중 한 곳이 생각나지 않는 것처럼 말한 것은, 육회를 따로 설명하자면 명도회 육회장의 존재를 다시 진술해야 했기 때문이었을 것이다. 이곳은 달레가 앞서 말한, 주문모 신부가 정해준 "시내에서 회합을 가져야 하는 장소"에 해당하고, 해당자는 주문모 신부에 의해 임명된 "집회를 주관하는 지도자"들이었다. 또 앞서 본 〈신미년백서〉에서 "성안에 각각 모임 장소를 두고, 각기 회장을 파견하여 나누어 관리하였다"고 한 대목에 대한 부연 설명에 해당한다.

그렇다면 황사영이 말한 다섯 집의 주인은 각 지부의 회장이라고 할 수 있겠다. 그런데 여기에 명도회장 정약종의 이름이 빠진 것으로 보아, 이 여섯 집은 명도회의 본부가 아니고, 기간 조직에 해당하는 중앙지부 격의 공간이었을 것이다.

사실 황사영의 이 언급이 명도회 육회의 성격을 혼란스럽게 만든 점이 없지 않다. 당시 서울과 지방에서 활동하던, 명도회의 이름으로 이루어진 모임은 적어도 수십수백 개에 달하는 규모였을 것으로 추정되기 때문이다. 명도회의 지회 모임이 이 여섯 개 지부에 국한되었다는 것은 말이 안 된다. 한 지회당 대여섯 명의 인원이 모였다면 많아야 36명이다. 이 정도의 인원으로 어떻게 큰 변화를 가져오며, '여자가 3분의 2이고 신분 낮은 사람이 3분의 1이었다'는 식으로 쓸 수 있겠는가?

이렇게 볼 때 황사영이 육회의 집회 장소로 지목한 다섯 공간과 그가 알지 못한다고 한 한 공간은, 각각의 산하에 수많은 지회 모임과 예비 모임 등을 구성해두고, 구역별로 명도회 보명 작업과 보명단 작성 및 지속적인 회원 관리를 집행하는 장소였을 것이다. 오늘날 레지오 마리애의 각 프레시디움 위에 쿠리아, 코미시움 등의 상위 조직이 존재하는 것과 마찬가지 개념이다. 일종의 피라미드 구조처럼 하나의 정점에서 아래로 내려가며 확산되거나, 그물망같이 하나의 벼릿줄에 꿰어져 쫙 펴서 물고기를 잡는 식의 시스템을 갖췄던 셈이다.

《사학징의》 중 김일호의 공초를 보면, "매번 첨례일이 되면 교중의 무리들과 함께 육회에 참석하여, 오직 널리 행하는 것을 책무로 삼았습니다"라고 했고, 또 "육회의 첨례에 참석하지 않음이 없었습니다"라고도 했다.[92] 이때 육회는 명도회의 별칭으로 쓰였다. 명도회를 육회라고 한 것은 집회 장소가 여섯 곳이어서가 아니라 명도회가 여섯 개의 회(會) 체제로 구성되고 운영되어서다.

명도회의 육회장

명도회의 육회 체제는 그 연원이 중국 명도회에서 왔다. 정황상 조선 명도회의 틀이 중국 명도회의 회규를 그대로 가져왔으니, 그 골간이 되는 육회의 체제를 적용하지 않았을 리가 없다. 다만 조선 쪽의 기록에 육회 체제와 육회장의 존재를 언급한 것이 위 황사영의 기록뿐이어서 그 실상을 파악하기가 어려운 점이 있다.

《입성모시태명도회목훈》에 따르면, 명도회 조직은 회를 관장하는 신부인 관회신사(管會神司)와 신부를 보좌해 회를 실제적으로 이끌어 나가는 육회장이 있었다. 그 명칭은 총추회장(總樞會長), 장서회장(掌書會長), 종무회장(綜務會長), 계우회장(啓愚會長), 부위회장(扶危會長), 성미회장(醒迷會長)이다.[93] 이중 앞의 삼회장은 본부 임원 격에 해당하고, 뒤의 삼회장은 명도회의 설립 목적에 따른 역할별 분과를 맡는다.

총추회장은 명도회의 총회장이고, 장서회장은 요즘 식으로 말해 회의 서기에 해당한다. 명도회원들이 지극히 중시한 보명단의 관리와 제반 기록을 맡았다. 종무회장은 회계와 총무의 역할을 맡아, 명도회의 서무와 재정 관리를 담당했다. 매달 주보의 표식을 제작하거나, 회원을 위한 패성패(佩聖牌) 즉 휴대용 성패 제작 및 명도회 활동에 필요한 각종 기도문과 교리 책자를 보급하는 데는 상당한 비용이 투입되었을 것이고, 이는 회원들의 회비와 헌금으로 마련되었을 것이다.

啓愚科: 訓誨愚蒙、提醒冷淡
扶危科: 洗將死之孩、助臨終之險
醒迷科: 闢除異端、開導迷途

목적

我先求主開悟並按時宜詳定規程開列於後

本會終向

是會之立爲明顯天主光榮頌揚聖母功德訓誨愚蒙提醒冷淡洗將死之孩助臨終之險闢除異說開導迷途每日求主爲本國聖教廣揚益原本天主慈憐下民之心及聖教會玉成後學之意愛主愛人之道於斯備矣況吾儕大主保情殷愛慕時尋子耶穌之榮念切痌瘝直超諸神聖之上凡居庇蔭之下者可不體此意而行乎但神工既有分途即一人難以兼理故分爲三科第一名曰啟愚科凡在是科者分宜訓誨愚蒙提醒冷淡第二名曰扶危科凡在是科者分宜洗將死之孩助臨終之險第三名曰醒迷科凡在是科者分宜闢除異端開導迷途總之是會終向無非引人善事眞主普愛同人故常祈主佑冀聖教大行異端絶滅凡入是會宜共發此願也

入會規程

一人欲加虔恭敬天主與聖母來進是會當先明

《입성모시태명도회목훈》 중 설립 목적과 각 과의 역할을 설명한 대목. 대만 보인대학 소장.

계우회장과 부위회장, 성미회장은 명도회의 성격을 가장 잘 드러내는 위치다. 계우(啓愚)는 '어리석은 이를 계몽한다'는 의미로, 계우회장은 교리 지식이 없는 교우와 냉담 교우를 권면하는 역할을 맡았다. 오늘날 사목위원회 교육분과 위원장에 해당한다.

부위(扶危)는 '어려움에 처한 신자를 부조한다'는 뜻이다. 부위회장은 세례를 받지 못한 상태에서 죽음을 맞은 어린아이에게 대세를 행하고, 병자나 망자를 돌보는 일을 맡았다. 오늘날 연령회나 연도회의 기능에 가깝다. 《사학징의》에서 한덕운 토마스가 사기그릇 장수로 상경하던 중 길에서 빈 가마니에 싸인 홍낙민의 시신을 보고 조문하고,

서소문 밖에 가서 최필제의 시신을 염습한 것은 그가 평소 부위과의 활동을 하고 있었음을 보여준다.[94] 훗날 병인박해 당시 《박순집증언록》에 나오는, 장 베르뇌 주교를 비롯해 일곱 명의 시신을 염습한 박 바오로 같은 분의 존재도 그러하다.[95] 신유박해 이후 밤중에 남몰래 사형당한 사학죄인들의 시신을 반출해 염습하고 매장한 일은 대부분 명도회의 부위과에 속한 신자들이 맡아 행했을 것이다. 사람이 죽었을 때 그 가족의 황망함을 생각하고, 또 경제적으로 절박한 처지에 놓인 경우라면 이 같은 천주교인들의 도움의 손길은 그들 전체 가족을 천주교 신앙으로 이끌어오는 데 절대적인 역할을 했을 것이다.

성미(醒迷)는 '미혹함에서 깨어나게 한다'는 의미다. 성미회장은 외교인을 권면하여 천주교로 입교시키는 일을 총괄했다. 오늘날 전교분과 위원장의 역할에 해당한다.

《입성모시태명도회목훈》에 따르면, 모든 명도회원은 반드시 계우과와 부위과, 성미과 중 어느 한 부문에 소속되어야 했다. 소속을 결정하는 것은 총추회장 또는 장서회장이었다. 신부는 보명단이 올라오면 총추회장 또는 장서회장을 파견해서 개별 면담을 통해 그가 지닌 달란트에 따라 소속을 결정했다. 면담 시에는 당사자의 학문 소양과 《삼본문답》에 대한 숙지 정도, 세례 절차에 대한 이해와 수행 능력, 외교인에게 교리를 가르치는 역량 등이 고려되었다.[96]

이후 총추회장과 종무회장이 그의 평소 행실을 살피고, 계율을 잘 지키며 좋은 표양을 보였는지, 자녀에게 성사를 행했는지의 여부를 교차 점검해 신청자의 보명을 허락할지를 결정했다. 보명이 결정되면 장서회장이 보명책과 보명단에 이름을 올려 다른 회원들에게 이 사실을 공지했다. 이후 이들은 만 1년의 수련기를 거쳐야 했다.[97]

각 과의 역할과 활동 사항 및 각종 세부 규정이 모두 꼼꼼한 세부

대전교구 신리 성지 순교미술관에 전시된 이종상 화백의 순교기록화 〈손 요한의 신리 신자들에 대한 염습〉.

조항을 근거로 시행되었다. 조선 명도회 또한 이 시스템을 그대로 가져왔을 것이다. 앞서 황사영이 말한 육회의 회소(會所)는 본부 육회장과는 별도로 운영한 중앙지부 격의 모임 장소였을 것으로 보인다. 무엇보다 총추회장인 정약종의 이름이 빠져 있는 데다, 종무회장과 장서회장의 경우 본부 총괄 임원이어서 별도로 집회소 운영자의 역할을 맡기는 어려웠을 것이기 때문이다.

정리하면, 당시 조선 명도회는 주문모 신부의 지도 아래 정약종을 총추회장으로 삼아 나머지 오회장이 역할을 나눠 운영하는 집단지도 체제로 운영되었다. 모든 회원은 자신의 중심 역량에 따라 계우과, 부위과, 성미과 중 하나에 소속되어 활동했다. 이들은 전교 활동에 열심했고, 이를 위해 기도생활과 교리 공부 및 봉사 활동을 게을리하지 않았다.

이 같은 신공(神工) 활동은 얼마 지나지 않아 교회 안팎에 신선한 반향을 불러일으켰다. 다른 신심단체가 없었던 조선 교회에서 명도회는 그 의미가 단순한 하나의 신심단체에 그치지 않았다. 모든 전교 활동과 신앙생활의 지침이 여기로부터 지시되고 하달되며 실천되었기 때문이다.

이렇게 볼 때 명도회는 당시 조선 천주교회의 의사결정권을 가진 최고 기관이었다. 주문모 신부는 혼자 힘으로는 도저히 감당할 수 없는 조선 교회에서 분권화와 평신도 조직의 활성화를 통해 사목의 공백을 메우고, 평신도 중에서 지도자를 양성함으로써 차세대를 위한 준비를 갖추고자 했던 것이다.

8. 명도회는 조선 교회 그 자체였다

풀뿌리 교회의 든든한 토대

명도회는 일개 신심단체가 아니었다. 주문모 신부에 의한 명도회 도입은 당시 조선 교회가 새로운 시스템을 장착한 것과 다름없었다. 기존의 전교 방식과 신자 교육 및 신앙 활동 전반에 걸친 혁신이 명도회를 통해 이루어졌다. 당시 명도회는 조선 교회 그 자체였다.

명도회의 출범 직후 정조의 급작스러운 서거는 결과적으로 예상치 않게 명도회의 대성공을 도와준 셈이 되었다. 이것은 불행히도 얼마 지나지 않아 신유박해의 부메랑이 되어 돌아왔다. 하지만 이때 뿌려진 명도회의 사랑방공동체 모임은 완전히 무너지지 않았다. 주문모 신부의 순교 이후 영세와 성사를 줄 신부도 부재한 캄캄한 암흑의 상황에서도 명도회는 초기 교회 이래로 이어져내려온 '평신도에 의한 풀뿌리 교회'의 전통을 굳건하게 이어갔다.

제대로 된 교리 교육을 받을 기회조차 없었던 새 신자들은 박해의 폐허에서 살아남은 명도회 출신 회원에 의해 교리 교육을 이어갈 수 있었고, 조선 교회는 이들의 헌신 위에서 재건의 토대를 다시 쌓아나갔다. 명도회는 초기 교회에서 중간지도자층을 길러내는 엘리트 신자 양성소의 역할을 했다. 그 기간이 길지 않았음에도 명도회의 훈련 과정을 거쳐 수많은 '추수하는 일꾼'이 배출되었다.

그런 점에서 주문모 신부가 중국 명도회의 시스템을 조선 교회에 도입하고 1년 만에 순교의 길을 떠난 것은 그나마 다행스러운 일이었다. 아니, 주 신부는 처음부터 머지않아 닥쳐올 자신의 죽음에 대비해 조선 교회에 자생의 방도를 마련해주려 했던 것인지도 모르겠다. 이때 극적으로 불타올랐던 신앙의 행동과 기억들이 이후 조선의 지하 교회가 극악한 탄압을 버텨내는 힘이 되었고, 당시 습득한 방법들이 교회의 재건에 힘을 실어주었으니 말이다.

명도회와 《주교요지》

명도회는 입회 과정과 절차 및 회원 관리가 대단히 엄격했고, 교육 시스템도 합리적이고 효율적이었다. 여기에서 한 가지 간과해서는 안 될 점은, 대부분의 회원이 여성이고 하층민이었던 만큼 명도회 회원들에 대한 교육 시스템을 어떻게 설계했느냐 하는 문제다.

이 지점에서 초대 명도회장 정약종과 그가 집필한 교리서 《주교요지(主教要旨)》에 눈길이 간다. 정약종은 이 책의 원고를 언제 탈고했을까? 그는 아버지 정재원과 신앙 문제로 극심한 갈등을 겪은 끝에 1791년 마재를 떠나 광주 분원 쪽에 새로운 거처를 마련했다. 그의 분원 집은 1798년과 1799년 서울을 벗어나 지내던 주문모 신부가 들렀을 가능성이 매우 높다. 또 1799년 정약종이 서울 문영인의 집에 두 달간 머물러 있을 때도 명도회 설립에 대한 논의가 오갔을 것이다.

일반 신자나 비신자를 대상으로 천주교의 교리를 전하려면, 기준으로 삼을 만한, 쉽게 쓴 한글 교리서가 무엇보다 요긴했다. 《주교요지》는 아주 쉬운 문답체의 한글 저술이어서 주문모 신부의 마음에 꼭 들었던 것 같다. 황사영은 〈백서〉에서 이렇게 썼다.

> 일찍이 교우 중의 어리석은 자를 위해 동국의 한글로 《주교요지》 2권을 지었다. 성교의 여러 책에서 널리 채록하여 자기의 견해를 보태 지극히 명백하게 하기에 노력했으니, 어리석은 부녀자와 어린이라 할지라도 책을 펴면 확실히 알아서 의심할 곳이 하나도 없었다. 본국 실정에 꼭 맞기가 《성세추요(盛世芻蕘)》보다 더 나았으므로, 신부가 이를 인가하였다.[98]

책을 지은 때는 분명치 않으나, 적어도 명도회가 설립된 시점에는 이미 완성되어 있었던 것은 분명하다. 주문모 신부는 이 책을 보고 프랑스 출신의 예수회 선교사로 중국어와 만주어에 능통했던 드 마이야(중국명 馮秉正)가 쓴 교리서 《성세추요》보다 낫다고 인가했고, 이를 토대로 정약종을 명도회 회장에 임명했던 것이다. 이에 고무된 정약종은 1799년 6월에 주문모 신부에게 세례를 받은 김건순 요사팟과 함께 서학서의 요점을 종합적으로 간추린 《성교전서(聖敎全書)》 출간이라는 대기획을 야심차게 진행하기까지 했다. 다만 이 작업은 절반이 채 끝나지 못한 상태에서 신유박해를 만났다. 두 사람 모두 형장의 이슬로 사라지는 바람에 미완의 기획에 그치고 말았다.[99]

당시는 형제인 정약전·정약용과 이승훈 등 초기 교회의 핵심 집행부가 속속 이탈한 상황이었다. 당시 총회장으로 교계의 존경을 한 몸에 받고 있던 최창현이 가장 높여 우러르는 사람으로 정약종을 꼽았으리만치 그는 교계 내부의 신망이 높았다.[100] 정약종은 1799년 교회를 대표해 북경 주교에게 보내는 편지를 직접 작성한 당사자이기도 하다. 그가 쓴 편지는 이존창의 지시에 따라 김유산을 통해 북경 교회에 전달되었고, 답장까지 받았다.

이경언이 명도회원에게 남긴 마지막 편지

1801년의 신유박해는 명도회 회장단과 각 지역의 지회를 이끌던 열성 회원 그룹에게 치명타를 가했다. 그래도 명도회의 명맥과 전통은 끊임없이 이어졌다. 이경언(李景彦, 1792~1827) 바오로는 이경도(李景陶, 1780~1801) 가롤로와 이순이(李順伊, 1782~1801) 누갈다의 막내동생으로, 1801년 신유박해 당시에는 고작 열 살의 어린아이였다.

달레의 《한국천주교회사》에는 1827년 정해박해 당시 복자 이경언이 옥중에서 명도회 회원에게 보낸 편지가 실려 있다. 사형당해 죽기 며칠 전인 5월 25일 옥중에서 쓴 편지다. 달레는 이 편지를 소개하면서, "죽기 며칠 전 이경언 바오로가 명도회 회원들에게 편지 한 장을 보냈는데, 이 명도회라는 것은 천주교 활동을 위한 단체로, 그 중요한 회원 중 하나였고, 어쩌면 지도자 중 한 사람이었는지도 모른다"고 썼다.[101] 이 편지는 신유박해 이후로도 명도회의 활동이 계속되어 조선 교회를 지탱하는 힘이 되었음을 증언한다.

편지의 서두는 이렇게 시작된다.

> 36년이나 세월을 헛되이 보내고 아무런 공도 세우지 못한 중죄인인 나는 천주와 동정 성모 마리아께 버림을 받아 마땅하였습니다. 그런데 오늘 특별한 큰 은혜로 부름을 받았으니, 이것은 나를 우리 회에 받아들이신 다음 가장 큰 은총을 쏟아주시는 우리 대주보, 죄 없이 모태에 잉태하신 성모 마리아의 은혜임을 의심치 않습니다.[102]

특별히 '성모시태'를 표방하여 성모 마리아를 대주보로 삼는 명도회의 강령을 다시 한번 확인했다. 이어 명도회 모든 회원의 열성과 공로를 말하며, 자신이 명도회 회원으로 입회하고 활동한 시간들을 성모 마리아의 은총으로 돌렸다. 천주의 섭리로 조선에 조그마한 집 한 채를 지어 몇몇 식구를 겨우 모아놓았는데, 모진 비바람에 그 집이 다 쓰러지게 된 현재 상황을 안타까워하며, 성모님의 보호하심으로 이 집이 잘 보존되도록 기도해줄 것을 부탁했다.

이경언은 또한 두 회장과 각지의 회장에게 간곡한 당부의 말을 남겼다. 또 자기 집에 가면 지난달에 무엇을 했는지 상세히 알 수 있을 것이라 하여, 당시 이경언이 명도회에서 모종의 중요한 역할을 담당하고 있었음을 짐작케 한다.[103] 그것은 회원의 보명단이나 각처의 활동 상황에 대한 기록이었을 것이다. '두 회장'이라 함은 본부 육회의 회장 중 두 사람을 지칭한 것일 테고, 각 지역별로도 따로 분회장이 있었음 또한 보여준다.

또 다블뤼 주교의 《조선순교사비망기》에는 "북경 주교가 교리를 지도할 남녀 몇 명을 뽑으라고 지시하자, 이경언은 그들을 양성하고자 매달 첫 번째 주일 집에 모이게 한 뒤 묵상 자료를 나눠주며 참된 신심을 기르도록 격려하였다"는 내용이 나온다.[104] 이 대목은 이경언 바오로가 당시 명도회를 대표하는 지위에 있었음을 강력하게 암시한다. 매달 첫 번째 주일은 앞서 살핀 대로 명도회의 정기 집회일이었다. 1827년 당시 이경언은 명도회 총추회장의 직분을 맡고 있었을 가능성이 대단히 높다.

이경언은 성인 현석문 가롤로와의 깊은 우정에 대해서도 편지에서 특별히 언급했다. 그는 황사영이 말한 명도회 육회 중 한 곳을 맡았던 현계흠의 아들이다. 현석문 또한 아버지를 이어 명도회의 핵심에서 이경언과 함께 활동하고 있었던 것이다. 달레는 이경언을 조선 천주교회의 가장 위대한 영웅의 한 사람으로 기렸다.[105] 그의 옥중 서한을 읽어보면 폐부 깊은 곳에서 우러나온 견결(堅潔)한 신앙의 언어에 한 차례 눈물을 흘리지 않을 수 없다.

여성이 주축이 된 명도회 활동

마지막으로 명도회 활동과 관련해 한 가지 짚고 넘어갈 점이 있다. 황사영은 당시 명도회 회원의 3분의 2가 여성이었다고 썼다. 그러고 보면 앞서 본 정복혜, 김연이, 윤복점 등 사학매파 삼인방이 다닌 여러 집은 모두 명도회의 활동과 관련된 모임 때문이었으리라는 짐작이 든다. 한신애가 자기 집 여종들에게 교리를 가르치려고 이합규 등을 초청해 자리를 마련했던 것도 같은 맥락에서 이해할 수 있다.

사실 조선 교회에서 여성의 지위는 특별했다. 황사영은 〈백서〉에서 다시 이렇게 썼다.

> 벼슬아치 집안의 부녀자로 입교한 사람이 자못 많았는데, 대개 나라의 법이 역적이 아닐 경우 사족(士族)의 부녀에게는 형벌이 미치지 않

> 았다. 이 때문에 그들은 금지하는 명령을 염려하지 않았고, 신부 또한 이를 빌려 교회를 널리 선양할 바탕으로 삼으려 하여, 대우함이 특별히 두터웠으므로 교인 중의 큰 세력이 모두 여교우에게 돌아갔다. 하지만 이 때문에 소문 또한 널리 퍼졌다.[106]

양반의 부녀자에게는 대역부도의 죄가 아니고는 형벌을 가하지 않는 국법이 사대부가 여성들이 천주교 신앙을 적극적으로 받아들이는 바탕이 되었고, 주문모 신부도 이 점을 적극 활용해 교회 내에서 여성들의 활동을 장려하고 특별하게 대우해, 교회에서 여성 신자의 확산세가 특히 명도회 창립 이후로 가파른 상승세를 띠게 되었다고 본 것이다.

지금까지 살펴본 대로, 명도회는 1800년 4월에 설립되어 1년도 안 되는 기간 동안 활동하다가 신유박해로 궤멸 직전의 상황에까지 이르렀으나, 이후로도 활동이 이어져 신부가 없는 조선 교회가 그 빛을 유지하는 데 든든한 밑바대가 되어주었다. '명도회'라는 이름은 단순히 한때 존재했던 신심단체의 하나로 기억되어서는 안 된다. 명도회는 신부가 없었던 암흑기 조선 천주교회 그 자체였다.

10부

차세대 리더
황사영과 김건순

1. 보석처럼 빛났던 소년 황사영

무덤 속 백자합에서 나온 비단천

1980년 9월 2일, 경기도 양주군 장흥면 부곡리 속칭 '가마골'로 불리는 홍복산 자락에서 황사영(黃嗣永, 1775~1801)의 묘소 발굴 작업이 진행되었다. 무덤을 개봉하자 관 왼쪽 하부에 그을음을 묻힌 돌 아홉 개가 십자가 모양으로 놓여 있었다. 그 십자가 왼쪽 끝에서 청화백자합 하나가 출토되었다. 옹기 항아리 속에 들어 있던 백자합의 뚜껑을 열자 바닥에서 덩어리진 천조각이 나왔다. 당시 감정을 의뢰받은 단국대 석주선 교수는 확대경으로 살핀 결과 고급 명주천으로 만든 토시로 보인다고 평가했다. 천은 검게 변색되어 원래의 색채는 알 수 없었고, 남은 파편은 가로 7센티미터, 세로 4.5센티미터의 작은 조각이었다.[1]

이 작은 천조각은 무슨 의미로 청화백자합에 담겨 그의 무덤 속에

1980년 9월 2일 황사영 묘소 발굴 당시의 모습. 유홍렬 교수, 방계 후손 황영하 씨(왼쪽)와 무덤에서 나온 청화백자합(오른쪽). 종손 황세환 선생 제공.

남겨졌을까? 그 의미를 알려면 그로부터 190년 전인 1790년 9월 12일로 잠시 돌아가야 한다. 이날은 증광시(增廣試)가 열려 합격자 발표가 있었다. 국왕 정조는 이문원(摛文院)에 납시어 합격자를 소견했다. 임금은 그들 중 70세 이상 고령 합격자 5인과 20세 이하 합격자 5명을 따로 불렀다.

그들은 임금이 지켜보는 앞에서 한 차례 더 시험을 치렀다. 노인은 '노인성(老人星)'을 제목 삼아 부(賦)를 짓고, 소년들은 '소년행(少年行)'을 제목으로 시를 지었다. 임금은 이들이 제출한 답안지를 직접 채점했다. 황사영은 이날 16세의 최연소 합격자로 이 자리에 참석했고, 임금이 손수 점수를 매긴 두 번째 답안지로 다시 1등의 영예를 안았다. 임금은 황사영을 앞으로 나오게 해, 본인이 지은 시와 노인 급제자들이 지은 부를 소리내 읽게 했다. 《내각일력(內閣日曆)》 1790년 9월 12일 기사에 자세하다.

1811년 11월 3일, 조선 교회에서 북경 주교에게 보낸 〈신미년백서〉에는 이때 임금이 황사영을 불러 보고는 손을 잡고 총애하시며 이렇게 말했다고 적었다. "네 나이가 스무 살이 넘으면 바로 벼슬길에 나와 나를 섬기도록 하라."[2] 반짝반짝 보석처럼 빛나는 명민한 소년을 임금은 흐뭇한 표정으로 바라보았다. 다블뤼 주교는 《조선주요순교자약전》에서 다시 이렇게 썼다.

> 국왕은 그를 각별히 아껴 환대의 표시로 그의 손을 잡기까지 했다. 그런 일은 이 나라에서는 이례적인 총애였다. 그 일이 있은 뒤 알렉시오는 항상 손목에 띠를 두르고 있어야 했고, 그때부터 사람들은 더 이상 함부로 그의 손을 만질 수 없었다.[3]

그의 무덤 속 청화백자합에 소중하게 담겼던 작은 천조각은 그가 평생 손목에 감고 다녔던 그 비단 토시의 조각이었을 것이다. 임금은 그를 아껴 각별한 총애를 내렸고, 그는 감격해서 평생 어수(御手)가 닿았던 그 손목에 비단을 감았다. 하지만 그 일이 있고 몇 해 뒤 그는 임금 대신 천주의 길을 택했다.

대체 그동안 무엇을 한 게냐?

〈신미년백서〉에는 황사영이 스무 살 되던 1794년 천주교에 입교했다고 썼다. 이후 그는 과거에 마음을 두지 않았고, 시험장에 들어가

더라도 백지를 내고 나왔다고 했다.[4] 《승정원일기》 1794년 3월 18일자 기사에, 성균관 밖 유생의 응제시 급제자 명단에 황사영이 나온다. 이틀 뒤인 3월 20일, 임금은 황사영을 접견한 자리에서 그사이에 부(賦)와 표(表)를 몇 수나 지었느냐고 물었다. 황사영이 표가 50수, 부가 30수라고 대답하자, 임금이 말했다. "네가 진사시에 급제한 지가 이미 오래되었다. 비록 한 달에 한 수만 짓더라도 날짜가 더 남는다. 그동안 대체 무엇을 한 게냐? 책을 읽기는 하였느냐?" 임금의 힐난에는 실망의 기색이 묻어 있었다.[5] 황사영의 이때 나이가 앞서 임금과 출사를 다짐했던 스무 살이었다.

황사영의 아내 정명련(丁命連)은 다산 정약용의 큰형 정약현의 딸로, 어머니는 이벽의 누이였다. 명도회장 정약종이 그의 처삼촌이었다. 황사영의 어머니 이윤혜(李允惠)는 평창 이씨로 이승훈과 가까운 일족이었다. 이가환의 생질로, 신유옥사에 천주교 신자로 귀양 갔던 이학규(李學逵, 1770~1835)는 그녀의 사촌동생이었다. 황사영은 천주교 가문의 이른바 성골 혈통이었다.

그는 15세에 혼인한 것으로 알려져 있다. 그러니 그가 천주교 신앙을 접한 것은 1794년보다 훨씬 앞선 때부터였을 것이다. 1790년 16세로 진사시에 급제하고 난 뒤 1794년보다 앞선 어느 시점에 그는 천주교 신앙을 받아들였다. 이후 그는 과거시험을 끊었다. 임금 앞에 대답할 당시 황사영의 마음은 앞서 처삼촌 다산이 그랬던 것처럼 이미 천주에게로 온전히 향해 있었다. 이 사실을 알게 된 친척과 친구들이 꾸짖으며 그의 마음을 돌리려고 애썼지만, 아무 소용이 없었다.

이듬해인 1795년 4월 18일, 성균관에서 전날 임금의 행차 때 나와 맞이하지 않은 유생 23명에게 과거 응시를 정지시키자는 요청을 올렸다. 이 23명 중에 황사영의 이름이 두 번째로 나온다. 이때 그는 이미

과거 응시를 포기하고 있었던 것이다.[6]

황사영! 그는 당시 조선 천주교회에서 떠오르는 차세대의 희망이었다. 신유박해 당시 검거령이 떨어지자, 강완숙은 어떻게든 그만은 살려내려고 모든 인맥과 조직을 총동원했다. 그 같은 노력 덕분에 그는 지도자급 인물들이 줄줄이 검거되어 형장의 이슬로 사라진 뒤에도 근 8개월 동안 도피해 있다가 9월 29일에야 제천 배론 토굴에서 검거되어 끌려왔다.

《사학징의》에 실린 여러 기록은 당시 의금부가 황사영을 잡기 위해 얼마나 혈안이 되어 있었는지를 잘 보여준다. 교회 조직에서 황사영의 위상을 충분히 인지하고 있었다는 뜻이다. 당시 27세의 청년 황사영은 어떻게 이렇게 짧은 시간에 교회 중심부의 핵심 인물로 부상할 수 있었을까? 다른 사람이 모두 잡혀가도 그만은 지켜내야 할 어떤 필연성이 있었던 걸까?

《송담유록》과 《눌암기략》의 진술

강세정의 《송담유록》 중 다음 기록에 그 대답이 있다.

> 죄인 황사영은 나이가 27세인데 아비는 황석범(黃錫範)이고, 조부는 황재정(黃在正)이다. 아울러 세상을 뜬 외조부는 이동운(李東運)이다. 황사영은 정약종의 조카사위이고, 최창현과는 죽음을 함께하는 벗이며, 이가환·이승훈·홍낙민·권철신의 혈당이었다. 일찍부터 간사한 자들에게 낚여 사술을 몹시 믿어 제례를 폐기하고 천륜을 멸절시켰다. 사당(邪黨)의 여러 사적(邪賊)이 주문모를 맞이해온 이래로 스승으로

섬기고 신부라고 부르면서 세례를 받고 이름을 받아, 주문모의 도당이 된 자 가운데 으뜸가는 심복이었다.[7]

《추안급국안》 1801년 10월 10일자 공초에서, 황사영은 자신이 1795년 최인길의 집에서 주문모 신부와 처음 만났고, 이후 그의 문하생이 되기를 원해 잠시도 떨어져 있으려 하지 않았다고 진술했다. 위 《송담유록》의 기록과 일치한다. 황사영은 입교 이후 당시 천주교회 핵심 인물들과 긴밀한 연계 아래 주문모의 으뜸가는 심복이 되었던 것이다.

당시 교회 조직에서 신분이 높은 양반층은 대부분 이탈한 상태였다. 주문모 신부는 북경으로 보낼 편지의 작성을 비롯해 교리서의 번역과 보급 등에서 문장에 능하고 식견이 높은 양반층의 도움이 절실한 상황이었다. 최창현 등이 있었지만 중인들의 열심한 신앙만으로는 채울 수 없는 부분들이 존재했다. 더욱이 그는 신부가 신임하는 정약종의 조카사위였다.

《눌암기략》을 쓴 이재기의 언급은 더욱 자세하다.

> 황사영은 만랑(漫浪) 황호(黃床) 집안의 종손이었다. 나이 16세에 진사가 되었다. 문장과 글씨가 모두 그 손에서 나와 명성과 영예가 대단히 성대하였다. 하지만 가까운 인척인 정약종과 가까운 친척인 이승훈에게 이끌려, 과거도 그만두고 오로지 사학의 방법만 익혀 밤낮없이 쉬지 않았다.[8]

이어 이재기는 자신이 황사영의 친삼촌인 황석필(黃錫弼, 1758~1811)에게 황사영이 서학을 하지 못하도록 말릴 것을 여러 차례 종용했다고 썼다. 그러면 황석필은 "전해들은 말이 지나친 것이오. 어찌 그 정도까지 빠졌겠소"라고 했고, 또 "근래에는 잘못인 줄 깨닫는 듯하오"라며 괜찮아질 거라고 대답하곤 했다.[9]

이재기는 이에 대해 다시 "황석필은 강도(江都)에서 밥벌이를 하느라 그 조카와 사는 집이 달라서 그 은밀한 일을 다 밝게 알 수가 없었다. 게다가 사람됨이 차분하고 담백한 데다 진국이어서 번번이 그 조카에게 속은지라, 그 말이 이와 같았던 것이다"라고 그를 두둔해주었다.[10] 사실 이재기는 황석필과는 사돈간이었다. 황석필의 둘째 딸, 즉 황사영의 사촌여동생이 이재기의 아들 이근수(李根脩)와 혼인했다. 또 큰딸은 이재기의 집안 동생인 이재순(李在淳)과 혼인했다.

이재기가 황석필을 위해 변명을 해준 것은 자기 집안이 천주교와 엮이는 것을 막기 위해서였다. 하지만 그 황석필 또한 천주교 신자였던 것으로 보인다. 《사학징의》 중 황사영과 관련해 유배 간 사람의 명단 첫머리에 그의 이름이 나온다. "그는 황사영의 숙부인데, 그 형이 출계(出系)한 까닭에 연좌죄는 면했지만, 황사영이 도망간 뒤에도 끝내 간 곳을 가리켜 고하지 않아 여러 달 붙잡지 못하는 정황을 가져왔으니 진실로 지극히 원통하고 해괴하다. 그래서 엄하게 한차례 형벌을 가하고 정배하였다"고 적었다.[11] 그는 함경도 경흥 땅에 유배되었다.

황석필은 황사영과 팔촌간인 윤종백에게 글을 가르친 스승이기도 했다. 그런데 그 윤종백은 황사영에게 《천주실의》와 《칠극》을 빌려 배우고, 이희영에게 예수상을 받았으며, 이후 돈을 받고 예수상을 많이 그려준 죄목으로 1801년 7월 13일에 강릉으로 귀양 간 인물이다.[12]

2. 황사영의 애오개 교회

손이 귀한 명문가의 유복자

황사영은 명문인 창원 황씨 판윤공파의 후예다. 7대조 만랑공(漫浪公) 황호(黃床, 1604~1656)는 대사성을 지냈고, 증조부 황준(黃晙, 1694~1782)은 문과에 급제해 공조판서를 지낸 뒤 기로소(耆老所)에 든 국가 원로였다. 황준의 아들 황재정(黃在正, 1717~1740)은 24세의 젊은 나이에 후사 없이 세상을 떴다. 종가가 절손되자, 황준은 일가인 황재중(黃在重)의 맏아들인 칠촌조카 황석범(黃錫範, 1747~1774)을 양자로 들여 후사를 이었다.

종가의 봉사손으로 들어간 황석범은 1771년 정시(庭試)에 급제해 승문원 정자와 한림을 지냈으나, 아들의 출산을 얼마 남겨두지 않은 1774년 11월 22일에 28세로 일찍 세상을 떴다. 황사영은 이듬해인 1775년 봄에 아버지 없이 유복자로 태어났다. 그가 태어났을 때, 집안에 남자라고는 82세의 증조부 혼자뿐이었다. 황사영은 지파인 만랑공파의 제사를 받드는 봉사손이었다.

이가환의 부친 이용휴(李用休, 1708~1782)는 당대 남인 문단의 영수로 위상이 우뚝했다. 그런 그가 자기보다 한참 어린 황재정과 황석범 두 사람의 죽음을 애도하는 글 두 편을 남겼다. 이가환의 문집에 실린 〈황대수소전(黃大叟小傳)〉은 황재정을, 〈제황정자맹년애사권후(題黃正字孟年哀辭卷後)〉는 황석범을 애도한 글이다. 뿐만 아니라 황준의 회혼례 때는 5수의 축시를 지어주기까지 했다. 집안간의 오랜 연분으로 그는 3대를 위해 글을 남겼다.[13]

황사영은 8세까지 증조부 황준의 사랑을 받으며 자란 듯하다. 아슬아슬하게 이어온 집안의 명운이 이 귀한 아이의 어깨에 달려 있었다. 그의 돌림자는 원래 '연(淵)' 자였지만, 증조부는 아이가 집안의 대를 길게 이어가주기를 바라 돌림자를 버리고 '사영(嗣永)'으로 이름을 지었다. 아이는 증조부가 세상을 떠난 뒤 16세에 진사시에 당당히 합격함으로써 그 같은 기대에 완벽하게 부응하는 듯했다.

황사영은 서울 서부의 아현(阿峴), 즉 애오개에서 나고 자랐고, 15세에 장가들었다. 어머니 이윤혜는 이승훈의 가까운 일가였다. 정약현의 딸인 아내 정명련은 외삼촌이 이벽이었다. 당시 황사영은 이렇게 천주교 핵심 세력들에 둘러싸여 있었다. 황사영이 16세로 진사시에 최연소 합격하기 한 해 전인 1789년에 처삼촌 정약용이 대과에 급제했다. 정조는 이 영특한 소년이 다산의 조카사위임을 알았을 테고, 그마저 진사시에 급제하자 황사영에게 아주 특별한 기대를 품었다.

하지만 이때 소년은 앞서 다산이 그랬던 것처럼 이미 서학에 깊이 빠져들고 있었다. 《추안급국안》의 1801년 10월 10일자 공초에서 황사영은 자신이 양학(洋學)을 한 것이 11년 되었다고 했다. 이 말대로라면 그가 서학에 입문한 것은 1791년의 일이다. 그러다가 1795년 최인길의 집에서 주문모 신부를 만나면서 그는 과거시험을 완전히 포기하고 신앙의 길에 온전히 투신했다.[14] 앞서 본《눌암기략》의 언급대로 정약종과 이승훈에게 이끌려 그는 오로지 사학만 익히며 밤낮으로 쉬지 않았다.

황사영의 아현동 본당

1795년 이후 황사영의 아현동 집은 서부 지역 천주교 조직의 주요 거점 중 하나였다. 가족은 단출해서 자신과 어머니와 아내뿐이었다. 모두 독실한 신자로, 황사영의 신앙생활은 특별히 방해받을 것이 없었다. 이웃에 삼촌 황석필이 살고 있었고, 그도 천주교를 믿었던 것으로 보인다. 앙역노(仰役奴) 돌이(乭伊), 육손(六孫), 앙역비(仰役婢) 판례(判禮), 고음련(古音連), 복덕(福德), 비부(婢夫) 박삼취(朴三就) 등의 하인들이 한집 또는 가까이에 살면서 황사영을 보필했다.[15]

황사영의 집은 종가여서 사당을 모시고 있었으나, 그는 제사마저 폐기했다. 친척과 벗들이 펄펄 뛰며 난리를 쳤지만 그의 마음을 돌리지 못했다. 1797년에는 종갓집인데도 사당을 아예 허물어버렸다. 1800년 4월에 명도회가 설립된 뒤 그의 집은 명도회 5대 거점 중 하나가 되었다.

《사학징의》를 통해 볼 때, 그의 집에서 함께 생활한 사람이 더 있었던 것으로 보인다. 필공(筆工) 남송로(南松老)와 충주 사람 이국승(李國昇)이 그들이다. 남송로는 황사영이 사당을 허문 자리에 집을 짓자 거기에 입주해서 살았다. 이국승은 1795년 충주에서 검거된 뒤 배

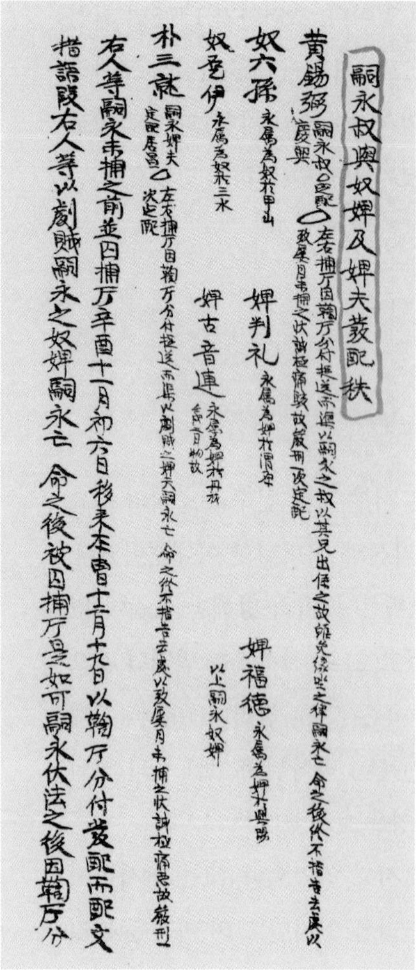
嗣永叔與奴婢及婢夫發配秩
黃錫弼
奴六孫 婢判礼
奴乭伊 婢古音連
婢福德
朴三就
右人等嗣永未捕之前並因捕庁辛酉十一月初六日移来本曹十二月十九日以鞫庁分付發配而配文
措語段右人等以劇賊嗣永之奴婢嗣永亡命之後被因捕庁是如可嗣永伏法之後因鞫庁分

《사학징의》에 수록된 황사영 집안 관련 유배자 명단.

교를 맹세하고 풀려나와 서울로 올라왔다. 이후 여러 해 동안 황사영의 집에서 지냈다.[16] 그의 집이 당시 조선 천주교회의 아현동 본당 구실을 감당하고 있었으므로, 측근에서 사람과 조직을 관리할 인원이 필요했기 때문이다.

특별히 황사영은 중앙 조직의 핵심 멤버여서 이래저래 교회에 들어가는 비용이 적지 않았다. 1800년 3월 강완숙이 대사동 집을 포기하고 충훈부 후동으로 이사했을 때도, 홍필주의 공초에 따르면 황사영은 김계완, 이취안, 김이우 등과 함께 각각 100냥씩을 헌금했다.[17] 무엇보다 주문모 신부를 안전하게 모시는 일이었기 때문이다. 남송로의 공초에는 황사영이 빈궁한 경제 상황으로 인해 성화와 예수상을 제작해서 팔아, 이것으로 교회 유지에 필요한 경비를 마련했다고 기록되어 있다.[18] 당시 전국적으로 성물에 대한 수요가 폭증하고 있었으므로, 벽동 정광수의 성물 공방과 함께 황사영의 성물 제작소도 꽤 큰 역할을 맡았던 듯하다.

두 사람 외에도《사학징의》에 나오는 아현 거주 천주교 신자는 김의호(金義浩)와 그의 아들 김희달, 김치호(金致浩), 궁인(弓人) 한성호(韓聖浩)와 최봉득(崔奉得), 고조이(高召史)의 언니, 목수 황태복(黃太福), 그 집 행랑채에 살던 제관득(諸寬得), 여기에 이웃의 목수 한대익(韓大益) 등이 더 포착된다. 이들은 자주 황사영의 집에 물건을 만들어주러 갔다. 목수가 둘, 궁인이 둘인 것도 흥미를 끈다. 성물 제작과 무관치 않으리란 짐작이다. 가깝게 왕래했던 송재기가 각수(刻手)였던 것도 그렇다. 이 밖에도 홍인, 권상문 등 비교적 왕래가 잦았던 인물이 더 있다. 홍인은 삼촌 황석필의 친구였다.

《사학징의》에 가장 많이 등장한 이름

또한 황사영의 둘레에는 당시 조선 천주교회의 수뇌부들이 포진하고 있었다. 교회의 중요한 결정이 이루어진 자리에 황사영은 예외 없이 함께했다. 유관검의 공초에 따르면, 1796년 겨울 주문모 신부는 조선 교우를 대신해 북경 주교에게 조선 교회가 처한 상황을 보고하고 대박(大舶), 즉 서양 선박을 청하는 글을 보냈다. 이때 이 서찰에는 서울을 대표해서 최창현과 황사영이 이름을 적었고, 호남에서는 유항검·유관검 형제와 윤지헌이 이름을 올렸다.[19]

이처럼 1796년 말에 이미 황사영은 조선 교회를 대표하는 중심인물로 위상이 굳건했다. 앞서 보았듯, 한신애도 공초에서 남자 교우 중에 가장 높은 사람이 양반으로는 정광수와 황사영이고, 중인으로는 이용겸과 김심원이라고 진술했다. 홍필주는 황사영 등이 자기 집에서 모인 것이 6~7년 되었다고 했으니, 황사영은 1795년 이전부터 본격적인 신앙생활에 투신한 것이 분명하다. 홍익만도 1794년에 황사영의 집 등을 왕래하며 공부한 사실을 적고 있다.

《사학징의》에서 검거된 인물들이 자신이 속한 혈당의 무리를 거론할 때 황사영의 이름은 빠지지 않고 나온다. 필자가 《사학징의》에 나오는 인명의 출현 빈도를 조사해보니, 황사영의 이름이 무려 380차례나 나와 압도적 1위를 차지했다. 주문모 신부가 275번, 홍필주가 189번, 강완숙은 128번이었다. 정약종이 102번, 최창현은 67번, 최필공이 58번, 이합규는 48번, 최필제는 42번 등장한다. 이 수치는 당시 교회 내에서 황사영이 차지했던 비중을 단적으로 알려준다.

거점 조직의 관리와 확산

1795년 이후 천주교의 확산세가 가팔랐지만, 탄압도 만만치 않았다. 특별히 마을 단위 포교에 집중했던 내포 쪽은 조화진 같은 밀정의 활약과 관부의 조직적 검거로 피해가 컸다. 하지만 서울 지역의 경우, 저인망식으로 쫙 펼쳐진 천주교의 그물 조직은 대단히 촘촘했다. 당시 서대문과 남대문 및 중구 인근은 한양 천주교 조직의 주 활동 무대였다. 각 지역별로 거점이 있었고, 거점별로 중심인물이 각각 포진하고 있었다.

강완숙의 집은 주문모 신부를 모신 조선 교회의 헤드쿼터였다. 여기에 최창현, 최필공, 최필제, 손경윤, 손인원, 김계완, 정인혁 등 앞서 살핀 약국 주인들이 각각의 거점을 맡고 있었고 황사영, 정광수, 이합규, 김이우, 최인길 등의 조직이 한 구역씩 맡아 포교에 힘을 쏟고 있었다. 이들이 자연스레 조선 천주교회의 집행부를 구성했다.

이 구역 조직들은 1800년 이후로는 새로 설립된 명도회 활동을 통해 급속도로 세를 불려나갔다. 주문모 신부는 매달 7일 명도회 집회 때마다 각 지부를 순방하면서 미사를 집전하고 성사를 주었다. 황사영의 집에도 주문모 신부가 여러 차례 와서 미사를 드렸다. 미사는 황사영 집의 건넌방에서 진행되었다. 신자들은 관을 쓰고 무릎을 꿇고 앉아 예수의 화상에 절을 올리고 경문을 외웠다. 말이 어눌한 신부를 대신해서 황사영이 교리를 설명했다.

황사영은 16세에 진사시에 급제한 천재의 아우라로 인해 주로 '황진사'로 불렸다. 여기에 임금이 손을 잡았다 하여 손목에 두르고 다니던 명주천과 명문가 종손의 기득권을 내려놓고 신앙에 투신한 모범 등으로 특별한 주목을 받았다. 그는 학문이 높고 글도 잘 썼으며, 무엇보다 해박한 교리 지식으로 주문모의 핵심 심복이라는 말을 들었다.

그는 성품마저 겸손하고 해맑았다. 다른 사람들의 마음이 미처 닿지 않는 곳까지 세심하게 챙기는 따뜻한 마음씨의 소유자였다. 특별히 그의 트레이드마크가 된 아름다운 수염과 준수한 용모가 많은 여성 신자의 마음을 사로잡았던 것 같다.

1795년 주문모 실포 사건으로 의금부에 끌려가 윤유일, 최인길과 함께 당일로 죽은 지황의 아내 김염이는 입국 초기 주문모 신부의 의복을 지어 입혔던 여인이다. 남편이 갑작스레 죽은 뒤 그녀는 강완숙의 홀대와 남편 사후에 발길을 끊어버린, 남편과 함께 신앙생활을 했던 이들에 대한 서운함 때문에 신앙을 멀리하고 있었다. 황사영만이 사람을 보내 그녀를 살뜰히 챙겼다. 감격한 그녀는 사흘을 황사영의 집에 머물러 자며 강학하던 여가에 집안 여성의 옷까지 지어주고 돌아오기도 했다.[20] 이윤하의 아들 이경도 가롤로는 곱사병을 앓는 장애인이었는데, 부친상을 당한 뒤에 황사영만 자신을 찾아와 살펴보았다고 진술했다.[21]

1801년 2월 송재기의 집에서 도피 중이던 황사영을 처음 만난 최설애는 그 명성을 익히 들어온 터라 '상견이 늦었다'며 인사를 청했고, 그의 도피를 위해 상복을 지어주는 일을 거들었다. 그녀는 자기도 모르게 황사영에게 "지금의 행색이 비참하고 처량하니 어떻게 하면 다시 만나겠습니까?"라고 물었다.[22] 그녀는 황사영에게 마음이 끌렸던 듯하다. 하지만 그녀 또한 결국 황사영의 도피를 도운 죄로 사형을 당해 죽어, 이승에서의 재회는 이루어지지 않았다.

3. 황사영의 도피를 도운 사람들

한꺼번에 터진 제방

1801년 신유년으로 해가 바뀌면서 천주교에 대한 조정의 분위기가 심상치 않았다. 전년 11월에 정조의 국상이 끝난 지 얼마 되지 않아, 12월 17일에 도저동에서 약국을 운영하던 최필공이 전격적으로 체포되었다. 12월 19일 새벽에는 최필제의 약방에 모여 기도하던 사람들이 기찰 중이던 포졸들에게 적발되었다. 새해 1월 10일 정순왕후는 천주교인의 전면적 색출을 위한 오가작통법(五家作統法)의 연좌제 실시를 윤음으로 선포했다.[23]

1월 19일에는 급박하게 돌아가던 상황에 불안감을 느낀 정약종이, 보관 중이던 교회 서적과 성물, 주문모 신부의 편지와 신자들 사이에 오간 글이 가득 담긴 상자를 안전한 곳에 옮겨 보관하려다가 운반 도중 적발된 이른바 '책롱 사건'이 발생했다. 이 일은 가뜩이나 들끓던 여론에 불을 붙였다. 천주교 배척 상소가 조야(朝野)에서 일제히 빗발쳤다. 검거 선풍이 불고 체포령이 삼엄해, 천주교 수뇌부는 일체의 활동을 중단하고 지하로 들어가 숨을 죽였다.

정약종의 책상자에서는 조정이 그토록 찾던 주문모 신부의 편지뿐 아니라 다산과 황사영의 편지까지 나왔다. 이들의 끝자락이 주문모 신부에게 닿게 해줄 터였다. 정약종의 일기장도 있었다. 황사영은 책롱 사건이 터졌다는 소식을 듣고 당일 집을 떠났다. 1월 20일, 그는 집 근처 제자 김희달의 집에서 잤다. 혹시 있을지 모를 기습 검거에 대비해 인근에 은신하며 사태를 관망하려 한 것이다. 《사학징의》에 실린 김희달의 아버지 김의호의 공초에 그 내용이 보인다.[24]

당시 포도대장 이유경(李儒敬, 1747~1804)은 채제공의 외조카로 이 사건의 파장이 클 것을 우려해 문제를 자기 선에서 덮으려 했다. 이 일로 그가 파직되고, 2월 5일 이후 박장설과 이서구, 최현중 등의 상소가 잇달아 올라가자, 2월 9일 사헌부는 마침내 이가환과 이승훈, 정약용 등의 체포와 국문을 주청했다. 이들은 2월 10일에 체포, 수감되었다. 2월 11일에는 권철신과 정약종이 끌려왔다. 한꺼번에 제방이 터진 듯한 형국이어서 손을 쓸 수조차 없었다.

2월 10일, 국문장으로 끌려온 정약용 앞에 당국은 불쑥 정약종의 책상자에서 나온, 다산이 황사영에게 보낸 친필 편지를 내밀었다. 둘의 관계를 묻자 다산은 "저와는 오촌으로 이모의 외손입니다"라고 대답했다. 더 가깝게 조카사위라고 말할 수도 있었지만 그러지 않았다. 상자에서 나온 황사영의 편지도 같이 내밀어, 편지 속 내용으로 심문이 진행되었다. 이 내용은 《추안급국안》에 보인다.[25]

잠행과 피신

상황이 다급했다. 2월 10일 국청(鞫廳)이 설치되자, 줄줄이 끌려온 신자들이 혹독한 고문과 함께 심문을 받았다. 신자들이 줄줄이 부는 진술 속에서 황사영의 이름은 빠지는 법이 없었다. 심문과 문초가 계속될수록, 교계에서 황사영의 위상은 점점 더 분명해졌다.

강완숙은 그 와중에 화급하게 신부를 양제궁에 숨겼다가 황해도로 빼돌려 은신시켰고, 지도부의 긴급한 피신을 지휘해야만 했다. 그녀는 2월 10일 이가환, 이승훈, 정약용의 체포 직후에 체포령이 내린 황사영을 계산동 용호영 인근의 사학매파 김연이 집으로 숨겼다. 중인 신분으로 교계의 지위가 가장 높았던 이합규와 김계완도 강완숙의 지시에 따라 이 집에 합류했다.

이합규는 이용겸 또는 이동화라는 별명으로 더 많이 불렸고, 김계완은 김백심과 김심원 등 여러 이름을 바꿔 써 당국을 혼란스럽게 했지만, 사실은 같은 사람이었다. 이들은 너무 다급해 멀리 달아날 시간조차 없어서 관부의 턱밑으로 숨어든 것이었다. 사실 이런 상황에서 길을 나서는 것은 도심에 숨는 것보다 한층 위험했다. 세 사람은 앞서 보았듯 한신애가 뒷날 공초에서 정광수와 함께 남자 교우 중 가장 높다고 꼽은 이들이었다. 이들은 당시 서울 지역 천주교회의 핵심 중 핵심이었다. 이들마저 체포되면 서울 교회 조직이 완전히 와해될 뿐 아니라 재기 불능 상태에 빠지고 만다는 위기감마저 감돌았다.

황사영은 이씨의 호패를 차고 이서방으로 행세하며, 때를 보아 지방으로 종적을 감출 계획을 강완숙과 미리 상의해둔 상태였다. 이날 밤 황사영은 집에 보낼 편지를 써서 강완숙에게 보냈고, 강완숙은 권철신 집 여종 구애를 시켜 편지를 전달했다.

2월 11일, 포도청의 포교들이 계산동까지 들이닥쳐 이들이 숨은 동네를 이 잡듯 뒤지기 시작했다. 세 사람은 불안한 마음을 못 이겨 삼청동 산 위로 달아나 산속에서 하루를 보냈다. 날이 저물자 산에서 내려온 세 사람은 적선동 십자교 근처로 돌아나와 김가 성의 교우 집으로 들어갔다. 겁을 잔뜩 집어먹은 주인은 나가달라며 쫓아냈다. 몰려다니다가는 더 큰 의심을 사겠다 싶어 이들은 그곳에서 각자 헤어졌다.[26] 여기까지는 이합규와 김계완, 그리고 황사영의 공초를 맞춰서 재구성한 내용인데, 기억의 착오로 세 사람의 진술에는 날짜에 얼마간 차이가 있다.

황사영은 상황을 알아보기 위해 밤중에 석정동에 사는 권상술의 집으로 찾아가 하루를 묵고, 새벽에 바로 나왔다. 그는 동대문 안쪽 훈련원 근처 황정동 즉 노랑우물골에 살던 각수 송재기의 집으로 숨어들어 사흘을 더 머물렀다.[27] 황정동은 위치가 불분명한데, 《추안급국안》 중 김한빈의 공초에는 송재기의 집이 이교(二橋) 즉 동대문에서 종로 쪽으로 두 번째 다리가 놓인 인근에 있었다고 했으니, 훈련원 자리인 지금의 국립의료원 서쪽 방산동 일원을 가리키는 지명이었음을 알 수 있다. 동대문과 광희문이 지척의 거리에 있었던 것으로 보아, 이 근처까지 나온 것은 도성 탈출을 용이하게 하려는 생각에서였을 것이다.

황사영의 탈출을 돕기 위해 아현의 김의호가 건너왔다. 정약종 집 행랑채에 살던 공주 포수 김한빈도 달아나 송재기의 집으로 왔다. 김한빈이 황사영을 보고는 "여태 여기에 이러고 있으면 어떻게 하느냐?"고 했다. 황사영이 말했다. "한양에 있을 경우 가게를 차려 잡물을 팔며 상놈 행세를 하는 방법이 있겠고, 바깥으로 달아날 경우 강원도에는 사학 하는 무리가 없으니 그리로 가야 자취가 탄로나지 않을 것이다. 어찌하는 것이 좋겠는가?"[28] 하지만 아무래도 사정이 다급했으므로 바깥으로 달아나는 쪽으로 중의가 모아졌다.

김의호는 황사영에게 머리를 깎아 중 행세를 하자고 제안했다. 황사영은 중은 우리의 도가 아니니 그럴 수는 없다고 대답했다. 상복을 입고 상주 행세를 하는 것은 어떠냐고 하자 그제야 황사영이 고개를 끄덕였다. 황사영이 송재기의 집으로 숨은 시점은 전후 사정을 따져 볼 때 2월 13일경이었을 것이다.

극적인 탈출

의론이 모아지자 김의호가 그길로 나가 자신의 돈과 송재기의 돈을 합쳐 베를 사왔다. 시간이 없었으므로 송재기의 처와 최설애, 김한빈의 딸이 힘을 합쳐 바로 상복을 지었다. 황사영의 트레이드마크였던 아름다운 수염은 족집게로 뽑아 눈에 띄는 특징을 가렸다. 이미 황사영에 대한 검거령이 내린 터여서 도성 문마다 그의 용모파기가 나붙었을 것이었다.

황사영은 미리 준비해둔 이씨 성의 호패를 지닌 채 성묘 가는 행색으로 꾸몄다. 김한빈의 열여덟 살 난 아들 김성분이 시종 행세로 술병을 들고 따랐다. 그러고 나서 광희문 쪽의 경계가 삼엄했던지 황사영은 창의문을 통해 김한빈과 함께 도성을 극적으로 빠져나왔다. 황사영은 김의호에게 금천(金川) 사는 교우 이국승에게 가겠다고 해서 노정기(路程記)를 받아두었다.

황사영은 김한빈과 헤어져 경기도 양주 땅에 속한 평구(平丘, 지금의 남양주시 삼패동)에서 만나기로 약속을 정했다. 김한빈은 포수여서 산속 지리에 훤해 깊은 산속으로 은신하려 할 경우 아무래도 그의 도움이 절실했다. 두 사람은 의심을 사지 않기 위해 따로 떨어져서 평구까지 가 그곳에서 다시 합류했다.

황사영이 김한빈과 함께 도성을 벗어난 것은 2월 15일경이었을 것이다. 이후 제천 배론 땅 김귀동의 옹기점 토굴 속에 은신한 즈음인 2월 25일, 국청에 나갔던 대신들이 대왕대비를 뵙고 사학죄인의 국문 상황을 보고했다. 이때 대왕대비의 하교가 이랬다.

> 황사영을 여태 체포하지 못했다니, 어찌 매우 놀랍지 아니한가? 국가의 기강이 이럴 수가 있는가? 각별히 엄히 신칙하여 조속히 체포해들이도록 하라. 또 만약 지체된다면 엄벌에 처하리라.[29]

대왕대비의 이 같은 질책이 있자 국청에서는 황사영을 잡기 위해 더욱 혈안이 되었다. 하지만 잡혀온 신자들은 저마다 다른 진술로 황사영에 대한 추적을 교란시켰다. 대부분 실제로 황사영이 간 곳을 몰라 벌어진 일이기도 했다.

황사영의 행선지를 알았을 것이 분명한 송재기는 그가 가평 읍내에서 위로 20리 남짓 가면 있는 큰 산에 숨었을 것이라고 했고, 변득중은 장덕유와 함께 기찰포교를 대동하고 황사영이 숨을 만한 곳을 거짓으로 몇 곳 지목해 함께 다니면서 이들의 힘을 뺐다. 남제는 황사영 어미의 말이라면서 그녀의 외사촌인 이학규의 집, 정동 윤종연의 집, 경영교 이청풍의 집 중 하나에 있을 것이라고 대답했다. 그를 앞세워 이 세 집을 다 돌았지만 허탕이었다. 이학규는 거꾸로 남필용의 집을 지목했다. 황사영 집 사당터에 부쳐살던 남송로는 강화에 있는 삼촌 황석필의 집과 서산에 있는 그의 선영, 공주에 사는 그의 육촌대부로 자를 '사길(士吉)'이라 하는 황생원의 집 등을 지목했고, 그때마다

포졸들은 멀리까지 헛걸음을 계속해야 했다.[30]

2월 26일 정약종, 최창현, 최필공, 홍교만, 홍낙민, 이승훈이 서소문 밖에서 참수형에 처해졌다. 이가환과 권철신은 참혹한 고문을 못 견뎌 같은 날 감옥에서 죽었다. 정약종의 책상자에는 강완숙과 주고받은 언문 서찰도 들어 있었다. 교회의 일을 긴밀하게 상의한 내용이었다.[31] 강완숙의 신변 또한 무사할 수 없어, 마침내 그녀도 2월 26일 붙잡혀들어간 것으로 보인다. 배론에 숨은 황사영은 이들의 죽음을 까맣게 몰랐다.

어떤 검거 노력에도 황사영의 종적만은 계속해서 묘연하자, 조정은 몸이 달았다. 신유년의 옥사는 황사영과 신부를 잡아야만 끝이 날 터였다. 의금부의 집요한 추적에도 불구하고 황사영은 땅으로 꺼졌는지 하늘로 솟았는지 어떤 단서조차 잡히지 않았다. 귀신이 곡할 노릇이었다.

4. 배론의 토굴

배론 가는 길

달레는 《한국천주교회사》에서 황사영이 2월 15일쯤 서울을 떠나 경상도 예천에 머물다가 강원도 접경으로 옮겼고, 이후 제천 배론으로 들어왔다고 했다.[32] 《사학징의》 중 장덕유(張德裕)의 공초에 비슷한 내용이 있다. 누각동에 사는 신자 김국빈(金國彬)이 3월 20일쯤 장덕유를 찾아왔는데, 자신이 2월 중순경 여주에서 김한빈과 우연히 만났다고 했다. 그가 상복 입은 사람을 데리고 예천으로 내려간다고 했다는 전언이었다. 또 배론 옹기점 주인 김귀동(金貴同)이 자신의 공초에서, 2월 그믐께 김한빈이 이씨 성의 상주[李喪人]를 데리고 왔다고 진술하고 있는 것으로 보아, 2월 15일께 도성을 벗어난 황사영은 김한빈과 함께 예천 등지를 거치며 은신처를 찾다가 근 보름 후에 배론에 도착한 것으로 보인다.[33]

하지만 《추안급국안》의 1801년 10월 9일자 황사영의 공초는 이것과 조금 다르다. 평구에 도착해서 김한빈과 다시 만나니, 청양 사람 김귀동이 사학으로 제천 땅에 피해 들어갔으니 함께 그리로 가자고 해서, 제천 읍내에서 30리 거리의 근우면(近右面) 배론리(排論里)로 들어가게 되었노라고 했다.[34] 예천에 갔다는 언급은 없는 셈이다.

《추안급국안》 10월 10일자 공초에서 김한빈은 또 송재기의 집에서 황사영과 동행해 팔송정(八松亭) 도점촌(陶店村) 김귀동의 집에 도착했노라고 했다.[35] 팔송정은 오늘날 제천 10경 중 제9경으로 일컬어지는 탁사정(濯斯亭)의 옛 이름이다. 1591년 임응룡이 소나무 여덟 그루를 심고 그 아들 임희운이 이곳에 정자를 지어 팔송정이라고 한 데서 연유한 이름이다. 팔송정, 지금의 탁사정은 현재 제천 배론 성지 인근 봉양읍 구학리에 있다.

김귀동은 고산(高山) 백성인데, 그 또한 2월 초에 배론 산중으로 막 옮겨온 터였다. 그 이웃에 살던 청양 사람 김세귀(金世貴)와 김세봉(金世奉) 형제도 김귀동보다 고작 한 달 먼저 이곳에 들어왔다. 당시는 교회에 대한 극심한 탄압으로 천주교 신자들이 터전을 잃고 뿔뿔이 흩어져야 했다. 이때 열심한 신자들은 신앙을 지키고 목숨을 보존하기 위해 충청도와 강원도의 깊은 산골로 속속 숨어들거나, 장사를 하면서 이곳저곳을 떠돌고 있었다. 1797년 청주 박해 이후 특별히 내포 지역의 상황이 열악했다. 공주 사람 고윤득(高潤得)과 내포의 몇 집안은 충청도 연풍으로 숨었고, 덕산의 황심 등은 춘천으로 옮겼으며, 홍주에 살던 김가는 강원도 회양과 금성 사이로 도망쳤다. 북촌에 살다가 보은으로 이사한 김생원의 존재도 보인다.

김국빈의 진술에는, 내포에서 사학을 하다가 달아난 여러 남녀를 여주에서 만나 가평 읍내에서 동쪽으로 10리 남짓 되는 땅으로 데려다주었다는 내용도 나온다.[36] 당시 천주교도들이 산속에 숨어들어갈 때도 천주교 조직 내에서 암묵적으로 정보를 공유하는 네트워크가 작동하고 있었음을 보여준다. 김한빈 또한 그 같은 연락망을 타고 황사영을 배론에 갓 내려온 김귀동의 집으로 안내했고, 그곳은 김세귀·김세봉 형제 등이 앞서거니 뒤서거니 도착해, 그보다 먼저 정착한 사람들과 함께 작은 산골 마을을 이뤄가던 시점이었다.

교우촌에 마련한 토굴

배론은 교우촌으로, 치악산 동남편에 우뚝 솟은 구학산과 백운산의 연봉으로 둘러싸인 험준한 산악지대라 외부와 절연된 곳이었다. 집주인 김귀동은 김한빈과 함께 땅을 파서 토굴을 짓고 거기에 황사영을 숨겼다. 황사영은 토굴 속에 깊이 숨어 한 발짝도 나오지 않았다. 한마을 사람들조차 그의 존재를 눈치채지 못했다. 달레는 "일종의 지하실을 만들고, 그리로 통하는 길은 그 옹기점에서 만드는 큰 옹기그릇으로 덮어놓았다"고 썼다.[37] 황사영의 존재는 김귀동과 그의 아내, 그리고 한(韓) 그레고리오의 어머니만 알고 있었고, 한 그레고리오의 모친이 자주 와서 수발을 들었다고 했다. 한 그레고리오는 다른 기록에는 나오지 않는다.

불빛조차 새나가지 않는 좁은 토굴은 어떤 크기였을까? 1929년 4월호 《경향잡지》에 정규량 신부가 배론 일대의 유적을 답사하면서 토굴에 대해 쓴 최초의 글이 실려 있다. 그는 배론 점촌(店村)의 지굴(地窟), 즉 '땅굴'이라고 이 공간을 설명했다.[38] 일본인 학자 야마구치(山口正之)는 자신의 저서 《황사영백서연구(黃嗣永帛書の硏究)》와 《조선

야마구치의 《조선서교사》에 수록된, 1936년 8월 답사 당시 배론 토굴의 입구 사진.

배론 토굴의 현재 모습.

서교사(朝鮮西敎史)》에 각각 1936년 8월 25일에 배론을 답사하고 나서 쓴 〈주론토굴답사기(舟論土窟踏査記)〉를 수록했다.[39] 내용을 간추리면 이렇다.

> 제천에서 9킬로미터의 봉양면 주포(周浦)에 이르러 여기서 8킬로미터, 도보로 약 두 시간 거리에 있는 배론 내를 건너 계곡으로 접어든다. 우뚝 솟은 구학산과 백운산 연봉의 가슴패기를 이루고 있다. 옛 기록에는 '토기점촌(土器店村)'이라고 적혀 있다. 계곡은 길이가 4킬로미터에 이르고, 지형이 배 모양이어서 배론이라 부른다고 한다. 문제의 토굴은 봉양면 구학리 644번지 최재현 씨 댁 뒤란에 있다. 토굴의 지름은 약 1미터 반, 양쪽을 돌로 쌓아올리고 다시 큰 돌로 천정을 꾸몄다. 이날은 매몰되어 있는 까닭에 굴속에 들어갈 수는 없었으나 한눈에 옹기굴의 요적(窯跡)임을 추정할 수 있었다.[40]

이것이 황사영이 숨어 지낸 배론 토굴에 대한 가장 이른 시기의 답사 기록이다. 토굴은 입구가 직경 150센티미터 크기였다. 성인이 몸을 숙여야 들어갈 수 있는 높이다. 깊이는 얼마쯤인지, 내부의 넓이는 어떤지 위 기록만으로는 알 수가 없다. 여러 기록을 종합할 때, 이곳은 옹기를 굽는 옹기가마는 아니고 옹기를 가마에 넣기 전 쌓아두던 토굴 형태의 움집이었던 것으로 보인다. 당시 입구가 매몰된 상태여서 야마구치는 토굴 안으로는 들어갈 수가 없었다. 짐작건대 입구는 옹색하고 작아도 안으로 꽤 깊숙이 파들어가 황사영이 불을 밝혀 글을 쓰고 두세 사람과 함께 공부하거나 대화를 주고받을 수 있는 크기였을 것이다. 입구는 옹기 등으로 막아 뒷공간을 은폐했다.

《사학징의》의 공초 기록을 믿을 경우, 김한빈은 김귀동의 집에 보름쯤 머문 뒤, 생활비를 마련하기 위해 제천 일대를 한 달 남짓 다니며 사냥을 했고, 황사영은 토굴에 혼자 남았다. 토굴에서도 황사영은 김세귀·김세봉 형제를 앉혀놓고 천주학을 부지런히 강론했다. 그들에게 십계를 가르쳤고, 그 밖의 교리를 정성을 쏟아 강습했다.[41] 그마저 하지 않고는 그 절망적인 시간을 감내할 수 없었을 것이다. 이는 또 미래를 위해 씨앗을 심는 일이기도 했다.

낙담과 절망

교회와 가족의 소식이 궁금했던 황사영은 3월 말 김한빈을 서울로 보냈다. 이미 정약종과 최창현, 최필공, 홍교만, 홍낙민, 이승훈은 목이 잘려 죽었고, 이가환과 권철신도 이 세상 사람이 아니었다. 송재기의 집에 잠깐 들른 김한빈은 황사영 집안의 소식도 물었다. 마지막 희망이었던 주문모 신부는 3월 12일 의금부에 자수했고, 강완숙도 끌려갔다. 당시는 심문 중이었고, 외교 문제로 말썽이 날까 염려한 조정이 쉬쉬해 외부로는 알려지지 않은 상태였다. 황사영은 이때 주 신부의 자수 사실까지는 확인했을 것이다.

절망적인 상황 속에 기약 없는 시간이 토굴 속에서 흘러갔다. 기도와 강학, 그리고 일기를 쓰면서 황사영은 간절한 시간을 보냈다. 그는 기억을 더듬어 먼저 세상을 뜬 순교자들에 관한 기록을 하나하나 공책에 적어나갔다. 자신 외에는 증언을 남길 사람이 아무도 없었다. 조선 교회가 실낱같은 빛을 회복하기 위한 행동을 멈출 수 없었다. 하지만 할 수 있는 것이 아무것도 없었다.

6월 2일, 재차 소식을 탐문하기 위해 읍내 장터에 나갔던 김한빈이 그만 서울에서 내려온 포교에게 체포되었다. 다급해진 황사영이 이곳에서 다시 달아날 궁리를 하고 있을 때, 이틀 만에 김한빈이 돌아왔다. 원주 안창까지 끌려갔다가 포교가 술에 취해 조는 틈에 몸을 빼서 도망온 길이었다.[42]

8월 말에는 황심 토마스가 배론 토굴로 찾아왔다. 그는 내포 지방 덕산 용머리 출신으로, 1796년과 1797년에 주문모 신부의 편지를 들고 두 차례나 북경에 다녀온 사람이었다. 그에게서 황사영은 비로소 주문모 신부의 순교 소식을 상세히 접했던 듯하다. 신부는 교인들의 참혹한 죽음을 대속하고자 자진출두해 4월 19일 효수형에 처해져서 죽었다는 전언이었다. 황심은 주 신부가 세상을 뜰 때의 의연한 모습과 당시 일어난 여러 이적에 대해 전해주었고, 다른 순교자들의 죽음에 대해서도 상세하게 알려주었다.

절망스러웠다. 조선 교회는 이대로 주저앉고 마는 것인가? 신부의 성사와 영세를 그토록 목이 타게 기다리던 지방의 신자들은 이제 어찌하는가? 구원의 빛은 꺼졌다. 지도부는 완전히 와해되었다. 믿었던 강완숙마저 지난 5월에 이미 형장의 이슬로 사라진 뒤였다. 지도부 중 남은 것은 혈혈단신 자신뿐이었다. 황심이 황사영을 찾아온 것도 앞이 보이지 않는 조선 교회의 현실 타개 방안을 묻고자 함이었다.

깜깜한 토굴 속처럼 길은 보이지 않았다. 빛은 어디에도 없었다. 황사영은 토굴 속에서 평소 북경 주교에게 보내기 위해 작성해온 보고와 탄원을 정리하기 시작했다. 행상에게 구입한 반 자짜리 명주천을 꺼내 종이에 쓴 초고를 한 글자 한 글자 정성을 쏟아 옮겨적었다.

나중에 의금부에 〈백서〉와 함께 압수된 그의 일기장에는 토굴에서 끼적여둔 시와 서울에 살아남은 교우를 생각하며 쓴 시가 남아 있었다. 시는 단지 "세상 정리 촉도(蜀道)로 3천 리 길 이어지고, 시사(時事)

는 진나라의 분서갱유 스무 해라"라고 한 두 구절이 남아 있다. 세상의 인심은 그 험하다는 촉도가 3천 리나 이어진 듯 험악하고, 시절의 상황은 진시황이 분서갱유를 하던 때와 같은 폭압이 20년째 계속되고 있다는 고발이었다.[43]

그 밖에 제목만 남은 시 작품에 〈가을 밤에 마암을 그리며(秋夜懷摩庵)〉, 〈암로에게 부치다(寄巖老)〉, 〈중간에게 부치다(寄仲簡)〉, 〈묵옹을 송별하며(送別默翁)〉, 〈과회가 죽는 꿈을 꾸고(夢寡悔死)〉 등이 있다. 《추안급국안》에 제목만 나온다.[44] 마암은 이국승, 암로는 김경우, 중간은 인언민, 묵옹이 황심이다. 과회는 이경도로, 이윤하의 곱사등이 아들이다.[45] 화원(花園) 또는 근형(芹兄)으로 불린 이학규의 이름도 글에 자주 나왔다.

이국승은 1797년 이래 자기 집에 함께 살았던 사람인데, 황사영이 붙잡혔을 때 이미 사형을 당한 뒤였다. 중인 김경우는 시를 알았고, 인언민의 집에 의탁해 있다고 했는데, 본명이 아닌 듯해 누군지 특정할 수 없다. 황사영이 잘 알려지지 않은 사람 중에 쓸 만한 사람이라고 꼽았던 김여행이 아닐까 싶다. 인언민에게 보낸 시와 편지는 배론을 찾아온 내포 사람 김첨지를 통해 전달되었다. 다만 인언민은 이미 1년 반 전인 1800년 1월 9일에 순교한 상태였으므로, 그의 아들로 주문모 신부의 측근이 되어 활동했던 인 요셉일 가능성이 없지 않다. 특히 이경도가 죽는 꿈을 꾸고 잠에서 깨어 쓴 시는 당시의 불안한 심리를 잘 보여주는 슬픈 제목이다. 이렇듯 황사영은 배론에서도 여러 경로를 통해 교계의 소식을 탐문하고 있었다.

5. 황사영은 역적인가?

1센티미터에 세 글자씩 13,384자

황심은 8월 23일 서울로 왔다가 이튿날 제천으로 떠났다. 그는 아마 8월 26일경 배론에 도착했을 것이다. 황심의 제천행은 황사영을 만나기 위해서였다. 그는 그간의 교회 소식을 전했다.

황사영은 자신이 그간 토굴 속에서 준비한 종이에 쓴 백서의 초고를 황심에게 보여주었다. 10월에 떠나는 동지사 행차 편에 북경 주교에게 전달할 글이었다. 황심을 통해 주문모 신부의 소식을 들은 황사영은 보완의 필요성을 느꼈고, 이에 황심이 말미를 두고 다시 오겠다며 길을 떠났다. 황사영은 내용을 추가해 초고를 완성한 뒤, 이를 명주천에 옮겨적기 시작했다. 가로 62센티미터, 세로 38센티미터의 올이 가는 명주천에 한 글자의 오자 없이 깨알같이 적어나간 글은 글자 수만 13,384자다. 38센티미터 길이의 천에 한 줄에 96~124자에 달하는

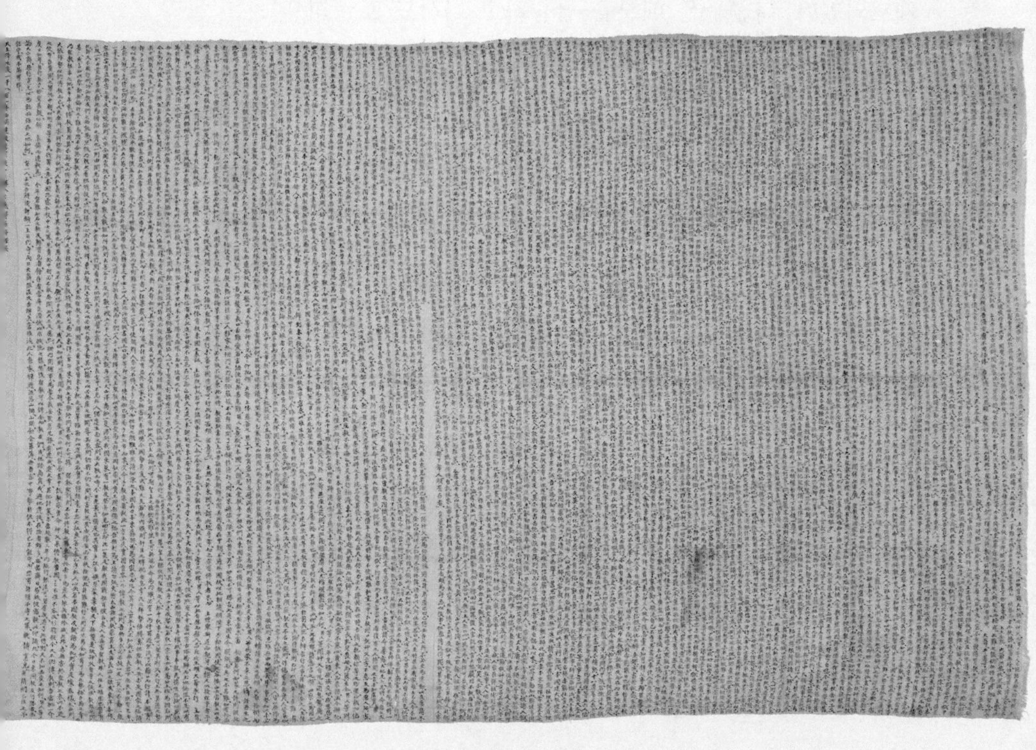

로마 바티칸 민속박물관에 소장된 〈백서〉 원본. 가로 62센티미터, 세로 38센티미터의 명주천에 깨알같이 적어나간 글은 글자 수만 13,384자에 달한다. 가톨릭평화신문 제공.

글자로 122행을 썼다. 말이 그렇지, 실제로는 1센티미터 안에 세 글자가량 써야 하는 크기다. 옷 속에 넣어 꿰매야 했기에 부피 때문에라도 글씨는 작아질 수밖에 없었다.

〈백서〉는 9월 22일에 완성되어, 황심이 다시 오면 전달할 수 있는 상태가 되었다. 황심은 이 〈백서〉를 옥천희를 통해 북경에 보낼 계획이었다. 그런데 9월 25일에 황심이 돌연 체포되었고, 그가 황사영이 숨은 곳을 알리는 바람에 은신 8개월 만인 9월 29일 제천 토굴에서 체포되었다. 나졸들은 배론을 급습하고 나서도 토굴의 위치를 몰라 이리저리 몰려다니다가 발아래에서 옹기그릇에서 나는 둔탁한 소리를 듣고서야 토굴의 존재를 알았다. 입구를 열자 그곳에서 황사영이 나왔다. 그는 그 와중에도 포졸들에게 임금의 손이 닿은 자신의 손목에 손대지 말라는 주의를 주었다. 뒤이어 〈백서〉가 그의 품속에서 나왔다.[46]

황사영의 〈백서〉를 본 조정은 발칵 뒤집혔다. 앞쪽에는 자신들이 조선 정부에 의해 어떤 탄압을 받았는지를 적었고, 이미 죽은 순교자들의 전기를 하나하나 기술하고 있었다. 황사영은 순교자들의 전기를 북경 주교에게 보고해, 이들의 순교 사실을 조선 교회에 대한 역사 기록으로 남기려 했다. 문제는 글의 끝 쪽에 있었다. 황사영이 북경 주교에게 요청한 사항 중, 교황이 중국 황제에게 편지를 써서 조선 국왕을 협박하고, 청나라가 조선을 부마의 나라로 삼아 내정을 감호(監護), 즉 감독·보호해달라면서, 수백 척의 서양 선박에 수만 명의 군대를 끌고 와 조선에 종교의 자유를 허락하도록 강박해달라고 요청한 내용이 문제가 되었다.

이 편지로 인해 천주교도는 이전 무부무군(無父無君), 패륜멸상(敗倫滅常)의 무리에서 순식간에 나라를 전복시키려는 역모집단으로 변했다. 그리고 이것은 두고두고 천주교 박해의 근거가 되었다. 이전까지 박해는 그들이 사교(邪敎)라 믿은 집단에 대한 증오와 당파의 쟁투로 인한 복수심이 동력이었으나, 〈백서〉 이후 천주교는 종교와 나라를 맞바꾸려는 국가 전복 세력으로 낙인찍혔다.

가백서와 가짜 논란

조정은 황사영을 문초하는 중에 동지사가 북경으로 출발하게 되자, 10월 27일 대제학 이만수(李晩秀, 1752~1820)를 시켜 황제께 올릴 〈토사주문(討邪奏文)〉을 작성케 했다. 중국인 주문모 신부의 처형 사실을 황사영 검거에서 나온 〈백서〉와 엮어 정면돌파하려고 한 것이다. 주문모를 조선 사람인 줄 알고 죽였는데, 뒤늦게 황사영의 〈백서〉로 인해 그가 중국 사람임을 알았다면서, 두루뭉수리로 얼버무렸다. 증거자료로 황사영의 〈백서〉 가운데 조선 정부에 유리한 내용만 발췌해서 13,384자를 고작 16행 923자로 축약해 흰 비단에 옮겨적어 증거자료로 첨부했다. 이때 맥락 없이 입맛에 맞게 임의로 줄인 〈백서〉가 후대에 논란을 빚은 가백서(假帛書)다.[47]

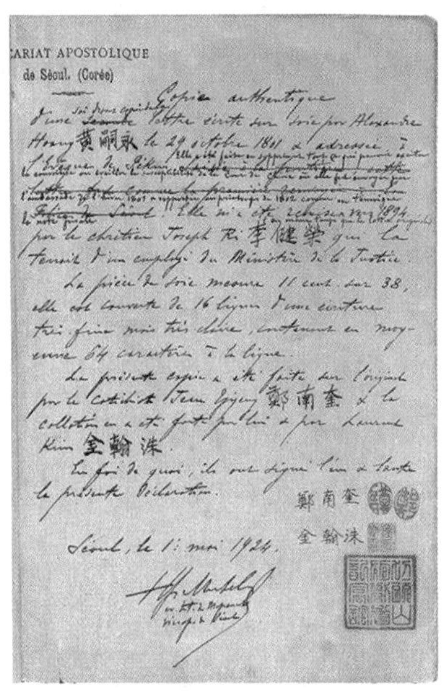
ARIAT APOSTOLIQUE
de Séoul, (Corée)

Copie authentique

鄭南奎

金翰洙

Séoul, le 1er mai 1924.

〈황사영 백서 입수 전말의 기록〉에 〈백서〉의 행방에 관한 일련의 내용이 기록되어 있다. 황사영의 〈백서〉는 1801년 압수된 이후 줄곧 의금부에 보관되었다가 1894년 뮈텔 주교가 입수했고, 1925년 79위 순교자 시복식 때 교황청에 전달되었다. 절두산 순교성지 소장.

원본 〈백서〉는 의금부 비밀창고에 들어가 봉인되었다가, 1894년 갑오경장 당시 대한제국 정부에서 의금부와 포도청에 산더미처럼 쌓인 문서를 소각 처리할 때 비로소 세상에 나왔다. 담당 관리가 폐기 직전 천주교 신자 친구인 이건영(李健榮)에게 원본을 건넸고, 이건영은 이를 당시 조선 교구장이던 뮈텔(Mutel, 1854~1933) 주교에게 바쳤다. 뮈텔 주교는 이를 다시 1925년 로마 바티

칸에서 거행된 조선 천주교 순교자 79위 시복식 당시 교황 비오 11세에게 봉정해, 현재 바티칸 민속박물관에 소장되었다.[48]

황사영의 〈백서〉는 《추안급국안》에 전사하여 수록되었고, 이것이 《벽위편》을 비롯해 여러 필사본으로 옮겨져 세상에 알려졌다. 《벽위편》을 증보할 때 이만채는 〈사영백서(嗣永帛書)〉를 실으면서 베껴쓴 경위를 적고 나서 이렇게 썼다.

> 조금 오래되자 사학 하는 무리들이 '이것은 홍희운이 가짜로 지은 것'이라고 떠들어대어, 당시 재상 중에도 간혹 이 말을 듣고 믿는 사람이 있었다. 그러다가 기해년(1839)에 사학을 다스릴 때 그 글이 다시 드러나 윤음과 보감(寶鑑)에 올랐다. 이로부터 사학 하는 무리가 마침내 감히 다시 이 같은 주장을 못하였다.[49]

황사영의 청원 내용이 너무나 충격적이었고, 특별히 중국에 보낸 가백서의 경우는 앞뒤 맥락이 다 빠진 상태에서 극단적인 주장 내용만 도드라지게 편집한 것이어서, 천주교 신자들뿐 아니라 조정 관료들까지도 의구심을 품을 정도였다는 이야기다. 원본을 본 사람은 아무도 없었기 때문에 이런 의심도 무리는 아니었다.

게다가 원본을 베껴쓰는 과정에서 악의적인 왜곡도 끼어들었다. 예를 들어 〈백서〉 68행의 강완숙에 대한 주문모 신부의 신뢰를 설명하는 대목에서, "신부가 총애하여 신임함이 몹시 융숭하여 견줄 만한 사람이 없었다"라고 한 것에서, 견준다는 뜻의 '의(擬)'를 의심한다는 뜻의 '의(疑)'로 바꿔써서 "신부가 총애하여 신임함이 몹시 융숭해서 의심하지 않는 사람이 없었다"고 바꿔놓아, 마치 두 사람 사이에 남녀 관계가 있었던 듯한 뉘앙스를 풍겨놓았다.

또 102행에서 "천주의 인자하심으로 오히려 완전히 버리지 아니하시고, 이같이 잔혹하게 부서진 가운데서도 다만 한줄기 길을 남기셨으니, 분명 동국을 기꺼이 구원하시려는 드러난 증거와 닿아 있다"라고 한 것을 왜곡해 "분명 동국을 배교케 하려는 드러난 증거와 닿아 있다"고 바꿔놓는 등 군데군데 예민한 대목에서 말을 줄이거나 글자를 교체한 자취가 몇 대목 보인다.[50]

〈토역반교문〉 속 세 가지 흉계

12월 22일에 대비는 다시 〈토역반교문(討逆頒敎文)〉을 발표했다. 이 글 또한 앞서 중국에 보낸 〈토사주문〉을 쓴 이만수가 지었다. 글 속에 황사영에 대한 내용이 짧지 않다.[51]

이리의 심보에다	狼貙心腸
여우의 낯짝이라.	狐魁面目
도성에서 사주 보며	都門甲子
부적 태우는 일 오래 하더니,	久撫符水之命
천진교(天津橋) 저녁 볕에	天津落暉
감히 초개 같은 목숨 구해 달아났구나.	敢逃草莽之命
한 조각 흰 비단에 쓴 편지가 나오니,	書出一片素帛
세 조목의 흉악한 계책을 꾸몄다네.	設爲三條凶計
차마 300개 고을, 명교(名敎)의 고장에다	忍於三百州名敎之鄕
문을 열어 도적을 받아들이고,	開門納賊
9만 리 길에 큰 바다의 선박을 불러들여	招來九萬程洋海之舶

날을 정해 지경을 범하려 했지. 指日犯疆
배척하여 꾸짖어 욕함이 指斥詬罵
역적 정약종보다 100배나 더하고, 則百倍逆鍾
교통하여 서로 오간 것은 交通往復
도적 황심과 한통속이었다네. 則一串賊沁

예의(禮義) 동방에 도적을 받아들이고 서양 선박을 불러들여 우리나라를 치게 한 것을 이리의 심보에 여우의 낯짝이라 하고, 그 죄가 역적 정약종의 100배쯤 된다고 적은 것에서 그를 향한 조정의 분노가 느껴진다.

한편, 글 속에서는 '삼조흉계(三條凶計)'가 유난히 눈에 걸린다. 그것은 첫째 황제의 뜻으로 글을 내려 조선 정부가 서양인을 받아들이게 해달라는 것, 둘째 안주(安州)에 무안사(撫安司)를 열어 친왕(親王)이 조선을 감호케 하는 방안, 셋째 서양국과 통하여 큰 배 수백 척에 정병 5~6만을 태우고 대포 등의 병기를 싣고 와 종교의 자유를 허락케 해달라고 한 세 가지를 꼽은 것이다.[52]

이 부분에 대한 세밀한 검토와 평가는 이 짧은 글에서 자세하게 논의하기 어렵다. 다만 두고두고 문제가 되었던 '대박청래(大舶請來)' 요청은 사실 황사영이 처음 꺼낸 이야기가 아니다. 1796년 주문모 신부가 북경에 보낸 편지에서 최초로 나오고, 이는 유항검·유관검 형제의 공초에서 큰 이슈가 되었다. 또 그 바탕에는 조선 후기 미륵하생(彌勒下生) 신앙이 《정감록》 신앙과 결합되어 해도진인설(海島眞人說)로 확장되던 민간 신앙이 서학과 습합되는 별도의 긴 서사가 잠재되어 있다. 이 부분은 뒤에서 따로 살펴보겠다.

당시 유럽은 1789년 발생한 프랑스혁명 이후 교황의 권위가 추락하고, 국가 교회의 개념이 확산되어 국가가 교회권 위에 군림하던 시기였다. 당시 교황 비오 6세(재임 1775~1799)는 프랑스에 감금된 상태로 서거했고, 나폴레옹의 권력이 확대되면서 교황권은 추락을 거듭하고 있었다. 그를 이은 비오 7세(재임 1800~1823)는 유럽 자체의 문제를 감당해나가기도 벅찬 상태였다.

그런 상황에서 유럽에서 9만 리나 떨어진 조선에 몇백 척의 배와 수만 명의 군대를 보내서 조선 국왕을 겁박해 종교의 자유를 얻도록 해달라는 조선 교회의 거듭된 청원은 참으로 순진하고 천진난만한 희망사항에 불과했다. 이를 두고 다블뤼 주교조차 《조선주요순교자약전》에서, 〈백서〉의 뒷부분이 다양하고 풍부한 정보를 바탕으로 작성되지 못한 결과 너무 경솔하게 앞서간 부분이 있었고, 말에 조심성이 너무 없어, 천주교 적대자들과 노론 세력에 대한 복수심에서 비롯된 표현이라는 생각마저 든다고 지적했을 정도다. 그 또한 〈백서〉의 원본은 못 본 상태에서 가백서만 보고 내린 판단이었다.[53]

그럼에도 확실히 상황 판단은 순진했고 적절치 못한 부분이 있었던 것을 부인할 수 없다. 그렇다고 하여, 하느님의 나라를 국가 위에 두었던 이들의 순진한 신심을 국가의 이름을 앞세워 덮어놓고 폄훼할 일은 아니라고 본다. 황사영은 단지 국가의 이름으로 자행된 종교에 대한 광적인 폭압에서 벗어나, 자신들이 오로지 자유의지에 따라 천주를 섬기는 권리를 존중받게 해달라고 청원한 것이었다. 당시 세계사의 현장적 전망을 갖지 못했던 조선의 지식인이 꿈꾼 천주와 교황의 권능은 9만 리의 거리가 문제 될 수 없었다.

그 결과 천주교계에서 황사영의 시복시성 청원을 두고도 찬반양론이 엇갈리는 상황이다. 황사영은 토사반교가 반포된 뒤인 11월 5일에 처형되었다. 유감스럽게도 그가 죽을 당시의 정황에 대해서는 정확하게 남은 기록이 없다. 당시는 모든 조직이 멸절되어 입회할 사람도 기록할 사람도 남아 있지 않았기 때문이다.

초기 교회에서 황사영은 주문모 신부에 의해 차세대 지도자로 지목되었고, 그만이라도 살리기 위해 강완숙을 비롯한 초기 교회 주요 인물들의 눈물겨운 노력이 있었다. 황사영 개인의 목숨이 아닌, 조선 천주교회의 명운이 걸린 일로 생각했던 것이다. 무엇보다 그의 순결한 신앙의 표양은 시종일관 조금의 흔들림도 없었다. 배교를 밥 먹듯 했던 이존창과 이승훈을 시복시성해달라고 청원하는 마당에 황사영의 시복시성 청원을 문제 삼는 것은 도리에 맞지 않는다고 본다.

황사영의 처형으로 조선 정부는 신유년 옥사의 실제적 종결을 선언했다. 처벌받은 자들의 재심청구권도 금지했다. 새 왕은 보위에 오른 직후에 너무 많은 피를 보았다. 황사영을 마지막으로 주모자급이 모두 처형되었다는 판단이었으므로 확실한 국면 전환이 필요했다.

6. 제주도와 추자도의 모자

뿔뿔이 흩어진 가족

1801년 11월 5일, 황사영은 서소문 밖에서 능지처참에 처해졌다. 어머니 이윤혜는 거제도로, 부인 정명련은 제주도 대정현으로, 두 살 난 아들 황경한(黃景漢, 1800~?)은 추자도로 각각 노비가 되어 떠났다. 숙부 황석필과 집안의 종들도 함경도 등지로 끌려가서, 황사영의 아현동 식솔들은 풍비박산이 났다.

정명련은 제주도 유배 길에 배가 추자도에 들렀을 때 두 살배기 어린 아들을 섬에 내려놓아야 했다. 아이는 부부의 유일한 핏줄이었다. 이것으로 모자는 이승에서 다시는 얼굴을 맞대지 못했다. 《사학징의》의 기록에 따르면, 황경한은 서울을 떠날 때부터 추자도에서 노비로 살아가게 되어 있었다. 그것이 국가의 명령이었다. 흔히 알려진 대로 정명련이 아들이 평생 죄인으로 살아갈 것을 염려해서 추자도에 일부

제주 추자도 천주교 성지의 황경한 십자가. 정명련이 황경한을 놓고 갔다고 전하는 바위에 세워졌다. 라용집 제공.

2018년 4월 15일, 우하하 성지순례단이 추자도의 황경한 묘소를 찾았을 때 묘소 위로 현현한 십자가 모양의 구름. 횃불처럼 십자가를 손에 든 사람이 묘소를 굽어보는 형상이다. 라용집 제공.

러 몰래 떨군 것이 아니다.[54]

남편이 죽고 시어머니는 거제도로 끌려간 상태에서, 젖도 떼지 않은 마지막 남은 일점혈육을 낯선 섬에 노비의 신분으로 떨구고 가는 어미의 마음이 어떠했을지는 가늠하기가 어렵지 않다. 국법에 따라 추자도에 남겨진 아이는 추자도 별장(別將)의 지휘로 어느 민가에 맡겨져 길러졌을 것이다.

추자도에 남겨진 황경한은 그 뒤 어떻게 되었을까? 오늘날 그의 무덤은 추자도 예초리에 잘 정돈되어 천주교 성지로 가꿔져 있다. 두 모자의 기막힌 삶에 대한 신뢰할 만한 기록은 별로 남은 것이 없다. 정명련은 1801년 제주도에 입도해 37년을 더 살다가 1838년 2월 1일에 세상을 떴다. 그녀의 사망 일시는 정명련이 부쳐살던 주인집 아들 김상집이 정명련의 사망 이듬해인 1839년 1월 23일 대정현 서성리에서 추자도의 황경한에게 보낸 부고 편지에 나온다.

이 편지는 현재 원본의 소재는 알 수 없고 사본만 남아 전한다. 1973년 김구정 선생이 당시 대구시 신안동에 거주하던 황사영의 5대손 황찬수 씨를 통해 구해서 소개한 것이다. 그 내용은 이렇다.

> 추자(楸子) 예초(禮草) 적객(謫客) 황서방 우중(寓中) 입납(入納)
>
> 기해년(1839) 정월 12일, 대정(大靜) 서성리(西城里) 주인 김상집(金相集) 후장(候狀)
>
> 종전(從前)에 뵈온 바 없사오나 소식 종종 아옵더니, 근래 소식 듣지 못하오니 민민(悶悶)이옵니다. 복서심(伏書審) 차시(此時)에 기후(氣候) 어떠하온지 알고자 하오며, 이곳 존(尊)의 대부인(大夫人) 정씨(丁氏)께서 불행(不幸)하여 상년(上年) 2월 초 1일 묘시(卯時)에 별세하신 고로, 초 10일에 안장(安葬)하옵고, 부고 편지를 진작 하였삽더니, 지금껏 회답 없사오니, 의아(疑訝)하옵던 차에 추자 사람 이서방(李書房) 편(便)에 듣사온즉 안부 알았으나 부고 편지가 분명 침체(沈滯)한 듯하오니, 세상사(世上事) 가이없사오며, 이곳 주(主) 도리에 차마 박절(迫切)하옵기로 기고(忌故) 절일(節日)을 다 지내오니 아옵시며, 집에 한 인편(人便)이 있기로, 다시 자상(仔詳)한 편지 하오니 아옵시며, 회답(回答)을 인편에게 즉전(卽傳)하옵소서. 말씀 무궁(無窮), 총총(悤悤) 장상(狀上).[55]

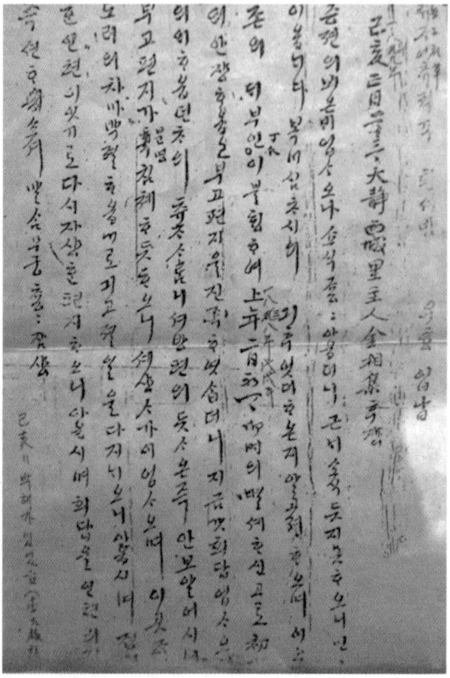

정명련 사후 집주인인 김상집이 추자도에 있는 아들 황경한에게 보낸 부고 편지의 사본. 성 김대건 신부 제주표착기념관 소장. 임성빈 제공.

편지의 서두에서 김상집이 '지금까지 뵈온 적 없사오나 소식은 이따금 아옵더니'라고 한 것을 보면, 어머니와 아들은 생전에 이따금 근황을 주고받으며 살았던 듯하다. 하지만 만년에는 소식이 끊겼고, 정명련의 사망 후 부고 편지를 추자도로 보냈어도 아무런 답장을 받지 못했다. 그러다가 추자도에 사는 이서방 편에 안부를 잇게 되어, 다시 부고를 알렸다. 일주일 뒤가 정명련의 1주기였으므로 마음이 더 급했을 것이다. '이곳 주인 된 도리로 차마 박절하여 기일과 명절 제사는 잘 지내고 있으니 염려 말고, 회답은 지금 가는 인편에 바로 보내달라'는 내용으로 글을 맺었다.

정명련은 노비의 신분이었지만 기품 있는 한양 할머니로 존경을 받으며 살았던 것으로 알려진다. 현재 남은 김상집의 부고 편지가 그 같은 정황을 증명한다. 그녀의 이름은 '난주(蘭珠)'로도 알려져왔다. 아마도 관노(官奴)로 편입되면서 새로 얻은 이름인 듯하나, 그마저도 공식 기록에서는 찾을 수가 없으니, 그녀의 이름은 정명련으로 통일하는 것이 마땅하다고 본다. 황경한에 대해서는 더 이상 구체적으로 남은 내용이 하나도 없다.

추자도의 황경한과 그의 후손

완전히 잊혔던 황경한에 대한 기억을 처음으로 환기시킨 것은 1900년 6월 제주 본당 2대 주임신부로 부임한 마르셀 라크루(Marcel Lacrouts, 한국명 구마슬具瑪瑟, 1871~1929) 신부에 의해서였다. 신부는 1908년 6월 교구 사목 방문차 추자도에 들렀다가, 그곳에서 황사영의 손자와 증손자, 즉 두 살 때 추자도로 유배된 황경한의 아들과 손자를 다시 찾게 되었다. 신부는 프랑스 리옹에서 간행된 1909년 10월 5일자 《미션 가톨릭(Les Missions Catholiques)》에 실린 서한에서 "나는 순교자의 후손들, 즉 세 살 때 추자도로 유배된 아이의 아들과 손자를 다시 찾는 무한한 기쁨을 누렸다"고 술회했다.[56]

황경한의 후손은 당시 추자도에서 말할 수 없이 곤궁한 상태로 살고 있었다. 라크루 신부가 1910년 7월 17일 주교에게 올린 보고에 전후 사정이 상세하다.

> 작년에 샤르즈뵈프(Michel Chargeboeuf, 宋德望, 1867~1920) 신부는 1801년에 순교한 황사영의 증손자들의 비참한 상황을 프랑스에 알렸습니다. 선교회는 이 순교자를 기억하고자 했고, 그들에게 480프랑을 보내주었습니다. 그래서 저는 집을 한 채 샀고, 기회가 닿는 대로 나머지 돈으로 그들에게 밭도 사줄 예정입니다. 황사영의 손자는 제주로 귀양 온 자기 할머니가 자기 아버지 황경한에게 쓴 편지를 제게 건네주겠다고 약속했습니다. 당시 그의 아버지는 세 살이었고 추자도 근방에 살고 있었으며 황씨 집안은 그의 후손입니다.[57]

라크루 신부는 1909년 10월 5일 파리 외방선교회 교수신부로 귀국해 있던 샤르즈뵈프 신부에게 편지를 보내 황사영 후손의 비참한 상황을 알렸다. 이에 샤르즈뵈프 신부가 리옹에서 발간되던 전교잡지 《미션 가톨릭》에 이 사연을 소개해 모금한 480프랑을 보내주었다. 라크루 신부는 이 돈으로 황경한의 손자를 위해 집과 밭을 사서 생활의 근거를 마련해주었다. 이를 계기로 신부는 추자도의 이교도들에게 선교의 씨앗이 널리 퍼지기를 바랐다. 《미션 가톨릭》에 소개된 라크루 신부의 서간 사본은 현재 한국교회사연구소에 소장되어 있다.[58]

창원 황씨 족보와 황사영 후손 계보의 난맥상

추자도에 정착한 황경한의 후손은 이제껏 이어져왔다. 그들은 서울 쪽 후손과는 나중에라도 연이 닿을 수 있었을까? 노비의 신분이 된 황경한과 그의 후손은 라크루 신부와 만나기 전까지는 완전히 잊힌 채 방치되었다.

창원 황씨 집안의 족보는 1857년, 1914년, 1957년, 1979년, 1995년에 간행되었다. 그런데 부친 황석범과 황사영, 그리고 황사영의 후손에 관한 기록은 이 다섯 가지 족보의 기록이 다 달라 대단히 혼란스럽다. 1857년 《창원황씨족보》까지는 별문제가 없다. 기술 내용이 정확하고, 황사영 항목에는 "진사인데, 사학으로 복법(伏法)되었다"는 짧은 내용만 있다.[59] 그러니까 황호에서 내려온 만랑공파의 계보는 황사영에게서 끊어졌다. 두 살 때 추자도에 노비로 끌려간 아들 황경한은 족보에 등재되지 않았다.

하지만 57년 뒤인 1914년에 작성된 《창원황씨세보》 만랑공파의 계보는 대단히 혼란스럽다. 황석범의 경우 11월 22일생을 12월 22일생으로 잘못 적은 것 외에, 평창 이씨인 부인의 본관을 창녕 성씨로 바꿔놓았다. 더 희한한 것은 황사영 앞에 엉뚱하게 황승연(黃升淵)을 적장자로 내세운 사실이다. 족보상 그는 1801년 1월 6일생이다. 황사영보다 26세나 어린 그가 돌연 황사영을 제치고 첫째의 자리에 이름을 올렸다. 이후 그의 일계가 이어져 여러 대 동안 만랑공파 종손의 자리를 지켰다.[60] 종가의 맥이 끊기는 것을 막기 위한 문중의 고심이 있었겠지만, 이제 와서 그때의 사정은 가늠할 길이 없다.

실제로 황승연은 황사영과는 아무 인연이 없다. 그는 황사영의 먼 일가인 황석행(黃錫行)의 둘째 아들로, 큰아들 황태연(黃泰淵)이 황석행의 형님 황석량(黃錫亮) 집안에 입양된 터라, 그마저 황사영 집안으로 입양될 경우 황석행의 집안은 대가 끊기고 마는 상황이었다. 1857년 족보에서 황승연은 정확하게 황석행의 적장자로서 대를 이은 것으로 나온다. 그랬던 것을 1914년 족보에서 황승연을 돌연 황사영에 앞세운 것은 있을 수 없는 일이다. 아마도 황사영 집안에 내려오던 토지 소유권 같은 경제적인 문제와 관련이 없지 않을 것이다.

뿐만 아니다. 1914년 족보의 황사영에 관한 정보 또한 엉망 그 자체다. 장인을 정약현이 아닌 정약종으로 적었고, 정약종의 조부와 부친의 순서를 바꿔놓았다. 이 족보에는 또 황사영의 아들로 추자도에 귀양 간 황경한(黃景漢)이 아닌 황경헌(黃敬憲)이라는 인물이 처음 등장한다. 생년도 없고, 기일만 1월 5일로 되어 있다. 묘소가 목천군 북면 성가산에 있고, 배우자는 전주 이씨라고 했다.[61]

친아들 황경한의 무덤은 지금도 추자도에 있고, 황경한의 아들 황상록(黃相錄)과 황보록(黃寶錄)의 묘소도 남아 있다. 누대로 추자도에서 살아온 후손들이 지금껏 섬에 살고 있다. 그런데 갑자기 황사영에게 황경헌이라는 아들이 있고, 그의 묘가 목천에 있다는 정보가 1914년 족보에 추가된 것이다. 두 사람은 동일 인물일까? 국법에 역적의 자식으로 노비가 되어 끌려간 죄인을 문중에서 마음대로 빼돌려 목천으로 데려오는 일이 가능했을 리 없다. 두 사람은 결코 동일 인물일 수가 없다. 문중의 상의로 양자를 들였을 가능성이 있을 뿐인데, 이 족보에는 그 경우 붙여야 마땅한 '계(系)'라는 표시마저 없다. 두 사람이 동일 인물일 수 없다는 사실만 확인하고, 말을 아끼겠다.

1957년에 새롭게 편찬된 《창원황씨세보》는 앞선 1914년본의 오류를 그대로 답습했다. 하지만 앞뒤 기술은 한층 더 허술하다. 양주군 장흥면 부곡리 소재 후손을 10세(世) 황호에서 흘러내려온 계보로 나열하고, 17세 황사영을 소개하면서 또 한 번 난맥상을 보여, 그의 아들에 돌연 황병직(黃秉直)을 내세웠다. 그 결과 이전 족보에서 황경헌으로 이어진 계보를 무시하고, 황사영에 이어 18세를 황병직으로 잇댔다. 그런데 황병직은 1914년 족보에 황사영의 삼촌인 황석필의 손자로 버젓이 이름이 올라 있다. 그 결과 1957년 족보에서는 18세 황병직 이하 22세 황인범까지가 황사영의 계보로 섞여들고 말았다.[62]

다만 이 족보에는 황사영 일계를 소개한 끝에 '별록(別錄)'이라 하여 정명련과 황경한, 그리고 그 아들과 손자에 이르는, 추자도에 살고 있는 황씨의 계보를 처음으로 적어놓았다. 황경한의 이름은 공란으로 비워놓았다. 족보에는 "아들은 이름이 없는데 경헌으로 추정된다〔子無名, 以敬憲推之〕"고 했으나, 사실이 아니다.[63]

최근에 간행된 1979년과 1995년 족보는 더 혼란스럽다. 1995년 《창원황씨 장무공파보》에는 1957년의 오류를 답습해, 황사영의 아들이 황병직으로 바뀌어 있다. 그마저도 오자가 나서 황병진(黃秉眞)이라고 했다. 앞서 1914년본 족보에 올렸던 황승연 일계를 원래의 자리로 돌려놓는 대신, 황경헌 일계는 한 번 더 엉뚱하게도 황병직의 동생으로 순위가 밀려났다. 1914년 족보에 보이는 황석필의 아들 황기연(黃麒淵)과 그의 아들 황병직은 1857년 족보에서는 아예 보이지도 않던 이름이어서 이 또한 신뢰하기 어렵다.[64]

이제껏 많은 족보를 봐왔지만 이렇게 혼란스러운 족보는 한 번도 본 적이 없다. 황사영의 후계에 관한 일체의 기록은 신뢰하기 어렵다는 생각이다. 후계 문제가 이토록 복잡해진 것은, 황씨 집안에 장무공(莊武公) 황형(黃衡, 1459~1520)의 강화도 사패지(賜牌地)와 제전답(祭田畓)이 종손인 황사영의 적몰재산에 포함되었으니 이를 반환해달라는 청원문서가 남아 있는 것으로 보아, 이에 얽힌 복잡한 사정이 있었을 것으로 짐작할 뿐이다.[65]

7. 불멸과 개벽을 꿈꾼 사람들

신선을 꿈꾸다 서학과 만나다

황사영은 〈백서〉에서 정약종에 대해 이렇게 썼다.

> 정약종 아우구스티노는 성품이 곧고 뜻이 전일한 데다 꼼꼼하기가 남보다 훨씬 더했다. 일찍이 신선술을 배워서 장생하려는 뜻이 있어, 엉뚱하게도 천지가 개벽한다는 주장을 믿었다. 그러다가 탄식하며 말했다. "천지가 바뀔 때는 신선 또한 소멸하여 없어짐을 면치 못할 테니 끝내 장생의 도리는 아니다. 배울 만한 것이 못 된다." 성교(聖敎)를 듣게 되자 독실히 믿어 이를 힘껏 행하였다.[66]

그는 젊어 신선술에 빠져서 천지개벽설을 믿었다. '천지가 바뀔 때'를 콕 짚어 말한 것은 정약종이 후천(後天) 개벽의 말세 신앙, 즉

《정감록》 계통의 유사종교에 꽤나 심취해 있었다는 뜻이다. 정약종은 불로장생하는 육신의 영생을 꿈꾸다가 천주교와 만나면서 이를 버리고 영혼의 영생을 받아들였던 셈이다.

초기 천주교 신자 중 천주교를 받아들이기 전에 도교 계통의《정감록》 신앙에 빠졌던 경우가 의외로 적지 않다. 노론의 명문가 안동 김씨 김상헌 집안의 제사를 받드는 봉사손이었던 김건순 요사팟의 경우도 비슷하다. 황사영은 〈백서〉에서 "김건순은 나면서부터 비범하여 9세에 문득 선도(仙道)를 배우려는 뜻이 있었다"고 썼다.[67] 또《사학징의》 가운데 여러 사람의 증언과《추안급국안》의 기록으로 볼 때, 김건순은 단학(丹學)에 상당히 깊이 빠졌고, 육임(六壬)의 술법까지 익히는 등 도교 계통의 신앙에 꽤 깊이 들어간 상태였다.[68] 김건순 관련 기록에서 자주 등장하는 '육임'은 태을(太乙), 둔갑(遁甲)과 함께 삼식(三式)으로 일컬어지는, 길흉을 점치는 점법(占法)의 하나다. 술사들이 혹세무민의 논리를 펼칠 때 근거로 삼곤 했다.

김건순의 족형이자 그의 동지였던 김백순에 대해서도 황사영은 〈백서〉에서 이렇게 썼다.

> 처음에는 남을 따라 성교를 헐뜯고 비방하며 힘써 과거 공부를 익혔다. 세상길이 위험한 것을 보고는 벼슬길에 나아가는 것에 마음이 없어, 송나라 유학자의 책을 읽으며 성리학을 궁구하였다. 또 도리가 의심스럽고 명확하지 않음을 보고는 온전히 믿을 수 없음을 알아 마침내 노장의 책을 읽었다. 인하여 사람이 죽더라도 사라지지 않는 것이 있음을 깨달아 새로운 이론을 창안하여 벗들에게 강설하였더니, 벗들이 나무라며 "이 사람의 의론은 새롭고도 기이하니 틀림없이 서교를 따르는 것이다"라고 하였다. 김백순이 이 말을 듣고 의심이 나서 말했

> 다. "내가 남을 넘어서는 견해를 얻었는데, 사람들은 이것을 서교라고 여긴다. 그렇다면 서교에는 틀림없이 오묘한 이치가 있을 것이다." 마침내 교우와 상종하였다.[69]

이렇게 정약종, 김건순, 김백순 세 사람 모두 젊은 시절 노장이나 신선술에 빠졌다가 서학으로 전향했다. 특히 위 김백순의 언급은 당시 노장 또는 신선술의 논리와 서학의 관념이 포개지는 지점이 있었음을 흥미롭게 보여준다.

여기에 더해 김건순과 김백순의 경우는 강이천 등과 함께 바다 섬 가운데 유토피아가 있으니, 그곳에서 해도진인의 영도 아래 새로운 세상을 열겠다는 모의 행동으로 이어져, 역모의 심각한 파장을 일으켰다. 그의 무리였던 정원상(鄭元相)의 공초에 따르면, 김건순은 뒤에 천주교 신자로 순교한 여주 사람 원경도(元景道) 요한과 이중배(李中培) 마르티노 등에게 둔갑술과 장신술(藏身術)을 가르쳤다. 그는 돈과 재물을 모아 큰 배를 만들고, 사람들과 함께 섬에 들어가 군사훈련을 시켜, 장삿배의 물화(物貨)를 탈취하고, 등주(登州)와 내주(萊州)를 취해 눌러 살며 무궁한 복락을 영원히 누리자고 다짐했다. 그러던 그가 1797년 가을 주문모 신부를 만난 뒤 그간의 술법 공부를 다 버리고 천주교도로 거듭났다.

황사영은 〈백서〉에서 또 이렇게 썼다.

> 당시 서교를 받드는 자는 대부분이 남인이었고, 노론은 한 사람도 없었다. 요사팟은 흠모하는 자취가 깊었으나 들어갈 방법이 없다가, 우연히 고향 지역의 교우를 통해 총령(總領) 천신(天神), 즉 미카엘 대천사의 상본을 얻어 보고는 성교가 기문(奇門)과 서로 통한다고 오해하

> 여 마침내 강이천 등과 함께 술법에 종사하였다. 강이천이라는 자는 소북(小北)의 명사로 심술이 단정치 못해, 본국이 틀림없이 오래가지 못하리라 여겨 장차 풍운의 기회가 오면 이 술법을 배워 익혀 때를 틈타 나아가 취하려 했던 것인데, 요사팟이 알지 못하고 잘못 사귀었던 것이다.[70]

김건순이 천주교에 혹한 것은 자신들이 익히던 기문둔갑의 술법과 천주교의 가르침이 일맥상통한다고 보았기 때문이라는 것이다. 하지만 처형 당시 김건순은 저자 사람들에게 이렇게 말하고 죽었다.

> 세간의 벼슬과 명성은 모두 헛되고 거짓된 것이오. 나 또한 얼마간 이름이 일컬어졌고, 또한 능히 벼슬할 수도 있었지만, 헛되고 거짓된 것이라 여겨서 버리고 취하지 않았소. 오직 천주의 성교만이 지극히 참되고 지극히 알차니, 이를 하다 죽더라도 사양하지 않을 것이오. 그대들은 모름지기 잘 알아두시오.[71]

이때 그의 나이는 황사영이 죽을 때 나이보다 한 살 어린 26세였다.

깨지기 쉬운 그릇

앞에서 잠깐 언급했지만, 연암 박지원의 아들 박종채는 아버지에 대한 기억을 정리한《과정록》에서 김건순이 부친을 찾아온 일을 기록했다. 그에 따르면, 김건순은 고매한 재주와 해박한 학문으로 공자의 제자 안연이 환생했다는 말까지 들은 대단한 천재였다. 그가 여주에서 한번 상경하면 서울의 내로라하는 사람들이 그를 만나보려고 줄을 섰을 정도였다. 그런 김건순이 자기 집의 식객이자 연암의 제자였던 화가 이희영의 주선으로 연암을 찾아왔던 모양이다. 연암은 김건순과의 만남에 내심 기대를 품었던 듯하다. 긴 이야기 끝에 그가 떠나자 연암의 표정이 밝지 않았다. 연암이 아들에게 말했다.

> 김생은 내가 한번 만나보기를 원했다. 만나보고 나니 다만 가여울 뿐이로구나. 그 재주는 진실로 천하의 기이한 보배라 할 만하다. 천하의 기이한 보배를 간수하려면 모름지기 굳세고 질기고 온전하고 두터운 그릇을 써야 손상 없이 오래 보존할 수가 있다. 내가 그 그릇을 보니 이 보배를 간직하기엔 부족하더구나. 너무 슬프다.[72]

연암은 김건순과의 대화에서 그의 마음이 영 딴 곳에 가 있음을 간파했다. 그리고 이를 슬퍼했다. 박종채는 아버지의 말을 옮겨적고 나서 이렇게 썼다. "얼마 못 가 김건순은 그릇된 부류와 사귐을 맺어 폐해지고, 5년 뒤 천주교에 물들어 죽임을 당했다." 김건순은 1801년에 죽었으니, 그가 연암을 찾아온 것은 1797년이었을 것이다.

이렇듯 초기 천주교 신앙을 가졌던 이들 중 상당수가 천지개벽을 꿈꾸며 선도에 빠졌던 점은 천주교가 당시 조선인들에게 어떻게 받아들여졌는지 이해하는 데 도움이 된다. 세상이 어지러울 때마다 말세 신앙이 기승을 부린다. 술사들은 미륵이 내려와 중생을 구제한다는 미륵하생 신앙에다 무릉도원의 유토피아를 입혀 도화낙원의 판타지를 만들어냈다. 희망 없는 현실의 삶은 곧 끝나고, 믿는 자만이 들어올려져서 낙원에 들어간다. 그것은 오로지 선택받은 자들에게만 허용되는 꿈이다. 미리 깨어 준비해야만 그날의 면류관을 쓸 수가 있다. 그날 그때가 언제인지는 아무도 모른다.

그것은 때로 먼 바다 삼봉도(三峯島)에 살고 있다는 푸른 옷을 입은 진인의 모습으로, 그도 아니면 정도령의 이름을 내건 여러 홍경래들의 깃발로 나타났다. 나라의 시스템은 멈춰섰고, 관료들은 더없이 부패하고 타락했다. 사람들의 삶은 딱 그만큼 괴로워졌고, 희망은 싹도 찾을 수가 없었다. '휴거(携擧)'의 판타지나 '신천지'의 꿈이 오늘날까지 우리 곁을 맴도는 것도 같은 이유에서다. '거짓 위로를 버리고, 참 가르침을 믿어라. 그러면 너와 네 집이 구원을 받으리라.' 삶의 파국을 맞은 영혼들에게 그들은 자꾸 이렇게 속삭인다.

재림 예수 신앙의 조선 버전, 《정감록》

숙종조 이래로 조선을 강타했던 《정감록》 신앙은 거의 재림 예수 신앙의 조선 버전에 가까웠다. 십승지를 찾고, 미륵 세상을 꿈꾸며, 도화낙원을 갈망하던 이들에게 천주교의 가르침은 그들이 원하던 바로 그 복음의 소리였다. 이런 꿈은 19세기 전 세계를 떠돌던 메시아니즘의 변용이었을 뿐이다.[73]

다산도 속리산 어딘가에 있다는 유토피아를 노래한 〈우복동가(牛腹洞歌)〉를 남겼다. 땅이 비옥하고 외부와 철저히 차단된 우복동은 "검은 머리 노인이 백발 아들 나무라고, 즐거이 늙지 않는 진정한 장수 마을"이었다.[74] 소의 배 속처럼 안온한 우복동은 어디에 있나? 다산이 꿈꿨던 또 다른 현실의 유토피아인 미원(薇源)은 어디 가서 찾을까?[75] 현실의 삶에서 희망을 찾지 못한 이들이 현실 너머에서 천국을 꿈꿨다. 희망 없는 세상에서 불로장생을 선망하다가, 오래 사는 것에조차 의미를 둘 수 없게 되자, 정신의 초월과 저 높은 하늘나라의 꿈을 그것과 맞바꿨다.

지금은 라자로처럼 땅바닥에 떨어지는 빵부스러기를 얻어먹고 살지만, 저 하늘나라에서는 그렇지 않을 것이었다. 이 꿈이 조선을 강타했다. 짐승처럼 살던 민초나 여성들에게 전해진 복음의 소식은 몸이 부들부들 떨릴 만큼 전율을 안겨주었다. 물불을 가릴 수 없었다. 고통이 차라리 기뻤다. 박해의 고통은 천국으로 건너갈 보증수표와 같은 것이었다. 고문의 담금질이 거셀수록 영혼은 순수한 정금으로 더욱 빛날 터였다. 천주의 계명을 지키고 성호를 긋고 기도를 열심히 하면 누구나 차별 없이 천국에 갈 수가 있다. 그곳에는 양반상놈의 구분도 없고, 남녀의 차별도 없다고 했다. 누구나 평등하고, 평화롭고, 공평한 세상이었다. 그들은 자신의 믿음을 실행에 옮김에 조금의 주저함도 없었다.

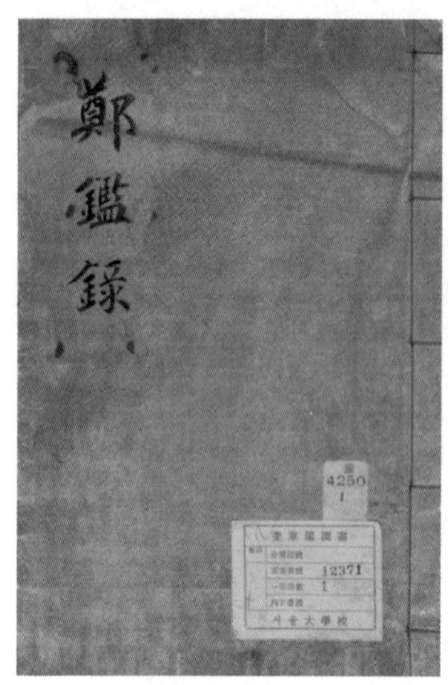
《정감록》. 초기 천주교 신자 중에는 천주교를 받아들이기 전에 도교 계통의 《정감록》 신앙에 빠졌던 경우가 의외로 적지 않다. 십승지를 찾고, 미륵 세상을 꿈꾸며, 도화낙원을 갈망하던 이들에게 천주교의 가르침은 그들이 원하던 바로 그 복음의 소리였다. 서울대학교 규장각한국학연구원 소장.

하지만 지배층에게 저들의 활화산 같은 열망의 분출은 곧바로 체제전복의 위험하고 불온한 시도일 뿐이었다. 이전에 혁명을 외쳤던 반역집단이나 깊은 산속에 별천지가 있다고 속삭이던 사교집단과 이들은 확연히 달랐다. 그 너머에 선진 서양 문물의 아우라가 있었고, 복음으로 대표되는 경전의 질서가 정연했다. 사람들은 차별 없는 세상의 비전 앞에 열광했다. 위정자들은 그 위에 대역부도의 이름을 덧씌웠다.

다블뤼 주교가 1850년 9월 프랑스의 가족에게 보낸 편지 중에 흥미로운 내용이 보인다.

> 모두가 무슨 큰 사건이 터지지나 않을까 걱정하고 있고, 불길한 예언들도 들리고, 일이 돌아가는 형세에 얼마간 변화도 보입니다. 심지어 사람들 이야기로는 사람들이 숨기고 있는 책 속에 오래된 예언이 적혀 있다고 하는데, 즉 서양의 종교가 이 왕국에 들어와 널리 퍼질 것을 예고했다는 거예요. 그런데 있잖아요. 그런 책은 전적으로 믿을 만한 것은 못 되는데, 조선 사람들은 그런 기이한 참언이나 허언 따위에 너무나 빠져 있답니다.[76]

이 편지는 《정감록》이나 《남사고비결(南師古秘訣)》 같은 비결 신앙이 천주교와 습합되어가는 경로를 암시한다는 점에서 주목된다. 말세 신앙, 개벽 신앙이 확산되는 사회는 그만큼 불안하고 우울한 사회다. 이 신앙의 뿌리는 아주 깊고도 광범위해서 민중들의 뇌리에 깊은 인상을 남겼다.

8. 김건순의 개종과 여주 교회

천당 가는 법을 얻었소

김건순의 추종자였던 정원상은 1797년 10월에, 8월 중순 과거시험을 보러 상경했던 김건순이 돌아온다는 소식을 듣고 이중배와 함께 그의 집을 찾았다. 당시 김건순의 집에는 원경도, 서양화가 이희영과 그의 조카 이현, 김치석, 김이백, 김익행, 성명순 등이 주인이 돌아오기를 기다리고 있었다. 이들은 진작부터 도가의 법술을 함께 익히고, 둔갑술과 장신술을 같이 공부하며 바다 섬에서 새로운 세상을 건설하는 꿈을 꾸고 있었다.

근 두 달 만에 만난 김건순은 새 소식을 기대하며 모인 그들 앞에서 갑자기 몸을 돌려 벽을 향해 앉더니 알지 못할 주문을 한동안 외웠다. 그러고는 차고 있던 칼을 풀더니 이렇게 선언했다.

> 이번 과거시험을 보러 간 길에 다행스럽게도 서양국의 도인과 만났소. 그에게서 죽어 천당 가는 법을 얻었고, 배울 때 쓰는 요사팟(若撒法)이라는 별호까지 받았소. 이제껏 익혔던 육임의 법술과는 결별하고, 이제부터 그 도를 힘껏 배우려 하오. 이 자리에서 차고 있는 칼들을 풀고 정도를 함께 행합시다.[77]

이희영의 공초에 따르면, 당시 이들은 섬에 들어가기를 원한다는 표식으로 각자 작은 칼을 차고 있었다. 이후 김건순은 십자가를 그어 보이며 밤새도록 천주교 교리를 강론했다.[78] 칼을 끌러 맹세하자거나, 벽을 향해 앉아 주문을 외우는 등의 행동에는 여전히 술법 하는 부류의 분위기가 남아 있다. 이들은 김건순에 대한 충성도가 대단히 높은 집단이었다. 이후 이들은 일제히 천주교 신자로 전향했다.

애초에 김건순과 주문모 신부의 만남은 어떻게 이루어졌을까? 주문모 신부는 1797년 가을 김건순의 자자한 명성을 들었다. 그는 노론 최고 명문가의 적장자였다. 그런 그가 천주교에 입교할 경우 교회는 든든한 배경 하나를 더하고 날개를 얻게 될 것이었다.

앞서 언급했듯, 김건순은 희대의 천재로 당시 22세의 젊은 나이였음에도 명망이 자자했다. 그는 어려서부터 노장에 심취했고, 10세 남짓 되었을 때 집에 있던 《기인십편》을 읽고 〈천당지옥론〉을 짓기까지 했다.[79] 달레는 《한국천주교회사》에서, "그는 천주교에서 마술의 비밀과 특별한 비방(祕方)을 얻을 줄로 생각하고 그것을 연구하기 시작하였다"고 썼는데,[80] 당시 자신들이 강이천 등과 계획하고 있던 해도거병(海島擧兵)에 서학의 후광을 얻으면 일이 한결 수월해질 것으로 믿었던 듯하다. 달레는 이후 그가 양근으로 권철신을 찾아가 서학의 문제를 두고 토론하며 점차 마음이 여기로 쏠렸던 것으로 보았다.

남곽선생 주문모와 해상진인 김건순

양근을 통해 그가 서학에 관심이 높다는 소식을 전해들은 주문모 신부는 1797년 8월 초에 같은 여주 출신인 벽동의 정광수 편에 서신을 주어 김건순에게 만남을 청했다. 편지를 받은 김건순이 기뻐하며 말했다. "이 사람이 나왔다는 말을 이미 들어 알고 있었습니다. 한번 보고 싶었는데 먼저 문안편지를 받으니 참으로 다행입니다." 김건순은 겉봉에 '주선생전답상서(周先生前答上書)'라고 쓴 답장을 보냈다. 주문모 신부는 답신을 받고 김건순의 높은 학식과 유려한 문장에 크게 놀랐다. 이 내용은《사학징의》중 정광수의 공초에 나온다.[81]

얼마 뒤 김건순은 8월 21일에 열리는 감시(監試) 응시를 구실로 8월 13일경 상경했고, 상경 이틀 뒤인 8월 15일 추석날 저녁에 수각교 인근 창동 강완숙의 집으로 주문모 신부를 찾아왔다. 수각교는 지금의 중구 남대문로 4가 1번지에 있던 다리다.

신부가 그에게 천주교를 믿으라고 권하자, 그는 신부를 협객의 부류로 여겨, 도리어 천주교인 수십 가구를 모아 함께 섬으로 들어가 천주교를 포교하는 것은 어떠냐고 말했다. 자신은 그 섬에서 무기를 마련하고 큰 배를 만들어서 청나라로 쳐들어가 선대의 치욕을 씻겠다고 했다. 터무니없는 계획에 놀란 신부가, 자신이 조선에 건너와서 포교하는 것은 영혼을 구원하려는 데 있다면서 천주교의 주요 교리를 설명하기 시작했다. 김건순은 그제야 기뻐했으며 새벽녘에 돌아갔다.[82]

신부는 다시 장문의 설득 편지를 써서 정광수 편에 보냈고, 두 사람은 시험이 끝난 뒤인 8월 26일에 한 번 더 회동했다. 그사이에 김건순은 강이천, 김여, 김이백에게 천주교를 따르자고 설득했고, 10월 초에는 여주 집으로 돌아와 이중배, 원경도 등의 추종자 그룹을 모조리 천주교로 개종시켰다. 두 사람 사이에 오간 자세한 대화 내용은《추안급국안》중 김신국(金信國)과 강이천의 공초와《사학징의》속 관련자들의 공초에 자세하다.[83]

주문모 신부는 남쪽 성곽 즉 남대문 근처 창동 강완숙의 집에 머물렀으므로 이후 김건순과 강이천 등에게 남곽선생(南郭先生)이라는 은어로 불렸다. 하지만 얼마 못 가 김건순과 강이천 등이 해상진인, 서방미인, 남곽선생 운운하면서 해랑적(海浪賊)의 변을 꾀하고 있다는 유언비어가 걷잡을 수 없이 퍼졌고, 11월 11일 정조는 진사 강이천을 붙잡아들여 사학의 죄로 추국한 뒤, 유언비어 유포죄를 물어 제주도로 유배 보냈다.[84] 이때 김건순은 주모자였음에도 정국에 미칠 파장이 너무 클 것을 염려해 문제 삼지 않고 그저 덮어버렸다. 김건순은 이미 그 정도의 거물이었다.

정조는 한 해 뒤인 1798년의《일득록(日得錄)》에서 강이천의 무리를 유배형에 처한 까닭을 밝히면서 "김건순은 명현(名賢) 김상헌의 총손(冢孫)이니, 10대까지 용서한다는 뜻에서 놓아두고 죄를 묻지 않았다. 이 또한 세신(世臣)을 온전하게 보전하려는 고심이었다"고 말했다.[85] 이 일로 김건순은 신앙을 갖겠다고 선언한 지 불과 석 달이 못 돼, 그의 천주교 연루 소식에 경악한 집안의 집중적인 감시와 관리 속에 놓이게 되었다. 주변 인물 이중배, 원경도, 이희영 등도 김건순의 생부에 의해 주변에 얼씬도 못하게 하는 엄중한 조처가 내려졌다.

김건순의 세례식

임금으로서는 아무리 붙잡으려 해도 잡히지 않던 주문모의 이름이 강이천 등의 공초에서 언급되는 데 긴장했지만, 김건순을 협의선상에서 아예 배제해버림으로써 겉으로는 아무 일도 없었던 것처럼 문제를 덮고 말았다. 하지만 남인들의 종교였던 천주교에 노론 최고 명문가의 종손이 자발적으로 참여해 세례를 받고 천주교 신자가 된 것은 파장이 큰 사건이었다.

달레는《한국천주교회사》에서 이렇게 썼다.

> 영세한 뒤 김건순 요사팟의 행동은 항상 굳건하고 점잖고 나무랄 데가 없었다. 그의 겸손은 그의 공로와 맞먹었다. 그는 모든 교우의 사랑과 존경을 받았고, 그 덕의 광채는 미리부터 그를 박해의 희생자로 지목하였다. 이런 환경에서 그의 부모 친척과 친구들이 그가 추적되지 않게 해줄 나약한 말 한마디를 얻어내려고 얼마나 노력했을지는 상상하기 어려울 것이다.[86]

1797년 10월 여주로 돌아온 자리에서 김건순은 좌중에게 '요사팟'이라는 별호까지 받았노라고 말했다. 하지만 김건순이 주문모 신부에게 정식으로 세례를 받은 시점은 이때가 아니라 두 해 뒤인 1799년 6월 6일이었다.《추안급국안》의 1801년 3월 17일자 이희영의 공초에 관련 증언이 남아 있다. 당시 김건순이 주문모 신부에게 세례를 받을 때, 신부는 손에 작은 금항아리를 들고, 그 속에 물을 채워 여러 번 김건순의 이마에 물을 찍어 바르면서 성경을 외우는 것을 이희영 자신이 직접 입회해 목격했노라고 말한 것이다. 세례를 행한 장소는 송현동 홍익만의 집이었다.[87]

달레는 정약종이 김건순 요사팟과 협력해 천주교의 모든 진리를 순서 있고 체계 있게 설명하는《성교전서》저술에 착수했는데, 책이 절반 정도 완성되었을 때 신유박해가 일어났다고 썼다.[88] 이로 보아 김건순은 가문의 격렬한 반대와 차단에도 불구하고, 교계 핵심 인사들과 계속 왕래하며 뛰어난 문장과 식견을 바탕으로 정약종, 황사영과 함께 교회 내 최고의 이론가로 발돋움하고 있었음을 알 수 있다.

여주 교회의 부활절 부흥회

여주 교회의 성장도 대단했다. 특별히 김건순의 사람으로 도가의 술법을 함께 익혔던 이중배, 원경도, 정종호 등의 활약이 눈부셨다. 이중배는 이전까지 직선적이고 난폭한 성격으로 불의한 행동도 거리낌 없이 하던 협객이나 술사에 가까운 인물이었다. 하지만 김건순을 따라 천주교인이 되어 마르티노라는 이름으로 세례를 받은 뒤에는 완전히 딴사람이 되었다. 여주 읍내에 살던 원경도는 그의 사촌이었다. 이들은 온 가족이 함께 신앙을 받아들였다.

1800년 3월 부활절 때 두 사람은 정종호의 집에 가서 함께 부활 축일을 지냈다. 이들은 이날 개를 잡고 술을 많이 장만해서 길가에 모여 큰 소리로 '알렐루야'와 〈부활삼종경〉을 외우고, 바가지를 두드려가며 기도문을 노래했다. 이들의 부활 축제는 온종일 노상에서 계속되었다. 일종의 공개적인 부흥회를 열었던 셈인데, 전후로 달리 예를 찾기 힘들 만큼 참으로 대담하기 짝이 없는 행동이었다.[89]

외교인의 신고로 이 소식을 접한 여주목사 김희조(金熙朝)는 너무도 놀라서 즉각 포졸을 보내 붙잡아들였다. 이들은 결국 신유박해가 일어나기 한 해 전 여주 감옥에 갇혔다. 이 일로 여주와 양근 일대에 검거 선풍이 불면서 양근의 정약종은 터전을 버리고 상경할 결심을 해야만 했다.

여주 점돌에 사는 임희영과 조용삼 베드로, 그의 아버지 조제동, 원경도 요한의 장인 최창주 마르첼리노 등이 함께 검거되었다. 정종호와 그의 두 아들 정원상·정형상(鄭亨相), 동생 정종순(鄭宗淳)과 그의 아들로 보이는 정치상(鄭致相) 등 일가붙이도 모두 투옥되었다. 원경도의 아우 원경신(元景信)과 외종 김치석(金致錫), 처사촌 최재두(崔在斗), 최재두의 처삼촌, 그리고 윤유일의 부친 윤생원 등도 다 함께 신앙생활을 하던 사람들이다. 이후 이들은 10월까지 반년 넘게 감옥에 있으면서 보름마다 온몸이 너덜너덜해질 지경으로 혹독한 고문과 회유를 받아 일부 배교를 선언하고 풀려났지만, 대부분 뜻을 굽히지 않았다.[90]

특별히 옥중에서 이중배가 행한 치유의 은사는 이제껏 사람들의 입에 오르내리고 있다. 그의 손이 닿기만 하면 병이 모두 나았으므로 그가 갇혀 있던 여주 감옥은 인산인해로 몰려드는 병자들의 행렬에 옥문이 무슨 장마당 같았다고 한다. 관속 중에도 무거운 병을 나은 사람이 여럿 있었으므로 관장도 이를 막지는 못했다.

놀란 옥졸들이 의술의 비결을 묻자 그는 이렇게 대답했다. "독특한 처방은 없소. 천주를 섬기기만 하면 되오. 의술을 배우고 싶은가? 먼저 천주를 믿으시오." 옥졸들이 책이 다 탔는데 어찌 배우는가 묻자, "내 마음속에 타지 않은 책들이 있다네. 얼마든지 가르쳐주겠소"라고 대답했다.[91] 그의 이 같은 질병 치유 능력은 종교적 이적 외에 앞서 본 술사로서의 역량과도 무관치 않으리라고 본다.

이들은 해가 바뀌면서 신유박해가 일어나자 서울로 압송되었다가, 1801년 3월 13일 다시 여주로 끌려와 읍성 밖에서 목이 잘렸다. 원경도가 28세, 이중배와 정종호는 50세가량이었다. 여주 교회는 김건순을 정점으로 한 상당히 조직적이고 충성도 높은 신앙집단이었다.

11부

기록과 기억

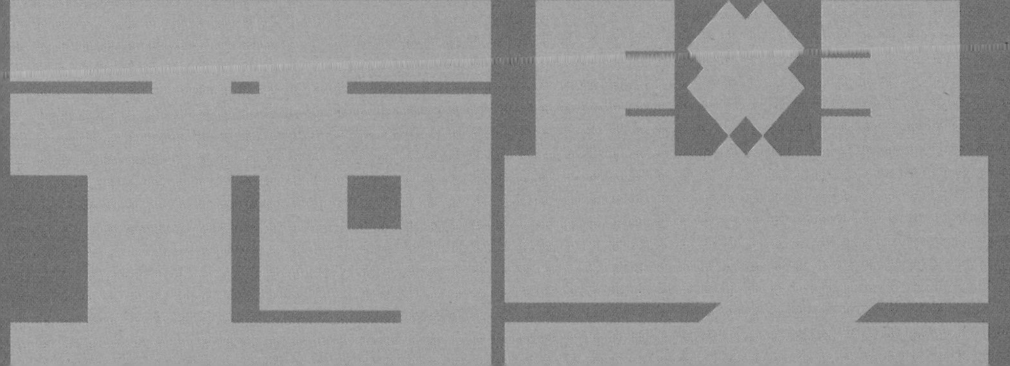

1. 정약용의《조선복음전래사》

《한국천주교회사》 초기 기술의 근거가 된 책

이 책이 계속 궁금했다. 다산 정약용이 정말로 '조선복음전래사'라는 제목의 책을 썼을까? 아니, 쓸 수 있었을까? 사실 '조선복음전래사'는 원래의 책 제목이 아니다. 다블뤼 신부가《조선순교사비망기(Notes de Mgr. Daveluy pour l'Histoire des Martyrs de Corée)》에서 초기 천주교회사와 관련된 대부분의 기록을 정약용이 지은《조선에 복음이 들어온 것에 관한 회상록(des mémoire sur l'introduction de l'Evangile en Corée)》에서 인용했다고 말한 데서 나온 명칭이다. '조선복음전래사'는 이 프랑스어 제목을 우리말로 번역한 것이고, 원뜻은 '조선에서의 복음 전래에 관한 비망기'에 가깝다. 다블뤼는 1856~1862년에 정약용의 이 책을 수집해 집필의 기초 자료로 활용했다.[1]

다산은 강진 시절 백련사 주지였던 아암(兒菴) 혜장(惠藏)과 가깝게 지내면서, 그 인연으로《대둔사지(大芚寺志)》와《만덕사지(萬德寺志)》같은 불교 사찰의 역사를 정리한 일이 있다. 이 책을 편집해 집필하려다 보니 자신이 불교사에 대해 아는 게 없고, 사찰의 옛 기록 또한 신뢰도에 문제가 많다는 생각이 들었다. 이에 다산은《삼국사기》에 나오는 불교 관련 역사 정보를 정교하게 편집해서《대동선교고(大東禪教攷)》를 저술했다. 그러고는 이를《대둔사지》끝에 별책으로 붙였다.《대동선교고》는 말하자면 '조선불교전래사'쯤에 해당하는 책이다. 내 생각에 다산이 썼다는《조선복음전래사》는 그 원 제목이 '대동서교고(大東西教攷)' 또는 '서교동전고(西教東傳攷)'쯤이 아니었을까 싶다. 다산은 불교를 믿지 않았지만《대동선교고》를 썼다. 하지만《조선복음전래사》는 만년에 되찾은 신앙에 바탕을 둔 소명이 담긴 글이었을 것으로 보인다.

대전교구 갈매못 순교성지에 세워진 다블뤼 주교 성인상. 가톨릭평화신문 제공.

달레는《한국천주교회사》에서 이렇게 썼다.

> 특사로 귀양이 풀린 정약용 요한은 자기 죄를 오랫동안 진심으로 통회하였고, 그의 모범적인 열심과 극기로 교우들을 위로하였으며, 매우 감화시키는 죽음을 맞았다. 그는 여러 종교 서적을 남겼고, 특히 복음이

조선에 들어온 것에 대한 수기를 남겼는데, 이 책에서 지금까지 기록한 사실들은 대부분 그의 수기에 의한 것이다.[2]

글 속의 '지금까지'란 초기 한역서의 조선 전래로부터 신유박해에 이르는 시기를 가리킨다. 달레는 1784년 이승훈의 입교에서 1801년 신유박해에 이르기까지의 모든 과정을 정약용이 정리한 수기에 근거해 집필했다고 분명하게 밝혔다.

간략하지만 훌륭하다

달레의 책은 다블뤼 주교의 꼼꼼한 수기를 정리한 것이다. 그 바탕이 된《조선순교사비망기》에서 다블뤼는 또 이렇게 썼다.

우리가 조선 천주교의 기원과 관련된 대부분의 사실(史實)을 끌어낸 자료들은 앞으로 자주 언급하게 될 정약용에 의해 수집된 것이다. 그의 세례명은 요한이었다. 그는 처음부터 거의 모든 천주교 사건에 참여하였다. 천주교의 주요 지도자들은 다 그의 친척이거나 친구였다. 학문과 관직으로 이름이 높았던 그는 배교하는 나약함을 보였으나 1801년의 유배를 면하지는 못하였다. 여러 해가 지나 유배에서 풀려난 그는 열심히 천주교를 신봉하고, 신심과 큰 극기의 모든 실천에 장기간 전념하였으며, 아주 신자답게 사망하였다. 또한 그는 몇 가지 종교 저술을 남겼다. 우리는 그의 전래사를 옮기고 연결시키는 데 그쳤다. 불행히도 그의 전래사는 너무 간략하다. 하지만 아주 잘된 것이다.[3]

또 1858년 11월 7일에 다블뤼가 파리 외방선교회에 보낸 보고 서한에도 다음과 같은 내용이 있다.

> 나는 정약용에 대해 한마디 첨가하고자 합니다. 그의 증언은 아주 큰 무게가 있어 보입니다. 학식 있고 청렴한 것으로 알려진 그는 조선에 천주교가 전래할 때 일어난 모든 사실에 참여하였고, 그가 아주 잘 아는 사실들과 인물들에 관해 적어놓았습니다. 그는 그의 저서에서 그 자신의 배교와 그의 형제, 친척, 친지들의 배교 사실을 숨기지 않았으며, 이런 사실이 그의 이야기에 진실성을 더해주고 있습니다. 끝으로 나는 그의 저서에서 다른 구전과 모순되는 것을 하나도 발견하지 못했음을 확언할 수 있습니다. 그의 책은 그의 집에 숨겨져 아무에게도 공개되지 않았으므로 오늘날에도 극소수를 제외하고는 신자들에게 알려지지 않고 있습니다. 그러므로 일반 구전이 이 책에 근거할 수 없었고, 따라서 그것이 다른 증언들에 의거하고 있다는 사실을 덧붙이는 바입니다. 그의 이야기는 간략하고 정확합니다. 그는 후에 다시 교우의 본분을 실천하고, 그의 전래사를 저술한 다음 선종하였습니다.[4]

'양은 많지 않지만 대단히 정확하다. 다른 경로로 정리된 구전들과 조금도 어긋남이 없고, 정약용 자신에게 불리한 내용조차 숨김없이 적었다. 이를 통해 이 책의 진실성을 담보할 수 있다.' 이것이 이 책에 대한 다블뤼의 평가였다. 그러니까 초기 천주교 이입에서 신유박해까지의 기록은 어디까지나 다산의 전래사에 바탕을 두고, 그 밖의 다른 전문(傳聞)으로 살을 보태서 정리한 것임을 분명히 한 것이다. 그리고 《조선복음전래사》의 집필이 생의 마감을 앞둔 시점에 이루어졌음도 밝혔다.

은폐와 검열

다블뤼의 기술은 대단히 구체적이고 확신에 차 있어서,《조선복음전래사》가 실제 다산이 짓지 않은 허구의 책이었을 가능성은 전혀 없어 보인다. 당시 조선 교회로서는 배교자로 교회를 떠났던 다산을 굳이 천주교 신자로 만들기 위해 그가 쓰지도 않은 책을 썼다고 우길 어떤 이유가 없었다. 최초의 수덕자 홍유한을 천주교회사의 시각에서 바라본 것도 다산이 처음이었다. 홍유한 관련 기록뿐 아니라 주어사 강학회 등의 내용은 정약용이 권철신 등 관련 인물을 통해 직접 듣지 않고는 결코 알 수 없는 내용이었다.

그렇다면 다산은 이 책을 언제 썼을까? 강진 유배에서 18년 만에 돌아온 3년 뒤인 1822년에 다산은 회갑을 맞아 이른바 '비전(祕傳) 6편'을 썼다. 초기 천주교 신앙과 관련되어 죽거나 유배된 이가환, 이기양, 권철신, 오석충, 정약전 등 5인의 묘지명과 자신의 〈자찬묘지명〉이 그것이다. 이때까지만 해도 다산은 정계 복귀의 꿈을 완전히 접지 않고 있었다. 실제로 1823년 6월과 9월에는 그의 이름이 승지 물망에 오르기도 했다. 후손에게 외부에 공개하지 말라고 당부했던 이 6편의 묘지명은 해당 인물들이 비록 천주교도로 몰려 죽었지만 실제로는 그렇지 않았음을 밝히는 데 초점이 맞춰져 있다. 굳이 비밀로 할 것을 당부했다면, 이들 글에 대한 생각이 나중에 바뀌었거나 공연한 구설을 만들기 싫어서였을 것이다. 아무튼 이 글들의 진실성 문제는 더 촘촘히 따져보지 않으면 안 된다.

다산은 70세 이후 세상을 뜨기 직전까지 천주교 이입기의 역사를 정리하는 중요한 증언을 남겼다. 그것이 다블뤼의《조선순교사비망기》와 달레의《한국천주교회사》의 앞부분을 구성하는 골격 원고가 되었다. 이 같은 다산의 변화에 대해 달레는 이렇게 기술하고 있다.

> 귀양이 풀려 돌아온 뒤, 정약용 요한은 이전보다 더 열심히 교회의 모든 본분을 지키기 시작하였다. 1801년에 예수 그리스도의 신앙을 입으로 배반한 것을 진심으로 뉘우쳐 세상과 떨어져 살며, 거의 언제나 방에 들어앉아 몇몇 친구들밖에는 만나지 않았다. 그는 자주 대재(大齋)를 지키고, 그 밖에 여러 가지 극기를 고행하며 몹시 아픈 쇠사슬 허리띠를 만들어 차고 한 번도 그것을 끌러놓지 않았다. 그는 아주 오랫동안 묵상하였다.[5]

다산이 회갑 당시에 쓴 6편의 묘지명은 꼼꼼한 자기 검열을 거친 글이었다. 천주교와 관련된 결정적인 사실은 의도적으로 은폐하거나 삭제했다. 예를 들어 오석충은 딸이 둘이었는데, 다산은 그가 외동딸만 두었다고 썼다. 둘째 사위가 천주교 신자로 신앙을 증거하다가 죽은 순교자였기 때문이었다. 이에 대해서는 다음 글에서 자세히 쓰겠다.

이들 인물과 관련된 같은 내용에 대한 6편의 기술과 달레의 《한국천주교회사》나 각종 공초 기록 속의 설명을 비교해 보면, 검열을 거쳐 삭제된 부분이 비교적 선명하게 드러난다. 다산은 또 자신의 책에서 초기 교회사에서 자신이 수행했던 역할에 대해서도 입을 꾹 다물었다. 가성직제도 아래 10인의 신부 명단이나 명례방 집회 적발 당시 관련자 명단에서 자신의 이름을 쏙 빼버렸다. 다블뤼는 그것을 그대로 받아서 썼기 때문에 초기 교회사에서 다산의 비중과 역할은 상당 부분 굴절되고 은폐되었다.

대학자 다산이 직접 쓴 글이니 묘지명의 내용을 무조건 믿어야 한다는 태도는 옳지 않다. 천주교에 관련된 모든 정보를 다산은 철저하게 삭제했고, 검열했다. 있던 사실을 없는 일로 만들고, 조금이라도 불리하다 싶으면 왜곡하거나 지워버렸다. 이것을 위선적인 태도로만 매도할 수는 없다. 당시 어쩔 수 없는 상황이 그에게 강요했던, 살아남기 위한 안간힘이었다.

2. 감추고 지운 다산의 기록

다산의 자기 검열과 왜곡된 진실

《조선복음전래사》와 비전 묘지명 6편의 예를 통해 보았듯, 천주교에 관한 한 다산의 모든 기록은 문면 그대로 믿기가 어렵다는 생각이다. 다른 것은 몰라도 천주교와 관련된 인물에 관한 언급만큼은 철저한 자기 검열을 거쳤다. 검열의 결과 아예 입을 다물거나 말꼬리를 흐렸고, 그도 아니면 사실을 왜곡해 말허리를 자르거나 다른 사실을 덧대 해당 사안이 묻히게 했다.

오석충(吳錫忠, 1742~1806)은 다산이 〈매장오석충묘지명(梅丈吳錫忠墓誌銘)〉에서 자기 입으로 자신과 가장 친하다고 말했던 사람이다. 매달 월급을 받으면 가난한 그를 위해 두 말 곡식을 보냈고, 장마철이나 한겨울에는 그가 사는 매동(梅洞)으로 나무 한 짐씩을 사서 보냈다. 매동은 지금의 경복궁 영추문 밖 통의동 일대를 가리킨다. 다산은 손금 보듯 그의 형편을 잘 알았다. 강진 유배지에서조차 오석충이 유배 가 있던 임자도에 두 꿰미의 돈을 보냈을 정도였다.[6]

그런 다산이 같은 글에서 "공은 딸 하나가 있는데, 권상문의 아내가 되어 아들 둘을 낳았다"고 썼다.[7] 오석충이 무남독녀 외동딸을 두었고, 그 딸은 권철신이 동생 권일신에게서 입양한 아들 복자 권상문의 아내였다는 뜻이다.

오석충의 자식이 딸 하나뿐이었다는 것은 사실일까? 전혀 사실이 아니다. 1801년 3월 6일 의금부 공초에서 심문관이 오석충에게 딸과 사위에 대해 물었을 때 그의 대답이 이랬다. "딸이 둘 있는데, 하나는 권철신의 며느리이고, 하나는 이성구(李聖求)의 봉사손의 며느리입니다."[8] 다산은 오석충을 위해 쓴 묘지명에서 있는 사실을 왜곡한 것이다.

오석충에게는 실제로 딸이 둘 있었다. 큰딸은 다산의 말대로 권상문에게 시집갔고, 둘째 딸은 이성구의 봉사손의 며느리였다. 그녀의 시누이인 이순이 누갈다의 옥중 서한을 보면, 그녀는 '매동댁(梅洞宅)'으로 불렸다. 이 같은 내용은 현재 하버드대학교 옌칭도서관에 소장된 《백가보(百家譜)》에 소상하게 나온다. 인조 때 영의정을 지낸 이성구는 《천주실의》를 처음 가져온 지봉 이수광의 아들이고, 그의 봉사손은 이윤하(李潤夏)다. 오석충의 둘째 딸은 이윤하의 아들과 결혼했다. 그 아들이 누구였기에 다산은 애써 그의 존재를 지우려 했을까? 순교 복자 이경도 가롤로가 바로 그다. 이윤하는 성호 이익의 사위 이극성(李克誠)에게 양자 들어가 이성구의 제사를 받드는 봉사손이 되었다. 이윤하는 권철신의 누이에게 장가들었고, 둘 사이에서 얻은 아들 이경도가 바로 오석충의 둘째 딸과 결혼했다.

오석충과 누구보다 가까웠던 다산이 이와 같은 사정을 몰랐을 리 없다. 그런데도 다산은 엄정해야 할 묘지명의 정보를 비틀어, 오석충

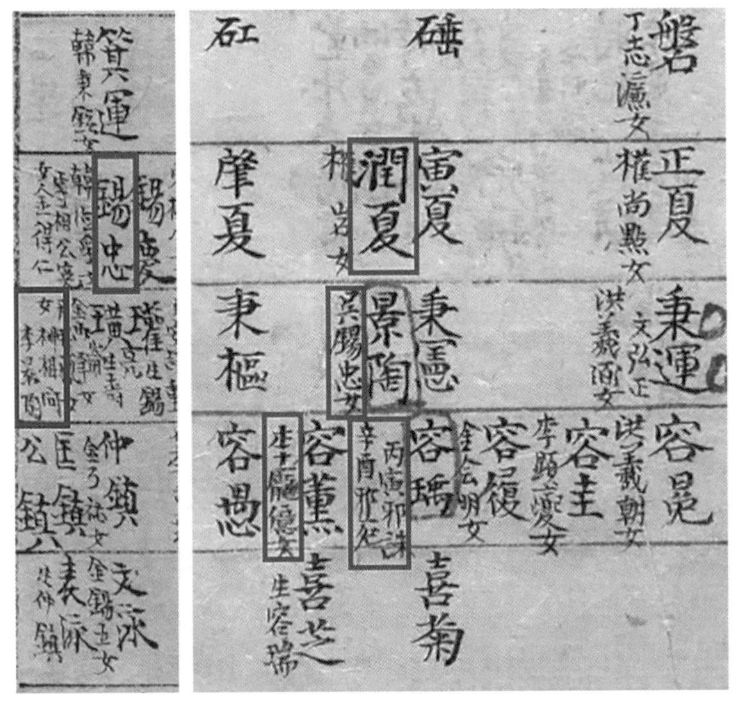

《백가보》에 실린 오석충(왼쪽)과 이윤하(오른쪽) 족보 단자. 양쪽 모두에 오석충의 둘째 딸이 이경도의 아내라는 사실이 분명하게 나온다. 하버드대학교 옌칭도서관 소장.

에게는 딸이 하나뿐이었다고 말함으로써 둘째 딸의 존재 자체를 기록에서 지워버렸다. 이경도 가롤로의 존재를 굳이 지운 이유는 그가 1801년 신유박해 때 천주교 신자로 끝까지 배교를 거부하다 순교했기 때문이다.

그렇다면 똑같이 순교한 권상문은 어째서 기록에 남겨두었을까? 다산은 〈녹암권철신묘지명(鹿菴權哲身墓誌銘)〉에서 권상문에 대해 이렇게 썼다. "권상문 또한 신유년에 죽었다. 아들 황(愰)과 경(憬)이 있다. 권철신 공은 딸 하나가 있는데, 그 딸은 이총억에게 시집갔다."[9] 권상문의 사망 이유가 순교라는 사실을 말하지 않았고, 그의 아내가 오석충의 맏딸이라는 사실도 입을 굳게 다물었다. 여기서는 말꼬리를 흐린 것이다.

이윤하 마태오와 자녀들의 신앙

한편, 이윤하는 다산이 〈선중씨묘지명(先仲氏墓誌銘)〉에서 형 정약전이 "이윤하와 이승훈, 김원성 등과 정하여 석교(石交)가 되었다"고 쓴 인물이다.[10] 그는 성호 이익의 외손자인 데다 이성구의 봉사손으로 당당한 명문가의 종손이었다. 또한 1785년 명례방 추조적발 당시 권일신과 함께 형조로 들어가 성상 회수를 요청했던 5인 중 한 사람이다. 그는 20대 초에 이승훈, 정약전, 김원성 등과 어울려 천주교를 믿었다. 김원성은 이윤하의 이질사위이기도 했다.

이재기가 쓴 《눌암기략》에 이윤하에 대한 기사가 몇 군데 나온다. 이재기는 이윤하와 좋게 지내던 사이였다. 이재기는 이윤하에 대해 "권철신에게 그르친 바 되어 서학서에 빠졌다"고 썼다. 또 "이기성의 무리와 함께 형조에 들어가는 통에 세상의 지목을 받았다"는 말도 보인다.[11] 이기성은 이기양의 동생이다. 이윤하가 이기성 등과 1785년 을사추조 적발 당시 성상을 돌려받기 위해 형조로 들어가 시위하다가 세상의 구설에 올랐다는 이야기다. 관련된 다른 언급이 또 더 있다. 이기성도 명례방 모임에 참석했고, 형조 항의 시위에도 동참한 사실이 이를 통해 밝혀지는 셈이다. 앞서 살핀, 안정복이 이기양에게 보낸 편지에서 이기성이 서학서를 못 보게 하라고 당부했던 이유가 분명했던 것이다.

이재기는 이윤하를 볼 때마다 서학을 멀리하라고 충고했다. 한번은 이재기를 만나자 이윤하가 이재기의 입을 막으려고 "내가 요새는 서학책을 읽지 않는다네" 하고 미리 선수를 쳤다. 그러자 이재기가 "그런데 세상에서 자네를 비방하는 것이 전과 다름없으니 어찌 된 일인가? 이제부터 사람들을 볼 때마다 서학서가 나쁘다고 배척하게. 그러면 비방을 늦출 수 있을 게야"라고 했다. 이때 이윤하의 대답이 이랬다. "내 마음으로 그것이 그른 줄을 모르겠는데, 입만 가지고 배척한다면 마음에 부끄럽지 않겠는가?"[12]

이윤하는 속속들이 천주학을 믿은 신심 깊은 신앙인이었다. 조선에서 최초로 영세를 받은 이승훈과는 친척이었고 같은 동네 친구이기도 했다. 이승훈의 외조부 이용휴는 이윤하의 외조부인 이익의 종질이었다. 이윤하는 슬하에 3남 2녀를 두었다. 아버지의 신앙의 표본을 따라 자녀들 또한 신심이 깊고 두터웠다. 장녀는 홍유한의 먼 집안인 홍갑영(洪甲榮)에게 출가했다. 장남은 이경도 가롤로, 차녀는 이순이 누갈다, 차남은 이경중, 삼남은 이경언 바오로이니, 자식 다섯 중 셋이 복자품에 오른 순교자 집안이다.

족보에서 지워진 이름들

이윤하는 1791년 진산 사건이 있고 두 해 뒤인 1793년에 세상을 떴다. 37세의 젊은 나이였다. 신유박해 때까지 살아 있었더라면 그도 순교의 길에 섰을 것이 분명하다. 하지만 그는 너무 일찍 죽는 바람에 진지했던 신심생활마저 잊혀 묻히고 말았다.

이윤하가 세상을 뜬 뒤 아들 이경도 가롤로마저 붙잡혀가자, 전주 이씨 문중에서는 예조에 이윤하의 입양을 원천 무효화해서 파양해달라는 청원을 올렸다. 명문의 종손이 연달아 천주교를 믿어 제사를 지낼 수 없는 형편임을 호소했다.[13] 입양된 종손이 죽고 그 아들이 이미 종통을 승계한 상황에서, 애초의 입양 자체를 없던 일로 해달라는 전례 없는 주문이었지만, 결국 국가의 승낙을 받아냈다.

그 결과 전주 이씨 족보에서 이윤하는 입양된 부친 이극성과는 아무 인연이 없는 존재가 되고 말았다. 생부인 '추(棰)' 아래 한 줄 이름이 적혔을 뿐이다. 그 아래는 아예 무후(無後) 즉 '후손이 없다'로 처리되었다.

이 시기 천주교인들의 족보는 온전한 것이 별로 없다. 후손들이 신앙을 굳건히 지켰을 경우에는 순교로 손이 끊어졌고, 문중에서는 어떻게든 족보에서 천주학으로 죽은 죄인의 흔적을 지우려고 애를 썼기 때문이다. 가문을 지켜내려는 안간힘이 훼손된 족보의 기록 너머로 얼비친다. 하지만 그 끊어진 가닥을 하나하나 이어보면 얽히고설킨 혼맥으로 신앙을 이어, 그들만의 끈끈한 유대를 이어간 정황이 속속 드러난다.

다산은 자신의 문집에서 이벽을 말할 때는 실명을 밝혔지만, 이승훈만은 절대로 이름을 밝히지 않고 '이형(李兄)'으로만 썼다. 《다산시문집》에서 '이형'으로 검색해서 나온 결과는 모두 이승훈으로 보면 틀림없다. '이형'마저 지우지 못한 것은 그와 얽힌 문제를 다 걷어낼 경우 도저히 설명할 수 없는 빈구석이 생기기 때문이었다. 이벽은 초기 천주교회의 리더였지만 천주교가 사학으로 지목되어 사회문제화되기 전에 갑작스레 병으로 죽은 데 반해, 다산의 자형 이승훈은 사학죄인으로 사형을 당해 죽었다.

이것 말고도 다산의 시문에서 비슷한 검열의 흔적은 수도 없이 많이 나온다. 셋째 형 정약종에 대해서도 그는 굳게 함구했다. 다산의 시문집으로만 보면 다산에게 셋째 형은 없는 존재나 같다. 하지만 정약전, 정약종, 정약용 삼형제는 1785년 명례방 집회부터 1791년 진산 사건이 일어나기 전까지 초기 교회의 한 축을 떠받들던 삼총사였다. 아버지 정재원이 화순현감으로 내려가 있을 때, 정약종도 함께 내려가 동림사에서 독서했지만, 다산은 〈동림사독서기〉에서 마치 정약전과 자신 둘만 있었던 것처럼 묘사했다.[14] 봉곡사에서 성호의 질서(疾書) 편집 작업을 진행할 때 이승훈과 자신이 주축이었음에도 〈서암강학기〉의 참석자 명단에서 이승훈은 아무런 흔적을 남기지 않고 말소해버렸다.[15]

검열의 흔적은 여기에 머물지 않는다. 이른바 '비전 묘지명 6편'에서 다산은 한사코 자기 형제를 포함해 권철신, 오석충, 이기양, 이가환 등이 천주교를 믿지 않았다거나, 한때 믿었더라도 배교했음을 명확히 했다. 다산이 환갑을 맞아 이 6편의 문장을 쓸 당시, 그는 다시 중앙 정계로의 복귀를 꿈꾸고 있었다. 그러자면 자신과 운명적으로 얽힌 이들에 씌워진 천주교의 굴레를 벗겨내야만 했다. 하지만 막상《사학징의》에 실린 110명에 달하는 사학죄인들의 1801년 공초 기록을 보면, 이들 또는 이들의 가족들이 천주교와 깊게 관련된 증거들이 셀 수도 없이 많이 나온다.

다산은 왜 그토록 천주교 관련 사실을 자신의 문집에서 철저히 은폐하려 했을까? 이것이 만년의 더 급격한 회심을 불러온 것은 아니었을까? 생각이 자꾸 많아진다.

3. 그늘 속의 사람, 정약현

"배 건너요!"

2018년 6월 12일, 필자는 다산의 여유당이 자리한 마재로 다산의 먼 일가인 정규혁 바오로 선생 댁을 찾아갔다. 평생을 마재에서 사신 분으로, 당시 92세의 연세에도 기억이 맑고 말씀이 곧았다. 6·25사변이 끝나고 돌아왔을 때, 온 마을에 찢어진 한적(漢籍)이 바람에 낙엽처럼 뒹굴던 얘기부터, 중공군 장교 하나가 틈만 나면 옛집 다락에 올라가서 그 많은 책을 여러 날 읽고 갔더라는 이야기 등을 들었다.

집안에 구전된 이야기도 있었다. 정약종이 사형당한 뒤 목 잘린 시신이 배에 실려 두미협을 올라왔다. 마재 건너편 검단산 아랫자락의 배알미리에서 관 실은 배가 마재로 건너려고 큰 소리로 "배 건너요!" 하고 외쳤다. 시신 실은 배라서 그랬다. 그러자 강가에서 "안 돼!" 하고 외치는 소리가 되돌아왔다. 완강한 저지에 막혀 배는 끝내 못 들어왔고, 그다음 날도 들어올 수가 없었다. 단호한 목소리의 주인공은 다산의 큰형인 정약현(丁若鉉, 1751~1821)이었다. 집안을 결딴낸 당사자의 시신을 고향집으로는 절대 들일 수 없다는 결연함이 묻어 있었다. 결국 정약종의 시신은 고향집으로 들어오지 못하고 배알미리 쪽에 묻혔다고 한다.

정규혁 선생 소유의 다섯 마지기 논이 예전 배알미리 바로 위 취수장 근처에 있었다. 산자락에 봉분 비슷한 무덤 흔적 세 개가 희미했다. 전부터 '머리 없는 무덤'으로 불려온 무덤이 논두렁에 세 개 있었다. 인근의 한씨 집안 묏자리에서 묵주가 나왔다는 이야기를 들은 터였다. 짚이는 것이 있어 1956년 또는 1957년 4월 초순경 이 무덤의 존재를 교회에 알렸고, 주교님과 정약종의 후손 되는 두 분 신부님의 입회 아래 그곳을 팠다. 일요일과 월요일 이틀에 걸쳐 세 곳을 모두 팠는데 아무것도 나오지 않았다. 파고 파도 흙뿐이어서, 무덤자리가 아니지 않을까 싶을 정도였다. 첫날 두 곳을 팔 때는 입회했고, 월요일에는 출근 때문에 입회하지 못했다. 나중에 흙만 나온 그곳을 정약종의 묘소로 인정하고, 그 흙을 담아 직계 후손이 사는 안산으로 이장했다는 말을 전해들었다. 당시 그이는 초등학교 교사였다.[16]

마재에 다녀온 그날 이후 "배 건너요!" 하는 외침에 강가에서 결연히 "안 돼!"를 외치던 정약현의 이미지가 내 안에 새겨졌다.

그사이의 고초는 붓으로 적기 어렵다

달레는 《한국천주교회사》에서 가산을 모두 적몰당해 어쩔 수 없이 마재로 돌아온 정약종 일가가 고향집에 와서 받은 핍박에 대해 유독 자세히 적었다.[17] 정약종은 부친 생존 시에도 천주교 신앙을 엄금한 부친의 명을 거부하고 집안과 절연한 채 분원 쪽으로 이주했었다. 정약종이 사형당한 뒤 그의 재산은 모두 적몰되어 가족들은 지낼 곳조차 없었다. 달레의 기록에 따르면, 친척들은 죽기가 무서워 그들을 도와주는 것을 두려워했고, 정약종의 옛 친구 한 사람이 이들을 마재로 데려오자, 집안에서 차마 쫓아내지는 못해 그곳에서 옹색하고 시련 많은 생활을 시작한 것으로 보인다. 그 옛 친구가 누구였는지는 알지 못한다. "거기서 가진 것도 없고 양식도 없이 버림을 받았는데, 다행히 어떤 상민의 도움을 받았다"는 기록도 보인다.

달레는 다시 이렇게 적었다.

> 아무 재산도 없어 마재에 있는 시아주버니 댁으로 갔는데, 시아주버니는 그를 도와주기는커녕 집안에서 천만 가지로 핍박하였고, 극도의 빈궁 속에 신음하게 버려두었다. 맏딸은 얼마 가지 않아 죽었고, 순교자 정철상 가롤로의 아내와 아들도 죽었다. 그래서 그의 아들 정하상 바오로와 딸 정정혜 엘리사벳밖에 남지 않았다.[18]

1890년 홍콩 나자렛수도원에서 펴낸 정하상의 《상재상서(上宰相書)》 앞에 실린 〈재상에게 진술한 글을 쓴 정 바오로에 대하여(述宰相書丁保祿日記)〉에서는 "몸을 부칠 곳이 없어 지방을 떠돌다가 숙부의 집에 깃들었는데, 그사이의 고초는 한 붓으로는 다 기록하기가 어렵다. 친척 및 하인들의 박대가 자심하니 분함을 이기지 못하고 혈기를 누르기 어려웠다. 게다가 크게 불편한 사정이 있었다"고 썼다.[19] 정약현을 중심으로, 가장을 유배지로 보내야 했던 정약전과 정약용의 가족이 힘을 합쳐 정약종의 남은 식구를 원수처럼 배척하고 핍박하던 정황이 눈에 그릴 듯이 보인다. 이들에게는 가문의 명줄이 달린 문제여서 그 핍박 또한 필사적이었을 것이다.

하지만 다산은 〈계부가옹행장(季父稼翁行狀)〉에서 막내 삼촌인 정재진(丁載進, 1740~1812)이 "화를 당한 집의 고아와 과부를 더욱 불쌍히 여겨, 집을 세내서 살게 하고, 때때로 급한 형편을 돌보아주었다"고 적었다.[20] 반은 사실이고, 반은 사실이 아니다.

달레의 책에는 이런 내용도 보인다. 어느 날 아내 유 체칠리아의 꿈에 정약종이 나타나 말했다. "내가 천국에 방이 여덟 개 딸린 집을 지었소. 그중 다섯은 찼는데, 나머지 세 방은 아직 빈 채로요. 비참한 생활을 잘 참아견뎌, 무엇보다 우리가 있는 곳으로 오는 것을 잊어서는 안 되오."[21] 절대적 궁핍과 가문의 학대 속에 전처소생의 딸과 정철상의 아내, 그리고 그의 어린 아들마저 잃고 절망에 빠져 있던 유 체칠리아는 이 꿈을 꾼 뒤 새로운 용기를 얻었다.

마재 정씨 천주교 인맥의 꼭짓점

강가에 서서 아우의 시신 실은 배가 들어오지 못하게 했던 정약현은 배경 속 희미한 그늘에 숨어 있어서 좀체 그 존재감이 드러나지 않는다. 그는 정약전, 정약종, 정약용과는 배다른 형제였다. 어머니 의령 남씨는 1751년 5월 6일 아들 약현을 낳고 이듬해인 1752년 10월 24일에 세상을 떴다. 그는 두 살 젖먹이 때 어머니를 잃고, 유모를 따라 외가에서 자랐다. 그의 조용한 성품은 이 같은 성장 과정과 무관치 않을 것이다.

아우들은 형에 비해 항상 더 빛났다. 1789년 막내 다산이 28세에 대과에 장원으로 급제했다. 하지만 맏형인 그는 6년 뒤 45세 나던 1795년 봄에야 진사시에 턱걸이로 합격했다. 이후 대과를 포기하고 가문의 관리자로 살았다.

다산은 그런 큰형에 대해 〈선백씨진사공묘지명(先伯氏進士公墓誌銘)〉에서 이렇게 썼다.

> 신유년(1801)의 화에 우리 형제 세 사람이 나란히 기이한 화에 걸려들어, 하나는 죽고 둘은 귀양 갔다. 공은 없는 듯이 물의(物議) 속에 들지 않고 우리 집안을 보전하고 제사를 받들었다. 온 세상이 모두 하기 어려운 일이라고 칭송했다. 하지만 벼슬은 한 차례도 못한 채 마침내 초췌하게 세상을 떴다.[22]

대과에 급제한 정약전과 정약용은 간신히 목숨을 부지해서 귀양을 갔고, 천주교 명도회 회장으로 활동한 정약종은 목이 잘려 형장에서 죽었다. 큰형인 그만 아무 벼슬도 하지 않고 신앙생활도 하지 않아 연루됨 없이 집안을 지킬 수 있었다. 집안에 천주교 신앙이 걷잡을 수 없이 퍼져나가는 것을 어떻게든 막으려 했던 아버지 정재원의 갑작스러운 서거 이후, 정약현은 대역부도에 몰려 폐족이 된 집안을 붙들어 지키려 안간힘을 썼다.

앞서 보았듯, 정약현 자신이 신앙 활동을 한 자취는 드러나지 않는다. 하지만 초기 천주교회의 기둥이 된 인물들이 모두 그의 그늘에서 나왔다. 우선 초기 교회의 리더 이벽은 정약현의 처남이었다. 정약용과 정약전 형제에게 천주교를 심은 출발점이 바로 이벽이었다. 이승훈은 누이동생의 남편이었다. 정약현은 딸 셋을 두었는데, 맏딸 정명련 마리아는 황사영에게 시집갔다. 둘째 사위는 승지를 지낸 홍영관

(洪永觀)이고, 셋째 사위가 홍낙민 루카의 아들 홍재영이다. 홍재영은 신유박해 때 순교한 아버지 홍낙민을 이어 기해박해 때 순교했다.

처남과 사돈이 초기 교회의 핵심 중 핵심이었다. 게다가 친동생 정약종은 천주교의 지도자였고, 누이는 조선 교회 최초의 영세자 이승훈에게 시집갔다. 초기 가성직교단의 신부였던 정약전·정약용에다 정약종의 아들 정철상과 정하상에 아내 유조이 체칠리아와 그 딸 정정혜 엘리사벳까지 포함하면, 마재 정씨 집안의 천주교 인맥이 결코 단순치가 않다. 황사영이 결혼 후 처음으로 천주교 이야기를 들었다고 쓴 것을 보면, 정약현의 딸은 결혼 전에 이미 독실한 천주교도였던 듯하다. 그런 정약현이 교난의 와중에서 유독 비켜갈 수 있었던 것은 천운에 가까웠다.

정약현이 정약종의 가족에게 가한 학대에 가까운 핍박은 어떻게든 잔명을 붙들어 가문을 유지하려는 안타까운 비원(悲願)처럼 여겨진다. 부친 서거 후 가뜩이나 옹색한 마당에다 망하정(望荷亭)을 세우고, 날마다 정자 위에 올라가 부친의 묘소가 있는 충주 하담(荷潭) 쪽을 바라보던 그의 자책 어린 아련한 눈길도 보인다.[23]

그런 그의 거처에 다산은 유배지에서 〈수오재기(守吾齋記)〉를 지어 올렸다. 글에서 다산은 '나'를 굳게 지킨 형님에 비해, '나'를 잃고 오래 딴 길을 헤맨 자신을 반성했다. 정약전의 거처에 지어올린 〈매심재기(每心齋記)〉에서는 '매심' 즉 뉘우치는 마음(悔)을 토로하기도 했다.[24] 집안을 중심으로 걷잡을 수 없이 퍼져나간 천주 신앙이 온 집안과 조선 땅에 천주학의 소용돌이를 일으켰다. 그 같은 정황을 말없이 배경에서 지켜보았을 정약현의 속내가 문득 궁금해진다.

4. 기억의 착종과 기록의 사각지대

《사학징의》에서 누락된 〈신미년백서〉 속 순교자

스쳐가는 기록 속에 보석이 박혀 있는 수가 있다. 한쪽에서 지워져 말소된 정보가 다른 기록을 통해 보정되기도 한다. 기록의 교차 검토가 반드시 필요한 까닭이다. 반대로 상이한 내용을 담은 두 가지 정보로 인해 실상 파악에 혼선이 빚어질 때도 있다. 특히 세례명의 경우 이 같은 착종이 비교적 심하다. 본인의 기술과 뒷 시기 제삼자의 기록이 엇갈릴 때는 본인의 진술을 따르면 그만이지만, 그렇지 않을 경우 어느 쪽을 믿어야 할지 난감하다. 중국의 세례명과 조선식 세례명이 엇갈릴 때는 문제가 더 복잡하게 꼬인다. 어쨌거나 조각조각의 퍼즐이 하나둘 모이면, 좀체 가늠할 수 없었던 전체상이 언뜻 드러난다.

1811년 11월 3일 북경의 주교에게 보낸 편지, 이른바 〈신미년백서〉에는 1801년 신유박해 당시 능지처참을 당하거나 매맞다 죽고 교수

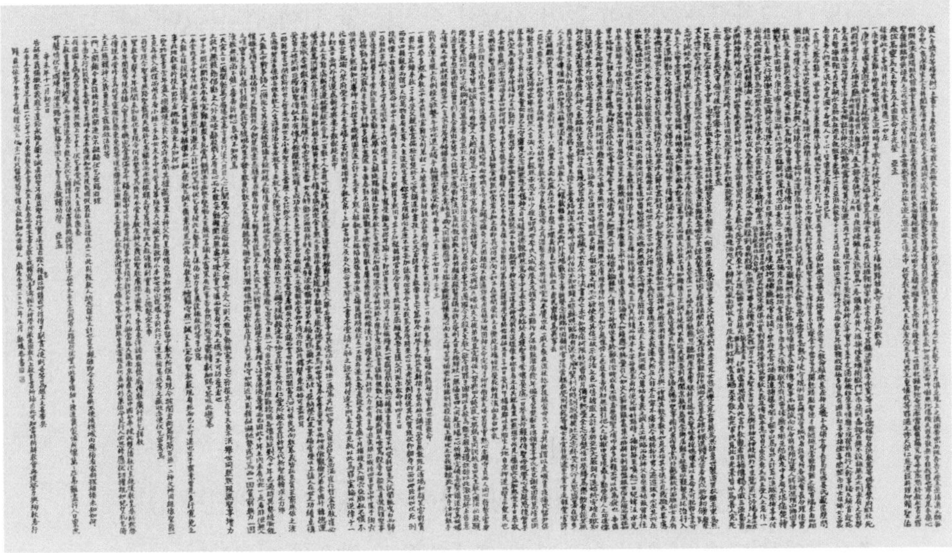

1811년 조선 신자들이 북경 주교에게 보낸 〈신미년백서〉 전사본. 이 글은 대만 보인대학이 소장한 《동국교우상교황서(東國敎友上敎皇書)》에 실려 있는데, 필자가 이를 백서의 형태로 필사했다. 당시 조선 신자들이 교황에게 보낸 백서는 현재 로마 교황청 고문서고에 수장되어 있으나, 주교에게 보낸 백서는 원본이 전하지 않는다. 보인대학본 백서에는 중간중간 오자가 적지 않다.

형에 처해져 죽은 사람의 수가 일백수십 명에 달한다고 쓰고, 그들 중 살았을 때 공적이 탁월했고, 박해 당시 시종일관 굳세고 바른 자세를 견지해, 여러 성인 전기에 견주어도 부끄러울 것이 조금도 없는 순교자 43명을 꼽았다. 앞쪽에 주문모, 강완숙, 윤점혜, 이순이, 정약종, 최필공, 황사영 등 7인의 행적이 자세히 적혀 있으니, 모두 50명의 행적을 실은 셈이다.[25]

그런데 이 사형 죄인 명단에 공식 기록을 정리한 《사학징의》에 안 나오는 몇몇 이름이 있다. 조상덕, 마필세, 신약봉, 이명불, 장재유, 동정녀 이석혜 등. 이들의 이름은 어째서 《사학징의》 속 사형 죄인의 명단에서 누락되었을까? 이들 중 마필세(馬必世), 신약봉(申若奉) 두 사람은 달리 교차되는 기록이 없어 자세한 사정을 알 길이 전혀 없다. 나머지 조상덕과 이석혜, 장재유, 이명불 네 사람은 추정할 만한 단서가 있어 이 글에서 살펴보고자 한다.

조동섬의 아들 조상덕 토마스

먼저 조상덕(趙尙德, 토마스, 1762~1801)은 양근 사람 조동섬의 아들이다. 달레의 《한국천주교회사》에는 '조 토마스'로만 나온다.[26] 《한양조씨족보》를 통해 그의 이름이 조상덕임이 확인된다. 〈신미년백서〉는 조상덕의 실명을 신유박해 순교자 명단에 올린 최초의 기록이다.

아버지 조동섬은 권일신의 가까운 벗이었다. 1801년 2월 11일에 양근에서 체포, 의금부로 압송되어 정약종과 대질심문을 하고, 2월 27일 함경도 무산 땅으로 유배 갔다. 아들은 63세인 늙은 아비의 건강이 염려되어 무산까지 따라갔고, 고문으로 중병이 든 아비를 봉양하며 지냈다.

당시 양근군수 정주성(鄭周誠)은 양근 지역 서학 신자를 박멸하기 위해 작정하고 부임한 사람이었다. 권철신 집안을 때려잡으려는 과정에서 조상겸을 비롯해 관련자 50여 명이 죽거나 유배 갔다. 자신과는 개인적인 원한까지 있었던 조동섬이 의금부에 의해 목숨을 건져 무산 유배에 그치자, 1801년 8월 양근 포졸을 무산까지 보내 그 아들 조상덕을 붙잡아오게 했다.

양근으로 끌려가게 된 아들에게 아버지가 물었다. "어찌하려느냐?" 부자는 이것이 영원한 이별이 되리란 사실을 잘 알고 있었다. 아들이 대답했다. "예, 한발 한발 주님의 십자가만을 따라가겠습니다." 아버지가 말했다. "잘 가거라. 후회 없이 보내마."

이후 조상덕은 양근 관아에서 두 달 동안 날마다 매질과 고문을 당했다. 잔혹한 고문 끝에 그는 1801년 10월 초 40세의 나이로 옥중에서 죽었다. 그의 순교가 공식 기록에서 누락된 것은 지방 관아에서 벌어진 고문이었고, 판결이 나기 전에 죽었기 때문일 것이다. 〈신미년백서〉는 그를 신유박해 당시 대표적인 순교자의 한 사람으로 기억했고, 《사학징의》의 기록에서는 누락되었다. 달레는 그를 '조 토마스'로만 적었는데, 이후 족보의 기록에 따라 〈신미년백서〉 속 조상덕이 바로 조동섬의 아들 조 토마스였음이 확인된 경우다.

동정녀 이석혜는 이 아가다?

동정녀 이석혜(李碩惠)는 따로 알려진 행적이 없다. 그런데 달레의 《한국천주교회사》에 나오는 동정녀 '이 아가다'와 겹쳐진다. 이 아가다는 양근 인근 이동지(李同知)의 딸로, 신앙을 지켜 동정의 삶을 살 결심을 했다. 집안 친척인 양근 동막골의 향반(鄕班) 유한숙(兪汗淑)의 도움을 받아 서울 윤점혜 아가다에게 간 그녀는 동정녀공동체의 일원으로 신앙생활을 했다. 그녀의 삶과 죽음에 대해서는 알려진 것이 없지만, 달레는 "이 아가다에 대한 기억이 오늘까지도 그에 대하여 말하는 이들의 특별한 찬양을 받고 있다"고 썼다.[27]

동정녀이고 이씨이며 윤점혜 아가다와 함께 생활한, 널리 알려진 동정녀는 〈신미년백서〉에서 적고 있는 이석혜 외에는 달리 없다. 달레의 기록 속 이 아가다는 이석혜와 동일 인물일 가능성이 높다. 달레는 "가장 믿을 만한 전설에 의하면, 1801년 4월 양근에서 순교한 천주교인의 수는 모두 13명이었다고 한다. 비록 그들의 이름은 지금은 모두 잊혔지만 교우들은 그들을 매우 존경하고 있다"고 썼다.[28] 관변 기록에는 7명의 이름만 있는데, 나머지 6명 중 앞서 본 조상덕과 이석혜 아가다가 포함되었을 것이다.

당시 조정에서는 지방민의 경각심을 높이기 위해 사학죄인을 출신지로 내려보내 그곳에서 처형하도록 했다. 양근의 기록에서 사망자 명단이 누락된 것은 결안(結案), 즉 선고공판 이전에 이들이 고문으로 사망했기 때문일 것이다. 당시 양근군수 정주성의 고문은 상상 이상의 강도였다. 특별히 악명 높은 탄압자들에 대해서는 따로 살펴보아야 한다.

이명불과 이명호

이명불(李明黻)과 이명호(李明鎬)는 기록이 뒤섞여 혼란스러운 경우다. 이명호는 이명불의 바뀐 이름으로, 두 사람은 동일인이다. 그는 이정운(李鼎運, 1743~1800)의 둘째 아들이다. 이정운의 셋째 아우 이익운(李益運, 1748~1817)이 아들이 없자 큰형의 둘째 아들 이명불을 입양해 대를 이었다.

이정운의 맏아들은 이명보(李明黼)로, 보불(黼黻)로 짝을 맞춰 형제의 이름을 나란히 지었다. 셋째 이명적(李明迪)은 두 번째 부인에게서 얻은 아들이다. 하버드 옌칭도서관 소장 《백가보》에는 명보(明黼)와 명호(明鎬)라 했고, 규장각본 《남보》에는 형제의 이름이 명하(明夏)와 명호(明鎬)로 다르게 나온다.

《송담유록》과 《눌암기략》, 〈신미년백서〉는 모두 바뀌기 전 이름인

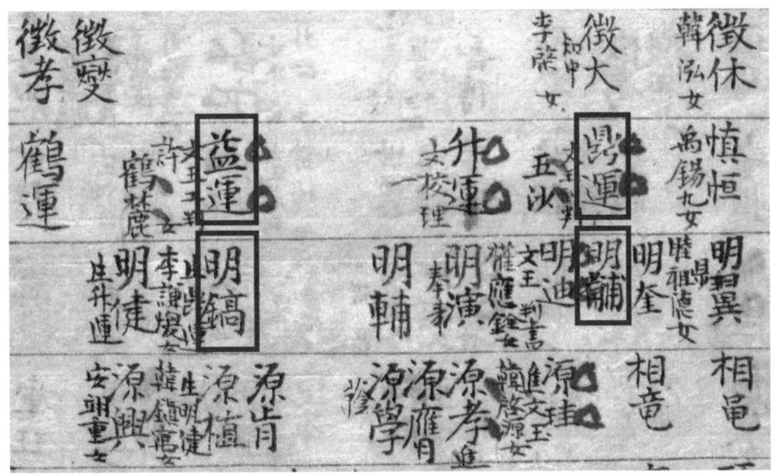

《백가보》에 실린 연안 이씨 족보 중 이명보와 이명호가 나란히 실린 대목. 하버드 옌칭도서관 소장.

이명불로 적었다. 교회사 쪽의 기록에는 '이명호 요한'으로 나오고, 1801년 10월 26일 《순조실록》 기사에도 '이명호'로 적혀 있다. 이명불은 사람들의 입에 익은 이름이었고, 이명호는 개명한 뒤 공식적으로 불린 이름이었다.

《송담유록》의 기록은 이렇다.

> 이익운이 입양한 아들 이명불(아명은 개불介不이다)이란 자는 어려서부터 서학을 배웠다. 사람들은 이익운이 가르친 것이 아니라, 그 집안에서 배웠다고 하였다. 지목되자 평소 알던 자가 근심하며 탄식하였다. 명불이 홀연 달아났다가 6~7일이 지나서 비로소 돌아오니, 모르는 사람이 없게 되어, 위로 임금의 귀에까지 들어갔다. (마침 갑자 연간에 사학을 거듭 엄금하던 때였다.) 고양(高陽)의 김씨 성을 가진 유자(儒者)가 성균관에 통문을 돌렸는데, 사대부 집안 딸의 이름이 있었다. 포도청에서 재상의 아들이 어버이를 버리고 달아났다는 말이 나왔다. 대

개 이명불은 사학에 푹 빠져서 강습을 편하게 하려고 별도로 집을 사서 스스로 가수헌(嘉樹軒)이라고 이름 짓고, 황사영·홍백영과 더불어 얽혀서 왕래하며 밤낮으로 공부한 것이 몇 해나 되는지 모를 지경이었다. 이에 이르러 나라의 소문이 들끓고, 여러 사적의 공초에서 이름이 자주 나오는 통에 덮어 가릴 수가 없었다.[29]

이명불은 본관이 연안(延安)이고, 이겸환(李謙煥)의 딸과 결혼했다. 그는 1795년 이전에 천주교에 입교했고, 격한 성격을 고치고 예수와 성인의 모범에 따라 살려고 노력했다. 집 근처에 '가수헌'이란 이름의 별채를 마련해두고 혼자 생활했다. 홍낙민의 아들 홍백영, 황사영 등과 가깝게 지냈다. 1801년 신유박해가 일어나자 당시 경기도관찰사였던 이익운이 집안에 화가 미칠 것을 두려워해 배교를 강요했으나, 이명호가 듣지 않자 강제로 독약을 먹여서 죽게 했다고 한다. 자세한 내용은 달레의 《한국천주교회사》에 나온다.[30]

이명불이 이름을 이명호로 바꾼 것은 따로 사연이 있다. 《태상시장록(太常諡狀錄)》에 실린 〈이익운시장(李益運諡狀)〉에 "자식이 없어, 큰형의 둘째 아들로 아들을 삼았는데 초명은 명경(明敬)이었다. 정조께서 공에게 명하여 말씀하시기를, '경의 아들은 벗의 아들이니 내가 마땅히 이름을 지어주겠노라' 하시고는 명호(明鎬)로 고치게 하였다"고 나온다.[31] 《벽위편》에도 1807년 12월 이익운이 올린 상소에서 "신이 신의 형의 아들을 데려다 자식을 삼았는데, 예전 앞선 임금께서 이름을 짓고 자까지 지어주셨습니다. 이 같은 은총은 실로 드물게 있는 일입니다"라고 했다는 내용이 나온다.[32] 이명호는 1801년 3월 28일에 세상을 떴다.

장재유는 장덕유?

〈신미년백서〉 속의 장재유(張在裕)에 대해서는 다른 기록이 없다. 다만 그와 동일 인물로 추정되는 장덕유(張德裕)가 《사학징의》에 나온다. 이름을 두 가지로 썼거나 〈신미년백서〉 기록자의 잘못된 기억에 의한 착오로 보인다.

장덕유는 총모장(驄帽匠)으로 남대문 밖 이문동에 살았으며, 황사영과 연루된 인물로 조사를 받았다. 그는 황사영을 도피시킨 김한빈과의 인연으로 끌려가서 참혹한 형벌을 받았다. 고문에 못 이겨 "예수는 개, 돼지라고 입으로 말하여 맹세의 말로 삼아, 이제부터 이후로는 바른길로 돌아오겠습니다"라고 공초를 바쳤으나, 황사영의 종적을 찾는데 혈안이 된 형조의 고문은 더욱 심해졌다.[33] 그는 끝에 가서, 살기를 꾀해 마음에 없는 공초를 바쳤다 하고 주문모, 정약종과 사생을 함께하기로 약속했다면서 "앞선 공초에서 예수를 욕하여 욕보였으니, 이는 교주를 배반한 죄여서 후회하나 미치지 못합니다. 속히 죽기를 원합니다"라고 신앙을 증거하다 용감하게 죽었다.[34]

나머지 두 사람 마필세와 신약봉에 관한 흔적은 끝내 찾을 수가 없다. 두 사람은 짐작건대 양근 관아로 끌려가 죽은, 신원이 확인되지 않는 6명 가운데 있었던 것으로 보인다.

한편, 세례명이 달라지는 경우도 있다. 윤운혜는 《사학징의》에는 루재(樓哉) 즉 루치아라 했는데, 〈신미년백서〉에는 마이대(瑪爾大) 즉 마르타로 나오고, 19세에 동정녀로 순교한 심아기는 달레의 《한국천주교회사》에는 바르바라로 나오는데 〈신미년백서〉에는 의닉사(依搦斯) 즉 아녜스로 되어 있다. 윤운혜의 경우 본인의 진술인 루치아가 맞겠고, 심아기의 경우는 시기상으로 아녜스 쪽에 신뢰가 간다.

〈신미년백서〉에서 정순매 발발아(發發阿)를 중국식 표기에 맞춰 파이발랄(巴爾拔辣)로, 정복혜 간지대(干之臺)를 감제대(甘第大)로 적은 것이 눈길을 끈다. 그 밖의 세례명도 중국에 보고하는 글에는 모두 조선식 표기가 아닌 원 표기에 준했다. 표기의 상이한 체계에 대한 인식이 분명히 있었다는 뜻이다.

5. 서양 배에 오른 현계흠

현계흠의 사형 이유

현계흠(玄啓欽, 1763~1801)은 족보명이 현계온(玄啓溫)이고 자는 사수(士秀?)로 알려져 있다. 1800년 당시 그의 집은 명도회의 6소(所) 중 한 곳이었다. 윤지헌이 상경했을 때 현계흠의 집에 머물던 주문모 신부와 만난 일이 있다. 현계흠은 한양 서부 관정동에서 태어났다. 그의 집은 남부 회현방(會賢坊)의 선혜청 인근 장흥동(長興洞)에 있었다. 오늘날 회현동 일대다.

그에 관해 남은 기록이 대단히 소략한 것과 달리 당시 교회에서 그의 역할은 결코 가볍지 않았다. 《사학징의》 속 이합규의 공초에 따르면, 현계흠은 김범우의 서제 김이우의 집에서 당시 교회의 집행부라 할 중심인물들과 모여 서학 공부를 같이 했고, 주문모 신부를 모셔와 강습하는 자리에 늘 함께 있었다. 홍필주의 집에서도 현계흠은 최필제, 최창현, 이합규, 황사영 등이 함께하는 수뇌부 모임에 빠지지 않았다.[35] 그와 동당(同黨)으로 거명된 사람들은 한결같이 당시 교회의 지도자급 인물이었다.

《추안급국안》의 1801년 10월 11일자 옥천희와 황사영의 대질심문에서, 옥천희는 "작년 10월에 너를 남대문 안 현가의 약포(藥舖)에서 보았다"고 했다.[36] 이를 통해 현계흠이 당시 남대문 안 회현동에서 약포를 운영하고 있었음이 확인된다. 사위 손경무의 약방도 회현동이었던 것으로 보아, 두 사람이 함께 운영했을 수 있다. 《사학징의》에는 이상하게도 현계흠의 공초 기록이 통째로 빠져 있어 자세한 정황을 알기가 어렵다.

현계흠은 1791년 신해박해 때 체포되었다가 석방된 일이 있고, 황사영이 현계흠을 최필제, 최필공과 함께 중인 중에 두드러진 인물로 꼽았을 만큼 교회 일에 열심이었다.[37] 1801년 4월 6일 포도청에 자수한 그는 배교를 다짐하고 석방되었다. 이후 9월 황사영의 체포 이후 〈백서〉에 나오는 서양 배에 올랐던 교우를 추적하는 과정에서 그가 당사자로 지목되면서 10월 10일 다시 체포되었다. 《일성록》에 따르면, 현계흠은 1801년 10월 15일 의금부에 끌려가 황사영과 대질심문했고, 1801년 11월 2일에 의금부로 끌려가 곤장 30대를 맞았다. 이틀 뒤인 11월 4일에 2차 심문이 있었고, 다음 날인 11월 5일 바로 사형에 처해졌다.

《순조실록》 1801년 11월 5일 기사 가운데 현계흠에 대한 다음과 같은 언급이 나온다.

> 황사영이 체포되면서 정황이 더욱 드러났다. 사학 하는 무리들이 서양 배를 청해오는 데 어지러이 참여하고 간섭하여 밤낮으로 배가 나

> 오기만을 기다리고 바랐다. 이국(異國)의 선박이 동래로 표류해 정박했다는 말을 듣고는 따라가서 이를 보고 십자를 그어 보였다. 이것은 바로 사교들이 서로를 탐문하는 방법이니, 이것으로 진짜인지 가짜인지를 구별하였다. 주문모의 글과 황사영의 흉서가 발각되기에 이르렀는데, 모두 동래에서 배를 탐문한 것과 똑같은 이야기를 써놓았다. 어지러이 거짓으로 속여서 서로 말을 전하여 퍼뜨렸다. 정황을 알고도 고하지 않았음을 가지고 결안(結案)하고 아울러 정법(正法)한다.[38]

이 내용은 다블뤼의 《조선순교사비망기》에도 나온다. 다만 글 앞쪽에 실록에는 없는 "죄인 현계흠, 39세. 아비는 재후(載厚), 조부는 도언(道彦), 외조부는 이억. 서울의 서쪽 관정동에서 태어나 회현방에 거주하였다"는 사실 기술이 있다.[39]

결국 황사영이 〈백서〉에서 주장한 대박청래의 한 근거를 현계흠이 제공했고, 백서의 내용과 작성에도 그가 개입되어 있었음을 밝힌 것이다. 이 죄로 그는 부대시참(不待時斬)의 즉결처분을 받고 바로 사형에 처해졌다. 의금부에 붙들려온 지 20일 만의 일이었다.

현계흠과 김범우 집안의 혼맥과 주변 인물

천녕(川寧) 현씨(玄氏) 집안은 역과 98명, 의과 46명의 합격자를 배출한 중인 명문이었다.[40] 주로 왜역(倭譯)으로 특화되었고, 동래와 밀양 등지에 거주하는 경우가 적지 않았다. 당시 일본은 《동의보감》 전래 이후 조선 인삼에 대한 수요가 폭증했고, 그 처방에 나오는 다른 약재에 대한 수요 또한 남달랐다. 이 밖에 앞서 김범우의 손자 김동엽의 예에서도 보듯, 각종 일본제 물건에 대한 조선 상류층의 기호도 높았다. 이에 따라 천녕 현씨는 역관과 의관으로 구성된 가문의 인맥을 동원해 동래 왜관과의 사무역을 통해 치부했다.

천녕 현씨 현계흠의 집안과 경주 김씨 김범우의 가문은 층층의 혼인관계로 맺어졌다. 김의서는 네 아들 중 첫째인 김범우와 둘째 김형우, 셋째 김관우의 배필을 모두 천녕 현씨 집안에서 맞아왔다. 김범우와 김관우는 둘 다 장인이 현재연(玄載淵, 1701~1753)이다. 현재연의 두 딸과 김범우 형제가 나란히 결혼해 겹사돈을 맺은 것이다. 현재연은 현계흠의 숙부이니, 현계흠은 김범우의 사촌처남이다.[41] 김범우 사후에도 현계흠이 김이우와 김현우의 집을 왕래하며 주문모 신부를 모셔다가 미사를 드린 인연의 자락이 이것으로 환하게 설명된다.

김범우의 바로 아래 동생 김형우도 현처명(玄處明)의 딸에게 장가들었고, 김범우의 고모도 천령 현씨 현태익에게 시집갔다. 이렇게 해서 경주 김씨와 천녕 현씨 가문, 유력한 두 역관 가문이 층층의 혼맥으로 끈끈하게 결속되었다.

한편, 현계흠 자신뿐 아니라 주변 인물들도 약계(藥契), 즉 약방을 운영하거나 약업에 종사하는 사람이 유독 많았다. 그의 사위 손경무가 그렇고, 사위와 사촌간인 복자 손경윤 제르바시오와 그의 동생 손경욱 프로타시오도 약국을 운영했다. 의원 집안의 허속(許涑)과도 친밀하게 지냈다. 이 밖에 인근에서 약방을 운영하던 최창현, 최필공, 최필제, 손인원, 김계완, 정인혁 등과도 가까웠다. 그는 이른바 남대문 주변 천주교 약국 카르텔의 일원이었다.

또《사학징의》에는 현계흠의 일에 연루되어 동래에서 붙들려온 동생 현계탁(玄啓鐸)과 육촌 노선복(盧先福)이 나온다.[42] 현계탁은《천녕 현씨세보》에는 이름이 빠지고 없다. 그는 사학에는 간여하지 않았지만 형의 정상(情狀)을 알고도 숨겨 감춘 죄로 증산(甑山)에 유배되었고, 성이 다른 육촌 노선복은 사학 책자를 받아온 죄로 길주(吉州)로 유배갔다. 두 사람은 모두 동래에 살고 있었다. 이들 또한 동래에서 일본과의 사무역과 관련한 일, 특별히 약재 관련 거간 노릇을 생활의 방편으로 삼고 있었을 가능성이 높다.

그런데 황사영의 1801년 10월 10일 2차 심문에서 심문관이 "현계흠의 동생이 동래에 와서 머물렀던 것도 또한 사학 때문이었느냐?"고 물었을 때, 황사영은 그렇다고 대답했다.[43] 또 같은 날 1차 심문에서는 성이 노가인 사람과 현계탁의 집은 동래에 있었다고 했다.[44] 이로 보아 현계탁과 노선복 또한 천주교 신자였음이 분명하다. 이 시기 동래 지역에 이미 천주교 조직이 들어와 있었다는 뜻이기도 해서, 특별히 중요한 기록이다.

영국 배 프린스 윌리엄 헨리 호에 오르다

현계흠은 1797년 8월 아우 현계탁이 살던 동래에 갔다가 때마침 용당포에 표박(漂迫)한 영국 배를 보았다. 이때 현계흠이 동래까지 동생을 찾아간 것은 약재를 공급 및 전달하는 등의 업무 외에 교회와 관련된 모종의 일이 있었을 것으로 짐작된다.

황사영은 〈백서〉에서 "몇 해 전 대 서양의 상선 1척이 우리나라 동래에 표류하여 정박했습니다. 한 교우가 배에 올라가서 자세히 보았는데, 돌아와 하는 말이 이 한 척의 배로 우리나라 전선(戰船) 100척과 대적하기에 충분하다고 하였습니다"라고 썼다.[45] 이 교우가 바로 현계흠이다.

이 이야기는 널리 퍼졌던 듯, 그리피스(William E. Griffis)가 1882년에 펴낸 《은자의 나라 한국(Corea, The Hermit Nation)》에서도 부산 용당포의 어떤 사람이 배에 승선해 구경한 뒤, "이와 같은 배가 한 척만 있으면 조선의 전선 100척쯤은 쉽게 무찌를 수가 있다"고 말한 죄로 관가에 투옥되어 형을 받았다고 썼다.[46] 소스가 같다.

당시 동래의 용당포에 정박한 배는 윌리엄 로버트 브로턴(William Robert Broughton, 1762~1821) 함장이 이끌던 87톤급 영국 해군 탐사선 프린스 윌리엄 헨리 호였다. 승선 인원이 고작 35명뿐인 스쿠너선으로 길이가 18파(27.54m), 너비가 7파(10.71m)밖에 안 되는 소형 선박이었다.[47] 그러니 이 배로 조선 전함 100척을 무찌를 수 있다고 본 현계흠의 언급은 과장이 너무 심하다.

브로턴은 1804년 런던에서 《북태평양탐사항해기(A Voyage of Discovery to the North Pacific Ocean, 1795~1798)》를 출간했는데, 이 항해기 속에 당시의 정황이 자세히 나온다.[48] 그들은 1797년 8월 24일(양력 10월 13일) 부산 용당포에 표착했다. 이들은 9일간 포구에 머물다 9월 2일에 조선을 떠났다. 표착 이튿날인 8월 25일 아침 용당포 해안에는 호기심에 가득 찬 주민들이 구름같이 몰려들었고, 배 둘레에도 사람을 가득 실은 소형 선박들이 에워싸고 있었다. 이날 오후 조선 관리가 승선해서 문정(問情)했지만, 말이 통하지 않아 대화를 이어갈 수 없었다.

관리가 떠난 뒤 이들이 조사를 위해 잠시 상륙했다가 배로 돌아왔을 때 배 위에는 조선인 방문객들로 북적이고 있었다. 방문객들은 소금에 절인 생선과 쌀, 김 등을 선물로 주고, 항아리와 물통에 물을 담아 배에 전달해주는 등 호의를 베풀었다. 현계흠도 이때 여러 사람 틈에 끼어 승선했던 것으로 보인다.

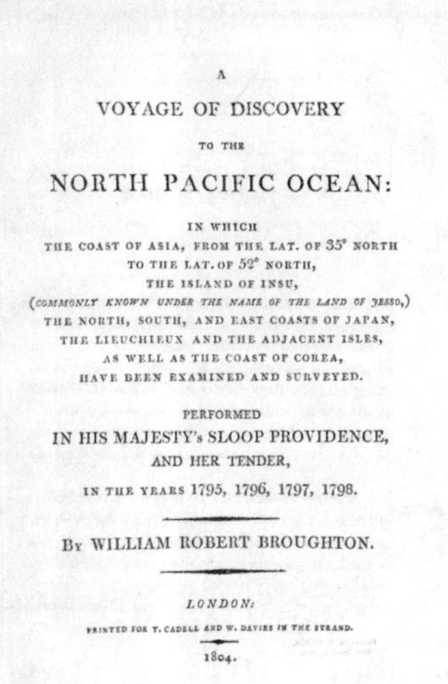

A

VOYAGE OF DISCOVERY

TO THE

NORTH PACIFIC OCEAN:

IN WHICH
THE COAST OF ASIA, FROM THE LAT. OF 35° NORTH
TO THE LAT. OF 52° NORTH,
THE ISLAND OF INSU,
(*COMMONLY KNOWN UNDER THE NAME OF THE LAND OF JESSO,*)
THE NORTH, SOUTH, AND EAST COASTS OF JAPAN,
THE LIEUCHIEUX AND THE ADJACENT ISLES,
AS WELL AS THE COAST OF COREA,
HAVE BEEN EXAMINED AND SURVEYED.

PERFORMED
IN HIS MAJESTY's SLOOP PROVIDENCE,
AND HER TENDER,

IN THE YEARS 1795, 1796, 1797, 1798.

By WILLIAM ROBERT BROUGHTON.

LONDON:

PRINTED FOR T. CADELL AND W. DAVIES IN THE STRAND.

1804.

1797년 현계흠이 승선했던 영국 배 프린스 윌리엄 헨리 호의 함장 브로턴의 초상화(왼쪽)와 그의 항해기 《북태평양탐사항해기》의 표지(오른쪽).

현계흠은 배에 오르기 전에 성호를 그어 자신이 천주교 신자임을 보여서 배에 올랐다고 했다. 이 말이 사실일 경우 배에 남아 있던 영국 선원이 그의 태도를 보고 호기심을 느껴 그와 그의 일행을 배에 오르게 했을 수도 있다. 이후로도 주민들은 물과 땔감을 전달한다는 핑계로 수시로 배를 찾아왔다.

9월 2일의 기록은 이렇다. "우리 친구 네 명이 찾아와 우리가 출항을 준비하는 것을 보고 대단히 기뻐했다. 나는 친구 한 명에게 권총과 망원경을 선물로 주었다." 9일간의 체류 동안 보여준 조선인의 호의가 그들을 '우리 친구'라고 부르게 했다.

《정조실록》 1797년 9월 6일자 기사를 보면, 경상도관찰사 이형원(李亨元)의 보고에 "역학(譯學)을 시켜 나라 이름과 표류 경위를 물었지

만 한어(漢語), 청어(淸語), 왜어(倭語), 몽고어(蒙古語)를 모두 알지 못하였습니다"라고 했다.[49]

어쨌거나 1797년 8월 동래의 아우 집을 방문했던 현계흠은 우연한 기회에 1796년 주문모 신부의 사목 보고와 조선 신자 대표들의 청원서에서 그토록 요청했던 서양 배의 내도(來到)를 직접 눈으로 목격했고, 성호를 그어가며 배에 올라 이들과 소통을 시도한 것이다. 하지만 이 사실이 황사영의 〈백서〉에 기재되면서, 뒤늦게 그는 의금부로 불려가 심문 후 즉각 처형되었다.

현계흠 집안의 신앙은 현계흠의 죽음으로 끝나지 않고, 더 큰 불빛이 되어 타올랐다. 조선 교회의 총회장을 맡아 활동하다가 1846년 새남터에서 순교한 성 현석문(玄錫文, 1799~1846) 가롤로가 그의 아들이고, 성녀 현경련(玄敬蓮, 1794~1839) 베네딕타가 그의 딸이다.

6. 거룩한 해에 오는 1천 척의 배

산도 이롭지 않고 물도 이롭지 않다

1787년 4월 13일, 정약용이 아버지 정재원을 모시고 고향 초천으로 내려가던 길이었다. 지금 팔당대교 인근의 물가 마을 당정촌(唐汀村)에서 하룻밤을 묵고, 다음 날 팔당협을 오를 참이었다. 그런데 갑작스레 흉흉한 와언(訛言)이 돌아 마을에 온통 난리가 났다.[50]

저물녘 파당촌에 이르렀는데	暮抵巴塘村
아전이 와 병정들 점고하누나.	府吏來點兵
파당의 젊은 아낙 문 나와 곡하면서	巴塘少婦出門哭
닭 잡고 술을 걸러 낭군을 전송하네.	殺鷄釃酒送郎行
아침에 돛을 걸고 동쪽 골짝 오르려니	朝日揚帆上東峽
양 기슭에 소와 말이 잇달아 우는구나.	兩岸牛馬鳴相接

군대 왔다 말하지만 군대는 뵈지 않고	但道兵來兵不見
바람 맞은 나비 모양 정처 없이 가는구나.	去無定向如風蝶
놀란 고기 숨는 짐승 본디 이와 같나니	魚駭獸竄本如此
바람 일어 풀 흔들면 장차 누굴 믿겠는가.	風起草動將誰恃
놀라 동요하지 말라 이웃에게 명한 뒤에	我令隣里勿驚擾
고깃배 둥실 띄워 초수로 향하노라.	閒汎漁舟向苕水

갑작스레 불거진 전쟁이 났다는 소문에 아전이 들이닥쳐 군대를 점고했고, 흉흉해진 마을 사람들이 일제히 피난길에 올라 우왕좌왕하는 정황을 잘 보여준다. 실제《정조실록》1787년 4월 19일 기사에는 기호 지방에 갑자기 오랑캐의 기병이 쳐들어왔다거나 해적이 가까운 곳에 정박했다는 헛소문이 퍼져 마을이 텅 비는 일이 잇달았다는 내용이 실려 있다.[51] 소문은 4월 14일 수원과 평택의 경계에서 일어나 순식간에 온양, 아산, 천안, 직산까지 퍼져나가 걷잡을 수가 없었다. 오래전부터 떠돌던 비기(祕記)의 예언이 곧 실현되리라는 흉흉한 소문이었다.

이때 당정촌뿐 아니라 인근 여러 고을에서 군대소집령이 발동되었고, 백성들이 놀라 짐을 싸서 산속으로 달아나는 바람에 민심이 크게 술렁거렸다. 있지도 않은 오랑캐 기병과 오지도 않은 바다 건너 해적의 풍문이 순식간에 경기도와 충청도 일원을 뒤흔든 태풍의 눈이 되었던 것이다.

4월 25일 사직 강유(姜游)가 상소를 올려 이렇게 말했다.

> 우리나라 사람은 서로 선동하기를 좋아합니다. 비록 이번 일만 해도 하루 만에 남양, 수원, 금천, 과천, 인천, 부평에서 온통 소동이 일어

나, 신주를 땅에 묻고 닭과 개를 잡아 남부여대한 백성이 산야를 온통 덮어, 경계를 넘어 깊은 산으로 들어가고, 도(道)를 지나 깊은 골짝으로 향해, 바닷가 여러 고을이 거의 사람이 없이 텅 비었습니다.[52]

뿌리를 알 수 없는 유언비어 하나에 경기도와 충청도의 치안이 순식간에 마비되었다. 정상적인 국가라면 있을 수 없는 일이었다. 두 달 뒤인 1787년 6월 14일에 유언비어의 진원지로 지목된 충청도 제천의 김동익(金東翼) 등이 역모로 복주(伏誅)되면서 이 소동은 겨우 가라앉았다.[53]

당시 여러 차례 일어난 이런 종류의 소동에는 어김없이 《정감록》이 등장했다. 이때는 해도(海島)에서 정희량(鄭希亮)의 손자 정함(鄭醎)을 받드는 무리가 장차 6월 11일에 거사를 일으키고 팔도에서 일시에 호응할 것이라는 유언비어였다. 그 섬은 일본과 동래 사이에 있는 무석국(無石國)이고, 섬을 다스리는 세 사람 중 하나는 1728년 역모로 죽은 이인좌의 아들이라고도 했다.

그들이 청의(靑衣)를 입었고 머리에는 모두 관(冠)을 썼다는 풍문에다, 일이 일어나면 "산도 이롭지 않고 물도 이롭지 않으며 궁궁(弓弓)이 이롭다"는, 영조조 이래 유언비어 세력들이 늘 입에 올리던 수상한 말이 사람들 사이에 다시 떠돌았다. 5년 전인 1782년에 발생한 충청도 진천의 문인방(文仁邦) 역모 사건, 1785년 하동의 문양해(文洋海) 역모 사건 때의 상황과도 판박이였다. 뻔한 레퍼토리임에도 늘 뻔하지 않은 소동이 일어나곤 했다.[54]

쌓인 시체 산과 같고, 흐르는 피가 시내를 이루리

1800년 10월 11일, 이우집(李宇集)이 전주 유관검의 집에 들러 하루를 묵었다. 밤중에 누워 있던 유관검이 벌떡 일어나며 말했다. "자네, 거룩한 해에 인천과 부평 사이에 밤중에 1천 척의 배가 정박한다는 예언을 들어보았는가?" "처음 듣는 소리요." "예수가 경신년에 태어났고, 올해가 마침 경신년이니 거룩한 해란 말일세. 주문모 신부의 말을 들어보니, 큰 배가 서양에서 이곳까지 오는 데 5년이 걸린다고 하더군. 우리가 황심을 통해 큰 배를 보내달라고 청한 것이 딱 5년 전이었네. 큰 배가 이때 도착한다면 밤중에 인천과 부평 사이에 1천 척의 배가 정박한다는 비기의 예언이 딱 맞아떨어지는 이야기가 아니겠는가?"[55]

유관검은 자다 말고 뜬금없이 5년 전인 1795년 북경 주교에게 대박청래의 탄원을 썼던 기억을 소환했다. 그가 다시 말했다. "만약 우리나라에서 큰 배를 순순히 받지 않을 경우, 일장판결(一場判決)을 낸 뒤에 서교가 크게 유행할 것이네." 위태로운 말이 아슬아슬하게 선을 넘고 있었다.

'곧 엄청난 수의 서양 배가 한강 어귀로 몰려든다. 그때가 되면 조선은 속절없이 서학을 받아들여야 한다. 그러지 않을 경우 감당할 수 없는 큰 변고가 일어날 것이다. 이것은 내 말이 아니라 오래전부터 떠돌던 참기(讖記), 즉 예언서에 나오는 말이다. 수십 년 전부터 떠돌던 그 예언이 이제 곧 우리 눈앞에서 실현될 터이니 너는 천주를 열심히 믿어야 한다.' 유관검은 이우집에게 이렇게 말하고 있었다.

유관검의 이 이야기는 실제로 영조 때부터 떠돌던 《정감록》의 갈래인 《감결(鑑訣)》 가운데 나오는 예언 중 한 대목이었다.

원숭이해의 봄 3월과 거룩한 해의 가을 8월에 인천과 부평 사이에 밤중에 1천 척의 배가 정박할 것이다. 안성과 죽산의 사이에는 쌓인 시체가 산과 같겠고, 여주와 광주의 어름에는 사람 그림자가 영영 끊어지리라. 수주(隋州, 수원)와 당성(唐城, 남양) 사이에는 흐르는 피가 시내를 이룰 것이다. 한강 남쪽으로 100리에는 개와 닭 울음소리가 없고, 사람 그림자가 영원히 끊어질 것이다.[56]

말세의 참혹한 광경에 대한 묘사다. 앞서 1787년 4월 정약용이 목격했던 경기 충청 일원에서 벌어진 소동이 모두 이 비기의 소문에 뿌리를 두고 있었다. 소동이 일어난 지역까지 일치한다. 《정감록》의 한 갈래인 《서산대사비결》에도 "거룩한 해를 만나면, 1천 척의 배가 갑자기 인천과 부평의 넓은 들에 정박할 것"이라는 내용이 있다.[57] 이 글은 45년 전인 1755년 2월 나주 괘서 사건 때 처음 나왔다. 원숭이해 운운한 것은 1728년(병신년丙申年) 3월에 발생한 이인좌의 난을 염두에 둔 것이다. 실제로 이때 안성과 죽산 사이에서 이인좌의 반란군이 관군에 의해 궤멸되었다.

유관검이 위 대목을 콕 짚어 인용한 것은 1800년이 예수가 태어난 해인 경신년이어서 비기에서 말한 원숭이해와 거룩한 해가 일치하는 때였기 때문이다. 이미 3월과 8월이 한참 지난 10월이었음에도 유관검은 한껏 기대에 부풀어 있었다. 1천 척의 배는 왜 하필 인천과 부평 사이로 모여들며, 그들의 정체는 무엇인가? 유관검은 어째서 《정감록》이 서학의 공인을 예언한 것으로 받아들였던가? 우리는 이 같은 연쇄적 질문에 휩싸인다.

《정감록》 신앙, 천주교와 접속하다

성세(聖歲)는 원래 예수가 탄생한 경신년이 아니라 '강성지세(降聖之歲)' 즉 성인이신 공자가 탄생한 해라는 뜻으로 쓴 표현이다.[58] 그런데 1800년이 마침 경신년으로 예수가 태어난 간지가 돌아온지라,[59] 거룩한 해라고 보았다. 유관검은 《감결》 속의 신년(申年)과 성세가 바로 1800년을 가리킨다고 믿었던 셈이다. '새 세상이 곧 열린다. 서학은 무력에 의해서라도 공인될 것이다. 우리는 깨어 그때를 대비하지 않으면 안 된다. 의심 없이, 흔들리지 말고 가자.'

《감결》 속 1천 척 배의 정체는 자신들이 그토록 갈망해온 서양 대포와 각종 문물과 보화를 가득 실은 대박(大舶)일 것이었다. 몇만 리를 건너온 1천 척의 서양 배는 서양국의 국왕이 조선 교우에게 신앙의 자유를 가져다주기 위해 보낸 것으로, 5년이나 걸리는 항로를 지나 조선에 곧 당도할 것이었다. 이런 터무니없는 상상을 유관검은 어떻게 확신했을까? 이런 말도 안 되는 이야기에 조선 정부는 왜 그토록 긴장했을까? 어쨌든 1728년 이후 조선을 뒤흔든 《정감록》 신앙은 이렇게 해서 천주교와 접속되었다.

대박청래의 생각은 1795년 주문모와 조선 신자들이 북경 주교에게 쓴 청원서에 처음 모습을 드러냈다. 두 해 뒤 현계흠이 1797년 동래 앞바다에 표착한 영국 배에 직접 올라가 본 뒤 과장된 소문을 내자 대박의 꿈은 이제 구체적인 모습을 갖추게 되었다. '틀림없이 온다. 오기만 하면 한꺼번에 바뀐다.' 이 믿음이 해도의 진인이 군대를 이끌고 와서 험한 세상을 끝장내고 새 세상을 연다는 조선의 오랜 예언과 결합되면서 흉흉한 소문이 되었다. 조선 정부는 유독 《정감록》의 풍문이 만들어내는 민심의 동요에 민감했다. 이는 이듬해인 1801년 황사영의 〈백서〉에서 다시 소환되었다. 여기에는 무엇보다 1728년 이인좌의 난이 안겨준 트라우마가 크게 작용했다.

강세정이 《송담유록》에서 말한 내용을 읽어보자.

> 선박을 청해오자는 주장은 흉적의 무리들이 죽음에 임했을 적에 으레 흔히 지껄여대는 말로, 놀라게 해서 격동시키려는 수작이다. 서양은 겹겹의 큰 바다 밖에 몇만 리나 떨어진 나라인데, 저들이 비록 재화가 있다 한들 무슨 수로 손쉽게 서로 통하겠는가? 서양 사람이 중국에 들어오는 데 4~5년을 써야 한다고 한다. 그렇다면 저들의 말을 듣고 어찌 군대를 일으켜 와서 구원해줄 리가 있겠는가? 하지만 황사영의 〈백서〉를 볼 것 같으면, 그 어리석고 미혹한 부류가 많기가 이와 같다.[60]

하지만 《정감록》의 예언과 비결들은 계속해서 왕조의 주변을 떠돌고 있었다. 1782년, 1785년, 1787년에도 계속해서 《정감록》의 비기에 바탕을 둔 역모 사건이 꼬리를 물었고, 그때마다 민심은 크게 출렁였다. 세 해 전인 1797년에는 강이천과 김건순이 작당해 해도에서 군대를 일으킨다는 유언비어로 정국을 발칵 뒤집어놓았고, 여기에는 주문모 신부까지 연루되어 있었다. 좀처럼 가라앉지 않는 《정감록》의 흉흉한 괴담이 서학과 만나 증폭될 경우 지금까지와는 전혀 다른 양상이 될 터였다. 조정으로서는 그 후폭풍을 감당하기가 두려웠다.

앞서 잠깐 살핀, 다블뤼 주교가 1850년 9월 프랑스에 있던 가족에게 보낸 편지 중 "사람들 이야기로는 사람들이 숨기고 있는 책 속에 오래된 예언이 적혀 있다고 하는데, 즉 서양의 종교가 이 왕국에 들어와 널리 퍼질 것을 예고했다는 거예요"라고 한 것은[61] 19세기 중반까지도 이 같은 믿음이 사그라들지 않고 있었음을 보여준다.

이들은 대박청래의 날을 고대하며 살았다. 경신년에 인천과 부평 사이에 1천 척의 배가 몰려들어 조선 정부를 겁박하면, 일장판결이 나서 그것으로 조선은 신앙의 자유를 얻게 될 것이라고 믿었다. '세상은 머잖아 천주의 세상이 된다!' 그렇게 되면 《서학범(西學汎)》에서 가르치고 있는 대로 교육제도에 일대 혁신이 오고, 온갖 불의와 부패가 가라앉아 천주의 가르침이 세상 가득 펼쳐질 것이었다.

그 믿음 하나면 못할 일이 없었다. 유관검은 이따금 서울로 올라가서 신부를 만났다. 확신이 필요했다. 하지만 배는 오지 않았다. 올 리가 없었다. 그러다가 1801년 신유박해를 만났다. 신념이 무너지고, 신부가 죽고, 교회가 박살났다. 이들도 더는 버티지 못했다. 이들에게 씌워진 죄명은 대역부도였다. 능지처참이 이들을 기다리고 있었다.

7. 교리 교육과 십계 공부

십계는 교리 교육의 출발점

초기 교회의 교리 교육은 어떻게 이루어졌을까? 글을 모르는 일반 백성이나 여성에게 처음으로 행하는 입문 교리는 십계였다. 지적 수준이 높은 양반들이 《칠극》과 《천주실의》로 서학 공부를 시작한 것과는 다르다. 벽동의 김치가게 주인 최조이가 정광수의 처 윤운혜를 처음 만났을 때 일이다. 최조이가 선물에 감사하며 무심코 '나무아미타불'이라고 하자, 윤운혜가 질색을 하며 그걸 외우면 지옥에 간다면서 십계를 가르쳐주었다. 그녀가 말했다. "이것을 외우면 죽은 뒤에 천국에 올라갈 수 있답니다." 《사학징의》에 나온다.[62]

십계 공부를 신앙의 출발점으로 삼는 장면은 《사학징의》 속 방성필, 박점쇠, 김유산, 김종교, 한덕운, 변득중, 이부춘, 김경노, 곽진우, 이우집, 임대인, 황차돌, 박사민, 한은, 강성필, 김한봉, 김세봉, 비녀 소명 등의 공초에서 반복적으로 확인된다. 외교인에게 신앙을 권할 때 처음에는 거의 예외 없이 십계 공부로 시작했다.

불교에서 나무아미타불을 열심히 외우면 극락왕생한다고 가르친 것처럼, 천주교에서는 십계를 외워 실천하면 천국에 간다고 가르쳤다. 간명해서 알기 쉽고, 일상생활의 예시를 통해 설명하므로 받아들이기가 어렵지 않았다. 불자들이 '색즉시공(色卽是空) 공즉시색(空卽是色)'의 이치를 모르고도 〈반야심경〉을 입에 붙여 외우듯, 삼위일체나 천주 강생에 대한 깊은 이론 지식 없이도 묵주기도와 십계 암기만으로 내가 구원받고 내 집안이 복될 것이었다. 그 생각만 하면 마음이 늘 벅찼다. 1795년 홍낙민이 "어리석은 백성과 아녀자들에 이르러서는, 10조목의 계율을 마치 승려들이 오계(五戒)를 굳게 지키는 것처럼 하여, 비록 형벌을 받아 죽더라도 한번 들어가면 바꿀 수가 없다고 여긴다"고 한 기록도 보인다.[63]

정하상 바오로는《상재상서》에서 "천주를 받들어 섬기는 방법이란 높고 아득하여 실행하기 어려운 일이 아니요, 은미한 것을 찾아 괴이한 일을 행하는 종류도 아닙니다. 허물을 고쳐서 스스로 새로워져 하느님의 계명을 따르는 것일 뿐입니다"라고 하고,[64] 이어 십계명을 나열한 뒤, 다시 "위 십계명은 모두 두 가지로 귀결됩니다. 천주를 만유의 위에서 사랑하고, 남을 자기처럼 아끼는 것이 그것입니다. 앞쪽의 세 계명은 주님을 섬기는 절목이고, 뒤쪽의 일곱 계명은 몸을 닦고 살피는 공부입니다"라고 간명하게 설명했다.[65]

이를 다시 단순하게 나누면 해야 할 것과 하지 말아야 할 것이 있다. 1, 3, 4계명은 해야 할 것이고, 나머지는 모두 하지 말아야 할 것이다. 해서 안 될 일은 헛맹세, 살인, 사음, 도둑질, 거짓 증언, 남의 아내 탐냄, 남의 재물 탈취 등이다. 윤지충도 관장에게 글로 써서 제출한 공술기 〈윤지충일기〉에서 십계의 항목을 나열한 뒤에 "이 십계는 요컨대 두 가지로 요약되니, 천주를 만유 위에 사랑하라는 것과 모든 사람을 자기같이 사랑하라는 것입니다"라고 《상재상서》와 똑같이 설명했다.[66] 근거로 삼은 교리서가 같았다는 뜻이다.

조목별로 가르친 십계 교육

십계 교육은 십계명 10조목을 외우는 데 그치지 않았다. 각 조목별로 세부 내용을 갖춰 하나하나 따로 교육하는 프로그램이 갖춰져 있었다. 따라서 십계의 조목을 모두 배우려면 상당한 시일이 필요했다. 《사학징의》에 보면, 여러 번 되풀이해 가르쳐도 최조이가 십계를 못 외우자 윤운혜가 나무라며 고기를 안 먹으면 정신이 맑아져서 십계를 외울 수 있을 거라고 하는 대목이 나온다.[67] 십계를 외우지 않고는 정식으로 입교할 수 없었기 때문에 답답해서 한 말이었다.

양성 사람 박점쇠는 김성옥이 십계를 써주면서 익히게 했는데 늙고 병들어 외우지 못했고, 이후 황심이 십계 공부를 또 권하므로 힘껏 배웠으나 4조목과 5조목을 익혔을 때 붙잡히게 되었다고 했다. 방성필도 공초에서 "제가 무식한 소치로 간신히 2조목과 3조목만을 배웠다"고 진술했다.[68] 십계 교육이 조목별로 하나하나 짚어가며 시일을 두고 가르치는 방식이었음을 알 수 있다.

십계 교육은 글을 통해서가 아니라 주로 구두전달 방식으로 이루어졌다. 곽진우는 "십계는 제가 입으로 외워 지황 처의 어미 손조이에게 가르쳐주었다"고 진술했고, 박사민은 "금년 정월에 최봉선과 땔감을 지고 작반하여 가던 길에 최봉선이 사학에 대해 잔뜩 말하면서, 먼저 십계를 가르쳐주므로, 제가 과연 그 말을 듣고서 몰래 외운 것은 분명합니다"라고 했다. 한은도 "작년 2월에 상경하여 창동 정가 양반의 행랑채에 부쳐살 때, 이른바 김한빈과 한 채에 같이 살게 되어 절로 친숙해졌습니다. 그가 입으로 전해준 십계를 과연 외워 익혔습니다"라고 진술했다.[69]

십계 공부의 세부 내용

십계 공부의 구체적인 내용은 최해두가 홍해 감옥에서 쓴《자책》과 다블뤼 주교가 펴낸《성찰기략(省察記略)》에 아주 상세하다.[70]

한 예로, 제5계 '살인하지 말라'에 대해 최해두는 먼저 살인에도 손으로 살인하는 것과 입으로 살인하는 것이 있다면서, 여럿이 모인 중에 남을 욕해 그에게 죽고 싶은 마음이 들게 하거나, 남의 잘못을 몰래 퍼뜨려 그의 신세를 망치게 하는 것은 입으로 살인하는 죄에 해당한다고 보았다. 남이 나를 해롭게 한다 하여 그를 속으로 미워해 죽거나 망했으면 좋겠다고 하는 것은 마음으로 살인하는 죄가 된다.

또 남에게 죄짓게 하거나, 남의 범죄를 보면서도 구하지 않는 것, 내가 나쁜 짓을 해서 남이 이를 본받게 하여 남의 선을 꺾는 것은 그 사람의 영혼을 죽이는 죄에 해당한다. 또 입으로 죽고 싶다고 말하는 것, 육신을 해쳐 병을 내거나 영혼을 돌보지 않아 죄에 빠지는 것은 자기가 자기를 죽이는 죄가 된다. 심지어 남을 부추겨 시비를 붙이는 일, 화해할 수 있는데 화해하지 않는 것도 살인죄에 해당한다고 규정했다. 살인의 적용 범주가 매우 폭넓고 갈래가 세분화되어 있음을 볼 수 있다.

다블뤼 주교는《성찰기략》에서 십계의 하위 항목을 조목별로 나눠서 더 구체적으로 기술했다. 제5계를 사람의 영혼과 마음과 몸을 해치는 죄라 하고, 이하 무려 41조항의 죄목을 나열했다. 이 가운데 열 가지만 꼽으면 이렇다. 남을 해칠 뜻이나 죽일 뜻을 두기, 남이 재앙을 받거나 일찍 죽기를 원하기, 독한 말로 남을 꾸짖거나 혹 죽으라고 말하기, 남에게 심술을 부리거나 일부러 듣기 싫은 소리 하기, 남을 부추겨 싸우게 하거나 원수 되게 하기, 분노하여 먹지 아니하거나 혹 몸을 부딪쳐 상하게 하기, 약을 먹거나 혹 방법을 써서 낙태하기, 누워 잘 때 조심하지 않아 어린아이를 다치게 하거나 눌러 죽이기, 남을 시켜 죄 되는 일을 행하게 하기, 언짢은 표양을 드러내 남을 범죄케 하기.

제5계 '살인하지 말라'에서 죽인다는 의미는 단지 남의 목숨을 빼앗는 것만이 아니라, 남이나 나의 육신과 영혼에 해가 되는 행동까지를 포함하는 포괄적 윤리로 확장되고 있다. 이를 다시 입과 행동과 영혼의 범죄로 구분하여 구체적이고 세부적인 지침으로 제시해 확장시켰다. 십계는 짧은 열 개의 문장에 그치지 않고, 각 계명별로 인간으로서 갖추고 지켜야 할 윤리의 기준으로 범주화함으로써 천주교의 윤리관과 선악 인식을 명확하게 드러냈다.

제4계 '부모에게 효도하라'도 자식이 부모를 공경하는 것만이 아니라, 상하관계에서 상호 지녀야 할 바른 몸가짐과 본분에 대한 78항목의 가르침을 담았다. 그 결과 자식에게 나가 죽어라 하기, 딸을 낳았다고 산모나 아이를 돌보지 않기, 부부가 미워하여 불목하기, 심지어 마땅히 바쳐야 할 세금 안 내기까지도 세부 항목에 들어 있다. 이 같은 항목들은 모두 하나하나 점검하여 고해성사 때 사함을 받아야 했다.

이렇듯 십계 교육은 계명마다 지켜야 할 수십 가지의 행동규범을 제시해, 하나하나 실생활에 적용해 설명하는 방식이어서, 단순히 십계명을 외우는 것만으로 끝나지 않았다. 하나하나 이치를 들어 설명하고 문답을 통해 확인하고 점검했다. 십계의 교리를 다 깨우치려면 이것만으로도 상당한 시간이 소요되었다.

그 밖의 기본 교리서들

이 같은 내용은 주로 십계를 풀이한 교리서인 《척죄정규(滌罪正規)》, 《십계진전(十誡眞詮)》, 《천주십계(天主十誡)》 등에 바탕을 두었다. 그 밖에 《교요서론(敎要序論)》, 《성교절요(聖敎切要)》, 《성교요리(聖敎要理)》 등의 교리서에서도 십계는 주요 교리 부분으로 다뤄졌다. 특별히 《척죄정규》는 알레니의 저술로, 양정균(楊廷筠, 1557~1627)이 서문을 썼다. 이중 권1의 〈천주십계〉에 보면, 십계의 계명을 범하는 것에 해당하는 여러 죄를 나열해 스스로 반성하기 편하게 한다면서, 앞서 살핀 각 계명별로 해당하는 죄과들을 주욱 나열했다.[71] 그러니까 최해두나 다블뤼의 작업은 이 같은 앞선 저작에 바탕을 두고 이루어진 것이다.

한편, 《사학징의》 끝에 실린 〈요화사서소화기〉에 십계와 관련된 책자로 《삼문답부십계(三問答附十誡)》와 《텬쥬십계(天主十誡)》라는 서명이 보인다. 특별히 《천주십계》는 한글본의 존재가 알려지지 않았는데, 일본 도쿄대학 오구라문고에 1877년에 옮겨적은 한글 필사본이 남아 있다. 이 책 속의 세부 항목은 《척죄정규》나 《성찰기략》과는 사뭇 다르다. 십계의 제1계 첫 항목에서 '조상의 목패(木牌)에 절하기'를 죄로 꼽은 것과, 복잡한 설명을 배제하고 조선에 토착화된 내용이 많이 포함된 것으로 보아, 이 책은 초기 교인들이 공부하던 〈요화사서소화기〉 속의 한글본 《텬쥬십계》를 베낀 책이었을 것으로 판단된다.[72]

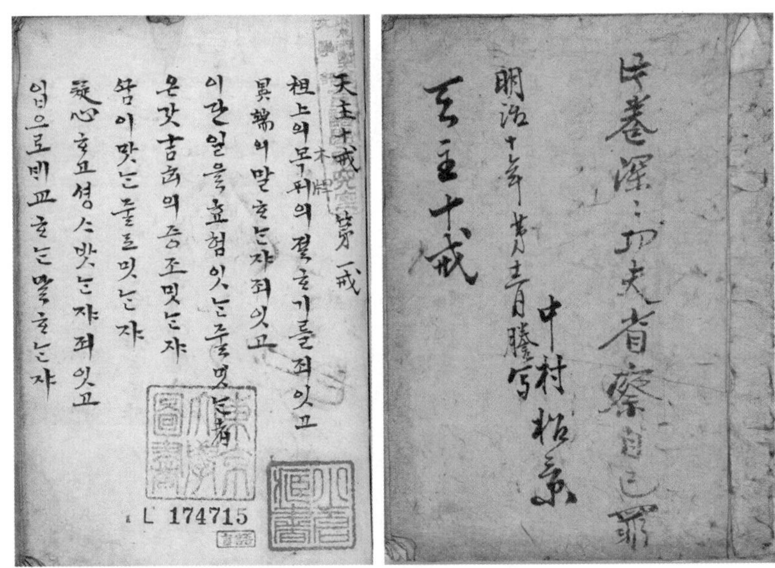

《천주십계》 1877년 한글 필사본 제1계 부분(왼쪽)과 표지(오른쪽). 일본 도쿄대학 오구라문고 소장.

서소문 신앙공동체의 리더였던 이합규는《삼본문답》1권과《진도자증》2권,《성교일과》2권을 바탕으로 교리 교육을 진행했다.[73] 이우집은 1795년 유관검에게 십계를 배운 뒤《조만과(早晩課)》1책을 받아와 공부했고, 임대인은 정약종에게 십계와《칠극》을 배웠노라고 했다.[74]

《삼본문답》은 영세문답, 고해문답, 성체문답 등 영세 예비자를 위해 세 가지 기본 개념에 대해 설명한 책자다. 이중 고해문답에는 십계의 내용을 포함해 고해성사의 개념과 방법을 설명했다. 여기에 더해 신자들은 미사 때 쓰는《성경광익》이나《성년광익》속 성경 말씀과 성인들의 전기를 마음에 새겼다. 다시《수진일과》나《준주성범》의 각종 기도문에 묵주기도를 더하면 말씀의 은혜가 안에서 차고도 넘쳤다.

8. 주기도문은 어떻게 바쳤을까?

초기 교회의 기도생활

초기 교회의 신자들은 기도문을 어떤 방식으로 바쳤을까?《사학징의》 끝에 수록된 〈요화사서소화기〉에서 그 답을 찾을 수 있을 것 같다. 압수 품목 가운데 기도생활과 관련해서 눈에 띄는 물품은 염주(念珠), 즉 묵주다. 십자패가 달린 묵주가 한신애의 집에서 4꿰미, 오석충의 집에서 3꿰미, 윤현의 방구들 밑에서는 8꿰미, 김희인의 집에서도 6꿰미나 쏟아져나왔다. 정섭과 정광수, 김조이의 집 압수 물품 목록에도 어김없이 묵주가 들어 있다.

여주 김건순의 무리에 속했고 원경도의 외종으로 포도청에 끌려온 김치석은 이렇게 진술했다. "1798년 정월에 원경도가 저에게 사학을 하라고 권유하면서 책 세 권과 베껴쓴 대여섯 장의 첩책(帖冊) 한 권, 염주 한 꿰미 등의 물건을 주었습니다. 그래서 제가 받아와서 배워 익혔습니다." 충청감영의 공문 중 여사울 최구두쇠와 송윤중 관련 기록에도 묵주가 등장한다. 송윤중은 내포에서 남대문으로 이사 왔는데, 사학으로 이름난 사람이었다. 그는 덕산 사는 유성갑(劉成甲)에게 책자와 묵주를 건네준 혐의로 취조를 받았다.

이처럼 사학죄인의 압수 품목 가운데 묵주가 적지 않았고, 특히 성물 제작소를 겸했던 정광수가 윤현에게 맡겼다가 압수당한 물품 중에 묵주 8꿰미가 든 것을 보면, 당시 기도생활에서 묵주기도가 대단히 큰 비중을 지녔음을 알 수 있다. 그렇다면 〈천주경〉과 〈성모경〉은 당시 모든 신자가 일상으로 외워 암송한 가장 기본적인 기도문이었을 것이다.

앞서 김치석은 '대여섯 장의 첩책 한 권'을 원경도에게 묵주와 함께 받았다고 했다. 첩책이란 두꺼운 종이를 병풍처럼 접어서 펼쳐볼 수 있게 만든 휴대용 책자다. 옷소매 안에 넣을 수 있는 수진본(袖珍本) 크기로 만들면 손바닥 안에 들어가 보관과 휴대가 간편했다. 대여섯 장 분량의 첩책에는 〈오배례(五拜禮)〉와 〈천주경〉과 〈성모경〉이 첫머리에 나오고, 그 밖에 〈종도신경(宗徒信經)〉과 아침저녁 기도 등 주요 기도문이 적혀 있었을 것이다.

〈요화사서소화기〉 속 압수 품목 중에는 유독 한글로 베껴쓴 작은 첩책이나 낱장의 종이가 많았다. 특별히 윤현의 방구들 밑에서 나온 물품 가운데 낱장의 종이에 베껴쓴 것이 더욱 많았다. 몇 가지 예를 들면 다음과 같다.

- 작은 종이에 사서를 베껴쓴 책. 책자로 만들지 않은 것〔小小紙邪書謄冊 未粧纘〕 300여 장.
- 한글로 베껴쓴 작은 종이〔諺書謄本小小紙〕 300여 조각.
- 조각조각 끊어진 한글과 한문으로 베껴쓴 것〔片片斷落諺眞謄本〕

1축(軸).

- 면주로 된 세 폭의 보자기〔綿紬三幅袱〕. 보자기에 싼 물건은 모두 사서를 한글과 한문으로 베껴쓴 책인데, 조각조각 떨어져나와 숫자를 알 수 없다〔所裹皆是邪書諺眞謄本 片片斷落 不知其數〕.
- 사서를 베낀 것〔邪書謄本〕 31조각.
- 사서를 베껴쓴 책〔邪書謄冊〕 220여 장.
- 여러 가지 경문을 베껴쓴 서책 종이〔諸經文謄書冊張〕 30여 장.

이중에는 책자로 만들려고 베껴써놓고 미처 묶지 못한 것도 있고, 〈천주경〉과 〈성모경〉 같은 기도문을 낱장에 베껴쓴 것도 있었다. 한신애의 집에서 나온 《제송초(諸誦初)》는 가장 기본이 되는 기도문을 베낀 것인데, '무의진서(無衣眞書)'라 한 것을 보면, 표지도 없이 한문 기도문을 옮겨쓴 것이었다. 《언서소소첩책(諺書小小帖冊)》 또한 한글로 쓴 소책자로, 기도문을 적은 것이다.

〈천주경〉과 〈성모경〉 독송법

신유박해 이전 시기의 기도문은 한글이 아닌 한문 기도문을 음으로 독송하는 염경(念經) 기도 방식이었다. 대부분 의미를 모른 채 음만 따라 읽었다. 독송법은 오늘날 불교 신자들이 〈반야심경〉을 독송하는 방식과 똑같았을 것이다. '관자재보살(觀自在菩薩) 행심반야바라밀다시(行深般若波羅蜜多時) 조견오온개공(照見五蘊皆空) 도일체고액(度一切苦厄)'이라 독송할 때, 불교 신자들이 "관자재보살이 반야바라밀다를 깊이 행할 적에 온갖 것이 모두 공함을 살펴보고 일체의 고액을 건너간다"는 원문의 깊은 의미를 전혀 알지 못하고도 줄줄 외워 낭송하는 것과 한가지다.

1798년 6월 12일에 충청도 정산 고을에서 체포된 순교 복자 이도기 바오로는 글을 몰랐다. 하지만 그는 신문하는 관장에게 천주의 가르침을 끝까지 굽힘 없이 증언하다 순교했다. 달레는 《한국천주교회사》에서 "그는 또한 초자연적인 지능을 받은 것 같아서 천주교 기도문의 아름다움을 아주 유식한 사람들보다도 더 잘 음미하였다"고 썼다.[75] 글을 몰랐지만 소리를 통해 기도문의 아름다움뿐 아니라 의미까지도 깊이 빨아들였다는 뜻으로, 이는 당시 이들의 독송이 아름다운 가락을 지닌 것이었음을 알려주는 진술이기도 하다.

또 1800년 3월 여주에서 순교한 이중배 마르티노와 원경도 요한도 부활절을 맞아 "가족과 손님들이 이웃에 사는 몇몇 교우들과 함께 길가에 모여, 모두 큰 소리로 '알렐루야'와 〈부활삼종경〉을 외우고 나서, 바가지를 두드려가며 기도문을 노래하였다"고 썼다.[76] 이들에게 기도문은 기쁘고 아름답고 거룩한 노래였다.

윤민구 신부가 영국 국립도서관에서 찾아낸 한글본 〈천주경〉이 있다. 이 기도문은 1790년 윤유일이 북경에 갔을 때, 그곳 로(Raux) 신부의 요청에 따라 《수진일과》에 수록된 〈천주경〉에 조선에서 기도하던 방식대로 한글 독음을 달아서 써준 것이다. 로 신부는 한글 글자마다 옆에 한글음을 알파벳으로 받아적었다. 그 정황은 다음 면 사진 아래쪽에 적힌 메모에 자세하다.[77]

재쳔아등부쟈(在天我等父者) 아등원(我等願) 이명현셩(爾名見聖) 이국님격(爾國臨格) 이지승힝어디(爾旨承行於地) 여어쳔언(如於天焉) 아등망(我等望) 이금일여아아일용냥((爾今日與我我日用糧) 이면아채(而免我

〈천주경〉에 조선에서 기도하던 방식대로 한글 독음을 달았고, 한글 옆에 한글 음을 알파벳으로 적었다. 영국 국립도서관 소장, 윤민구 신부 제공.

債) 여아역면부아채자(如我亦免負我債者) 우불아허함어유감(又不我許陷於誘感) 내구아어흉악(乃救我於凶惡) 아믕(亞孟)

당시 신자들은 〈천주경〉 즉 〈주기도문〉을 위 한문 독음 그대로 또는 한문에 한글 토를 붙여서 읽었다. 예를 들면 "재천아등부쟈(아), 아등원, 이명현셩(하시고), 이국님격(하시며), 이지승힝어디(를) 여어쳔언(하나이다)"와 같은 방식으로 독송했다.

〈성모경〉의 독송 또한 〈천주경〉처럼 한글 독음으로 읽었다. 《수진일과》의 한문 표기와 한글 표기를 나란히 제시하면 다음과 같다.

> 야우마리아(亞物瑪利亞) 만피에라지아쟈(滿被額辣濟亞者) 쥬여이ᄒᆡ언(主與爾偕焉) 여즁이위찬미(女中爾爲讚美) 이ᄐᆡᄌᆞ여수(爾胎子耶穌) 병위찬미(倂爲讚美) 텬쥬셩모마리아(天主聖母瑪利亞) 위아등죄인(爲我等罪人) 금긔텬쥬(今祈天主) 급아등사후(及我等死候) 아믄(亞孟)

《수진일과》의 기도문 중 처음 "야우마리아(亞物瑪利亞) 만피에라지아쟈(滿被額辣濟亞者)" 부분은 한문으로는 도저히 해석이 안 된다. 중간에 끼어 있는 라틴어 발음을 음차한 글자들 때문이다. 해당 원문은 "Ave Maria, gratia plena'다. '아물(亞物)'은 '야우'로 읽는데, '아베(Ave)의 음차다. 또 '액랄제아(額辣濟亞)'는 '에라지아'로 읽으니, 은총 또는 성총을 뜻하는 '그라티아(gratia)'의 음역이다. 이 대목이 뒤에 《천주경과(天主經課)》에 실린 〈정모경(貞母經)〉에서는 '신이복마리아(申爾福瑪利亞), 만피성총자(滿被聖寵者)'로 바뀌었다. 위 '액랄제아'가 '성총(聖寵)'으로 대체되었다. '신이복(申爾福)'은 '아베' 즉 '기뻐하소서'를 풀이한 표현이다.

이렇듯 초기 신자들이 종이쪽에 독음만 옮겨적어 바쳤던 묵주기도 속의 〈천주경〉과 〈성모경〉은 곁에서 들으면 불교의 독경 소리와 비슷한 느낌이었을 것이다. 눈을 지그시 감고 가락에 맞춰 암송하는 이 같은 염경 기도 방식으로 초기 교인들은 묵주신공을 바쳤다. 뜻 모를 한 자음의 조합이었지만, 몸을 앞뒤 또는 좌우로 흔들며 가락을 타고 외우는 〈천주경〉과 〈성모경〉의 리듬 속에는 거룩한 말씀의 아우라가 뭉클한 빛이 되어 소리를 타고 흘렀다.

한글 기도문의 출현

앵베르 주교가 1838년 12월 1일 로마 포교성성 장관에게 보낸 편지에 당시 기도문에 대한 중요한 증언이 담겨 있다.

> 저의 두 번째 걱정거리는 매일 기도와 주일 미사경문의 조선말 번역입니다. 천주교가 들어온 시초에 조선 신자들은 자기 재능에만 심취하여 조선말을 경시하는 생각으로 조선말이 천주께 기도하는 데는 적합하지 않다고 생각하였습니다. 그래서 한문으로 된 기도문을 그 뜻까지 번역하지는 않고 뜻은 전혀 모르는 채 발음만 조선식으로 하여 바쳤습니다. 그러나 중국 사람도 책을 보지 않고 말만 들으면 전혀 그 의미를 파악할 수가 없습니다. 저는 어느 정도 조선말을 배우자마자 네 명의 통역을 데리고 공동 기도문들을 번역하여, 지금은 젊은이나 늙은이나 유식하든 무식하든 모든 신자가 열심히 배우고 기도를 바치고 있습니다.[78]

19세기 중반까지도 조선의 신자들은 중국의 《수진일과》와 《천주경과》 등에 실린 한문 기도문을 조선식 한자음으로 뜻도 모른 채 독송하는 방식으로 기도를 드렸음을 알 수 있다. 초기 신자들이 한문 기도문을 조선말로 옮길 경우 기도의 권위가 사라진다고 생각했다는 점도 확인된다. 이는 당시 불교계의 정황에 비춰보더라도 이상한 생각이 아니었다. 1838년 당시 앵베르 주교가 번역한 기도문은 필사되어 전하다가 1862년 이후 '텬쥬셩교공과'라는 이름으로 출간되었다. 여기에 실린 〈천주경〉의 번역 기도문은 다음과 같다.

하늘에 계신 우리 아비신 쟈여!

네 일홈의 거룩ᄒᆞ심이 나타나며

네 나라히 림ᄒᆞ시며

네 거룩ᄒᆞ신 ᄠᅳᆺ이 하늘에셔 일움ᄀᆞᆺ치

ᄯᅡ희셔 ᄯᅩᄒᆞᆫ 일우여지이다.

오늘날 우리게 일용ᄒᆞᆯ 냥식을 주시고

우리 죄ᄅᆞᆯ 면ᄒᆞ야 주심을

우리가 우리게 득죄ᄒᆞᆫ 쟈ᄅᆞᆯ 면ᄒᆞ야 줌ᄀᆞᆺ치 ᄒᆞ시고

우리ᄅᆞᆯ 유감에 ᄲᅡ지지 말게 ᄒᆞ시고

ᄯᅩᄒᆞᆫ 우리ᄅᆞᆯ 흉악에 구ᄒᆞ쇼셔.

아멘.

다음은 〈성모경〉의 번역 기도문이다.

셩춍을 ᄀᆞ득히 닙으신 마리아여

네게 하례ᄒᆞᄂᆞ이다.

쥐 너와 ᄒᆞᆫ가지로 계시니

녀인 즁에 너ㅣ 춍복을 밧으시며

네 복즁에 나신 예쉬 ᄯᅩᄒᆞᆫ

춍복을 밧아 계시도소이다.

천쥬의 셩모 마리아ᄂᆞᆫ

이제와 우리 죽을 ᄯᅢ에

우리 죄인을 위ᄒᆞ야 비ᄅᆞ쇼셔.

아멘.

앞서 단음으로 된 한문 기도문을 염불하듯 염송하다가, 이처럼 한글로 번역된 기도문이 생기면서 독송 방식에도 변화가 있었을 것이 당연하다. 신자들은 비교적 긴 호흡의 글을 읽을 때 쓰던 가사창의 염송법을 끌어와 적용해, 예전 연도에서 "주여 나 깊고 그윽한 곳에서 네게 부르짖나이다"에서와 같은, 낮고 그윽한 메나리토리의 가락을 얹었을 것으로 본다. 주거니받거니 서로 매기면서 화답하는 기도가 오랜 기간 가락을 타고 입에 익어 고저장단에 박자가 착착 맞게 되었을 것이다.

다만 이때 하느님을 '너(爾)'라 하고 자신을 대등하게 '나(吾)'라 말하는 서양식 표현법은 존칭에 예민한 중국과 조선의 어법에서는 있을 수 없는 것이어서 문제가 되었던 듯하다. 1642년 알레니의《천주강생언행기략(天主降生言行紀略)》의 범례에서 "무릇 글 가운데서 간혹 스스로를 '나'라 하고, '우리 주 예수'라 하며, 혹 다른 사람을 '너'라고 하는 것은 가볍게 여겨 무시하는 말이 아니다. 서방 경전의 고문(古文)에서는 얼굴을 맞대고 말을 하는 사람은 비록 지극히 존귀한 지위라 해도 또한 흔히 '나'와 '너'로 말을 하곤 하니, 질박하고 솔직한 것을 숭상하기 때문이다"라고 한 대목을 통해 짐작할 수 있다.[79] 조선어로 옮기는 과정에서도 이는 상당히 골치 아픈 문제였다.

다블뤼 주교는 당시 조선어로 된 〈성모경〉을 함께 염송하는 소리를 듣고 이런 말을 남겼다.

> 주일날, 회원들이 조선말로 기도문을 외우는 것을 들을 때의 나의 감격은 참으로 깊습니다. 나는 모든 국민의 이 같은 협력, 즉 성모 마리아를 찬양하고 죄인들의 회개를 빌기 위해, 모든 나라말로 부르는 이 노래를 생각합니다. 착하신 어머님이 그렇게도 많은 나라에 널리 내

려주신 수없는 은혜를 우리에게도 나누어주시기를 바랍니다.[80]

기도문 하나에도 긴 역사가 숨 쉰다. 뜻 모르고 한자음만으로 외우면서도 말씀의 힘이 주는 감동은 충분했다. 일자무식의 백성이 기도문 염송을 통해 초월적인 지혜를 얻어 장강대하의 웅변으로 주님의 말씀을 증거하고, 잔혹한 고문을 기쁘게 견뎌 순교했다. 그것은 은은하고 잔잔한 가락이다가 어느새 고조되어 높이 솟아 천상의 선율이 되곤 했다. 그 선율 속에 천주 강생의 신비가 아련히 떠돌았다.

12부

묻힌 기억과 오염된 자료

1.《송담유록》과《눌암기략》

신서파와 공서파의 중간 기록

신서파와 공서파의 첨예한 공방 속에 남인 내부의 입장도 갈렸다. 기록은 공서파의 것만 남았다. 신서파의 기록은 제대로 남은 것이 거의 없고, 남았더라도 자기 검열을 거쳐 오염된 자료가 많다. 공서파의 기록은 이기경의《벽위편》이 가장 중요하다. 역시 이기경이 정리한 것으로 보이는《사학징의》도 중요하다. 이 밖에 중간에서 어느 한쪽에 얼마간 기운 기록들이 존재한다.

《송담유록》과《눌암기략》은 일반에는 물론 학계에도 낯선 책이다. 강세정(姜世靖, 1743~1818)의《송담유록(松潭遺錄)》은 가문의 희망이었던 아들 강준흠의 정치적 입장을 변호하기 위해 쓰여진 책이다.[1] 그는 곳곳에서 아들이 반서학을 외쳤을 뿐 채제공을 반대한 것은 아니라는 점을 반복해서 강조했다. 또 강준흠이 홍낙안, 이기경과 한목에 엮이

강세정의 《송담유록》(왼쪽)과 이재기의 《눌암기략》(오른쪽) 표지. 《송담유록》은 연세대학교 학술문화처 도서관이, 《눌암기략》은 다산영성연구소가 소장하고 있다.

는 것에 불편함을 드러냈다. 상당한 정치적 의도가 담겨 있다. 이 책은 필사본 1책 53장 분량으로, 그의 문집 《송담유고》 3책과 함께 현재 연세대 도서관에 소장되어 있다. 이제껏 책의 존재가 거의 알려지지 않았다.

이재기(李在璣, 1759~1818)의 《눌암기략(訥菴記略)》은 채제공을 중심에 두고 벌어진 대채(大蔡)와 소채(小蔡), 채당(蔡黨)과 홍당(洪黨)의 분화에 시선을 두고, 서학과 신서파의 행태를 비판적인 시선에서 일화 중심으로 전달한다. 토막토막의 에피소드가 큰 흐름을 타고 이어진다. 필사본 1책 23장 본이다.[2] 현재 다산영성연구소의 김옥희 수녀가 소장하고 있다. 여진천 신부가 《부산교회사보》에 전문을 번역 소개한 바 있고,[3] 단행본으로는 간행되지 않았다.

《눌암기략》의 글씨가 작아서 두 책의 실제 분량은 비슷한데,《송담유록》에는 뒤쪽에 황사영의 〈백서〉와 몇 편의 상소문이 전재되어 있다. 두 책은 교회 창립기부터 신유박해에 이르는 시기를 다룬다. 반서학의 기조에서 채제공을 정점에 둔 남인 정파의 엇갈림과 신서파들의 동향과 행태를 고발하고 증언했다. 이승훈과 정약용 등 신서파 주요 인물들의 동향과 홍낙안, 이기경 등 공서파와 빚은 갈등과 충돌의 현장 소개는 특별히 생동감이 넘친다. 이를 통해 당시 서학의 동향과 조직 관리, 서학을 바라보는 남인 내부의 시선, 당시 정파의 길항 관계와 정치적 맥락을 파악할 수 있다. 다른 데서 찾아볼 수 없는 내용이 워낙 많은 데다 얽히고설킨 인맥으로 자신들이 직접 견문한 사실을 충실하게 수록해서, 기존의 교회사에서 밝힐 수 없었던 내용으로 이 두 책을 통해 밝혀진 사실이 많다.

두 책 모두 서학을 비판하고 반대했지만 입장과 논조는 사뭇 다르다. 신서파를 공격하되 공서파에 대해서도 부정적인 시각의 양비론적 입장을 취한 점은 같다. 채제공에 대한 입장에서 두 사람은 엇갈린다. 강세정은 자기 부자가 채제공에 대해 적대적이지 않음을 입증하는 데 책의 상당 부분을 할애했다. 이재기 쪽은 좀 더 비판적이다.

책의 내용과 저자

《송담유록》에는 성호 일계의 서학에 대한 태도, 을사추조적발 당시 참석자의 면면과 집회 광경, 그리고 이들의 소지품에서 나온 성패의 존재, 이존창이 속량 노비 출신이고 1787년 신사원에게 처음 검거된 사실, 그리고 여사울이 예수골과 같은 의미라는 내용 등이 담겨 있다. 이 밖에 홍교만 형제의 제사 거부, 정약용이 제사를 이유로 백지 답안지를 제출한 일, 이승훈 형제의 각종 권모술수 행태, 이승훈의 평택 사건 처리 내막, 사족(士族) 부녀자들의 신앙생활, 천주교 신자인 아들을 죽인 이익운의 이야기, 주문모 신부에 관한 알려지지 않은 사실 등 흥미로운 내용들로 가득하다.

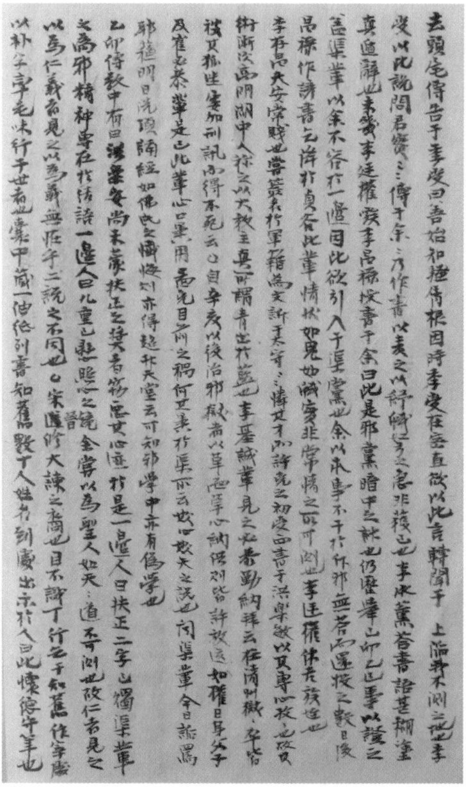

《눌암기략》중 이존창과 홍낙민에 관한 대목이다.

《눌암기략》은 미강서원 문제로 불거진 대채와 소채의 분기로 글을 시작해서 채제공을 옹위한 신서파와 채제공이 거리를 둔 공서파의 엇갈림을 다룬 내용으로 이어진다. 저자가 직접 만나 들은, 다른 기록에 안 나오는 이야기들이 현장감 있는 대화체로 펼쳐진다. 이승훈과 정약용의 부친이 채당에 속했고, 이 인연으로 이들 또한 채당에 들어가는 과정, 이후 진산 사건 당시의 이면과 이승훈의 평택 사건 배경도 분석된다. 또 이윤하와 홍시보, 강세정, 이원규, 목조영 등의 일화도 많이 소개했다.

홍낙안, 이기경, 강준흠 등 공서파의 동향에 대한 정보도 가득하다. 특별히 채제공과 관련된 일화가 많다. 신서파들이 채제공의 서자를 다산의 서매와 혼인시키고, 서손의 과외선생으로 홍익만을 소개해서 보험 들기를 한 내용, 채제공이 신서파를 손절하려 했을 때 다산이 그의 아들 채홍원에게 가서 협박해 위기를 모면한 일 등 신유박해 전까지 관변 기록에 없는 무수한 일화가 나열돼 있어 초기 교회사 연구에 실로 보물창고라 할 수 있다.

이재기와 강세정 두 사람의 관계는 어땠을까? 《눌암기략》에는 1799년 6월 19일 회덕현감으로 부임했다가 그곳 유림과의 마찰로 같은 해 12월 기장으로 유배된 강세정이, 떠돌이 식객 송진수에게 천주교 신자 중 알 만한 사람 수십 명의 이름을 적은 종이를 주면서 그를 선동해 통문을 돌리라고 사주했다는 내용이 실려 있다.[4] 굳이 확인되지 않은 전언까지 거론한 것을 보면, 강세정에 대한 이재기의 감정은 그다지 좋지 않았던 것으로 보인다. 그뿐 아니라, 아들 강순흠 때문에 생긴 공서파 내부의 다툼에서도 이재기는 강세정을 비판하는 논조를 펼쳤다.[5] 이재기는 강세정에 대해 부정적인 견해를 가졌던 것이 분명하다.

서학을 비판한 이재기의 주변에도 천주교의 그림자가 자주 비친다. 이재기는 황사영의 삼촌인 황석필의 딸을 며느리로 들였다. 이재기의 누이는 이승훈의 육촌인 이좌훈(李佐薰)의 며느리로 들어갔고, 이승훈 집안과는 선대의 외가가 겹치는 중표(重表)의 척분이 있었다. 한편 《사학징의》에서는, 열심한 천주교 신자였던 이재신(李在新)을 소개하면서 그가 이재기의 집안 동생임을 굳이 두 번이나 되풀이해 말했다. 《사학징의》를 엮은 이가 이재기를 탐탁지 않아 했음을 시사한다. 이재기가 《눌암기략》에서 이기경과 홍낙안의 행태를 여러 차례 비난한 것과 무관치 않아 보인다.

요컨대 이재기와 강세정 두 사람 모두 척사의 명분에 찬성한 점은 같다. 강세정은 아들 강준흠이 극렬 척사파인 홍낙안, 이기경 등과 한

통속으로 몰려 반채제공의 오명까지 뒤집어쓴 것을 해명하려고, 채제공에 대한 입장과 반서학을 분리해서 봐야 함을 강조했다. 이재기는 천주교 집안과 사돈을 맺고 이승훈 집안과도 가까웠기에, 이 같은 혐의에서 벗어나기 위해 신서파를 극력 배척하면서도, 홍낙안과 이기경의 간교한 행태 또한 강하게 비판했다. 그는 서학을 반대해 신서파의 미움을 받았고, 미온적 태도로 협조하지 않고 도리어 자신들을 배척한다는 이유로 공서파에게도 공격을 당했다.

이승훈 형제에 대한 두 사람의 평가

이승훈 형제에 대해 극도의 혐오감을 보인 점은 두 사람의 입장이 같다. 《송담유록》은 이승훈의 동생 이치훈(李致薰)을 두고 가장 교활하고 사악한 자라 했고,[6] "이승훈 형제는 거짓말과 황당한 이야기로 갖은 방법을 써서 참소하고 이간질했다"고도 했다.[7] 이 밖에도 두 형제의 여러 가지 악행을 고발했다. 《눌암기략》도 이승훈 형제가 음모술수에 능해 "한세상을 교만하게 횡행하며 어떤 일이든 어려워함이 없었으므로 보는 자들이 똑바로 쳐다보지 못했다"라거나,[8] "천하의 변괴로 못하는 짓이 없는 자들"이라고까지 말했다.[9]

《눌암기략》의 다음 단락은 논조가 더욱 분명하다.

> 정약용과 이치훈은 비록 사학을 두호한 죄가 있었지만 본래는 사적(邪賊)으로 다스린 것은 아니었다. 정약용은 국청에 들어와서 여러 사적들이 흉한 일을 행한 자취를 자세하게 진술하였다. 혹 사람을 물리쳐줄 것을 청하고는 기찰하여 체포하고 붙잡아 조사하는 방법을 일

러주기도 했다. 말이 두 형에게 미치면 반드시 고개를 푹 숙이며 눈물을 흘렸다. 담당 관원이 이 때문에 낯빛이 흔들렸다. 이치훈은 말을 이랬다저랬다 하며 스스로 자기가 척사한 일을 해명하려고 하면서 제 형이 숨긴 것을 많이 폭로하였다. 국문에 참여한 여러 사람이 그를 마치 개돼지처럼 보았다. 이 때문에 정약용과 이치훈이 형벌을 받은 것이 가볍고 무겁기가 현격하게 달랐다고 한다.[10]

실제로 두 책에서 확인되는 이승훈 형제의 행태는 도저히 신앙인의 행동으로 보기 힘든 내용이 대부분이어서, 이승훈의 배교와 신앙 활동에 대한 평가를 다시 살펴야겠다는 생각이 절로 든다. 두 책 모두 주관적 감정보다는 객관적인 정보 위주로 기술하고 있는 점이 사료적 가치를 높여준다.

《송담유록》과 《눌암기략》, 이 두 책은 그간 학계에서 제대로 된 주목을 받은 적이 없다. 하지만 교회사뿐 아니라 당대 정치사의 흐름 이해와 남인의 위상 파악을 위해서도 결코 간과할 수 없는 귀한 자료다. 초기 교회사의 누락된 부분이 반서학의 입장을 지녔던 이들의 기록에 힘입어 충실하게 채워지는 것은 아이러니한 일이다.

2.《고려주증》과《고려치명사략》

조선 천주교인 전기집《고려주증》

달레의《한국천주교회사(Histoire de L'ÉGLISE DE CORÉE)》2책은 1874년 파리에서 간행되었다. 이 책이 파리 외방선교회 출신 신부를 통해 중국에 들어오자, 프랑스 신부들은 이 놀라운 조선 교회 순교자들의 이야기를 중국 교인들에게 들려주기 시작했다. 이 책은 프랑스에서 출간된 지 불과 5년 만에 중국에서 한문으로 편집, 간행되었다. 한국에서는 이 책이 프랑스에서 간행된 지 105년 뒤인 1979년에야 번역 출간된 것과 비교된다.

이 시기 청나라에서는 19세기 중반 두 차례에 걸친 아편전쟁으로 서구에 대한 환상이 무참히 깨졌다. 18세기 후반 백련교도의 난 이후 1850년대 태평천국의 난으로 중국 전역에 걸쳐 큰 소요가 오래 지속되었다. 1860년대에는 외세에 대항하는 변법자강운동이 일어났다.

《고려주증》은 중국에서 간행된 조선 교회 순교사다. 달레의 《한국천주교회사》에 바탕을 두었으나, 중국의 전통적 역사 편찬 방식을 도입해 열전체로 새롭게 편집했다.

1876년에는 대기근으로 900~1,300만 명이 죽었다. 1894년 청일전쟁이 발발하면서 중국은 서구 열강의 각축장이 되었다.

이 와중에 그리스도교가 누리던 특권이 중국인의 반감을 불러일으켰고, 배외(排外)의 기운이 높아지면서 의화단의 난으로 이어졌다. 이들은 부청멸양(扶清滅洋), 즉 청나라를 붙들어 서양을 멸한다는 기치를 내세웠다. 서태후는 서양인을 물리치기 위해 의화단이 선교 시설을 불태우고 천주교 신부와 수만 명의 신자를 학살하는 것을 방조하고 묵인했다.

이와 같은 상황에서 1865년 중국에 들어온 프랑스인 신부 은정형(殷正衡, Séraphin Michel Bazin, 1840~1914)은 이 책을 중국어로 번역해서 환난 속에 놓인 중국 신자들에게 소개하기로 마음먹었다.[11] 은 신부는 1878년 9월 22일부터 중국인 신자 진광형(陳光瑩)에게 자신이 달레의 책을 편집해 인명별로 정리한 내용을 구술하기 시작했다. 진광형은 신부의 구술을 한문으로 받아 옮겼고, 놀라운 집중력으로 5개월 만에 초고를 마쳤다. 이후 3개월간 베껴쓰고 윤문해서 1879년 5월에 초고가 마무리되었다. 이렇게 완성되어 은 신부의 연고가 있던 중경에서 간행된 5권 2책의 책자가 바로 《고려주증(高麗主證)》이다. 지금으로부터 143년 전의 일이다.

《고려주증》은 달레의 《한국천주교회사》를 인물 중심의 열전체로 바꿔 인물별로 모아서 묶었다. 권1은 이벽 등 35명, 권2는 정철상 등 89명, 권3에는 이여삼 등 73명을 수록했다. 권4는 남문후(남명혁) 등 118명, 권5에는 주문모 신부 등 14명 사제의 전기를 모았다. 이렇게 해서 《고려주증》은 달레의 《한국천주교회사》에서 모두 329명의 전기를 추출해 오롯하게 정리해냈다.

이 방대한 작업을 5개월 만에 마친 것은 실로 놀랍다. 은정형 신부의 정리 원고가 먼저 완성된 상태에서 하루의 대부분을 이 작업에 몰입하지 않고는 절대 불가능한 작업량이었다. 통사로 집필된 달레의 원책을 인물 위주로 재편한 결과, 《고려주증》은 《한국천주교회사》와는 전혀 다른 책이 되었다. 프랑스 본국에서 《한국천주교회사》가 간행된 지 불과 5년 뒤에 인물 중심의 중국어 편집본이 전혀 새로운 면모로 출간된 것이다.

인명 표기의 착종과 신부들의 전기집

책 속의 인명 표기는 대부분 엉망이다. 윤지충(尹持忠)은 윤지총(尹之聰)으로, 최창주(崔昌周)를 최충주(崔忠州)로, 이중배(李中培)는 이종보(李宗輔)로 표기한 식이다. 궁녀 문영인은 아예 문신혜(文信惠)로 이름을 바꿔놓았다. 성명 표기가 이처럼 엉망이 된 것은 달레가 알파벳 표기로 적어둔 이름을 진광형이 중국어 발음으로 유추해 한자로 옮겨적었기 때문이다.

사람마다 이름 아래 성명(聖名)을 적고, 죽은 해를 썼다. 이름을 알 수 없는 여성도 '이씨'나 '김과부'와 같은 방식으로 빠뜨리지 않고 소개했다. 순교자만이 아니라 교회사에서 의미 있는 활동을 펼친 인물들의 전기도 수록했다. 정약용의 항목도 있는데, 뒷부분만 소개한다.

> 그는 비록 현달하여 귀한 신분이었지만, 천주를 공경하는 정성은 감히 소홀하거나 게으르지 않았다. 오히려 때때로 노력을 더해 길이 고치지 않았으므로 뜨거운 사랑의 지극함을 더욱 느꼈다. 그는 평소 하루종일 밥을 먹지 않고 밤새도록 잠을 자지 않으면서 고요히 침묵하며 재계하였다. 만년에는 위엄을 부리거나 영예를 드러내지 않고 겸손하게 자신을 낮추었다. 당시 사람들이 그 영광스럽고 공손하며 겸양하는 모습을 보고는 존경하지 않는 이가 없었다. 그는 착한 표양과 행실을 가지고 수많은 사람을 감화시켰다. 도광(道光) 15년(1835)에 천주께서 특별히 그 정성을 알아보시고 정표(旌表)를 내리셨다. 늙어서는 성회(聖會)의 비밀스러운 자취를 온전히 정리하였고, 심한 질병 없이 편안하게 선종하였다.[12]

끝에 성회의 비밀스러운 자취를 온전히 정리했다 함은 정약용이 지은《조선복음전래사》를 두고 한 말이다. 은정형과 진광형은 달레의 책을 번역만 하지 않고 자신의 문체로 새롭게 녹여냈다. 곳곳에 인물에 대한 나름의 해석과 평가가 곁들여 있다.

권5에는 조선에 들어와 사목하다가 순교한 신부 14인의 전기를 따로 수록했다. 처음 주사탁(朱司鐸)은 주문모 신부의 성씨를 잘못 썼다. 범감목(范鑒牧)은 조선 2대 교구장 앵베르 주교로, 한국 이름은 범세형 라우렌시오다. '김 신부'가 둘인데 김대건 신부와 병인박해 때 순교한 프랑스인 성 도리 신부다.

책 앞에 진광형과 양자량(楊子良), 은정형의 서문이 실려 있다. 은정형 신부는 〈고려주증소인(高麗主證小引)〉에서 이 책을 이렇게 설명했다.

> 《고려주증》이라 한 것은 고려국 사람들이 성교를 높이 받들어 계명을 각별하게 지키고, 원수의 공격을 두려워하지 않고 관리의 형벌도 무서워하지 않은 채, 겹겹의 풍파를 만나고 여러 번 함정에 떨어지면서도, 갖은 험난함을 딛고 온갖 죄의 그물에 떨어져 말할 수 없는 박해를 받으면서도 죽도록 변치 않아, 차라리 가업과 재산, 처자와 친우를 버릴망정, 몸을 버리고 순교하여 강개하게 죽음에 나아가면서도 전혀 두 마음을 먹지 않았고 감계를 드리움이 영원하므로 특별히 책의 제목에 밝힌 것이다.[13]

또 별도로 쓴 서문에서도 은정형 신부는 "이 책은 후세가 본받기에 충분하니, 우리 또한 항상 그 덕을 본받고 언제나 그 아름다움을 따르자"고 하여,[14] 당시 광란의 폐허 위에서 중국 사제와 신자들이 조선 교회의 모범을 따라 시련 속에서도 신앙을 더욱 굳건히 세우기를 바라 이 책을 펴냈음을 밝혔다. 한편, 신부의 명에 따라 신부의 구술을 한문으로 옮긴 진광형은 자신의 서문에 이렇게 썼다.

> 다만 고려의 교우는 또 종도(宗徒)가 가르침을 드리움이 없었고, 또 각 성인의 훈계도 없었으며, 아무도 전하여 가르침이 없었다. 가르침을 받들던 시초를 살펴보면 중국에 사신 오는 길에 경전을 얻어서, 마침내 직접 전하여 스스로 받들며, 삼가 가르침을 지켰으니, 정절이 깨끗하고도 매섭고 정성이 아름답다 할 만하다. 게다가 국왕이 금지함은 지극히 엄하고 긴밀하였으며, 수색하여 살육함은 지극히 비밀스럽고 지극하였다. 죽는 이가 많을수록 우리 주님께서 묵묵히 지켜주심은

더욱 많아졌고, 성령의 은총을 내리심은 갈수록 점점 더 기이해졌다.[15]

지금으로부터 143년 전에 프랑스 신부와 중국인의 눈에 비친 조선 교회에 대한 평가가 이러했다. 진광형은 조선 교회가 성직자의 파견 없이 스스로의 노력으로 이룩한 자생적 교회임을 특별히 강조했다. 이 점은 세 편의 서문이 한결같다.

《고려치명사략》과 심칙관 신부

《고려주증》이 간행되고 21년 뒤인 1900년에 상해에서 활동하던 중국인 신부 심칙관(沈則寬, 1838~1913)은 상해 토산만(土山灣) 인서관(印書館)에서 한문으로 168쪽 분량의 《고려치명사략(高麗致命史略)》을 펴냈다. 지은이 심칙관 신부는 강소성 운간(雲間) 사람으로 호가 용재(容齋)다. 친형인 심칙공(沈則恭) 신부와 함께 형제 신부로 상해에서 활동했다. 심칙관 신부는 서가회에서 운영하던 예수회신학원 1회 입학생 출신이다. 뒤에 역시 서가회가 운영하던 토산만고아원 원장을 맡았고, 《고려치명사략》 외에 《고사략(古史略)》 등 여러 책을 저술하고 번역했다.[16] 여기서 고사(古史)란 구약성경을 가리킨다.

은정형 신부의 《고려주증》이 인명별 전기집의 형태인 데 비해, 《고려치명사략》은 제목 그대로 조선 천주교회의 순교사를 모두 23장에 나눠 정리한 교회사다. 이 책은 강목체(綱目體) 또는 기사본말체의 서술 방식을 택했다. 통사의 줄가리 위에 마디를 두고, 각 마디에 기승전결의 시말을 두어 정리하는 방식이다. 그 결과 이 책은 조선 천주교회사의 전반적인 흐름을 간명하게 정리한 통사가 되었다. 제1장 '고려개

교연기(高麗開教緣起)'에서, 제 23장 '교사교민동시치명(教士教民同時致命)'에 이르기까지, 1784년 이승훈의 입교에서 1866년 병인박해에 이르는 시기의 조선 천주교회사를 담아냈다.

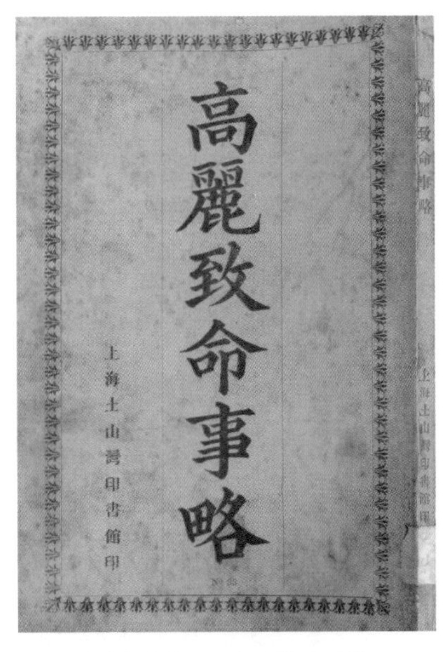
高麗致命事略
上海土山灣印書館印

《고려치명사략》은 《고려주증》과 마찬가지로 달레의 《한국천주교회사》에 바탕을 두었는데, 강목체로 편집해 조선 천주교회사를 간명하게 정리한 통사가 되었다.

서문에서 심칙관 신부는 처음 집필의 계기에 대해, 당시 상해 천주교회에서 펴내던 잡지 《성심보(聖心報)》에 자신이 조선 신자들의 순교 사실을 띄엄띄엄 소개했는데, 호응이 좋아 글을 모아 간행해달라는 요청이 있어서라고 밝혔다.[17] 《성심보》는 1887년 6월에 창간된 월간지로, 심칙관 신부는 한때 이 잡지의 발행인을 맡았다. 이 잡지에는 다양한 특집란이 있었다. 그중 '종의석의(宗意釋義)'는 천주교의 고사와 종교 인물을 소개하는 내용이었다. 또 '각국근사(各國近事)'라는 특집란도 있었다. 이 같은 특집 기사를 통해 조선 교회의 소식과 순교자의 전기가 간헐적으로 소개되었던 듯하다.[18] 《성심보》의 기사 검색을 통해 이 잡지에 소개된 조선 교회의 동향과 인식에 대한 정보를 새롭게 살필 필요가 있다.

심칙관 신부는 책의 서문에서 "조선 신자가 순교한 것이 가깝게는 30~40년 전의 일이고, 김육품(金六品) 같은 이는 우리가 일찍이 직접 만나보았으며, 처음 가서 전교했던 주문모 신부는 또 나와 같은 나라 같은 성(省) 사람이다"라고 했다.[19] 책에 김육품이라는 이름이 여러 번 나온다. 제14장은 제목부터 '김육품이 조각배로 신부를 맞이하다(金六品片舟迎牧)'이기도 하다. 육품은 부제품을 가리키는 표현으로, 김육품은 김대건 신부의 부제 시절을 일컬은 것이다. 글 속에 나오는 '우리(我黨)'는 심칙관 신부 자신이 아니라 서가회의 선대 신부들을 가리킨다.

《고려치명사략》은 1900년 당시 의화단의 난으로 전국의 교회가 초토화되고 신자들이 무자비하게 살육되는 와중에, 교우들이 이 환난을 조선 순교자들의 굳건한 신앙의 표양을 본받아 이겨내야 함을 강조하면서 저술되었다. 이 책의 인명 표기는 《고려주증》의 오류를 많이 바로잡았다. 달레의 책 외에 다른 기록을 반영했다는 뜻이다. 심칙관 신부의 교회사 정리는 간결하면서도 속도감 있게 핵심을 잘 간추려내 가독성이 아주 높다. 군데군데 설명에 오류가 있으나, 지금 번역해서 옮기더라도 깔끔한 한 권의 조선 교회사로 충분하다.

《고려주증》은 지금부터 143년 전에, 《고려치명사략》은 122년 전에 중국에서 활자로 간행된 조선 교회 순교사다. 달레의 《한국천주교회사》는 통사를 표방했지만, 기본 사료를 충실히 반영한다는 편집 원칙에 따라 중간중간 방만한 자료들이 가공되지 않은 상태로 첨부된 소스북에 더 가까웠다. 반면 위 두 책은 달레의 《한국천주교회사》에 바탕을 두었으나, 중국의 전통적 역사 편찬 방식을 도입해서 《고려주증》은 열전체로, 《고려치명사략》은 강목체로 새롭게 편집했다. 원전의 방만함을 특색 있게 손질해 전혀 새로운 느낌의 책으로 재탄생시켰다. 중국뿐 아니라 국내에서조차 이 두 책에 대한 연구는 이제껏 전혀 이루어지지 않았다. 신기하고 의아하다. 두 책은 그런 대접을 받아도 좋을 책이 아니다.

3. '월락재천, 수상지진'론

달은 져도 하늘에 있지만

이승훈의 〈사세시(辭世詩)〉는 1801년 2월 26일 서소문 형장에서 목이 잘리기 직전 자신의 심회를 토로했다는 두 구절 "월락재천(月落在天), 수상지진(水上池盡)" 여덟 자를 두고 하는 말이다. 지금도 초기 교회사에서 이승훈의 호교(護敎)의 증거로 자주 회자되는 구절이다. 하지만 이 두 구절은 전승 과정이 모호하고, 어떤 문헌적 근거도 없이 1960년대에 갑자기 돌출한 증언에 의한 것이어서 검토가 필요하다. 더욱이 중간 전승 과정에서 글자가 뒤바뀌기까지 했다.

이 구절에 대한 해석도 분분하다. 초기 교회사가인 주재용 신부는 《한국 가톨릭사의 옹위》에서 "달은 비록 지더라도 하늘에 그저 있고, 물은 비록 치솟아도(증발해서) 그 못 속에 온전하다"로 풀이했다.[20] 또 변기영 신부는 《한민족 조선 천주교회 창립사》에서 "달은 떨어져도

하늘에 있고, 물은 솟아올라도 못 속에서 다할 뿐이다"로 풀었다.[21]

두 분의 해석이 같지 않고, 문맥도 어색하다. 물이 어떻게 하늘로 치솟는가? 또 물이 치솟았는데 어떻게 못 속에 온전할 수가 있는가? 물이 솟아올라도 못 속에서 다한다는 말은 또 무슨 이야기인가? 그 아래 설명 또한 모두 요령부득이어서 가리키는 의미가 선명치 않다. 달이야 진다 해도, 물이 중력을 무시하고 갑자기 하늘로 올라가는 수는 없다. 또 물이 솟아올라도 결국은 연못에 다시 떨어지고 만다니, 연못물이 무슨 분수라도 된단 말인가?

첫 구와 둘째 구는 대등 병렬 구문으로 보면 안 된다. 달은 비록 져도 땅이 아닌 하늘에 있다. 하지만 물이 증발하고 나면 못은 말라버리고 만다. 이렇게 밀고 당기는 구절로 풀이해야 맥락이 생긴다. 두 구절에 대한 내 해석은 이렇다.

달은 져도 하늘에 있지만	月落在天
물이 오르면 못은 다 마르리.	水上池盡

그래도 물이 오른다는 말 때문에 의미가 여전히 석연치 않다. 이 두 구절은 어디에 근거를 두고 나온 말인가? 최초의 기록자는 누구인가? 주재용 신부는 앞 글에서 1965년 11월 4일 이승훈의 묘소를 참배하러 갔을 때 직접 들은 말이라며, 다음과 같이 풀이했다.

> 달이 비록 서산에 지더라도 하늘에 그저 있음같이, 남이 비록 나를 아무리 떨어졌다(배교했다) 하더라도 내 신앙은 천주 안에 그저 남아 있고, 물이 비록 못 위를 치솟아도 그 못 속에 온전함같이 내 목숨을 아무리 앗아가도(죽여도) 내 신앙은 내 속에 변함없이 온전하다.[22]

변기영 신부는 1980년 9월 동아일보에 실은 〈달은 떨어져도〉라는 글에서 "이것은 1801년 신유박해 때 서소문 사형장에서 순교자 이승훈 선생께서 칼 아래 목을 늘이며 읊은 명시다"라고 소개했다.[23] 그리고 《한민족 조선 천주교회 창립사》에서는 이 두 구절에 다음과 같은 소설적 부연을 추가했다.

> 이승훈 선생이 서소문 형장에서 칼을 받기 직전에 동생 이치훈이 따라가서, '형님, 천주학을 하지 않겠다고 한 말씀만 하시면 상감께서 살려주신답니다' 하며 소맷자락을 잡고 애원하였으나, 이승훈 선생은 동생의 손을 뿌리치며, '무슨 소리냐! 월락재천 수상지진이니라' 하시고, 칼을 받고 참수되셨다는 것이다.[24]

그러면서 이 두 구절이 이승훈의 6세 종손 이병규 옹이 주재용 신부와 오기선 신부, 유홍렬 박사 및 자신에게 직접 전해준 이야기라고 적었다. 이어 "여기서 월락재천, 즉 달은 떨어져도 하늘에 달려 있다는 것은 이승훈 선생께서 자신의 천주교 신앙은 칼로 목을 자른다고 해도 변함없이 항상 천주께 가 있다는 뜻이며, 또 수상지진이라는 말은 지금 당장 칼을 휘두르는 세도가들이 득세를 하며 박해를 하지만, 마치 못 속의 물처럼, 물이 아무리 치솟아도 연못 속에 가라앉듯이, 혹은 물이 위로 증발하거나 상류로 역류하고 나면 연못은 끝나고 말듯이, 박해자들의 세력과 칼날은 지상에서 끝난다는 뜻이다"라고 풀이를 단 뒤, 확고하고 진솔한 신앙인만 읊을 수 있는 거룩하고 용감한 순교자의 시라고 극찬했다.[25]

물이 그치면 연못은 마른다

한편, 1988년 한국천주교성지연구원에서 펴낸 오기선 신부의《순교자들의 얼을 찾아서》상·하 2책에도 이 시와 관련된 언급이 나온다. 그런데 같이 이 말을 전해들었다는 오기선 신부의 기록에는 이 구절이 이상하게 '월락재천(月落在天), 수지지진(水止池盡)'으로 달리 적혀 있다.[26] 본문에도 "1801년 4월 8일 칼 아래 한 점 이슬로 사라져가면서도 이승훈 같은 이는 '월락재천, 수지지진', '달이 지매 하늘가에 지고, 물이 떨어져도 연못가에 잦아진다'는 유명한 시 한 수를 읊고 장엄한 순교자로 승화하여갔다"고 썼다.[27]

그런데 '수상(水上)'이 아닌 '수지(水止)'라 했다. 물이 하늘로 올라간다는 표현이 영 걸렸는데, 이렇게 고쳐읽으니, '물이 그치면 연못은

오기선 신부의《순교자들의 얼을 찾아서》하권 307면에 실린〈한국 종교인 열전〉제15화〈황사영①〉의 삽화에는 이승훈의〈사세시〉가 '월락재천(月落在天) 수지지진(水止池盡)'이라고 적혀 있다.

다한다', 즉 못에 새 물이 들어오지 않으면 연못은 말라버리고 만다는 뜻이 되어 의미가 선명하고 석연해졌다.

또 상권에 수록된 〈사제생활 반생기〉에도 '한국의 첫 교우 이승훈 씨 묘를 가다(1968. 11)'라는 비교적 장문의 글이 있다.[28] 1967년 8월 29일 처음 이승훈의 묘를 방문한 뒤, 1968년 10월 24일 비석 제막식을 거행하기까지의 과정을 설명한 글이다. 이 글에 부천군 남동면 만수리에 살다가 그곳에서 별세한 이신구 말구(마르코)라는 노인이, 이승훈과 절친한 친구였던 자신의 증조부와 조부에게 수도 없이 들은 이야기라면서 들려준 전언이 실려 있다.

형장에서도 배교를 권했지만 이승훈은 꿈쩍하지 않고 천주를 위해 죽겠다고 했다. 집행관이 마지막으로 할 말을 묻자, 이때 바로 이 두 구절을 읊고 칼을 받았다는 것이다. 그리고 이 이야기를 이승훈의 6대

오기선 신부의 《순교자들의 얼을 찾아서》 상권에 수록된 〈사제생활 반생기〉에 이승훈 묘소와 후손의 사진이 실려 있다.

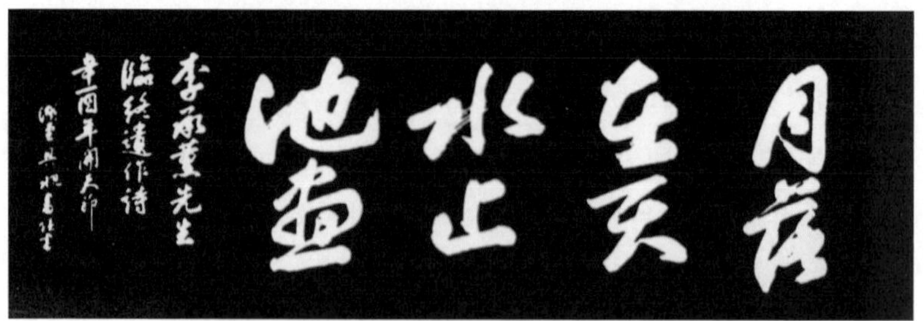

1981년 호당 구창서가 쓴 현판에도 '월락재천 수지지진'이라고 적은 것이 또렷하다. 《성지》 제 2책 148면에 수록되었다.

손인 이병규 씨에게 들려줬다고 했다는 전언이다. 그 전언은 이렇다.

> 월낙재천(月落在天)이요 수지지진(水止池盡)이라(달이 져도 하늘가에 지고, 물이 떨어져도 연못 속에 잦아진다) 하였지. 그건 그분의 최후 각오는 내가 죽어도 천주님께로 간다는 뜻이었지. 배교니 뭐니 치명자 아니라니 하는 건 다 모르는 소리야. 내 증조부는 그하고 친구간이고 당신 두 눈으로 보고 그 시의 구절을 듣고 내게 수백수천 번 들려주신걸. 내 조부도 똑같은 말을 하신걸.[29]

1982년 김병상 신부와 오기선 신부가 성요셉출판사와 동림문화사에서 한국 천주교회 창립 200주년을 기념해 펴낸《성지》에서도 '수지지진'이라 쓴 것을 확인할 수 있다. 상·하 2책 가운데 하권 148면에 수록된, 호당(湖堂) 구창서(具昶書)가 1981년에 쓴 현판에 '수지지진'이 또렷하다.

이상의 기록을 종합해서 정리하면 이렇다. 〈사세시〉의 전언은 1960년대 초 이신구 마르코에게서 처음 나왔다. 이 말이 오기선 신부와 이승훈의 6대손 이병규 씨에게 전달되었다. 최초 전언 당시는 분명히 '수상'이 아닌 '수지'였다. 이것을 1965년 주재용 신부가 이승훈의 묘지를 방문했을 때는 이병규 옹이 '수상'으로 바꿔 전했고, 이후 이승훈의 묘가 1980년대 인천에서 천진암 성지로 이장될 즈음에는 목격자 또한 전주 이씨가 아닌 이승훈의 동생 이치훈으로 한 차례 더 윤색되었다. 실제로 '상(上)'과 '지(止)'는 단지 한 획 차이다.

'수지'가 '수상'으로 바뀐 것은 이병규 옹의 기억의 혼란 탓이었을 것이다. 심지어 1984년에 간행된 《평창이씨세보》에는 "해는 져도 하늘에 있고, 물은 말라도 땅에 있다(日落在天, 水盡在地)"로 다시 바꿔놓아, 도무지 앞뒤 없는 글이 되고 말았다. 변기영 신부의 글을 보고 아무래도 문맥이 이상하니까 자기들 생각으로 한 번 더 고친 것이다.

〈사세시〉의 사료 가치

〈사세시〉는 정말 이승훈이 형 집행 직전에 그의 입으로 직접 읊조린 것이었을까? 처음 이 두 구절을 전한 이신구 씨의 전언 외에는 신빙할 만한 것이 전혀 없다. 이신구 씨의 증조부가 당시에 직접 들었다는 이야기도 앞뒤가 없는 말이다. 이승훈의 후손 이병규 씨가 이미 6대손인데, 이승훈과 절친한 벗의 후손 이신구 씨가 고작 증손자일 수 있는가? 그의 증조부가 150살 이상 살았을 때나 가능한 이야기다.

그래도 굳이 이 두 구절을 이승훈의 죽음 장면과 결부해 해석해야 한다면, 내 생각은 이렇다. "달은 져서 보이지 않아도 하늘에 있는 것은 분명하다. 하지만 연못에 새 물이 들어오지 않으면 연못은 얼마 못 가 바싹 말라 바닥을 드러내고 말 것이다." 이것을 다시 풀면, "지금은 달이 져서 보이지 않지만, 달이 없다고 말해서는 안 된다. 하지만 물이 끊어지면 연못은 고갈되어 마른 땅이 되고 말 것이다"가 된다. 한 번 더 풀면, "지금은 천주교 신앙이 탄압을 받아서 암흑의 세상이 된 듯하지만, 나는 천주의 임재(臨在)를 믿어 의심치 않는다. 다만 내 죽음 이후 못이 다 말라버려 신앙의 못자리가 마른 땅의 폐허로 될 것을 안타깝게 생각한다."

다만 말의 출처가 대단히 모호하고 전승의 경위가 불분명하기에, 이렇듯 행간의 의미에 지나치게 천착하는 것은 매우 위험한 독법이다. 월락재천, 수상지진! 이 여덟 글자를 이승훈과 관련해 유의미한 사료로는 쓸 수가 없고, 써서도 안 되겠다는 판단이다.

4. 이승훈의 〈벽이문〉과 〈유혹문〉

〈벽이문〉과 천당지옥설

이승훈은 교회사에서 늘 뜨거운 감자였다. 그는 평생 배교 행동을 반복했고, 이를 확인하는 〈벽이문(闢異文)〉과 〈벽이시(闢異詩)〉, 그리고 〈유혹문(牖惑文)〉을 남겼다. 이 글들의 진의를 두고도 당시부터 많은 논란이 있었다. 여기서는 이승훈의 〈벽이문〉과 〈유혹문〉에 대해 살펴보겠다.

이승훈은 1791년 11월 8일 의금부 공초에서, 1785년 3월 을사추조적발 직후 배교를 선언하면서 전향서인 〈벽이문〉과 〈벽이시〉를 지었다고 밝힌 바 있다. 이승훈의 공초 기록은《정조실록》해당 일자 기사에 나온다.

공초에는 당시 진산 사건 직후 홍낙안이 이승훈을 북경에서 서학책을 사온 일과 교리서를 간행한 일, 그리고 반회 모임 등 세 가지 죄목을 걸어 저격하자, 이승훈이 조목별로 해명한 내용이 담겼다. 세 가지 죄목에 대해 하나하나 해명한 뒤, 자신의 배교가 확정적임을 강조하려고, 을사추조적발 당시 형조판서 김화진에게 올렸다는 〈벽이문〉의 일부 내용을 인용해 소개했다.

이승훈은 〈벽이문〉의 전문을 평택 임소에 두고 와서 전체 글을 기억하지는 못한다면서 글 속의 세 문장만을 발췌했다. 해당 구절은 각각 다음과 같다.

> 천하의 학술은 삿되고 바름을 떠나 이로움과 해로움이 있은 뒤라야 사람들이 반드시 마음을 기울인다. 앞서 서학에서 천당과 지옥의 주장을 없앴더라면 사람들이 이것 보기를 어찌 패관잡설보다 아래로 보지 않았겠는가?
>
> 서양에서 온 학문은 반드시 천당과 지옥을 위주로 삼아 천하의 억만 생령(生靈)을 속인다.
>
> 서학에는 가짜 천주(僞天主)가 횡행한다는 주장이 있다. 요망하고 허탄하며 망령되기가 이와 같은 것이 없다. 이미 하늘이라고 말해놓고 가짜가 있다 함은 어찌 된 것인가? 내가 반드시 그 주장을 가지고 그 주장을 깨뜨려보겠다.[30]

그 내용은 천주교의 천당지옥설과 가짜 천주가 횡행한다는 위천주론의 주장에 관한 비판으로 요약된다. 처음 두 문장에서는 사학에 사람들의 마음이 쏠린 이유를 천당과 지옥에 대한 주장으로 그들을 현혹시켰기 때문이라고 했다. 이승훈은 글에서 천주교가 천당지옥설로 혹세무민한다며 그 주장의 허망함을 설파하려 했던 듯하다. 천주교의 이단성이 바로 천당지옥설에 있고, 이것이 불교에서 말하는 천당지옥의 주장과 다를 바 없다는 식의 논리를 펼쳤을 것으로 추정된다.

사실 서학의 천당지옥설은 전래 이래 중국에서 천주교를 불교의 아류로 보아 배척하게 만든 중요한 근거였다. 《칠극》의 권7에서 천당지옥설에 대한 논의를 자세히 변증해 불교와의 차별성을 부각시킨 것도 사실은 이 때문이다. 이승훈이 〈벽이문〉에서 구체적으로 어떤 논리로 천당지옥설을 비판했는지는 더 남은 글이 없어 알기가 어렵다.

위천주의 실체

세 번째 문장에 나오는 위천주(僞天主), 즉 가짜 천주가 횡행한다는 주장도 논란거리다. 위천주는 구체적으로 누구를 가리키나? 이승훈의 위 언술만 보면 진짜 천주와 가짜 천주가 있고, 세상에 가짜가 횡행하기에 현혹되면 안 된다는 서학의 교리 주장이 이치상 모순된다는 비판을 담고 있다. 〈벽이문〉에서 이승훈은 이 가짜 천주에 대한 서학의 허황된 주장을 서학의 논리로 격파한 내용을 담았다고 말했다.[31]

'위천주'라는 용어는 안정복의 〈천학문답〉 30번째 문답에도 그대로 나온다. 근래에 어떤 상사생(上舍生)이 공자에게 올리는 석전(釋奠)에 참석하려 하자, 천주학을 하는 그의 벗이 이를 말리면서, 형상을 꾸며놓고 제사를 올리면 마귀가 와서 먹지 공자의 귀신이 와서 흠향하지 않는다며, 조상에게 제사 지내는 것도 마찬가지라고 한 말을 인용했다.[32] 안정복의 글에 나오는 '천주학을 하는 벗'은 홍낙안이 다른 글에서 쓴 것처럼 이승훈을 특정한 것이 분명하다.

안정복은 서학에서 천주상을 걸어놓고 예배드리는 것은 형상을 본뜬 것으로 일종의 마귀라 하면서 다음과 같이 비판했다.

> 마귀의 변환은 헤아릴 수 없으며 또한 선을 꾸며 세상을 미혹시키는 점이 있어 백성들을 어리석게 한다. 서사(西士)가 여기에 미혹되어 높이 떠받드니 어찌 가소롭지 않겠는가? 그들의 주장을 들어보면, 거짓 천주가 있다고 한다. 이 또한 마귀의 장난이다. 가짜로 거짓 천주라 일컫는다면, 가짜 형상에 기대어 부칠 수 없는 것이 아닌가?[33]

그럼에도 위천주에 대한 언급이 워낙 짧아 위천주의 실체는 여전히 모호하다. 위천주는 적그리스도(Antichrist)인가? 아니면 성경에 나오는 타락한 천사장 루시퍼나 악마의 우두머리 베엘제불인가? 이승훈이 1785년 당시의 수준에서 위천주에 대한 논의를 펼쳤다면 그것은 당시 기본 서학서의 범위를 벗어날 수 없었을 테니, 초기 서학서에는 나오지 않는 적그리스도의 개념을 이미 알아 적용했을 가능성은 적다고 본다.

그런 점에서 마테오 리치의 《천주실의》 중 [4.7]의 다음 단락이 주목된다.

> 예전 천주께서 천지를 만들 때에 여러 신의 무리를 만드셨는데, 그 가운데 하나의 큰 신이 있어 이름을 노제불아(輅齊拂兒), 즉 루시퍼(Lucifer)라 하였다. 자기가 이처럼 영명한 것을 보고는 문득 오만해져서 이렇게 말했다. "내가 천주와 더불어 동등하다고 말할 만하다." 천주께서 노하시어 그를 따르는 수만의 신과 나란히 변화시켜 마귀가 되게 하고, 내려보내 지옥에 두었다. 이로부터 천지의 사이에 처음으로 마귀와 지옥이 있게 되었다. 대저 사물이 그 사물을 만든 존재와 같다고 말함은 바로 루시퍼 마귀의 오만한 말이니, 누가 감히 이를 기술하겠는가?[34]

상품 천신이었다가 마귀의 두목이 되어 지옥을 다스리는 악마 루시퍼.

이 루시퍼 이야기가 명도회장 정약종의 《주교요지》 하편 1장에는 '루지불이'로, 역시 명도회장을 지낸 김기호 요한이 쓴 《구령요의(救靈要義)》에는 '누지뿌리'라는 이름으로 나온다.[35] 루시퍼는 9품 천신 중 상품 천신이었다가 스스로 천주와 동등하다고 여기는 교만으로 인해 지옥에 떨어져 마귀집단의 리더가 되어, 독살 많은 뱀의 형상으로 나타난다고 했다. 이승훈이 위천주의 개념을 천당지옥설과 묶어서 말했으니, 위천주란 바로 이 루시퍼처럼 천주의 권능을 참칭한 마귀를 가리킨 것이 아닐까 한다.

또 〈마태오복음〉 24장 5절과 〈루카복음〉 21장 8절 등에 말세의 징조로 "장차 많은 사람들이 내 이름을 내세우며 나타나서 '내가 그리스도다!' 하고 떠들어대면서 수많은 사람을 속일 것이다"라고 한 대목이 있는데, 이 거짓 그리스도는 예수를 믿는다고 하는 자 중에서 스스로 그리스도의 자리에 올라 있는 자를 가리킨다. 〈데살로니카인들에게 보낸 둘째 편지〉 2장 4절에도 "하느님의 성전에 자리잡고 앉아서 자

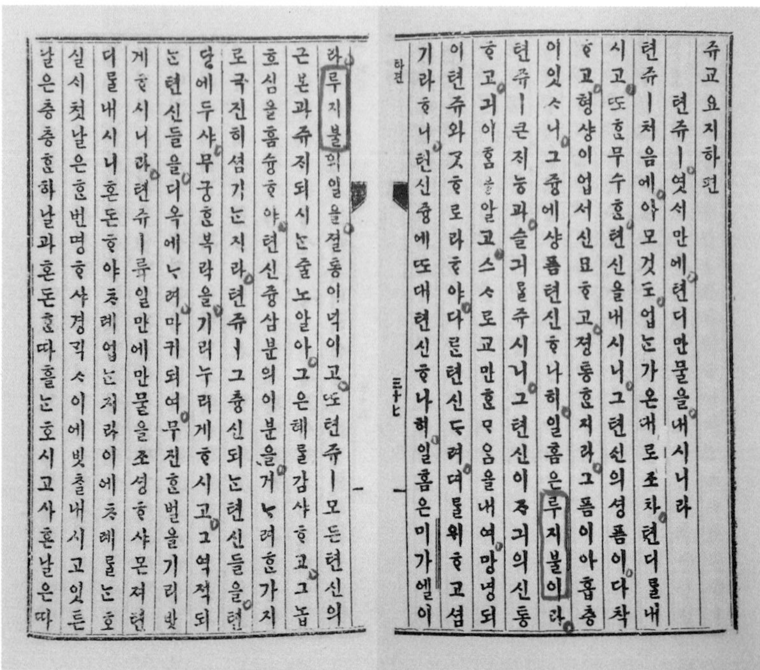
쥬교요지하편

텬쥬ㅣ엿새만에텬디만물을내시니라

텬쥬ㅣ처음에아모것도업ᄂᆞᆫ가온대로조차텬디ᄅᆞᆯ내시고또ᄒᆞᆫ무수ᄒᆞᆫ텬신을내시니그텬신의셩픔이다착ᄒᆞ고형샹이업서신묘ᄒᆞ고정통ᄒᆞᆫ지라그픔이아홉층이잇ᄉᆞ니그즁에샹픔텬신ᄒᆞ나히일홈은루지불이라텬쥬ㅣ큰지능과슬긔ᄅᆞᆯ주시니그텬신이ᄌᆞ긔의신통ᄒᆞ고긔이홈ᄋᆞᆯ알고스ᄉᆞ로교만ᄒᆞᆫᄆᆞ옴을내여망녕되이텬쥬와ᄀᆞᆺᄒᆞ로라ᄒᆞ야다른텬신ᄃᆞ려뎌ᄅᆞᆯ위ᄒᆞ고섬기라ᄒᆞ니텬신즁에또대텬신ᄒᆞ나히일홈은미가엘이

하편 三十七

라루지불의일을졀통이넉이고또텬쥬ㅣ모든텬신의근본과쥬재되시ᄂᆞᆫ줄노알아그은혜ᄅᆞᆯ감사ᄒᆞ고그놉ᄒᆞ심을흠숑ᄒᆞ야텬신즁삼분의이분을거ᄂᆞ려ᄒᆞᆫ가지로극진히셤기ᄂᆞᆫ지라텬쥬ㅣ그충신되ᄂᆞᆫ텬신들을텬당에두샤무궁ᄒᆞᆫ복락을기리누리게ᄒᆞ시고그역적되ᄂᆞᆫ텬신들을디옥에ᄂᆞ려마귀되여무진ᄒᆞᆫ벌을기리밧게ᄒᆞ시니라텬쥬ㅣ류일만에만물을조셩ᄒᆞ샤몬져텬디ᄅᆞᆯ내시니혼돈ᄒᆞ야ᄎᆞ례업ᄂᆞᆫ지라이에ᄎᆞ례ᄅᆞᆯᄂᆞᆫ호실ᄉᆡ첫날은ᄒᆞᆫ번명ᄒᆞ샤경각ᄉᆞ이에빗출내시고잇튼날은층층ᄒᆞᆫ하날과혼돈ᄒᆞᆫ따흘ᄂᆞᆫ호시고사흔날은따

《주교요지》 하권 첫 면의 천지창조 관련 항목에 나오는 '루지불이' 대목.

기 자신을 하느님이라고 주장"하는 가짜 악의 세력에 관한 이야기가 나온다.[36] 이 또한 위천주와 관련이 있어 보인다. 하지만 이에 대한 깊은 논의는 신학의 영역에 속하는 문제여서 필자가 다룰 수 있는 범위를 넘어선다.

한편, 척사파의 선두에 섰던 홍낙안은 《노암집(魯巖集)》 권3에 실린, 1791년 11월 11일에 쓴 〈이승훈의 모함 공초로 인해 변정하여 진술한 상소(因李承薰誣供陳卞疏)〉에서 이승훈의 〈벽이문〉이 당시 아비와 아우가 부르는 대로 받아적은 글이라 진정성이 전혀 없다고 잘라말하고, 한 걸음 더 나아가 이렇게 썼다.

> 글 가운데서 천당과 지옥을 배척한 것은 과연 불교의 천당과 지옥이 아니었던가? 이른바 위천주라는 것은 혹 저들의 학문 중에서 배척하는 마귀가 아니었던가? 이것을 고집하여 주장한다면 그가 말하는 진짜 천주와 진짜 천당지옥은 진실로 그대로 있는 셈이다. 어찌 더욱 흉악하고 교활하지 않은가?[37]

취지는 〈벽이문〉이 시늉뿐인 가짜라는 것이지만, 어쨌거나 홍낙안 또한 위천주를 마귀로 본 점은 같다.

또 하나의 배교 선언 〈유혹문〉

1785년에 썼다고 한 〈벽이문〉 이후, 1795년에도 이승훈은 서학이 이단임을 밝히는 또 한 편의 배교문인 〈유혹문〉을 지었다. 유혹(牖惑)이란 미혹됨을 깨우친다는 뜻이다. 〈유혹문〉에 관한 내용은 신유박해 당시 《추안급국안》 1801년 2월 10일자 기록에 한 번 나온다.

> 을묘년(1795)에 예산에서 귀양살이할 때 사학 중 지극히 요사스럽고 참혹한 말을 세 단락으로 나눠서 쪼개고 격파하여 〈유혹문〉을 지었습니다. 그 글 가운데 하늘이 사람이 되어 내려왔다는 말은 지극히 요망하고 너무도 허탄하니, 어찌 미혹될 리가 있겠습니까? 조금 문자를 아는 자는 역상의 법이 교묘하였기에 미혹되었고, 어리석은 부류는 천당지옥설로 미혹되었으므로, 이를 쪼개어 부수려는 뜻으로 수백 언의 글을 지었던 것입니다.[38]

이 진술에 따르면, 〈유혹문〉은 천주교 교리를 세 부분으로 나눠 허구성을 밝힌 글이었다. 그중 하나가 예수 강생(降生)의 신비에 관한 부분이었다. 이는 대단히 요망한 논리인데도 식자층은 그네들의 역상(曆象) 즉 역법과 천문학에 대한 지식 때문에 빠져들었고, 일반 백성들은 천당지옥설에 이끌려 현혹되었으므로, 자신이 수백 마디의 글로 이를 논파하려 했다는 것이다. 이승훈의 〈유혹문〉이 앞선 〈벽이문〉의 골격을 바탕으로 더 자세히 부연해 서학을 배격한 장문의 논설이었음을 보여준다.

이승훈은 조선 교회 최초의 영세자였지만, 1785년 을사추조적발 직후 배교를 선언하며 〈벽이문〉과 〈벽이시〉를 지었고, 두 해 뒤인 1787년의 정미반회 사건과 1791년 평택현감 당시 공자 사당에 배례를 거부한 일로 다시 논란의 중심에 섰다. 그러다 1795년 주문모 실포 사건 직후 예산에 귀양 가서는 또다시 전향서인 〈유혹문〉을 써서 배교의 최전선에 섰다.

5. 이승훈의 〈벽이시〉, 무지개다리는 끊기고

저문 골짝의 무지개다리

1785년 3월, 을사추조적발 직후 이동욱은 집안 친척들을 다 모아 놓고 아들 이승훈이 앉은 자리에서 한 해 전 연행에서 구해온 서학 서적을 쌓은 뒤 불을 질렀다. 이어 서사(西士)에게 선물로 받아온 각종 의기(儀器)들도 모두 박살을 내버렸다. 한때는 자랑과 긍지의 표징이었던 물건들이었다. 그러고 나서 아버지는 아들에게 친척들 앞에서 〈벽이문〉을 지어 낭독하고 신앙을 버릴 것을 맹세하게 했다.

서학책이 불타 재가 되자 이승훈은 다시 〈벽이시〉, 즉 이단을 배척하는 시 한 수를 지었다.[39] 시는 이렇다.

하늘과 땅 경계 져서 서쪽 동쪽 구분하니	天經地紀限西東
무덤 골짝 무지개다리 안개 속에 어둑하다.	墓壑虹橋晻靄中

한 심지 심향을 책과 함께 불태우고　　一炷心香書共火
멀리 조묘 바라보며 문공께 제사하네.　　遙瞻潮廟祭文公

'하늘과 땅을 씨줄과 날줄로 걸어 구획을 짓자 동과 서의 분간이 생겼다. 이쪽과 저쪽의 사이에는 건너기 힘든 깊은 골짜기가 놓여 있다. 그 아래로는 묘학(墓壑), 즉 무덤들의 깊은 계곡이 있다. 그 죽음의 골짜기 위로 동과 서를 연결하는 홍교(虹橋), 곧 무지개다리가 걸렸다. 하지만 자옥한 안개와 구름 속에 잠겨 있어 한 치 앞이 보이지 않는다. 간절한 마음을 담아 한 심지의 향을 사르며 서학책을 불에 함께 태웠다. 이제 나는 신앙을 버려 바른 도리로 돌아오겠다. 이제껏 동양과 서양이 서로 건널 수 없는 골짜기인 줄을 잘 몰랐다. 그 사이로 드높게 걸렸던 무지개다리는 끊어진 채 한 치 앞이 안 보이는 구름안개 속에 잠겼다. 그 다리를 더는 건너려 하지 않겠다.'

4구의 조묘(潮廟)는 조주(潮州) 땅에 있는 당나라 한유(韓愈)의 사당이다. 한유가 누군가? 일찍이 〈불골표(佛骨表)〉를 지어 이단인 불교의 허위를 낱낱이 밝히고 정학인 유학의 기치를 높이 세웠던 인물이다. '이제 나는 조묘를 멀리 우러르며, 불교의 폐해를 막자고 〈불골표〉를 지었던 한유의 마음으로 이단인 서학을 배척하는 깃발을 높이 들겠다. 그 정신을 기려 문공(文公), 즉 한유를 위한 제사를 올리겠다.' 이것이 이승훈의 〈벽이시〉에 담긴 뜻이다.

서토를 그리는 마음

이기경은 《벽위편》에 이 시를 수록했다. 그런데 두 글자가 바뀌었

誣罔之跡泮會事焚書之後矣身之家初無一卷冊子帶去之
說可謂無麵之不飽且其所爲證即其友李基慶則已非公證
渠輩之以初無影響之事雄唱雌和互相爲證者必綢繆謀議
而然也○因 上教以所作闢異文更問則以爲原草携往平
澤任所未及持來句語之間隨其所記憶者則有曰云云又曰
云云又於焚書後有詩曰天彝地紀限西東暮壑虹橋晚靄中
一炷心香書共火(按此三句即瞻想函丈之意也)遙瞻潮廟祭文公今此文與
詩尤爲矣身闢異之證左云云
判付數百卷不可多也數十卷不爲歉也渠之受蔵歸篋携來
繙閱渠不得發明此一款即渠之罪然而渠父會族人悉焚其
書渠又作詬詆邪學之詩與文以明其心跡其事昭載於乙巳
查案其書經眼於該曹前堂及今刑本事脫空之後更以已付

이기경의 《벽위편》 양수본에 수록된 이승훈의 〈벽이시〉 관련 기사.

다. 먼저 1구의 '천경(天經)'을 '천이(天彝)'로 고쳤다. 《정조실록》에 실린 1구의 '천경지기(天經地紀)'는 천지의 떳떳한 도리를 나타내는 투식적 표현이다. 《벽위편》의 '천이지기(天彝地紀)'의 '이기(彝紀)'도 '윤기(倫紀)'와 같아서 두 가지 표현의 의미 차이는 없다. 또 하나, 묘학(墓壑) 즉 무덤 골짜기가 《벽위편》에서 '모학(暮壑)' 곧 저문 골짜기로 글자가 교체되었다. 묘학을 사망의 그늘진 골짜기로 볼 수 있으나 일반적인 표현은 아니다. 대신 역대 한시에서 모학이라는 표현은 수도 없이 많이 나오니, 이기경이 고친 것이 맞다고 본다. 고친 글자에 충실해 다시 옮기면 이렇다.

하늘과 땅의 윤리 서쪽 동쪽 구분하니 天彛地紀限西東
저문 골짝 무지개다리 안개 속에 어둑하다. 暮壑虹橋晻靄中
한 심지 심향을 책과 함께 불태우고 一炷心香書共火
멀리 조묘 바라보며 문공께 제사하네. 遙瞻潮廟祭文公

'동서의 윤리와 기강은 본질적으로 같지가 않다. 날은 저물고, 무지개다리는 안개 속에 잠겼다. 앞이 보이지 않는다. 끊긴 길 앞에서 나는 향을 피우고 간절하게 서학서를 불지른다.'

그런데 이기경은 《벽위편》에서 앞 세 구절 끝에 작은 글자로 "이 세 구절을 살펴보니, 바로 서토(西土)를 우러러 생각하는 뜻이다"라는 풀이를 달아놓았다.[40] 제 말로는 이단을 배척하는 시라고 했지만, 실제로는 서방을 우러러 그리는 마음을 담고 있다는 이야기다. 사실 시 속에는 단호한 배격이라기보다는 무언가를 향한 강한 아쉬움이 배어 있다. 동과 서를 가로지르는 홍교를 건너려 했는데, 그래서 동서를 잇는 자가 되려 했는데, 캄캄한 박해의 어둠이 앞을 막고, 한 치 앞이 안 보이는 안개가 자옥해서 자기 의지를 꺾고 책을 마지못해 불태운 것이 아니냐는 것이 이기경이 하고 싶었던 이야기다. 4구의 의미는 너무도 명백하니 이것까지 시비 걸 수는 없어 앞쪽 세 구에다 태클을 걸었다. 이기경은 이 메모로 어떻게든 이승훈을 끝까지 해코지하려는 의도를 드러냈다.

끊겨버린 홍교의 소식

한편 2구의 '저문 골짝 무지개다리'는 그저 나온 말이 아니다. 주자(朱子)가 〈무이도가(武夷櫂歌)〉에서 말한 "홍교 한번 끊긴 뒤로 소식이 아예 없고, 일만 골짝 일천 바위 푸른 안개 잠겼구나(虹橋一斷無消息, 萬壑千巖鎖翠煙)"에 근원을 둔다.[41] 진시황 때 위자건(魏子騫)이라는 사람이 있어, 무이산(武夷山) 꼭대기에 승진관(昇眞觀)이라는 도관을 짓고 무지개다리를 걸어 그곳을 오가며 잔치를 열곤 했다. 그가 승진(昇眞), 즉 진인이 되어 하늘로 올라가자 홍교마저 끊어져서 다시는 그의 소식을 알 수 없게 되었다는 이야기다.《주차집보(朱箚輯補)》 권9에 나온다. 일반적으로는 도학의 전승이 끊어지고 말았다는 뜻으로 쓴다.

주자의 이 구절을 염두에 두고 위 시의 2구를 읽으면 날 저문 골짝에 홍교는 이미 끊어졌고, 구름안개만 한 치 앞을 볼 수 없게 자옥하더란 이야기가 된다.

다산 정약용도 주자의 이 구절을 즐겨 애용했다. 다산은 〈윤외심에게 보내다(與尹畏心)〉에서 주자의 이 구절을 인용한 뒤 '변동(變動)의 법이 어두워진 때로부터《주역》의 맥이 끊겨, 어디서도《주역》에 대해 물을 수가 없게 되었다'는 뜻이라고 풀이했고, 〈김덕수에게 답하다(答金德叟)〉에서는 '본래 도맥(道脈)이 중단되었다는 뜻으로 쓰였다'고 설명한 바 있다.[42]

또 1828년 5월 5일에 쓴 시 〈단오일에 육방옹의 초하한거시 8수를 차운하여 송옹에게 부치다(端午日次韻陸放翁初夏閒居八首寄淞翁)〉에서는 이렇게 노래했다.[43]

한나라 적 경전 얘기 실제를 빠뜨렸고 　　漢代談經遺實際

송유(宋儒)는 이치 통해 뒤쫓아 탐색했네. 宋儒通理欲追呼
홍교가 한번 끊겨 바위 안개 푸르르니 虹橋一斷巖煙翠
어떤 이가 이 이치를 강론함이 있을런가. 亦有何人講此無

이렇게 보면 이승훈의 〈벽이시〉 2구는 홍교가 끊긴 데다 날마저 저물어 더 이상 서학에 가닿을 수 없게 된 상태에서 서학서를 태우고 정도(正道)로 전향하겠다는 뜻을 피력한 것이 된다. 앞에서도 살폈듯이, 이승훈은 1791년 의금부에 올린 공초에서 〈벽이문〉과 〈벽이시〉를 두고, 이단을 배척한 명백한 증거가 아니냐며 자신의 결백을 거듭 주장했다.[44]

과연 그런가?

이 시에 대한 주재용 신부의 해석은 사뭇 다르다. 주 신부는 〈벽이문〉과 〈벽이시〉의 숨은 뜻을 살피면서 "이 시 역시 결코 이단, 즉 천주교를 벽파한다기보다는 차라리 그것을 사모하고 못 잊어 생각하는 글"이라며, "천주교를 동경하고 그 교회 서적을 불태운 것을 한없이 마음 아파하는 뜻을 이 시에서까지 읊고 있다"고 보았다.[45] 이기경과 마찬가지로 앞쪽 세 구절에 남은 여운을 보다 적극적으로 풀이한 것이다.

주 신부는 여기서 한 걸음 더 나아가 다음과 같은 뜻풀이를 보탰다.

이 시구의 '천이지기한서동(天彝地紀限西東)'이란 '그대와 나 사는 곳이 서와 동으로 나뉘어져 있다'는 뜻이고, '저무는 구렁'은 환난과 심란 속에 파묻힌 당신 자신을 말함이요, '무지개마을'은 찬란한 진리의 광명 속에 사는 선교사들을 뜻하고, '타오르는 한 가닥 마음의 향불'은 선생의 마음속에 타오르는 신앙의 향불일 것이니, 그것이 교회 서적이 불타는 바람에 일렁거린다고 애통하게 여겨서 멀리 조묘나 바라보고 문공에게 제사를 드려볼까 하였는데, 조묘는 중국 조주에 있는 한유의 사당을 말함이다. 선생이 유독 이분에게다 제사한다는 것은, 이분의 정신을 특별히 '위로한다'는 뜻일 것이다.[46]

앞쪽의 내용은 그런대로 동의할 수 있지만, 뒤쪽의 구절 풀이는 방향이 많이 어긋났다. 홍교를 '무지개마을'로 푼 것부터 이상하다. 무엇보다 이 구절이 주자의 〈무이도가〉에서 연원한 것인 줄 몰랐다. 한유의 사당에 제사 지내는 행위에 대한 해석도, 뒤쪽의 설명에서는 이승훈이 한유를 자신과 같이 평생 불우한 사람으로 보아, 그에 대한 위로라고만 여겨 문맥을 억지로 비틀어 읽었다.

이승훈의 이 시는 친척들 앞에서 배교를 공개 선언하며 그 구체적인 증명으로 지은 것이니, 일종의 전향선언문이지 신앙의 간증으로 읽을 수는 없다. 주재용 신부의 독법대로라면, 그가 이 시를 어떻게 이단 배척의 이름을 내걸고 발표할 수 있었겠는가? 기껏해서 이기경처럼 입으로 배교를 한다면서도 실제로는 멈칫대는 기미가 있다는 정도로 말할 수는 있겠지만, 주재용 신부처럼 "이 얼마나 천주교를 동경하고 사모하는 심정인가? 이 시를 지은 선생을 뉘 있어 감히 배교자라 하겠는가?"라고까지 말하는 것은[47] 나가도 너무 나간 것이다.

6.《니벽젼》과 이벽의 〈사세시〉

종말론적 사유가 담긴《니벽젼》

엄정해야 할 역사 기술에서 연구 대상에 대한 과도한 애정은 독이 될 때가 많다. 그 자체로 의미 있고 훌륭한 존재가, 중간에 불쑥 돌출한 근거 없는 자료에 의해 오염되어 과장, 왜곡되는 것은 심각한 문제다. 앞서 살핀 이승훈의 〈사세시〉는 오염된 사료에 해당하고, 〈벽이시〉는 왜곡된 예에 속한다. 모두 연구 대상에 대해 과도한 애정을 투사한 결과다.

이벽이 지었다는《성교요지》또한 이미 개신교 측 연구자에 의해 윌리엄 마틴 목사가 1863년 북경에서 선교사의 한자 교육 목적으로 지은《상자쌍천》을 베낀 것임이 명백하게 밝혀졌다.[48] 그럼에도 교회 내 일부 연구자들이 여태 이 자료에 대한 집착과 미련을 끊어내지 못하는 것은 이벽을 위해서도 결코 바람직한 일이 아니다.

숭실대 한국기독교박물관에 소장된《만천유고》와《성교요지》,《유한당언행실록》및 영세명부로 알려진《망장(忘葬)》등 14종의 천주교 관련 자료들은 모두 1920년대 이후 만들어진 가짜 자료다. 김양선 목사가 같은 경로로 구입한 이들 자료는 계열화된 위서의 계보를 구축하고 있다. 어느 한 자료가 다른 자료를 불러내고, 또 다른 자료가 앞선 자료의 진실성을 입증해 상호 네트워크를 만들어나가는 확산 구조를 이룬다. 이는 반대로 말하면, 하나만 무너지면 나머지 자료들도 연쇄적으로 무너진다는 의미이기도 하다. 이들 자료의 위작성에 대해서는 이미 윤민구 신부가《초기 한국 천주교회사의 쟁점 연구》에서 충분하고 타당한 입증의 논의를 펼쳤다.[49] 이에 대해서는 뒤에서 따로 논하겠다.

이후 이승훈의《만천유고》에 실린 이승훈의 시 또한 여러 사람의 한시를 짜깁기해서 조잡하게 엮은 가짜임을 필자가 밝혔고,[50] 여기에 더해 결정적으로《만천유고》에 실린《성교요지》가 윌리엄 마틴 목사의 저작을 베껴쓴 것임이 밝혀짐으로써《성교요지》논란은 진작에 종지부를 찍었어야 마땅했다. 그런데 이 자명하고 명백한 사실이 받아들여지는 대신, 사실을 밝힌 연구가 불순한 의도로 매도되고, 침묵을 강요해 입막음하려는 시도로까지 나아가는 것은 교회사 연구를 위해 결코 바람직하지 않은 일이다.[51] 이는 이벽의 시복시성 청원에까지 심대한 걸림돌이 될 수 있다는 점에서 심각하다. 신앙 선조로서 이벽은 정확한 역사적 팩트에 의해서 기려져야지, 일제강점기에 바르지 못한 의도를 가진 집단에 의해 만들어진 가짜 책에 의해 거짓 아우라를 덧씌워서는 안 된다.

그런 점에서 여기서는 이승훈의 〈사세시〉에 이어, 숭실대 한국기독교박물관이 소장하고 있는 소설《니벽젼》에 나오는 이벽의 〈사세시〉

에 대해 살펴보겠다. '니벽전'은 표지의 제목이고, 속 표제는 '니벽선생몽회록'이다. 소설은 1846년 6월 14일 밤 꿈에 정학술 아오스딩이라는 사람이 이벽과 만나며 시작된다. 이벽은 자신이 죽은 지 60여 년 만에 정학술의 꿈에 현몽했다. 그러고는 자신이 1786년에 쓴 《천주밀험기(天主密驗記)》를 세상에 전할 것을 그에게 명했다.[52] (실제 이벽은 1785년에 죽었다.)

《천주밀험기》는 〈천당지옥기(天堂地獄記)〉, 〈령득경신기(領得庚申記)〉, 〈험세문득기(險世聞得記)〉, 〈래셰례언긔(來世豫言記)〉의 네 부분으로 이루어져 있다고 했다. 그리고 〈래셰례언긔〉는 1786년 병오년부터 1846년 병오년까지 60년간 벌어질 일에 대한 예언을 담았는데, "병오년 이후로는 내세가 임하여 죄 있는 자가 모두 토멸을 당하고, 선하고 천주를 공경하는 자가 혹 세상을 이어갈 때가 오고 있다"고 했다.[53] 일종의 종말론 사유를 담은 책이었던 셈이다.

최치원의 구절을 베낀 이벽의 〈사세시〉

이후 작품의 끝에 이르러 〈사세시〉 대목이 등장한다. 작품에 따르면, 1786년 이벽은 집 안에 틀어박힌 채 《천주밀험기》를 저술했다. 이 말을 들은 부친 이보만은 "너는 내 아들이 아니다"라며 격노했다. 이때 이벽이 붓을 들어 벽에다 크게 썼는데, 그 내용은 이렇다.

> 무협 중봉의 나이에 포의로 중천에 들어갔다가,
> 은하 열수의 해에 비단옷 입고 천국으로 돌아가노라.
> 巫峽重峰之歲, 絲入中天. 銀河列宿之年, 錦還天國.

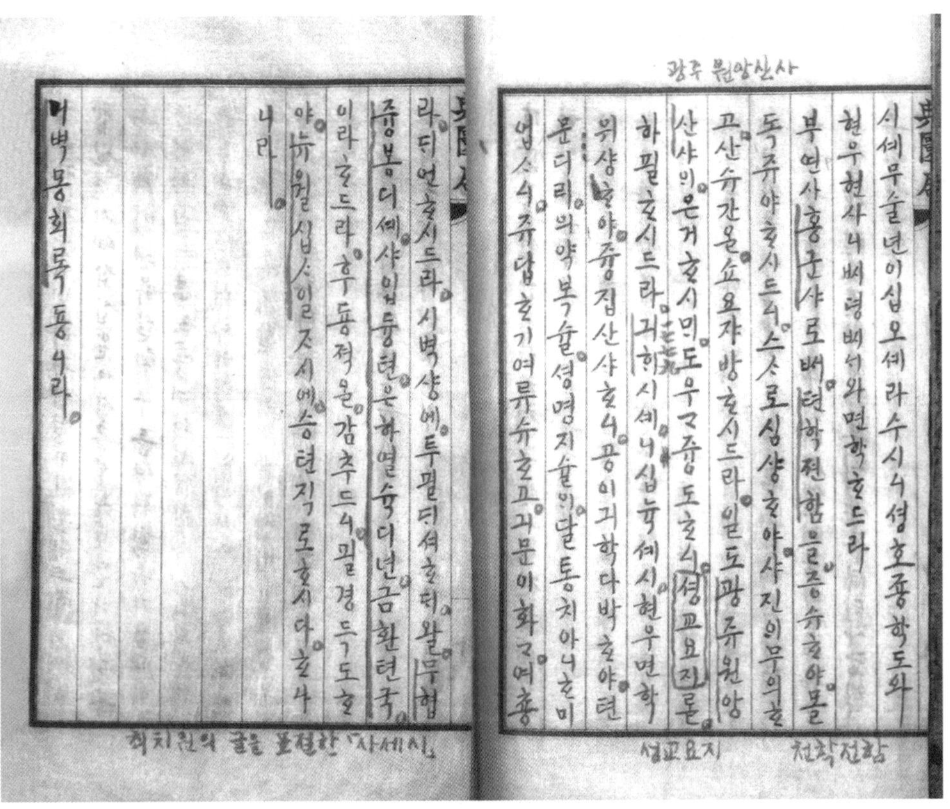

《니벽전》의 본문 끝부분 두 면. 《성교요지》를 언급한 대목이 보인다(오른쪽). 가짜 책 《성교요지》의 진실성을 높이기 위해 마지막 면(왼쪽)에는 이벽의 〈사세시〉를 수록했다.

그러고는 종적을 감췄고, 이후 득도해 6월 14일에 승천했다고 했다.[54]

소설 끝에 잠깐 등장하는 이 두 구절을 이벽의 〈사세시〉라 하여 신심의 대상으로 높이는 경우가 종종 있다. 그야말로 소설일 뿐, 이를 사실의 언어로 혼동해서는 안 된다. 이벽이 지었다는 이 시는 실은 신라 때 당나라로 유학 갔던 최치원이 〈연장(年狀)〉에서 쓴 글 가운데 나오는 구절이다. 최치원의 원래 구절은 이렇다.

> 무협 중봉의 해에 베옷 입고 중원에 들어갔다가,
> 은하 열수의 해에 비단옷 입고 우리나라로 돌아왔다.
> 巫峽重峯之歲, 絲入中原. 銀河列宿之年, 錦還東土.[55]

이벽이 썼다는 앞 구절은 위 최치원의 글에서 '원(原)'을 '천(天)'으로, '동토(東土)'를 '천국(天國)'으로 바꾼 것에 지나지 않는다. 무협은 봉우리가 열두 개로 이루어져 있는지라, 무협 중봉의 해란 12세를 말하고, 은하 열수의 해는 하늘의 별자리가 모두 28수(宿)여서 28세라는 뜻이다. 최치원이 말한 원래의 의미는 12세에 베옷을 입은 포의의 몸으로 중국 땅에 들어가서, 과거에 급제해 승승장구하다가 28세의 나이에 비단옷 입은 관리가 되어 신라로 금의환향했다는 뜻이다.

이벽이 죽기 직전에 이 구절을 벽에다 유언처럼 써놓고 종적을 감췄다고 소설은 적고 있다. 하지만 이벽은 애초에 중국에 간 적이 없고, 사망한 나이는 28세가 아닌 32세였으므로 도무지 앞뒤가 없는 이야기가 되고 만다. 소설의 작가가 최치원의 말을 그대로 끌어오되 천국으로 금의환향한다는 의미만 취하여 이렇게 썼기 때문이다. 지은이가 무협 중봉의 해가 12세를, 은하 열수의 해가 28세를 나타낸다는 것을 몰랐을 가능성도 있다.

《니벽젼》은 허구적 창작에 지나지 않는다. 하지만 소설의 작가가 왜 하필 이벽을 대상으로 이 작품을 지었으며, 작품에 나타난 종말론적 사유를 어떻게 이해해야 할지는 대단히 흥미로운 연구거리다. 또 《니벽젼》 속에 이벽이 《성교요지》를 지었다는 언급이 있으니, 이 말은 《성교요지》를 이벽의 저술로 둔갑시킨 사람이 《니벽젼》의 작가와 동일 인물 또는 동일 집단이라는 뜻이다.

근거 없는《이덕조친필첩》

또 하나 숭실대 한국기독교박물관에 소장된《이덕조친필첩》이라는 자료가 있다. 상당한 달필로 쓴 이 필첩은 1776년 6월, 23세의 이벽이 쓴 것으로 되어 있다. 그 내용은 그저 여러 편의 잘 알려진 당시(唐詩)를 베껴쓴 것이다. 이를 이벽의 글씨로 보는 근거는 필첩 끝에 다른 사람이 추가로 써놓은 '오른쪽은 덕조가 장난삼아 쓴 것이다(右德操戲筆)'라는 글씨뿐이다.[56]

또 서첩 끝에 '반행(半行)'이라 쓴 시가 있다. 이것이 또 이벽의 정신세계를 설명하는 글로 포장되어 천진암 성지의 이벽 관련 소개 자료에 자주 등장한다. 이 또한 맥락 없이 불쑥 튀어나온 글이어서, 이벽과 연관 지을 근거는 찾기 어렵다. 그 원문은 이렇다.

> 품은 마음 시원하여, 광풍제월처럼 가없고
> 생각은 맑고 밝아, 긴 하늘이 가을 물에 서로 비침일세.
> 襟懷灑落, 光風霽月之無邊. 思慮淸明, 長天秋水之相暎.

'금회(襟懷)'는 품은 생각, '쇄락(灑落)'은 맑고 깨끗해서 시원스러운 모습을 말한다. '광풍제월(光風霽月)'은 맑은 바람과 구름을 걷고 나온 달빛이다. 첫 구절은 그 품은 생각이 삿됨 없이 깨끗함이 마치 구름을 헤치고 나온 달빛과 맑은 바람이 가없이 펼쳐진 것 같다는 의미다. 두 번째 구절은 그 마음속에 담긴 생각이 해맑고도 밝아서, 마치 푸른 하늘이 가을 물 위에 그대로 비치는 것과 방불하다는 뜻이다. 이 또한 서첩 끝에 누군가가 의도적으로 적어둔 메모를 아무 근거 없이 이벽에 대한 예찬으로 해석했다.

'금회쇄락'은 송나라 때 주필대(周必大)의 글 〈익공제발(益公題跋)〉 중에 "망령되이 남과 사귀지 않아 품은 마음이 시원스러웠으므로 사람들이 절로 이를 받아들였다"라고 쓴 용례가 있다.[57] '사려청명(思慮淸明)' 또한《근사록집주(近思錄集註)》에서 "사람이 사욕을 제거하면 아무 일 없이 고요할 때 문득 마음이 텅 비어 해맑아지고, 일이 있어 움직일 때 문득 정직하고 이치에 합당하게 된다. 텅 비어 고요하고 맑으면 생각이 맑고 밝아진다"라고 한 예가 나온다.[58] 성리학자들이 인간의 내면을 설명할 때 자주 쓰던 표현을 조립해서 만든 구절이다. '장천추수(長天秋水)'도 당나라 때 왕발(王勃)의 〈등왕각서(滕王閣序)〉에 "지는 노을과 외로운 오리가 일제히 날고, 가을 물과 긴 하늘이 한 빛깔이다"라고 한 데서 따왔다.[59]

따라서 이 두 구절을 이벽의 생애와 연관지어 특별하게 해석하는 것은 대단히 무모하다. 무엇보다 이벽의 글씨라는 증거가 없고, 이 글씨가 쓰인 맥락에 대한 어떠한 단서도 없다. 이제껏 천진암 성지에서 간행한 각종 책자에 인용된 이 두 구절에 대한 해석은 설명이 앞뒤가 없는 데다 한자도 엉뚱하게 풀이해서 억지가 너무 심하다. 무엇보다 글씨 자체도 이벽의 친필로 유일하게 전하는, 이병휴에게 보낸 편지의 서체와는 다른 사람의 것이다.

이벽과 이승훈에 관한 기록이 아무리 금싸라기처럼 귀하다 해도 이처럼 아무 검증도 되지 않은 자료에 의미를 부여해서는 안 된다. 우선 위작일 가능성이 높다. 또 무엇보다 그 말이 적히게 된 배경 정보가 전무한 상태에서 과도하게 의미를 부여하는 것은 또 다른 견강부회를 낳게 될 뿐이다.

이같이 불확실한 구절을 배제하고라도 이벽이 조선 천주교의 창립 주역이었고 신앙의 모범을 세운 리더였다는 사실에는 조금의 변함이 있을 수 없다. 오히려 이런 불순한 자료들로 인해 광야에서 외치는 세례자 요한의 목소리와 같았던 광암 이벽의 고결한 신앙이 흐려져,《니벽전》에서 그려진 것처럼 종말론 신앙의 전파자처럼 여겨지게 될까봐 걱정스럽다.

7. 명백한 가짜 책《만천유고》

만천 이승훈과《만천유고》

만천(蔓川)은 한국 교회 첫 영세자인 이승훈의 호다. 만천은 무악재에서 발원해 독립문과 염초교를 지나 서소문 성지를 거쳐 청파동 남쪽으로 흐르던 샛강의 이름이다. 덩굴풀이 많이 자라 '덩굴내'로도 불렸다. 이승훈의 집이 만천 인근에 있었으므로 이를 자신의 호로 삼았다.

《만천유고(蔓川遺稿)》는 숭실대학교 한국기독교박물관에 소장된 이승훈의 문집으로, 1967년 8월 27일자《가톨릭시보》제582호 기사를 통해 세상에 처음 알려졌다. 이는 김양선 목사가 수집해 숭실대에 기증한 12종의 이른바 초기 천주교회 관련 자료 중 하나였다.[60]

특별히 이 책이 교회사 연구자들의 눈길을 단번에 사로잡은 것은《만천유고》에 수록된 이벽의《성교요지》때문이었다. 이후《성교요지》를 주제로 수많은 논문이 제출되었고, 이를 주해한 단행본만 해도 여러 종류가 출간되었다. 하지만 윤민구 신부의 본격적인 위작설 제기 이후《성교요지》는 교계의 뜨거운 감자가 된 지 오래다.[61]

이 논의는 길게 끌고 갈 문제가 아니고, 회피하거나 외면해서 판단을 미룬다고 상황이 바뀔 수 있는 일도 아니다. 명백한 팩트에 의한 정리로 소모적인 논란의 반복을 차단하는 것이 시급하다. 이대로 방치할 경우, 의혹과 분열이 가중되어 수습하기 힘든 상처만 남게 될 것이다. 사정이 이렇듯 난마와도 같이 얽힌 것은 이해당사자들의 속사정과 무관치 않다. 무엇보다 당장 진행 중인 이벽과 이승훈의 시복시성에 걸림돌이 될 수도 있는 문제여서, 이 시점에 명확하게 털고 넘어가는 것이 맞다. 그렇지 않을 경우 나중에 감당 못할 깊은 수렁에 빠지고 말 것이다.

여기서는《만천유고》중《만천시고》에 실린 이승훈의 한시 31제 71수에 대해 살펴보겠다. 이 책에서 유일하게 이승훈이 지은 것으로 알려진 부분이기 때문이다. 실제 이승훈의 시는 앞서 살핀 〈벽이시〉 외에는 달리 알려진 것이 없다.《만천시고》속 한시 71수야말로 위작이 아닐 경우 이승훈의 저작으로 확인된 유일한 자료가 되는 셈이다.

《만천유고》는《만천잡고》,《만천시고》,《만천초고》의 3부로 구분된다. 앞쪽《만천잡고(蔓川雜藁)》에는 〈농부사(農夫詞)〉, 〈천주실의발(天主實義跋)〉이 실려 있고, 이를 이어 〈십계명가〉, 〈천주공경가〉, 〈경세가(警世歌)〉 등의 천주가사 3편을 수록했다. 각각 정약전과 이벽, 이가환이 지은 것으로 나온다. 이어 이벽이 지었다는 문제의《성교요지》가 실렸다. 여기까지가《만천잡고》다.

제3부《수의록(隨意錄)》에는 아래에 '만천초고(蔓川草藁)'라 적어, 이승훈의 적바림을 모은 것처럼 되어 있다. 각 분야의 최초를 모은 〈창시(創始)〉와[62] 조선 왕계의 연대를 정리한 〈본조년기(本朝年紀)〉, 서울

에서 북경까지의 노정을 정리한 〈자아동지북경정도(自我東至北京程道)〉와 일본까지의 노정을 적은 〈일본국정도(日本國程道)〉, 오키나와까지의 일정을 쓴 〈유리국정도(琉璃國程道)〉, 그리고 서울의 성문과 궐내 전각 명칭을 적은 〈도성(都城)〉, 서울서 각 감영까지의 거리를 쓴 〈행로거리정(行路去里程)〉, 중국 각 성의 이정을 기록한 〈각성부현(各省府縣)〉이 있다.[63] 이 내용들은 모두 이 책 저 책에서 참고할 만한 사항을 베껴적은 적바림이다. 이승훈의 글은 한 편도 없다.

어이없는 《만천시고》

결국 이승훈의 문집 《만천유고》 중 이승훈이 직접 지은 글은 제2부 《만천시고》뿐이다. 여기에는 이승훈이 25세 되던 1780년에서 27세 때인 1782년까지 3년간 지은 시를 모았다. 첫 번째 시에 '경자춘(庚子春)'의 간지가 보이고, 이후 '신축입춘(辛丑立春)'과 '임인년(壬寅年)' 표시가 나온다. 이승훈이 북경으로 가기 4년 전부터 1년 전 사이에 지은 시를 연대순으로 배열해놓은 것이다.

막상 작품을 살펴보면, 이 역시 이승훈이 직접 지은 시는 단 한 수도 없다. 25세 때 지은 〈선유대(仙遊臺)〉에서는 서울에서 과거 공부에 한창 열중하고 있던 그가, "세상에서 떠나온 뒤 호연히 여기 와서, 몸과 마음 기르려고 이 누대에 올랐다네"라 하고 있고,[64] 27세에 지었다는 〈난화십절(蘭花十絶)〉은 첫 수 첫 구가 "40년 동안이나 집에 심겨 있었지만, 그저 잎만 보았지 꽃은 보지 못했네"로 시작되어, 도대체 앞뒤가 안 맞는다.[65]

그뿐 아니다. 수록 작품의 절반가량을 다른 사람의 시집에서 절취해왔다. 〈등문장대(登文壯臺)〉와 〈경복궁구호(景福宮口呼)〉 2수 등 3수는 홍석기(洪錫箕, 1606~1680)의 《만주유집(晩洲遺集)》에 버젓이 수록된 엄연한 남의 작품이다. 〈등문장대〉는 특별히 홍석기의 아시작(兒時作)으로 문집에 특기된 것을 이승훈의 27세 작으로 둔갑시켜놓았다.[66]

중간에 〈밤에 이덕조와 함께 달구경을 하다가 당나라 절구시의 운자를 차운하다(夜與李德操翫月, 次唐絶韻)〉 2수가 실려 있다. 이덕조가 누군가? 바로 이벽이다. 이 작품을 한국고전번역원 DB로 검색해보면 어처구니없는 사실을 확인할 수 있다. 이 작품은 신미양요 때 강화도 전투에서 활약했던 양헌수(梁憲洙, 1816~1888) 장군의 《하거집(荷居集)》에 실려 있다. 제목 또한 '밤에 취정 이문경 복우와 함께 달구경을 하다가 당나라 절구시의 운자를 차운하다(夜與翠庭李聞慶福愚翫月, 次唐絶韻)'다. 문경군수를 지낸 취정(翠庭) 이복우(李福愚, 1811~?)를 '이벽'으로 바꿔치기한 것이다.[67]

양헌수는 이승훈이 세상을 뜨고 15년 후에 태어난 사람이다. 양헌수의 문집 《하거집》은 1888년 그가 사망한 뒤 1893년 이후에 정리된 책이다. 《만천유고》를 조작한 사람이 《하거집》의 시를 훔쳐왔다면, 이를 엮은 당사자가 20세기의 인물이라는 뜻이다.

그런데 이게 끝이 아니다. 《만천시고》 뒤편에 수록된 〈계상독좌(溪上獨坐)〉부터 마지막 〈양협노중(楊峽路中)〉까지의 26수 또한 순서까지 그대로 양헌수의 《하거집》에서 통째로 베껴왔다.[68] 이렇게 《만천시고》에 수록된 71수 중 총 29수의 시가 홍석기와 양헌수 두 사람의 문집에서 베껴낸 것임이 확인되었다.

나머지 시 또한 이름이 알려지지 않은 다른 사람의 문집에서 베낀 것이 틀림없다. 앞쪽의 작품 중 〈평천십이곡(平川十二曲)〉 12수와 〈원적산중팔경(元積山中八景)〉 9수가 있다. 평천은 경기도 용인군 양진면

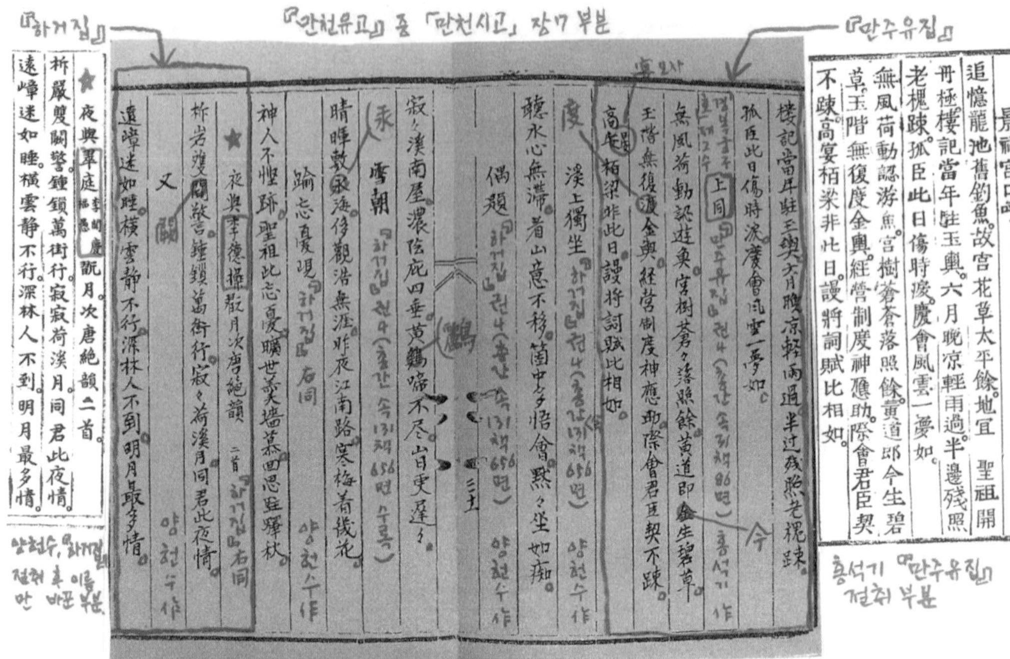

《만천시고》 중 홍석기의 《만주유집》과 양헌수의 《하거집》에서 베껴온 부분을 표시했다. 베껴쓰는 과정에서 이 한 면에서만 본문에 표시한 것처럼 여섯 자의 오자를 냈다. 옮겨쓴 사람의 수준을 알 수 있다.

일원의 지명이고, 원적산은 경기도 이천과 광주 백사면에 위치한 산이다. 이들 작품 모두 이 지역에서 살던 노경에 든 한 사람의 시집에서 베껴낸 작품들이다.[69] 하지만 이 시기 이승훈은 서울을 떠나지 않았고, 과거시험 준비에 골몰하던 때였으니, 시 속의 정황과 시인의 삶을 연결 지을 고리는 애초에 하나도 없다.

정리하면 이렇다. 《만천유고》 중 유일한 이승훈의 작품이랄 수 있는 《만천시고》 속 71수의 한시는 광주나 용인 근처에 살던 어떤 문인의 시, 이승훈보다 100년도 훨씬 전에 살다 간 홍석기의 시 3수, 그리고 이승훈이 죽고 15년 후에 태어난 양헌수의 시 26수를 짜깁기해서 앞뒤

없이 얽어둔 요령부득의 가짜 시집이다. 게다가 이승훈의 시집인 것처럼 보이게 하려고, 중간에 다른 사람의 이름을 이벽으로 바꿔치기까지 했다. 엮은이의 불순한 의도까지 드러나는 교활한 악마의 편집이다.

무극관인의 발문

책 끝에 정체를 알 수 없는 무극관인(無極觀人)이라는 사람의 발문이 실려 있다. 그간 관련 연구자들은 입을 모아 이 글을 정약용이 지은 것으로 지목했다. 글의 전문은 이렇다.

> 평생 감옥에 갇혔다가 죽음을 면하고 세상에 나온 지 30여 성상이 되었다. 강산은 의구하고 푸른 허공과 흰 구름은 그림자가 변하지 않았건만, 선현(先賢)과 지구(知舊)는 어디로 가버렸는가? 목석같은 신세를 붙이지 못해 이리저리 떠돌며 엎어져 지내는 중이다. 아! 뜻하지 않게 세상이 바뀌어 만천공의 행적과 여문(儷文)이 적지 않았지만, 불행히도 불에 타 없어져서 원고 하나도 볼 수가 없었더니, 천만뜻밖에도 시고와 잡록과 조각 글이 남아 있었으므로 못 쓰는 글씨로 베껴적고 '만천유고'라 하였다. 봄바람에 언 땅이 녹고 고목이 봄을 만나 새 잎이 소생한 격이니, 이 또한 상주(上主)의 광대무변한 섭리일 것이다. 우주의 진리는 이와 같아서 태극이면서 무극이니, 깨어 깨달은 자는 주님의 뜻을 접할지어다. 무극관인.[70]

이 글을 정말로 정약용이 썼다면, 그때 아직 태어나지도 않은 양헌수 장군의 시를, 그의 문집이 정리되기 70년 전에 정약용이 미리 보고

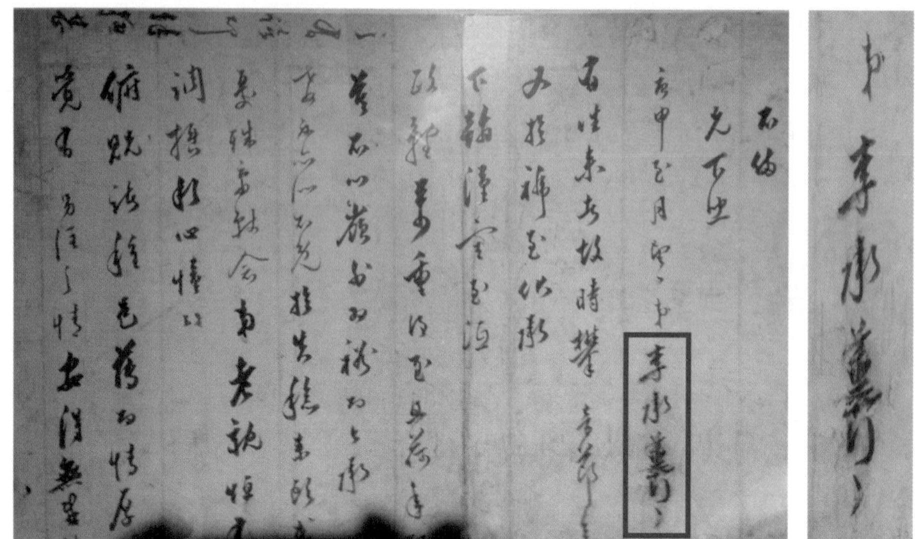

이승훈의 친필로 알려진 가짜 편지. 종이를 긁어내 원래 편지를 쓴 사람의 이름을 지우고 이승훈의 이름을 덧칠한 자국(오른쪽)이 선명하다.

이승훈의 시로 알아 편집한 뒤 이 글을 썼다는 뜻이니, 애초에 따지고 말고 할 가치도 없다. 다산은 '평생' 감옥에 갇힌 일이 없었고, 설령 귀양지에 있었던 기간을 감옥이라 표현했다 하더라도, 해배되고 18년 뒤에 세상을 떴으니 세상에 나온 지 30여 성상이란 말은 가당치 않다. 무엇보다 한문 문장의 수준이 명백하게 20세기 이후 사람이 한글 문장을 한문으로 얼기설기 옮겨놓은, 실로 형편없는 하수의 조악한 수준이다. 도처에 비문에다 어거지로 얽은 글이어서, 앞선 연구자들이 이를 다산의 글로 본 것이 아연할 노릇이다.

이 밖에 이승훈의 친필로 알려진 편지 한 통이 절두산 순교성지박물관에 소장되어 있다. 이 편지는 1980년대부터 각종 자료집에 단골로 수록되곤 했다. 가짜는 꼭 흔적을 남긴다. 이 편지는 원래 쓴 사람의 이름을 칼로 긁어낸 뒤, 그 위에 이승훈의 이름을 덧대쓴 가짜다.

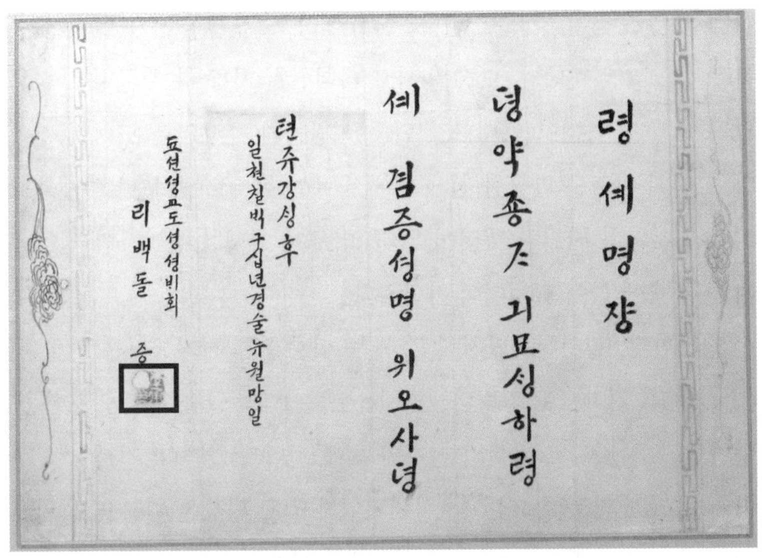
령셰명쟝
뎡약죵 ᄌᆞ 긔묘싱하령
셰 겸증셩명 위오사뎡
텬쥬강싱후
일쳔칠백구십년경술뉴월망일
됴션셩교도셩셩비회
리백돌 증

이승훈이 정약종에게 세례를 주고 증명으로 발급한 〈령셰명장〉. 발급자는 리백돌이고, 그 아래 인장은 '이승○인'이다. 훈(薰)이 들어갈 자리에 일부러 구멍을 냈다.

실물을 보면 '이승훈(李承薰)'이라는 이름자 아래 종이에 칼로 긁어낸 자국이 선명하다. 게다가 좁은 여백 조정에 실패해 획이 긴 글자를 욱여서 써넣다 보니 그 아래 글자와 부딪치기까지 했다. 엉뚱한 사람의 아무 내용 없는 안부편지를 이름 부분만 긁어내서 이승훈의 편지로 바꿔치기한 전형적인 낡은 수법이다. 이 편지는 천진암 성지가 한창 조성되던 1980년대에 만들어진 것으로 보인다.

숭실대 한국기독교박물관의 김양선 목사 기증품 중 《만천유고》 등과 함께 기증된 문서 가운데 이승훈이 정약종에게 세례를 주고 난 뒤 증명으로 발급한 〈령셰명쟝(領洗名狀)〉이라는 것이 있다. 1790년 6월 15일에 발급한 것처럼 꾸며진 이 증서 끝에는 '됴션셩교도셩셩비회(朝鮮聖教徒省聖杯會?)'라는 듣도보도 못한 단체명이 적혀 있고, 끝에 발급자로 '리백돌'이 나온다. 백돌은 아마도 베드로의 표기일 텐데, 그 아래 찍은 도장이 '이승○인(李承○印)'이다.[71] '훈(薰)' 자가 들어갈 부분을 동그랗게 파냈다. 도장을 찍고 나니 '훈' 자를 다른 글자로 잘못 팠든가, 그도 아니면 빠져나갈 단서를 만들려고 고의로 도려낸 것이다. 그렇지 않고는 말짱한 전체 면에서 유독 이 글자 부분만 담뱃불로 지져낸 것처럼 지워질 까닭이 없다. 더욱이 이것이 진짜라면 정약종의 책롱 속에 들어 있었어야 마땅하다.

정리한다. 필사본《만천시고》에는 이승훈의 시가 한 편도 없다.《만천유고》 전체로도 그렇다.《만천유고》는 남의 글을 거칠게 모아 불순한 의도를 가지고 짜깁기한 가짜 책에 지나지 않는다. 진짜처럼 보이게 하려고 작품 속 이름을 바꿔치기하거나, 괴상한 발문을 끼워넣는 성의를 보인 것을 그나마 가상타 해야 할까? 이제 와 볼 때 이런 수준의 조악한 책자를 두고 초기의 교회사 연구자들이 열광하여 환호한 것은 무엇보다 이승훈과 이벽을 위해 민망하고 아쉬운 노릇이다. 모든 사실이 명백히 밝혀진 지금까지도 논란이 마무리되지 않고 있는 것은 참으로 딱하고 낯이 붉어지는 일이다.

8.《성교요지》와《상자쌍천》

서양 인명 및 지명 표기에서 잡힌 발목

《성교요지(聖敎要旨)》는 이벽의 저술로 알려져왔다. 초기 교회사의 어떤 기록에도 없던 이 책은 1967년 김양선 목사가 공개한《만천유고》 속에 섞인 필사본으로 처음 알려졌다. 이벽이 세상을 뜬 지 무려 182년 뒤에 세상에 모습을 드러낸 것이다. 이 느닷없는 출현에 교회사가들은 열광했다. 앞서 본 대로《성교요지》가 수록된《만천유고》는 이 책 저 책을 베껴 짜깁기한 조잡한 서적이다. 다만《성교요지》마저 가짜라고 단정할 근거가 명확치 않았다. 내용 또한 4언체의 한시 형식이어서 수준이 만만치 않았다.

윤민구 신부는《성교요지》 속의 성경 용어나 인명 및 지명 표기가 거의 예외 없이 개신교 성경의 표기법에 바탕을 두고 있는 점에 의심을 품어,《초기 한국 천주교회사의 쟁점 연구》에서 이 문제를 꼼꼼히 짚었다. 윤 신부는 명사와 인명 및 지명 표기가 일관되게 천주교 성경이 아닌 개신교 성경을 따랐음을 수십 가지 예시를 통해 일일이 제시한 뒤, 이 책이 개신교 쪽에서 지은 책이 분명해 이벽의 저술일 수 없음을 충분하고 명백하게 입증했다.

윤 신부는 이 책에서 《성교요지》뿐 아니라 《만천유고》에 실린 천주가사와 《니벽젼》, 《유한당언행실록》 외 김양선 목사가 함께 소개한 여러 천주교 저작이 모두 가짜라는 일관된 주장을 펼쳤다. 하지만 이 같은 견해는 오랫동안 《성교요지》를 천주교 주요 문헌으로 믿어온 측의 큰 반발을 불러, 분명하고 타당한 논의였음에도 정당한 평가를 받지 못했다.

예를 들어, 《성교요지》 제4장의 주석 가운데 "막(幕)은 몸을 비유한다. 피득후서(彼得後書)에 나온다"라고 한 대목을 보자.[72] 여기 나오는 피득후서는 신약성경 중 〈베드로후서〉를 가리킨다. 천주교에서는 베드로를 백다록(伯多祿)으로 적지, 피득이라고는 표기하지 않는다. 피득은 베드로를 영어식으로 '피터'라 읽을 때 적을 수 있는 표기다. 본문의 "몸소 가죽 장막 지어, 잘못을 용서해 피난처에서 건졌네〔親營皮幕, 赦過拯逃〕"라 한 데서 피막(皮幕)의 의미가 바로 육신의 비유라고 설명한 내용이다. 그러니까 주석의 내용은 〈베드로후서〉 1장 13~14절의 내용 중 "내가 이 천막에 머물러 있는 동안 여러분의 기억을 일깨우는 것이 마땅하다고 생각합니다. 우리 주 예수 그리스도께서도 나에게 밝혀주셨듯이, 내가 이 천막에서 벗어날 때가 다가왔다는 것을 알고 있기 때문입니다"라고 한 데서 근거를 가져왔다고 부연설명한 대목이다.[73] 본문 중의 '천막에서 벗어날 때'란 곧 다가올 육신의 죽음을 가리킨다.

실제로 오늘날 중국에서 통용되는 성경에서조차 〈베드로전후서〉

는 가톨릭 성경에서는 '백다록전후서'로 되어 있고, 개신교 성경에는 '피득전후서'로 나온다. 이것은 영어권 국가에서 바오로를 '폴'이라 하고, 안드레아를 '앤드루', 요한을 '존'으로 읽는 차이가 중국어 표기에 반영되었다고 생각하면 이해가 쉽다.

설사 천주교 문헌의 인명 표기에서 한두 번 예외적으로 '피득'의 용례가 발견된다 해도, 성경 편명을 '피득후서'라 적는 것은 천주교에서는 결코 쓸 수 없는 표기다. 당사자가 이벽이라면 더더욱 불가능하다. 왜냐하면 이벽은 〈베드로후서〉를 읽은 적이 없기 때문이다. 그가 성경을 접했던 《성경직해》에는 〈베드로후서〉가 실려 있지 않고, 당시까지 〈베드로후서〉는 한문 번역이 이루어지지도 않은 상태였다. 게다가 1803년에 천주교에서 펴낸 《고신성경(古新聖經)》은 성경의 위 대목을 옮기면서, '장막'이라는 표현 대신 '차구투(此軀骰)' 즉 '이 몸뚱이'라고 표현했으니, 위에서 장막 운운한 주석은 아예 성립될 수가 없는 내용인 것이다.[74]

윌리엄 마틴 목사의 《상자쌍천》과 《성교요지》

정작 《성교요지》가 이벽의 저작이 아니라는 결정적 한 방은 개신교 쪽에서 터져나왔다. 2019년 김현우, 김석주 두 사람이 공동으로 발표한 '소위 이벽의 《성교요지》로 잘못 알려진 W. A. P. Martin(丁韙良)의 《The Analytical Reader(認字新法 常字雙千)》에 대한 연구 서설'이라는 긴 제목의 논문이 그것이다.[75]

두 사람은 정약종의 《주교요지》와 함께 한국 천주교회 최초의 호교론(護教論)이자 불후의 명저로 알려진 《성교요지》가 이벽이 지은 것이 아니라, 미국 장로교 선교사 윌리엄 마틴(William A. P. Martin, 1827~1916) 목사가 1863년 중국 선교사들에게 효율적으로 한자 교육을 하기 위한 교재로 개발해 간행한 《인자신법(認字新法) 상자쌍천(常字雙千)》이라는 책을 주석까지 통째로 베낀 것임을 처음으로 밝혔다. 이를 통해 앞선 윤민구 신부의 주장이 명백한 사실임이 다른 경로로 한 번 더 입증되었다. 책 제목의 의미는 '한자를 인식하는 새로운 방법으로 상용한자 2천 자를 가지고 쓴 책'이라는 뜻이다.

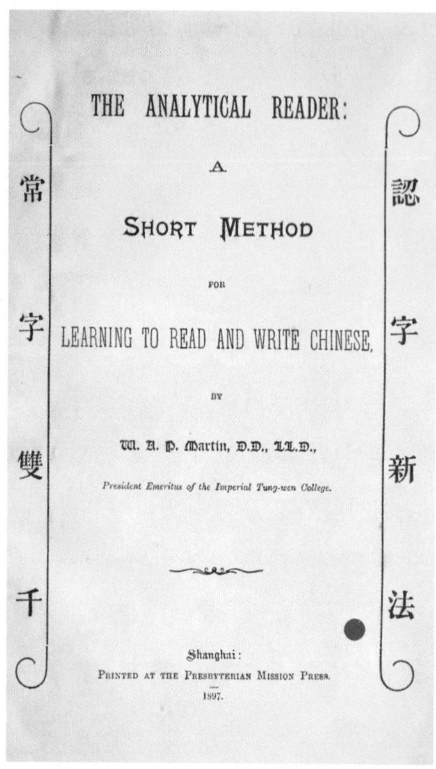

常字雙千

認字新法

THE ANALYTICAL READER:

A

SHORT METHOD

FOR

LEARNING TO READ AND WRITE CHINESE,

BY

W. A. P. Martin, D.D., LL.D.,

President Emeritus of the Imperial Tung-wen College.

Shanghai:

Printed at the Presbyterian Mission Press.

1897.

이벽의 《성교요지》로 잘못 알려진 마틴 목사의 《The Analytical Reader》 속표지.

마틴 목사는 1854년 기독교 선교사의 저작 중 가장 많은 독자와 만났던 《천도소원(天道溯源)》을 저술한 영향력 있는 인물이었다. 이후 1862년 상해에서 선교사 훈련 프로그램에 참여하면서 중국어 교육에 관심을 가져, 1863년에 이 책을 출간했다. 그는 중국어 단어의 사용 빈도를 꼼꼼히 계산해 윌리엄 갬블이 정리한 6천 자의 상용한자 중에서 특별히 사용 빈도가 더 높은 2,016자를 뽑아, 4언체의 천자문 양식을 빌려서 한 글자도 중복하지 않고 운자로 배열해 2천자문을 최종 완성했다. 당시 그는 남경의 학사(學士) 하사맹(何師孟)이라는 중국인을 고용해 그의 도움을 받아 한문 본문을 완성했다.[76]

이 책은 이후 1897년에 재판이 간행되었는데, 초판과는 약간의 글자 출입이 있다. 초판본과 재판본을 비교해 보면, 《성교요지》는 1863년 초판본이 아닌 1897년 재판본에 따른 것임도 분명하게 확인된다. 본문은 4언체 한시가 소제목 아래 단락별로 나오고, 옆면에 영문 대역(對譯)이 실려 있다. 그런데 2천 자를 단 한 번의 중복도 허용하지 않은 채 엮다 보니, 구문이 비틀리고 표현의 제약이 심해져서 억지로 채워넣은 글자가 적지 않았다. 이 책은 성경에 대한 주변 지식 없이 한문 원문만으로 정확한 의미를 해독하기가 불가능하다. 제목에서 상자(常字)라고 했지만, 본문에 쓰인 한자는 난해도가 대단히 높다. 중간중간 주석을 넣을 수밖에 없었던 것은 이 때문이다. 앞서 '피막'과 같은 풀이가 그것이다.

오독과 무지

현재 《성교요지》는 한문본으로 《만천유고》 본과 '당시초선'이라는 표제로 된 책자에 필사된 《당시초선》 본 두 가지가 있고, 이와 별도로 한글본 《성교요지》가 따로 전한다. 세 가지가 모두 숭실대 한국기독교박물관에 소장되어 있다.[77] 현재 비교적 널리 통용되고 있는 하성래와 김동원의 번역은 마틴 목사의 영어 번역을 못 본 상태에서 한문본만 보고 번역한 결과 적지 않은 오역이 발생했다. 특별히 고유명사나 지명 같은 데서 이 같은 실수가 두드러진다.

지면관계상 두 가지 예만 들어본다. 제3장 〈강구(降救)〉의 한 대목이다. 앞쪽에 한글본 《성교요지》의 번역을 넣고, 뒤에 원문을 싣는다.

닝가국 셩읍과　冷迦城邑
ᄑᆞ미로 가ᄂᆞᆫ 길이 니르면　巴米道路
유ᄐᆡ국이라 ᄒᆞᄂᆞ니　猶太國也
셔ᄂᆡ샨이라 니르ᄂᆞ니.　西乃山乎

하성래는 위 네 구절을 "냉가성읍과 파미도로와 유태국과 시내산에서"로 풀었고, 김동원은 "예루살렘 성읍에서, 파미도로 거쳐 가니, 온 유대를 다니시며, 시나이산 이르렀네"로 옮겼다.[78]

원본에 수록된 영어 번역을 보자.[79]

Jerusalem and Capernaum, a city and town,　冷迦城邑
To Babylon and Media were ways and roads,　巴米道路
Judea was a kingdom,　猶太國也
Sinai a mountain.　西乃山乎

이를 우리말로 옮기면 이렇다. "도시인 예루살렘과 지방인 가버나움엔, 바빌론과 메디아로 가는 길과 도로 있었네. 유대는 왕국이었고, 시나이는 산이었지." 결국 원문의 '냉(冷)'은 예루살렘, '가(迦)'는 가버나움을 가리키고, '파(巴)'는 바빌론을, '미(米)'는 메디아(성경에서는 '메대')를 나타내는 약호였다. 유태(猶太)는 유대 지방을 가리키는 개신교의 표기이고, 안정복의 〈천학문답〉과 천주교의 모든 문헌에는 여덕아(如德亞)로 나온다. 시나이산은 서내(西乃)로 적었다.[80] 성경 속의 지명을 한 글자씩으로 압축한 이 같은 표현은 당시 이벽의 성경 이해 수준에서 나올 수 있는 것이 아니다.

더욱이 1635년에 알레니가 펴낸 《천주강생언행기략》에는 예루살렘을 협로살릉(協露撒棱)으로, 가버나움을 갈발옹(葛發翁)으로 표기했다. 이벽이 썼다면 '냉가성읍(冷迦城邑)'은 마땅히 '능갈성읍(棱葛城邑)'이라고 했어야 한다.

또 제10장 〈시훈(施訓)〉 조의 네 구절은 이렇다.

텬쥬가 가르치심은 ᄇᆡ로 등급을 업시 ᄒᆞ시미니	學別派支
ᄋᆡ뎐에 잇는 ᄌᆞ는 누구ᄂᆞ 다 땅을 나눠 ᄇᆡ들 수 잇ᄂᆞ니	埃田許置
공경ᄒᆞ고 쏘ᄒᆞᆫ 뽀김슈는 쉬히 분별ᄃᆡ야	敬妄良分
금률 욕ᄃᆡ히 ᄒᆞ기 젼ᄋᆡ 더욱 샤ᄒᆞ야 극진히 ᄒᆞ라 ᄒᆞ시니라.	詛禁祝極

하성래는 이 구절을 "예수님의 가르치심이 여러 갈래로 나뉘어가니, 속세 곳곳에 교회의 설치를 허락하시도다. 공경함과 망령됨을 진실로 분간하여, 망령됨은 저주하여 금하고 공경함은 지극히 축복하시도다"라 풀이했고, 김동원은 "가르치심 널리 퍼져, 세상 곳곳 자리잡고, 공경 망령 분별하여, 악 금하고 선 축복해"로 옮겼다.[81]

다시 영어 번역을 보자.

The doctrine distinguishes classes,	學別派支
Some in Eden, it promises to place.	埃田許置
Reverence and deceit, it well divides,	敬妄良分
To curse forbids, in blessing is extreme.	詛禁祝極

우리말로는 "가르침은 갈래를 구분하여서, 에덴에 놓아두게 허락하셨네. 공경과 망령을 잘 구분하여, 금한 것 저주하고 지극함은 축복했지"다.

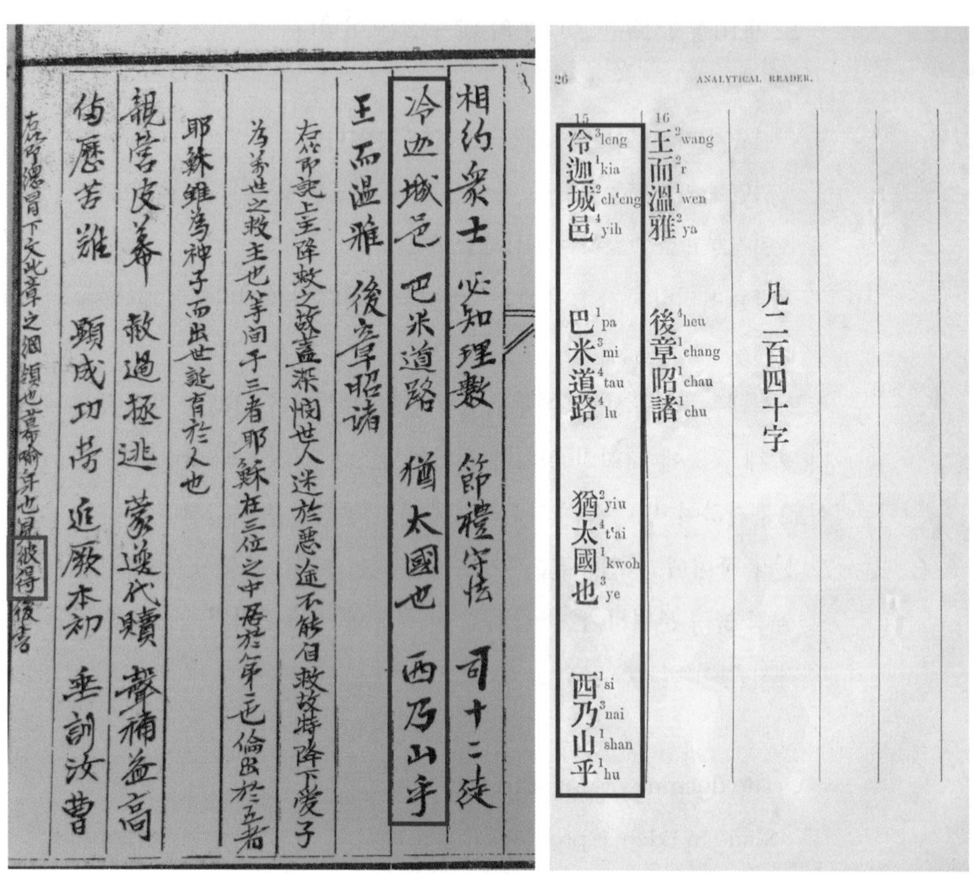

相約衆士 必知理數 節禮守法 司十二徒

冷迦城邑 巴米道路 猶太國也 西乃山乎

王而溫雅 後章昭諸

親嘗皮棘 救過拯逃 蒙逆代贖 聲補益高

备歷苦難 顯成功苦 進厥本初 垂訓汝曹

26 ANALYTICAL READER.

15 冷 3 leng 迦 1 kia 城 2 ch'eng 邑 4 yih 巴 1 pa 米 3 mi 道 4 tau 路 4 lu 猶 2 yiu 太 4 t'ai 國 1 kwoh 也 3 ye 西 1 si 乃 3 nai 山 1 shan 乎 1 hu

16 王 2 wang 而 2 r 溫 1 wen 雅 2 ya 後 4 heu 章 1 chang 昭 1 chau 諸 1 chu

凡二百四十字

숭실대 한국기독교박물관 소장본 《성교요지》(왼쪽)와 《상자쌍천》(오른쪽)의 원문을 비교했다. 두 책의 "冷迦城邑, 巴米道路, 猶太國也, 西乃山乎" 대목이 일치하며, 베드로를 '피득(彼得)'으로 동일하게 표기했다.

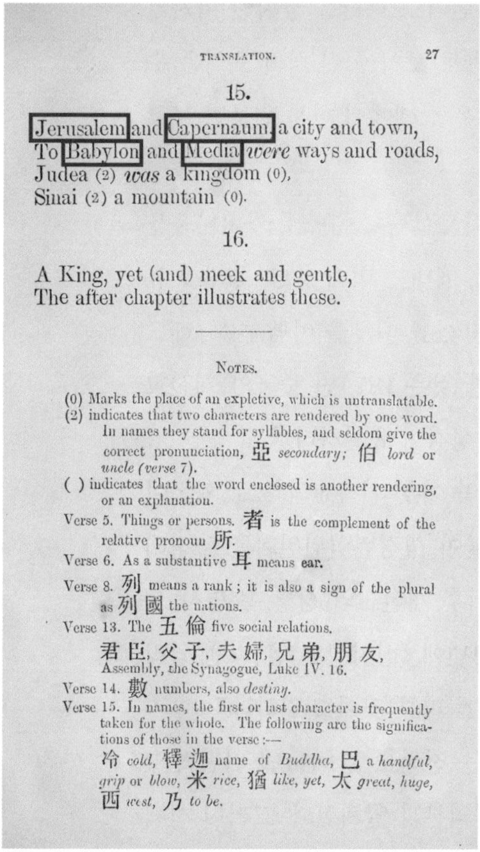

15.

Jerusalem and Capernaum, a city and town,
To Babylon and Media *were* ways and roads,
Judea (2) *was* a kingdom (0),
Sinai (2) a mountain (0).

16.

A King, yet (and) meek and gentle,
The after chapter illustrates these.

NOTES.

(0) Marks the place of an expletive, which is untranslatable.
(2) indicates that two characters are rendered by one word. In names they stand for syllables, and seldom give the correct pronunciation, 亞 *secondary;* 伯 *lord* or *uncle (verse 7).*
( ) indicates that the word enclosed is another rendering, or an explanation.
Verse 5. Things or persons. 者 is the complement of the relative pronoun 所.
Verse 6. As a substantive 耳 means **ear.**
Verse 8. 列 means a rank; it is also a sign of the plural as 列國 the nations.
Verse 13. The 五倫 five social relations.
君臣, 父子, 夫婦, 兄弟, 朋友,
Assembly, the Synagogue, Luke IV. 16.
Verse 14. 數 numbers, also *destiny.*
Verse 15. In names, the first or last character is frequently taken for the whole. The following are the significations of those in the verse:—
冷 *cold,* 釋迦 name of *Buddha,* 巴 a *handful, grip* or *blow,* 米 *rice,* 猶 *like, yet,* 太 *great, huge,* 西 *west,* 乃 *to be.*

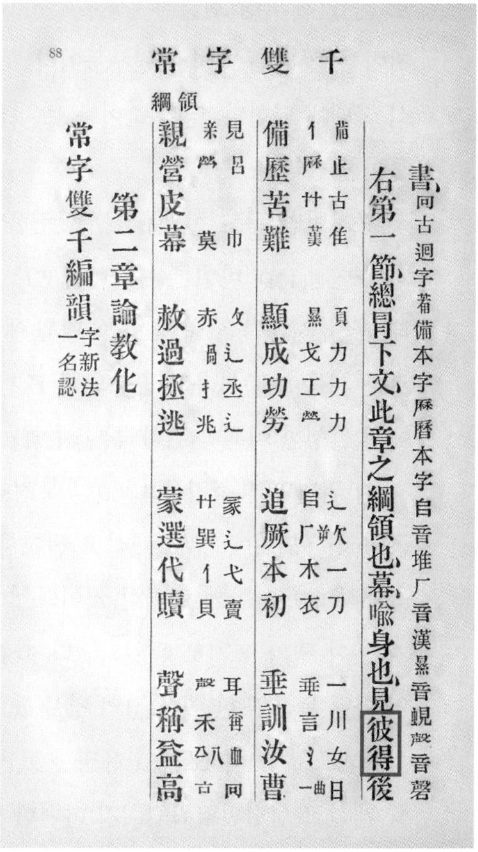

書同古迴字着備本字厤曆本字自音堆厂音漢㬎音蜆㱿音磬

右第一節總冒下文此章之綱領也幕喩身也見彼得後

綱領

萉止古隹 頁力力力 ⻌欠一刀 一川女日
亻厤卄菫 㬎戈工𤇾 自𠂆木衣 垂言氵一曲
備歷苦難 顯成功勞 追厥本初 垂訓汝曹

見吕巾 夂⻌丞⻌ 豖⻌弋賣 耳𢀖血同
亲𤇾莫 赤咼扌兆 卄巽亻貝 殸禾亼八口
親營皮幕 赦過拯逃 蒙選代贖 聲稱益高

第二章論教化

常字雙千編韻 一字名新認法

《상자쌍천》은 한자 습득을 위한 교재여서 매 낱글자에 대한 분석과 발음을 적었다.

원문의 '애전(埃田, 아이뎬)'은 에덴(Eden)을 음차한 표기다. 이를 모르고 글자 따라 번역한 결과 에덴을 모두 '속세'나 '세상'으로 옮겼고, 문맥도 이상해졌다. 천주교의 《성경직해》에서는 에덴을 그냥 낙원으로 옮겼다. 막상 한글본 《성교요지》의 번역도 맥락을 놓치긴 마찬가지여서, 앞뒤 문맥이 요령부득이다. 전체로 보아 이런 식의 오역은 수십 군데에 달한다. 영어 풀이를 보지 않은 상태에서 한문 원문만 보고 풀이한 결과다.

표기법만 두고 볼 때, 예루살렘을 야로살랭(耶路撒冷), 가버나움을 가백농(迦百農), 바빌론은 파비륜(巴比倫), 메대는 미태(米太), 유대를 유태(猶太), 시내를 서내(西乃), 에덴을 애전(埃田), 아벨을 아백(亞伯), 베드로를 피득(皮得)이라고 공통되게 표기한 것은 1854년 중국의 개신교에서 간행한 이른바 위판역본(委辦譯本) 성경이 유일하다.[82]

이 위판역본 성경은 1860년 북경조약 이후 기독교의 포교 활동이 공식 허용되기에 앞서 개신교 선교사들이 성경번역위원회를 조직해 집체작업으로 함께 번역한 것이다.[83] 이후 개신교의 성경 속 명사 표기는 이 책의 표기로 통일되었다. 1863년에 《상자쌍천》을 펴낸 윌리엄 마틴 목사 또한 이 성경의 명사 표기를 따른 것이 당연하다.

《성교요지》 속 모든 고유명사 표기는 전적으로 1854년 위판역본, 즉 개신교 성경번역위원회가 마련한 번역본과 일치한다. 그러니 전체 성경, 특히 구약은 말할 것도 없고 신약의 온전한 번역조차 이루어지지 않았던 시기에 살았던 이벽이, 그가 사망한 지 69년 뒤에 간행된 위판역본 성경의 표기 체계를 그대로 받아 모든 명사 표기를 여기에 일치시킨다는 것은 애초에 불가능한 일이다.

짧은 결론은 이렇다. 《만천유고》에 수록된 《성교요지》는 절대로 이벽의 저작일 수 없다. 사실 이 점은 대부분의 교회사가들이 인정하고 있는 사실이다. 시복시성 자료집에서조차 《성교요지》 관련 사실을 뺀 것이 그 분명한 증거다. 이 책은 1863년 윌리엄 마틴 목사가 쓴 《인자신법 상자쌍천》을 베낀 것에 불과하다. 황재범 교수의 연구에 따르면, 그마저도 1863년 초판본이 아닌 1897년 재판본을 기준으로 삼고 있다.[84] 나란히 실린 《만천시고》가 1893년 이후에 나온 양헌수의 《하거집》 속 시 26수를 베낀 것으로 보아, 이 책 전체는 20세기 이후에 누군가가 불순한 의도로 베끼고 짜깁기해 만든 것이 확실하다.

《성교요지》가 마틴 목사의 책으로 밝혀지자, 최근 교계 일각에서 다시 해괴한 주장이 나오기 시작한다. 《당시초선》 본 《성교요지》에 손을 다쳐 왼손으로 필사했다고 나와 있는 김대건 신부가 1845년 중국 강남에 들어갈 때 이벽의 책을 베껴 가져갔고, 이것이 유통되다 마틴 목사에게 채집되어 《상자쌍천》이 되었다는 기상천외한 논리다.[85] 기존의 잘못을 더 큰 거짓으로 덮으려는 궁여지책이다. 모르고 한 잘못이니 인정하면 그뿐인데, 엄연한 마틴의 책 《상자쌍천》을 이벽의 《성교요지》로 지키기 위해 진짜 저자인 마틴 목사마저 이벽의 저술 《성교요지》를 슬쩍 훔쳐 자신의 저작으로 둔갑시킨 도둑으로 내몰려 한다. 마틴의 원서 앞에 실린 책의 편찬 과정에 대한 상세한 기록도 아랑곳하지 않는다. 이는 천주교계를 위해서도 이벽과 김대건 신부를 위해서도 결코 득 될 일이 아니고, 절대로 해서도 안 될 일이다.

심지어 2022년 1월에 교구의 인준을 받아 간행된 김동원 신부의 《한국의 천학과 영성》(동아시아복음화연구원)에서조차 《성교요지》가 변함없이 한국 천주교회사 영성 자료의 가장 첫머리에 그대로 놓여 있는 것을 보고 나는 실로 경악했다.

한 번 더 말한다. 《성교요지》는 절대로 이벽의 저술이 아니다. 차고 넘치는 증거를 외면하고, 독선의 외고집을 부리는 것은 한국 천주교회사의 정상적 흐름을 저해하는 최악의 선택이다. 한국 천주교회사에서 이벽의 위상은 가짜 책《성교요지》가 아니라도 우뚝하다. 이 책을 둘러싼 소모적 논쟁이 재연되는 것을 교회가 더 이상 용납해서는 안 된다. 침묵의 강요도 있을 수 없다.

주

1부 | 《칠극》과 초기 신앙공동체(27~87쪽)

1 북경 유리창 거리에 관한 내용은 정민 외 편,《18~19세기 동아시아의 문화거점, 북경 유리창》(민속원, 2013)을 참고할 수 있다.

2 박지원,《열하일기》 중 〈황도기략〉의 '양화(洋畫)'에는 "천장을 우러러보면 무수한 어린아이들이 채색 구름 사이에서 뛰놀며, 주렁주렁 허공에 매달려서 내려오고 있다. 살갗은 따스하고 손목과 종아리가 묶어맨 것처럼 포동포동하다. 갑자기 구경하던 사람들로 하여금 놀라 소리치며 깜짝 놀라 고개를 들고 손을 뻗어 떨어지는 것을 받게 하지 않음이 없다〔仰視藻井則無數嬰兒, 跳蕩彩雲間, 纍纍懸空而下. 肌膚溫然, 手腕脛節, 肥若緣絞. 驟令觀者, 莫不驚號錯愕, 仰首張手, 以承其隳落也〕"라 하였다.

3 조선의 연행사가 북경 천주당에서 서양 선교사와 나눈 다양한 교류의 내용은 신익철 편저,《연행사와 북경 천주당》(보고사, 2013)에 정리되어 있다.

4 마테오 리치,《교우론》 [1] "吾友非他, 卽我之半, 乃第二我也. 故當視友如己焉." 이 책은 모두 100개의 짤막한 잠언 형태의 글 모음으로 구성되어 있다.

5 마테오 리치,《교우론》 [41] "如我恒幸無禍, 豈識友之眞否哉."

6 마테오 리치,《교우론》 [93] "歷山王未得總位時, 無國庫. 凡獲財, 厚頒給與人也. 有敵國王富盛, 惟事務充庫, 譏之曰: '足下之庫, 在於何處.' 曰: '在於友心也.'"

7 이 시기 우정론에 관한 논의는 박수밀, 〈소통의 맥락에서 본 조선 후기 우정론의 양상〉, 《동방한문학》 제65집(동방한문학회, 2015), 197-226면 / 이홍식, 〈조선 후기 우정론과 마테오 리치의 교우론〉, 《한국실학연구》(한국실학학회, 2010) / 박성순, 〈우정의 구조와 윤리〉, 《한국문학연구》 제28집(동국대학교 한국문화연구소, 2005) / 정민, 〈18세기 우정론의 맥락에서 본 이용휴의 生誌銘攷〉, 《동아시아문화연구》 제34집(한양대 동아시아문화연구소, 2000)을 참고할 수 있다.

8 판토하, 정민 옮김, 《칠극》(2021, 김영사), 261면.

9 판토하, 《칠극》, 앞의 책, 18-19면. "夫人心之病有七. 而瘳心之藥亦有七. 要其大旨, 總不過消舊而積新."

10 이익, 《성호사설》 〈七克〉. "七克者, 西洋龐迪我所著, 即吾儒克己之說也. 七枝之中, 更多節目, 條貫有序, 比喩切已, 間有吾儒所未發者, 其有助於復禮之功大矣."

11 판토하, 《칠극》 [2.23], 앞의 책, 164면. "吹灰者, 自污其面, 迷其目. 毁人者, 自污其心, 闇其靈神."

12 판토하, 《칠극》 [1.14], 앞의 책, 38면. "如色慾, 少則鬉, 老則息. 如忿怒, 忍則去, 靜則却. 惟傲一納於心, 時處附着焉. (……) 身能老而傲不衰."

13 판토하, 《칠극》 [2.18], 앞의 책, 161면. "造毁者如冢. 置足焉卽置口矣."

14 판토하, 《칠극》 [3.12], 앞의 책, 222면. "世財如僞友. 安則從我, 危則遺我矣."

15 판토하, 《칠극》 [1.55], 앞의 책, 75-76면. "智者傾耳以聽譽則愚, 既聽而自喜則狂也."

16 판토하, 《칠극》 [5.24], 앞의 책, 405면. "酒, 淫薪也. 恣酒不恣淫, 鮮矣. 經云: '愼勿酒醉, 淫在其中故也.'"

17 다산이 제자들에게 써준 각종 증언첩은 정민, 《다산증언첩》(휴머니스트, 2017)에 상세히 소개했다.

18 정약용, 〈위윤혜관증언(爲尹惠冠贈言)〉(정민, 《다산증언첩》, 149-154면) "孟子曰: '養其大體者爲大人, 養其小體者爲小人, 去禽獸不遠.' 若志在溫飽, 逸樂以沒世, 體未及冷而名先泯者, 獸而已矣, 獸而可願哉."

19 정약용, 〈위여해남천경문증언(爲與海南千敬文贈言)〉(정민, 《다산증언첩》, 157-167면) "孳孳勤勤, 以事其口體之慾, 及其痰響在喉, 眼光着椽, 撫念平生無一可道籌計, 身後有萬凄酸, 身未冷而名已泯者, 顧其人爲何如人哉."

20 필자는 여러 해 전 황상의 방계 후손인 황수홍 선생 집에서《황씨체화집(黃氏棣華集)》이라는 시집을 구해 본 일이 있다. 황상의 당숙인 대은당(大隱堂) 황진룡(黃震龍)과 함재(頷齋) 황승룡(黃升龍), 그리고 석수(石叟) 황태룡(黃泰龍, 1745~1821) 세 형제의 시를 한데 묶은 시집이다. 황승룡은 족보명이 인승(仁升)으로 사의재 제자 황지초의 부친이고, 황태룡은 족보명이 인태(仁泰)로 원교(圓嶠) 이광사(李匡師, 1705~1777)의 제자였다. 황인태는 이광사가 신지도에 귀양 와 있을 때 그의 문하에 나아가 공부했다. 원교의 필법을 이어받아 인근에서 글씨로 이름이 높았고, 시에도 능했다. 호를 취몽재(醉夢齋)라 썼다. 다산이 그를 위해 지어준〈취몽재기〉가《다산시문집》에 실려 있다.

21 정약용,〈취몽재기〉,《다산시문집》권13(한국문집총간 281책, 287면). "有赭其顏濡其首, 嘔啞恚罵, 施施然過于衖者, 是醉人也. 指之曰醉, 未有不發憤大痛, 以自辯其不醉也. 有闔其眼齁其鼻, 時爲之輾然笑爲囈語者, 是其夢得好官, 或受珠玉金錢可欲之物者也. 然其未覺也, 不自以爲夢也. 豈唯醉與夢有是哉. 病革者, 不自知其爲病, 自言其病者, 其病未甚也. 狂易者, 不自知其爲狂, 能自言其狂者, 其狂或僞也. 狹邪淫辟游閑之人, 不自知其爲惡, 能自言其惡者, 其惡或可改也."

22 판토하,《칠극》[1.10], 앞의 책, 35면. "言其夢者, 必已醒, 識其惡者, 必始遷善矣. 治病之始, 須識有病, 若病不認病, 而不求治, 則難愈焉."

23 판토하,《칠극》[3.15], 앞의 책, 225면. "世富如夢焉. 謂富者非眞, 惟夢耳. 饑渴者, 寐則夢食飮珍味旨酒, 醒焉饑渴如初. 富者得財, 股賑自樂. 頃焉貨財之饑渴如初. 夢飽食者, 當其夢也, 莫能使覺知其非眞飽也. 樂財者亦莫能使覺知今所得財之果虛物也. 死期既至, 夢訖乃覺矣."

24 정약용,〈취몽재기〉, 앞의 책 같은 부분. "余於醉夢也有說, 遂書以贈之."

25 정약용,〈시이자가계〉,《다산시문집》권18(한국문집총간 281책, 388면). "凡藏貨祕密, 莫如施舍. 握之彌固, 脫之彌滑, 貨也者鮎魚也."

26 판토하,《칠극》[1.67], 앞의 책, 85면. "至易遷流, 莫如貴位. 欲固得之, 如握泥鰍, 握愈固, 失之愈速."

27 판토하,《칠극》[5.7], 앞의 책, 385면. "夫樂亦苦種, 苦亦樂種. 今不以苦栽, 後安能以樂收."

28 정약용,《다산선생서첩》(정민,《다산증언첩》, 111면). "樂者毁之醭, 苦者譽之根. 譽由苦我生, 毁由樂我生."

29 판토하,《칠극》[6.3], 앞의 책, 457면. "一人多年堅坊淫感, 以保童身. 忽憶淫樂, 謂必大美. 既試, 嘆息不已, 曰: '以瞬息之穢樂, 貽終身之憂悔, 易童身不可補之至實, 嗟乎.'"

30 정약용, 〈여자굉증언(與慈宏贈言)〉(정민,《다산증언첩》, 210-219면). "老頭陀面壁念佛, 忽思世間夫婦, 對飯同被, 歡樂無比. 錫杖下山, 忽見井上有黃頭黑面, 如九子魔母者, 散髮痛哭. 詢之, 與夫鬨也. 頭陀色然駭, 回上山來."

31 판토하,《칠극》[6.16], 앞의 책, 481면. "又神往故人之墓, 思爾往日所識, 頗享世樂者, 今皆臭塵濁泥, 復自謂曰: '此人往日, 在世如我, 我來日在墓如彼. 身形及其美懿逸樂萬狀, 悉若是而已, 何足重哉.'"

32 정약용, 〈여초의증언(與草衣贈言)〉(정민,《다산증언첩》, 328-337면). "每春風始動, 草木萌芽, 胡蝶忽然滿芳草, 與法侶數人, 携酒游於古塚之間. 見蓬科馬鬣, 纍纍叢叢, 試酌一醆, 澆之曰: '冥漠君能飮此酒無. 君昔在世, 亦嘗爭錐刀之利, 聚塵刹之貨, 撑眉努目, 役役勞勞, 唯握固是力否. 亦嘗慕類索儷, 肉情火熱, 淫慾水涌, 暱暱於溫柔之鄕, 頷頷於軟煖之窠. 不知天地間, 更有何事否. 亦嘗憑其家勢, 傲物輕人. 咆哮煢獨, 以自尊否. 不知君去時, 能手持一文錢否. 今君夫婦合窆, 能歡樂如平昔否. 我今困君如此, 君能叱我一聲否.'"

33 홍유한에 관한 논의는 마백락,《농은 홍유한 선생 연구》(영남교회사연구소, 2009)와 김홍영 역,《농은 홍유한 선생 유고집》(영남교회사연구소, 2009)에 잘 정리되어 있다.

34 김대건, 이원순·허인 편역,《김대건의 편지》(정음사, 1975), 212면.

35 권철신, 〈홍유한제문〉,《풍산세승(豊山世乘)》(家藏 필사본) 제10책, 권16, 장36a. "公潛心對越之工, 已克盡其私, 而其所謂過者, 不過以我有我之見, 度公無我之心也."

36 권철신, 〈홍유한제문〉, 앞의 책 같은 부분. "嗚呼. 公當食, 必舍其半, 若遇美味, 尤節其嗜. 省減之極, 肥膚不豊, 則小子以公之節食爲過矣. 自少處內絶稀, 三十以後, 不復生育, 則小子以公之節色爲過矣. 身有痼疾, 起居甚難, 而非就寢, 未嘗欹臥, 則小子以公之律己爲過矣. 非意橫逆, 恬然樂受, 恥發人非, 不辨己直, 則小子以公之含忍爲過矣. 下賤堂下之拜, 必動身而答之, 平常不易言, 未嘗以身爲質, 則小子以公之執謙爲過矣. 道遇老病, 下馬授之, 百里炎程, 力疾徒步, 則小子以公之施人爲過矣."

37 이기양, 〈홍유한제문〉, 《풍산세승》 제10책, 권16, 장38b. "嗚呼. 食色, 人之所大欲也. 而先生之於身, 淡泊如枯木, 防制如仇敵. 忮求, 人之所同病也, 而先生之於人, 愛護如恐傷, 施與如不克. 易辟者傲也, 而先生自視, 常如無足以齒人者. 難平者怒也, 而先生視人, 常如無往而非德者. 能於暫而鮮於久者, 惰乘之也. 而先生之於生世六十年, 一於是而如晝也."

38 이기양, 〈홍유한제문〉, 앞의 책 같은 부분. "嗚呼. 謙之一字, 卽先生受用於平生者. 聞其正席, 又以是留敎於家塾, 卽此一言, 善觀者, 可以知其道, 善學者, 可以有所儀式. 道苟在矣, 亦何恨乎其人之現寂也哉."

39 《가장간첩》은 가장(家藏) 필사본으로 내지에 '세기사갑맹춘개장(歲己巳甲孟春改粧)'이라 한 것으로 보아 1809년에 후손이 정리한 자료다. 홍유한 집안에 보내온 명공들의 편지를 사람별로 묶어 정리했다. 조헌경(曺憲卿) 3통, 이형상(李衡祥) 15통, 이익(李瀷) 57통, 권암(權巖) 9통, 권상일(權相一) 1통, 홍낙성(洪樂性) 1통, 홍양호(洪良浩) 14통 등이다. 특별히 성호의 편지가 무려 57통이나 되는데, 정작 《성호선생문집》에는 이 가운데 단 1통만 수록되었고, 나머지는 모두 일문(逸文)이다.

40 《가장제현유고》 또한 가장 필사본이다. 성호 이익과 병와 이형상 및 그의 제자들이 홍유한 집안을 위해 쓴 글을 묶은 것이다. 〈독행홍공창보묘지명〉은 이 책 장3a에 실려 있다. "瀷素不喜交遊, 惟取重厚少文, 重厚則專實德少文, 又不外飾, 可以耐久爲明, 抑詞藻末也. 記昔吾友洪公聖文氏, 諱昌輔. 聖文卽其字也. 辱與我遊, 殆四十有餘年."

41 이 책에서 소개한 천진암 성지 소장 홍유한가 편지는 김동원 신부님이 복사본을 제공해주셨고, 홍유한 종손가 소장 필첩과 서한은 종손이신 홍기홍 선생의 협조가 있었다. 두 분께 감사드린다.

42 이익, 〈홍유한에게 보낸 편지〉 제22신, 《가장간첩》 장11b. "方星圖補益宗多, 細究之. 凡觀象諸圖, 疑若始自外國來, 其人星之類命, 亦有由. 然彼是而此非也."

43 뒷면에 〈방성도해(方星圖解)〉와 방성도 사용법을 설명한 뒤, '갑신맹하오산서(甲申孟夏梧山書)'라 하여 제작자인 서창재의 이름이 나온다. 1764년에 제작된 지도다. 서창재가 홍유한에게 보낸 〈답홍사량(答洪士良)〉이 《풍산세승》 제10책, 권16, 장51b에 수록되어 있다.

44 이병휴, 〈홍유한에게 보낸 편지〉, 《가장제현유고》 장25b. "聞又將負笈山寺, 於足下計不得已矣, 在僕悵失矣. 念棲何山何寺. 雖在山時, 或因行脚, 寄金玉音, 則幸矣. 僕雪屋氷窓, 作一不生不滅之虫, 西方聖人之事, 我知之矣, 恐亦如是."

45 이구환, 〈홍유한에게 보낸 편지〉(1781년 8월 17일), 《가장제현유고》 장24a. "西泰書兩種, 自尊所未還. 故業欲奉叩矣. 胤君言近猶繙閱, 若爾則不敢督索. 而千里外書緘, 常患難傳. 幸乞卒業之後, 討信便, 賜還如何. 千萬切仰."

46 박종악, 신익철·장유승 외 역, 《수기》(한국학중앙연구원 출판부, 2016), 90-91면.

47 관련 내용은 동국역사문화연구소 편, 《조선시대 서학 관련 자료 집성 및 번역 해제》(경인문화사, 2020), 제1책, 334-357면에 자세히 소개되었다.

48 권철신, 〈홍유한제문〉, 앞의 책 같은 부분. "嗚呼. 擬卜一區, 携手同歸, 是小子夙昔之志願, 亦同志數人, 十數年綢繆謀畫者, 而畢竟事與心違, 中道解散. 獨僑公於千里嶺外, 而無一人相隨, 生不相將, 死不相知, 小子之負公大矣."

49 이병휴, 〈답기명서(答旣明書)〉, 《정산잡저(貞山雜著)》, 《근기실학연원제현집(近畿實學淵源諸賢集)》(성균관대학교 대동문화연구원, 2002), 제3책, 672면. "家季父遺集, 尙未繕寫. 實爲欠事. 只待門下諸公指敎之如何. 遺集中論禮文字, 秉休果有裒聚成書之意, 而全集未謄之前, 無以遍考, 故不敢下手."

50 이벽, 〈정산이병휴제문〉. "記昔甲午歲, 小子方南下, 始趍拜門下, 留侍六七月. 先生不以小子之年幼無似, 勸誨不已, 而託深遇焉. 臨行之, 戒六帙之編, 別后三度之書, 盖先生愛小子不淺, 而小子亦奉承感激, 銘肺腑, 不敢忘者也." 이 제문은 현재 사진만 남아 있고, 원본의 소재를 알 수가 없다.

51 이병휴, 〈송홍사량유한지영남서(送洪士良儒漢之嶺南序)〉, 《풍산세승》 제10책, 권16, 장41b. "夫受廛於大嶺之南, 卽我季父星湖先生之雅志, 而未就者也. 先生之言曰: '不咸大幹, 自北而南, 迤邐行數千里, 而崛起爲大嶺. 嶺之南, 大賢首出 (……) 當今之世, 欲求有倫之鄕, 捨嶺南而何適乎.'"

52 권철신, 〈홍낙질에게 보낸 편지〉(1776년 2월 24일, 천진암 성지 소장). "吾儕南踰之計, 實出於窮不自食. 而天之厄, 足如不及焉. 今年兄之喪配, 不但兄家興亡所關, 吾輩擧皆狼狽. 士興中路滯留, 也能亦七分退步, 未知畢竟之如何. 而鄙意前丘布置, 勢難中止, 且不可使兄家獨喫苦. 況待秋欲治送內行計. 而也能亦欲過夏於山外耳."

53 권철신, 〈홍유한에게 보낸 편지〉(1776년 4월 24일, 천진암 성지 소장). "事到迫頭, 今狼狽何言. 手中無物, 不可不速往周旋, 而又以馬病, 不得發. 吾輩南計, 天必欲沮戲之至此, 誠亦異矣. 然鄙意誠難退步, 秋後欲治送內行. 都在家弟口白, 而但所營, 每每緯繣, 是可悶也."

54 권철신, 〈홍유한에게 보낸 편지〉(1776년 5월 24일, 천진암 성지 소장). "南丘搬移, 今無更議. 此處庄土, 今則少無慳惜之心."

55 권철신, 〈홍유한에게 보낸 편지〉(앞의 글). "士興亦無事. 其子方來學鄙所耳. 存昌者亦隨來, 做古風製, 才頗有之, 可喜. 令胤許不能有書, 此意下布焉."

56 권철신, 〈홍낙질에게 보낸 편지〉(1777년 8월 8일, 천진암 성지 소장). "去晦, 與士興赴長川翁練祥, 歷入餘湖 (……) 備宿存昌家, 細聞宅家凡節."

57 온양 봉곡사에서 이루어진 서암강학회에 대해서는 정민, 《파란》(천년의상상, 2019) 제2책 165-184면에서 상세하게 논의했다.

58 정약용, 〈녹암묘지명〉, 《다산시문집》 권15(한국문집총간 281책, 334면). "先兄若銓, 執贄以事公. 昔在己亥冬, 講學于天眞菴走魚寺, 雪中李檗夜至, 張燭談經. 其後七年而謗生, 此所謂盛筵難再也."

59 정약용, 〈선중씨묘지명〉, 《다산시문집》 권15(앞의 책, 336면). "嘗於冬月, 寓居走魚寺講學, 會者金源星權相學李寵億等數人. 鹿菴自授規程, 令晨起掬冰泉盥漱, 誦夙夜箴, 日出誦敬齋箴, 正午誦四勿箴, 日入誦西銘, 莊嚴恪恭, 不失規度. 當此時, 李承薰亦淬礪自強, 就西郊行鄕射禮, 沈浟爲賓, 會者百餘人."

60 정약용이 이익의 종손(從孫)인 이삼환에게 보낸 〈상목재서(上木齋書)〉에서 "지난 무술년(1778)과 기해년(1779) 사이에 서울에서 노닐며 담소하던 선비들이 공손히 추창하고 길게 읍하며 위의를 가다듬어 엄숙하게 삼대의 기상이 있었던 것은 누구의 힘이었습니까? 모두 다 성호 선생께서 바탕을 개척하고 문호를 세워 우리 유학을 중흥시켜서 만세에 뽑히지 않을 큰 사업을 수립하였기 때문이었습니다(往在戊戌己亥之間, 京洛游談之士, 恭趨長揖, 攝以威儀, 儼然有三代氣象. 是誰之力. 皆星翁爲之拓基址立門戶, 以中興斯道, 而樹萬世不拔之業也)"라고 썼다. 1778년과 1779년의 사이라고 한 것에서 이승훈이 참석한 향사례가 1778년 연말쯤 열린 것을 알 수 있다. 다산은 1년 전에 열린 향사례를 1779년 겨울 주어사 강학 모임 뒤에 슬쩍

끼워넣어 둘 사이에 연속성을 부여하려 했다. 전후 맥락에 대해서는 정민, 《파란》(앞의 책) 제1책, 83-85면의 '성호학파 전당대회'를 참조하라.

61 샤를 달레, 안응렬·최석우 역주, 《한국천주교회사》(한국교회사연구소, 1979), 상권 301면.

62 둘째 '영혼의 신령성과 불멸성'에 관한 책은 《영언여작》과 《주제군징》 두 책 가운데 어느 한 책을 지칭하는 것으로 보인다. 일반적인 지명도로 보아 《영언여작》일 듯하나, 탕약망의 《주제군징》의 라틴어 저본이 '신의 섭리와 영혼의 불멸에 대하여'라는 제목으로 되어 있고, 《주제군징》에서도 이 문제를 다루고 있어, 이 책을 함께 읽었을 가능성도 없지 않다.

63 샤를 달레, 《한국천주교회사》, 앞의 책, 상권 302면.

64 권철신, 〈홍유한에게 보낸 편지〉(앞의 글). "士興亦無事. 其子方來學鄙所耳. 存昌者亦隨來, 做古風製, 才頗有之, 可喜. 令胤許不能有書, 此意下布焉. (……) 此亦書室來學者十許童, 才氣無過."

65 권철신 외, 《감호수창첩》(국립중앙도서관 소장) 서문. "癸巳仲夏, 癖友乘舟來訪. 適値東屯翁來留, 留連極韻. 一日兩老與哲兒, 拈韻各賦近體十餘首. 余不可以陋拙辭, 遂和之. 淑兒與金郎源星, 亦有所和, 合成一軸." 이 시첩에 대해 각종 사전과 지식백과에서는, 동둔을 숙종 때 인물 이유상(李有相, 1623~1673)으로, 감호를 강원도 고성군에 있는 호수로 설명하고 있다. 이유상의 호가 동둔이었기 때문에 생긴 착오로, 숙종 때 인물 이유상이 정조 때 사람 권암과 함께 유람을 했다는 터무니없는 이야기가 된다.

66 《감호수창첩》(앞의 책) 첫 면에 실린 인문. "安東後, 權氏巖, 字孟容, 號尸庵, 生丙申, 有五男. 老而隱鑑湖南."

67 권철신, 〈홍유한에게 보낸 편지〉(1774년 1월 21일, 천진암 성지 소장). "金郎源星, 遠來讀書. 文學比前多進, 不無朋來之樂, 可幸. 而但儉歲貧灶, 生活極難, 奈何奈何."

68 집안 관련 내용은 임성빈, 〈신유박해 이후 교회 재건기의 지도자 권기인 요한에 대한 연구 - 양근 권철신 5형제 가문의 혈연을 중심으로〉, 《교회사학》 제8호(수원교회사연구소, 2011)에 자세하다.

69 이만채 편, 《벽위편》(열화당, 1971), 상편 106면. "近聞西洋帶來種子五六人, 交結匪

類, 設道場, 講其法及其道場主人之拘囚受刑也. 五六人自詣秋曹, 乞被同律, 惟願速棄形骸, 永上天堂. 父兄禁之不得, 知舊挽之不聽."

70 안정복, 〈여기명제삼서, 겸정사흥(與旣明第三書, 兼呈士興)〉, 《순암부부고》 권10(국사편찬위원회, 2012), 65면. "今聞西士之學, 公未免爲浮躁年少輩之所倡導, 果何爲而然乎. 又聞庭藻天全子述德操輩, 相與結約, 攻習新學之說, 狼藉去來之口. 向者又聞, 文義諺札中, 言其家二少年, 皆爲此工, 稱賞不已云. 此豈非大可駭者乎."

71 다블뤼, 《조선순교사비망기》(《하느님의 종 이벽 요한 세례자와 동료 132위》 제1집, 한국천주교주교회의 시복시성주교특별위원회, 2017), 29면.

72 다블뤼, 《조선순교사비망기》, 앞의 책, 53면.

73 이 시기 관련 내용은 정민, 《파란》(앞의 책) 제1책에서 비교적 상세하게 다뤘다.

74 이벽, 〈정산이병휴제문〉. "記昔甲午歲, 小子方南下, 始趍拜門下, 留侍六七月. 先生不以小子之年幼無似, 勸誨不已, 而託深遇焉. 臨行之, 戒六帙之編, 別后三度之書, 盖先生愛小子不淺, 而小子亦奉承感激, 銘肺腑, 不敢忘者也."

75 정약용, 〈시이자가계〉, 《다산시문집》 권18(한국문집총간 281책, 389면). "權判書徽身長九尺餘, 腰圍面貌, 皆踰凡人."

76 권엄, 〈홍낙질에게 보낸 위문장〉(1785년 2월 23일, 천진암 성지 소장). "先府君吾之友情, 兼師道者也."

77 황윤석, 《이재난고》 1778년 11월 26일. "李德懋言: '近日京中, 以西學數理專門者, 徐命膺及子浩修. 而又有李檗, 卽武人格之弟也. 廢擧不出, 爲人高潔, 方居紵洞.'"

78 황윤석, 《이재난고》 1786년 5월 5일. "有李蘗者, 月川君廷馣之後, 兵使鏟之子, 格之兄也. 看書十行俱下, 繙閱如飛. 目能一上視一下視, 一左視一右視. 臂骨不雙而單, 能三次回斡, 能上跳二丈. 平生酷好西洋之天主實義, 爲一時其徒之冠, 年三十而夭. 近年上命西洋文學, 自律曆數學三種以外, 其爲天主實義之學者, 自刑曹聚其書焚之, 嚴禁中外. 李君時入桂坊別薦, 上疏自列天主之說云."

79 정약용, 《다산시문집》 권1(한국문집총간 281책, 16면).

80 박제가, 《정유각집》 제2집(한국문집총간 261책, 507면).

2부 | 성호학파의 분기와 성호의 진의(89~148쪽)

1 안정복, 〈천학문답〉, 《순암집》 권17, 잡저(雜著)(한국문집총간 230책, 150면). "或之退也. 復問曰: '今之爲此學者, 多言吾星湖先生亦嘗爲之, 其信然乎.' 余曰: '余於丙寅歲, 始謁于先生, 先生與之談論經史諸說, 可謂無所遺矣. 末梢至西洋學, 先生曰: 西洋之人, 大抵多異人, 自古天文推步, 製造器皿, 筭數等術, 非中夏之所及也. 是以中夏之人, 以此等事, 皆歸重於胡僧, 觀於朱夫子說, 亦可知矣. 今時憲曆法, 可謂百代無弊, 曆家之歲久差忒, 專由歲差法之不得其要而然也. 吾常謂西國曆法, 非堯時曆之可比也. 以是人或毁之者, 以余爲西洋之學, 豈不可笑乎.'"

2 안정복, 〈천학문답〉, 앞의 책 같은 부분. "余因問: '洋學有可以學術言之者乎.' 先生曰: '有之矣.' 因言三魂之說及靈神不死天堂地獄之語, 曰: '此決是異端, 專是佛氏之別派也.' 當時所聞如此. 其後余復有所問, 答曰: '天主之說, 非吾所信. 鬼神之有淹速之別, 非箇箇同然也.' 又曰: '七克之書, 是四勿之註脚. 其言蓋多刺骨之語, 是不過如文人之才談, 小兒之警語. 然而削其荒誕之語, 而節略警語, 於吾儒克己之功, 未必無少補. 異端之書, 其言是則取之而已. 君子與人爲善之意, 豈有彼此之異哉. 要當識其端而取之可也.'"

3 안정복, 〈천학문답〉, 앞의 책, 151면. "今以先生與余問答之語, 及此跋文觀之, 其果尊信之乎. 此不過無識少輩以其自己之陷溺, 幷與師門而實之, 可謂小人之無忌憚也. 幸以我今生存, 能卞其是非而已. 我若已死, 則後生輩亦必信其言矣. 豈不爲斯文之大可羞吝者乎."

4 안정복, 〈천학문답〉, 앞의 책 같은 부분. "或又問曰: '星湖先生嘗謂利瑪竇聖人也. 此輩之藉此爲言者多. 其信然乎.' 余聞之. 不覺失笑曰: '聖有多般, 有夫子之聖, 有三聖之聖, 不可以一槩言也. 古人釋聖字曰: 通明之謂聖, 與大而化之之聖, 不同矣. 先生此言, 余未有知, 或有之而余或忘之耶. 假有是言, 其言不過西士才識, 可謂通明矣, 豈以吾堯舜周孔之聖, 許之者乎. 近日人多以某人爲聖人, 某人余所見也. 先生雖有此言, 是不過某人之類耳, 豈眞聖人也哉. 噫嘻. 吾道不明, 人各以自己斗筲之見, 自以爲是而不能覺焉, 至於誤後生而不知, 誠足憐悶. 他尙何言.'"

5 신후담, 〈기문편〉, 《하빈선생전집(河濱先生全集)》(아세아문화사, 2006), 권7, 3면. "甲辰三月二十一日, 余往拜李星湖丈于鷺峴寓舍. 李丈方與人論利西泰事, 余問曰: '西泰果何如人.' 星湖曰: '此人之學, 不可歇看. 今以其所著文字, 如天主實義, 天學正宗等諸書觀之, 雖未知其道之必合於吾儒, 而就其道, 而論其所至, 則亦可謂聖人矣.'" 신후담의 〈기

문편〉은 김선희 역, 《하빈 신후담의 돈와서학변》(사람의무늬, 2014)에 전문과 번역이 소개되어 있다. 책의 39-47면에 〈기문편〉의 역주가 실려 있다.

6 신후담, 〈기문편〉, 앞의 책, 권7, 5면. "甲辰七月十七日, 余往拜李星湖丈于鵞峴寓舍, 問曰: '頃見先生, 深取西泰之學, 竊嘗求西泰所撰職方外記, 觀之, 則其道全襲佛氏, 其爲邪學無疑. 先生取它之意, 竊所未曉.' 李丈不以爲然曰: '西泰之學, 不可歇看.'"

7 신후담, 〈기문편〉, 앞의 책 같은 부분. "李丈問曰: '吾嘗聞尹幼章之言, 則君斥西泰之學, 不遺餘力云, 君知西泰之學, 爲何如耶. 吾且爲君, 言之西學. (……) 想其胸次廣大, 意思之宏淵, 足以破世俗齷齪, 卑狹物我計較之私. (……) 至其天主之說, 昧者瞠焉, 而今以經傳所載上帝鬼神之說, 觀之, 則其說亦有嘿相契者.'"

8 김선희 역, 《하빈 신후담의 돈와서학변》, 앞의 책, 47-63면.

9 안정복, 〈천학문답〉, 앞의 책 같은 부분. "異端之書, 其言是則取之而已. 君子與人爲善之意, 豈有彼此之異哉. 要當識其端而取之可也."

10 강세정, 《송담유록》(연세대 도서관 소장), 장1a. "星湖先生嘗論西國之學云: '利瑪竇神聖人也.' 故洋學熾後, 人或以是疑其酷信, 妄加訾議者有之. 然先生又云: '是爲佛氏之餘派, 不離膠漆盆中, 惜哉.' 卽此兩段說, 可斷其嚴排也. 其所取以爲神聖者, 特星曆技巧等諸條而已. 後之人, 不可不識也."

11 강세정, 《송담유록》, 앞의 책 같은 부분. "李嘉煥字吉甫, 星湖之從孫也. 號例軒. 聰明絶人, 文詞談洽. 擧業亦不屑爲, 而奇文僻書, 無不貫通. 雄談善辯, 沛若江河. 往往對人說話, 奇奇異異. 其言大抵多西國利瑪竇之說也. 吾東人士, 實罕聞而罕見也. 故聽之者, 莫知卞, 而但以爲當世博洽, 無出其右. 彼亦嵬然自高, 低視世人, 發於事爲. 如種樹等法, 皆用西法, 法未嘗不奇妙, 見之者, 亦莫不異之."

12 강세정, 《송담유록》, 앞의 책 같은 부분. "自夫釋褐之前, 酷信西學, 則傳授於嘉煥, 眞所謂難兄難弟. 潛相學習, 外爲粧撰, 而其徒李檗 溥萬之子, 李基讓權日身李承薰, 乃是簪纓世族, 薄有才藝者也. 潛自交結, 專治邪學, 招朋引類. 首先浸淫, 辭說大播, 有識竊嘆矣."

13 정약용, 〈선중씨묘지명〉, 《다산시문집》 권15(한국문집총간 281책, 336면). "幼而不羈, 長而桀驁."

14 이재기, 《눌암기략》(다산영성연구소 소장), 장9a. "睦文川景遠氏, 嘗訪丁若銓於家. 丁大喝曰: '姓睦者, 蹶於己巳, 衄於庚戌, 幸而得有遺種. 今萬中又欲戕殺士類耶. 此後不可

使萬中, 入拜玄軒廟.' 云云. 己巳睡翁竄, 庚戌默齋兄弟寃死, 皆景遠氏先故. 而於餘翁不干焉, 豈若銓未諳故事耶. 欲討餘翁之罪, 語侵他家先故, 可乎. 景遠氏眞所云 '魚網鴻罹' 也, 其意氣之豪健如此."

15 안정복, 〈답이사흥(答李士興)〉 을사춘(乙巳春)(《벽위편》, 상편 109면). "八十老人, 所可服習, 公亦必爲之悶然耳. 又曰: '日夜呻痛, 求死不得. 果是可憐人生.' 先是丁若銓謂'此丈可憐'故云. 是不過前頭受地獄之故耳."

16 안정복, 〈답이경협서(答李景協書)〉 무자(戊子), 《순암집》 권4(한국문집총간 229책, 412면). "旣明士賓, 時有情問. 而明也大敏, 敏處反爲其病."

17 안정복, 〈답이경협서〉 기축(己丑), 《순암집》 권4(앞의 책, 413면): "旣明士興, 誠爲當世奇才. 夫成德大業, 不可徒才而止, 必有平實穩重, 寬厚正大氣象然後, 可以有爲. 抑揚之權, 實有望于兄矣."

18 안정복, 〈답이경협서〉 기축, 《순암집》 권4(앞의 책 같은 부분) "示諭 '但以異於先儒之言, 而一例揮斥, 是豈前脩之所望於後人者耶', 是固然矣. 前日愚嘗承聞吾先生語矣, 曰: '聖王之治天下, 首開言路, 明道講學, 是何等大事, 而杜閉後生之言議耶. 是以學貴自得, 不必泥滯前人言議.'"

19 안정복, 〈답이경협서〉 기축, 《순암집》 권4(앞의 책, 415면). "但其年少氣銳, 或言議率易, 見識過當."

20 안정복, 〈답이경협서〉 계사(癸巳), 《순암집》 권4(앞의 책, 416면). "旣明之斷棄擧業, 勇敢可尙. 士興之文章學識, 才氣可畏. 然俱欠涵養縝密之工."

21 안정복, 〈답이경협서〉 을미(乙未), 《순암집》 권4(앞의 책, 418면). "旣明士興, 非惟當世之才, 求之古人, 亦罕其倫. 但其才氣勝, 而工夫不篤, 欲以一時所見, 求壓前人. 此習若長, 弊將如何. 其所可悶者, 以程朱未發用工之語, 謂之涉禪, 而以中庸戒懼之意, 謂非靜存之工. 若如其說, 則濂洛以後論敬論靜文字, 皆當毁之矣. 觀渠所論, 只在動上用工而闕一靜字, 是豈可成說乎. (……) 尊兄何不呵抑之耶. 若此不已, 則其取笑於人而愧於自心者多矣."

22 안정복, 〈답이경협서〉 병신(丙申), 《순암집》 권4(앞의 책, 419면). "士興失所, 搬移寄寓, 他人看甚悶. 然此人之生於吾黨, 實非偶然. 而近來觀其言論氣習, 漸異於前, 未知尊兄之敎導, 或有所由而然耶. 從古眞正大英雄, 皆從戰兢臨履中出來, 此友於此邊分數忽

署, 而不屑爲之. 頗以拙語規警, 而無異以水投石, 豈非更有別種義理, 出於先儒已定之外, 而可以成立者耶. 此與兄之法門不同, 則何不施以頂針耶."

23 이익, 〈여권맹용〉, 《성호전집》 권30(한국문집총간 199책, 20면). "큰아들이 뜻하지 않게 경전의 가르침에 더욱 깊이 뜻을 두고 있더군요. 금번 몇 장의 간찰을 보니, 뜻이 높고 깊을 뿐 아니라, 논변과 문장이 성대하여 볼만했습니다. 마음으로 얻은 바가 있지 않고서야 이렇게 할 수 있겠습니까? 근래에 학문에 뜻을 둔 사람이 없었는데, 막힌 것이 극에 달하면 반드시 통한다더니, 기명이 바로 그 사람이 아니겠는지요. 우리의 도를 위해 다행입니다(胤哥不意留心經訓益深, 今見數紙簡札, 不但意旨崇深, 其論辨詞藻, 沛然可觀. 不有所得於中, 其能然乎. 近世志學無人, 否極必通, 亦其理或然, 旣明卽其人耶. 吾道之幸也)."

24 이익, 〈답권기명〉, 《성호전집》 권30(앞의 책 같은 부분). "百順所規, 正得其要. 愛之之深, 私憂過計, 或恐不自重而不固. 旣固矣, 取友必端, 知過必改, 則進進不已. 何患不至於上層地位. 如百順者, 自是善導人, 所謂頂門針. 只在自己方寸中."

25 안정복, 〈여사흥(與士興)〉 계묘정월(癸卯正月), 《순암부부고》 권10(국사편찬위원회, 2012), 20면. "旣明與公及士賓往復書面, 常書丈席二字, 此二字豈可以年紀之高, 而猥當之耶. 書之者, 有失於稱停, 受之者, 亦不勝歉愧. 此後去此二字."

26 샤를 달레, 안응렬 · 최석우 역주, 《한국천주교회사》(한국교회사연구소, 1979), 상권 309면.

27 샤를 달레, 《한국천주교회사》, 앞의 책, 상권 311면.

28 안정복, 〈답권기명서〉 갑진(甲辰), 《순암집》 권6(한국문집총간 229책, 462면). "原書云: '向承談經論禮, 雲消霧散之教, 不覺惕然于中. 哲前日之繳繞文義, 無所實得, 得爲大罪. 自念朝夕救過不暇, 何敢更有論說乎. 以此向來迷見箚錄者, 一幷毁棄, 未死之前, 惟默以自修, 毋陷大惡, 爲究竟法耳.'"

29 안정복, 앞의 글. "承喩公書, 大異前日規模, 頗帶伊蒲塞氣味. 公何爲而有此言耶."

30 안정복, 앞의 글. "此何異於少林面壁, 朝夕念阿彌陁佛, 懺悔前過, 懇乞佛前, 得生天堂, 求免墮落地獄之意耶, 愚於此誠不知公之有此言也."

31 안정복, 〈답기명(答旣明)〉 우십이월초삼일(又十二月初三日), 《순암부부고》 권10(앞의 책), 58면. "其後轉聞洋學大熾, 某某爲首, 某某次之. 其餘從而化者, 不知幾何云 (……)

今爲天主之學者, 晝夜祈懇, 祈免墮於地獄, 是皆佛學也."

32 안정복, 앞의 글. "今聞德操抱多少書而進去, 公所云: '必有可觀者, 天主救世之心, 豈欲自秘而獨行耶. 古人恥獨爲君子, 幸望借示焉.' 德操平生愛重, 而今者過此不見. 未知其故也. 豈以其道不同而不相謀耶. 天主導人爲善之意, 必不如此也."

33 이만채 편, 《벽위편》(열화당, 1971), 상편 108면. "初本有'今者庭藻天全子述德操輩'十字, 改以某某輩. 李家煥字庭藻, 丁若銓字天全, 李承薰字子述, 德操未詳." 덕조(德操)는 이벽의 자다.

34 안정복, 〈여권기명서〉 갑진, 《순암집》 권6(한국문집총간 229책, 463면). "竊恐天堂之樂未及享, 而世禍來逼矣, 可不愼哉, 可不懼哉. 公輩旣溺于此, 則不能洗心旋踵, 以祛此習, 反謂之曰: '地獄之設, 正爲某丈.' 愚於此甘受, 而不忍爲此態也."

35 안정복, 〈권군진묘지명(權君𩔖墓誌銘)〉, 《순암집》 권23(한국문집총간 230책, 266면). "數年以來, 有所謂天學者出. 而世多波靡而從之. 君始疑而終覺其非, 與其友金君源星, 力持正論, 不少撓屈, 未嘗有所染汚也."

36 안정복, 〈답사흥(答士興)〉, 《순암부부고》 권10(앞의 책), 70면. "向來省吾力勸此學, 余聞若過耳之風. 其後又貽書勸之, 語此學之眞眞實實, 至謂天下之大本, 達道專在於是."

37 안정복, 〈답이사홍〉 을사춘(《벽위편》, 상편 109면). "八十老人, 所可服習, 公亦必爲之悶然耳. 又曰: '日夜呻痛, 求死不得. 果是可憐人生.' 先是丁若銓謂 '此丈可憐' 故云. 是不過前頭受地獄之故耳."

38 이 대목은 《순암부부고》 권10, 80면에 실린 1785년 3월 과거 직후에 보낸 편지에 실려 있다.

39 안정복, 앞의 글. "向者從鍾峴謝答, 多有觸犯之語, 想公必以老謬之囈語, 視之, 豈足深尤."

40 안정복, 〈답이사홍〉 을사유월이십칠일(乙巳六月二十七日), 《순암부부고》 권10(앞의 책), 80면. "耶蘇救世之名也, 旣云救世, 則指導其昏愚, 使之開悟可也, 何必有所問而不答, 掩其書而自秘, 不使昏愚者有所開悟, 其果爲天主救世之意耶."

41 안정복, 〈폐구음〉 을사칠월십오일(乙巳七月十五日), 《순암부부고》 권10(앞의 책), 99면.

42 안정복, 〈탄시이절(歎時二絶)〉 을사하(乙巳夏), 《순암부부고》 권10(앞의 책), 100면.

43 안정복, 〈삼절음〉 을사(乙巳), 《순암부부고》 권10(앞의 책), 102면.

44 《안정복일기》의 해당 부분 전문의 탈초와 번역은 김현영, 〈순암일기 차록(箚錄)－서학 관련 기록을 중심으로〉, 《고문서연구》 제51호(2017. 8)에 자세하다.

45 안정복, 《안정복일기》(국립중앙도서관 소장). "士興寒暄後, 言及與旣明書, 多有不平之語. 而且曰: '書中文義諺札四字, 是家慈之書也. 何其如是發露於人耶.' 余觀其語, 習氣色大異前日, 遂笑而徐謂之曰: '此四字, 非由他也. 我家與君旣明之家, 便同一家矣. 與旣明書而言及君家諺札, 是何罪也.' 渠遂正色而言曰: '是不當如此.' 又曰: '何故以其諺札, 賓客之來, 逐一示之乎.'" 전후 내용은 김현영, 앞의 논문을 참조할 것.

46 안정복, 《안정복일기》(앞의 책). "我於渠, 等位隔絶, 渠父稱我爲尊丈, 而與我兒結交, 渠亦數十年, 以師禮待之. 不意一朝以旣明一札, 待我至此, 是亦天學之遺教耶. 然而天學忘讐愛仇, 是人也, 以睚眥爲怨, 是亦天學之不許也. 士興歸後, 痛心而書之."

47 이재기, 《눌암기략》 장9a. "其在文義也, 順菴貽書基讓, 請其弟勿看雜書, 以諺書證之. 盖其弟基誠, 卽順菴孫女婿也, 惑于邪學. 其母沈氏作書于順菴子婦, 憂其外入, 可謂賢母也. 順菴聞之, 攙及此語于書中, 實非異事. 基讓恚之, 他日乘轎至寢門外, 乃下大喝, 曰: '言人閨閤中事, 讀書者亦如是乎.' 云云, 更不交語, 乘轎而出云, 是亦變怪."

48 정약용, 〈녹암묘지명〉, 《다산시문집》 권15(한국문집총간 281책, 334면). "公之學, 壹以是孝弟忠信爲宗旨, 居家唯順父母養志, 友昆弟如一身, 是務是力. 凡入其門者, 但見一團和氣沖融肸蠁, 似有薰香襲人, 如入芝蘭之房."

49 정약용, 〈녹암묘지명〉, 앞의 책 같은 부분. "嗚呼. 仁厚如麒麟, 慈孝如虎雌, 慧識如曙星, 顔貌如春雲瑞日. 而死於棱櫂, 肆諸市朝, 豈不悲哉."

50 정약용, 〈녹암묘지명〉, 앞의 책 같은 부분. "尙記庚申春, 我季父在歸川草堂, 忿然曰: '權某寸斬無惜.' 繼之曰: '唯家行卓異.' 我仲氏曰: '家行卓異者, 尙當寸斬乎.'"

51 정약용, 〈복암묘지명〉, 《다산시문집》 권15(한국문집총간 281책, 331면). "公天姿魁偉傑特. 額宇圓隆, 眉目豁然以廣. 鼻口輔頰, 皆雄峻豐滿. 身長八尺, 白晳軒昂. 鬚髯只數莖, 辯舌如長河. 少斥弛不羈."

52 정약용, 〈복암묘지명〉, 앞의 책 같은 부분. "十月中, 批除弘文館副修撰, 謂相國曰: '卿今老矣, 無可代卿者, 得李基讓, 吾無患矣.'"

53 이만채 편, 《벽위편》, 앞의 책, 상편 108면. "余與權旣明李士興書, 在甲辰十二月, 而

乙巳三月有天學獄. 其類倡言曰: '廣州中路, 文官鄭姓人, 聞我有此書, 傳布於搢紳間. 秋判聞之, 致成此獄.' 我之權力, 能使平生所不知之宰相, 信我塗聽之說, 而爲此擧乎. 此輩之妄, 加誣辭至此, 豈不懼哉."

54 안정복, 〈여이재남재적서(與李載南載績書)〉, 《순암부부고》 권10(앞의 책), 60면. "七克一書, 昔年先生投示, 敬玩納上. 其中寔多刺骨語, 究其脈絡, 決是異端. 今欲更考, 幸更俯借, 旋當奉完, 勿泛幸甚. 今聞吾儕中年少有才氣者, 皆爲洋學, 其說狼藉不可掩, 衰必聞之矣. 哀見復如是耶. 此爲用夏變夷之機, 其不幸大矣."

55 안정복, 〈여유옥경서(與柳玉卿書)〉, 《순암부부고》 권10(앞의 책), 60면. "近聞洋學大熾, 知舊中, 以才識者自許者, 皆入其中, 公必聞之. 公言此學, 果何如耶. 以愚觀之, 專是筑乾之緖餘, 稍變其說耳. 自有吾儒眞實法門, 何取於斯而然耶. 是或吾見於至而然耶. 幸示之也. 畸人靈言二書, 此便付送如何. 此有緊考故耳. 如未盡閱, 更借爲好."

56 《안정복일기》는 국립중앙도서관에 소장되어 있다. 제51책 마지막 장에 나온다.

57 안정복의 〈천학설문〉은 《순암부부고》 권10(앞의 책), 61면에 수록되어 있다. 제목 아래에 "贈沈士潤, 士潤前有所聞, 故書此答之"라 하여 심유의 요청에 의해 지었음을 밝혔다.

58 안정복, 〈여기명제삼서, 겸정사흥〉, 앞의 책 같은 부분. "天學設問, 欲爲錄送, 而書出甚難, 不得送呈, 于思謄去, 則似有可見之路. 然皆妄說, 何能動公輩已定之成學耶."

59 안정복, 〈천학고〉, 《순암집》 권17(한국문집총간 230책, 138면). "自癸卯甲辰年間, 少輩之有才氣者, 倡爲天學之說, 有若上帝親降而詔使者然. 噫. 一生讀中國聖人之書, 一朝相率而歸於異教, 是何異於三年學而歸, 而名其母者乎. 誠可惜也."

60 《전국책》 〈위책〉 3. "宋人有學者, 三年反而名其母. 其母曰: '子學三年反, 而名我者何也.' 其子曰: '吾所賢者, 無過堯舜, 堯舜名. 吾所大者, 無大天地, 天地名. 今母賢不過堯舜, 母大不過天地, 是以名母也.'"

61 안정복, 〈천학고〉, 앞의 책 같은 부분. "其王無常, 簡立賢者. 其法不食猪狗驢馬等肉, 不拜國王父母之尊. 不信鬼神, 祀天而已. 其俗每七日一暇, 不買賣不出納, 惟飮酒謔浪終日."

62 안정복, 〈천학고〉, 앞의 책 같은 부분. "每七日, 王出禮拜. 登高坐, 爲衆說法曰: '人生甚難, 天道不易. 姦非刦窃, 細行謾言, 安己危人, 欺貧虐賤, 有一於此, 罪莫大焉.' 率土稟化, 從之如流."

63 안정복, 〈천학고〉, 앞의 책 같은 부분. "按大秦之俗, 削髮不畜妻, 與僧無異. 但事天事佛不同. 開皇以後, 其教行乎中國, 築舘居生, 與道觀佛刹無異. 使主其教而已, 會昌以後, 其教遂絶." 원문 중 회창 이후 운운한 대목은 회창폐불(會昌廢佛), 즉 중국 당나라 무종 대에 이루어진 폐불 사건을 말한다. 또 불교와 함께 장안을 중심으로 번성했던 삼이교(마니교, 조로아스터교, 네스토리우스파 기독교)도 배척당했다.

64 이재기, 《눌암기략》 장1a. "眉江院在羅州, 歲久屋宇傾圮. 癸卯院儒數人謁樊翁, 謀所以易而新之. 時逑台蔡判書弘履, 字士逑在東臯, 翁移書請助其役. 院儒持樊翁書到原州, 留營下數月, 卒不得入, 狼狽而歸. 於是桃坡諸人喧傳, 逑台驅逐院儒云. 睦汝章氏沈景老丈, 發文于知舊, 請絶逑台. 大小蔡之名, 自此出矣." 미강서원 사건을 둘러싼 남인의 분화는 정민, 《파란》(천년의상상, 2019) 제1책, 260-268면의 〈남인의 분화, 채당과 홍당〉을 참조할 것.

65 이재기, 《눌암기략》 장1a. "吾儕百年坐廢, 實無勢利之可爭. 人人情若骨肉, 相對吐出肝膽. 雖居數百里之外, 聲氣相通, 風俗可謂美矣. 一朝而有同室操戈之變, 吁. 亦不幸之甚矣. 或者曰: '今西人亦分二黨, 此其風氣使然耳.' 余曰: '不然. 西人抵死戰爭, 以其進退之際, 利害生焉. [1b] 若吾輩則兩寡婦相鬪, 豈非可笑乎.'"

66 이재기, 《눌암기략》 장2a. "時李錫夏守務安, 修起居于樊菴, 書末不書姓名. 翁覽書曰: '何其慠也.'"

67 《승정원일기》 1786년 9월 12일자 기사에 "홍당은 홍수보(洪秀輔)와 강세륜(姜世綸)이 시의(時議)를 따라서 채제공을 평안병사에 제수하지 말 것과 그를 국문(鞫問)하기를 청하면서 갈라졌습니다"라는 내용이 있다.

68 이재기, 《눌암기략》 장2a. "時禍色滔天, 樊翁少無畏縮意, 其有定力可知也. 或者曰: '李晳在蓮府, 數數來傳密旨, 以知上意之眷眷, 故如此云.'"

69 이재기, 《눌암기략》 장4a. "雲伯才藝敏悟, 上特愛之, 常置諸近密. 日上諭樊翁曰: '卿盍與洪仁浩釋憾.' 仍命雲伯, 親往謝之. 雲伯到美洞, 賓主叙寒暄而罷云."

70 《추국일기(推鞫日記)》 8, 《각사등록》(국사편찬위원회, 1994) 제78책, 259면. "庚辰年間, 若鏞與權日身弟子尹有一, 借矣身名字, 往復於北京西洋人 (……) 庚戌乙卯之事, 矣身初欲告官矣, 其時丁若鏞哀乞於矣身, 以爲朝家已盡洞燭, 幸勿告官云云. 故矣身果不告官."

71 이만채 편, 《벽위편》, 앞의 책, 상편 128면의 〈홍주서상채좌상서(洪注書上蔡左相書)〉에 나온다.

72 이만채 편, 《벽위편》, 앞의 책, 상편 133면. "初蔡相見此書, 大驚慮, 方欲治箚, 痛陳其先唱者數三人之罪. 數三人者, 預知其幾, 大生恐㤼, 夜見蔡弘遠曰: '大監欲殺吾輩, 吾輩豈肯獨死.' 盖指其家內事也. 弘遠斡旋一夜之間, 箚語盡變."

73 이만채 편, 《벽위편》, 앞의 책, 상편 134면. "若鏞因其庶妹之爲蔡相子婦, 瓜葛之親, 乘夜投入, 哀乞弘遠, 恐脅弘遠. 且以爲樂安此擧, 非出公心, 聞與金鍾秀沈煥之密勿謀議, 外借斥邪之名, 內售網打之計, 舐糠及米, 幷害大監. 因從以打破義理, 則非但戕害吾輩而已云."

74 이재기, 《눌암기략》 장9b. "李戚叔道吉氏, 戊辰冬, 因山訟, 逮于海美獄. 有一囚言動異常, 問之以邪學滯囚者也. 久而得親熟, 每言西書妙處. 又曰: '此是發身階梯也. 今蔡相國李尙書, 亦皆誦法, 士子科宦, 賤人錢穀, 皆從此中出.' 云云. 此必是洪樂敏輩, 藉賣樊相之說也, 而愚氓取以爲信. 觀此則樊翁之爲邪學領袖者, 出於樂敏輩也, 非出洪李也明矣."

75 정약용, 〈자찬묘지명〉(집중본), 《다산시문집》 권16. "丁未以來, 寵賚益蕃. 而數就李基慶江亭肄業, 基慶亦樂聞西敎, 手鈔書一卷. 其貳自戊申也." / 또 《다산시문집》 권1에 이기경의 용산 정자에 가서 벗들과 어울려 지은 시(〈李基慶龍山亭子, 同金士吉, 權純百永錫, 權穉琴宓, 鄭季華瀃, 殷賁弼東會. 時習四六文〉)가 남아 있다.

76 이만채 편, 《벽위편》, 앞의 책, 하편 196면. "方是時, 邪類之毁洪樂安李基慶, 鑠金銷骨, 載鬼一車, 雖有公心公眼者, 亦皆閉口不敢明其不然."

77 이재기, 《눌암기략》 장5b. "壬子平澤儒生, 上疏討李承薰不拜聖廟之罪, 蓋承薰, 隨其大人赴燕, 購來西洋書, 與權哲身李蘗輩, 講習之, 此邪學之始也. 今此所犯, 浮於珍山二賊. 上特遣繡衣, 按覈之. 繡衣金熙采, 卽承薰從娣夫也, 卒得無事. 熙采反窮治, 疏儒多殞於杖下."

78 강세정, 《송담유록》 장21b. "蔡相邀洪翼萬, 買舍於貞洞, 優給糧錢, 托其孼孫學書. 余晩始聞之, 不勝驚怪, 而欲直言于蔡相, 恐其言不入, 故往見李校理景溟, 謂以 '君上旣以禁邪學, 委諸大臣, 大臣亦對, 以自當朝廷, 皆聞知而所謂翼萬, 乃哲身之外從. 自幼受學於其家, 最中其毒者也 雖是孼孫, 受學於翼萬, 則其爲大臣之累, 大矣. 大臣必不知而然矣. 老兄何不往見而言之.' 景溟翌日乘夕往見大臣, 而力言, 則大臣曰: '然則率來矣. 果卽

日捨來矣.' 翼萬至親輩, 詆誘蔡弘遠曰: '此是毁傷, 初無是事.' 云. 弘遠言于其父, 復送其孼孫, 而受學數年. 末後聲罪, 此爲第一條件. 余之爲蔡之誠如此, 而眞所謂一薛居州, 其於宋王何者也. 思之咄咄. 誤蔡者, 皆是此輩, 則其亦無可奈何. 大臣之至於追奪, 未必非護邪輩醸成也夫."

79 강세정, 《송담유록》 장20a. "大司諫兪漢寧, 執義朴瑞源, 司諫李東埴, 掌令姜彙鈺, 持平朴宗京, 正言李永老聯箚. '辛酉十二月十五日.' 云云. 噫嘻痛矣. 蔡濟恭卽邪逆之根底也. 素以凶譎之性, 長於文過, 兼以凶狡之習, 熟於防患. 若鍾一門, 陷於邪藪, 而以其妹爲子婦, 畢竟醜謗, 不可道也. 翼萬之爲邪中頭領, 托以孼孫之受學, 延作側室之良師, 御家如此, 則他事可知. 斥邪之縉紳章甫, 則極意擠陷, 溺邪之凶徒賊黨, 則抵死扶護."

80 이재기, 《눌암기략》 장13b. "一邊人, 文墨交遊, 子女婚嫁, 不出於其圈子內. 乙卯後, 李承薰始生梟徙之計, 使其子, 受學於黃耳叟. 又與沈士潤結姻, 盖以黃沈不染於邪, 而有讀書名故也. 士潤休吉外兄也. 議婚時不使休吉知之, 君實從弟幼直, 屢言其不可, 則怒而荅之. 汝漸君實, 亦皆力沮之而不聽. 未數年其弟幼瞻, 又以其女, 妻丁若鏞, 盖貧窮而喪性者也."

81 강세정, 《송담유록》 장6b. "蔡雖不以攻邪者, 又欲攻蔡爲疑. 然其所後子弘遠, 官承旨. 爲人淺狹, 無知識. 邪徒自知罪犯之難容. 若不附蔡, 則無所依歸. 故日夜侍坐. 又與弘遠, 密密交合. 反斥攻邪者, 謂以白地搆誣, 浸及無故之人, 百端粧撰, 胥動浮言. 弘遠雖不爲邪學, 爲邪徒右袒, 疎斥攻邪者之心, 與邪徒一般."

82 이재기, 《눌암기략》 장11a. "乙卯冬, 樊翁告病謝客, 獨處孤室, 非家人不得見. 翁作小箚, 請罪李家煥諸人. 草成, 攝置座褥下. 獨蔡潤銓在傍, 知其狀, 然其措語緊緩, 未之詳也. 翌曉頤叔問寢訖, 告曰: '昨夜美容來言, 大監欲殺我三人, 三人死, 則君獨能晏然乎. 君獨不聞, 濟人於水, 人必援手而入者乎. 美容此言, 甚可畏也. 若上箚則禍必至矣.' 翁瞑目不答. 朝飯, 至用匙箸倒竪, 床頭錚錚有聲. 仍終日不語, 若有忿怒者. 日暮燭至, 乃取箚草焚之."

83 이만채 편, 《벽위편》, 앞의 책, 하편 218면. "李基慶竄極邊, 睦仁圭放送鄕里, 洪樂安屢濱危域, 幾死僅生. 睦萬中亦廢斥杜門. 故斥邪者, 惴惴屛息者十餘年. 人或語邪學, 則邪類指以爲樂安之黨, 故斥邪二字, 便成忌諱."

3부 | 초기 교회의 기록과 집회(149~208쪽)

1 이만채 편,《벽위편》(열화당, 1971), 상편 105면. "乙巳春, 昇薰與丁若銓若鏞等, 說法於掌禮院前中人金範禹家. 有李檗者, 以青巾覆頭垂肩, 主壁而坐, 昇薰及若銓若鍾若鏞三兄弟, 及權日身父子, 皆稱弟子, 挾冊侍坐. 檗說法教誨, 比之吾儒師弟之禮, 尤嚴. 約日聚會, 殆過數朔, 士夫中人, 會者數十人. 秋曹禁吏, 疑其會飮賭技, 入見則擧皆粉面青巾, 擧指駭異."

2 황사영, 〈백서〉 47행(여진천 역주,《누가 저희를 위로해주겠습니까?》, 기쁜소식, 1999, 72면). "李檗據理答之, 家煥辭屈, 遂求書細覽. 李檗與初函書數種, 時有聖年廣益一部, 而恐家煥不信靈蹟, 不肯借看. 家煥力爭之, 盡取其時所有聖教書."

3 알레니,《미사제의》〈장복제육(章服第六)〉, 200면. "上方下圓, 四圍俱有飄版, 俱有三折線路, 以一角向前, 後有二長垂帶, 卽祭巾也." 알레니의 저술은《애유략한문저술전집(艾儒略漢文著述全集)》(奧門文化藝術學會, 2012)에 모두 망라되어 있다.

4 알레니, 앞의 책 같은 부분. "天青者, 天之正色, 冬春多用. 凡遇齋日, 或行苦功, 祈求天主之時, 皆用之. 盖此色近天, 故願通達于天主者衣之."

5 드 마이야,《성년광익》〈성회례의〉(한국교회사연구소, 2014, 제1책 124면), "蓋聖灰爲靈魂之聖劑, 能療各心之病."

6 드 마이야,《성년광익》〈성회례의〉(앞의 책 같은 부분). "可記爾爲人也爲灰也. 昨日生於灰, 翌日必歸於灰. 天主以灰醫其神病, 命念其始及終之微, 以爲伏傲抑志, 悔罪之方, 聖會之意, 謹遵天主之意. 因今日借天主之劑, 天主之言, 用灰點額, 而云: '友憶汝始終之微, 皆灰而已. 天主以灰造成人身, 身未幾且歸灰矣.'"

7 이 설명은 2018년 10월 28일 연중 제30주일 〈서울주보〉 5면에 자세하다.

8 이만채 편,《벽위편》, 앞의 책, 상편 106면. "遂捉其耶蘇畫像及書冊物種若干, 納于秋曹."

9 《천주강생성경직해(天主降生聖經直解)》〈주일(主日)〉. "聲教每七日, 立一主日. 卽逢虛昴星房太陽之日是也."

10 조현범, 〈순암 안정복의 기록에 나타난 한국 교회사의 초기 상황〉(한국교회사연구소 208회 연구발표회, 2022. 3. 19)에서 안정복의 일기와 앞《성경직해》〈주일〉 항목에 근거하여, 해당 날짜가 1785년 3월 9일임을 밝혔다. 달레는《한국천주교회

사》 상권 302면에 "매월 7일, 14일, 21일, 28일에는 다른 일은 모두 쉬고 묵상에 전심하였다"고 주일에 대해 다르게 쓰고 있는데, 여기서는 조현범의 견해에 따른다.

11 황윤석, 《이재난고》 1776년 8월 12일. "金華鎭少論." / 김정자, 〈정조 대 전반기의 정국 동향과 정치세력의 변화 II〉, 《조선시대사학보》 제78집, 125-170면에서도 김화진을 소론 동당계로 규정하고 있다.

12 백승종 교수가 문양해 역모 사건에 주목해 정리한 《정감록 역모 사건의 진실게임》(푸른역사, 2006)에 상세한 내용이 실려 있다. 이하의 내용은 이 책을 참고했다.

13 이만채 편, 《벽위편》, 앞의 책, 상편 106면. "判書金華鎭惜其士夫子弟, 亦爲誤入, 開諭出送, 只囚範禹."

14 이기경 편, 《벽위편》(한국교회사연구소, 1978), 1면. "時邪學事, 相連於河東逆獄. 自秋曹推治金姓中人, 事將株連, 有五六儒生, 自卞曹庭, 故發文而斥之."

15 《일성록》 1801년 9월 15일 기사. "如李基讓之全家迷溺者, 其弟之乙巳立庭, 皆有明驗."

16 안정복, 《안정복일기》 1785년 10월 10일. "不幸省吾及君之子與弟, 同入于秋曹, 君弟吾孫壻也."

17 이만채 편, 《벽위편》, 앞의 책, 상편 106면. "直入曹庭, 請還聖像, 屢屢呼訴. 秋判審問, 其爲某某, 大驚責諭出送, 只將範禹, 草記刑配."

18 이만채 편, 《벽위편》, 앞의 책, 상편 105면에 통문에 연명한 사람 이용서(李龍舒), 정서(鄭湑), 정후(鄭垕), 채일규(蔡一揆), 조언일(趙彦一), 이명익(李明翼), 채시간(蔡蓍幹), 김규(金圭), 홍낙흠(洪樂欽) 등 9인과, 회문(回文)에 서명한 사람 강세정(姜世靖), 김원성(金源星), 우경모(禹敬謨), 유경(柳職), 이기경(李基慶), 정전(鄭澱) 등 6인의 명단이 보인다.

19 샤를 달레, 안응렬 · 최석우 역주, 《한국천주교회사》(한국교회사연구소, 1979), 상권 318면.

20 《사학징의》(한국교회사연구소, 1977), 378면. "乙巳春, 本曹判書金華鎭自次對赴衙, 以中人金範禹崇奉西學, 捉來盤問. 範禹以爲西學多有好處, 不知其非云, 嚴刑一次, 又有崔仁吉, 以同看其書, 願同被罪. 故責以蒙騃決杖, 與範禹同囚十日, 以更勿崇信之意曉諭, 仁吉加杖放送, 範禹徒配. 所藏冊子, 並燒曹庭."

21 《동린록》은 당시 척사 관련 통문과 상소문 등을 수록한 책인데, 《벽위편》이 일부만 간추린 데 반해 이 책에는 전체 글이 모두 실려 있다. 《동린록》은 이리화 편, 《한국당쟁관계자료집》(여강출판사, 1985) 제14책에 수록되어 있다.

22 이만채 편, 《벽위편》, 앞의 책, 상편 106면. "近聞西洋帶來種子五六人, 交結匪類, 設道場, 講其法, 及其道場主人之拘囚受刑也. 五六人自詣秋曹, 乞被同律, 惟願速棄形骸, 永上天堂. 父兄禁之不得, 知舊挽之不聽. 不但渠輩之甘自陷身, 年少中稍有聲譽者, 輒稱渠輩之同學, 多數昌錄投呈. 秋曹欲售其鴟張眩亂之計, 吾輩若不明目張膽, 極力共討, 則竊恐炎炎之燎原, 涓涓之滔天, 末流之弊, 將有大於夷狄之亂華."

23 정민, 《파란》(천년의상상, 2019) 제1책, 137-139면에 관련 논의를 정리했다.

24 샤를 달레, 《한국천주교회사》, 앞의 책, 상권 319면.

25 샤를 달레, 《한국천주교회사》, 앞의 책 같은 부분.

26 관련 논의는 정민, 《파란》(앞의 책) 제1책에서 상세하게 다뤘다.

27 《사학징의》, 앞의 책, 378면. "仍以禁西學, 曉諭坊曲曰: '近來西洋學, 架鑿空虛, 主張禍福, 辭語之荒誕, 旨意之隱詭, 不過釋家之旁蹊別派, 而其書所言天堂地獄, 肉身靈魂等說, 可知其不經之甚也. 噫. 上天玄遠, 無聲無臭, 曷嘗有形體之可以摸像者, 而乃敢圖畵人像, 呼稱耶穌, 奉之私室, 加以頂禮, 慢瀆之罪, 孰大於是. 坊曲愚迷之類, 藏其書而奉其像者, 一幷燒毁淘洗, 無使犯科之意, 一一知悉, 捧甘五部.'"

28 안정복, 〈여기명제삼서, 겸정사흥(與旣明第三書, 兼呈士興)〉, 《순암부부고》 권10(국사편찬위원회, 2012), 65면. "今聞西士之學, 公未免爲浮躁年少輩之所倡導, 果何爲而然乎. (……) 此皆公之切友與門徒也, 公如有禁抑之道, 豈至此橫鶩, 而不惟不能禁抑, 又從而推波助瀾, 何哉."

29 홍이섭, 〈한국 가톨릭사의 조기적 자료에 대해서〉, 《홍이섭전집》(연세대 출판부, 1994) 제3책, 77-83면에 전체 글이 수록되었다.

30 홍이섭, 앞의 글을 참조할 것.

31 홍이섭, 앞의 책 84-98면 〈벽위편 찬집자 이기경의 전기 자료 - 강준흠 찬, '홍문관교리이공묘지명'의 소개〉에 전문이 실려 있다. 강준흠의 《삼명집》 또한 연세대 도서관에 소장되어 있다.

32 정약용, 〈정헌묘지명〉, 《다산시문집》 권15(한국문집총간 281책, 325면). "甲寅之夏,

姜世靖上書于公, 論洪樂安之罪曰: '意在敲撼, 計出網打, 不唯心絶, 亦旣面絶.' 仍乞公收其子浚欽. 及其時勢一變, 則再翻三覆, 又復礪牙以相向, 世論其有定乎."

33 강세정, 《송담유록》(연세대 도서관 소장), 장 2a: "爲秋判金華鎭所廉探, 金範禹見捉囚禁. 贓物中耶蘇畫像甚多, 盖學邪者, 各佩小囊, 囊中有像一件. 卽邪穌刑戮上天後, 洋人模象, 常佩身邊, 而朝夕誦經尊事者也."

34 강세정, 《송담유록》 장14b. "閭閻女子, 從而化之. 其中寡女, 酷信當獄之說, 毋論貴賤, 亦多陷溺. 又有聚會講學之處, 乘夜往來, 每一月之中, 別有講習拜禮之日. 各佩小囊, 有天主畵象, 必儲片鏡."

35 《사학징의》, 앞의 책, 379-386면에 수록된 〈요화사서소화기〉에는 신유박해 당시 검거된 천주교 신자에게서 압수한 물품 목록이 수록되어 있다. 한신애, 도화동 홍가, 조봉상, 오석충, 김조이, 정섭, 정광수, 최경문, 이지번, 윤현, 최필공, 최필제, 오현달, 김희인, 조조이, 이조이 등 16인의 압수 품목이다.

36 《사학징의》, 앞의 책, 380면. "其中或有頭髮木片雜粉末等妖邪之物."

37 《사학징의》, 앞의 책, 344면, 〈형추초〉. "掘來雜物中, 人毛及小小木片段, 卽年前邪學正法之人之頭髮, 處斬時木枕是白遣. 小小紅囊中, 以鐵片裹絮入盛者, 名曰盛斗, 卽邪學人之例佩身邊者也."

38 상세한 내용은 조현범, 《조선의 선교사, 선교사의 조선》(한국교회사연구소, 2008)을 참조할 것.

39 임충신·최석우 역주, 《최양업신부서한집》(한국교회사연구소, 1984), 191면 참조.

40 강세정, 《송담유록》 장1b. "癸卯冬, 李東郁以書狀官入燕, 其子承薰隨行. 留館時, 頻頻往來於天主堂, 中國有天主堂, 洋人來留之所也. 日日留宿而歸云. 其時他使隨行幕裨之言. 邪書之前所未出來之許多卷帙, 盡貿以來, 其所訓誨肄習之法, 亦皆學來. 自是以後, 其法大備矣."

41 강세정, 《송담유록》 장1b. "日身率其子及李潤夏芝峯不肖孫, 日身之妹夫, 李寵億基讓之子, 鄭涉基讓之外從也, 等五人, 直入秋曹庭, 請推聖像西人稱邪穌爲聖人故云, 屢屢呼訴. 秋判審問其某某, 乃大責曰: '汝輩皆名家士夫之子, 何如是外入耶. 汝輩異於常漢, 故不施刑杖, 特爲放送, 更勿爲此學也.' 只嚴刑範禹竄配."

42 강세정, 《송담유록》 장2a. "余於寵億爲故人穉子, 聞其來留隣比, 往見切責曰: '汝入於曹庭云, 士大夫非山訟, 則不可入庭. 汝以年少士子, 何爲悖擧乎.' 答曰: '禍迫聖像, 故不

得不告訴云.' 余曰: '汝旣以耶穌爲聖像, 則滔溺甚矣.' 因不復見耳. 所謂寵億與其叔基誠, 自幼濡染於家庭者也."

43 《일성록》 1787년 4월 8일, 호서암행어사 심환지 서계(書啓). "예산현감 신사원은 옛날에는 시인으로 불렸는데 지금은 양리(良吏)입니다. 독서하여 선(善)을 구하는 것이 어찌 문아(文雅)한 기풍을 가지기 위해서일 뿐이겠습니까. 정사를 하는 것이 정성에 가까우니 순박한 뜻을 얻은 것입니다. 촌락을 두루 다니며 사민들의 말을 듣고 읍리에 들어가 아전과 장교의 정상을 살피므로 뭇사람이 이구동성으로 현재(賢宰)라고 일컬으니, 삼정(三政)의 득실은 물을 것이 없을 듯합니다."

44 강세정, 《송담유록》 장2b. "申史源字舜衡, 號唐皐. 少有詩名, 鳴於升庠. 中歲以後, 從事學問. 天資純粹, 相對有道義之象. 晩而筮仕, 爲禮山宰. 其接壤天安余蘇洞, 有李存昌洪樂敏續奴, 頗解文筆, 受業於樂敏云. 者, 以專治邪學, 有名近地. 常漢無論, 男女老幼, 互相傳習. 申丈移文, 捉囚於天安獄."

45 강세정, 《송담유록》 장2b. "基誠聞之, 直往獄門外, 納拜於存昌, 願與之同死. 主守趙鼎玉, 素所親熟, 故招致切責, 不聽. 萬端開誘, 始爲離去. 盖存昌雖常漢, 其造詣深篤, 故邪學一派, 尊事之如師傅. 基誠之禮待, 亦以此也."

46 강세정, 《송담유록》 장11a. "存昌卽天安常漢, 而樂敏贖奴之子. 學書於樂敏基讓, 能書能詩. 深於邪學, 隣近化之. 洞民之連姻他邑常漢, 毋論男女, 皆化爲邪學. 如德山洪州禮山靑陽定山之間, 一例陷溺, 乃以諺文傳授."

47 강세정, 《송담유록》 장3a. "樂敏之外從侄趙某, 參判景禛之後, 上舍堉之孫也. 聚存昌女爲婦, 樂敏勸成之. 而其學以學之淺深, 爲尊卑之序, 而不計門閥之高下, 至於婚嫁之相通. 邪學之誤世道, 至此極矣."

48 샤를 달레, 《한국천주교회사》, 앞의 책, 상권 322면.

49 임성빈, 〈신유박해 이후 교회 재건기의 지도자 권기인 요한에 대한 연구 – 양근 권철신 5형제 가문의 혈연을 중심으로〉, 《교회사학》 제8호(수원교회사연구소, 2011), 7-90면을 참조할 것.

50 드 마이야, 〈성경광익서〉, 《성경광익》(유은희 역, 순교의맥, 2016, 43면). "從來作聖之基, 多由於默想. 歷溯古今聖聖相傳, 鮮有舍此一途, 能使大德奇功."

51 드 마이야, 《성경광익》, 앞의 책, 49-50면 참조.

52 드 마이야,《성경광익》, 앞의 책, 58-65면 참조.

53 샤를 달레,《한국천주교회사》, 앞의 책, 상권 322면.

54 최석우, 〈김범우의 생애〉,《교회와역사》 제150호(한국교회사연구소, 1987. 11), 5-7면에서 이 문제를 검토했다.

55 다블뤼,《조선순교사비망기》(《하느님의 종 이벽 요한 세례자와 동료 132위》 제1집, 한국천주교주교회의 시복시성주교특별위원회, 2017), 91면.

56 김두헌, 〈김범우와 그의 가계〉,《교회사연구》 제34집(한국교회사연구소, 2010. 5)에서 김범우의 가계에 대한 상세한 정리가 이루어졌다.

57 《사학징의》 82면에 수록된 〈포청초〉에 따르면, 김현우는 "만천(晩泉)이라고 부르는 이승훈이 스스로 신부가 되어, 제 형제와 더불어 서로 왕래하였고, 저희 형제의 별호를 지어주었습니다. 제 큰형 김범우는 도모(道模, 토마스)라 하고, 둘째 형 김이우는 발라소(發羅所, 바르나바)라 하였으며, 저는 마두(馬頭, 마태오)라 하였습니다"라고 진술했다.

58 김두헌, 앞의 논문, 9-13면 참조.

59 김두헌, 앞의 논문, 22-28면에서 이 문제를 꼼꼼하게 논증했다.

60 최석우, 앞의 논문, 6면에서 "마백락 씨는 김범우의 자녀들이 부친을 따라 단양으로 가서 살았을 것이고, 이리하여 경상도 땅에 복음이 전해지기 시작했을 것이고, 또한 김범우도 단양이 아니라 단장에서 순교했을 것이라는 사실까지 추리해냈다. (……) 단장이 혹시 오기(誤記)된 것이 아닌가 하는 생각인 것 같은데, 필자가 알기에 유배지는 고을 이름으로 기록되는 것이 관례였으므로, 만일 김범우가 단장으로 유배되었다면 '단장 유배'가 아니라 '밀양 유배'로 기록되었을 것이다"라고 지적한 바 있다. 자녀들이 아버지의 유배지로 따라가서 함께 사는 경우는 전혀 일반적이지 않다. 더욱이 김범우의 경우는 귀양 간 지 1년 만에 세상을 떴다. 한편, 부산교회사연구소에서 펴낸《김범우 자료집》(2004)에 〈김범우의 귀양지 및 묘소 확인을 위한 간담회 녹취록〉(103-118면)이 실려 있다. 최석우 신부를 초청해서 단장 귀양설을 확정하려고 한 간담회였으나, 최석우 신부는 끝까지 이 주장에 수긍하지 않았다.

61 마백락, 〈김범우와 경상도 교회 상·하〉(1987년 8월 30일과 9월 6일자 〈가톨릭신문〉

수록)에서 이 같은 주장이 처음 제기되었다. 이 내용은 앞의《김범우 자료집》에 재수록되었다.

62 다블뤼,《조선순교사비망기》, 앞의 책, 91면과 다블뤼,《조선주요순교자약전》(신리 성지 내포교회사연구소, 2014), 1-2면에 나온다.

63 1757~1765년에 편찬된《여지도서》의 밀양도호부편을 보면, 관내에 부내면(府內面), 부북면(府北面), 상동면(上東面), 중초동면(中初同面), 중이동면(中二同面), 중삼동면(中三同面), 하동면(下東面), 상남면(上南面), 하남면(下南面), 상서초동면(上西初同面), 상서이동면(上西二同面), 하서면(下西面), 고미면(古旀面)이 있고, 단장면은 보이지 않는다. 이는 1834년에 김정호가 펴낸《청구도》의 밀양부 지도에도 마찬가지다. 현재 밀양시 단장면의 읍면동을 소개한 인터넷 자료 〈단장리 마을 약사 및 지명 유래〉라는 글에는 "당시에는 단장면이 밀양도호부 동쪽에 있었으며, 상동면과 하동면의 중간에 있다고 해서 중동면이라고 했다. 중동면은 지금의 산외면, 산내면, 단장면 등 세 면을 포괄하는 넓은 구역이었다. 임진왜란 후 산외면에 해당하는 방리로는 희곡리, 금곡리, 남가곡리, 와야리, 죽원리 등 5개 리가 있었다. 그 후 추화면을 중초동면, 중이동면, 중삼동면으로 분할한 일이 있다. 그러다가 1880년에는 중초동면과 중이동면을 폐합하여 추화면으로 환원하였고, 중삼동면은 '단장면'으로 개칭했다 한다"고 적혀 있다. 하지만 1870년 김동엽의 호구단자에 이미 '단장면 법귀리'라는 지명이 있는 것으로 보아, 중삼동면이 단장면으로 개칭된 것은 1834년《청구도》 제작 시점 이후에서 1870년 사이의 일이라고 할 수 있다. 단장리와 법귀리 등의 명칭은 조선 초기에 불렸던 것인데, 이 시점에 와서 방위 중심으로 표기된 동면 이름을 전면적으로 바꾸면서 예전 이름을 끌어왔던 것으로 보인다. 어쨌거나 김범우가 유배 간 1785년 당시에 밀양부에는 단장이란 지명은 없었던 것이 분명하다.

64 이들 자료는 손숙경 편,《중인 김범우 가문과 그들의 문서》(부산교구 순교자현양위원회, 1992)에 원본과 전문이 수록되어 있다.

65 김인구의 조부 김의서는 경주 김씨 족보의 간행 비용을 맡았을 만큼 경제력이 있었고, 그 윗대부터 역관으로 다져온 경제적 기반이 있었다. 족보 간행 비용을 댄 것을 보면 가문에 대한 의식도 분명했다. 김범우의 증조부 김익한과 조부 김

경흥, 부친 김의서의 묘소는 현재 양주(楊州) 성산리(城山里) 선영에 모셔져 있다. 김범우가 충청도 단양에서 세상을 떴을 때, 아들 김인구는 당연히 부친의 시신을 운구해와서 선산에 안장했을 것이다. 혹 죄인으로 죽어서 선영에 모시지 못했다 하더라도, 양주 선영 인근에 모시는 것이 당연한 일이다. 김범우의 경우는 아직 천주교 박해가 시작되기 전의 일이어서, 귀양을 갔다고 해서 재산이 적몰되는 일은 없었다.

66 진계환과 김동엽의 인척관계는 김두헌, 앞의 논문, 32-34면에 자세하다.

67 손숙경 편, 앞의 책, 31면에 수록된 1849년 5월 18일에 쓴 진계환의 편지에 "萊伯令監, 卽再昨年冬至使書狀官, 而其時戚弟, 以三留軋糧官之任, 往回無弊, (……) 故今以兄主之招見斗護, 裨將傳令之意, 仰託則萊伯令監, 答以依告, 盡爲極盡顧護云"이라 하였다.

68 손숙경 편, 앞의 책, 31면에 실린 1852년 8월 2일에 쓴 정봉조의 편지 중에 "第聞執事, 圖得前任, 以爲保家之資云, 不勝欣賀"라 한 대목이 보인다.

69 손숙경 편, 앞의 책, 44면. "金東曄以數十年門下親切人. 非但稔知, 其十分勤幹, 近來流落於本府情狀, 可矜."

70 손숙경 편, 앞의 책, 11면.

71 이중환, 안대회 외 역, 《완역정본 택리지》(휴머니스트, 2018), 119면. "惟密陽爲佔畢齋金宗直之鄕, 玄風爲寒暄堂金宏弼之鄕. 挾江而與海近, 有魚鹽舟船之利, 亦繁華勝地也. 漢陽譯人輩, 多留宿重貨於此, 與倭通互市之利."

72 김두헌, 앞의 논문, 20-22면 참조. / 손숙경, 〈조선 후기 중인 역관의 동래 파견과 천녕 현씨 현덕윤 역관 가계의 분화, 그리고 중인 김범우 후손들의 밀양 이주〉, 《역사와경계》 제100호(2016. 9), 1-37면에서도 이에 대해 검토했다. 손숙경의 경우, 김범우의 유배지가 단장이었다는 전제 아래 김범우 후손의 밀양 이주 시기를 김범우 당대로 비정하고 있어, 입론의 출발점이 다르다.

73 손숙경 편, 앞의 책, 32면에 실린 1856년 4월 25일 진계환의 편지에 "就惠廳所納密陽屯稅錢二百兩, 木以四月晦無弊上納, 然後可免生梗落窠之歎. (……) 今春從氏之口傳, 則今年以過婚之致, 不得上納爲敎, 故戚從弟聞不勝驚歎. (……) 大抵公物, 則趁期上納, 事理當然, 而向以婚事爲說, 不爲上納之說, 是豈成說乎. 前古未聞之說也, 萬萬乖常

變怪之說也"라 한 대목이 있다.

74 손숙경 편, 앞의 책, 33면에 실린 1857년 10월 26일 진계환의 편지에 "就仰托別別品各色煙竹事, 下駕時屢屢申託, 卽校洞大監回甲時所用, 萬萬緊急之需也. 十一月望念內上京, 然後可以合用處, 而若不然, 則煙竹用於何處耶"라 하였다.

75 손숙경 편, 앞의 책, 36면에 실린 1857년 11월 편지에 "倭熟鰒限一百介, 從速上送如何. 鯨肉七八斤亦從速上送也. 倭土醬小許, 竝爲上送如何. 此三種, 兄主下往時申託者也, 何其忘却之甚也"라 하였고, 또 1860년 12월 11일에 보낸 편지에서도 "戚弟所求倭桶風爐饌盒等屬, 付送於進上船便矣. (……) 今此處說莫甚, 甚可浩歎而已也"라 했다.

76 손숙경 편, 앞의 책에서는 1866년 8월 3일자 편지의 수신자 지명을 구포(龜浦)로 잘못 읽었는데, '구남(龜南)'이 맞다.

77 흥미로운 사실은, 김동엽은 두 번 장가들었는데, 첫 번째 부인 파평 윤씨는 1876년 호구단자를 보면 당시 60세로 생존해 있었다. 호구단자에 적힌 대로 그녀가 1807년 정묘생(丁卯生)이라면 실제로는 70세여야 맞다. 그런데 막상 족보를 보면 그녀의 무덤은 단장이 아닌 경기도 양주 신혈리(神穴里) 경주 김씨 묘역에다 썼다. 그녀의 정확한 몰년은 알 수 없지만, 70세가 넘어 세상을 뜬 아내를 굳이 멀리 한양까지 반구(返柩)해서 묻은 것을 보면, 김동엽이 82세이던 그때까지도 부친이나 조부 등 집안의 묘소를 선영인 성산리나 신혈리에 모셔두고 관리해왔음을 알 수 있다. 신혈리는 지금의 서울시 은평구 뉴타운 지역이다. 이곳은 한양 사람들이 다투어 묘를 쓰던 공동묘지로, 최근까지 5,000~6,000기의 무덤이 있었다. 현재 파평 윤씨를 비롯해 신혈리에 있던 경주 김씨 묘역의 무덤들은 경기도 광주군 퇴촌면에 이장되었다. 더 놀라운 것은, 김동엽이 부인 윤씨가 세상을 떠난 뒤, 80세가 넘은 나이에 온양 방씨를 후배(後配)로 맞아들인 점이다. 김동엽의 몰년은 83세 때인 1877년 전후인 듯하나 분명한 기록이 없다.

4부 | 초기 교회의 조직 구성과 신앙(209~272쪽)

1 샤를 달레, 안응렬·최석우 역주, 《한국천주교회사》(한국교회사연구소, 1979), 중권 47면.

2 이재기, 《눌암기략》(다산영성연구소 소장), 장12a. "邪徒法門, 通貨通色. 故孀女鰥夫及

貧窶而不能自食者, 皆樂赴焉. 雖奴隸之賤, 一入其黨, 視之若兄弟, 不知有等分. 此其誑惑愚氓之術也."

3 박종악, 신익철·장유승 외 역, 《수기》(한국학중앙연구원 출판부, 2016), 1792년 1월 3일, 283면. "天安狐洞邪學者, 無識類中, 崔斗古金乃其久習而深通者. 故近處愚氓之爲此術者, 擧皆推尊斗古金曰尊長." 여기에는 '최두고금'이라고 했는데, 《사학징의》에는 '최거두금(崔去斗金)'이라 했다. 거두금은 구두쇠의 한자식 표기다. 《수기》의 번역본은 두고금을 '뚝쇠'로 읽었으나, 《사학징의》의 표기가 맞는 것으로 보아 '최구두쇠'로 읽는다. 이에 대해서는 8부 6절에서 따로 논했다.

4 신태보, 유소연 편역, 《신태보 옥중수기》(흐름출판사, 2016)을 참조할 것.

5 샤를 달레, 《한국천주교회사》, 앞의 책, 상권 387면.

6 이재기, 《눌암기략》 장5a. "所謂邪學之術, 其所爲說, 出於釋氏餘套. 又以經傳之語, 交飾之, 欲以此易天下, 可乎. 吾儒何嘗不敬天畏天, 而渠所以事天者, 乃反矯誣上帝也. 然則, 渠輩欲以此徼福, 而乃反招殃, 何也. 渠以上天, 爲大父母, 更不知生育之恩, 赤身混處一室, 無男女之別, 此殆禽獸之不若也."

7 박종악, 《수기》, 앞의 책, 279면. "雖於父子之間, 子爲邪學, 而父不爲焉, 則不父其父, 目以非類. 雖被人毆辱, 立視而不救焉. 邪學陷人之深, 有如是也."

8 나열, 《해양유고》(일본 동양문고 소장 필사본) 권1, 장54b.

9 강세정, 《송담유록》(연세대 도서관 소장), 장4b. "前時權哲身, 其父喪時, 婦女皆盛粧, 着華服, 而永決於屬纊之際. 人客往吊. 則冢子獨受吊, 其餘兄弟, 不受之. 對客曰: '吾家喪禮, 何如.' 人皆恠之."

10 신택권, 〈권맹용시암만〉, 《저암만고》 상권. "九月嚴霜知己淚, 此生那復遇尸庵."

11 이만채 편, 《벽위편》(열화당, 1971), 상편 130면, 〈홍주서상채좌상서(洪注書上蔡左相書)〉. "親死而不受弔問, 甚至於焚廢其父祖祠版. 人有不知而往弔者, 輒應曰: '可賀而不可慰.' 云."

12 강세정, 《송담유록》 장4b. "庚戌夏, 持忠遭其母權氏喪, 只著孝巾, 不用縗絰, 又不受吊. 親戚友人, 爲見成服而往者, 一不受吊, 葬不以禮, 不行虞祭, 不設几筵云. 其母沒時, 瑞氣亘空, 異香滿室云. 此其爲學修道之驗也. 其前又爲焚毁祠版, 其說因是大播."

13 강세정, 《송담유록》 장4b. "薰鏞輩入柑製, 御題有祭祀之說, 並曳白不見. 此亦以祭則

魔鬼饗之, 爲祭無益故也."

14 이만채 편, 《벽위편》, 앞의 책, 상편 181면. "卽値柑製入場, 同坐者, 又是三人也. 及其懸題, 是漢粉楡社題也. 今不能盡誦, 而大抵是祭祀之意也. 承薰拱手默坐, 不作一句. 故爲曳白. 故臣怪而探之, 則以爲天主之學, 天主之外, 不祭他神. 非但不祭他神, 雖作此等文字, 亦是大罪云. 臣不勝驚惶, 因於其夜, 與承薰同宿, 反復論斥, 而終不回悟. 臣又欲戒若鏞, 兩造其家, 皆不相遇."

15 강세정, 《송담유록》 장 9a. "平澤鄕人, 以爲凡官長到任後三日, 躬謁聖廟, 自是法例. 而承薰上官後十餘日, 稱病不謁, 以雨漏處, 奉審出往, 不行謁聖之禮, 只審視雨漏處而還. 邑言譁然見遞後, 以不拜聖廟, 發通抵于太學, 而太學前例, 於奉審時, 則無拜謁之例, 援例草記, 至於無事. 而其實則奉審時, 雖無拜謁, 而新發到任後三日, 則例爲拜謁. 則承薰到官後, 初無祗謁之事, 則於奉審時, 入聖廟, 則所當先行謁聖禮後, 行雨漏處奉審事, 例當然, 而只行奉審, 而不行謁聖, 則此與雨漏處, 只行奉審有異, 謂之不拜聖廟, 渠安得免乎."

16 안정복, 〈천학문답〉, 《순암집》 권17, 잡저(雜著)(한국문집총간 230책, 151면). "或曰: '近有上舍生將參釋奠. 其友之爲此學者, 止之曰: 凡假像設祭. 皆魔鬼來食. 豈有孔子之神來享乎. 人家祭祀亦然. 余則雖未免從俗行之. 而心知其妄. 故必仰天嘿奏于天主. 不得已爲之之意然後行之. 悖禮毁敎, 孰甚於此.'"

17 《사학징의》(한국교회사연구소, 1977), 16면. "周文謨段, 果於乙卯年間, 相逢於柳恒儉家, 愛其領洗, 得其錫名. 其後見於京人玄啓溫家, 昨冬又見於若鍾家是乎矣."

18 《사학징의》, 앞의 책, 239면, 〈포청초〉. "上年十一月分, 往于矣身內從丁若鍾, 而又見文謨. 則文謨見矣身, 仍問行祭與否. 故矣身以爲事死如生, 吾邦之禮節是如爲白乎, 則文謨曰: '大抵祭禮極其虛謊, 且爲吾道所忌.' 責之不已是白乎旀."

19 《사학징의》, 앞의 책, 94면, 〈승관초〉. "矣身沈溺邪書, 不參祖先祭祀, 則媤母誚責備至, 故與矣夫上京."

20 《추안급국안》(한국근세사회경제사료총서, 제25책, 아세아문화사, 1978), 52면. "問曰: '日記中, 又以祭祀祖先, 拜謁墳墓, 遭父喪, 而造魂帛設祭奠等事, 皆稱罪過, 滅倫敗常, 萬萬凶獰. 而又向矣身之父, 忍爲罔測之說, 至於國家, 肆發不道之言, 尤萬萬至凶絶悖.'"

21 《추안급국안》, 앞의 책 같은 부분. "國有大仇, 君也. 家有大仇, 父也."

22 《사학징의》, 앞의 책, 69면, 〈형추문목〉. "自幼漸染於邪學, 以助汝矣父之惡, 甚至居

家, 則汝矣祖先之祭不爲參拜." 〈형추초〉. "矣身沈惑邪學, 不參祭祀. 矣身從大夫禁止邪學, 以直告神父之意, 擧錐刺之, 而果爲不告是白遣."

23 《사학징의》, 앞의 책, 77면, 〈형추문목〉. "辛亥曹覈時, 汝矣父道弘及汝兄師恭之供, 以爲汝矣身與崔必恭爲異姓親, 而玄啓溫爲同事人, 故日夜相從, 迷不知返. 雖於父兄之抵死禁斷, 親屬之萬端開諭, 而猶爲酷信, 未如之何云耳." 〈포청초〉. "矣身以廢祭一款, 大非其學, 仍爲永棄是白遣."

24 《사학징의》, 앞의 책, 169면, 〈결안초〉. "毁祠廢祭, 猶恨未早, 天堂地獄, 視死如生. 左道惑衆, 已不容誅是去乙."

25 《사학징의》, 앞의 책, 169면, 〈형추문목〉. "邪學之人, 不祭祀, 若不祭祀, 爲人所指目, 故不得已拜于祠堂, 所謂虛拜者, 此也."

26 《사학징의》, 앞의 책, 284면, 〈초사〉. "生人則耽嗜飮食, 靈神則不享飮食旀除良, 若知父母之靈分明歆格, 則雖賣家鬻身, 必也豊備過行, 而的知其虛事, 故誠心果不及於祭祀是白如乎, 不爲邪學者之不祭, 固其罪也. 而爲邪學者之不祭, 亦是道理是白乎旀."

27 나열, 〈서학〉. "西學主天帝, 父母視空瓶. 自同瓶中物, 脫來瓶何情." 시의 전문은 앞에서 이미 소개했다.

28 이재기, 《눌암기략》 장5a. "林承宣濟遠, 善詼諧. 嘗與貞谷家煥直銀臺, 一日貞谷家人, 送餕餘於直廬. 林戱曰: '君家能祭先耶.' 盖惑於西術者, 皆廢祭故, 戱之也. 貞谷嗛之, 後使李錫夏駁林."

29 강세정, 《송담유록》 장4a. "性甚偏狹, 迷惑尤甚. 入京留連於乃伯家, 遇其親忌, 則臨期還其家家在抱川. 其學, 以祭則魔鬼來饗, 闕祭祀之禮. 其伯氏力挽, 不聽, 至於痛哭. 邪學之陷人心術, 如此."

30 강세정, 《송담유록》 장11a. "忠州士族李最延箕延兄弟, 學於日身, 專心邪學, 乃伯世延, 謹厚知名士也. 嘗於其親忌, 其兩弟不參, 世延痛哭, 而了無回心."

31 '반촌'에 대해서는 안대회 외, 《성균관과 반촌》(서울역사박물관, 2019)에 정리가 잘 되어 있다. 특별히 제5장(안대회, 〈반촌과 반인〉)을 참조할 것.

32 강세정, 《송담유록》 장4a. "丁未冬, 承薰若鏞, 托以居齋做業, 會于東泮村金石太家, 講說邪書, 不撤晝夜, 殆近一朔. 姜進士履元, 詐稱學邪, 遂入其廬, 西洋冊名說法等事, 無不探得. 忽爲李友基慶 官至校理, 所摘發. 其人一場喫驚, 卽時罷出. 姜履元漏其說於知舊

間, 人無不知."

33 홍낙안의《노암집》은 전체 내용이 공개된 적이 없는 자료다.《노암집》 중 권3과 권4만《한국학》 제19집(영신아카데미 한국학연구소, 1978)에 '척사문헌집성(斥邪文獻集成)'이라는 자료 묶음으로 수록되었는데, 서지정보가 나오지 않아 현재 소장처를 알 수가 없다. 권1, 권2까지 공개되면 척사파의 동향 파악에 큰 도움이 될 자료다. 공개된 자료는 〈진사홍○○여이기경서(進士洪○○與李基慶書)〉(1785년 3월)부터 〈인사학죄인격쟁침무진변소(因邪學罪人擊錚侵誣陳卞疏)〉(1806년 2월 29일)에 이르기까지 척사 관련 글을 묶어놓은 것이다. 이중 〈이승훈의 모함 공초로 인해 변정하여 진술한 상소〉가 실려 있다. 이 글은 1791년 11월 11일에 작성했고, '도원불봉'이라 하여, 제출하기 위해 승정원에 가져갔으나 막상 바치지는 않았다고 썼다.

34 홍낙안,《노암집》, 앞의 책, 69면. "渠之設會, 乃在泮村中最靜僻處. 闔門屯聚, 人莫能窺而隱然."

35 《사학징의》, 앞의 책, 17면. "渠於僻處新搆舍廊, 惟同學之人, 迎接於此云."

36 홍낙안,《노암집》, 앞의 책 같은 부분. "欺其父, 而托言圓點, 誘少年而稱以做表, 晝夜誦經於泮民金石太之家者, 果非渠乎. 蠅頭細書, 小如手掌之累十卷冊子, 裹以錦袱, 納之櫃中者, 非渠之物乎. 早夜誦早晚課經, 聞人之嚴斥其學, 則謂以愛仇捧心流涕曰: '哀彼無知, 自陷地獄.' 云者, 非渠之言乎."

37 최해두, 김영수 역,《자책》(흐름출판사, 2016), 20면 참조.

38 이재기,《눌암기략》 장6b. "姜履元, 薄有能幹, 好言論. 諂附頤叔, 以致聲譽於一世, 氣勢堂堂. 而爲人陰鷙, 且使酒不可近. 時稱相門貴宅者, 搢紳則季受, 章甫則有履元, 極可笑也." / 강이원의 문집《패경당문집(佩經堂文集)》 필사본 1책이 남아 있는데, 다산과의 교유를 보여주는 〈마과회통서(麻科會通序)〉와 〈여정한림약용논주육서(與丁翰林若鏞論朱陸書)〉(1790) 등의 글이 수록되어 있다.

39 정약용, 〈제숙보문(祭菽甫文)〉,《다산시문집》 권17(한국문집총간 281책, 364면). "泮村主人金錫泰, 字菽甫."

40 발굴 관련 기록은 천주교 전주교구에 의해《한국 최초의 순교자 복자 윤지충 바오로와 권상연 야고보, 신유박해 순교자 복자 윤지헌 프란치스코 유해의 진정성

에 관한 기록》이라는 순교자 유해 발굴 보고서로 2021년 9월 24일 간행되었다. 이하 관련 내용은 이 책에 따랐다.

41 당시 윤지충의 공초 내용은 다블뤼의 《조선주요순교자약전》에 전문이 수록된 〈윤지충일기〉에 나온다. 《하느님의 종 윤지충 바오로와 동료 123위 시복 자료집》 제1집(한국천주교주교회의 시복시성주교특별위원회, 2005), 23-47면 참조.

42 이덕리의 무덤에서 출토된 제기 관련 내용과 사진은 정민, 《잊혀진 실학자 이덕리와 동다기》(글항아리, 2018), 68-74면을 참조할 것.

43 《사학징의》, 앞의 책, 16면. "汝矣兄持忠伏法之後, 凡爲此學者, 皆以汝矣兄謂之節死, 而尊之如主教, 則汝矣家卽邪學家主人也."

44 관련 내용은 천주교 전주교구에서 펴낸 순교자 유해 발굴 보고서의 제5장 〈순교자 유해의 감식〉(앞의 책, 141-173면)에 자세하다.

45 《사학징의》, 앞의 책, 233면. "鴻山居李存昌, 將欲隱匿神父, 移其家於高山之地. 而乙卯四月分, 矣身與存昌, 往見神父於桂洞崔仁吉家, 而仍爲邀去鄕第矣."

46 《사학징의》, 앞의 책, 152면, 권상문 〈포청초〉. "周文謨下去全羅道時, 京居邪魁崔仁吉崔昌顯崔必悌崔仁喆, 居鄕邪徒尹有一李存昌等, 同心率去, 而矣身則還歸矣."

47 《사학징의》, 앞의 책, 233면. "適路由於持忠尙然之塚下, 故矣身謂神父曰: '此是我國教中高明人之塚是如.' 則神父曰: '聖教工夫, 若至聖品, 則當建天主堂於其人墓上, 他日東方聖教大行, 則此兩人塚, 當入於天堂之內.' 云云是遣."

48 《사학징의》, 앞의 책, 22면. "持忠塚上建堂事, 果有苗脉. 西人必以以此學殉身之屍, 葬於堂內故云然是乎旀."

49 샤를 달레, 《한국천주교회사》, 앞의 책, 상권 354면.

50 샤를 달레, 《한국천주교회사》, 앞의 책, 상권 337-349면에 수록되어 있다.

51 샤를 달레, 《한국천주교회사》, 앞의 책, 상권 355면.

52 샤를 달레, 《한국천주교회사》, 앞의 책 같은 부분.

53 《사학징의》, 앞의 책, 256면. "甲寅年十二月分, 矣子以腹瘧症危篤, 而楊根尹有一, 適推索柴價, 來到矣家, 見矣子病重, 自渠身邊, 出給厥物曰: '幼兒腹瘧, 莫如此藥.' 仍沈於湯水中飮之, 而終不得效矣."

54 '항검(恒儉)'의 중국어 음이 '헝젠(Heng-jian)'이다. 편지의 내용은 이승훈, 〈이 베

드로가 북당의 선교사들에게 보낸 편지〉(윤민구 역주,《한국 초기 교회에 관한 교황청 자료 모음집》, 가톨릭출판사, 2000, 31-39면)를 참조할 것.

55 샤를 달레,《한국천주교회사》, 앞의 책, 상권 326면.

56 다블뤼,《조선순교자역사비망기》(필사문서 판독 자료집 Vol.4, 한국천주교주교회의 문화위원회, 2012), 17면.

57 황사영, 〈백서〉 33행(여진천 역주,《누가 저희를 위로해주겠습니까?》, 기쁜소식, 1999, 53면). "總會長崔若望昌賢, 家在笠井洞, 故教中號爲冠泉."

58 이민보, 〈근여일가제종(近與一家諸從), 질상작회(迭相作會), 사적적유여인수창자(士迪適有與人酬唱者), 만차기운(漫次其韻). 도념동당지여(悼念同堂之餘), 불금정발어사(不禁情發於辭)〉 3수 중 제2수의 1~2구에 "花石相傳泮口村, 幽居清淨隔塵昏"라 하였다.《풍서집(豊墅集)》 권1(한국문집총간 232책, 311면)에 있다.

59 이만채 편,《벽위편》, 앞의 책, 상편 268면. "及庚申六月, 仙馭上賓, 而獄事遂解. 嗣聖冲幼, 貞純大妃垂簾半年之間, 更無飭禁. 邪徒遂無畏憚, 秋冬後, 一倍熾盛, 處處說法. 甚至婦女輩, 晨夕明燈, 往來街路, 相續不絶. 至臘月間, 陞學諸生之夜歸也, 幾乎肩磨, 邏卒怪之, 以爲前日所未見. 及至辛酉獄起, 往來遂絶, 始知其爲邪徒也."

60 이승훈, 〈이 베드로가 북당의 선교사들에게 보낸 편지〉, 앞의 책, 35면 참조.

61 알레니,《미사제의》, 200면. "其制上方下圓, 四圍俱有飄版, 俱有三折線路, 以一角向前, 後有二長垂帶, 卽祭巾也."

62 샤를 달레,《한국천주교회사》, 앞의 책, 상권 324면.

63 《사학징의》, 앞의 책, 252면. "與罪人昌顯相知事段, 四年前, 因女息之病上京, 製藥於昌顯之族人, 名不知崔哥藥局之際, 藥價太歇, 故矣身怪問其由, 則昌顯言內, 天主在天, 察人心內之善惡. 故雖於藥價, 豈可濫捧乎云. 故矣身知其爲邪學之人. 仍與談論邪學, 而瓊更不相見是白遣."

64 《사학징의》, 앞의 책, 76면, 〈형추초〉. "癸丑年, 製藥於矣身藥局時, 語意異於尋常人, 故彼此許交, 數次來見. 語及邪學, 互稱好道者, 殆同聲影之相從."

65 샤를 달레,《한국천주교회사》, 앞의 책, 상권 제5장 참조.

66 《사학징의》 중 해당 인물의 공초 기록을 종합할 때 이렇게 확인된다.

67 관련 내용은《사학징의》 중 해당 인물의 공초 기록을 참조할 것.

68 《추안급국안》(전주대학교 고전국역총서2, 제75책, 흐름출판사, 2014) 1801년 10월 11일, 황사영과 옥천희 대질심문 기록. "千禧向嗣永曰: '汝非黃姓兩班乎. 昨年十月, 果見汝於南門內玄哥藥舖.'"

69 《사학징의》, 앞의 책, 131면, 〈승관초〉. "矣身以良人, 居生於西小門外, 而辛亥年分, 始學邪書於必恭處, 又受邪號於昌顯, 稱以西滿." / 115면. "買得忠勳府後洞家時, 啓完嗣永李就安發羅所等, 各出百兩,"

70 《사학징의》, 앞의 책, 286면, 〈포청초〉. "矣身居生於石井洞, 今十八日, 冠井居崔龍雲, 以前日藥債推去次, 果爲來到矣."

71 《사학징의》, 앞의 책, 154면, 〈형추초〉. "己未年分, 留接京城時, 聞邪學之惑人, 往仁赫藥局, 覓見天主實義, 則旨意與儒道大異, 而有堂獄之說. 故矣身間或以辭解其非是白遣. 嗣永段, 矣身亦果逢着於仁赫藥局."

72 《사학징의》, 앞의 책, 161면, 〈포청초〉. "年前因用謙, 往于南大門外藥契孫仁元家, 始見阿峴黃嗣永是白乎矣."

73 《사학징의》, 앞의 책, 75면, 〈형추문목〉. "托名藥局, 聚會去來之妖人, 隱然爲邪學之淵藪, 厥惟久矣. (……) 一自癸丑以後, 復爲設局於通衢, 其往來之所聚, 朝夕之所講, 率是黃嗣永孫景允輩."

74 이만채 편, 《벽위편》, 앞의 책, 상편 269면. "十二月十九日, 法司禁隷, 夜過長興洞口. 聞窓內撲節聲, 認爲投箋, 排窓躍入, 見會者方拊心出聲. 其日卽邪法所謂聖獻堂占禮日也. 搜各人身邊, 獲一占禮單子. 初不知其爲何物, 納于秋曹, 始知其爲邪學文字. 復往捉取, 在座人, 則已盡走. 唯捉崔必恭之從弟必悌, 及吳斯德望兩人, 同囚典獄. 於是捕廳亦爲處處緝拿邪賊崔昌顯等, 漸多就捕, 左右捕廳皆滿矣."

75 이승훈, 〈이 베드로가 북당의 선교사들에게 보낸 편지〉, 앞의 책, 33면.

76 《사학징의》, 앞의 책, 256면. "汝矣身枕匣中, 現出念珠, 及汝矣所謂聖血呼稱黑珍, 所盛囊, 與他凶穢之物, 都是邪學之所佩物件."

77 《사학징의》, 앞의 책 같은 부분. "所捉念珠, 再昨年夏間, 矣子患痘時, 難於飮藥, 而暫時玩好之物, 過去油商女給之, 尙在枕匣中是白遣. 頭髮及小小木片所盛囊子段, 甲寅年十二月分, 矣子以腹瘧症危篤, 而楊根尹有一, 適推索柴價, 來到矣家, 見矣子病重, 自渠身邊, 出給厥物曰: '幼兒腹瘧, 莫如此藥.' 仍沈於湯水中飮之, 而終不得效矣."

5부 | 지방의 교회 조직(273~332쪽)

1 박종악, 신익철·장유승 외 역, 《수기》(한국학중앙연구원 출판부, 2016), 1792년 1월 3일. "所謂狐洞, 以百餘戶一大村, 分爲兩邑地. 二十餘戶卽禮山豆村面狐洞里也, 八十餘戶卽天安新宗面狐洞里也. 其中不爲妖術者, 無過二十戶內外."

2 이 14장의 호적단자는 홍유한 집안의 종손이신 홍기홍 선생 댁에 보관되어 있다. 귀한 자료를 제공해준 홍기홍 선생께 감사드린다.

3 홍낙민, 〈홍유한제문〉, 종손가 소장 친필본. "烏乎. 小子不天, 維癸未先君子見背, 是時小子未及成人二歲. 維先生眷眷然育養之, 諄諄然教誘之, 不以不才, 而許其將有成. 小子之至今日獲免大戾, 而與平人齒者, 莫非先生賜也. 烏乎. 先生旣視小子如子, 小子安得不視先生如父也." / 《풍산세승》 10책에도 같은 제문이 수록되어 있으나, 내용이 상당히 차이가 있다.

4 홍낙민, 앞의 글. "烏乎. 小子之在湖也, 與先生同閈, 周旋於丈席之前者, 十年如一日. 及乙未, 先生徙順州, 小子移家於忠州. 蓋忠之於順, 爲六舍, 一宿便至. 故取其近, 漸謀往依計也."

5 김학렬 신부가 천진암 '메아리' 사이트에 실은 〈우리나라에서, 예수님의 이름은 여수님이었다〉라는 글에 자세한 논의와 사진 자료가 있다.

6 강세정, 《송담유록》(연세대 도서관 소장), 장 3b. "樂敏又與基讓結姻, 陰相綢繆, 行教於湖右天安邪蘇洞. 李存昌性頗巧黠, 稍解文字, 深於邪學, 故讓敏輩, 作爲腹心, 廣張其教. 又使吳錫忠, 譯邪書爲諺冊, 多送于存昌, 使之教誘愚民."

7 강세정, 《송담유록》 장 3b. "邪蘇一洞, 男女老小, 無不沈溺. 其外鄰近六七邑, 與邪蘇洞民人, 結姻之常漢, 轉相傳習, 不知幾百人, 誦法邪學. 其徒皆知李文義讓前爲文義守, 洪正言樂敏也, 蓋兩人, 主其行教故也. 所幸者, 存昌以常漢之故, 雖行教於無識愚氓, 而湖中士族, 無一人浸染者矣."

8 박종악, 《수기》 1792년 1월 3일, 앞의 책, 282면. "李存昌本以新昌成德山家私賤, 已自幼時, 與洪也兄弟, 同爲工夫, 頗習科業. 而首先染入於邪術. 專心學習, 極力誑惑. 所親之人, 則誘以妖誕之說, 而勸其從學. 從學之類, 則取其易曉之篇, 而謄傳眞諺, 漸益播聞, 從者日至. 盖存昌卽洪家弟子中識文字而精通者, 湖西邪學之得方書而廣布者也."

9 박종악, 《수기》 1792년 1월 3일, 앞의 책, 279면. "奴屬之效則者, 燒其籍而無價放

良, 隣人之從學者, 恤其窮而周給衣糧. 由是而自近及遠聞者輒悅."

10 박종악, 《수기》 1792년 1월 3일, 앞의 책 같은 부분. "大抵爲此術者, 相呼曰交中, 奴主無尊卑之分, 遠近無親疎之別, 不惟男人爲然, 班家之閨婦, 諺譯而讀之, 常賤之愚婦, 口授而誦之, 無老少, 無長幼, 而一入此術, 莫不惑焉. 試以班家閨婦言之, 假使行路之人, 若有自言其爲學者, 則不問其姓名居住, 不論其兩班常漢, 並許接見於內房, 敬之如大賓, 愛之如至親. 居處飮食, 同其甘苦, 其行也必有贐."

11 박종악, 《수기》 1791년 12월 2일, 앞의 책, 273면. "但洪州德山兩邑護法輩, 尙此自如. 德山別羅山居洪芝榮, 洪州鷹井里居元白乭, 縣內居梁才金晩得等是也."

12 박종악, 《수기》 1792년 1월 3일, 앞의 책, 102면. "덕산 이삼환은 장사천에 살고 있는데, 80여 호가 있는 큰 마을이 일가를 이루고 있습니다. 본동의 백성 중에 만약 사학에 대해 언급하는 자가 있으면 엄한 말로 준엄하게 배척하고 일절 금지하므로 100호 가까이 되는 큰 마을에 한 사람도 물든 자가 없습니다. 홍지영이 사는 별라산은 본동과 3리쯤밖에 떨어지지 않았는데, 근처의 여러 사람 중에 미혹된 자가 많습니다."

13 별라산의 위치 비정과 관련 내용은 2015년 6~7월에 임성빈·최휘철 선생 등 천주교 순교자유적답사회에서 정리한 답사 보고서의 도움을 받았다. 귀한 자료를 제공해주신 임성빈 선생께 감사의 뜻을 표한다. 영조조에 편찬된 《여지도서》 〈충청도편〉 '별라산리(別羅山里)' 항목에, "관아에서 동쪽으로 20리다. 호적에 편성된 민호는 93호다. 남자는 105명이며, 여자는 260명이다"라고 했다.

14 박종악, 《수기》 1791년 12월 2일, 앞의 책, 273면. "洪哥則自有班名, 而同學之人, 則不計常賤親疎, 輒內外相通, 迎入內室."

15 박종악, 《수기》 1791년 12월 11일, 앞의 책, 276면. "洪州追後報狀內, 不知其許名, 自首現納方冊, 爲六十餘卷. 故卽爲付丙云云. 洪芝榮等四漢, 發甘捉囚, 令本官毁撤神堂."

16 박종악, 《수기》 1791년 12월 2일, 앞의 책, 273면. "元白乭則渠家中別設天堂, 最爲蠱惑."

17 박종악, 《수기》 1791년 12월 20일, 앞의 책, 95면 참조.

18 박종악, 《수기》 1792년 1월 3일, 앞의 책, 103면 참조.

19 박종악, 《수기》 1792년 1월 3일, 앞의 책 같은 부분.

20 박종악, 《수기》 1791년 12월 20일, 앞의 책, 278면. "其捉來也, 始知此人卽領敦寧臣洪樂性五寸庶姪, 而其名字之英字, 非英字, 乃榮字也. 奏御文字, 事體至重, 而當初爽實, 惶隕千萬."

21 《사학징의》(한국교회사연구소, 1977), 371면, 〈포청갱초〉. "文甲之父, 曾因洪靈山家婢子乳母事, 下去結城, 一年二次, 或上來見母."

22 《사학징의》, 앞의 책, 360면, 〈포청갱초〉. "矣身外上典可去處段, 德山農幕及結城水里五里等地, 而亦不的知是白乎旀."

23 샤를 달레, 안응렬·최석우 역주, 《한국천주교회사》(한국교회사연구소, 1979), 상권 384면.

24 박종악, 《수기》 1792년 1월 19일, 앞의 책, 99면 참조.

25 《사학징의》, 앞의 책, 243면. "同年十二月分, 存昌移居於全羅道高山積鬱村." / 30면. "又爲數年, 移接於高山積梧里, 而往來於存昌家, 依前學習."

26 《사학징의》, 앞의 책, 16면. "書冊段, 矣身以賣藥爲業, 故藏置於藥籠中是如可, 玆以一一現納爲乎旀."

27 《사학징의》, 앞의 책, 14-16면에 수록된 1801년 3월 28일자 〈전라감사김달순밀계(全羅監司金達淳密啓)〉 중 윤지헌의 공초에 자세하다.

28 《사학징의》, 앞의 책, 242면. "辛亥年七月分, 隣居姓名不知老漢, 謂矣身曰: '鴻山泉後近處, 草履之材最多.' 云. 矣身卽往鴻山泉後, 卽李存昌之所居村也. 一日存昌家雇奴劉順喆爲名漢, 來到矣身處, 誘引屢日, 勸教邪書十戒於矣身. 故果爲學習, 而夤緣邪學, 與存昌交契甚厚矣. 同年十二月分, 存昌移居於全羅道高山積鬱村, 而矣身適往全羅道是白如可, 到仍泉場市, 逢見李存昌雇奴劉順喆, 隨往存昌家, 以敍阻懷, 亦爲講論邪書是白乎旀."

29 박종악, 《수기》 1791년 11월 13일, 앞의 책, 76면. 이날 보고 중에 "이존창이라는 자를 붙잡아와서 엄히 형벌을 가하고 칼을 씌워 옥에 가두었습니다"라고 한 대목이 있다.

30 박종악, 《수기》 1791년 11월 20일, 앞의 책, 76면. 이날 보고에는 "이자는 처음에는 완악하여 명령을 따르지 않았으나, 여러 날 가두어둔 채 갖가지로 타이르고 의리로 인도하며 이해로 깨우치고 끝내는 또 형벌로 위협하며 반복하여 타일러 기어이 감화시키려 하였습니다. 그 역시 성상의 교화에 물든 사람이라서

깨닫고 마음을 돌려 서학을 배척하여 요술이라 하며 선으로 향하고 정도로 돌아올 뜻이 뚜렷하였습니다"라고 했다. 이어 11월 29일의 보고(80면)에서는 "그의 말을 들어보고 그의 모습을 보니, 얼굴을 바꾸고 마음을 바꾸어 사학을 떠나 정도로 돌아올 것을 전혀 염려할 것이 없습니다. 심지어 제 입으로 예수를 배척하고 모욕하여 소라 하고 말이라 하였으니, 그가 진심으로 잘못을 고친 것이 이처럼 분명합니다"라고 했다.

31 박종악, 《수기》 1792년 1월 3일, 앞의 책, 105면. 이날 보고 중에 "사학을 하는 부류가 만약 다시 하지 않겠다는 뜻을 제 입으로 실토하면 다시는 그 학문을 할 수 없다고 하는 것은 그들이 지어내어 속이고 감추려는 말입니다. 비록 자백한 뒤라도 수편(首篇)부터 시작하면 그 학문에 해가 되지 않습니다. 다만 그 학문을 배척하여 극구 모욕하며 자신을 소, 말, 개, 돼지에 비유한 뒤에는 정말로 할 수 없다고 합니다"라고 한 내용이 보인다.

32 박종악, 《수기》 1792년 1월 3일, 앞의 책 같은 부분. 이날 보고 중에 "이달 보름 무렵 천안에서 잡아들여 더욱 타이르고 20일 이후에 풀어주었습니다"라고 했다.

33 《사학징의》, 앞의 책, 233면. "鴻山居李存昌, 將欲隱匿神父, 移其家於高山之地, 而乙卯四月分, 矣身與存昌, 往見神父於桂洞崔仁吉家, 而仍爲邀去鄕第矣."

34 샤를 달레, 《한국천주교회사》, 앞의 책, 중권 71면.

35 샤를 달레, 《한국천주교회사》, 앞의 책, 상권 397면.

36 샤를 달레, 《한국천주교회사》, 앞의 책, 중권 58면.

37 《사학징의》, 앞의 책, 240면 참조. / 박종악, 《수기》, 앞의 책, 91면에는 "청양의 김광적, 이광록은 관청에서 잡아왔습니다"라고 한 내용이 보인다.

38 정약용이 금정찰방으로 있으면서 이존창을 검거한 사실은 정민, 《파란》(천년의 상상, 2019) 제2책, 83-94면에 자세하다.

39 《추안급국안》(한국근세사회경제사료총서, 제25책, 아세아문화사, 1978), 63면. "抱川洪教萬亦有名. 與矣兄爲親査間, 而洪周萬之弟也."

40 강세정, 《송담유록》 장3a. "日身行教於上游, 如南必容李基延李最延洪教萬翼萬, 傾心效學, 潛相傳授. 楊呂利數郡之間, 愚氓之無知者, 靡然從之, 如聲氣楚越之."

41 황사영, 〈백서〉 40행(여진천 역주, 《누가 저희를 위로해주겠습니까?》, 기쁜소식, 1999,

61면). "洪沙勿略教萬, 權哲身之母舅."

42 샤를 달레, 《한국천주교회사》, 앞의 책, 상권 445면.

43 강세정, 《송담유록》 장4a. "教萬洪判尹周萬之季弟之弟, 與余同硯. 文詞富贍, 人稱實才. 前時嘗與余, 語及邪說, 攘臂大言, 極口嚴排. 後與若鍾結姻, 又與權哲身兄弟, 爲內外從. 其庶從弟翼萬, 深入其學, 故晩學其術, 無論男女老少, 專家陷溺. 性甚偏狹, 迷惑尤甚."

44 강세정, 〈가아준흠변방록〉, 《송담유고》 제3책, 장13b. "且陷邪者衆, 如李家煥, 李基讓基誠, 李寵億, 丁若鍾若銓若鏞哲祥, 權哲身全家兄弟叔侄, 李檗, 洪教萬父子, 李學逵, 黃嗣永, 柳恒儉兄弟, 李潤夏父子, 不下五六十人." 《송담유고》는 《송담유록》과는 별도의 책으로, 역시 연세대 도서관에 소장되어 있다.

45 《추국일기(推鞫日記)》 8(국사편찬위원회, 1994), 263면, 1801년 2월 20일, 홍교만 공초. "矣身嘗以此學宗旨, 與尊敬對越之義同矣. 今世以此爲邪學者, 恐違於尊敬之道. 故以爲非邪學矣. (……) 耶穌降生之說, 自古中國聖賢之所未及焉, 而矣身熟看此書, 故篤信其說矣. 語其至理所在, 則詩書易之說, 皆與此合, 可謂之邪學乎. (……) 矣身於此學, 數十年積費工夫, 而始得者. 今豈可以片言單辭, 强曰悔悟乎. 矣身旣知降生之耶穌, 則今難猝悔以耶穌而爲邪矣."

46 다블뤼, 《조선주요순교자약전》(신리 성지 내포교회사연구소, 2014), 182면. "그는 사형을 선고받고, 1801년 신유년 음력 3월 ○일 서울에서 참수되었다. 당시 가롤로의 나이는 20여 세에 불과했다." / 《조선순교자역사비망기》(필사문서 판독 자료집 Vol.4, 한국천주교주교회의 문화위원회, 2012), 121면. "1801년 박해가 일어났을 때 그의 나이는 약관 20세였다."

47 다블뤼, 《조선주요순교자약전》, 앞의 책, 201면. "포천 고을에서 태어나 청년기를 그곳에서 보냈다. 1801년 박해 때, 그의 이름이 저절로 부각되므로 그는 얼마간 부친과 함께 서울로 피신하였다."

48 국립중앙도서관 고문서실 자료, 청구기호 (BL 古朝 51-다-42-18).

49 《사학징의》, 앞의 책, 150면. "矣身以教萬之子, 辛亥年傍聽父訓, 從學蠱惑是白加尼."

50 《추안급국안》, 앞의 책, 86면, 1801년 2월 14일, 홍교만 공초. "問曰: '矣身旣看此書, 則學之邪正, 可以卞別, 從所見直對.' 供曰: '其學謂之邪, 則不可也. 其學大抵以敬天畏天爲主, 豈可謂之邪也.'"

51 《추안급국안》, 앞의 책, 114면, 1801년 2월 15일, 홍교만 공초. "天地卽大父母, 而不以大父母事之, 則是以父母謂非父母, 故前招所謂不以爲邪者, 卽此也."

52 《추안급국안》, 앞의 책 같은 부분. "道之大原, 出於天. 又天命之謂性, 又惟皇上帝, 降衷于下民, 同出敬天之意, 豈可謂之邪學乎."

53 《시경》에서 "悠悠昊天, 曰父母且"라 하고, 《중용》에서 "道之大原, 出於天"이라 하고, "天命之謂性"이라 했고, 《서경》에서는 "降衷于下民"이라 하였다. 그런데 이 세 구절은 조아킴 부베의 《천학본의(天學本義)》 권1의 〈상천위군위부위사(上天爲君爲父爲師), 이유명령지권(而有命令之權)〉 조목에 하나의 문장 형태로 차례대로 인용되었다. 《천학본의》는 《법국국가도서관명청천주교문헌(法國國家圖書館明淸天主教文獻)》(대만 利氏學社, 2009) 제26책, 8면에 나온다.

54 《추국일기》, 앞의 책, 263면, 1801년 2월 20일, 홍교만 공초. "矣身甘作邪學, 敢以經傳, 文飾其說, 終不悟其邪學之爲邪學."

55 《추국일기》, 앞의 책 같은 부분. "矣身嘗以此學宗旨, 與尊敬對越之義, 同矣. 今世以此爲邪學者, 恐違於尊敬之道. 故以爲非邪學矣."

56 《시경》 주송(周頌) 〈청묘(淸廟)〉에 "훌륭한 선비들이 문왕의 덕을 잡고 하늘에 계신 분을 우러러, 신속히 달려와 사당에서 신주를 받든다(濟濟多士, 秉文之德, 對越在天, 駿奔走在廟)"라고 한 데서 나왔다.

57 《추국일기》, 앞의 책 같은 부분. "以此學爲邪者, 以其假託耶穌降生之說, 惑世誣民, 歸於夷狄禽獸之科. 故謂之邪學者, 此也. 矣身敢以尊敬二字, 無難說出乎."

58 《추국일기》, 앞의 책 같은 부분. "矣身以耶穌之學, 爲正學. 今若以耶穌爲邪, 則矣身不敢納招. 以此遲晩矣."

59 《추국일기》, 앞의 책 같은 부분. "問曰: '所謂耶穌降生之說, 矣身何以的知, 而如是篤信乎.' 供曰: '耶穌降生之說, 自古中國聖賢之所未及言, 而矣身熟看此書, 故篤信其說矣. 語其至理所在, 則詩書易之說, 皆與此合, 可謂之邪學乎.'"

60 샤를 달레, 《한국천주교회사》, 앞의 책, 상권 500면.

61 프랑스 국가도서관에 소장된 서학 책을 모은 《법국국가도서관명청천주교문헌(法國國家圖書館明淸天主教文獻)》(대만 利氏學社, 2009) 제26책에 수록된 책들이다.

62 조아킴 부베(白晉), 〈고금경천감자서(古今敬天鑒自序)〉, 《고금경천감》(《법국국가도서

관명청천주교문헌》, 앞의 책, 27면). "從古以來, 諸儒皆重典籍所載修身齊家治國之道, 無不以敬天爲本. 然先後之儒敬天之旨, 大不相同. 上古之儒, 近於天學之始, 故其敬天者, 明識有皇上帝至尊無對, 至神至靈, 賞罰善惡, 至公無私, 眞爲萬有之根本主宰, 所以小心翼翼, 朝夕畏敬以事之."

63 조아킴 부베에 관한 논의는 오순방, 《명말청초 천주교 예수회 선교사의 천주교 중문소설과 색은파 문헌 연구》(숭실대 출판부, 2019) 중 〈청대 초기 예수회 신부 조아생 부베의 색은파 사상과 《역경》 연구〉를 참고할 수 있고, 색은파와 색은주의에 대한 논의는 프레마르, 이종화 역, 《중국 고전에서 그리스도를 찾다》(루하서원, 2018)에 자세하다.

64 샤를 달레, 《한국천주교회사》, 앞의 책, 상권 610면.

65 강세정, 《송담유록》 장11a: "忠州士族李最延箕延兄弟, 學於日身, 專心邪學, 乃伯世延, 謹厚知名士也. 嘗於其親忌, 其兩弟不參, 世延痛哭, 而了無回心. 敎誘士族, 與無知常漢, 時稱邪學之窟, 內浦數邑, 忠州揚根呂利云. 上密使人廉探此等邑, 洞知邪學尤甚, 特補家煥忠州牧使, 若鏞金井察訪. 上意所在, 欲使渠輩知罪, 又欲使邪徒畏戢, 而經歲許遞. 家鏞輩, 始喪膽生惻矣."

66 샤를 달레, 《한국천주교회사》, 앞의 책, 상권 396면.

67 황사영, 〈백서〉 49행, 앞의 책, 74면. "辛亥窘難時, 爲廣州府尹, 頗害敎中, 爲自明計. 用治盜律於敎友, 自家煥始."

68 박종악, 《수기》 1791년 12월 11일, 앞의 책, 90면 참조.

69 박종악, 《수기》, 1791년 12월 11일, 앞의 책, 89면 참조.

70 《일성록》 1801년 3월 10일. "刑曹判書趙鎭寬啓言: '今者邪學中, 染汚稍輕者, 勢當屛之遠方, 而以李箕延之定配北道事觀之, 隨其所在, 觸處遺毒, 此不可不深慮者也.'"

71 《순조실록》 1805년 8월 2일. "이번에 종성의 동몽 채경갑이 바친 상언을 보니 '저의 아비 채홍득(蔡弘得)이 집 앞에서 곡식을 타작하고 있을 때 어떤 사람이 들어와서 밥을 구걸하므로 점심밥을 먹여주었는데, 그 사람이 또 종이묶음을 팔았습니다. 그런데 그 뒤 저의 아비를 감영의 감옥으로 잡아들여서 사학죄인 최연(最延)에게 밥을 먹이고 곡식을 마련해주었다고 하며 금화현으로 정배하였습니다. 특별히 풀어주도록 명해주소서' 하였습니다. 배안(配案)을 가져다 살펴보니

채홍득은 종성 사람인데 사학의 괴수 이기연이 귀양 간 곳으로 찾아가 미포(米包)를 마련해 도와주며 금령을 어기고 서로 연락했다는 죄목이니, 그의 아들이 호소한 말은 믿을 수 없습니다. 다만 채홍득은 과연 종성 사람이니 외지고 먼 지역에서 사학에 물들었다는 것이 혹 조금은 의심할 만한 단서가 된다고 생각됩니다. 해당 도에 지시하여 사실을 조사하게 한 다음 상께 여쭈어 처리하는 것이 어떻겠습니까?"

72 《순조실록》 1801년 10월 23일. "邪學罪人忠州李箕延, 締結日身, 沈惑邪學, 不參家祭. 先自家內, 以至隣里, 誑誘男女, 詿誤一邑. 自作窩主, 甘心邪魁, 眞贓已露, 情跡難掩."

73 《일성록》 1801년 12월 17일. "刑曹啓言: 忠州牧罪人箕延, 沈惑邪學, 不參家祭罪, 大明律造妖言妖書, 惑衆者斬, 請右律施行, 教以依律."

74 《사학징의》, 앞의 책, 182 · 191면 참조.

75 《사학징의》, 앞의 책, 62면. "西部居幼學李寬基段, 以凶賊箕延之從孫, 傳習邪學, 已有所目. 與其父文德, 惑信崇奉, 爲世指目. 致使其老祖父禁之不得, 晝夜號哭之說, 著聞於京鄉是遣."

76 박종악, 《수기》 1791년 12월 11일, 앞의 책, 89면 참조.

77 그의 생애 관련 사실은 《풍산홍씨대동보》(풍산홍씨대종회, 1985)를 참고했다.

78 《사학징의》, 앞의 책, 180-190면에 〈각도죄인작배질(各道罪人酌配秩)〉이 실려 있다. 이에 따르면 각 지방에서 유배형에 처해진 죄인은 경기도의 경우 여주 6인, 양근 20인, 고양 1인, 충청도는 충주 23인, 홍주 12인, 덕산 5인, 면천 4인, 보령 2인, 청양 2인, 은진 3인, 공주 3인, 회덕 1인, 정산 1인, 천안 1인, 결성 1인, 연풍 1인, 전라도의 경우 전주 21인, 김제 3인, 고산 5인, 함평 1인, 무안 1인, 흥덕 1인, 금구 1인, 무장 1인, 그 밖에 기타 동래 2인, 함흥 1인으로 집계된다.

79 《사학징의》, 앞의 책, 169면. "締結箕延, 惑信邪說, 十戒五拜, 不輟講習. 主日之會, 爛漫同參, 先自家內, 以至隣里, 男女老少, 無不染汚, 便作窩主. 不參家祭, 滅絶綸紀."

80 《수진일과(袖珍日課)》 속권(續卷) 권1, 장1a. / 《천주성교공과(天主聖敎功課)》 중 〈오배(五拜)〉, "一, 信天主, 一概邪妄之事俱棄绝. 二, 望天主, 保佑全赦我诸罪. 三, 愛敬至尊至善之主于萬有之上. 四, 一心痛悔我之罪過, 定心再不敢得罪于天主. 五, 懇祈聖母轉求天主, 賜我恒終恩佑." 《천주성교공과》의 표현은 이것과 다소 차이가 있다.

6부 | 세례명 퍼즐 풀기와 여성 신자(333~392쪽)

1 《사학징의》(한국교회사연구소, 1977), 13면. "報名段, 擇其爲學頗勤之人, 報于文謨, 則文謨倣西洋中道高人名字, 命名以送."

2 《사학징의》, 앞의 책, 91면, 〈본조초〉. "盖稱號者, 死後爲好云故, 果得稱號是白遣."

3 《추안급국안》(전주대학교 고전국역총서2, 제73책, 흐름출판사, 2014), 34면. 1801년 2월 10일, 정약용 공초 참조. 이하 번역문의 인용은 이 책에 따른다.

4 《추안급국안》(한국근세사회경제사료총서, 제25책, 아세아문화사, 1978), 119면. 1801년 2월 10일, 정약종 공초, "問曰: '所謂李伯多權沙勿, 果指何人乎.' 供曰: '李伯多是李承薰, 權沙勿卽權日身也.'" / 번역본은 제73책, 160면.

5 《사학징의》, 앞의 책, 69면. "所謂神父段, 江南周哥稱姓人, 而其本國之名, 則或稱多木伊, 或稱白茶."

6 《사학징의》, 앞의 책, 79면. "周哥乃是南京蘇州人, 而別號若去白云, 名則不知是白如乎."

7 《사학징의》, 앞의 책, 344면. "矣身果以쌔을이爲號."

8 《추안급국안》, 앞의 책, 210면. "班婢朴婆投多, 携矣身至一大家."

9 《추안급국안》, 앞의 번역본, 제73책, 257면. "창동의 다른 노파 김오소랄의 집에 머물렀습니다."

10 《사학징의》 중 각 사람의 공초 기록에 나온다.

11 《사학징의》, 앞의 책, 295면. "洪梓榮邪號玻羅."

12 《사학징의》, 앞의 책, 295면. "全州奴樂善, 邪號姜良."

13 《추안급국안》, 앞의 책, 64면. "權巴西兄弟, 似指權哲身之子相問也."

14 《추안급국안》, 앞의 책, 206면. "南大門權哥, 卽巴西略, 今在楊根."

15 샤를 달레, 《한국천주교회사》, 앞의 책, 상권 610면.

16 《사학징의》, 앞의 책, 295면, 〈포청초〉. "矣長兄範禹爲道模, 次兄履禹爲發羅所."

17 《사학징의》, 앞의 책, 290면, 〈포청주뇌초〉. "今番科行, 幸逢西洋國出來道人, 學得死歸天堂之法, 又得爲學別號若撒法三字."

18 《사학징의》, 앞의 책, 344면. "所謂別號者, 曾爲邪學而死者, 皆有其號, 爲邪學者慕其事之類於己者, 而取其號."

19 《성 요사팟 시말》에 관해서는 오순방 교수가 쓴 《명말청초 천주교 예수회 선교

사의 천주교 중문소설과 색은파 문헌 연구》(숭실대 출판부, 2019)에 수록된 〈명말 천주교와 불교의 종교 분쟁과 최초의 서교(西敎) 소설 중역본《성 요세파 전기》〉라는 논문에 자세한 전말이 실려 있다.

20 루제리, 곽문석 외 역,《신편천주실록 역주》(라틴어본·중국어본 역주, 동문연, 2021) 참조.

21 오순방 교수의 앞의 논문에 자세히 소개되어 있다.

22 드 마이야,《성년광익》(한국교회사연구소, 2014, 제4책 557면). "警言: '我語爾, 以惡瑪滿, 積之朋, 謝世時, 彼引爾使入於永福.'"

23 드 마이야,《성년광익》, 앞의 책, 563면에 "宜行之德, 輕世"라 하고, 또 "當務之求, 爲迷於世俗者"라 하였다.

24 황사영,〈백서〉 56행(여진천 역주,《누가 저희를 위로해주겠습니까?》, 기쁜소식, 1999, 82면). "十八遭養父喪, 東國喪服, 遵用宋儒之制, 頗失古法. 若撒法變而正之, 俗儒該訝, 貽書責之. 若撒法作書答之, 引據該洽, 文辭滂霈, 李家煥見而歎曰: '吾不敢望也.'"

25 백승종,《정감록 역모 사건의 진실게임》(푸른역사, 2006) 참조.

26《사학징의》, 앞의 책, 99면. "埋置邪書妖像段, 皆是鄭女之所持來者, 而實非矣身藏置看習之物云."

27〈신미년백서〉 장16a(《동국교우상교황서(東國敎友上敎皇書)》, 대만 보인대학 소장)에 신유박해 때 순교한 여성 교우의 이름을 거론하면서, "女友童身鄭把爾拔辣, 童身李碩惠, 童身沈依搦斯, 甘弟大福惠, 瑪爾大雲惠, 彼彼亞納榮仁, 及景福雪愛"라 하였다. 중국에 보내는 문서에는 중국식 표기를 그대로 따른 것이다.

28 천주교 서울대교구 홈페이지 가톨릭 성인자료실을 참조할 수 있다.

29 허채백(許采百),《허태부인전략(許太夫人傳略)》(上海 土山灣印書館, 1927)에 그녀의 생애에 대한 자세한 소개가 있고, 이 밖에 그녀의 여러 가지 판본의 전기에 관한 논의는 秦啓蘭秦啓蘭,〈漢譯徐甘第大傳的版本問題〉,《歷史文獻》 제21집, 375-389면을 참조할 수 있다.

30 허채백, 앞의 책 참조.

31《사학징의》, 앞의 책, 91면,〈본조문목〉. "汝矣身以閭巷賤婆."

32《사학징의》, 앞의 책, 91면,〈본조초〉. "甘聽李哥之敎誘, 雖爲邪學, 不至沈惑, 而李哥

作號矣身爲干之臺是白如乎."

33 《사학징의》, 앞의 책, 94면, 〈승관초〉. "干之臺以女妖之媒婆, 亦爲相親."

34 간지대 정복혜와 관련된 사실은 《사학징의》, 앞의 책, 91-93면의 정복혜 공초와 327-328면에 실린 그녀의 오라비 정명복의 공초에 자세하다.

35 《사학징의》, 앞의 책, 92면, 〈본조초〉. "所謂敎主之最高者, 卽德山居名不知宋哥, 而與矣身相親矣. 年前上京, 使矣身斥賣邪書, 買着衣服而去矣."

36 《사학징의》, 앞의 책, 379면에 수록된 〈신애가매치사서굴출기(新愛家埋置邪書掘出記)〉가 모두 정복혜에게서 나온 물건들의 목록이다.

37 《사학징의》, 앞의 책, 380면에 "小囊六: 其中或有頭髮木片雜粉末等, 妖邪之物"이라 한 내용이 보인다.

38 《사학징의》, 앞의 책, 372면, 〈형추문목〉. "汝矣身以邪學媒婆, 毋論班賤, 出沒誑誘, 已有多年. 不知幾處詿除良, 凡以邪學老婆, 周流各處者, 如干之臺連伊之屬, 亦多其人."

39 샤를 달레, 《한국천주교회사》, 앞의 책, 상권 499면.

40 《사학징의》, 앞의 책, 373면, 〈제사〉. "年且已老, 流毒無日."

41 그녀들의 거주지는 《사학징의》 속 각자의 공초에 나온다.

42 《사학징의》, 앞의 책, 104면, 〈형추문목〉. "汝矣身以邪學中媒婆, 毋論上下, 蹤跡殆遍. 甚至於廢宮內人."

43 《사학징의》, 앞의 책, 104면, 〈승관초〉. "交通廢宮, 紹介姜女, 使之參會於周哥講論之席是白遣." / 105면, 〈결안초〉. "交通廢宮, 使之傳染."

44 샤를 달레, 《한국천주교회사》, 앞의 책, 상권 389면.

45 《사학징의》, 앞의 책, 370면, 〈포청주뇌초〉. "矣身本以私婢, 居生於南大門外李通津宅廊底, 喪夫之後, 依接於履洞沈進士宅行廊. 而己未年始學邪書於南門內倉前居孫萬戶之妾."

46 《사학징의》, 앞의 책, 373면, 〈형추초〉. "生涯爲難, 往來於洪文甲家, 斥賣繡枕, 得食餘剩矣. 文甲母敎誘矣身以邪學曰: '死後當歸於樂地'云, 故矣身果聽其說."

47 《사학징의》, 앞의 책, 372면, 〈형추문목〉. "若其顔面之廣, 踪跡之密, 未有若汝矣身之尤甚是如乎."

48 《사학징의》, 앞의 책, 86면, 〈포청초〉. "出入女人段, 南判書家婢九月, 洪文甲婢小明,

童義母稱號女.”

49 샤를 달레, 《한국천주교회사》, 앞의 책, 상권 453면.

50 《사학징의》, 앞의 책, 57면. “正法罪人若鍾買得婢永愛身乙, 自西部捉納, 故仍爲逢授該部後, 當初賣買來歷, 詳査回移, 以爲別般區處事, 移文矣.”

51 《사학징의》, 앞의 책 같은 부분. “謹依關辭, 別定伶俐捕校, 多般探知於若鍾家, 及隣近居人處, 則若鍾婢永愛, 本以全羅道井邑縣女兒, 早失父母, 隨其收養母, 入於京中. 丁未年分, 自賣於京中桃洞吳宣傳家, 又爲轉賣於宣惠廳書吏趙哥處是白加尼, 乙卯年分, 罪人若鍾給價十兩趙哥處, 買得使喚是如可, 昨年八月, 永愛備給七兩錢, 自願退贖, 故減價許良, 的實是如.”

52 《사학징의》, 앞의 책 같은 부분. “第厥女之三次轉賣, 其主俱爲干連於邪學者, 來歷殊常, 有難遽爾放送是乎等, 而玆以移文爲去乎, 到關卽時, 同永愛身捉致官庭, 前後來歷及使喚年條, 許贖委折, 細査問處置事.”

53 《사학징의》, 앞의 책, 257면. “鄭進士女壻吳宣傳.”

54 《사마방목(司馬榜目)》에 나온다.

55 《사학징의》, 앞의 책, 348면. “金夢碩忌憚小明之在家, 卽爲逐送, 故小明不得已出去, 而問其去處, 則答以爲將向西小門內宣惠廳書吏趙哥妹家云云.”

56 《사학징의》, 앞의 책, 167면. “桃渚洞趙愼行, 頻頻來訪, 爛熳講論是白遣.”

57 《사학징의》, 앞의 책, 296면. “桃渚洞居趙愼行及李在新, 亦是皆教中之人, 追隨講學.”

58 《사학징의》, 앞의 책, 118면. “名不知趙哥, 字稱而秀者.”

59 《사학징의》, 앞의 책, 312면. “夜間往來人段, 趙愼行, 一目不盼是在.”

60 《사학징의》, 앞의 책, 374면. “矣身本以忠淸道保寧申姓兩班之婢子. 十六歲時, 隨內上典, 入於淸橋趙生員宅矣. (……) 所謂趙生員宅夫人, 與姜婆相議, 專爲勸教矣身, 送矣身於姜婆之家.”

61 《사학징의》, 앞의 책, 353면. “矣母嘗時謂矣身曰: ‘挾房邀置善邪學寡女, 而其人精潔無比, 忌憚兒少輩是如, 一切禁斷.’ 故果不見其面目, 而但知有女人矣.”

62 《사학징의》, 앞의 책, 97면. “教誘人但, 矣女順喜及占惠福占月任丁任孝明連伊德伊榮仁順每得任順伊是白遣.”

63 샤를 달레, 《한국천주교회사》, 앞의 책, 상권 392면.

64 샤를 달레, 《한국천주교회사》, 앞의 책, 상권 511면.

65 판토하, 정민 옮김, 《칠극》(2021, 김영사), [6.36], 500면. "聖盎薄削曰: '婚姻滿世界, 童身滿天堂.' 生子者, 增人之數, 守貞者, 增聖賢之數."

66 판토하, 《칠극》 [6.36], 앞의 책, 500면. "賢者撒辣滿云: '我自知, 貞德非天主賜我, 我自不能造之, 是故恒祈求焉.'"

67 판토하, 《칠극》 [6.36], 앞의 책, 501면. "天主降生於世, 以童身之母而生, 已又守童身, 且宣貞德之美, 貞德始興于世."

68 판토하, 《칠극》 [6.36], 앞의 책, 501면. "凡尊從天主聖教之地, 守童身之男若女, 遂多有之."

69 판토하, 《칠극》 [6.38], 앞의 책, 503면. "夫貞人必克本性, 犯世俗, 敵邪魔, 貞德乃成焉."

70 판토하, 《칠극》 [6.40], 앞의 책, 506면. "夫貞德, 不啻延身壽, 保身之强, 且令死軀馨香不朽."

71 판토하, 《칠극》 [6.43], 앞의 책, 509면. "則祭理亞, 西國聖女也. 少時矢志, 終保童身, 既而親命嫁焉. 初婚之夕, 謂其壻曰: '我自幼誓存童身, 天主賜我一天神嚴守之. 爾欲壞我, 必被戮矣.' 壻曰: '我不見天神, 不爾信也.' 聖女曰: '爾欲見, 當純誠奉敬天主, 歸從聖教, 滌除心慾, 即見矣.' 夫悉如其言, 天主賜見焉, 異其懿美, 曰: '天神之尊, 天主遣令下世, 以保護貞人, 其重貞德甚矣.' 遂與婦共約終身守貞也. 自後天神恒以奇妙花爲冠冠之, 終歲香不滅, 色不槁. 獨夫婦兩人能聞見之, 他人莫聞見焉."

72 판토하, 《칠극》 [6.8], 앞의 책, 463면. "若盎, 西國名賢也. 天主賜之大能, 能服邪魔. 四遠被魔者, 來祈拯援, 邪魔無不聽之. 一人爲魔所憑, 賢屢命之去, 弗聽. 俄有一少年來, 魔見之甚怖, 悲哀而去. 異之, 問其爲人及今來意. 答曰: '弟子無德. 獨早歲發志, 欲遁世隱居, 純心修道, 事天主. 自知非謝形樂不能也, 故矢絶情慾, 保完童身矣. 既而親命强醮焉. 初婚之夕, 勸化新婦, 與我同志. 并居十餘載, 相視如兄弟. 內不起汚念, 外不作汚行也. 近約分別各脩, 弟子乃來. 從初志, 棄世求教矣.' 賢者嘆曰: '夫婦少年共居, 而心形俱凈. 勝居猛火聚而不焚也. 若此潔士, 當彼汚魔, 能無避乎.'"

73 샤를 달레, 《한국천주교회사》, 앞의 책, 상권 534면.

74 《사학징의》, 앞의 책, 108면, 〈형추문목〉. "初不適人, 稱以寡女者, 邪學之女例多此

套, 而流離衢路, 住接他家, 非處女非寡女, 做得何許貌樣是諭. 男女居室, 人之大倫, 乃以眇少一女子, 爲此傷風敗俗之擧者, 必有不嫁如嫁之故, 此豈容於天地之間乎."

75 《사학징의》, 앞의 책, 108면, 〈승관초〉. "矣身捕廳招中, 雖以許哥妻納供, 年今二十五, 未嘗有出嫁之事是白乎旀." / 112면, 〈결안초〉. "欲爲童貞, 年長不嫁, 假稱許哥之妻."

76 《사학징의》, 앞의 책, 341면, 〈형추문목〉. "以未嫁之女, 詐爲寡女, 稱以許書房妻云, 許者, 虛無之謂也."

77 판토하, 《칠극》 [6.32], 앞의 책, 493면. "貞者何. 絶淫慾之願也. 其級有三. 下則一夫一婦之貞也. 夫婦特行正色, 而不過節, 身心言行, 皆絶於非分之邪欲, 是也. 中則鰥寡之貞也. 一配既歿, 其一守節, 不復嫁娶. 向後, 身心言行, 并無正欲, 是也. 上則童身之貞也. 從生迄死, 時時刻刻, 心潔於色願, 形清於色行, 是也."

78 《사학징의》, 앞의 책, 370면. "南大門內倉前孫萬戶家, 亦與各處寡女七八人, 間間齊會, 誦習邪書之說, 得聞於上項婢九月."

79 《사학징의》, 앞의 책, 196면, 〈형추초〉. "矣身出錢一百五十兩, 景愛出錢五十兩, 買得家舍於軍器寺前, 與媤叔母興任, 同爲居生."

80 샤를 달레, 《한국천주교회사》, 앞의 책, 상권 389면에는 "어떤 여교우가 그들의 불행을 동정하여 1791년인가 1792년경에 천주교 이야기를 그들에게 해주었다. 불행으로 인하여 그들의 마음이 준비되어 있었으므로 그들은 입교하였다"고 했다. 하지만 관련자의 전후 공초를 면밀히 따져보면 두 사람의 본격적인 입교와 신앙생활은 1790년대 후반, 적어도 강완숙이 창동 집에서 대사동과 충훈부 후동으로 이사한 1799년 이후의 일로 보인다.

81 《추안급국안》, 앞의 책, 419면. "廢藩家人奉教, 在矣身未入東國之先數年. 聞其時, 有一老嫗趙姓者, 入宮勸之云. 此老嫗卽徐氏內人之外祖母也. 矣身入東邦後, 廢藩家人, 因此嫗, 而卽知之, 卽欲求見矣身, 而受教事."

82 샤를 달레, 《한국천주교회사》, 앞의 책, 상권 389면.

83 《사학징의》에는 홍시호라는 이름이 열 번이나 나온다. 홍시호와 만난 사람이 홍정호와 겹치고, 그의 어머니에 대한 여러 기술로 보아, 홍정호와 홍시호는 동일인임이 분명하다.

84 《추안급국안》, 앞의 책, 418면. "聞洪時浩之母, 於東門外, 擊錚而欲白其先人寃云, 畢

竟未得恩宥."

85 《사학징의》, 앞의 책, 66면 "北部居正刑罪人正浩母李召史, 本以邪術教主, 春間漏網, 其子只爲正刑矣. (……) 正浩之母, 爲邪說正犯, 而正浩替當其母之罪正法云云. (……) 此女卽昏夜往來中一人, 故嚴加杖問, 則瞑目忍杖, 更無一言, 明是近來醜類本色乙. (……) 同李召史, 本以劇賊之庶女, 爲洪鐸輔之所離." 이 글 뒤에는 그녀가 홍탁보와 이혼하고 여러 해 뒤에 홍탁보와 몰래 다시 살고 있다고 했는데, 분명치 않은 사연이 있는 듯하다.

86 《사학징의》, 앞의 책, 86면. "正浩姓洪, 弼周近族."

87 강완숙이 홍지영과 헤어져 살면서 시어머니와 전처소생의 아들을 데리고 상경했던 것처럼, 이조이도 홍탁보와 이혼 후 조봉상과 재혼한 뒤에도 아들 홍정호와 함께 살고 있었던 것은 사정이 비슷하다. 모두 일반적인 경우와는 상당한 거리가 있다.

88 《사학징의》, 앞의 책, 87면. "汝卽文甲, 而文甲卽汝是去乙, 何故諸囚之招於彼, 則必稱文甲母, 在汝則必擧汝矣名者, 汝矣身之沈惑, 尤有甚於文甲而然乎."

89 《사학징의》, 앞의 책, 103면. "矣身與矣女及趙參議宅婢善梅, 推尋繡枕次, 偕往于沁都罪人家內人房, 則內人數人, 坐於廳上, 男漢坐於房內."

90 《사학징의》의 〈요화사서소화기〉에도 수록된 《텬쥬십계(天主十誡)》 중 제5계인 '사람을 죽이지 말라'의 하위 항목에 '스스로 죽인 죄'와 '내 몸을 스스로 상해하는 자'가 나온다.

91 샤를 달레, 《한국천주교회사》, 앞의 책, 상권 479면.

7부 | 주문모 신부와 강완숙(393~456쪽)

1 샤를 달레, 안응렬·최석우 역주, 《한국천주교회사》(한국교회사연구소, 1979), 상권 379면과 북경 고베아 주교가 사천 포교성성 장관에게 1797년에 보낸 셋째 서한에 자세한 내용이 나온다.

2 다블뤼, 《조선순교사비망기》(《하느님의 종 윤지충 바오로와 동료 123위 시복 자료집》 제1집, 한국천주교주교회의 시복시성주교특별위원회, 2005), 53-55면, 105-115면 참조.

3 정약용, 〈자찬묘지명〉(집중본), 《다산시문집》 권16. "夏四月, 蘇州人周文謨變服潛

出, 匿于北山之下, 廣揚西教. 進士韓永益知之, 告于李晳, 吾亦聞之. 晳告于蔡相公, 公密告于上, 命捕將趙奎鎭掩捕之."

4 고베아, 〈북경의 고베아 주교가 사천 대리 감목 디디에 주교에게 보낸 1797년 8월 15일자 편지〉(윤민구 역주, 《한국 초기 교회에 관한 교황청 자료 모음집》, 가톨릭출판사, 2000, 138면).

5 샤를 달레, 《한국천주교회사》, 앞의 책, 상권 382면.

6 정약용, 〈자찬묘지명〉, 앞의 책. "冬有庶孼趙華鎭者上變, 言李家煥丁鏞等陰主西教, 謀爲不軌, 韓永益爲其腹心. 上察其誣, 以變書宣示家煥等, 且曰: '韓永益告北山事, 安得爲腹心.' 閣臣沈煥之忠淸觀察使李泰永, 咸以爲誣, 事得已."

7 정약용, 〈자찬묘지명〉, 앞의 책. "趙華鎭嘗求婚於韓, 韓不聽, 以其妹嫁鏞之庶弟鐄, 以此謀殺永益, 以及鏞也."

8 정약용, 〈문거인형시궤전(文擧仁兄侍几前)〉(《K옥션 경매도록》, 2019. 10. 1). "穉女不可不率來. 而朴布衣似於春間北還, 牧奴亦或匪久上來. 須與仁權及羣甫相議, 奴負而朴領之爲好. 不然則, 春科時, 羣甫雖不來, 公牧一來, 無妨借一牧奴而負來. 令公牧領來亦好. 要之直上京, 置之於司倉洞舍弟之家, 爲得耳."

9 샤를 달레, 《한국천주교회사》, 앞의 책, 상권 380면.

10 《사학징의》(한국교회사연구소, 1977), 286면. "乙卯五月, 矣身與妻娚崔仁吉, 被捉於本廳. 仁吉則致斃, 矣身則感化歸正之意, 納招蒙放是白乎旀."

11 《사학징의》, 앞의 책, 113면. "矣身與崔必恭崔昌顯金宗淳崔仁吉崔仁喆等, 互相講邪是白如可, 乙卯被捉捕廳, 雖以感化之意, 納招蒙放."

12 이만채 편, 《벽위편》(열화당, 1971), 상편 227면. "是年六月, 見捉於廉察, 半夜命左相蔡濟恭, 捕將趙圭鎭入侍, 出付三賊於捕廳治之. 而令左相主管其事. 時慈宮花甲將近, 朝野稱慶, 而上有此命, 聞者咸仰聖意之嚴重也. 及其訊覈, 則李家煥李承薰黃嗣永等, 俱緊出於獄招. 而所謂華人逃脫未捕, 只將仁吉有一璜三賊, 一夜搏殺, 而餘幷不問, 因爲收殺. 秘諱雖甚, 而人言狼藉, 裕疏出矣."

13 강세정, 《송담유록》(연세대 도서관 소장), 장15a. "先是蔡相招捕將趙圭鎭, 一夜打殺三賊, 莫知其故. 皆云邪賊, 而恐其蔓延, 爲滅口之計云. 有言周文謨者. 承薰輩行貨購來, 稱以洋人, 推爲教主. 意專在於誑誘愚氓, 使之惑信, 而尊謂神父, 別占家舍, 還徙無常. 辭說大

行, 至於上徹. 上始信邪徒之所爲, 無所不至. 多般譏詗, 蹤跡甚秘, 如捕風捉影, 終未捉得."

14 《승정원일기》 1795년 7월 4일, 〈권유상소(權裕上疏)〉. "月前捕將之打殺三漢, 聞是邪學之徒也. 雖云大臣筵稟, 指揮捕將, 而然此非尋常之變, 亦非祕諱之事. 固當究覈根節, 明正典刑, 使人得以知之, 人得以討之, 而乃於半夜無知之中, 急急收殺, 有若恐露端緖, 滅口掩跡者然, 此何意也, 此何法也."

15 《승정원일기》 1795년 7월 4일, 〈권유상소비답(權裕上疏批答)〉. "月前捕將之打殺邪學人三漢事, 卿至以捕將爲恐露端緖, 滅口掩跡, 仍請拿勘, 而語意隱然拶逼於大臣, 卿何不知本事, 言之若是. 伊是大臣謦咳於筵席, 欲付之法曹, 以其法處斷, 與衆棄之, 爲懲他毖後之圖. 而究竟之際, 未及移送. 則此豈一毫近似於滅口掩跡乎. 捕將事, 不允. 但經斃也, 故人未能曉然知之, 未能曉知也. 故恐有不知戢之慮, 此則卿疏不害爲先事之戒. 分付京兆, 以三漢姓名罪犯, 曉諭坊曲, 莫敢更犯, 其所導善而恥格之方, 在師儒士師, 按道典邑者之責, 須各存着, 皆爲聖人之徒."

16 《사학징의》, 앞의 책, 233면. "鴻山居李存昌, 將欲隱匿神父, 移其家於高山之地, 而乙卯四月分, 矣身與存昌, 往見神父於桂洞崔仁吉家, 而仍爲邀去鄕第矣."

17 《사학징의》, 앞의 책, 239면. "乙卯年間, 始聞中國周文謨爲名漢, 下來于存昌家, 號稱神父云故, 矣身卽往存昌家, 果見神父, 而仍受領洗法是白乎旀, 周漢累日留宿於存昌家是白如可, 轉往全州地柳觀儉家, 而觀儉與矣身爲異姓四寸. 故矣身卽往觀儉家, 又見神父, 仍爲留連於觀儉家."

18 《사학징의》, 앞의 책, 240면. "矣身上年春科時, 上京是如可, 往于忠勳府後居姜婆家, 見周漢是白遣." / 239면. "上年十一月分, 往于矣身內從丁若鍾, 而又見文謨." / 16면. "其後見於京人玄啓溫家, 昨冬又見於若鍾家是乎."

19 《사학징의》, 앞의 책, 16면. "矣身不能斷飮之故, 文謨謂犯十戒, 而嚴加誚責是乎旀." / 239면. "文謨見矣身, 仍問行祭與否. 故矣身以爲事死如生, 吾邦之禮節是如爲白乎, 則文謨曰: '大抵祭禮, 極其虛謊. 此爲吾道所忌,' 責之不已是白乎旀."

20 《사학징의》, 앞의 책, 234면. "一日則尹持憲, 以神父之言, 傳於矣身曰: '癸丑年池璜之入中國也, 付來銀子四百兩, 而姑未換賣. 今有緊用二百兩錢, 若稱貸, 則當從近備報云.'"

21 《사학징의》, 앞의 책, 24면. "乙卯年周文謨下來矣家時, 要貸三百兩錢曰: '吾欲買舍, 而池洪處所付銀子, 姑未推出. 待其收合, 當卽報償'云, 故矣兄果依其言貸錢矣."

22 샤를 달레, 《한국천주교회사》, 앞의 책, 상권 382면.

23 샤를 달레, 《한국천주교회사》, 앞의 책, 상권 385면.

24 《사학징의》, 앞의 책, 53면. "矣身辛亥年受邪學於宋雲瑞, 而仍卽棄絶." / 55면. "雲瑞卽宋福明之子, 而年前移居沔川. 已爲身死. 其子允文, 方在京中青坡云云, 日前捕廳回移中, 亦已物故云."

25 《추안급국안》(한국근세사회경제사료총서, 제25책, 아세아문화사, 1978), 544면. "丙辰年冬間, 黃信巨入送時, 柳觀儉矣身兄弟及尹持憲矣身等, 同爲列名, 裁書直送於文謨處矣. 文謨謂以不善措語, 渠自改搆以送是乎旀."

26 《사학징의》, 앞의 책, 234면, 유관검 〈포청초〉. "邀致神父之後, 邦禁至嚴, 偏小之邦, 萬無安接之路. 聖教亦從以難行矣. 請出西洋大舶, 一場判決然後, 神父可安, 聖學可行矣. (……) 若邀致大舶, 則國禁必弛, 而吾道可揚矣. 幸托西國之君, 以致遠鏡等物, 厚備幣帛, 必貽書於我國曰: '常慕貴國風聲, 而恨無聖教, 使吾國之篤於聖學者, 載舶出送, 必須大行聖教, 毋孤遠望.' 云云."

27 《사학징의》, 앞의 책 같은 부분. "信巨回便, 見主教答書, 則以爲請出大舶, 吾之所願, 而但水路累萬里, 事涉迂遠, 此所謂愚者不可行, 智者不妄行. 國君雖有熱心, 豈有治送之理乎. 惟以善護神父, 廣行聖教, 是所顒望云云是白乎旀."

28 《추안급국안》, 앞의 책, 207면. "自崔家遇三人被殺事, 因逃入鄕, 至連山李步玄家者數月."

29 샤를 달레, 《한국천주교회사》, 앞의 책, 상권 422면.

30 《추안급국안》, 앞의 책, 805면. "問曰: '黃寅喆卽黃沁乎.' 供曰: '卽黃沁也.'" / 838면. "問曰: '矣身名字, 亦以寅喆稱之乎' 供曰: '昨年始改以沁字, 而本名則寅喆矣.'"

31 《추안급국안》, 앞의 책, 421면. "矣身則丁巳年一次往復於北京留住之西人也. 冬至使行, 而所去之人, 則在九月晦. 意其人中途別有所營耳. 冬至使行, 似當在十一月晦渡江也. 所去之人, 則李步玄, 係連山人. 去去年死於海美云."

32 다블뤼, 《조선주요순교자약전》(신리 성지 내포교회사연구소, 2014), 216-220면.

33 《추안급국안》, 앞의 책, 817면. "周文謨之在葛隆巴家, 方窘急時, 有一男教友, 徑往外鄕, 尋見隱居之一教友, 預備兩處妥當之所云."

34 샤를 달레, 《한국천주교회사》, 앞의 책, 상권 378면.

35 샤를 달레,《한국천주교회사》, 앞의 책, 상권 390면.

36 《사학징의》, 앞의 책, 103면, 〈포청초〉. "年近五十, 勒鬚稍長. 面長而下顴尖, 色似黑, 眼精似紅. 身長實中."

37 《사학징의》, 앞의 책, 351면, 〈포청주뇌초〉. "敎宗人貌容段, 面圓而稍長, 兩顴高大, 下顴尖. 色白. 勒鬚稍長斑白, 目大. 年可五十之人是白遣."

38 《사학징의》, 앞의 책, 366면, 〈포청주뇌갱초〉. "其人容疤段, 年可五十, 面長體中, 髥長語訥, 難爲詳聽是白遣." / 350면, 〈본조형추초〉. "大抵驟看, 髥勒半白, 面貌廣大之人是白遣."

39 《사학징의》, 앞의 책, 356면, 〈포청주뇌초〉. "今月初旬還入, 則有殊常之機, 而每諱人跡. 故矣身一夕, 無心開視宋氏房, 則有一人驚起出去挾房後門, 而昏夜雖未詳其貌樣, 心甚疑怪, 問諸宋氏, 則答以爲洪婢暫爲隱匿云矣. 其後男鞋見在櫳底, 故又問則宋氏亦云洪婢之鞋矣. 今月二十日夜二三更量, 有人跫音, 故開窓視之, 則乃男漢自宋氏房便廁間, 急入挾房門內. 矣身直往上房, 問之, 則宋氏曰: '黑夜爾未詳見之致也. 此小夫人如厠是如爲白乎.'"

40 《기해일기》(성황석두루가서원, 1986), 22면에 "겨우 두어 달에 언어를 대략 통하시어, 능히 고해 신공을 받으시고, 공경 규정을 다시 정하시어, 동국말로 번역하시니"라고 한 글이 있다.

41 《사학징의》, 앞의 책, 100면, 〈포청초〉. "爲學邪書, 往洪哥家, 則洪哥母與一男同坐敎經, 而其聲如啞, 洪母替敎."

42 《사학징의》, 앞의 책, 127면, 〈포청초〉. "七年七月分, 往于若鍾家兩次, 逢見西洋國出來神父漢, 講論邪學, 而其人言語, 訥如半啞. 故以筆談相與酬酌是白遣."

43 샤를 달레,《한국천주교회사》, 앞의 책, 상권 485면.

44 《사학징의》, 앞의 책, 100면, 〈포청주뇌초〉. "外上典上年臘月, 以血症尋醫次出去, 今至三朔, 尙不入來, 不知去處. 內上典則少無驚怪之心, 而看作例事是白遣."

45 《사학징의》, 앞의 책, 371면, 〈포청갱초〉. "今正月聞之, 則洪書房曾以狂症, 不知去處."

46 《사학징의》, 앞의 책, 117면, 〈결안초〉. "矣身與繼母同心, 沈溺邪學, 異類視同奇貨, 事之如父."

47 〈신미년백서〉(《동국교우상교황서(東國敎友上敎皇書)》, 대만 보인대학 소장), 장11b. "其子斐利伯, 各因受苦, 因信德甚弱, 多發背主語言. 姜査路相逢, 大聲呼曰: '斐利伯, 你不

知你頭上耶蘇照臨, 尚自迷失麼.' 斐利伯聆訓感悟, 從此定志, 終受致命之恩."

48 황사영, 〈백서〉 68행(여진천 역주, 《누가 저희를 위로해주겠습니까?》, 기쁜소식, 1999). "難後神父定居其家. 六年之內, 教中要務, 咸厥贊助, 神父寵任甚隆, 無人可擬."

49 황사영, 〈백서〉 20행, 앞의 책. "庚申四月, 明會報名之後, 諸友勤於信工, 會外之人, 亦從風而動, 皆以化人爲務. 秋冬之間, 蒸蒸向化, 日甚一日, 而婦女居其二, 愚鹵賤人居其一, 士夫男子, 懼怕世禍, 信從者狠少."

50 황사영, 〈백서〉 68행, 앞의 책. "葛隆巴內奉神父, 起居服食, 咸稱其宜. 外理教務, 經營酬應, 未嘗少懈. 多聚童女, 訓誨成就, 分行各家, 勸人信主. 自己亦周巡勸化, 夜以繼晝, 鮮有安眠之時. 而道理貫通, 言辭辨給, 化人最多. 處事剛斷有威, 人皆畏憚."

51 《사학징의》, 앞의 책, 98면. "姜女以矣身之不能教矣子與婢僕輩是如, 每每嘲笑是白遣."

52 《사학징의》, 앞의 책, 344면. "矣身一次乘轎往見, 一次則步往其家, 以眼昏之致, 陷於川中塗泥而入, 則姜女之媤母, 稱號二老叟者, 叱責矣身曰: '如此眼昏之人, 何可入於聖學乎.' 而薄待頗甚, 故其後更不往見是白遣."

53 《사학징의》, 앞의 책, 105면. "昨年一次躬往洪弼周家, 欲學邪書, 則洪哥母以爲乍往乍來之人, 教之無益云云, 故更不往尋云云."

54 《사학징의》, 앞의 책, 351면. "十一月分, 矣身持餠一器, 獨爲往見, 則姜女言內, 誠淺漫學之人, 無益云, 故其後更不尋往."

55 〈신미년백서〉, 앞의 책, 장10a. "甲寅, 鐸德東臨, 因愼密不得進謁, 而神父已知其才器, 擧以爲女會長, 一時教友, 皆驚其知遇. 時神父言語未暢, 而聖事稍行. 東俗男女內外截嚴, 故外面粧秘, 女友有勝, 而機謀愼密, 不及男友. 姜前引後導, 殫誠竭力, 內極奉承之節, 外盡料理之分."

56 〈신미년백서〉, 앞의 책, 장11a. "至三年, 難機稍靖, 聖事漸廣. 姜上承下接, 貞固直方, 講論發人, 如鐘應扣, 熱愛引人, 如火入薪. 艱難叢集, 而排解如利器盤根, 世俗危險, 而邁往如男子臨陣. 男友雖多, 熱心每有讓焉. 神父亦依仗而成事. 洵聖會之干城, 當時之翹楚, 不可以裙襦而論. 雖然, 人情不可每閱, 世事終難周洽, 時或有不愜者, 歷閱聖人傳中, 亦多此類, 不可以此疵也."

57 《사학징의》, 앞의 책, 78면. "床卓燃燭, 掛妖像, 神父周漢, 立於床前, 口誦邪書."

58 〈신미년백서〉, 앞의 책, 장11b. "援儒証道, 闡明本原, 斥邪崇正, 揚確古今. 問官箝舌,

稱以女士. 時論奪氣, 皆謂傑婦."

59 샤를 달레,《한국천주교회사》, 앞의 책, 상권 500면.

60 〈신미년백서〉, 앞의 책 같은 부분. "時獄吏, 雖已擬必殺之例, 而必欲使變其信心, 故示存活之色, 以售誘感之計. 姜與亞加大, 嚴詞斥退, 始終牢確. 在獄知神父致命, 遂裂裳幅, 歷叙神父東臨後, 芳踪懿行, 及自現受若始末, 以付女友取藏."

61 〈신미년백서〉, 앞의 책, 장12a. "法當裸衣受刑, 但我等婦女, 不宜并然. 速稟堂官, 令此囚服而死."

62 황사영, 〈백서〉 21행, 앞의 책. "乙卯窘難, 葛隆巴有保護之大功, 而才能出衆. 故神父專任之. 葛隆巴亦熱心料理, 化人甚衆. 仕宦家婦女, 入教者頗多. 盖國法若非逆賊, 刑不及於士族婦女. 因此, 他們不以禁令爲慮, 神父亦欲藉此, 爲廣揚之根基, 待之特厚. 教中大勢, 都歸女友, 然聲聞緣此亦廣."

63 《사학징의》, 앞의 책, 349면. "所謂神父段, 未知何許人. 而其家老少, 謂以鄕族, 秘諱匿置於上廳中房. 而厥房出入者, 卽完淑母女及多瑟阿是白遣. 姜女種種獨入其房, 而每入其房時, 輒卽內鎖, 不令矣身許入訖除良, 矣身或從窓隙而窺見, 則姜女母大驚失色, 限死禁遏."

64 《사학징의》, 앞의 책, 372면. "其家凡百, 文甲母次知. 故往來諸人, 皆入下房是白遣. 矣身常在老主人上直內房是白乎等, 以雖在一家中, 越房事狀, 宗未詳知是白遣."

65 《추안급국안》, 앞의 책, 213면. "矣身之留連其家, 亦以無處, 棲身於其越房, 宿之耳. 其子陪宿. 其姑在上房. 同文甲之母, 相處絶無男女不相別之處也."

66 《추안급국안》, 앞의 책, 415면, 주문모의 1801년 4월 2일 공초. "盖東邦室家之製, 較異天下各國. 雖四五間草廬, 內外必甚分明. 故逋逃之人, 若居舍廊, 不數日, 卽被捕捉矣. 矣身欲保全己身, 故不得已每在人家之中門內越房居之也. 其家或有男子, 或雖無男子, 亦有一家之他人. 矣身於此, 視同逆旅, 或念經, 或默道, 閉戶潛修耳. 何乃以邪穢二字, 相加乎."

67 《사학징의》, 앞의 책, 370면. "洪家常常往來女段, 冷井洞南判書宅婢九月女息卜任, 及阿只氏房留月任, 下房留名不知阿只氏, 常稱老抹樓下姪女云云."

68 《사학징의》, 앞의 책, 332면. "矣身姨從四寸崔春奉漢, 率矣母在文甲家."

69 《사학징의》, 앞의 책, 371면. "冷井洞南生員家內兩班, 水口門內趙禮山家內兩班來到,

則或一望, 或數十日留連. 閭閻女人不知居住姓名四五人, 往來誦經, 日齊會是白乎矣, 詳問則瞻禮前期三四日, 來宿是如爲白置."

70 《사학징의》, 앞의 책, 114면. "周漢寢具段, 啓完及矣家造給."

71 《사학징의》, 앞의 책, 351면. "稱以教宗人, 坐於狹室, 而其家母女, 家中所在女兒及寡女, 與枕橋趙禮山妻, 不知洞名洪主簿妻諸人, 分別左右, 跪坐後, 姜女持講冊誦之."

72 《사학징의》, 앞의 책, 344면. "聞教中之說, 則簇子中耶穌酷刑之像, 潛掛壁上. 拜則如祭, 故只俯伏, 而口誦邪書云云是白遣."

73 황사영, 〈백서〉 64행, 앞의 책. "洪斐理伯弼周, 葛隆巴之前室子也. 性本良善, 隨母進教, 未能勤謹. 陪奉神師之後, 一年之間, 判作異人, 人皆驚異. 在家常爲輔祭."

74 《고려주증》과 《고려치명사략》의 서지에 대해서는 정민, 《파란》(천년의상상, 2019) 제1책, 307-315면에 수록된 〈1900년, 중국인이 쓴 2종의 조선 천주교회 순교사〉에 자세하다.

75 《고려치명주아각백전략》, 《한어기독교진희문헌총간》(중국 광서사범대학 출판사, 2017), 제1집 제10책, 666면. "現在羅瑪部裏, 帖正拉預備查攷, 幾位高麗致命拉個主教神父案件, 預備列入眞福品咾, 聖品咾啥. 再請諸位, 勿要忘記這位周神父, 是中國神父, 是伲本省蘇州人. 一朝列之眞福品起來, 伲江蘇人有風光. 所以伲該當求天主, 賞賜周神父, 早點成功眞福品, 幷且爲現在高麗國教友, 求天主賞賜伊拉, 聖教廣揚, 國泰民安, 亞孟."

76 《고려치명주아각백전략》, 앞의 책, 621면. "第只祭箱, 有神父個祭披長白衣, 聖索領帶, 聖石, 聖經經頁子, 彌撒酒, 做阿斯底亞個一把鉄鉗, 輔彌撒用個短白衣, 做彌撒個聖爵聖盤, 供聖體聖爵. 聖體發光, 色色俱全, 樣樣不缺啥個者, 嗳望天主快點打發神父來呀."

77 샤를 달레, 《한국천주교회사》, 앞의 책, 상권 329면.

78 《고려치명주아각백전략》, 앞의 책, 661면. "感謝大老爺, 賜小人斬首大恩. 小人到貴國來, 傳教勸人個宗旨, 無非是爲求得一日安死善終. 現在善終個日脚, 已經判定者, 小人何等樣喜歡感謝呢呀. 感謝天主, 不棄絶我卑賤罪人, 竟然賞賜光榮致命個大恩典, 當不起, 當不起. 請衆讚美主, 讚美主名."

79 《고려치명주아각백전략》, 앞의 책, 664면. "刑役揷上耳箭, 引周司鐸, 繞行三匝, 回到中心. 周司鐸雙膝跪下, 低頭待刑. 刑役抽刀拔劍, 將斬下, 轟然一聲. (下幕) 頓聞風雨雷聲, 電光閃閃."

8부 | 탄압 속의 지방 교회(457~515쪽)

1 김호, 〈'이의순명(以義順命)'의 길: 다산 정약용의 종두법(種痘法) 연구〉, 《민족문화연구》 제72집(고려대학교 민족문화연구원, 2016)을 참조할 것.

2 박제가, 〈병오정월이십이일조참시(丙午正月二十二日朝參時), 전설서별제박제가소회(典設署別提朴齊家所懷)〉, 《정유각문집》 권3(한국문집총간 261책, 654면)에 전문이 수록되어 있다.

3 박제가, 앞의 글. "臣料其徒數十人, 居一廛, 必不能爲亂. 且其人, 皆絶婚宦, 屛嗜欲, 以遠遊布敎爲心, 雖其爲敎, 篤信堂獄, 與佛無間, 然厚生之具, 則又佛之所無也. 取其十而禁其一, 計之得者也. 但恐待之失宜, 招之不來耳."

4 오수경, 《연암 그룹 연구》(월인, 2013)에서 이희경에 대한 정리가 최초로 이루어졌다.

5 박제가의 〈십삼서루〉는 《정유각초집》에 수록되어 있다. 같은 시가 《한객건연집》에는 〈추찬의 서루에 들러〉로 나온다. 십삼은 이희경이고, 추찬은 동생인 이희영이다. 이희영이 천주교 신자로 사형을 당하자, 이희영에게 준 시의 제목을 바꾼 것이다.

6 박제가, 안대회 역, 《북학의》(돌베개, 2003), 149면의 〈농기도서(農器圖序)〉에 "오늘날 사용할 만한 농기구를 널리 수집하였다. 그다음에 아우 추찬을 시켜 그 농기구를 그림으로 그려 한 권의 책으로 엮었다"고 했다. 하지만 대부분의 필사본에는 이 대목이 삭제되고 없다.

7 황사영, 〈백서〉 55행(여진천 역주, 《누가 저희를 위로해주겠습니까?》, 기쁜소식, 1999). "其家素有畸人十篇, 若撒法喜看之. 十餘歲著天堂地獄論, 以明其必有."

8 박종채, 《과정록》 권4, [12]. "金建淳, 初以法家後秀, 高才博學, 名動一世. 以顔子復生稱焉. 嘗來謁先君良久, 請敎而去. 先君愀然不樂, 召不肖語之曰: '金生吾願一見之. 及見之, 只自憫焉. 其才誠可謂天下之奇寶矣. 欲貯天下之奇寶, 須用堅韌完厚之器, 可以無損而久存. 吾見其器, 無足以貯此寶, 愴然甚矣.' 未幾建淳, 以結交匪類廢. 後五年, 以染跡邪學, 不得其死."

9 김건순과 강이천이 연루된 유언비어 사건의 전후 경과는 백승종, 《정조와 불량선비 강이천》(푸른역사, 2011)에서 상세하게 다뤘다.

10 박지원, 〈상순사서(上巡使書)〉, 《연암집》 권2에 자세한 내용이 실려 있다. 본문에서 소개한 내용은 이 글의 끝에 첨부된 김필군의 진술서 〈부병영보초(附兵營報草)〉를 정리한 것이다.

11 박지원, 앞의 글. "到今追思, 則矣子以年穉所致, 必是爲人所欺矣. 且其死後四年之間, 時或現夢, 而未嘗以此事問答, 亦不告往在佳處. 生死判異, 期望頓違, 以此自驗, 則幾年積功, 果安在哉."

12 박지원, 앞의 글. 김필군의 진술서 뒤에 추기한 내용에 자세하다.

13 박지원, 앞의 글. "太陽方昇, 魑魅莫衙. 薰風乍扇, 氷雪自消矣. 故惑如必恭, 而一朝感悟, 輒酬當窠."

14 박종악, 신익철·장유승 외 역, 《수기》(한국학중앙연구원 출판부, 2016), 89면, 1791년 12월 11일. "沔川姜柱三黃惡只朴日得, 開悟故捧侤放送, 金必軍金大允金加床, 方書冊二十一卷, 官庭燒火云云. 依甘結, 限一朔保放曉諭云云."

15 박지원, 앞의 글. "金漢本以邪學中一人, 去年冬間, 空室在逃. 今年九月中, 其本戶統內居民, 有以金漢之還接舊居爲告, 而姑且緩之, 稍俟其安頓. 然後使督糴, 倉卒招之. 而不以牌子, 亦不使官差者, 意實在於若知不知之中, 有意無意之間. 渠果大生疑懼, 卽爲來現, 而袖納冊子並呈所志, 以爲首實免罪之資."

16 박지원, 앞의 글. "其後兵營下吏, 歷過吏廳, 詳問境內邪學有無. 羣吏爲言, 前之學習者, 自然消息, 皆作平民. 而其中金必軍者, 最是難化, 日前又自納冊, 則今此境內, 更無可疑."

17 《사학징의》(한국교회사연구소, 1977), 168면. "昌周姓崔結案招: 不父其父, 至云父名之忘却, 語意已極兇獰, 牢守妖書, 終不變改. 滅倫敗常, 甘心誅戮云云. 以上辛酉三月正法."

18 《사학징의》, 앞의 책, 280면, 〈포청초〉. "矣身以班裔, 惑學邪書於妻四寸有一處, 今爲十六年之久."

19 《사학징의》, 앞의 책, 281면, 〈포청초〉. "今二月, 捉囚圻營, 故不勝恐㤼, 隱避于矣妻父尹鉉家. 亦爲被捉於本廳, 故移避各處旅家, 矣父昌殷, 以矣身隱避事, 避囚於本廳, 故云再昨日自現."

20 《사학징의》, 앞의 책 같은 부분. "矣身今日始知其天主學爲夷狄禽獸之法, 而悔悟歸正, 永作良民之意, 如是納供, 則有何愛惜之事."

21 최해두, 김영수 역, 《자책》(흐름출판사, 2016)에 전문이 현대어로 풀이되어 있다.

22 최해두, 《자책》, 앞의 책, 16면.

23 최해두, 《자책》, 앞의 책, 17면.

24 판토하, 정민 옮김, 《칠극》(2021, 김영사)에 전문이 수록되어 있다.

25 샤를 달레, 안응렬·최석우 역주, 《한국천주교회사》(한국교회사연구소, 1979), 하권 20면.

26 《우포도청등록》 1841년 4월 25일. "矣家傳來之教, 則何可背天主, 而棄父訓乎." / 《하느님의 종 이벽 요한 세례자와 동료 132위》(한국천주교주교회의, 2018), 134-137면 참조.

27 박종악, 《수기》, 앞의 책, 88면.

28 샤를 달레, 《한국천주교회사》, 앞의 책, 상권 365면. 이하 박일득과 박취득 형제에 대한 설명은 같은 책 365면과 410-417면에 따랐다.

29 《승정원일기》 1799년 6월 21일. "如取得者, 誅之殛之, 在法當然, 而渠旣悔而歸化, 願作聖世之平民, 則因其感悟, 卽加疎決, 非但是朝家信令之道, 庶或爲渠輩自新之路."

30 김시준 역, 《벽위편》(명문당, 1985), 221쪽 참조.

31 황사영, 〈백서〉 6행, 앞의 책. "自乙卯失捕後, 先王疑懼日深, 潛譏密察, 未嘗少間. 而終不知神父蹤跡, 乃使趙和鎭者, 假托奉教, 探知湖中事情. 遂有己未冬, 淸州之窘, 湖中熱心教友, 死亡畧盡."

32 김시준 역, 《벽위편》, 앞의 책, 222면.

33 김시준 역, 《벽위편》, 앞의 책 같은 부분.

34 샤를 달레, 《한국천주교회사》, 앞의 책, 상권 421면.

35 김시준 역, 《벽위편》, 앞의 책 같은 부분.

36 샤를 달레, 《한국천주교회사》, 앞의 책, 상권 618면.

37 《벽위편》에는 김이양(金履陽)으로 썼는데, 김이영의 고치기 전 이름이다.

38 김시준 역, 《벽위편》, 앞의 책 같은 부분.

39 《순조실록》 1801년 3월 11일, 이의채 상소. "昨年湖西捉得邪黨方百同搜見, 其秘龕中所錄, 首題家煥, 次書李日運, 人言狼藉."

40 김시준 역, 《벽위편》, 앞의 책 같은 부분.

41 강세정, 《송담유록》(연세대 도서관 소장), 장3b. "所幸者, 存昌以常漢之故, 雖行教於無

識愚氓, 而湖中士族, 無一人浸染者矣."

42 박종악, 《수기》 1791년 11월 20일, 앞의 책, 78면. 번역본에서는 최두고금을 '최뚝쇠'로 번역했다.

43 박종악, 《수기》 1792년 1월 3일, 앞의 책, 106면.

44 《사학징의》, 앞의 책, 53면. "大抵千明之父崔去斗金, 居在存昌比隣, 久染邪學."

45 《사학징의》, 앞의 책, 53면. "大抵千明之父崔去斗金, 居在存昌比隣, 久染邪學. 今雖不爲云, 而私贓念珠, 旣已被捉, 其末子億明, 曾隨存昌入錦山, 今亦逃走, 不知所在. 則渠之父子情迹, 宲多可疑."

46 《사학징의》, 앞의 책, 53면. "李存昌雖居洞內, 初不相從."

47 샤를 달레, 《한국천주교회사》, 앞의 책, 상권 473면.

48 샤를 달레, 《한국천주교회사》, 앞의 책, 상권 474면.

49 《사학징의》, 앞의 책, 146면, 〈포청초〉. "矣身本以良人, 居生於洪州地矣. 去戊午年分, 學習邪書於鴻山寓接李存昌家. (……) 昨年二月分, 矣身移接于廣州分院若鍾隔隣之地是白如乎."

50 《사학징의》, 앞의 책, 105면, 〈포청초〉. "再昨冬, 矣母寓居矣弟家中, 風病急故, 矣身往救之際, 其老婆適到借家, 故仍爲許借矣. 拖至翌夏, 其老婆捧貰借家於丁若鍾處, 故矣身艱辛推接是白遣."

51 샤를 달레, 《한국천주교회사》, 앞의 책, 상권 474면.

52 《사학징의》, 앞의 책, 148면. "深染邪學, 知爲正道. 今雖至死, 萬無背棄之心. 速被誅戮, 是所至願."

53 《남보》의 일종인 하버드 옌칭도서관 소장 《백가보(百家譜)》와 성균관대 존경각본 《남보》에는 윤징, 윤지충, 윤지헌의 이름 아래 '사주(邪誅)'라는 두 글자가 선명하게 적혀 있고, 장서각본과 규장각본 《남보》에는 윤지충의 이름 밑에만 '사폐(邪斃)'라 썼다.

54 샤를 달레, 《한국천주교회사》, 앞의 책, 상권 336면.

55 다블뤼, 《조선주요순교자약전》(신리 성지 내포교회사연구소, 2014), 10면.

56 《사학징의》, 앞의 책, 15면. "矣叔尹憕, 無子身死, 葬理喪祭, 如禮行之是乎. 乃主祀旣無人, 祠版無可歸, 故果不立主是乎旀."

57 《추안급국안》(한국근세사회경제사료총서, 제25책, 아세아문화사, 1978), 560면. "矣身根脚段, 父憬父矣父德烈, 母權召史, 母矣父沂徵. 並只故白良乎."

58 《사학징의》, 앞의 책, 6면 참조.

59 다블뤼, 《조선순교사비망기》(《하느님의 종 이벽 요한 세례자와 동료 123위 시복 자료집》 제3집, 한국천주교주교회의 시복시성주교특별위원회, 2017), 263면.

60 다블뤼, 《조선순교사비망기》, (《하느님의 종 윤지충 바오로와 동료 123위 시복 자료집》 제1집, 한국천주교주교회의 시복시성주교특별위원회, 2005), 36-42면, 67면 참조.

61 샤를 달레, 《한국천주교회사》, 앞의 책, 상권 321면.

62 샤를 달레, 《한국천주교회사》, 앞의 책, 상권 454면.

63 샤를 달레, 《한국천주교회사》, 앞의 책, 상권 364면.

64 박종악, 《수기》, 앞의 책, 77면.

65 박종악, 《수기》, 앞의 책, 80면.

66 박종악, 《수기》, 앞의 책, 105면. "但斥厥學而極口詬辱, 比自己於牛馬狗彘, 然後乃眞不得爲云云."

67 이존창의 검거에 얽힌 전후 사정은 정민, 《파란》(천년의상상, 2019), 제2책 185-194면에서 자세히 살핀 바 있다.

68 《일성록》 1797년 2월 23일. "再昨歲, 入於金井察訪廉察, 言于道伯, 捉囚營獄. 聞渠所供, 與前日悔悟, 一一相反. 至以惟願速死爲言. 若然則前日納供, 非出中情, 放還之後, 不悛舊習, 可以知之."

69 황사영, 〈백서〉 73행, 앞의 책. "李類斯以湖中傳教之罪, 斬於公州. 而此人尙在背教中, 未知臨死之如何. 或傳其善死, 而未敢遽信."

70 샤를 달레, 《한국천주교회사》, 앞의 책, 상권 453면.

9부 | 서울의 교회 조직과 명도회(517~582쪽)

1 《사학징의》(한국교회사연구소, 1977), 93면. "携夫上洛, 甘爲邪學之窟穴, 接屋連墻, 都是同惡之家, 而門戶相通, 晝夜雜還."

2 《사학징의》, 앞의 책 같은 부분. "近因譏捕事發之後, 收聚比隣三四家之妖書妖物, 盡爲藏置於任召史之家, 則至妖至憯之狀, 綻露無餘."

3 《사학징의》, 앞의 책, 118면. "爲設設法之所, 精搆數間房舍於空垈處, 每會徒黨, 逐日講習."

4 《사학징의》, 앞의 책, 121면. "己未年分, 移居於京中碧洞, 作隣於崔海斗趙燮家, 相通門墻, 搆成精舍, 作爲瞻禮之所."

5 《사학징의》, 앞의 책, 118면. "矣身與海斗而秀三家, 撤墻相從, 作爲一家, 晝宵同習是白遣."

6 《사학징의》, 앞의 책, 314면. "乙卯年分, 矣身父子率家屬, 搬移上京, 居接於碧洞鄭光受隔墻家, 而文謨鄭光受講論邪書, 而同參瞻禮."

7 《사학징의》, 앞의 책, 320면. "矣身本以恩津江境之人, 上年七月分, 率妻子上京, 依接於碧洞居鄭光受廊底, 始學邪書."

8 《사학징의》, 앞의 책, 132면. "光受新搆瞻禮之所, 矣身窮自塗褙."

9 샤를 달레, 안응렬·최석우 역주, 《한국천주교회사》(한국교회사연구소, 1979), 상권 390면.

10 《사학징의》, 앞의 책, 366면, 〈포청초〉. "家中出後門事段, 欲爲家業資生之計. (……) 婢子小明及名不知老婢輩, 常時出入矣家矣. 今二月初生, 小明持來西洋國冊子三卷, 暫置云云, 而終不推去. 故矣身不無生㤼之心, 今初五日朝時, 果使卜禮燒火竈中是如可, 未及盡滅, 至於現捉之境. (……) 矣家有二井, 洗踏汲水之女, 來往不絶."

11 홍낙안의 《노암집(魯巖集)》에 실린 〈이승훈의 모함 공초로 인해 변정하여 진술한 상소(因李承薰誣, 供陳卞疏)〉에는 "저들이 모임을 가진 것은 바로 반촌 가운데 가장 조용하고 구석진 곳에 있었다. 문을 닫아걸고 한데 모이더라도 남들이 능히 엿볼 수가 없는 숨겨진 곳이었다"고 했다. 또 김시준 역, 《벽위편》(명문당, 1985), 192면에 "중인 최인길, 지황, 윤유일 등이 천주당을 계산동 깊은 골에 지어놓았는데, 방을 꾸민 것이 한결같이 오랑캐의 제도를 따랐었다"고 했다.

12 이만채 편, 《벽위편》(열화당, 1971), 상편 267면. "李海愚以蓮府奉上教, 廉察邪徒, 譏捕文謨. 前後四五年, 多得肯綮, 文謨幾乎就捕者, 亦屢次. 而或乘女轎, 或着喪服, 遷徙無定處, 故每致交臂相失."

13 이만채 편, 《벽위편》, 앞의 책 같은 부분. "至辛酉治獄時, 掌事者知海愚知其事, 往問, 則海愚以廉問記一塊出給, 以此發捕, 逮治無所疑眩, 而獄情無濫云."

14 《추안급국안》(한국근세사회경제사료총서, 제25책, 아세아문화사, 1978), 39면. "矣身再昨年待罪秋曹時, 作斥邪方略冊, 欲爲陳疏上徹之際, 遭人言遞職未果, 今當此境, 邪學之人, 於矣身爲仇讎. 今若寬限十日, 眼同伶俐捕校出付, 則所謂邪學之窩窟, 當捉納矣."

15 《사학징의》, 앞의 책, 127면. "今二月初生, 邦禁至嚴教是, 故矣身與嗣永用謙等, 共爲逃避, 留宿於龍虎營內邪學媒婆連伊家."

16 《사학징의》, 앞의 책, 129면. "三月初生, 推移二十兩錢於用謙處, 潛招上項尹女, 懇請貰入處, 則尹女給貰錢十兩, 得置阿峴居弓人韓聖浩家後房, 而來到, 故仍與尹女入接于韓哥家."

17 이옥, 《이옥전집》(휴머니스트, 2009), 제2책, 430면 참조.

18 《사학징의》, 앞의 책, 115면. "買得忠勳府後洞家時, 啓完嗣永李就安發羅所等, 各出百兩."

19 《사학징의》, 앞의 책, 109면. "每月瞻禮誦經者, 或六七次, 或十餘次. 而瞻禮之日, 聚會各處, 男女混處講學."

20 《사학징의》, 앞의 책, 217면. "居碧洞, 鄭光受統首. 匿置光受家邪書. 辛酉三月十九日捉來, 嚴刑二次後, 三月二十八日, 移送捕廳."

21 《사학징의》, 앞의 책, 273면. "居廣州. 上京留接於鄭光受隔隣." / "去月念後上京, 留接於尹鉉家矣."

22 《사학징의》, 앞의 책, 293면. "光受平日親密之人段, 碧洞金郎廳子富萬之兄, 塔洞居金一萬, 松峴洪翼萬云云." / 273면, 〈포청곤초〉. "鄭光受家頻數往來之人段, 崔海斗趙延, 而亦與矣身同爲講習是白乎旀."

23 《사학징의》, 앞의 책, 213면, 〈초사〉. "崔召史矣身段, 矣身居生於碧洞, 醬沈菜斥賣爲業. 而洞內居鄭家之童婢, 屢次買去矣. 鄭家妻, 冬間使其童婢, 無價而送綿絮少許. 故矣身用之無廉, 代給醬沈菜矣. 其後鄭哥之童婢, 以鄭妻之言, 願一見之云."

24 《사학징의》, 앞의 책 같은 부분. "故矣身果與婢合德, 偕往鄭家, 而矣身口誦南無阿彌陀佛, 則鄭妻急止之曰: '若誦此, 則死歸地獄, 何可誦之乎.' 云, 而仍教邪學中十誡, 曰: '若誦此, 則死後陞天.' 云."

25 《사학징의》, 앞의 책 같은 부분. "矣身年老之致, 聞輒忘却, 不能成誦. 則鄭妻屢次教之是白乎矣, 矣身癃老無奈誦之, 則鄭妻曰: '若不食肉, 則精神自可清爽, 而誦得十誡.' 云.

故矣身歸家後, 不食牛肉, 則矣女怪問其由. 故矣身以鄭妻之言言之, 則矣女大言折之, 使不得更往. 故矣身其後, 則不爲更往是白如乎."

26 《사학징의》, 앞의 책, 214면. "題辭: 崔嫗所供, 極爲淳實, 其女之能使乃母, 不陷於惡, 而非徒無罪, 亦極可尙. 其他證招, 非但無可執之端, 本曹搜探之時, 亦無贓物之現露者, 可知其無所漸染, 一並放送, 使之安意養母."

27 《사학징의》, 앞의 책 같은 부분. "今此鄭婢招中, 矣身之呼稱馬達, 矣母之稱號二四發云云, 千萬孟浪是白擧."

28 《사학징의》, 앞의 책, 42면, 〈신유오월초팔일좌우포청료(辛酉五月初八日左右捕廳了)〉. "邪學罪人尹鉉家房堗中隱藏是在, 鄭光受家許多妖書邪學, 掘得搜來. 時光受之日記冊中, 其矣同黨諸人家往來之說, 及教誘各處男女之事, 塡日書錄, 無不詳備."

29 《사학징의》, 앞의 책, 212면, 〈이재손(李在孫)〉. "宋健招, 其妻受雇價, 謄書邪冊時, 聞在孫家來云云."

30 《사학징의》, 앞의 책, 362면, 〈포청갱초〉. "卜惠之買冊價錢一兩七錢, 給于朴女處." / 〈형추문목〉. "以朴女內人, 受其教誘邪書, 而邪書買賣, 亦或居間紹介."

31 이재기, 《눌암기략》(다산영성연구소 소장), 장12a. "丁巳戊午間, 邪書大行, 賃書者獲大利, 諺文過半云."

32 《사학징의》, 앞의 책, 93면, 〈형추문목〉. "興連景愛等, 妖書妖畵, 皆爲買得於汝家." / 〈결안초〉. "締結妖女, 妖畵凶穢之物, 手造行賣, 教誘多人, 誑惑一世."

33 《사학징의》, 앞의 책, 122면, 〈형추문목〉. "手造妖書, 爛熳行賣, 詿誤多人, 誑惑一世之罪, 萬死無惜."

34 《사학징의》, 앞의 책, 136면, 〈포청초〉. "矣身以推尋冊板次, 往于宋再紀家, 逢着嗣永."

35 《사학징의》, 앞의 책, 140면, 〈승관초〉. "今二月初生, 義浩與嗣永漢彬, 偕到矣家."

36 《사학징의》, 앞의 책, 71면, 〈포청초〉. "謂以瞻禮日, 下舍壁中掛耶穌像, 設帳帷鋪方席後, 諸人講習邪書."

37 《사학징의》, 앞의 책, 74면, 〈포청초〉. "曉往履禹家, 則邀來神父漢於洪文甲家, 而謂以瞻禮, 壁欌中掛耶穌畫像, 垂帳帷, 設方席等物, 而神父上坐, 矣身等列坐是白遣, 窓外履禹家女人等亦坐, 講論是白遣."

38 《순조실록》 1801년 3월 29일. "罪人李喜英, 本以金建淳之家客, 與建淳往見周文謨,

而以自來行已之不正, 被建淳父兄之所逐. 終始染汚邪學, 出入京洛, 締結徒黨, 月四齋素, 誦習洋書, 稍解畫法, 摸出耶蘇像三本, 送之黃嗣永."

39 《사학징의》, 앞의 책, 302면. "鞫廳罪人喜英招, 畵出耶穌像一, 給鍾百云云."

40 《사학징의》, 앞의 책 같은 부분, 〈포청초〉. "矣身粗有畵癖, 而李喜英有善畵之名, 年前尋往喜英處, 受來漁翁曬網及東邊日出西邊雨之畵二張而來是白乎, 此外實無受來他畵之事."

41 황사영, 〈백서〉 64행(여진천 역주, 《누가 저희를 위로해주겠습니까?》, 기쁜소식, 1999. 93면). "李喜英路加, 若撒法之密友. 先居驪州, 後移都下. 本來工畵, 善摹聖像, 亦以斬首致命."

42 《사학징의》, 앞의 책, 115면, 〈포청초〉. "耶穌畫像給人段桂洞李秋餐."

43 이희영의 〈견도〉에 붙은 오세창의 제기(題記)(숭실대학교 한국기독교박물관 소장). "李喜英筆. 仿西洋畫法寫之者, 爲我邦嚆矢. 號秋餐, 陽城人. 進士爀子. 有書畫絶才. 學受於石癡鄭喆祚. 嘗爲靑城成大中, 仿石癡畵仙麋圖者. 成氏世守, 今亦歸余書廚. 純祖元年辛酉春邪學之獄, 秋餐拿麴處刑. 嘗訪淸人神父周文謨, 浸溺其學. 且模出耶蘇像三本, 送于黃嗣永事綻露自服也. 其姪鉉亦邪學被刑."

44 굴원(屈原)의 《초사(楚辭)》 권1 〈이소(離騷)〉에 "아침엔 목란에 지는 이슬 마시고, 저녁엔 가을 국화의 진 꽃잎을 먹누나(朝飮木蘭之墜露兮, 夕餐秋菊之落英)"라 한 데서 의미를 취했다.

45 《추안급국안》, 앞의 책, 250면. "問曰: '矣身稱以秋餐者, 果是何義.' 供曰: '矣身之名喜英, 故以離騷有 '夕餐秋菊之落英', 李德懋以秋餐字之, 而人或稱其奇, 而呼之矣.'"

46 서울역사박물관 편, 《서소문별곡》(2014), 79면 참조.

47 성대중, 〈석치 정철조가 그린 사슴 그림에 제하다(題鄭石癡畵鹿)〉, 《청성집》 권2(한국문집총간 248책, 370면) 수록.

48 나열, 〈선미도제사(仙麋圖題辭)〉(서울역사박물관 소장 화첩). "余之交石癡, 因黃渭叟, 李子子懋亦與會. 石癡見余喜甚, 酒中戲畵一鹿贈余. 盖以況余也. 余亦賦一絶, 借石癡題之, 仍相視而笑. 子懋適醉甚, 亂投手揉畵, 鹿腰半刓, 衆皆惋惜, 而未及求也. 余謂石癡, 畵之成虧, 亦命也. 虧必有成, 公宜改畵一本, 以成其虧. 石癡諾而故靳之, 余亦未之强也. 石癡今遽歿矣. 嗟乎, 石癡特隱於畵者也. 其魁奇之才, 深湛之識, 世之知者鮮矣. 天之生之, 盖

將用之, 今乃止於此耶. 惜哉. 獨閱破幅, 不覺涕迸, 書此以洩余懷, 兼示渭叟子懋. 秋餐李君, 亦石癡徒也. 將使倣其筆意, 題余詩其下, 以成石癡之志."

49 황윤석, 《이재난고》 1767년 2월 29일. "其外四寸鄭喆祚庚戌生, 能科文而專精曆象算數之學, 以利瑪竇遺法爲宗. 今二十餘年矣. 居一室, 所粹西書充衍其中, 雖其弟, 不許入也. 自製日晷, 用之測影. 善治硯石, 又工古畵. 聞人家有西書, 雖所不識卿相, 必以蹊徑得而借出."

50 황윤석, 《이재난고》 1768년 8월 23일. "蓋鄭君一生專治西洋曆象之學, 又方討閱數理精蘊曆象考成. 是二帙, 皆康熙以西法潤色, 而稱以御製者也. 精蘊四十餘卷, 考成八九卷抄, 而不出於幾何原本範圍之外. 原本方在其妹夫李家煥處云."

51 정인보, 〈정석치가〉, 《담원정인보전집(薝園鄭寅普全集)》(연세대 출판부, 1983), 제5책, 308면.

52 《사학징의》, 앞의 책, 98면, 〈형추초〉. "且其言內, 男教中最高者, 中人則李龍謙金深遠. 兩班則鄭哥黃進士云. 故矣身使鄭召史號稱干之臺者, 請來李龍謙, 欲教婢僕輩. 而畏矣子之知之, 卽爲還送是白遣." 여기서는 이름을 용겸(龍謙)이라 했는데, 같은 책 82면 김현우의 공초에는 용겸(用謙)으로 썼다. 자로 썼을 경우는 후자가 맞다.

53 《사학징의》, 앞의 책, 91면, 〈본조초〉. "李哥稱以教主, 夜或招來."

54 《사학징의》, 앞의 책, 127면에 '현계완'으로 나온다. 그의 인적 사항에 관한 설명 또한 이 글에 따랐다. / 〈포청초〉. "矣身以良人, 居生於西小門外凉臺廛洞是白乎旀."

55 《사학징의》, 앞의 책, 72면, 〈결안초〉. "矣身本以泮民, 反學邪術, 聚會婦女, 暗地教誘, 到處領洗, 崇奉周漢, 邀致金履禹姜婆之家, 誑惑一世之罪, 萬死無惜."

56 《사학징의》, 앞의 책 같은 부분, 〈형추문목〉. "號爲渠中之翹楚者, 趙召史之招也, 屢爲韓女之邀來者, 干之臺之證也. 被捉於逃躲之餘, 而周教主之稱號, 納供丁寧."

57 샤를 달레, 《한국천주교회사》, 앞의 책, 상권 468면.

58 현방(懸房)은 도살한 소를 매달아놓고 판매해서 얻은 이름이다. 반촌의 생리와 반민의 생활, 그리고 현방의 운영 제반에 관한 내용은 안대회 외, 《성균관과 반촌》(서울역사박물관, 2019)에 상세하다. 또 반민들의 시집인 《반림영화》에 대해서는 안대회, 〈반촌과 반인 시인 연구〉, 《한문학보》 제42집(우리한문학회, 2020), 15-46면을 참조할 것.

59 《승정원일기》 1782년 11월 2일. "泮隸稍異於無業之窮民, 蓋有懸房之聊賴故耳."

60 거명된 인물들 모두 각각의 공초 기록이 《사학징의》에 수록되어 있다. 이하 관련 내용은 모두 이 기록에 의거하였다.

61 《사학징의》, 앞의 책, 72면, 〈형추초〉. "邪書段, 三本問答眞書一卷, 諺文一卷, 眞道自證兩卷, 聖教日課諺文兩卷, 借給於孫家之母是白如可."

62 샤를 달레, 《한국천주교회사》, 앞의 책, 상권 387면.

63 명도회의 설립과 구성 및 활동에 대한 논의는 방상근, 〈초기 교회에 있어서 명도회의 구성과 성격〉, 《교회사연구》 제11집(한국교회사연구소, 1996. 12), 213-226면과 〈《입성모시태명도회목훈》과 조선 천주교회의 명도회〉, 《교회사연구》 제46집(한국교회사연구소, 2015. 6), 7-41면에서 처음 다뤘다.

64 황사영, 〈백서〉 20행, 앞의 책. "庚申四月, 明會報名之後, 諸友勤於信工, 會外之人, 亦從風而動, 皆以化人爲務. 秋冬之間, 蒸蒸向化, 日甚一日, 而婦女居其二, 愚鹵賤人居其一, 士夫男子, 懼怕世禍, 信從者狠少."

65 다블뤼, 《조선순교사비망기》(최석우 역주, 〈조선순교자역사비망기〉, 《교회와역사》 제385호, 한국교회사연구소, 2007. 6, 9면)

66 이만채 편, 《벽위편》, 앞의 책, 상편 268면. "及庚申六月, 仙馭上賓, 而獄事遂解. 嗣聖冲幼, 貞純大妃垂簾半年之間, 更無飭禁. 邪徒遂無畏憚, 秋冬後, 一倍熾盛, 處處說法. 甚至婦女輩, 晨夕明燈, 往來街路, 相續不絶."

67 《추안급국안》, 앞의 책, 208면. "己未冬, 又値湖中有難, 因避而出遊者, 約數月. 然不到教中人家. 又寺洞洪家, 因閭家奪入之禁, 另變賣其家, 而買動洞家, 時在庚申三月也."

68 《대전회통》 〈형전〉 '금제'. "閭家奪入者, 徒三年定配. 其稱借貰者, 同律."

69 《추안급국안》, 앞의 책, 62면. "矣身之兄若鍾, 昨年夏, 臺啓出後, 自楊根逃避上來, 乘船抵京, 留接于典洞之青石洞右邊第三思家云. 故矣身送子, 率兄而來, 買舍于南門內, 使之移接矣."

70 황사영, 〈백서〉 26행, 앞의 책. "明會長丁奧斯丁, 若鏞之第三兄也. 先居楊根, 庚申五月之望, 率家上京."

71 지평 신귀조는 1800년 윤4월 29일에 올린 상소에서 "요즘 사학이 삼남(三南)에서 기승을 부리다가 기호(畿湖) 지방으로 차츰 파급되고 있습니다. 여주와 양근

의 경우로 말하더라도 여주 옥 안에 구금된 자가 10여 인에 이른다 하고, 양근은 거기에 현혹되지 않은 사람이 없고 그것을 배우지 않은 마을이 없어 장차 온 경내가 금수의 지역으로 들어갈 판국이 되었는데도 그곳의 수령은 전혀 금하지 않고 있습니다. 청컨대 묘당으로 하여금 삼남의 감사에게 엄중 지시하여 각별히 단속하게 하고 양근군수 정동간(鄭東幹)은 해부로 하여금 잡아다가 죄를 물어 엄중히 조처하게 하소서"라고 양근 지역을 특정했다. 이를 이어 장령 권한위는 1800년 5월 22일에 올린 상소에서 "저들 별종의 사학 무리는 서울에서부터 시골까지 불길이 번지듯 번져가고 있으니, 그 근원을 막고 그 사람을 올바른 사람으로 만드는 길은 그 책을 태워버리는 것보다 좋은 것이 없습니다. 신의 견해로는 방리(坊里)로 하여금 진서(眞書)나 언문으로 베껴쓴 책들을 전부 거두어 태워버리게 하는 것이 좋겠습니다"라며 사학의 금압을 주청했다.

72 《사학징의》, 앞의 책, 379면에 한신애 집 땅에 묻은 책 가운데 《셩모시힉명도회규인》 1권이 있고, 384면에 윤현 집에서 나온 사서 목록 가운데 《명도회규》 1책이 보인다.

73 이 책의 전문은 《서가회 장서루 명청천주교문헌속편(徐家匯藏書樓明淸天主敎文獻續編)》 제13책(대만 利氏學社, 2013), 99-170면에 걸쳐 영인, 수록되어 있다. 이 목훈은 1791년에 작성되었다.

74 샤를 달레, 《한국천주교회사》, 앞의 책, 상권 391면.

75 《입성모시태명도회목훈》, 앞의 책, 106면, 〈본회종향〉. "是會之立, 爲明顯天主光榮, 頌揚聖母功德, 訓誨愚蒙, 提醒冷淡, 洗將死之孩, 助臨終之險, 闢除異說, 開導迷途."

76 《추안급국안》, 앞의 책, 815면. "洋敎有明道會, 或三四人, 或五六人爲一會. 先以名字, 報于神父, 後爲神工. 神工者, 卽察洋學以敎人也. 一年之內, 神工之勤者, 許入於會中, 其不勤者, 拔之."

77 《사학징의》, 앞의 책, 370면에 수록된 비녀 복점의 공초에 "南大門內倉前孫萬戶家, 亦與各處寡女七八人, 間間齊會, 誦習邪書之說, 得聞於上項婢九月"라 했고, 196면 김희인의 〈형추무목〉에는 "汝矣等俱以年少靑孀, 互相屯聚於一室之內, 潛習邪學, 沈惑不止"라 했다.

78 《사학징의》, 앞의 책, 13면. "報名段, 擇其爲學頗勤之人, 報于文謨, 則文謨倣西洋中道

高人名字, 命名以送, 而每歲末, 以工夫勤慢, 教授多寡, 報于文謨處是乎旀. 領洗段, 文謨盛水於小壺子, 列坐諸學, 從露頂端跪後, 以其水從頂灌下. 如是則從前罪過, 皆在赦宥中是如是乎."

79 《사학징의》, 앞의 책, 14면. "現於報名記列書者, 不止七八人旀除良, 又有勸入幾人, 外入幾人所錄者."

80 《입성모시태명도회목훈》, 앞의 책, 110면, 〈입회규정(入會規程)〉. "肄業期滿一年. 果恪守聖規, 大彰善表, 可以入會. 本人到會長處, 呈准報名單, 申明己意, 甚願入會沾恩."

81 《입성모시태명도회목훈》, 앞의 책 같은 부분. "入會之期, 每年四日. 聖母始孕母胎, 聖母領報, 聖母聖誕, 聖母升天."

82 방상근은 앞의 논문에서 본문의 '每年四日'을 '每年四月'의 오기로 보았다. 원문의 뜻은 1년에 위 네 날짜에만 입회할 수 있다는 뜻이지, 해마다 4월에만 입회할 수 있다는 의미가 아니다.

83 〈신미년백서〉(《동국교우상교황서(東國教友上教皇書)》, 대만 보인대학 소장), 장8a. "又依聖教規例, 設立明道會. 城內各設會所, 各派會長分理. 使男女教友, 各有區別, 盡合繩尺. 專以勸人爲務, 人皆勇進, 領主保傳, 神工以月漸增, 都城既有可觀, 鄉間亦多效範. 雖因愼密, 未及廣傳聖事, 而歸誠向化者, 前後殆近萬人. 將欲巡理山鄉, 因事機掣肘, 未固發行."

84 샤를 달레, 《한국천주교회사》, 앞의 책, 상권 391면.

85 《입성모시태명도회목훈》, 앞의 책, 111면, 〈입회규정〉. "神司收其所許之愿, 卽賜佩聖牌, 爲沾恩之據."

86 샤를 달레, 《한국천주교회사》, 앞의 책, 상권 511면.

87 《사학징의》, 앞의 책, 70면. "聚會於洪文甲家, 與各處女人等, 一席列坐, 參講於周家處是白遣. 又與孫德章鄭達徒玄哥吳哥金履禹等, 每月七日, 齊會于金履禹家, 講論邪書. 而上年六月分, 矣身往履禹家, 則玄哥孫哥金德章等, 邀致周哥, 謂以瞻禮日, 下舍壁欌中, 掛耶穌像, 沒帳帷, 鋪方席後, 諸人講習邪書. 而履禹家女人, 在於窓外竊聽, 誦習而罷是白遣."

88 《입성모시태명도회목훈》, 앞의 책, 106면, 〈회내총규〉. "每月第一主日, 爲本會之期."

89 《사학징의》, 앞의 책, 76면, 〈형추초〉. "今番被捉本曺時, 同講邪書者, 吳玄達, 忠州兒具碩伊, 鍾峴李太良, 生民洞李凡伊."

90 《사학징의》, 앞의 책, 86면, 〈포청초〉. "甚至於四五次邀來周哥漢於矣家, 受學邪術是白遣. 同黨段, 孫哥玄哥崔必悌尹哥朴德新崔再道等, 而出入女人段, 南判書家婢九月, 洪文甲婢小明, 童義母稱呼女."

91 《추안급국안》, 앞의 책, 731면. "六會則洪文甲家, 洪翼萬家, 矣身家, 勵行家, 啓欽家, 而一家則不知矣."

92 《사학징의》, 앞의 책, 155면, 〈포청초〉. "每當瞻禮之日, 則與教中徒倘, 同參六會. 惟以廣行爲務." / 157면, 〈승관초〉. "六會瞻禮, 無不參涉是白如乎."

93 명도회 육회장의 명칭과 역할분담 및 기능에 대해서는 《입성모시태명도회목훈》 107면의 〈본회종향〉과 〈입회규정〉에 자세하다. 또 123-158면의 〈사장총설(司長總說)〉에 각 분과별 역할과 활동 내용이 상세하게 제시되어 있다.

94 《사학징의》, 앞의 책, 149면, 〈포청초〉. "去三月分, 負沙器上京矣. 路逢空石裹屍, 問其何人屍體, 則傍人答以樂敏. 故以平日相愛之致, 聞極驚慘, 弔其冤死. 且聞梓榮輩背教, 而不勝憤鬱, 峻責其不爲隨父同死, 仍往西小門外, 斂必悌之屍是白如乎."

95 박순집 증언, 김영수 번역, 《박순집증언록》(성황석두루가서원, 2001), 61-64면.

96 《입성모시태명도회목훈》, 앞의 책, 109면, 〈입회규정〉. "神司派總樞會長或掌書會長, 考試伊之學問才情, 三本問答熟諳否, 付洗規矩能行否, 能講勸外教及奉教否. 並派總樞會長同綜務會長, 查察伊之生平行實, 守規矩與否, 壞表樣與否, 兒女行聖事與否. 三會長考察後, 不卽定議, 至每月會議之日, 同神司商妥."

97 《입성모시태명도회목훈》, 앞의 책 같은 부분. "某人可准報名, 卽命掌書, 寫其名於報名冊. 並寫准報名單, 付於是人. 下月會期, 伊該進堂, 見神司及諸會長, 俾衆共知. (……) 肄業期滿一年."

98 황사영, 〈백서〉 37행, 앞의 책. "嘗爲教中愚者, 以東國諺文, 述主教要旨二卷. 博採聖教諸書, 參以己見, 務極明白. 愚婦幼童, 亦能開卷了然, 無一疑晦處. 緊於本國, 更勝於蒭蕘, 神父准行之."

99 샤를 달레, 《한국천주교회사》, 앞의 책, 상권 443면.

100 《추안급국안》(전주대학교 고전국역총서2, 제73책, 흐름출판사, 2014), 1801년 2월 11일, 47-50면.

101 샤를 달레, 《한국천주교회사》, 앞의 책, 중권 160면.

102 샤를 달레, 《한국천주교회사》, 앞의 책 같은 부분.

103 샤를 달레, 《한국천주교회사》, 앞의 책, 중권 161면.

104 다블뤼, 《조선순교자역사비망기》(필사문서 판독 자료집 Vol.4, 한국천주교주교회의 문화위원회, 2012), 304면.

105 샤를 달레, 《한국천주교회사》, 앞의 책, 중권 163면.

106 황사영, 〈백서〉 21행, 앞의 책. "仕宦家婦女, 入教者頗多. 蓋國法若非逆賊, 刑不及於士族婦女. 因此他們不以禁令爲慮. 神父亦欲藉此, 爲廣揚之根基, 待之特厚. 教中大勢, 都歸女友. 然聲聞緣此亦廣."

10부 | 차세대 리더 황사영과 김건순(583~646쪽)

1 1984년 2월 17일, 단국대학교 석주선기념민속박물관에서 교회사연구소 최석우 신부와 유족 대표 황용호 교수에게 보낸 무덤 발굴 유물에 대한 소견서를 정리한 내용이다. 종손 황세환 선생 제공.

2 〈신미년백서〉(《동국교우상교황서(東國教友上教皇書)》, 대만 보인대학 소장), 장15a "亞肋叔黃嗣永, 名家子也. 才慧夙成, 年十六, 成進士. 國王召見, 執手寵愛, 諭之曰: '你年踰二十, 卽出身事我.' 因此才名, 榮稱膾炙一世."

3 다블뤼, 《조선주요순교자약전》(신리 성지 내포교회사연구소, 2014), 226면.

4 〈신미년백서〉, 앞의 책 같은 부분. "弱冠聞教, 熱心精進, 重靈輕世, 不以登科留意, 入試闈, 輒曳白而歸."

5 《승정원일기》 1794년 3월 20일 기사에 자세한 내용이 있다.

6 《일성록》 1795년 4월 18일 기사에 나온다.

7 강세정, 《송담유록》(연세대 도서관 소장), 장18b. "罪人嗣永年二十七, 父錫範, 父矣父在正, 幷故母矣父李東運. 矣身以若鍾之姪壻, 昌顯姓崔中人之死友, 家煥承薰樂敏哲身之血黨. 早穿奸竇, 酷信邪術, 廢棄祭禮, 滅絶天常. 以至邪黨諸賊, 邀來周文謨之後, 師事而父呼, 領洗而受名, 爲周賊徒黨中, 第一心腹."

8 이재기, 《눌암기략》(다산영성연구소 소장), 장15a. "黃嗣永, 漫浪家孫也. 年十六成進士, 文與筆皆出其手, 聲譽甚盛. 而從曳乎切姻之若鍾, 近戚之承薰, 廢擧專治邪法, 罔晝夜頷頷."

9 이재기, 앞의 책 같은 부분. "余每謂彦國禁止之, 彦國曰: '傳聞過矣, 豈沈惑之至斯耶.'

又或曰: '近者頗有覺非之意.'"

10 이재기, 앞의 책 같은 부분. "盖彦國就食江都, 與其姪異室, 未能盡燭其陰事. 且爲人恬淡醇厚, 每每見欺於其姪, 故其言如此."

11 《사학징의》(한국교회사연구소, 1977), 191면. "渠以嗣永之叔, 以其兄出係之故, 雖免連坐之律. 嗣永亡命之後, 終不指告去處, 以致屢月未捕之狀, 誠極痛駭. 故嚴刑一次定配."

12 《사학징의》, 앞의 책, 302면. "鞫廳罪人喜英招, 畵出耶穌像一, 給鍾百." / 303면. "與黃嗣永連肚結腸, 往來綢繆, 而其所借看之書, 卽是天主實義七克等邪書."

13 이용휴, 조남권·박동욱 역, 《혜환 이용휴 산문전집》(소명출판, 2007), 하권 140면과 상권 145면에 실려 있다. 황준에게 준 축시는 이용휴, 조남권·박동욱 역, 《혜환 이용휴 시전집》(소명출판, 2002), 160면에 수록되었다.

14 《추안급국안》(한국근세사회경제사료총서, 제25책, 아세아문화사, 1978), 811면, 1801년 10월 10일 황사영 공초. "矣身爲洋學者爲十一年. 始學之翌年, 朝家禁令至嚴, 親戚朋友, 無不毁斥, 而百爾思之, 決是救世之良藥, 故誠心爲之矣. 乙卯年分, 得見周神父於崔仁吉家, 而周神父果是德行精粹之人. 故願爲門下之人, 不欲暫離."

15 《사학징의》, 앞의 책, 191면, 〈사영숙여노비급비부발배질(嗣永叔與奴婢及婢夫發配秩)〉에 황석필과 노비 육손과 돌이, 여종 판례와 복덕, 고음련, 비부 박삼취 등 일곱 명의 명단과 인적 사항이 실려 있다.

16 《사학징의》, 앞의 책, 275면, 〈포청주뇌초〉. "丁巳年分, 毁撤嗣永祠宇, 搆屋其墟, 仍爲入接, 而樂聞邪學之說." / 88면, 〈포청초〉. "自丁巳來, 留黃嗣永家講習. (……) 乙卯年, 以邪學見捉於忠州官, 酷被重刑, 承款蒙放矣."

17 《사학징의》, 앞의 책, 115면. "買得忠勳府後洞家時, 啓完嗣永李就安發羅所等, 各出百兩."

18 《사학징의》, 앞의 책, 276면, 〈포청주뇌초〉. "嗣永以其貧窮之勢, 造畵邪像之時, 多有出物, 助給之處."

19 《사학징의》, 앞의 책, 541면. "書札中錄名人段, 矣身雖不能盡知, 京中則似是崔昌顯黃嗣永等, 以湖南言之, 則矣身兄弟等, 似應入參是乎旀."

20 《사학징의》, 앞의 책, 364면. "矣夫死後, 切不來, 而但黃嗣永送人懇請, 矣身故依其言往之, 則嗣永勸誘邪學, 而出給邪冊一卷. 故三日留宿於嗣永家, 講學之暇, 製給其家女衣而還

歸是白遣."

21 《사학징의》, 앞의 책, 165면. "且矣身癸丑年遭父喪, 別無尋來之人. 只黃嗣永一人, 每年一二次, 來問存沒是白乎."

22 《사학징의》, 앞의 책, 144면. "矣身飽聞聲名之致, 語以相見之晚, 則黃哥答以唯唯, 而勿稱進士, 號以李喪人是白去乙, 矣身又曰: '見今行色悲凉, 何以更相見乎云爾, 則黃哥以爲彼此不死, 則當有更面之日矣.'"

23 《순조실록》 1801년 1월 20일 기사에 사학을 엄금하고 오가작통법을 시행한다는 하교가 있었다.

24 《사학징의》, 앞의 책, 136면. "矣身子十六歲童蒙, 使之受學於嗣永處. 故矣身無間往來. 而嗣永今正月念後, 來宿矣家, 其翌夕還去."

25 《추안급국안》, 앞의 책, 18면. "問曰: '黃嗣永與矣身, 爲幾寸戚乎.' 供曰: '矣身五寸姨母之外孫矣.'"

26 《사학징의》, 앞의 책, 70면에 실린 이합규의 공초와 127면에 실린 김계완의 공초 기록에 전후 경과가 자세하다.

27 《추안급국안》, 앞의 책, 139면에 수록된 송재기의 전후 공초 기록에 자세하다.

28 《사학징의》, 앞의 책, 139면 송재기의 공초 기록을 참고할 것. 이하의 기술은 송재기, 김의호, 최설애 등의 공초 기록을 종합해서 정리한 것이다.

29 《승정원일기》 1801년 2월 25일. "大王大妃殿下教曰: '黃嗣永尙未捉得, 豈不駭然之甚乎. 寧有如許國綱. 各別嚴飭, 以爲從速捉納之地. 又若遲滯, 則當嚴處, 以此另飭也.'"

30 《사학징의》 중 송재기, 변득중, 남제, 남송로의 공초 기록에 자세하다.

31 《일성록》 1801년 2월 25일자 기사에 그 내용이 나온다.

32 샤를 달레, 《한국천주교회사》, 앞의 책, 상권 559면.

33 이하의 내용은 《사학징의》에 수록된 장덕유와 김귀동, 고윤득 등의 공초에 자세하다.

34 《추안급국안》, 앞의 책, 729면. "行到平邱, 漢彬曰: '忠清道青陽人金貴同, 亦以邪學避入於堤川地, 吾二人同爲往投爲宜.' 云. 故仍與漢彬, 同往堤川邑內三十里近右面排論里金貴同家."

35 《추안급국안》, 앞의 책, 808면. "嗣永要與之逃避於鄉曲. 故矣身與之同行于堤川, 到八

松亭陶店村金貴同家, 留連望矣."

36 《사학징의》, 앞의 책, 158면. "矣身且問國彬之遲延上京之由, 則國彬言內, 驪州邑內, 多逢忠淸道內浦邪學逃走之人男女, 以其教中, 故不忍蔑視, 同心相議, 率往于加平邑內東邊十里許之地, 以爲安接而來云云."

37 샤를 달레, 《한국천주교회사》, 앞의 책, 상권 559면.

38 정규량, 〈군란 시대를 감상케 하는 배론〉, 《경향잡지》(1929. 4), 162-189면 참조.

39 야마구치, 《황사영백서연구》(全國書房, 1941), 83-90면의 〈주론토굴답사기〉 및 《조선서교사》(雄山閣, 1967), 89면의 〈주론토굴답사기〉.

40 야마구치, 〈주론토굴답사기〉, 《조선서교사》, 앞의 책 같은 부분.

41 《사학징의》, 앞의 책, 334면. "漢彬常稱李哥喪者之聖學高明, 慫慂矣身, 力勸受學. 故矣身不知邦禁之至嚴, 果爲受學十誡. 與漢彬及李哥喪者, 種種講學於地窟中是白遣."

42 《추안급국안》, 앞의 책, 730면. "漢彬則六月初二日, 赴邑內場市, 被捉於京中捕校, 初四日夕入來, 故問之, 則以爲被捉後, 行到原州安昌, 捕校醉睡之際, 仍爲脫身逃歸."

43 《추안급국안》, 앞의 책, 822면. "世情蜀道三千里, 時事秦坑二十秋."

44 《추안급국안》, 앞의 책, 823면.

45 《추안급국안》, 앞의 책 같은 부분. "寡悔卽李景陶, 翰林洞兩班, 龜背者也."

46 샤를 달레, 《한국천주교회사》, 앞의 책, 상권 570면.

47 여진천, 〈황사영 백서 이본에 대한 비교 연구〉, 《한국 천주교 역사에 대한 재조명》(원주교구문화영성연구소, 2017), 320-342면 참조.

48 서울역사박물관 편, 《서소문별곡》(2014), 78면에 당시의 전후 사정을 적은 문서가 실려 있다.

49 이만채 편, 《벽위편》(열화당, 1971), 상편 329면. "稍久之後, 邪徒昌言曰: '此則洪羲運之所贗作.' 時宰中或有聽神者. 及至己亥治邪時, 其書復露, 登於綸音及寶鑑. 自此邪徒遂不敢復爲此說."

50 여진천, 〈황사영 백서 이본에 대한 비교 연구〉, 앞의 책, 328면 참조. "神父寵任甚隆, 無人可擬"을 "神父寵任甚隆, 無人不疑"로 왜곡하고, "主之仁慈, 猶未全棄, 似此殘破之中, 特留一線之路, 明係肯救東國之表證"의 끝 구절을 "明係肯教東國之表證"로 바꿨다.

51 이만채 편,《벽위편》, 앞의 책, 상편 304면 참조.

52《순조실록》1801년 10월 6일 기사에 자세한 내용이 나온다.

53 다블뤼,《조선주요순교자약전》, 앞의 책, 227면. 〈황사영〉 조목에서 다블뤼는 "우리는 알렉시오를 역모자로 다루게 만든 그 유명한 편지 내용의 일부만을 알고 있는데, 그마저도 조선 정부가 북경으로 보낸 자료들에 근거하여 알고 있는 내용이다"라고 하여, 당시 천주교인들이 황사영의 〈백서〉 전문을 못 보고, 정부가 중국에 보낸 가백서만 본 상태였음을 말하였다. 또 "우리는 종교의 자유를 얻기 위해 외국인들이 오는 것을 보기를 열망했을 뿐 그 이상의 열망은 없었던 알렉시오가 신중하지 못한 편지를 썼을 수도 있다고 생각한다. 우리는 또한 조선 정부가 그 시기에 많은 저명인사들에게 사형을 집행했던 무시무시한 학살을 정당화하기 위해 북경 조정에 대해 느꼈던 부담을 상당히 그 편지에다 전가시켰다고 생각한다"고도 썼다.

54 〈가톨릭신문〉 1973년 8월 12일, 김구정은 〈황사영에 대한 새 사료〉(4)에서 이렇게 썼다. "경한에 대한 이야기는 대구에 있는 황찬수 씨의 말에 의하면, 자기 부조들에게서 전해온 말대로 그 어머니 정씨 부인이 두 살 난 아들을 안고 제주로 귀양 길을 떠나 제물포 앞바다에서 배를 타고 오는 도중 아들을 외로이 내려놓을 추자도 가까이 왔을 때 정씨 부인은 그 아이 장래를 생각해서 품에 지녔던 패물 몇 가지를 사공들에게 가만히 주면서 이 아이는 귀양 오는 도중에 급증으로 그만 죽은 것을 바다에 수장해버렸다고 추자도 뱃사람들에게 전하라고 했다"고 썼다. 이후 1975년 김구정은《한국순교사화》에서 이 전언을 소설적 필치로 더 윤색했다. 이후 이 같은 논의가 확대 재생산되었다. 선생의 황사영 전기는 사실과 다른 소설적 허구가 적지 않다. 집필 당시는《사학징의》가 세상에 공개되기 전이었다.

55 〈가톨릭신문〉 1973년 7월 15일, 〈황사영 연구의 개가 – 김구정 씨 가보, 부인 무덤 발견〉이라는 기사 중에 당시 대구시 신안동에 거주하던 황사영의 5대손 황찬수 씨가 소장하고 있던 김상집의 편지 두 통을 통해 제주도 대정읍 모슬봉 동쪽 한굴밭에서 정명련의 무덤을 발굴하게 된 기사가 나온다. 이후 김구정은 4회에 걸쳐 〈황사영에 대한 새 사료〉라는 글을 연재했는데, 이 가운데 위 부고에 대

한 전후 내용이 자세하다. 현재 부고의 원본과 또 다른 편지의 소재는 알 수가 없다. 다만 부고의 흐린 복사본만 남아 있다. 아마도 원본은 황찬수 씨 후손이 보관하고 있을 것으로 보이지만, 지금까지는 확인하지 못했다. 본문의 인용은 복사본 한글 편지에 한자를 병기하여 현대어 표기로 바꿔 옮긴 것이다.

56 *Les Missions Catholiques XLI*, Lyon France, 1909, 578-579면 수록.

57 〈초기 본당과 성직자들의 서한(1), 라크루 신부 편〉, 《제주 복음 전래 100년사 자료집》 제3집(천주교 제주교구, 1997), 253면.

58 황사영가의 종손이신 황세환 선생을 통해 이 자료와 족보를 제공받아 검토할 수 있었다. 감사의 뜻을 표한다.

59 《창원황씨족보》(1857), 권2, 장55b. "嗣永, 進士以邪學伏法."

60 《창원황씨세보》(1914), 권9, 장7a. "子升淵系. 字子德. 純祖二年辛酉正月六日生, 甲寅七月十七日卒. 墓鎭岑上南面薪田癸坐."

61 《창원황씨세보》(1914), 권9, 장8a. "子敬憲. 忌正月五日. 墓木川北面聖加山○坐. 配全州李氏, 墓上同." 현재 성가산 소재 경헌의 묘소는 실전(失傳) 상태다. 황경헌은 실체가 불분명하다.

62 《창원황씨세보》(1957), 권5, 장4a. 이 족보는 편집 구성이 독특한데, 이로 인해 편집 과정에서 계보관계가 뒤죽박죽으로 뒤얽혀 말할 수 없이 혼란스럽고 오류투성이다.

63 《창원황씨세보》(1957), 권5, 장4a에 추자도 후손의 계보가 처음 실렸다. 별록의 제목 아래 "丁氏以進士公嗣永配位言之. 子無名, 以敬憲推之"라 하여 알려진 황경한이라는 이름을 무명으로 돌리고, 그가 황경헌과 동일 인물일 것으로 추정했다.

64 《창원황씨 판윤공파보》(1979)와 《창원황씨 장무공파보》(1995)에서도 앞선 족보의 오류가 원천적으로 수정되지 않고, 계속 이랬다저랬다 하는 양상이 반복된다. 족보를 바로잡으려 할 경우, 추자도 황경한과 그 후손의 존재를 인정하고, 실체가 불분명한 황경헌의 존재를 부인해야 하는데, 몇 대를 거슬러 이 문제를 바로잡기란 당장에 쉽지 않아 보인다.

65 현재 강화민속박물관에 후손 황교익이 2010년 9월 29일에 일괄 기증한 토지 관련 청원문서 122건이 포함된 집안 문서들이 미공개 상태로 소장되어 있다. 이

중에는 토지 매도 문서와 장무공 황형의 위토답이 표시된 지적도를 비롯해 각종 호구단자들이 포함되어 있다. 이들 문서의 면밀한 분석을 통해서 황사영 후계의 난맥상을 바로잡을 단초를 얻을 수 있을지 모르겠다.

66 황사영, 〈백서〉 38행, 앞의 책. "丁奧斯定若鍾, 性直而志專, 詳密過人. 嘗有學仙長生之志, 誤信天地改闢之說. 歎曰: '天地變改時, 神仙亦不免消融, 終非長生之道, 不足學也.' 及聞聖教, 篤信而力行之."

67 황사영, 〈백서〉 55행, 앞의 책. "若撒法生而穎異, 九歲便有學仙之志."

68 《사학징의》, 앞의 책, 289면에 수록된 정원상의 공초에 전후 사정이 자세하게 나온다.

69 황사영, 〈백서〉 61행, 앞의 책. "初年隨人毁謗聖教, 力爲擧子業. 見世途危險, 無心進取, 讀宋儒書, 窮究性理. 又見道理疑晦, 不可全信, 遂讀老莊之書, 因而悟人死有不滅者存, 創爲新論, 講說於朋儕之間. 友等誚之曰: '此人議論新奇, 必從西教矣.' 伯淳聞而疑之曰: '我得超人之見, 而人以爲西教, 則西教必有妙理.' 遂與教友相從, 數年辨論."

70 황사영, 〈백서〉 57행, 앞의 책. "時奉教者, 率皆南人. 老論則未有一人. 若撒法歆慕縱深, 無門可入. 偶因鄕間教友, 得見總領天神像, 誤以爲聖教與奇門相通, 遂與姜彝天等, 從事奇門. 姜彝天者, 小北名士, 而心術不端, 以爲本國必不長久, 將有風雲之會, 學習此述, 以圖乘時進取. 若撒法不知而誤交之."

71 황사영, 〈백서〉 59행, 앞의 책. "但聞臨刑謂市人曰: '世間爵位聲名, 都是虛假, 我亦薄有名稱, 亦能仕宦, 而爲其虛假, 棄而不取. 惟此天主聖教, 至眞至實, 故爲此死而不辭, 你等須仔細.'"

72 박종채, 《과정록》 권4, [12]. "金建淳, 初以法家後秀, 高才博學, 名動一世. 以顔子復生稱焉. 嘗來謁先君良久, 請教而去. 先君愀然不樂, 召不肖語之曰: '金生吾願一見之. 及見之, 只自憫焉. 其才誠可謂天下之奇寶矣. 欲貯天下之奇寶, 須用堅韌完厚之器, 可以無損而久存. 吾見其器, 無足以貯此寶, 愴然甚矣.' 未幾建淳, 以結交匪類廢. 後五年, 以染跡邪學, 不得其死."

73 중국의 태평천국운동(1851~1864) 당시 교주 홍수전(洪秀全)이 자칭 예수의 동생이라 일컬으며 메시아 개념과 지복천년설을 주창했다. 남아프리카, 인도네시아, 남태평양, 중남미, 인도 문화권 등에서도 우리의 동학과 같은 메시아니즘에 기

반한 보국종교 운동의 발흥을 볼 수 있다. 관련 논의는 김한구, 〈동학의 비교사회문화론〉, 《한국학논집》 제9집(한양대 한국학연구소, 1986. 2)을 참조할 것.

74 정약용, 〈우복동가〉, 《다산시문집》 권5. "髮翁嗔白髮兒, 熙熙不老眞壽域."

75 정약용, 〈미원은사가(薇源隱士哥)〉는 《다산시문집》 권4에 수록되었다. 미원은 경기도 벽계 북쪽의 작은 마을로, 시는 이곳에 자리 잡은 심씨(沈氏)의 정원을 노래한 내용이다.

76 다블뤼, 《다블뤼 주교가 가족들에게 보낸 편지》(내포교회사연구소, 2018), 141면.

77 《사학징의》, 앞의 책, 290면, 정원상 〈포청주뇌초〉. "今番科行, 幸逢西洋國出來道人, 學得死歸天堂之法. 又得爲學別號若撒法三字, 永棄前日六壬之法, 自今以後, 力學其道."

78 《사학징의》, 앞의 책 같은 부분. "滿座諸人, 惟其言從之. 則健淳又劃示十字, 仍出邪冊. 故諸人轉相披閱, 同心願學."

79 황사영, 〈백서〉 55행, 앞의 책. "其家素有畸人十篇, 若撒法喜看之. 十餘歲著天堂地獄論, 以明其必有."

80 샤를 달레, 《한국천주교회사》, 앞의 책, 상권 490면.

81 《사학징의》, 앞의 책, 120면, 정광수 〈포청갱초〉. "一日周漢作札於金建淳處, 而使矣身往傳爲言. 故矣身依其言, 持其札, 卽往驪州建淳家. 則建淳果獨坐房中. 故相與寒暄畢, 仍問有意邪學與否, 則建淳以爲雖有願學之心, 無路得見邪書爲言. 故矣身知其意, 出給周漢之札, 則建淳顯有欣幸之色曰: '此人出來之說, 曾已聞知. 而願一見之矣. 今得先問之札, 宗爲萬幸是如爲白遣.' 仍問相逢之道. 故矣身以爲君若上來洪翼萬之家, 則必有與相面是如爲白遣. 矣身受答, 見其皮面, 則書周先生前答上書七字, 而來傳于周漢, 則周漢見其書, 欽歎建淳之才華矣."

82 《추안급국안》(전주대학교 고전국역총서2, 제73책, 흐름출판사, 2014), 265-274면 참조.

83 《사학징의》의 정광수, 이희영, 김이백 등의 공초 기록을 참조할 수 있다.

84 강이천 사건과 관련된 내용은 《정조실록》 1797년 11월 11일과 12일 기사에 보이고, 《추안급국안》에도 상세한 내용이 나온다.

85 정조, 《일득록》(《홍재전서》 권170), 〈정사(政事)〉 5. "向來姜彝天輩, 亦邪學之祟也. 自古薄有才調者, 往往陷於邪僻, 此非徒渠輩之罪也. 正學不明, 治教未洽, 在上者不能盡導率之責而然也. 予以人其人火其書之意治之, 庶冀有感悟自新之日. 至於金建淳, 是名賢家

孫, 其在十世宥之義, 寢而不問, 是亦全保世臣之苦心."

86 샤를 달레, 《한국천주교회사》, 앞의 책, 상권 493면.

87 《추안급국안》, 앞의 번역본, 제73책 303면 참조.

88 샤를 달레, 《한국천주교회사》, 앞의 책, 상권 443면.

89 샤를 달레, 《한국천주교회사》, 앞의 책, 상권 458면.

90 샤를 달레, 《한국천주교회사》, 앞의 책, 상권 459-463면과 《사학징의》 속 관련 인물의 공초 기록에 나오는 이름들이다.

91 샤를 달레, 《한국천주교회사》, 앞의 책, 상권 463-465면.

11부 | 기록과 기억(647~709쪽)

1 다블뤼의 《조선순교자역사비망기》(필사문서 판독 자료집 Vol.4, 한국천주교주교회의 문화위원회, 2012) 5면에 관련 내용이 수록되어 있다.

2 샤를 달레, 안응렬·최석우 역주, 《한국천주교회사》(한국교회사연구소, 1979), 상권 446면.

3 다블뤼, 《조선순교자역사비망기》, 앞의 책 같은 부분. / 번역은 최석우, 〈정약용과 천주교의 관계 – 다블뤼의 비망기를 중심으로〉, 《다산학보》 제5집(다산학연구원, 1983), 46면에서 재인용했다.

4 최석우, 〈정약용과 천주교의 관계 – 다블뤼의 비망기를 중심으로〉, 앞의 책, 47면.

5 샤를 달레, 《한국천주교회사》, 앞의 책, 중권 185면.

6 정약용, 〈매장오석충묘지명〉, 《다산시문집》 권15. "鏞乃慷慨以辨之曰: '吳錫忠與囚最親, 囚受軍職祿其二斗米, 必分于梅子巷. 久潦盛寒, 東西販樵者絶, 囚之一擔薪, 必輸于梅子巷. 錫忠有締結事, 千人不知, 囚必知之. 錫忠無締結事也.'"

7 정약용, 〈매장오석충묘지명〉, 앞의 책. "公有一女, 爲權相問妻, 産二子."

8 《추안급국안》(한국근세사회경제사료총서, 제25책, 아세아문화사, 1978), 157면, 1801년 3월 6일 공초. "問曰: '矣身有女息幾人, 而婿則爲誰乎.' 供曰: '女有二人, 一則權哲身之子婦, 一則李聖求之奉祀孫婦矣.'"

9 정약용, 〈녹암권철신묘지명〉, 《다산시문집》 권15. "尸菴旣卒, 取日身子相問, 養之

爲子. 相問亦死於辛酉. 有子愰憬, 公有一女, 適李寵億."

10 정약용, 〈선중씨묘지명〉, 《다산시문집》 권15. "幼而不羈, 長而桀驁. 游乎京輩, 博聞尙志. 與李潤夏李承薰金源星等, 定爲石交."

11 이재기, 《눌암기략》(다산영성연구소 소장), 장6b. "李潤夏嘗與我相善. 爲人剛直可愛, 爲權哲身所誤, 惑於西書. 與李基誠輩, 入呈秋曹, 爲世指目. 余嘗從容語李曰: '人孰無過, 改之爲貴.' 李執迷不悟. 余不忍遽棄之, 相對必申申爲言."

12 이재기, 앞의 책 같은 부분. "一日, 李曰: '我不讀西書, 久矣.' 蓋以余苦諫, 而設遁辭也. 余曰: '然而君之得謗於世, 猶夫前日, 何也. 自今君對人, 必斥西書之非, 則謗可以弭矣.' 曰: '於吾心, 未知其非, 以口斥之, 獨不愧於心乎.' 余曰: '然則君尙未悟矣. 欲使人無疑, 得乎.' 又曰: '君於西書, 更勿曰是曰非, 此其下策也, 君其用之乎否.' 李曰: '敢不惟命是從.' 然跡其行事, 未見其用吾策也."

13 《일성록》 1801년 10월 15일 기사에 이돈성(李敦誠) 등이 이미 세상을 뜬 이윤하의 입양을 원천 무효화해달라는 요청에 대신과 의논하여 처리하라고 한 내용이 나온다.

14 1778년 가을에 다산 사형제가 모두 화순에 내려와 있었고, 이때 이들은 동복현의 물염정과 적벽으로 나들이를 떠났다. 며칠 뒤에는 무등산에도 함께 올라 〈유서석산기(遊瑞石山記)〉를 남겼다. 이후 맏이인 정약현만 상경했고, 정약종에 대한 언급은 나오지 않는다. 삼형제가 그대로 남아 동림사에서 독서한 것이 틀림없다. 나중에 정약종이 사학으로 죄를 입어 죽자, 함께 독서한 명단에서 정약종을 빼버린 것이다.

15 정민, 《파란》(천년의상상, 2019), 제2책 207-226면에서 봉곡사 강학 모임에 대해 상세하게 살폈다.

16 본문의 내용은 2018년 6월 12일에 마재의 정규혁 선생 댁을 방문해 녹취한 내용을 바탕으로 정리한 것이다. 이후 한 차례 더 방문해서 같은 사실을 재확인했다.

17 샤를 달레, 《한국천주교회사》, 앞의 책, 상권 470면.

18 샤를 달레, 《한국천주교회사》, 앞의 책, 중권 499면.

19 정하상, 《상재상서》(홍콩 納匝肋靜院, 1890) 1면, 〈재상에게 진술한 글을 쓴 정 바오

로에 대하여〉. "身無寄處, 流落鄕曲, 寓於叔父家, 這間苦楚, 一筆難記. (……) 親戚及奴隸輩, 薄待滋甚, 不勝憤惋, 難抑血氣. 且大有不便事情."

20 정약용, 〈계부가옹행장〉, 《다산시문집》 권17. "禍家孤寡, 尤愍恤之, 僦屋以居之, 以時周急."

21 샤를 달레, 《한국천주교회사》, 앞의 책 같은 부분.

22 정약용, 〈선백씨진사공묘지명〉, 《다산시문집》 권16. "辛酉之禍, 吾昆弟三人, 竝離奇禍, 一死二謫. 公寥然不入於物議之中, 以保我門戶, 承我祭祀, 一世之所公誦爲難矣. 而一命不及, 卒憔悴以歿."

23 정약용, 〈선백씨진사공묘지명〉, 앞의 책. "又歸而哭于洌水之廬. 公每哭, 人無不感激流淚者. 一日見衫袖微紅, 視之血淚也. 服旣闋, 猶思慕不懈, 扁其室曰望荷亭, 謂荷潭在東南, 而斯亭向之, 可以望先隴也." / 또 권13에 실린 〈망하루기(望荷樓記)〉에도 관련 내용이 보인다.

24 정약용, 《다산시문집》 권13에 수록된 〈매심재기〉와 〈수오재기〉에 나온다.

25 주요 인물 외 순교자 명단은 〈신미년백서〉(《동국교우상교황서(東國教友上教皇書)》, 대만 보인대학 소장), 장16a에 나온다. 〈신미년백서〉에 대한 일반 논의는 조광, 〈동국교우상교황서의 사료적 가치〉, 《전주사학》 제4집(전주대학교 역사문화연구소, 1996)을 참조할 것.

26 샤를 달레, 《한국천주교회사》, 앞의 책, 상권 523면.

27 샤를 달레, 《한국천주교회사》, 앞의 책, 상권 513면.

28 샤를 달레, 《한국천주교회사》, 앞의 책 같은 부분.

29 강세정, 《송담유록》(연세대 도서관 소장), 장14b. "李益運之所後子明徽兒名介不者, 自幼小時, 學其術, 人謂非益運所教, 而乃學於其家內云. 指目, 有素識者憂歎, 明徽者忽然逃走, 過六七日始還, 無人不知, 至於上達適於甲子年間申嚴邪禁時也. 天聽. 高陽金姓儒不記其名, 通文太學, 有士夫女之名, 出捕廳宰相子之棄親逃走之語. 蓋明徽沈溺邪學, 爲便講習, 買處別館, 自號嘉樹軒. 與嗣永洪栢榮, 綢繆往來, 晝夜肄習, 不知其幾許年. 至是, 國言如沸, 屢出諸賊之招, 莫可掩諱."

30 샤를 달레, 《한국천주교회사》, 앞의 책, 상권 615면.

31 류상조(柳相祚) 찬, 〈이익운시장〉. "無子, 取長公第二子子之. 初名明敬, 正廟命公曰:

'卿之子, 故人之子. 予當命之名矣.' 改以明鎬."

32 이만채 편,《벽위편》, 앞의 책, 하편 371면. "十二月知事李益運疏曰: '臣取臣兄之子以爲子. 而昔在先趙, 命名而字之. 似此恩數, 實所罕有.'"

33《사학징의》, 앞의 책, 159면,〈형추초〉. "矣身本以驄帽匠, 居生於南大門外里門洞. (……) 所謂耶穌, 口稱豚犬, 作爲盟言. 從今以往, 感化歸正是白如乎. 伏乞明査處分, 俾開自新之道."

34《사학징의》, 앞의 책 같은 부분,〈결안초〉. "果與文謨若鍾, 有同死生之約, 而敢出圖生之計, 詬辱耶穌, 感化歸正之意, 飾詐納招矣. 更以思之, 得罪於邪教, 追悔無及. 惟願速死於邪學之律."

35《사학징의》, 앞의 책, 70면. 이합규의〈포청초〉에 손인원, 정인혁, 오현달, 김이우의 이름이 나오고, 114면에는 최필공, 최필제, 최창현, 이용겸, 김백심, 황사영, 최인철, 김계완 등이 자리를 함께했다고 진술했다.

36《추안급국안》, 앞의 책, 843면: "千禧向嗣永曰: '汝非黃姓兩班乎. 昨年十月, 果見汝於南門內玄哥藥舖.'"

37《추안급국안》(전주대학교 고전국역총서2, 제75책, 흐름출판사, 2014), 277면, 1801년 10월 10일 황사영 공초. "서양의 천주교를 하는 사람 중 잘 알려져 있는 사람으로는, 양반의 경우 저와 권철신, 정약종 무리들이며, 중인으로는 최필공, 최필제, 현계온 무리들이 있습니다."

38《순조실록》, 1801년 11월 5일. "罪人玄啓欽, 綢繆關通於嗣永昌顯完淑等諸人, 周文謨出來之後, 受洗受號. 而當初邪黨就獄, 知機逃躲, 自知難免, 旋卽自現, 以更不染汚之意, 納招蒙放. 及夫嗣永就捕, 而情節益著, 邪黨之請來洋船, 爛漫參涉, 日夜佇企其出來矣. 聞異國船之漂船東萊, 委往見之, 畫示十字, 乃是邪教中相探之法, 而以此辨其眞贗. 至發於周漢之文蹟, 嗣永之凶書, 皆以東萊探船, 作一話本, 狼藉譸張, 轉相醞釀. 以知情不告結案, 幷正法." / 또 순조 1년(신유, 1801) 12월 22일 기사에 실린 토사반교(討邪頒教)에는 "현계흠은 동래부에서 입술을 놀렸다"고 사형에 처한 이유를 밝혔다.

39《천녕현씨세보》에는 조부 도언(道彦) 아래 부친의 이름이 재유(載裕)로 나온다.

40 손숙경,〈조선 후기 중인 역관의 동래 파견과 천녕 현씨 현덕윤 역관 가계의 분화, 그리고 중인 김범우 후손들의 밀양 이주〉,《역사와경계》제100집(2016. 9)와

김양수, 〈조선 전환기의 중인 집안 활동: 玄德潤, 玄采, 玄楯 등 천녕 현씨 역관 가계를 중심으로〉, 《동방학지》 제102집(1998)에 관련 내용이 자세하다.

41 김두헌, 〈김범우와 그의 가계〉, 《교회사연구》 제34집(한국교회사연구소, 2010. 5), 20-22면 참조.

42 《사학징의》, 190면, 〈각도죄인작배질(各道罪人酌配秩)〉 중 '동래 출신 유배자 2명'이 이들이다.

43 《추안급국안》, 앞의 번역본, 75책 296면.

44 《추안급국안》, 앞의 번역본, 75책 280면.

45 황사영, 〈백서〉 112행(여진천 역주, 《누가 저희를 위로해주겠습니까?》, 기쁜소식, 1999). "數年前, 大西洋商船一隻, 漂到我國東萊. 有一敎友, 登舟細見, 回言, 卽此一隻, 足敵我國戰船百艘云."

46 김재승, 《이양선과 조선》(글터, 2019), 20면 재인용.

47 영국 배의 용당포 표착과 관련해서는 김재승, 〈조선 해역에서 영국의 해상 활동과 한영 관계(1797~1905)〉, 《해운물류연구》 제23집(한국해운물류학회, 1996. 12), 217-264면과 이학수·정문수, 〈영국 범선의 용당포 표착 사건〉, 《해항도시문화교섭학》 제20집(한국해양대학교 국제해양문제연구소, 2019. 4), 269-307면을 참조할 것.

48 브로턴의 항해기는 2010년에 영인본이 간행되었고, 인터넷상에서도 열람이 가능하다.

49 《정조실록》 1797년 9월 6일. "慶尙道觀察使李亨元馳啓: '異國船一隻, 漂到東萊龍塘浦前洋. 船中五十人, 皆編髮, 或垂後, 頭戴白氈笠, 或藤結笠, 形如我國戰笠. 身披三升黑氈衣, 形如我國挾袖, 裏着單袴. 其人皆鼻高眼碧. 令譯學, 問其國號及漂到緣由, 則漢淸倭蒙之語, 俱不曉解."

50 정약용, 〈파당행(巴塘行)〉, 《다산시문집》 권1. 시의 주석에 "당시 부친을 모시고 초천으로 가다가, 밤중에 당정촌에 묵어 잤다. 이때 헛소문이 크게 일어나 시골 마을이 소란스러웠으므로 사실을 기록해둔다. 4월 15일(時陪家君赴苕川, 夜宿唐汀村. 時訛言大起, 村閭騷然, 聊紀事實. 四月十五日)"이라 했다.

51 《정조실록》 1787년 4월 19일 기사 중 〈충청도관찰사 김광묵이 와언을 듣고 경솔하게 처리한 평택현감을 탄핵하다〉와 4월 20일 〈병조에서 유언비어를 조작

한 정대극·김복금을 잡아다 신문하기를 청하다〉 등의 기사에 자세한 내용이 나온다.

52 《정조실록》 1787년 4월 25일, 〈사직 강유가 유언비어에 동요된 백성들을 진정시키는 방법을 상소하다〉. "我國之人, 好相煽動. 雖以今番事言之, 一日之內, 南水衿果仁富, 擧皆騷動, 至於埋其木主, 殺其鷄犬, 男負女戴, 漫山蔽野, 越境而入深山, 越道而向深峽, 沿海各邑, 幾乎虛無人矣."

53 《정조실록》 1787년 6월 14일, 〈김동익 등 여러 역적들이 복주되다〉. "今聞在海島中, 聚徒作黨, 推尊鄭希亮之孫醎, 將以今十一日擧事, 而八道當一時響應. (……) 聞東翼言, 島在日本東萊之間, 其名爲無石國, 攻之甚難. (……) 島相凡三人, 一則麟佐之子, 一則趙哥, 一則察帥. (……) 近聞流行之說, 曰靑衣自南來, 似倭而非倭. 不利於山, 不利於水, 利於弓弓."

54 백승종, 《정감록 역모 사건의 진실게임》(푸른역사, 2006)에 문인방과 문양해의 《정감록》 역모 사건에 대한 설명이 자세하다.

55 《사학징의》, 앞의 책, 236면. "庚申年十月十一日, 吾以身病製藥次, 往全州地, 歷入汝家. 因爲留宿矣. 其夜汝倚枕而臥, 蹶然而起, 謂吾曰: '聖歲仁富之間, 夜泊千艘之讖, 爾果知之乎.' 云云. 故吾答以爲不知云. 爾則耶穌生於庚申, 今年庚申, 果合聖歲之讖. 而曾聞文謨之言, 則大船之自西抵東, 可費五年云矣. 送黃信巨, 請出大舶之年, 在於丙辰, 則今果爲五年矣. 大舶若以此時來到, 則夜泊千艘之讖, 今果有中之說, 汝不云乎. (……) 我國若不順受, 則一場判決, 在所不已是如爲白可尼."

56 안춘근 편, 《정감록집성》(아세아문화사, 1981), 〈감결〉, 719면. "申年春三月, 聖歲秋八月, 仁富之間, 夜泊千艘. 安竹之間, 積尸如山, 驪廣之間, 人影永絶, 隋唐之間, 流血成川. 漢南百里, 鷄犬無聲, 人影永絶."

57 안춘근 편, 《정감록집성》, 앞의 책, 〈서산대사비결〉, 428면. "若逢聖歲, 千艘忽泊仁富之廣野."

58 강헌규(姜獻奎), 〈성세변(聖歲辨)〉, 《농려집(農廬集)》 권4(한국문집총간 122책, 75면). "春秋穀梁傳, 襄公二十一年十一月庚子孔子生. 史記却云襄公二十二年而孔子生, 通紀亦云襄公二十二年十一月庚子之辰. 孔子誕于魯昌平鄕, 信春秋則襄公己酉也, 信史記通記則襄公庚戌也. 夫魯國典籍, 莫古於春秋, 而夫子傳之子夏, 子夏傳之穀梁. 降聖之歲, 雖

不著於經, 然聖門諸子依歸聖師."

59 알레니, 《천주강생언행기략》(北京大學宗教硏究所, 《명말청초야소회사상문헌휘편明末清初耶穌會思想文獻彙編》 수록) 범례. "천주께서 강생하신 때는 중국의 긴 역사로 살펴볼 때 한(漢)나라 애제(哀帝) 원수(元壽) 2년 경신년(庚申年)이다. 평제(平帝)로는 원시(元始) 원년 겨울에 해당한다. 대개 한나라의 역사를 살펴보면, 애제는 원수 2년 6월에 붕어하였고, 평제가 9월에 즉위하였으니, 우리 주 예수님의 탄생은 실제로 이해 동지가 지난 뒤 나흘째 되는 날이다(一. 天主降生之時, 按中國長歷, 在漢哀帝元壽二年, 歲次庚申, 即平帝擬元始元年冬也. 蓋考之漢史, 哀帝元壽二年六月崩, 平帝以九月即位, 而吾主耶穌降誕, 實在是年長至後四日也)." 이 같은 경신년에 대한 논의는 유관검 등이 알레니의 《천주강생언행기략》을 보았다는 뜻이기도 하다.

60 강세정, 《송담유록》, 장18a. "請船之說, 凶賊輩, 臨死之際, 例多讋言恐動, 西洋乃重溟外海幾萬里之國. 渠雖有貨賂, 何以容易相通. 洋人之入中國, 動費四五年, 則聞渠之言, 豈有興兵來援之理乎. 然以嗣永帛書觀之, 其愚迷類多如是."

61 다블뤼, 《다블뤼 주교가 가족들에게 보낸 편지》(내포교회사연구소, 2018), 141면.

62 《사학징의》, 앞의 책, 213면, 〈초사〉. "故矣身果與婢合德, 偕往鄭家, 而矣身口誦南無阿彌陀佛, 則鄭妻急止之曰: '若誦此, 則死歸地獄, 何可誦之乎.' 云, 而仍教邪學中十誡, 曰: '若誦此, 則死後陞天.' 云."

63 《일성록》 1795년 8월 1일, 〈지평홍낙민진계인죄청체사비(持平洪樂敏陳啓引罪請遞賜批)〉. "於愚蠢之民婦孺之輩, 則有十條誡, 如僧徒之堅守五戒, 以爲雖被刑戮, 一入不可變."

64 정하상, 《상재상서》, 앞의 책, 6면. "奉事之道, 非高遠難行之事, 非索隱行怪之類也. 改過自新, 遵帝誡命而已."

65 정하상, 《상재상서》, 앞의 책 같은 부분. "右十誡, 總歸二者. 愛天主萬有之上, 及愛人如己. 上三誡, 昭事之節目也, 下七誡, 修省之工夫也."

66 샤를 달레, 《한국천주교회사》, 앞의 책, 상권 345면.

67 《사학징의》, 앞의 책, 213면, 〈초사〉. "矣身年老之致, 聞輒忘却, 不能成誦. 則鄭妻屢次教之是白乎矣, 矣身癃老無奈誦之, 則鄭妻曰: '若不食肉, 則精神自可清爽, 而誦得十誡.' 云. 故矣身歸家後, 不食牛肉, 則矣女怪問其由. 故矣身以鄭妻之言言之, 則矣女大言

折之, 使不得更往. 故矣身其後, 則不爲更往是白如乎."

68 《사학징의》, 앞의 책, 330면, 〈형추초〉. "矣身以陽城之人, 上上年分, 來接京城時, 金成玉書給十誡於矣身, 使之講習, 而以老病之致, 未及學習是白加尼, 今正月分, 下去春川時, 所謂黃沁, 在於其處, 盛言十誡之好, 力勸講習. 故矣身只知爲正道, 不知爲邪禁, 僅學四五條是白如可, 至於此境是白如乎." / 331면, 〈형추초〉. "今春移居於春川, 則所謂黃沁, 慫慂矣身講學十誡, 故矣身以無識之致, 僅學二三條."

69 《사학징의》, 앞의 책, 219면, 〈형추갱초〉. "所謂十誡, 池潢妻母孫召史處, 矣身口誦教誘而已." / 318면, 〈형추초〉. "今正月分, 與崔奉先, 負柴作伴之路, 奉先盛言邪學, 而先教十戒. 故矣身果聽其言, 而潛誦的寀." / 320면, 〈형추초〉. "上年二月分上京, 居接于倉洞丁哥兩班家廊底時, 所謂漢彬同居一廊, 自爾親熟, 聞其口傳之十戒, 果爲誦習是白如可."

70 최해두, 김영수 역, 《자책》(흐름출판사, 2016) / 다블뤼의 《성찰기략》은 1864년에 베르뇌 주교의 감준으로 간행된 책자다.

71 알레니, 《척죄정규》(《耶穌會羅馬檔案館明清天主教文獻》) 제4책(鐘鳴旦 等編, 臺北利氏學社, 2002), 376면. "陳列犯誡諸罪, 以便自省. 以後諸款, 原屬敝友先譯, 略增減一二用之." 원래 자신의 동료가 번역한 원고가 있었고, 이를 약간 증감해서 수록했다고 한 것으로 보아, 서양의 교리서를 바탕으로 현지 사정에 맞춰 가감한 것임을 알 수 있다.

72 《천주십계》 1877년 한글 필사본은 일본 도쿄대학 오구라문고에 소장되어 있다. 전체 원문은 현재 고려대학교 해외한국학자료센터에서 사진 자료를 제공하고 있다. / 정영아, 〈소창문고본 《천주십계》 해제와 탈초〉, 《일본학 연구의 지평과 재조명》(제이엔씨, 2011), 357-370면 참조.

73 《사학징의》, 앞의 책, 72면, 〈형추초〉. "邪書段, 三本問答眞書一卷, 諺文一卷, 眞道自證兩卷, 聖教日課諺文兩卷, 借給於孫家之母是白如可."

74 《사학징의》, 앞의 책, 246면, 〈포청초〉. "觀儉乘夜來見, 向矣身如有所言, 而囁嚅不發矣. 末乃出示邪學十戒, 以爲吾人當行之事是如, 勸誘不已." / 251면, 〈본조초〉. "丁書房教誘矣身, 先學十戒七克."

75 샤를 달레, 《한국천주교회사》, 앞의 책, 상권 405면 참조.

76 샤를 달레, 《한국천주교회사》, 앞의 책, 상권 458면 참조.

77 사진 하단에 적힌 글은 북경 라자로회 로(Raux) 신부가 파리 외방선교회 학장 부레(Bouret) 신부에게 보낸 편지의 발췌다. 내용은 이렇다. "신부님께서 제게 조선인들이 중국 한자와 다른 글자를 쓰느냐고 문의하셨습니다. 제 대답은 이러합니다. 조선인들 가운데 지식층들은 중국 한자를 공부해서 한자를 읽을 줄도 알고 쓸 줄도 압니다. 하지만 조선인들은 우리가 이제껏 들어보지 못했던 방식으로 한자를 발음한답니다. 그 발음은 마치 지난 1798년 독일인 하나가 제 앞에서 발음했던 것과도 비슷하였습니다. 뿐만 아니라 조선인들은 음절법도 갖고 있으며 타타르인들과 전혀 다른 글자도 갖고 있습니다. 바오로(윤유일)가 이곳에 왔을 때 제게 자기네 글자를 써준 적이 있습니다. (바오로는 그 후에 순교하였습니다.) 그래서 저는 그가 써준 것을 라자로회 총장님께 보내드렸습니다. 또한 바오로는 제게 〈천주경〉을 써서 읽어주었답니다. 저는 그 기도문을 나무판에 새겨놓았습니다. 그러고는 바오로가 읽었던 발음을 그대로 우리식의 글자로 써놓았습니다. 이 조선어로 된 〈천주경〉을 신부님께 보내드리는 바입니다. 왜냐하면 신부님께 조선어로 된 책을 보내드리는 것은 지금으로서는 불가능할 것 같아서입니다. 하지만 후에 신부님께 보내드릴 수 있게 되기를 바라는 바입니다." 이 글의 번역은 윤민구 신부님에게 제공받았다. 감사의 뜻을 전한다.

78 앵베르, 《앵베르 주교 서한》(수원교회사연구소, 2011), 343면 참조 / 《기해일기》(성황석두루가서원, 1986) 22면에도 "겨우 두어 달에 언어를 대략 통하시어, 능히 고해신공을 받으시고, 공경 규정을 다시 정하시어, 동국말로 번역하시니"라고 했다.

79 알레니, 《천주강생언행기략》, 앞의 책, 범례. "凡篇中或有自稱爲我, 稱吾主耶穌, 或他人爲爾者, 非輕褻之詞也. 迺西經古文凡面對而出辭者, 雖至尊之位, 亦多以予爾爲言, 尚質直也."

80 샤를 달레, 《한국천주교회사》, 앞의 책, 하권 137면 참조.

12부 | 묻힌 기억과 오염된 자료(711~778쪽)

1 홍이섭, 〈한국 가톨릭사의 조기적 자료에 대해서〉, 《홍이섭전집》 제3책(연세대 출판부, 1994), 77-83면에서 처음 이 자료의 존재를 알렸다. 이후 이 자료는 전혀 주목받지 못한 채 묻히고 말았다.

2 《눌암기략》과 저자 이재기에 대해서도 간략한 소개 외에 본격적인 연구는 전무하다. 차기진, 〈눌암기략〉, 《교회와역사》 제194호(한국교회사연구소, 1991)에서는 저자를 홍시제(洪時濟)로 보았고, 하성래, 〈눌암기략의 저자 및 내용 소고〉, 《교회와역사》 제280호(한국교회사연구소, 1999)에서 저자를 이재기로 바로잡았다.

3 여진천 신부의 《눌암기략》 연재는 《부산교회사보》 제38호(부산교회사연구소, 2003)에서 제42호(2004)까지 진행되었다. 38호에 수록된 〈해제〉에서 사실에 충실한 해제가 이루어지고 저자 문제가 해결되었다.

4 이재기, 《눌암기략》(다산영성연구소 소장) 장12b: "宋晉修, 大諫之裔也. 目不識丁. 行乞于知舊作宰處, 以朴字率老味, 行于世者也. 囊中藏一油紙, 列書知舊數十人姓名, 到處出示於人, 曰: '此懷德守筆也. 懷德倅, 欲使我發文, 討黨邪之罪, 我豈忍爲此.' 人或問: '塗油何爲.' 曰: '恐紙生毛也.' 懷德守明初氏也. 李存德輩, 視若奇貨, 倡說于中外知舊, 聞者疑信參半. 信者曰: '對宋薄, 故露此醜也.' 疑者曰: '設有此計, 豈可宣露於此人乎.'"

5 강세정, 《송담유록》(연세대 도서관 소장) 장8a. "洪博汝子永觀, 兪理煥弟瑞煥, 與李汝聲之季鏗, 開硯[8b]于倉洞汝聲家. 姜伯源弟舜欽至, 汝聲大人都正公, 不之拒也. 兪忽稱疾不來. 翌日博汝遇明初氏於汝聲家, 大言曰: '君送子于此, 欲連累諸人耶. 吾兒亦當率去.' 酬酌之際, 聲色俱厲. 都正公勸解兩憾, 而不可得也. 明初氏又怒李英, 曰: '渠既絶我, 我豈既獨有舊情乎.' 自是居同閈, 而慶弔不相問."

6 강세정, 《송담유록》 장5b. "承薰輩自知不免於邪學之目, 欲籍重其舅家煥 與諸人, 謂以攻邪者, 意在屠戮六七大家, 家煥基讓若鏞樂敏之名, 始爲露出. 其弟致薰與樂敏, 其中最巧惡者也." / 장10a. "辛亥以後, 樂敏致薰, 最爲巧惡."

7 강세정, 《송담유록》 장6a. "承薰兄弟, 譸張謊說, 百段讒間."

8 이재기, 《눌암기략》 장6a. "李致薰承薰弟也. 自兒時, 頗機警, 善觀人眉睫間氣. 以布衣附麗李晳, 訪納外間事. 受密旨, 赴其父寧越任所, 按治橫城獄. 及平澤儒疏出, 孺文在灣府, 承薰在平澤, 獨自斡旋於上下, 一日之間, 轉禍爲福. 自是驕橫一世, 遇事無難, 見者無不側目. 時致薰晨出暮入, 青驢新自灣府來者, 未數日而斃云." / 장8b. "凶賊是何等罪名, 而李致薰丁若鏞輩, 勒加於人, 若是易易. 其亦天下之變怪, 無所不有者也."

9 이재기, 《눌암기략》 장8b. "其亦天下之變怪, 無所不有者也."

10 이재기, 《눌암기략》 장14a. "丁若鏞李致薰, 雖有護邪之罪, 本不以邪賊治之. 丁入鞫

廳, 詳陳諸賊行凶諸節, 或請辟人, 告以譏捕鉤覈之要. 語及兩兄, 必俯首垂泣, 委官爲之動色. 李語言閃忽, 欲自明其斥邪之事, 多暴乃兄隱處, 參鞫諸人, 視之若狗彘. 是以丁李之受刑, 輕重懸殊云."

11 은정형 신부는 그간 대부분의 기록에서 중국인 신부로 소개되어왔다. 프랑스 Joseph Dehergne가 펴낸 《16~20世紀 入華天主教傳教士列傳》 2(耿昇 역, 중국 廣西師範大學出版社, 2010), 806쪽에 그의 인적 사항이 기록되어 있다. 은 신부는 1840년 6월 11일에 프랑스 볼테곤에서 태어났으며, 1862년 10월 29일 파리 외방선교회에 들어가 1865년 2월 15일 중국 광동으로 들어왔다. 그는 1868년 1월 중경에 들어와 같은 해 3월 귀양(貴陽)으로 옮겼고, 1914년 6월 26일 중국에서 세상을 떴다.

12 은정형, 《고려주증》, 《한어기독교진희문헌총간》(중국 광서사범대학 출판사, 2017), 권3, 460면. "彼雖顯貴, 然其敬主之誠, 不敢疎忽怠惰. 尙爾時加黽勉, 永不改異, 愈覺熱愛之極. 彼常終日不食, 終夜不寢, 靜默守齋. 暮年晚景, 不張威儀, 不顯榮耀, 謙恭卑下, 時人覩其尊榮溫恭克讓, 無不尊之敬之. 以善表善行, 感化甚衆. 至道光十五年乙未, 天主特鑒其誠, 而旌異之. 年老得以全領聖會秘跡, 無甚疾病, 安然善終而逝."

13 은정형, 《고려주증》, 앞의 책, 권3, 193면. "高麗主證者, 乃高麗國人, 崇奉聖教, 恪遵規誡, 不畏仇攻, 不懼官刑, 疊遭風波, 屢陟陷阱, 蹈諸險難, 罹諸罪罟, 百般窘辱, 至死不變, 盜抛家業財產, 妻兒親友, 捨身致命, 慷慨就死, 殊無貳志, 垂鑒不朽. 故特表其額曰高麗主證."

14 은정형, 《고려주증》, 앞의 책, 권3, 197면. "是書堪可爲法於後世, 吾儕亦當恒效其德, 恒法其美."

15 은정형, 《고려주증》, 앞의 책, 진광형 서문, 186면. "惟高麗之教友, 又無宗徒垂訓, 又無各聖誥誡, 無人傳述. 粤稽奉教之始, 則由進貢中華, 而獲經典. 遂爾自傳自奉, 謹守規誡, 貞節潔烈, 誠性可嘉. 兼之國王禁阻, 至嚴至緊, 搜索殺戮, 至密至極. 上主默佑, 愈殺愈多, 聖神降寵, 愈出愈奇."

16 심칙관 신부의 생애 관련 사실은 管榮偉, 〈交織 - 土山灣與沈則寬〉(《城市文化研究》, 2017. 1), 95-96면을 참조했다.

17 심칙관, 《고려치명사략》, 《한어기독교진희문헌총간》(중국 광서사범대학 출판사,

2017), 1면. "以余從事聖心報, 間嘗迻譯其致命事略, 而散附於報章. 有友人勸令彙而刊之."

18 《성심보》에 관한 설명은 吳潮, 《傳教士中文報刊史》(中國 復旦大出版社, 2011), 275-283면을 참조할 것.

19 심칙관, 〈고려치명사략서(高麗致命事略序)〉, 《고려치명사략》, 앞의 책, 권3, 1면. "何况朝鮮致命事, 近在三四十年者耶. 金六品者, 皆我黨所嘗親見, 而首往傳教之周司鐸, 又我同國同省人耶."

20 주재용, 《한국 가톨릭사의 옹위》(한국천주교중앙협의회, 1970), 101면.

21 변기영, 《한민족 조선 천주교회 창립사》(한국천주교회창립사연구원, 2004), 59면.

22 주재용, 《한국 가톨릭사의 옹위》, 앞의 책, 101면.

23 변기영, 〈달은 떨어지고〉, 동아일보 1980년 9월 30일자.

24 변기영, 《한민족 조선 천주교회 창립사》, 앞의 책, 59면.

25 변기영, 《한민족 조선 천주교회 창립사》, 앞의 책 같은 부분.

26 오기선, 《순교자들의 얼을 찾아서》(한국천주교성지연구원, 1988), 하권 307면에 실린 〈한국 종교인 열전〉의 제15화 〈황사영①〉의 삽화에 이렇게 나온다.

27 오기선, 《순교자들의 얼을 찾아서》, 앞의 책 같은 부분.

28 오기선, 《순교자들의 얼을 찾아서》, 앞의 책, 상권 306면 참조.

29 오기선, 《순교자들의 얼을 찾아서》, 앞의 책, 상권 316면 참조.

30 《정조실록》 1791년 11월 8일. "闢異文, 作於乙巳春間, 原草携往平澤任所, 未及持來. 今於納供之際, 精神迷錯, 全篇文字, 不能記得. 句語之間, 隨其所記憶者, 則有曰: '天下之學, 無論邪正, 有利害而後, 人必傾心. 而向之使西學, 無堂獄之說, 人之視之, 豈下於稗官雜說.' 云云. 有曰: '西來之學, 必以堂獄爲主, 誣罔天下億萬生靈.' 云云. 有曰: '西學有僞天主橫行之說, 妖虛誕妄, 莫此若也. 旣曰天而有僞, 何哉. 吾必以其說, 破其說.'"

31 김시준 역, 《벽위편》(명문당, 1985), 169면 참조.

32 안정복, 〈천학문답〉, 《순암집》 권17(한국문집총간 230책), [30]. "近有上舍生將參釋奠. 其友之爲此學者止之曰: '凡假像設祭. 皆魔鬼來食. 豈有孔子之神來享乎. 人家祭祀亦然. 余則雖未免從俗行之. 而心知其妄. 故必仰天嘿奏于天主. 不得已爲之之意然後行之.' 悖禮毀教. 孰甚於此."

33 안정복, 〈천학문답〉, 앞의 책 같은 부분. "魔鬼之變幻莫測, 亦有假善而惑世者. 以愚下民. 而西士惑之而尊崇. 豈不可笑哉. 聞其說. 有僞天主. 是亦魔鬼之幻弄也. 假稱僞天主. 則其不能依附於假像乎."

34 마테오 리치, 《천주실의》 [4.7]. "昔者天主化生天地, 即化生諸神之彙, 其間有一鉅神, 名謂輅齊拂兒, 其視己如是靈明, 便傲然曰: '吾可謂與天主同等矣.' 天主怒而並其從者數萬神變爲魔鬼, 降置之於地獄. 自是天地間始有魔鬼, 有地獄矣. 夫語物與造物者同, 乃輅齊拂兒鬼傲語, 孰敢述之歟."

35 김기호, 《구령요의》, 《만남과 믿음의 길목에서》(한국교회사연구소, 1989), 284면 참조.

36 공동번역 《신약성서》 〈데살로니카인들에게 보낸 둘째 편지〉 2장 4절. "그자는 사람들이 신으로 여기는 것이나 예배의 대상으로 삼는 모든 것에 대항하고 자기 자신을 그보다도 더 높이 올려놓을 것입니다. 그뿐만 아니라 하느님의 성전에 자리잡고 앉아서 자기 자신을 하느님이라고 주장할 것입니다."

37 홍낙안, 〈이승훈의 모함 공초로 인해 변정하여 진술한 상소〉, 《노암집》 권3, 69면. "其父搥胸而言之, 其弟垂涕而隨之. 拾筆在手, 强迫呼寫之狀, 無人不傳, 有耳皆聽. 則渠之詩文, 果出眞情乎. 苟是眞情, 則其文中所斥堂獄者, 果非釋家之堂獄乎. 所謂僞天主者, 倘非渠學中所斥之魔鬼乎. 執此爲說, 則渠所謂眞箇天主, 眞箇堂獄, 固自在也. 尤豈不兇狡."

38 《추안급국안》(한국근세사회경제사료총서, 제25책, 아세아문화사, 1978), 20면. "乙卯年禮山居謫時, 邪學中至妖至憯之語, 分三段劈破, 作牖惑文. 所其書中, 天爲人以降之語, 至妖至誕, 豈爲沈惑之理乎. 稍解文字者, 則以曆象之法工巧, 故惑之. 愚迷之類, 以天堂地獄之說, 惑之. 大抵以此劈破之意, 作文屢千百言矣."

39 김시준 역, 《벽위편》, 앞의 책, 169면 참조.

40 이만채 편, 《벽위편》(열화당, 1971), 상편, 200면. "按此三句, 卽瞻想西土之意也."

41 주희(朱熹), 〈무이도가〉 제1곡. "一曲溪邊上釣船, 幔亭峰影蘸晴川. 虹橋一斷無消息, 萬壑千巖鎖翠煙."

42 정약용, 〈윤외심에게 보내다〉, 《다산시문집》 권19. "朱子詩曰: '虹橋一斷無消息, 萬壑千巖鎖翠煙.' 蓋自變動之法一晦, 而易脈中斷. 於是乎物象不合, 物象不合, 則說卦從而

廢, 而易不可問矣." / 〈김덕수에게 답하다〉, 《다산시문집》 권20. "虹橋一句, 朱子櫂歌, 本亦道脈中斷之意故用之."

43 정약용, 〈단오일에 육방옹의 초하한거시 8수를 차운하여 송옹에게 부치다〉 제4수, 《다산시문집》 권6. "靜觀蕭然客散初, 閒行不必逐風蒲. 紀綱嚴者蜂尊主, 慈愛均哉燕養雛. 漢代談經遺實際, 宋儒通理欲追呼. 虹橋一斷巖煙翠, 亦有何人講此無."

44 김시준 역, 《벽위편》, 앞의 책, 169면 참조.

45 주재용, 《한국 가톨릭사의 옹위》, 앞의 책, 83면.

46 주재용, 《한국 가톨릭사의 옹위》, 앞의 책 같은 부분.

47 주재용, 《한국 가톨릭사의 옹위》, 앞의 책, 84면.

48 김현우·김석주, 〈소위 이벽의 《성교요지》로 잘못 알려진 W. A. P. Martin(丁韙良)의 《The Analytical Reader(認字新法 常字雙千)》에 대한 연구 서설〉(아시아기독교사학회 학술심포지엄, 2019년 5월 18일)의 발표가 있었고, 이후 발표문은 《기독교사상》 제729집(2019. 9), 21-31면에 '이벽의 《성교요지》는 위조 문헌인가'라는 제목으로 전문이 수록되었다.

49 숭실대 한국기독교박물관에 소장된 초기 천주교회사에 관한 14종의 자료가 모두 위작이라는 것은 윤민구, 《초기 한국 천주교회사의 쟁점 연구》(국학자료원, 2014)에서 타당하고 상세한 논거를 들어 검토한 바 있다.

50 정민, 《파란》(천년의상상, 2019), 제1책 316-325면의 〈악마의 편집 《만천유고》〉에서 상세하게 밝혔다.

51 필자의 논의 이후 윤민구 신부가 다시 이를 받아 가톨릭평화신문에 〈이벽의 성교요지는 사기다〉(2019. 7. 28)를 기고했고, 이후 주교회의가 "교회로부터 인준받지 않은 단체명(한국순교자연구소)을 내세워 어떠한 직함도 공적으로 임명받지 않은 원로 사목자"가 "합리적이며 논리적인 글이라기보다, 그동안 자신이 갖고 있던 감정을 드러내는 글"을 "가짜, 사기, 사기극, 위작이라는 등, 교회가 그동안 준비하고 나누었던 부분을 자신의 입장에서 '틀리고 잘못되며 사기를 쳤다'는 식으로 글을 전개한 것은 교회적이거나 복음적 시각이 아니라고 생각한다"는 글을 공개적으로 발표함으로써, 더 이상의 논의를 원천적으로 봉쇄해버렸나.

52 《니벽전》은 2007년 숭실대 한국기독교박물관에서 《유한당언행실록》, 《사후

묵상》과 함께 전문을 컬러로 영인하고, 영어로 번역한 뒤 'The Record of a Dream of Yi Byeok, A Record of the Words of Ryu-Han-Dang, Meditation on Life After Death'라는 제목으로 간행한 바 있다. 소설의 내용은 이 책 94-102면에 간단한 해제와 본문 전체의 현대어 풀이가 나온다.

53 《니벽젼》, 앞의 책, 97면.

54 《니벽젼》, 앞의 책, 101면.

55 서거정(徐居正), 《필원잡기(筆苑雜記)》 권1. "唐學士顧雲送崔致遠還鄕詩, 有 '十二乘舟渡海來, 文章感動中華國' 之語. 又有贈言者曰: '巫峽重峯之歲, 絲入中原. 銀河列宿之年, 錦還東土.' 蓋十二而入唐, 二十八而東還也."

56 '우덕조희필(右德操戱筆)'은 앞에 쓴 글씨가 덕조, 즉 이벽이 장난처럼 쓴 글씨라는 뜻이다.

57 주필대, 〈익공제발〉. "不妄與人交, 而襟懷灑落, 人自受之."

58 강영, 《근사록집주》. "人去除了私欲, 無事而靜時, 便虛明澄澈. 有事而動時, 便正直合理. 虛靜澄澈, 則思慮清明."

59 왕발, 〈등왕각서〉. "落霞與孤鶩齊飛, 秋水共長天一色."

60 《가톨릭시보》 1967년 8월 27일(582호). "한국 천주교 초창기의 귀중한 자료들이 한 프로테스탄 목사에 의하여 귀중하게 보관되어오다가 이제야 햇빛을 보게 되어 교계에 화제를 던져주고 있다. 이벽이 저술한 《성교요지》를 비롯해서 열두 점의 귀중한 천주교 자료가 이번에 새로 개관하게 될 프로테스탄계의 숭실대학 부속 한국기독교박물관에 비치된다는 사실이 알려졌다." 이때 《만천유고》, 〈이승훈 영세명장〉, 이벽 부인 권씨가 쓴 《유한당언행실록》, 《망장》 등 초기 교회사 관련 자료들이 처음으로 세상에 알려졌다.

61 윤민구 신부는 《초기 한국 천주교회사의 쟁점 연구》에서 《성교요지》, 〈십계명가〉, 《만천유고》, 《니벽젼》, 《유한당언행실록》을 비롯해 《영세명부》와 《영세명장》, 《경신회규범》, 〈경신회서〉 등 일체의 자료들이 모두 일제강점기에 만들어진 가짜임을 다양한 논거를 들어 밝혔다.

62 〈창시〉는 글자나 서적, 그림, 육갑, 식기, 승두(升斗), 배, 빗, 거울 등 여러 사물을 최초로 만든 사람을 재미 삼아 적어둔 적바림이다.

63 여기에 수록된 각종 노정기는 연행사와 통신사 관련 기록에 자주 등장하는 내용이다.

64 〈선유대〉. "自從辭世浩然來, 要養身心上此臺."

65 〈난화십절〉. "四十年來種在家, 等閑看葉未看花."

66 〈등문장대〉와 〈경복궁구호〉 2수 등 3수의 시는 홍석기의 《만주유집》 권4에 수록된 작품이다. 이 점은 서종태, 〈《만천시고》의 작자에 관한 연구〉(수원교구 시복시성추진위원회 제5차 심포지엄, 《만천유고의 《성교요지》 등에 대한 종합적 고찰》, 2016. 6)에서 이미 밝힌 바 있다. 서종태는 이 글에서 여러 작품의 예시를 든 뒤, "요컨대 《만천시고》에 실려 있는 70수 가운데 이승훈의 저작으로 분명히 단정할 수 있는 시는 한 편도 없다. 70수 가운데 절반에 가까운 33수가 이승훈의 저작이 아님이 분명하거나 이승훈의 저작으로 보기 어려운 것이다. 그러므로 《만천유고》는 이승훈의 저작이라고 할 수 없다"고 단정했다.

67 《만천시고》에 수록된 〈야여이덕조완월(夜與李德操翫月), 차당절운(次唐絶韻)〉 2수는 양헌수의 《하거집》 권4(한국문집총간 속집 131책, 656면)에 실린 〈야여취정이문경복우완월(夜與翠庭李聞慶福愚翫月), 차당절운(次唐絶韻)〉 2수에서 제목의 이름만 바꿨다.

68 양헌수의 《하거집》 권4(한국문집총간 속집 131책, 656-661면)에 《만천시고》에 수록된 26수가 그대로 다 나온다. 수록 작품은 중간중간 건너뛰며 인용했지만 수록 순서마저 똑같다. 혹자는 후대 사람의 시가 앞 시기 사람의 문집에 같이 실려 있다면, 후대가 전대를 베낀 것이 아니냐고 강변하지만, 똑같이 베껴온 전대 홍석기의 시가 실린 것으로 보면 가당치 않은 논리다. 이같이 조악한 편집의 《만천시고》의 진작성을 두둔하기 위해 반대로 양헌수나 홍석기를 도둑으로 내모는 것이 가당한가?

69 《만천시고》 수록 작품 71수 중 아직 출전이 밝혀지지 않은 40여 수 또한 그다지 이름이 알려지지 않은, 광주와 용인 인근에 살았던 문인의 시집에서 절취해온 것임에 틀림없다. 이 또한 사실이 밝혀지는 것은 시간문제일 뿐이라고 본다.

70 〈만천유고발(蔓川遺稿跋)〉. "平生囚獄, 死免於出世, 三十餘星霜. 江山依舊, 青空白雲不變影. 先賢知舊, 何處去哉. 不接木石之身勢, 輾轉倒處中, 噫. 不意移世, 蔓川公之行蹟儷

文不少矣. 然不幸於燒失, 一稿不得見, 千萬意外, 詩藁雜錄片書有之, 故劣筆於秒記曰蔓川遺稿. 東風解凍, 枯木逢春, 芽葉蘇生之格. 此亦上主廣大無邊攝理也. 宇宙眞理如是, 太極而無極, 醒覺者以接上主之意也. 無極觀人."

71 해당 자료는 현재 숭실대 한국기독교박물관 상설전시실에 전시되어 있다.

72 《성교요지》 제4장 주석. "幕, 喩身也. 見彼得後書." 본문의 뜻풀이가 통상적인 이해 범위를 넘어설 때, 이해를 돕기 위해 풀이를 단 것이다.

73 1611년 KJV(King James Version) 영문 번역에서 〈베드로후서〉 1장 13~14절은 "Yea, I think it meet, as long as I am in this tabernacle, to stir you up by putting you in remembrance; Knowing that shortly I must put off this my tabernacle, even as our Lord Jesus Christ hath shewed me"라 했다.

74 1803년에 번역된 《고신성경》은 〈베드로후서〉 1장 13~14절을 "但想我還在此軀骰, 我責是提醒你們, 按吾主耶蘇基利斯督默示, 我本知離世速, 就便我死"로 옮겼고, 1852년의 위판역본(委辦譯本)에서는 "我生斯世, 猶在帷幕之中, 使爾憶道, 吾以為宜. 吾自知棄帷幕不遠, 以吾主耶穌基督示我"로 풀이했다. 번역문 중 '유막(帷幕)'이라는 표현이 처음 나온다.

75 이 논문은 2019년 5월 18일, 장로회신학대학교에서 열린 아시아기독교사학회 제15차 학술대회에서 발표되었다. 이후 발표문은 《기독교사상》 제729집(2019. 9), 21-31면에 '이벽의 《성교요지》는 위조 문헌인가'라는 제목으로 전문이 수록되었다.

76 황재범, 〈《성교요지》의 원본 마틴 선교사의 《쌍천자문》 연구〉, 《신학사상》 제190집(2020년 가을)에 관련 내용이 자세하다.

77 《만천유고》(유물번호 0415)와 《당시초선》(0414) 및 한글본 《성교요지》(5149)가 있다. 이들 서적의 해제는 숭실대학교 한국기독교박물관에서 펴낸 《한국기독교박물관 소장 기독교 자료 해제》(2007)에 자세하다.

78 하성래 역, 《성교요지》(성황석두루가서원, 1986), 44면. / 김동원 편저, 《영성의 길》(하상출판사, 2014), 30면 참조.

79 윌리엄 마틴, 《The Analytical Reader(認字新法 常字雙千)》(Presbyterian Misson Press, 1863), 26면.

80 이상의 고유명사 표기는 뒤에서 설명할 개신교 공동번역 성경인 위판역본 성경에 나오는 것과 일치한다.

81 하성래 역,《성교요지》, 앞의 책, 46면 / 김동원 편저,《영성의 길》, 앞의 책 36면.

82 한문본《성교요지》의 유태국(猶太國)은 천주교 문헌에는 대부분 여덕아(如德亞)라 하고, 요단강을 뜻하는 약단하(約但河)는 천주교에서는 약이당(若爾當)으로 표기한다. 윤민구 신부는 앞의 책에서 이렇듯《성교요지》에서 쓰고 있는 용어들이 한결같이 개신교 성경 번역을 기준으로 사용되고 있음을 수십 종 성경을 일일이 찾아 증명했다. 윤 신부의 이 작업은 마틴의《상자쌍천》이 발견되기 한참 전에 책을 못 본 상태에서 이루어졌다.

83 위판역본(委辦譯本)이란 '위원회에서 마련해 번역한 책'이라는 뜻으로 '대표역본(代表譯本)'이라고도 한다. 성경을 중국어 문언문으로 번역한 것으로, 1843년 영국 런던선교회(倫敦宣教會)와 미국 공리회(公理會), 침신회(浸信會)와 모리슨교육회(馬礼孫教育會) 등의 단체들이 기금을 조성해서 구성한 위판역본위원회가 공동작업으로 번역한 성경을 가리킨다. 1852년에 신약이 출판되었고, 이듬해에 구약이 완성되어 1854년에 간행되었다. 이후 개신교 번역 성경의 기준이 되었다.

84 황재범은 앞의 논문 43면에서 "《쌍천자문》의 초판(1863)과 수정판(1897)을 정밀하게 대조해본 결과 큰 차이는 없다. 다만 이체로 보이는 부분을 모두 제외한다면 본문에서 2개, 주석 부분에서 4개의 글자가 서로 다르다. 결론적으로 한문판《성교요지》는 6개의 문제가 되는 부분에서 모두 수정판을 그대로 따르고 있으므로《성교요지》의 저본은 분명하게《쌍천자문》의 1897년 수정판임을 알 수 있다"고 했다. 결국 이벽이《성교요지》를 지었다는 주장은 1785년에 죽은 이벽이 1863년 초판본도 아닌, 112년 뒤에 나온《상자쌍천》수정판을 저술했다고 말하는 것과 같다.

85 소순태와 김학렬에 의해 이 같은 해괴한 주장이 아무런 문헌 근거 없이 반복되고 있다. 김학렬은 〈성 김대건 신부의 복사 이의창 레오 순교자〉(김대건 신부 탄생 200주년 기념 제7차 심포지엄,《김대건 신부 가계의 거처와 신학교 생활과 사목 활동》, 천주교 수원교구 시복시성추진위원회, 2021. 10. 28) 8면에서 "1845년 3개월여의 상해 체류 중에,《성교요지》가 상해 지역의 중국인 천주교 신자들, 더 나아가 개신교 목

사들에게까지 전해진 것으로 최근 연구 결과 밝혀지고 있다"고 쓰고, 그 근거로 소순태의 〈세 번(1863, 1897, 1910년)에 걸쳐 중국 상해에서 마틴에 의하여 출판된 책 The Analytical Reader의 본문들의 비교 분석과 그 결과들〉과 〈성교요지의 외유(중국, 미국 등)의 실증적 증거들〉 등 전혀 학술적이지 않은 황당한 주장을 논거로 제시하고 있다.

한편, 숭실대 한국기독교박물관에 소장된 《당시초선》 본 《성교요지》 필사본에는 첫 면에 "朝鮮國人 李檗 輯, 東方大建人 金安德利 述"이라고 저자와 필사자의 이름이 나오고, 끝에는 "某年某月某日 朝鮮國 金安德利亞 左手謹手書"라 하였다. 또 중간에도 "右手病人" 또는 "右手病故左手書也"라 하여, 이 글을 필사할 당시 김대건 안드레아 신부가 오른손에 병이 들어 어쩔 수 없이 왼손으로 쓴 것처럼 반복해서 적어놓았다. 글씨체로 시비를 걸어올 때를 대비한 마련일 텐데, 김대건 신부가 촌음이 아까운 금쪽같은 시간에 다친 오른손 대신 왼손 글씨로 이 긴 글을 깨알같이 작은 글자로 단정하게 두 벌이나 옮겨써서 하나는 중국에 가져가고, 나머지 하나는 조선에 남겨두었다는 말인가? 어느 것 하나 이치에 합당한 구석이 없다.

참고문헌

저서

강세정,《송담유고》, 연세대 도서관 소장 필사본.

강준흠,《삼명집》, 연세대학교 도서관 소장 필사본.

고베아, 유은희 역,《묵상지장》, 순교의맥, 2011.

권암,《감호수창첩》, 국립중앙도서관 소장 필사본.

김구정,《피 묻은 쌍백합》, 가톨릭출판사, 2001.

김구정,《한국 순교사화》 전4책, 가톨릭출판사, 1976.

김대건, 이원순·허인 편역,《김대건의 편지》, 정음사, 1975.

김동원 편저,《영성의 길》, 하상출판사, 2014.

김병상,《성지(聖地)》 전2책, 성요셉출판사, 1982.

김시준 역,《벽위편》, 명문당, 1985.

김영진,《동아시아의 순교 이야기》, 기쁜소식, 2014.

김옥희 편저,《한국교회사논저해제집》, 순교의맥, 1991.

김옥희,《광암 이벽의 서학사상》, 가톨릭출판사, 1975.

김옥희,《신유박해 순교자들》, 한국순교복자수녀회, 2001.

김옥희,《한국 천주교 여성사》 전2책, 순교의맥, 1983.

김옥희, 《한국 천주교사상사 Ⅱ – 다산 정약용의 서학사상 연구》, 순교의맥, 1991.
김재승, 《이양선과 조선》, 글터, 2019.
김진소 엮음, 《고종실록 천주교사 자료모음》, 한국순교자현양위원회, 1997.
김진소 외, 《순교는 믿음의 씨앗이 되고》, 한국교회사연구소, 2001.
김진소, 《천주교 전주교구사》, 천주교 전주교구, 1998.
김탁, 《정감록 – 새 세상을 꿈꾸는 민중들의 예언서》, 살림, 2005.
김홍영 역, 《농은 홍유한 선생 유고집》, 영남교회사연구소, 2009.
나열, 《해양유고》, 일본 동양문고 소장 필사본.
노용필, 《한국천주교회사의 연구》, 한국사학, 2008.
다블뤼, 《다블뤼 주교가 가족들에게 보낸 편지》, 내포교회사연구소, 2018.
다블뤼, 《조선순교자역사비망기》, 필사문서 판독 자료집 Vol.4, 한국천주교주교회의 문화위원회, 2012.
다블뤼, 《조선순교사비망기》, 《하느님의 종 이벽 요한 세례자와 동료 132위》, 한국천주교주교회의 시복시성주교특별위원회, 2017.
다블뤼, 《조선주요순교자약전》, 신리 성지 내포교회사연구소, 2014.
도널드 베이커, 김세윤 역, 《조선 후기 유교와 천주교의 대립》, 일조각, 1997.
동국역사문화연구소 편, 《조선시대 서학 관련 자료 집성 및 번역 해제》 전7책, 경인문화사, 2020.
드 마이야, 《성년광익》, 한국교회사연구소, 2014.
드 마이야, 유은희 역, 《성경광익》, 순교의맥, 2017.
들라플라스, 유은희 역, 《성요셉 성월》, 순교의맥, 2020.
루제리, 곽문석 외 역, 《신편천주실록 역주》, 동문연, 2021.
마백락, 《농은 홍유한 선생 연구》, 영남교회사연구소, 2009.
마테오 리치, 《교우론》
마테오 리치, 《천주실의》
목만중, 《여와문집》
뮈텔, 하성래 감수, 《치명일기》, 성황석두루가서원, 1986.
박제가, 《정유각집》

박제가, 안대회 역, 《북학의》, 돌베개, 2003.

박종악, 신익철·장유승 외 역, 《수기》, 한국학중앙연구원 출판부, 2016.

박종채, 《과정록》

박지원, 《연암집》

백승종, 《정감록 미스터리》, 푸른역사, 2012.

백승종, 《정감록 역모 사건의 진실게임》, 푸른역사, 2006.

백승종, 《정조와 불량 선비 강이천》, 푸른역사, 2011.

백승종, 《한국의 예언문화사》, 푸른역사, 2007.

변기영, 《천진암의 이벽 독서처, 이승훈 성현의 순교》, 한국천주교회창립사연구원, 2001.

변기영, 《한국 천주교회 창립사 논고》, 한국천주교회창립사연구원, 1997.

변기영, 《한민족 조선 천주교회 창립사》, 한국천주교회창립사연구원, 2004.

샤를 달레, 안응렬·최석우 역주, 《한국천주교회사》 상·중·하, 한국교회사연구소, 1979.

샤를 살몽, 정현명 역, 《성 다블뤼 주교의 생애》, 대전가톨릭대학교 출판부, 2006.

샤바낙, 유은희 역, 《진도자증》, 순교의맥, 2013.

서양자, 《박해시대 숨겨진 이야기들》 제1책, 순교의맥, 2016.

서양자, 《청나라 궁중의 서양 선교사들》, 순교의맥, 2010.

서울역사박물관, 《동소문별곡》, 2014.

서울역사박물관, 《서소문별곡》, 2014.

서종태·한건 엮음, 《조선 후기 천주교 신자 재판기록》 상·중·하, 국학자료원, 2004.

설지인, 《하늘의 신발》, 박영사, 2021.

손숙경 편, 《중인 김범우 가문과 그들의 문서》, 부산교구 순교자현양위원회, 1992.

신익철 편저, 《연행사와 북경 천주당》, 보고사, 2013.

신태보, 유소연 편역, 《신태보 옥중수기》, 흐름출판사, 2016.

신태권, 《저암만고》

신후담, 김선희 역, 《하빈 신후담의 돈와서학변》, 사람의무늬, 2014.

안대회 외, 《성균관과 반촌》, 서울역사박물관, 2019.

안정복, 《순암부부고》, 국사편찬위원회, 2012.

안정복, 《안정복일기》, 국립중앙도서관 소장 필사본.

안춘근 편, 《정감록집성》, 아세아문화사, 1981.

알레니, 《미사제의》

알레니, 천기철 역, 《직방외기》, 일조각, 2005.

암브로시우스, 최원오 역, 《성직자의 의무》, 아카넷, 2020.

양헌수, 《하거집》

어거스틴, 선한용 역, 《성 어거스틴의 고백록》, 대한기독교서회, 1990.

여진천 편, 《황사영 백서 논문 선집》, 기쁜소식, 1994.

여진천 편, 《황사영 백서와 이본》, 국학자료원, 2003.

여진천, 《한국 천주교 역사에 대한 재조명》, 원주교구문화영성연구소, 2017.

여진천, 《황사영 백서 해제》, 기쁜소식, 1999.

오기선, 《순교자들의 얼을 찾아서》 상·하, 한국천주교성지연구원, 1988.

오수경, 《연암 그룹 연구》, 월인, 2013.

오순방, 《명말청초 천주교 예수회 선교사의 천주교 중문소설과 색은파 문헌 연구》, 숭실대 출판부, 2019.

원재연, 《조선왕조의 법과 그리스도교》, 한돌출판사, 2003.

유은희, 《이슬은 길이 되어》, 순교의맥, 2012.

유홍렬, 《한국천주교회사》, 가톨릭출판사, 1962.

윤민구, 《103위 성인의 탄생 이야기》, 푸른역사, 2009.

윤민구, 《성 도리 신부와 병인박해》, 기쁜소식, 2021.

윤민구, 《초기 한국 천주교회사의 쟁점 연구》, 국학자료원, 2014.

윤민구, 《한국 초기 교회에 관한 교황청 자료 모음집》, 가톨릭출판사, 2000.

이기경 편, 《벽위편》, 한국교회사연구소, 1978.

이능화, 《한국기독교급외교사》, 창문사, 1928.

이대근, 《조선 후기 천주교 수용 연구》, 대전가톨릭대학교 출판부, 2014.

이리화 편, 《한국당쟁관계자료집》, 여강출판사, 1985.

이마두(利瑪竇), 노용필 편, 《벗은 제2의 나다-마테오 리치의 교우론》, 어진이, 2017.

이만채 편,《벽위편》, 열화당, 1971.

이병휴,《정산잡저》,《근기실학연원제현집》, 성균관대학교 대동문화연구원, 2002.

이승훈,《만천유고》, 숭실대학교 한국기독교박물관 소장 필사본.

이옥,《이옥전집》, 휴머니스트, 2009.

이용휴, 조남권·박동욱 역,《혜환 이용휴 산문전집》, 소명출판, 2007.

이용휴, 조남권·박동욱 역,《혜환 이용휴 시전집》, 소명출판, 2002.

이원순,《조선서학사연구》, 일지사, 1986.

이원순,《한국 교회사의 산책 1》, 한국교회사연구소, 1988.

이원순,《한국 천주교회사 연구》, 한국교회사연구소, 1986.

이익,《성호전서》

이재기,《눌암기략》, 다산영성연구소 김옥희 수녀 소장 필사본.

이중환, 안대회 외 역,《완역정본 택리지》, 휴머니스트, 2018.

이희경, 진재교 외 역,《북학 또 하나의 보고서 설수외사》, 성균관대학교 출판부, 2011.

임충신, 최석우 역주,《최양업신부서한집》, 한국교회사연구소, 1984.

전세권,《황사영묵시록》, 동방미디어, 2017.

정민 외 편,《18~19세기 동아시아의 문화거점, 북경 유리창》, 민속원, 2013.

정민,《다산의 재발견》, 휴머니스트, 2011.

정민,《다산증언첩》, 휴머니스트, 2017.

정민,《잊혀진 실학자 이덕리와 동다기》, 글항아리, 2018.

정민,《파란》, 천년의상상, 2019.

정병설,《죽음을 넘어서 – 순교자 이순이의 옥중편지》, 민음사, 2014.

정약용,《속여유당전서》

정약용,《여유당전서》

정약종, 하성래 감수,《주교요지》, 성요셉출판사, 1986.

정인보,《담원정인보전집》, 연세대 출판부, 1983.

정하상, 윤민구 역,《상재상서》, 성황석두루가서원, 1999.

조광 역,《사학징의》, 한국순교자현양위원회, 2001.

조광 편,《조선왕조실록 천주교사 자료 모음》, 한국순교자현양위원회, 1997.

조광 편, 권내현 역,《정조시대 천주교사 자료집》 전3책, 한국순교자현양위원회, 1999.
조광,《조선 후기 천주교사 연구》, 고려대학교 민족문화연구소, 1988.
조성을,《연보로 본 다산 정약용》, 지식산업사, 2016.
조현범,《조선의 선교사, 선교사의 조선》, 한국교회사연구소, 2008.
주재용,《배론 성지》, 가톨릭출판사, 1975.
주재용,《한국 가톨릭사의 옹위》, 한국천주교중앙협의회, 1970.
차기진,《고난의 밀사》, 어농성지, 2003.
차기진,《조선 후기의 서학과 척사론 연구》, 한국교회사연구소, 2002.
채제공,《번암선생문집》
최석우,《한국 교회사의 역사》, 한국교회사연구소, 1982.
최석우,《한국 교회사의 탐구》, 한국교회사연구소, 1982.
최석우,《한국 교회사의 탐구 Ⅱ》, 한국교회사연구소, 1991.
최해두, 김영수 역,《자책》, 흐름출판사, 2016.
판토하, 박유리 역,《칠극》, 일조각, 1953.
판토하, 박완식 · 김진소 역,《칠극, 일곱 가지 승리의 길》, 전주대학교출판부, 1999.
판토하, 정민 옮김,《칠극》, 김영사, 2021.
풍병정(馮秉正), 유은희 역,《성경광익》, 순교의맥, 2016.
프란체스코 삼비아시, 김철범 · 신창석 역,《영언여작》, 일조각, 2007.
프레마르, 이종화 역,《중국 고전에서 그리스도를 찾다》, 루하서원, 2018.
하성래 역,《성교요지》, 성황석두루가서원, 1986.
하성래,《빛의 사람들 – 순교자 신태보 베드로의 삶과 사상》, 가톨릭출판사, 1996.
하성래,《윤유일 · 정은 평전》, 성황석두루가서원, 1988.
하성래,《천주가사 연구》, 성황석두루가서원, 1985.
현석문, 하성래 감수,《기해일기》, 성황석두루가서원, 1986.
홍낙안,《노암집》,《한국학》 제19집 수록 '척사문헌집성(斥邪文獻集成)', 영신아카데미 한국학연구소, 1978.
홍유한,《농은유고》, 가장 필사본.
홍이섭,《홍이섭전집》 제3책, 연세대 출판부, 1994.

황사영, 김영수 역,《황사영 백서》, 성황석두루가서원, 1998.

황사영, 여진천 역주,《누가 저희를 위로해주겠습니까?》, 기쁜소식, 1999.

황윤석,《이재난고》

황인태 외,《황씨체화집》, 필사본.

《가장간첩》, 홍유한가 가장 필사본.

《가장제현유고》, 홍유한가 가장 필사본.

《가톨릭 성인전》 상 · 하, 가톨릭출판사, 1960.

《김범우 자료집》, 부산교회사연구소, 2004.

《남보(南譜)》 전3책, 학자원, 2016.

《남보》, 규장각본.

《남보》, 존경각본.

《니벽선생몽회록 · 유한당언행실록 · 사후묵상》, 숭실대 한국기독교박물관, 2007.

《만남과 믿음의 길목에서》, 한국교회사연구소, 1989.

《만천유고의 성교요지 등에 대한 종합적 고찰》, 수원교구 시복시성추진위원회 제 5차 심포지엄 자료집, 2016. 6. 16.

《백가보》, 하버드대학교 옌칭도서관 고서.

《병인년 횃불 – 조선왕조와 천주교》, 오륜대 한국순교자박물관, 2016.

《복자 윤지충 바오로와 동료 순교자 123위 하느님의 종 가경자 최양업 토마스 신부》, 한국천주교주교회의, 2009.

《사학징의》, 한국교회사연구소, 1977.

《성교절요》

《성년광익》, 한국교회사연구소 영인본, 2014.

《순교자와 증거자들》, 한국교회사연구소, 1981.

《승정원일기》

《신유박해 연구의 방법과 사료》, 한국순교자현양위원회, 2003.

《윤유일 바오로와 동료 순교자들의 시복 자료집》 전5책, 천주교수원교구 시복시성 추진위원회, 1996.

《일성록》

《정산일기》, 청양다락골성지, 2011.

《제주 복음 전래 100년사 자료집》, 천주교 제주교구, 1997.

《조선 여인 강완숙 역사를 위해 일어서다》, 서울대교구 가톨릭여성연합회, 2005.

《조선당쟁관계자료집》, 여강출판사, 1985.

《조선왕조실록》

《창원황씨세보》, 1857, 1910, 1957, 1979, 1995.

《천녕현씨세보》

《추국일기》8, 《각사등록》 제78책, 국사편찬위원회, 1994.

《추안급국안》, 한국근세사회경제사료총서, 제25책, 아세아문화사, 1978.

《추안급국안》, 전주대학교 고전국역총서2, 제73~75책, 흐름출판사, 2014.

《풍산세승》, 홍유한가 가장 필사본.

《풍산홍씨대동보》, 풍산홍씨대종회, 1985.

《하느님의 종 이벽 요한 세례자와 동료 132위》, 한국천주교주교회의 시복시성주교특별위원회, 2017.

《하느님의 종 이벽 요한 세례자와 동료 132위》, 한국천주교주교회의, 2018.

《한국 천주교회사 논문선집》 제1집, 한국교회사연구소, 1976. 1.

《한국 천주교회사 논문선집》 제2집, 한국교회사연구소, 1977. 10.

《한국 최초의 순교자 복자 윤지충 바오로와 권상연 야고보, 신유박해 순교자 복자 윤지헌 프란치스코 유해의 진정성에 관한 기록》, 천주교 전주교구, 2021.

《한국 최초의 순교자》, 전동천주교회, 윤지충권상연현양위원회, 2010.

《한국교회창시자 유문필적 사본》, 천진암 성지 탈초 원고본.

《한국기독교박물관 소장 기독교 자료 해제》, 숭실대학교 한국기독교박물관, 2007.

《한국천주교회 창설 주역의 천주신앙》 전3책, 천주교 수원교구 시복시성추진위원회, 2011.

《한국천주교회사》 전5책, 한국교회사연구소, 2010.

《홍유한과 풍산 홍씨 가문의 천주신앙》, 안동교회사연구소, 2015.

李之藻, 《天學初函》
殷正衡, 《高麗主證》, 重慶公義書院, 1879.
沈則寬, 《高麗致命事略》, 上海 土山灣印書館, 1900.
《徐家匯藏書樓 明淸天主教文獻續編)》 전20책, 臺灣利氏學社, 2013.
《明末淸初耶穌會思想文獻彙編》, 北京大學宗教硏究所,
楊應理, 《許太夫人傳略》, 上海 土山灣印書館, 1927.
《法國國家圖書館明淸天主教文獻》 전30책, 臺北利氏學社, 2009.
《東國教友上教皇書》, 대만 보인대학 신학원 도서관 소장 필사본.
《高麗致命周雅各伯傳略》, 《漢語基督教珍稀文獻叢刊》 제1집, 중국 광서사범대학 출판사, 2017.
丁夏祥, 《上宰相書》, 香港納匝肋靜院, 1890.
艾儒略, 《艾儒略漢文著述全集》, 奧門文化藝術學會, 2012.
徐宗澤, 《明淸間耶蘇會士譯著提要》, 상해서점출판사, 2006.
吳潮, 《傳教士中文報刊史》, 中國: 復旦大出版社, 2011.
山口正之, 《朝鮮西教史》, 東京: 雄山閣, 1967.
山口正之, 《黃嗣永帛書の硏究》, 大阪: 全國書房, 1946.
Joseph Dehergne, 耿昇 역, 《16~20世紀 入華天主教傳教士列傳》 전2책, 廣西師範大學出版社, 2010.

논문

강세구, 〈목재 이삼환의 호서 지방 성호학통 적통성〉, 《역사와실학》 제56호, 역사실학회, 2015. 4.
강세구, 〈정약용의 성호학파 재기 시도에 관한 일고찰〉, 《경기사학》 제4호, 경기사학회, 2000.
김가람, 〈이기경의 척사 활동과 공서파 형성에 끼친 영향〉, 《교회사연구》 제30집, 한국교회사연구소, 2008.
김두헌, 〈김범우와 그의 가계〉, 《교회사연구》 제34집, 한국교회사연구소, 2010. 5.
김봉남, 〈다산과 천주교 관련 인물들과의 관계 고찰〉, 《대동한문학》 제41집, 대동한

문학회, 2014.

김상홍, 〈'다산은 천주교인이다'에 대한 반론〉, 《한국한문학연구》 제13집, 한국한문학회, 1990.

김양수, 〈조선 전환기의 중인 집안 활동: 玄德潤, 玄采, 玄楯 등 천녕 현씨 역관 가계를 중심으로〉, 《동방학지》 제102집, 1998.

김재승, 〈조선 해역에서 영국의 해상 활동과 한영 관계(1797~1905)〉, 《해운물류연구》 제23집, 한국해운물류학회, 1996. 12.

김정자, 〈정조 대 전반기의 정국 동향과 정치세력의 변화 II〉, 《조선시대사학보》 제78집.

김학렬, 〈성 김대건 신부의 복사 이의창 레오 순교자〉, 김대건 신부 탄생 200주년 기념 제7차 심포지엄, 《김대건 신부 가계의 거처와 신학교 생활과 사목 활동》, 천주교 수원교구 시복시성추진위원회, 2021. 10. 28.

김한구, 〈동학의 비교사회문화론〉, 《한국학논집》 제9집, 한양대 한국학연구소, 1986. 2.

김현영, 〈순암일기 차록(箚錄) – 서학 관련 기록을 중심으로〉, 《고문서연구》 제51호, 2017. 8.

김현우·김석주, 〈이벽의 《성교요지》는 위조 문헌인가?〉, 《기독교사상》 제729집, 2019. 9.

김호, 〈'이의순명(以義順命)'의 길: 다산 정약용의 종두법(種痘法) 연구〉, 《민족문화연구》 제72집, 고려대학교 민족문화연구원, 2016.

박성순, 〈우정의 구조와 윤리〉, 《한국문학연구》 제28집, 동국대학교 한국문화연구소, 2005.

박수밀, 〈소통의 맥락에서 본 조선 후기 우정론의 양상〉, 《동방한문학》 제65집, 동방한문학회, 2015.

방상근, 〈18~19세기 서울 지역 천주교도의 존재 형태〉, 《서울학연구》 제26호, 서울학연구소, 2006.

방상근, 〈18세기 말 내포 교회와 정사박해〉, 《교회사학》 제15호, 2018.

방상근, 〈18세기 말 서울 지역 천주교 신자들의 거주지 연구〉, 《교회사연구》

제18집, 한국교회사연구소, 2002. 6.

방상근, 〈18세기 말 전라도 신앙공동체와 천주교 서적〉,《교회사학》 제16호, 수원교회사연구소, 2019.

방상근, 〈18세기 말 조선 천주교회의 발전과 세례명〉,《교회사연구》 제34집, 한국교회사연구소, 2010.

방상근, 〈《입성모시태명도회목훈》과 조선 천주교회의 명도회〉,《교회사연구》 제46집, 한국교회사연구소, 2015. 6.

방상근, 〈조선 후기 천주교회의 신분관〉,《경희사학》 제24집, 경희사학회, 2006.

방상근, 〈첨례표를 통해 본 조선 후기 천주교 신자들의 신앙생활〉,《교회사연구》 제42집, 한국교회사연구소, 2013. 12.

방상근, 〈초기 교회에 있어서 명도회의 구성과 성격〉,《교회사연구》 제11집, 한국교회사연구소, 1996. 12.

방상근, 〈최창현의 삶과 신앙〉,《교회사학》 제10호, 수원교회사연구소, 2013.

서종태, 〈추안 및 국안의 천주교 관계 자료에 대한 문헌학적 연구〉,《교회사연구》 제22집, 한국교회사연구소, 2004.

손숙경, 〈조선 후기 중인 역관의 동래 파견과 천녕 현씨 현덕윤 역관 가계의 분화, 그리고 중인 김범우 후손들의 밀양 이주〉,《역사와경계》 제100호, 2016. 9.

여진천, 《눌암기략》 연재,《부산교회사보》 제38~42호, 부산교회사연구소, 2003-2004.

여진천, 〈황사영 백서 이본에 대한 비교 연구〉,《한국 천주교 역사에 대한 재조명》, 원주교구문화영성연구소, 2017.

이학수 · 정문수, 〈영국 범선의 용당포 표착 사건〉,《해항도시문화교섭학》 제20집, 한국해양대학교 국제해양문제연구소, 2019. 4.

이홍식, 〈조선 후기 우정론과 마테오 리치의 교우론〉,《한국실학연구》, 한국실학학회, 2010.

임성빈, 〈신유박해 이후 교회 재건기의 지도자 권기인 요한에 대한 연구 - 양근 권철신 5형제 가문의 혈연을 중심으로〉,《교회사학》 제8호, 수원교회사연구소, 2011.

장유승, 〈1791년 내포: 박종악과 천주교 박해〉,《교회사연구》 제44집, 한국교회사연구소, 2014.

정규량, 〈군란 시대를 감상케 하는 배론〉, 《경향잡지》, 1929. 4.

정민, 〈18세기 우정론의 맥락에서 본 이용휴의 生誌銘攷〉, 《동아시아문화연구》 제34집, 한양대 동아시아문화연구소, 2000.

정영아, 〈소창문고본《천주십계》 필사의 배경〉, 《일어일문학연구》 제75집, 한국일어일문학회, 2010.

정영아, 〈소창문고본 《천주십계》 해제와 탈초〉, 《일본학 연구의 지평과 재조명》, 제이엔씨, 2011.

조광, 〈동국교우상교황서의 사료적 가치〉, 《전주사학》 제4집, 전주대학교 역사문화연구소, 1996.

조한건, 〈《성경직해광익》 연구〉, 서강대학교 대학원 사학과 박사논문, 2011.

조현범, 〈순암 안정복의 기록에 나타난 한국 교회사의 초기 상황〉, 한국교회사연구소 208회 연구발표회, 2022. 3. 19.

차기진, 〈눌암기략〉, 《교회와역사》 제194호, 한국교회사연구소, 1991.

차기진, 〈박해기 한국 천주교회 순교자들의 성모신심〉, 《교회사학》 제3집, 수원교회사연구소, 2006.

최석우, 〈김범우의 생애〉, 《교회와역사》 제150호, 한국교회사연구소, 1987. 11.

최석우, 〈사학징의를 통해서 본 초기 천주교회〉, 《교회사연구》 제2집, 한국교회사연구소, 1979.

최석우, 〈이승훈 관계 서한 번역문〉, 《교회사연구》 제8집, 한국교회사연구소, 1992.

최석우, 〈정약용과 천주교의 관계 – 다블뤼의 비망기를 중심으로〉, 《다산학보》 제5집, 다산학연구소, 1983.

하성래, 〈눌암기략의 저자 및 내용 소고〉, 《교회와역사》 제280호, 한국교회사연구소, 1999.

홍이섭, 〈한국 가톨릭사의 조기적 자료에 대해서〉, 《홍이섭전집》 제3책, 연세대 출판부, 1994.

황재범, 〈《성교요지》의 원본 마틴 선교사의 《쌍천자문》 연구〉, 《신학사상》 제190집, 2020년 가을.

찾아보기

인물

· ㄱ

· ㄴ, ㄷ, ㄹ, ㅁ

· ㅊ

· ㅌ, ㅍ, ㅎ

작품 및 책

· ㅅ

· ㅊ

· ㅌ, ㅍ, ㅎ

용어, 지명, 기타

· ㄱ, ㄷ, ㄹ, ㅁ, ㅂ

· ㅅ, ㅇ

· ㅈ, ㅊ, ㅍ, ㅎ

서학, 조선을 관통하다